Friedrich
Wilhelm
Nietzsche

现代西方
价值哲学经典

The Classic Works
of Modern Western
Value Philosophy

北京师范大学价值与文化研究中心　组编
冯　平　总主编

尼采卷

孙周兴　主编
孙周兴　赵千帆
余明锋　李超杰　译

北京师范大学出版集团
BEIJING NORMAL UNIVERSITY PUBLISHING GROUP
北京师范大学出版社

致　谢

2018年北京师范大学价值与文化中心正式立项组织《现代西方价值哲学经典》（第一辑）的编辑和出版。《现代西方价值哲学经典》（第一辑）共八本。《尼采卷》由孙周兴主编，《布伦塔诺与迈农卷》由郝亿春主编，《舍勒卷》由倪梁康和张任之主编，《哈特曼卷》由邓安庆、杨俊英主编，《闵斯特伯格卷》由刘冰主编，《杜威卷》由冯平主编，《史蒂文森卷》由姚新中、张燕主编，《刘易斯卷》由江传月主编。

在本套丛书出版之际，特别感谢北京师范大学杨耕教授，感谢北京师范大学价值与文化中心，感谢中心主任吴向东教授，感谢中心的工作人员陈乐、张永芝，感谢北京师范大学出版社饶涛副总编辑和本套丛书的策划编辑祁传华编审，感谢孙周兴、倪梁康、张任之、邓安庆、姚新中、郝亿春、刘冰、江传月、杨俊英和张燕的鼎力相助。

诞生于19世纪中叶的现代西方价值哲学，是西方现代化运动之子。它直面现代人的困境，直面生活的巨大不确定性和信念的极度虚无主义，为我们提供了宝贵的思想资源。相信本套丛书一定能为中国的价值哲学研究做出贡献。

《现代西方价值哲学经典》（第一辑）总主编　冯平

2022年11月6日于复旦大学 杜威研究中心

目录

第三编

导　言

一个非道德论者的道德之思[①]

道德是尼采一生关切的重大课题。尼采自称为"非道德论者"(Immoralist)，虽然德语中的 Immoralist 一词未必意味着"反道德论者"或者"敌视道德者"，但相关的德文词语"非道德性"(Immoralität)毕竟含有"不道德、伤风败俗"之义，听起来难免低俗。而在一般人眼里，"道德"总归是一个高尚名堂，那么，尼采何以要不顾名声受损之虞，以"非道德论者"这样一个难免让人误解的不雅名称来为自己命名呢？作为"非道德论者"的尼采究竟是怎样"非"道德，如何"超善恶"的？

要澄清尼采哲学中的道德课题并非易事。尼采声称要"重估一切价值"，也表明道德在尼采那里是一个普全广大、无所不涉的论题，我们不可简单地把它视为一个纯粹伦理学或者道德哲学的

① 原载孙周兴：《未来哲学序曲——尼采与后形而上学》第二编第二章(原题为"非道德论者的道德观")，第 121 页，北京，商务印书馆，2019。

论题。尼采所谓的“道德”首先而且主要的是指基督教道德，故尼采的道德批评必然与他的“敌基督者”立场相贯通，从而也必然与他的柏拉图主义形而上学批判相关联。由此也可见，在这个“非道德论者”尼采那里，道德批判不只是一种文化批评，而且更是一种哲学批判。

本文集中讨论尼采道德哲学中的几个重要问题或命题：“非道德论者”、道德心理学、道德的起源和谱系，以及主人道德与奴隶道德等。

第一节　第一个非道德论者

早期尼采(《悲剧的诞生》时期)高度重视古希腊的神话和艺术文化，相比之下，对于道德和伦理问题并没有太多的思考，虽然对于苏格拉底的唯智主义的德性论和道德主义也有所批评。不过，自从1873年认识保罗·瑞以后，情形大变，道德问题开始进入尼采思想的中心，成为他的重点话题。

哲学家和心理学家保罗·瑞是犹太德国人，出身于西普鲁士一个庄园主家庭，青年时代先学习法学，后来转向哲学，曾到巴塞尔大学听过尼采的课，遂成为尼采最亲密的朋友之一，对尼采思想产生了极大的影响。1876—1877年，两人之间的友情达到了顶峰。尼采、保罗·瑞与莎乐美三人，曾构成一段著名的真真假假的“三角恋关系”，也因为这种关系，两人于1882年秋中断了友谊。保罗·瑞后来又去研究医学，成了他父亲庄园里的一名开业医生。后迁居到尼采居住多年的塞尔斯·马利亚地区当乡村医生。尼采去世一年后(1901年)，保罗·瑞在一次远足中从山岩上坠落而死，未知是意外还是自杀。①

尽管由于与莎乐美的“三角恋关系”，尼采与保罗·瑞终于分道扬镳了，但两人在哲学上特别是在道德观与道德批判上是有着共同的旨趣和倾向的，尼采本人也从未否认过保罗·瑞对他的重要影响。在1878年的《人性的，太人性的》一书中，尼采高度赞扬保罗·瑞，称他为“最勇敢和最冷静的思想家之一”②。甚至在1886年的一则笔记中，尼采还表扬了保罗·瑞的《道德感的起源》一书(出

---

① 参见萨弗兰斯基：《尼采思想传记》，卫茂平译，第206页，上海，华东师范大学出版社，2007。

② 尼采：《人性的，太人性的》，科利版《尼采著作全集》第2卷，第61页。

版于 1877 年)，说它是“一本聪明从容的小书，没有狂热态度和德性姿态，一般而言，它以一种适意的方式不具有青年的特性”①。此时两人之间的友谊早就已经断了。而在 1888 年完成的最后之书《瞧，这个人》中，尼采依然称保罗·瑞为“我的朋友之一”，说他是“出类拔萃的”。②

今天我们看到，尼采的《人性的，太人性的》一书是深受保罗·瑞的影响的。在该书第二部第二章“论道德感的历史”中，尼采引用了保罗·瑞的一个句子：“道德的人并不比肉身的人更接近理智世界——因为根本就没有什么理智世界……”尼采进一步说，保罗·瑞的这句话在历史认识的锤击下变得坚硬而锋利了，也许在未来的某个时候可以充当斧头，把人类的“形而上学需要”连根斩断。③ 在上引《瞧，这个人》的同一段落中，尼采又重复引用了保罗·瑞的这个句子。

对于尼采来说，保罗·瑞的这句话确实具有“锤子”和“斧头”的作用，可以说尼采由此确立了自己的“非道德论者”立场。不过，尼采比保罗·瑞更加激进、更为极端，他看到不仅道德不是通往真理之路，而且宗教和艺术都不是，更进一步，他把矛头指向了人类的“形而上学需要”。

尼采自称为“第一个非道德论者”(保罗·瑞算不算?)。尼采自己也意识到，所谓“非道德论者”是一个可怕的“毁灭者”形象。在《瞧，这个人》一书的结尾处，尼采写道：“我绝对是迄今为止出现过的最可怕的人；而这并不排除，我会成为最乐善好施的人。我知道毁灭之快乐，其程度恰与我的毁灭力量相合，——在这两种情况下，我都服从自己的狄奥尼索斯本性，后者懂得不能把无为与肯定分离开来。我是第一个非道德论者：因此我是卓越的毁灭者。——”④为什么必须做一个“毁灭者”？尼采说毁灭是创造的前提：“——而且，谁若想在善与恶中成为一个创造者，他就必须先成为毁灭者，必须先打碎价值。/所以，至高的恶归属于至高的善：而这种善却是创造性

① 尼采：《权力意志》上卷，科利版《尼采著作全集》第 12 卷，5[5]；参见《权力意志》上卷，孙周兴译，第 216 页，北京，商务印书馆，2007。

② 尼采：《瞧，这个人》，“人性的，太人性的”一章第 5 节，科利版《尼采著作全集》第 6 卷，第 328 页。

③ 尼采：《人性的，太人性的》第 38 节，科利版《尼采著作全集》第 2 卷，第 61 页。

④ 尼采：《瞧，这个人》，“我为什么是命运”一章第 2 节，科利版《尼采著作全集》第 6 卷，第 366 页。

的善。"①

"非道德论者"为何可怕？首先是因为"非道德论者"是特立独行的强者，是"强者中的强者"，按照尼采的说法，是今天"为了取胜而不需要任何盟友的唯一力量"。其次是因为"非道德论者"不作假，不说谎，他"根本就无须说谎"。再就是，尼采认为"非道德论者"挡得住"真理的诱惑"，他不需要真理。有了这些，尼采就说："我们非道德论者——我们是极端的人。"②

"非道德"之"非"当然意指否定。尼采自己说，他所谓的"非道德论者"含有两重否定：一是否定作为最高类型的人的"善人、好心人、慈善者"；二是否定一种起支配作用的道德，即"颓废(décadence)之道德"，或者干脆直说，就是基督教道德。在这两项"否定"当中，尼采更重视的是第二项，也即对基督教道德的否定，"因为大体说来，我认为对善和善意的高估已经是颓废(décadence)的结果了，是虚弱的征兆，是与一种提高和肯定的生命不相容的：否定与毁灭乃是肯定的条件"③。

还有一点，尼采说，他之所以选择"非道德论者"一词，是因为此词令他自豪，使他出类拔萃，高蹈于整个人类之上，尤其是让他感觉到自己比基督教道德更高。尼采说，要有此感觉实为不易，因为那是需要一种高度、一种远见的，需要"一种迄今为止完全闻所未闻的心理学的深度和深邃"④。有此心理学的深度和深邃，尼采便称自己是"头一个心理学家"，在他之前，还根本没有过什么心理学。

尼采的心理学——这又是一个博大的话题了，我们在此不能展开具体讨论。再说尼采喜欢自吹(特别是发疯前的晚期尼采)，"头一个"是常说的，不足为奇。但我们至少可以理解了，为何尼采如此吸引弗洛伊德，何以弗洛伊德要在尼采最后一本遗著《瞧，这个人》出

---

① 尼采：《查拉图斯特拉如是说》第2部"自我克服"，科利版《尼采著作全集》第4卷，第149页；参见《查拉图斯特拉如是说》，孙周兴译，第147页，上海，上海人民出版社，2018。

② 尼采：《权力意志》上卷，科利版《尼采著作全集》第12卷，10[94]；参见《权力意志》上卷，孙周兴译，第584—585页，北京，商务印书馆，2007。

③ 尼采：《瞧，这个人》，"我为什么是命运"一章第4节，科利版《尼采著作全集》第6卷，第367—368页。

④ 尼采：《瞧，这个人》，科利版《尼采著作全集》第6卷，第370—371页。

版之际(1908 年)为此书专门开一个研讨会来纪念。①

第二节　根本就没有什么道德行为

尼采所讲的心理学首先是道德心理学，是针对基督教道德的心理学。这种心理学首先是批判性的，要揭露构成道德基础的谬误和伪造。

在《权力意志》时期的一则题为“非道德论者”的笔记中，尼采列述了“关于作为道德之基础的谬误的心理学”，概有如下几个谬误：“1. 把原因与结果混淆起来；2. 生理上的普通情感的想象原因；3. 意志因果性作为本己的‘自由意志’；4. 人类追求快乐而回避痛苦(“一切恶都是强制性的”)；5. 利己主义与非利己主义(虚假的对立)。”②尼采并且由此得出结论，指出这是一种“关于‘奉献’‘献身’‘爱’的虚假心理学”和“关于道德借以达到统治地位的手段的心理学，pia fraus[善良的欺骗]”。③

在另一则题为“心理学的伪造”的后期笔记中(1987 年秋笔记)，尼采甚至细细列出心理学的 6 个“重大罪行”，依次为：1. 一切不快和不幸都是因为不公(罪责)而被伪造出来的；2. 一切强大的快感(纵情、肉欲、胜利、骄傲等)都被打上了有罪、诱惑和可疑的烙印；3. 虚弱感、最内在的怯懦、缺乏直面自身的勇气，都被戴上了神圣化的名称；4. 人身上的一切伟大特性都被曲解为非自身化了，被曲解为为了某个他者、他人而牺牲自己；5. 爱情被伪装为献身以及利他

---

① 1908 年 10 月 28 日，维也纳心理分析学会专门开了个学术会议，纪念尼采遗著《瞧，这个人》的出版。在这次会议的记录中，人们可以看到弗洛伊德大师讲的下面这番话：“尼采患有脑梅毒。他的兴奋之情美丽地开展，不断扩展。不过，这样就太简化问题了。麻痹性痴呆是否与《瞧，这个人》的内容有关，这是相当存疑的。麻痹性痴呆曾经侵袭伟大的天才，在疾病发作前的短短时间内，完成相当不凡的成就(莫泊桑)。尼采这部作品相当令人佩服，应该视为大师杰作好好保存。”引自德博拉·海登：《天才、狂人的梅毒之谜》，中译本，李振昌译，上海：上海人民出版社，2005 年，第 163 页。弗洛伊德断言尼采患有梅毒病(脑梅毒)，从而介入了一段至今未有定论的公案。种种迹象表明，尼采的病史，特别是发疯前的表现十分合乎梅毒的临床特征，要不然，我们也真难以理解尼采在 1888 年的天才狂热——尼采在一年内竟然完成了六本著作！尼采友人彼得·加斯特断言：“很有可能他只能在疯狂的状况下才能写出他的‘狄奥尼索斯’哲学。”(同上书，第 162 页)有关这个话题，也可参见孙周兴：《哲学和哲学家的身位》，载《读书》，2013(4)。

② 尼采：《权力意志》下卷，科利版《尼采著作全集》第 13 卷，19[9]；参见《权力意志》下卷，孙周兴译，第 1317 页，北京，商务印书馆，2011。

③ 同上。

主义；6. 生命作为惩罚，幸福作为诱惑；激情是恶魔般的，对自身的信赖是邪恶的。结论：这整个心理学是一种“阻碍心理学”，一种“出自恐惧的围城”(Vermauerung)。①

有意思的是尼采在这里谈到了爱情，道出了他自己的“爱情观”。我们知道，在所有的人类情感当中，爱情是最容易被美化的，被认为是利他的、无私的，文学作品和伦理言述(传说)都在为此做出例证。在近代欧洲，尤其是在浪漫主义时代，爱情更被赋予神圣的意义(显然属于对上帝之爱的移置方式)。尼采却反对把爱情伪装为“无私”和“献身”，他有一段话说：“实际上，爱情是一种额外取得，或者说是一种由于人格的充盈而做出的交付。惟有最完全人格的人才能爱；非人格化者、‘客观化的人’是最恶劣的情人(——人们不妨去问一问女人们!)。对上帝的爱、对祖国的爱，也是同样的情形：人们必须牢牢地守住自己。”②尼采这里讲的道理不算稀奇，也不难了解：一个人(比如尼采所谓的“利他主义者”)若连自己都守不住，没了自己，还可能爱他人吗？还有能力和资格爱他人吗？爱情中的“取”与“予”，即尼采所谓的“额外取得”(Hinzu-Nehmen)与“交付”(Abgeben)，都得以爱者本身人格的完全和充盈为前提，要以“自身”(Selbst)——而非“自我”(ego)——为前提，不然就无从谈起。尼采这里所论的“人格”固然不是基督教意义上的，而是非基督教意义上的，因为在他看来，基督教道德是典型的“非自身化的道德”。

众所周知，尼采自己在性爱方面是相当失败的，好像从来就没有成功过，这并不表明他不懂爱情，事情倒有可能是：性爱上煎熬越多，越有精神上的深刻体悟。然而，尼采在《查拉图斯特拉如是说》中谈到爱情和女人时道出的一番说法，却实在令人惧怕(虽然他采用了一种戏谑风格)。尼采在那里说，男人对女人而言只是“生育工具”而已，而女人则是男人“最危险的游戏工具”；如此说来，“男人的灵魂深处只是恶，而女人的灵魂深处却是坏”；他又借一个老妇人的口说：“你去女人那里吗？别忘了带上鞭子!”③

“你去女人那里吗？别忘了带上鞭子!”——这个句子经常被人们

---

① 尼采：《权力意志》上卷，科利版《尼采著作全集》第12卷，9[156]；参见《权力意志》上卷，孙周兴译，第489—490页，北京，商务印书馆，2007。

② 同上。

③ 尼采：《查拉图斯特拉如是说》，科利版《尼采著作全集》第4卷，第84页以下；参见《查拉图斯特拉如是说》，孙周兴译，78页以下，上海，上海人民出版社，2018。

视为尼采最丑陋的一句“名言”，却被广泛流传。这话似乎足以表明尼采是蔑视、敌视女人的，把男女关系理解为一种主奴关系。不过，也有论者指出，我们得记住这句话并非出自查拉图斯特拉之口，而是文中一个角色(老妇人)讲的。况且，这话又可能有双重意思：首先是说，你去女人那儿，不要忘记带上鞭子；其次则是说，你去女人那儿，别忘了她有鞭子。[①] 对此，有一张尼采自己设计的照片为证：尼采和好友保罗·瑞两人拉着一辆手推车，而莎乐美坐在车上挥动着鞭子。[②] ——看，鞭子在女人手上呢。

不过，上述辩解并未消除尼采这句话(尼采笔下人物的话)的轻率和恶意。实际上，我们同样不能忘记的是，尼采写下这句话时，正是他与莎乐美关系破裂从而对女性和爱情产生绝望之际。

莎乐美是一位俄罗斯将军的女儿，患有严重的肺病，19 世纪 80 年代初在苏黎世大学学习，爱好哲学、文学、艺术，她与当时欧洲知识界名流的交往差不多让她成了一名“欧洲女人”——“欧洲名媛”。经好友保罗·瑞的介绍，尼采于 1882 年 4 月底在意大利罗马结识了莎乐美，几天后即向后者求婚——尼采当时在书信中表示，他要找一个能协助他工作的老婆，但显然他找错了人了。“我要讨个老婆，因为我要写本书”——这像话吗?

莎乐美拒绝了轻率的尼采，但提出一个建议：可以考虑与尼采、保罗·瑞一道搞一个三人研究联盟，住在一起搞学术研究(听起来是一个多么美妙的想法!)。在返回德国的途中，尼采与莎乐美又在意大利的蒙特-萨克罗见面，尼采第二次求婚，但又被她拒绝了。是年夏天，莎乐美接受尼采邀请，去德国图林根的陶腾堡跟他住了三个星期，天天漫步谈话，主要谈论上帝之死和宗教的渴望之类的话题。这三个星期中究竟发生了什么，我们已经无从查考确证了，有迹象表明两人发生了肉体关系。因为与莎乐美的关系破裂后，尼采在一封写给保罗·瑞的未寄发的书信稿中，表达了对于莎乐美的身体方面的深度厌恶，他居然写道：“这只干瘪的肮脏的味道难闻的有着她的假乳房的母猴——一次

① 尼采这句话的德语原文为：Du gehst zu Frauen? Vergiß die Peitsche nicht! 从字面上看，尼采在此并没有使用“带上”这个动词，故更准确的译文可能是：“你去女人那儿吗？别忘了鞭子!”从字面上看，尼采此话并没有明言鞭子在谁手上。

② 参见彼珀：《动物与超人之间的绳索》，李洁译，第 269 页以下，北京，华夏出版社，2006。

厄运！"[1]尼采的心理也够阴暗的了！要知道在常人眼里，莎乐美可是一个绝色大美人！

然而尼采的性心理阴暗与否，变态与否，并不是我们这里要追究和讨论的。我们关心的只是，在尼采与莎乐美的情事中，尼采的表现是不是与他所批判的"爱的虚假心理学"——爱情被伪装为"献身"以及"利他主义"——相合？

根据现有资料的记录，我们大致可以确认如下几点：其一，尼采与莎乐美确实都没有把爱情理解为道德行为，在他们的交往和言语中，并没有什么世俗道德上的考虑和顾虑，在此意义上我们可以说，两人都属于具有自由精神的"非道德论者"；其二，总的来说，尽管尼采多次求爱失败，但他并没有公开指责过莎乐美，因为尼采深知爱情中的"取"和"予"无法强求，就此而言，尼采在整个事件上似乎不乏真诚；其三，在灵与肉之间，尼采不知所措，无力应对，最后落败，也在一定程度上表现出一个精神上自由不羁的思想家在行动上的笨拙和虚弱。

在通常情况下，爱情/情爱方面的痛苦起于道德与情欲的冲突，或者说是"理"(社会规范和理性考量)与"欲"(肉欲和本能冲动)的矛盾。但作为"非道德论者"的尼采既然"非/废"了道德，何以还会落到这个地步呢？也许，正如莎乐美所记录的那样，她与尼采叙谈三个星期，谈的可全是"上帝之死"与"宗教的渴望"之类，"非道德论者"尼采或许也还是另一种意义上的"道德论者"？

还有，兴许带鞭子的不是尼采，而是莎乐美呢？

尼采道德批判的动机何在？如前所述，尼采把基督教道德称为"非自身化的道德"，进而又称之为"颓废道德"。尼采说，这种"非自身化的道德"透露出一种求终结的意志，它在最深根基上否定生命。"否定生命"乃是尼采对道德的最根本的指责。尼采由此为道德下了一个定义："人类的教师、领袖，全部神学家，统统也是颓废者(décadent)：因此就把一切价值重估为对生命的敌视，因此就有了道德……道德的定义：道德——颓废者的特异反应性，其隐含的意图是报复生命——而且成功了。我重视这个定义。"[2]

---

① 尼采：1883年7月中旬书信，载科利版《尼采书信集》第6卷，第402页。此处参见萨弗兰斯基：《尼采思想传记》，卫茂平译，第296页，上海，华东师范大学出版社，2007。尼采有此评价令人吃惊，因为莎乐美可是欧洲公认的美女——欧洲名媛！

② 尼采：《瞧，这个人》，"我为什么是命运"一章第7节，科利版《尼采著作全集》第6卷，第373页。

道德是什么？尼采的回答是一句话：颓废者意在否定生命的特异反应性。

尼采甚至从根本上否定“道德行为”，或者说道德行为与非道德行为之区分。在《权力意志》时期的一则特别长的笔记中，尼采讨论了“道德化与非道德化的历史”。他首先提出两个“定理”：

定理一：根本就没有什么道德行为，它们完全是被想象出来的。只存在着非道德的意图和行为。

定理二：“道德”与“非道德”整个区分的出发点在于，无论道德的行为还是非道德的行为，都是自由自发的行为……道德判断根本上只与某个种类的意图和行为相关，那就是自由的意图和行为。然而，整个种类的意图和行为是纯粹虚构的；道德尺度唯一可依据的世界根本就不存在。

尼采由此得出结论：既没有道德的行为，也没有非道德的行为。①

进一步的问题，“道德”与“非道德”这一对立概念是如何产生的呢？尼采试图揭示“道德”与“非道德”这一对立概念由此产生的心理学谬误，把这一对立概念的产生根源定位于关于“自我”(ego)的错误观念。“自我”被看作原子论的，处于与“非我”的虚假对立之中。于是，“个别自我”的价值只能在于与“非我”相联系，或者隶属于“非我”，这时候，“群盲本能”就成为决定性的了，“自我”的价值就在于自身否定了。对于这种关系，尼采列出了如下逻辑：

1. 虚假地把“个体”独立化为原子。

2. 群盲之评价，它断然拒绝保持为原子的意愿，并且把这种意愿感受为敌意的。

3. 作为结论：通过改变个体目标来克服个体。

4. 于是似乎就有否定自身的行为：围绕这些行为，人们曾幻想整个充满对立面的领域。

5. 人们曾经设问：在哪些行为当中人最强烈地肯定自己？围绕这些(性欲、占有欲、统治欲、残暴等)，积聚了魅力、仇恨、轻蔑：人们相信存在着无私的欲望，人们摒弃所有自私的欲望，要求无私的欲望。

6. 从中获得的结果：人们干了什么？人们摒斥了最强烈、最自然的欲望，甚至还是唯一实在的欲望——为了找到一种今后值得赞

① 尼采：《权力意志》上卷，科利版《尼采著作全集》第12卷，10[57]；参见《权力意志》上卷，孙周兴译，第557页，北京，商务印书馆，2007。

扬的行为，人们不得不否定行为中有此种欲望在场。①

尼采把上列逻辑称为“心理学中的巨大伪造”。尼采得出结论：“只存在非道德的意图和行为。所谓道德的意图和行为必须被证明为非道德性。”②其实，有了我们上面引用过的保罗·瑞那句话，尼采也就不难得出这个结论了。

第三节　道德的起源

在《查拉图斯特拉如是说》第一部“千个与一个目标”③一节中，尼采讨论了道德的起源问题。尼采首先指出：“任何一个民族，倘若它不首先进行估价，就不能生存；而如果它要自我保存，那么它就不能像邻族一样进行估价。许多事物被这个民族称为善，在另一个民族却意味着嘲弄和耻辱：我感觉就是这样。我发现许多东西在此地被称为恶，而在彼地则被粉饰以紫色的荣光。”④“估价”是必需的，每个民族都有自己的善恶评价，皆出于民族自我保存的需要；而且，不同的民族往往形成不同的善恶评价。

尼采进一步写道：“真的，我的兄弟，如果你首先认识到一个民族的困厄，认识到土地、天空和邻族：那么你就能猜度这个民族的克服和胜利的法则，以及为什么它从这把梯子向自己的希望攀升。”⑤尼采这里举出了四个要素，即困厄、土地、天空和邻族，认为它们是决定道德起源的关键要素，可以用来解释何以不同地方的不同民族形成了不同的道德形态。接着，尼采举了四个例子：

“你永远应当成为第一人，高他人一头：除了朋友，你嫉妒

---

① 尼采：《权力意志》上卷，科利版《尼采著作全集》第12卷，10[57]；参见《权力意志》上卷，孙周兴译，第558页，北京，商务印书馆，2007。

② 同上书，第561页。

③ 现有好几个中译本和相关研究论著把这个标题译为“一千零一个目标”，实为大谬！尼采以“千个与一个目标”(Von tausend und Einem Ziele)这个标题，指的是多种道德与一种道德，即历史上不同民族形成的多样道德形态与在此基础上统一而成整体的人类道德。

④ 尼采：《查拉图斯特拉如是说》第一部“千个与一个目标”，科利版《尼采著作全集》第4卷，第74页；参见《查拉图斯特拉如是说》，孙周兴译，68页，上海，上海人民出版社，2018；此处可参见彼珀：《动物与超人之间的绳索》，第251页以下，北京，华夏出版社，2006。

⑤ 尼采：《查拉图斯特拉如是说》第一部“千个与一个目标”，科利版《尼采著作全集》第4卷，第74页；参见《查拉图斯特拉如是说》，孙周兴译，第68页，上海，上海人民出版社，2018。

> 的灵魂不应爱任何人”——这使一个希腊人的灵魂颤抖：他于是走上了自己的伟大之路。
>
> “讲真话而熟谙弓箭”——在作为我的名字之来源的那个民族看来，这话似乎既可爱又艰难——而这个名字在我是既可爱又艰难的。
>
> “崇敬父母，顺从他们的意志而直至灵魂的根底”：这张克服和战胜的表悬于另一个民族之上，因此变成强大和永恒的了。
>
> “保持忠诚，为了忠诚之故把荣誉和鲜血也投置于凶恶而危险的事物之上”：在如此教育自己之际，另一个民族征服了自己，而且在如此征服自己之际，它孕育和承荷了伟大的希望。①

尼采这番话并不好懂。根据德国学者彼珀的解释，尼采解说了在上面讲的四个要素的影响下各民族形成的不同的道德形态。其中第一例子讲的是希腊人的道德准则，第二个例子讲的是波斯人的道德准则，第三个例子讲的是犹太人的道德准则，第四个例子则是讲日耳曼民族的道德准则。②

所谓“你永远应当成为第一人，高他人一头：除了朋友，你嫉妒的灵魂不应爱任何人”——尼采此说何意？以此可以概括希腊人的道德吗？尼采在这里看到的是希腊人特别推崇的两个品质：追求卓越即“美德”(areté)和追求“友谊/爱”(philia)。通过美德和渴望来追求智慧，这是希腊人实现自己理想的通道。有德有爱，这是尼采眼中的希腊人。

所谓“讲真话而熟谙弓箭”——这讲的是“作为我的名字之来源”的那个民族，即查拉图斯特拉的民族波斯人。尼采屡屡说过，波斯人的最大特点是诚实，此外还要加上善射。正是有这两项，波斯帝国才走上了强大之路。真诚勇猛，这是尼采眼中的波斯人。

所谓“崇敬父母，顺从他们的意志而直至灵魂的根底”——孝敬父母，无条件地服从父母，这是犹太人的最高道德准则，它使犹太民族成了一个由长者当家作主的民族社会。犹太人只听从祖先留给他们的一成不变的法则。崇老而保守，这是尼采眼里的犹太人。

所谓“保持忠诚，为了忠诚之故把荣誉和鲜血也投置于凶恶而危

---

① 尼采：《查拉图斯特拉如是说》第一部“千个与一个目标”，科利版《尼采著作全集》第4卷，第75页；参见《查拉图斯特拉如是说》，孙周兴译，第69页，上海，上海人民出版社，2018；此处可参见彼珀：《动物与超人之间的绳索》，第255页以下，北京，华夏出版社，2006。

② 参见彼珀：《动物与超人之间的绳索》，李洁译，第255—257页，北京，华夏出版社，2006。

险的事物之上”——这是日耳曼民族的道德准则。忠诚第一，为了忠诚即使牺牲荣誉和生命也在所不惜，这是尼采眼里的日耳曼人。

举出上面四个典型例子，尼采是想表明，各民族的道德准则的内容是各不相同的，各民族的价值观念也是多种多样的；所谓道德准则乃是人为的设定，由此才建立起普遍被认可和遵循的价值观念和价值尺度。尼采说：“真的，人类给予自己一切善和恶。真的，人类并没有取得一切善和恶，也没有发现一切善和恶，一切善和恶也不是作为天国的声音降落到他们头上的。”①尼采否定了有关的价值观和道德准则的三种通常解释，即目的论的、人性论的和神性论的解释，认为价值观和价值评价尺度既不来自外部自然界(否定目的论的解释)，也不是出于人的本性，不是与生俱来的(否定人性论的解释)，更不是上帝的启示的结果(否定神性论的解释)。

进一步，尼采(查拉图斯特拉)指出：“人类为了自我保存，首先把价值投入事物中，——人类首先为事物创造了意义，一种人类的意义！因此人类把自己称为‘人类’，此即说：估价者。/估价就是创造：听呵，你们这些创造者！估价本身乃是一切被估价物中的宝藏和珍宝。/通过估价方有价值：倘若没有估价，此在的果实就会是空洞的。听呵，你们这些创造者！”②所有人类行为都是“估价”，通过“估价”，事物才被赋予了意义，如若没有对事物的估价，事物的意义无从谈起；所有“估价”都是创造，主要的创造者(估价者)类型有诗人、哲人、科学家、艺术家、教师等，他们通过自己的创造性行为来完成估价，发明出价值估价的尺度。表面看来，这是与尼采上述的根本没有道德行为之说相矛盾的；但实际上，尼采所谓创造意义的“估价”还不是善恶意义上的道德行为。

不难看出，尼采这种价值论/道德论有着强烈的人本主义或人类中心主义的色彩，这自然跟他的哲学的“基本位置”相关。这个暂且可以不管。对尼采来说，还有一个问题是“千个与一个目标”这个标题已经显示出来的：有千个民族，就有千种道德，则人类有没有一种统一的道德，一个共同的目标呢？尼采说到一个“千首怪兽”的比

---

① 尼采：《查拉图斯特拉如是说》第一部“千个与一个目标”，科利版《尼采著作全集》第4卷，第75页；参见《查拉图斯特拉如是说》，孙周兴译，第69页，上海，上海人民出版社，2018；参见彼珀：《动物与超人之间的绳索》，李洁译，第257页，北京，华夏出版社，2006。

② 尼采：《查拉图斯特拉如是说》第一部“千个与一个目标”，科利版《尼采著作全集》第4卷，第75页；参见《查拉图斯特拉如是说》，孙周兴译，第69页，上海，上海人民出版社，2018。

喻："告诉我，谁能把一条锁链套在这怪兽的千个颈项上？迄今为止有千个目标，因为有千个民族。只是一直没有套在千个颈项上的锁链，一直没有一个唯一的目标。人类还根本没有一个目标。"①

在《查拉图斯特拉如是说》中，尼采显然认为，迄今为止的千个目标还得有一个共同的目标，那就是"超人"。但"超人"这个目标完全不同于各民族的千个目标；作为"大地的意义"，"超人"甚至是要反对和克服以前各种道德形态的（因为它们是超尘世的），也不是要设立与其他价值标准不同的估价标准。"超人"这个目标是要把个体从旧道德形态和道德准则中解放出来，使个体走上超越自我、独创自身价值的道路。

第四节　主人道德与奴隶道德

尼采的《论道德的谱系》第一篇题为："善与恶"，"好与坏"（"Gut und Böse"，"Gut und Schlecht"）②。这个题目难以对付，因为其中的"善"与"好"在德语中是同一个词 gut；只是在它分别与"恶"（böse）和"坏"（schlecht）相对使用时，分别构成了"善与恶"和"好与坏"这样两组对立。尼采偶尔也使用第三组类似的对立"优与劣"（gut und schlimm），其中的"优"也是德语的 gut 一词。③ 不过，在尼采的语言用法中，"优与劣"与"好与坏"似乎没有什么明显的区别；而"善与恶"这个对立与"好与坏"这个对立之间却是有区别的，是有根本区别的，因为事关尼采所谓"主人道德"（Herrenmoral）与"奴隶道德"（Sklavenmoral）的区分。

尼采高度重视自己做的这对区分，把它视为人类文化史上一场持久的斗争。在《论道德的谱系》中，尼采写道："'好与坏'、'善与恶'这两对相互对立的价值，在大地上进行了一场可怕的、长达数千年的斗争；尽管后面第二种价值肯定长期以来处于优势，但即使到现在，这场斗争也还在某些地方不分胜负地继续进行。"④这场斗争在尼采看来就是"主人道德"与"奴隶道德"的斗争，而且通常情况下，都是"奴隶道德"占了上风。

---

① 尼采：《查拉图斯特拉如是说》第一部"千个与一个目标"，科利版《尼采著作全集》第 4 卷，第 76 页；参见《查拉图斯特拉如是说》，孙周兴译，第 70 页，上海，上海人民出版社，2018。

② 尼采：《论道德的谱系》，科利版《尼采著作全集》第 5 卷，第 257 页。

③ 我们用"善""好""优"三个汉词来翻译同一个德语词 gut，也表明德语的 gut 一词本身是多义的。

④ 尼采：《论道德的谱系》，科利版《尼采著作全集》第 5 卷，第 285 页。

虽然历史上诸民族形成了形态多样的价值准则和道德体系，但尼采认为，基本的道德形态无非是两种，一是"主人道德"，二是"奴隶道德"。尼采的划分也算简单："主人道德"以"好与坏"为标准，而"奴隶道德"则以"善与恶"为标准。那么，问题就在于："好"与"善"有何区别？"坏"与"恶"有何区别？

在《论道德的谱系》中，尼采做了一个关于"好/善"和"坏/恶"等词语的词源学考察，他得出的基本判断如下："在表示'好/善'(gut)的那些词汇和词根中，从多个方面透射出高贵者在把自己干脆感觉为高等人时所依据的那个基调。"①比如，希腊文的ἐσθλός[好的、勇敢的]在词根上指的是真实存在的人，也指真诚者，进而成了标志"贵族"的用语，区别于平庸之人。与之相对，希腊文的 κακός[坏的、丑的]和 δειλός[懦弱的、可怜的]强调的是懦弱。尼采认为，"人们要循着这个方向去寻找有着多层含义的 ἀγαθός[好的、优秀的、出身好的、勇敢的]在词源学上的来历"②。进一步，尼采指出，在拉丁语中，malus[坏的](可以与希腊文的 μέλας[黑，暗]相比照)可用来表示暗色的平庸男人，主要是指黑头发的人，他们是一些住在意大利的前雅利安的住民，通过肤色与作为统治者、征服者的金发雅利安族区别开来。尼采还举出了盖尔语(现居住在苏格兰等地的凯尔特人的语言)的例子，盖尔语中的 fin 一词原义是金发的头，用来标识贵族，后来则指善人、出身高贵者、纯洁者。③ 总之，在词源学上来看，"好"指的是高贵，而"坏"指的是"平庸、卑贱"。通过这种词源分析，尼采已经把"善—恶"意义上的道德观转化为"贵—贱"意义上的道德观。

即使后世所谓"善"，根据尼采的研究，原本也不是道德意义上的"善—恶"之"善"，比如拉丁语的 bonus[善者]可以解读为"战士"，可见在古代罗马，是什么在一个男人身上成就其"善意"(Güte)。德语中的"善"(Gut)估计有"神性之人""神性种族之男人"的意思，而且与哥特人的贵族族名相同。④

尼采认为，"善与恶"的观念乃是由奴隶道德(怨恨道德)虚构出来的，而在高贵者的主人道德中则只有"好与坏"的观念，甚至"坏"这个概念也具有高尚的起源。高贵者从自身出发首先构想出"好"这

---

① 尼采：《论道德的谱系》，科利版《尼采著作全集》第 5 卷，第 262 页。

② 同上书，第 263 页。

③ 同上书，第 263 页。

④ 同上书，第 264 页。

个基本概念，进而才创造出关于“坏”的观念；但这种“坏”却全然不同于由奴隶道德炮制出来的“恶”。尼采有一段话表达了这样一种关系：“……‘坏’与‘恶’，这两个词语貌似与‘好’(gut)这同一个概念相对立，但实际上是多么不同呵！然而那不是同一个‘好’概念：人们倒是要问问自己，在怨恨道德意义上，到底谁是‘恶’的。十分严格的回答是：就是另一种道德里的‘好人’，就是高贵者、强势者、支配者，只不过是通过怨恨的毒眼被染了色，转了义，变了样。”①表面看来“坏”和“恶”都对应于同一个“好”(gut)，其实不然，主人道德里的“好”是高贵，而奴隶道德里的“好”则是“善人”之善良；真正“好的”人(高贵者)在奴隶道德中却转变成了“恶的”人。

那么，主人道德与奴隶道德的根本区别在哪里？尼采曾有一段话对此加以解说：

> 所有高贵的道德都是从一声欢呼胜利的“是”(Ja-sagen)中成长为自身，而奴隶道德则从一开始就对着某个“外部”说不(Nein)，对着某个“别样”或者某个“非自身”说不：这一声“不”就是它的创造行动。对设定价值之目光的这样一种颠倒——这样一种不是回到自身却根据外部而进行的必然指向——恰恰就是怨恨：奴隶道德总是首先需要一个对立和外部的世界，才得以产生，从生理学上讲，它需要外面的刺激才能有所动作，——它的动作从根本上说是反动。高贵的评价方式则是另一种情况：它自发地动作和生长，它找出其对立面只是为了更得力地而快活地说“是”(Ja)，——它所用的否定性概念如“低贱”“平庸”“坏”，只是后出的苍白对比图案，好跟肯定性的、浸透了生命和激情的那些基本概念相比较，“我们高贵者，我们善人，我们美好的人，我们幸运儿！”②

在尼采看来，“主人道德”是说“是”(Ja)的道德，是肯定性的、主动性的，与之相反，“奴隶道德”则是说“不”(Nein)的道德，是否定性的、反动的。一言以蔽之，“是”或者“不”，是肯定生命还是否定生命，这是区分“主人道德”与“奴隶道德”的根本标准。尼采还把“奴隶道德”称为“功用道德”(Nützlichkeits-Moral)：“奴隶道德本质上是功用道德。产生那一对著名对立‘善’与‘恶’的病灶就在这

① 尼采：《论道德的谱系》，科利版《尼采著作全集》第5卷，第274页。
② 同上书，第270—271页。

里：——权力和危险，某种特定的可怕、精细和强健，即那些不容蔑视的东西，被放到恶之中来感知。于是，根据奴隶道德，是'恶人'激起恐惧；根据主人道德，则恰恰是'善人'在激起和想要激起恐惧，而'坏人'则被感知为可蔑视者。"①

尼采的道德谱系破除了黑格尔的主奴辩证法。在黑格尔那里，主人是独立的意识，其本质是自为存在，而奴隶则是依赖的意识，其本质在于隶属于一个独立的存在，或者说即属于一般的物。主人直接地与双方(作为欲望对象的物和作为依赖的意识的奴隶，后者本质上也是物)发生关联，又间接地通过对方与每一方相关联。"主人既然有力量支配他的存在，而这种存在又有力量支配它的对方[奴隶]，所以在这个推移过程中，主人就把他的对方放在自己权力支配之下。"②主人享受物，是对物的纯粹否定，这是他对物的直接关系，但他又只能通过奴隶这个中介间接地与物发生关系，即把对物的独立性一面让给奴隶，让奴隶对物进行加工改造。就此而言，主人是离不开奴隶的。于是就会发生一个逆转，即主奴关系的逆转：主人所完成的不是一个独立的意识，反而是一个非独立的意识；奴隶完成了主人想完成的事，反而是独立的意识了，转化为真实的独立性了。③

黑格尔描写的主奴关系的辩证转化，在尼采那里则变成主人道德与奴隶道德的对立关系，前者高贵，后者卑贱，两者之间不可能是黑格尔式的辩证关系。对尼采来说，奴隶有可能倒过来支配主人，但却是偶然的，作为主人的超人终将获胜；再有，奴隶的本质是虚弱，奴隶道德乃是由虚弱产生的怨恨道德。奴隶永远是奴隶，主人永远是主人，两者之间不可能有相互转化。

第五节　非道德论者的道德观

尼采关于"主人道德"与"奴隶道德"，或者说他关于"主人道德"的主张，究竟有何意义呢？通过"主人道德"，自称为世上头一个"非道德论者"的尼采不也主张了一种道德吗？尼采这种非道德论者的道德观有何意义？

首先，尼采以"贵—贱"为范畴的"主人道德"是超善恶的，是反对以"善—恶"为范畴的"奴隶道德"的。正是在此意义上，尼采可把自己

---

① 尼采：《善恶的彼岸》第260节，科利版《尼采著作全集》第5卷，第211—212页。

② 黑格尔：《精神现象学》上卷，贺麟、王玖兴译，第128页，北京，商务印书馆，1983。

③ 同上书，第128—129页。

称为“非道德论者”——他“非”的是奴隶道德。奴隶道德是弱者的道德，是颓废的道德，故核心的主张是“同情”。尼采坚决反对“同情”，指出：“——无论是一个上帝的同情，还是人类的同情：同情总与羞耻背道而驰。而且，不愿救助可能比那种急人所难的德性更高贵。/然而现在，所有微末小人都把这个叫作德性本身了，也即同情：——而对于伟大的不幸，对于伟大的丑陋，对于伟大的失败，他们毫无敬畏之感。/我要超出所有这些而展望出去，就像一条狗越过蜂拥的羊群之背而眺望。这些都是微末的、长着好毛的、善意的、灰色的人们。”①

其次，尼采的“主人道德”是一种“贵族道德”，或者说是“高贵者”的道德。“高贵者”是严格区别于“善人”的。尼采说：“高贵者想要创造新事物，以及一种新的德性。善人却需要旧事物，保住旧事物。/但高贵者的危险不在于他会变成一个善人，而在于他会变成一个狂妄者，一个讥讽者，一个毁灭者。/呵！我知道那些丧失了至高希望的高贵者。现在他们诽谤一切崇高的希望。”②“高贵者”是创新的，而“善人”却是守旧的；就“高贵者”是旧道德的毁灭者和批判者而言，“善人”便是“非道德论者”。不仅如此，“高贵者”还创造出一种新的德性，一种新的价值。尼采指望“高贵者们”构成一个新的贵族：“因此之故，我的兄弟们呵，需要有一种新的贵族，来反对所有群氓和所有暴力主宰，并且把‘高贵’一词重新写在新牌上。/因为要有一种新的贵族，就需要有许多的高贵者和各色的高贵者！或者，正如我曾经用比喻所讲的：‘有诸神而没有一个上帝，这恰恰就是神性！’”③这里讲的“新的贵族”是指“超人”吗？

最后，尼采所讲的“主人道德”是“自己的道德”或“自身化的道德”。如前所述，尼采把以基督教道德为代表的旧道德(即“奴隶道德”)称为“非自身化的道德”，而“主人道德”则相反，是一种“自身化的道德”。尼采经常有意区分“自身”(das Selbst)与“自我”(das Ich)。撇开“自我”的主体性形而上学性质不谈，尼采所谓的“自我”主要是

① 尼采：《查拉图斯特拉如是说》第四部“最丑陋的人”，科利版《尼采著作全集》第4卷，第330页；参见《查拉图斯特拉如是说》，孙周兴译，第340页，上海，上海人民出版社，2018。

② 尼采：《查拉图斯特拉如是说》第一部“山上的树”，科利版《尼采著作全集》第4卷，第53页；参见《查拉图斯特拉如是说》，孙周兴译，第47页，上海，上海人民出版社，2018。

③ 尼采：《查拉图斯特拉如是说》第三部“旧牌与新牌”，科利版《尼采著作全集》第4卷，第254页；参见《查拉图斯特拉如是说》，孙周兴译，第259页，上海，上海人民出版社，2018。

指精神性，“自身”则具有身体性，而作为身体的“自身”比“自我”更根本。尼采写道：“在你的思想和情感背后，站立着一个强大的主宰，一个不熟悉的智者——那就是自身。它寓居于你的自身中，它就是你的身体。”①进一步还说：“你的自身嘲笑你的自我及其骄傲的跳跃。”“创造性的自身为自己创造了尊重和蔑视，为自己创造了快乐和痛苦。创造性的身体为自己创造了精神，作为其意志之手。”②

其实，早在《人性的，太人性的》中，尼采就已经道出自己的“道德律令”：“你应当成为你自己的主人，也成为你自己的德性的主人。从前它们曾是你的主人；但它们只能是你自己的与其他工具并存的工具。你当能够控制你的赞同与反对，学会懂得根据你更高的目的把它们公布和收回。你当学会去把握每种价值估价的视角。”③这是尼采采用戏仿手法对康德的道德律令的模仿，自然也附带讽刺了康德。

尼采的“主人道德”观反对弱化生命的一切旧道德和一切旧道德观念，主张生命意志的强力。尼采的想法不算难懂，而且是完全值得同情的，它可以表达为这样一个问题：如果道德是用来限制和削弱生命本能的，那么，我们要这种道德何用？尼采的“主人道德”强调做自己的主人，追求生命意志的发扬，固然有其积极的意义；但毫无疑问，这种道德观背后隐含的是尼采的“权力意志”哲学和“超人”理想，其极端主体主义的立场仍然让我们起疑；此外，也正由于这种立场的限制，尼采的贵族道德观有其反动性——它是反平民的，反民主的，它不可能包含“他者”之维。

---

① 尼采：《查拉图斯特拉如是说》第一部“身体的蔑视者”，科利版《尼采著作全集》第4卷，第40页；参见《查拉图斯特拉如是说》，孙周兴译，第34页，上海，上海人民出版社，2018。

② 同上。

③ 尼采：《人性的，太人性的》，科利版《尼采著作全集》第2卷，第20页。

第一编

论道德感的历史[①]

35

心理学观察的益处。——对人性、太人性的东西所作的沉思——或者用更有学问的说法：心理学观察——或许是人们能够借以减轻生命负担的手段之一，在这门艺术中的练习或许可教人在困难处境中集中精神，被无聊包围时有所消遣，人们或许甚至可以在自身生命中那些最棘手和最不愉快的路段采撷警句，并在这样做时感觉好过一些：以上这些人们曾经相信过，曾经知晓过——在早先的若干世纪中。为什么本世纪忘却了这一点？至少在德国，甚至在欧洲，可以从许多迹象中看出心理学观察的贫乏，在长短篇小说和哲学考察中要好一些——这些是非凡之人的作品；更多地见于对公共事件与人物的品评：而在各等级组成的社会中，尤其缺乏的是那种在心理学上条分缕析和汇总合计的艺术，这种社会中关

① 《人性的，太人性的》第一卷第2章，译文据科利/蒙提那里考订研究版《尼采著作全集》(KSA)第2卷，柏林/纽约，1988年。

于人是已说了许多，但都完全不是在**高于人类**①的意义上说的。为什么人们竟错过了这块最丰富、最无害的消遣材料？为什么连心理学警句的大师都不再有人读了？——因为，毫不夸张地说：欧洲读过拉罗什福科及其在精神与艺术方面的同道中人的有教养者，是很少见的；对他们有见识而不轻侮者尤为罕见。而连这种非同寻常的读者，从那些艺术家中得到的欢愉也远未达到他们的形式本该以飨读者的程度；因为即使是最精细的头脑也不会有足够的能力对雕琢警句的艺术予以恰当的称赞，要是他自己不是在这方面受过教育、经过较量的话。没有实践的教导，人们会小看这种创作和形制，不能足够敏锐地觉察出那些成功和迷人之处。因此，今日的警句读者在这上面得到的是一种相对无关紧要的娱乐，甚至几乎说不出几多妙处，所以他们读的时候就像多彩宝石浮雕②的通常观赏者：像后者那样称赞，因为他们喜爱不起来，很快就准备着要惊叹，并更快准备着要走开。

36

异议。——或者，应该对上面那个命题，心理学观察属于对此在进行刺激、救治并减轻其负担的手段之一，做一次反面的考量？人们会不会对这门艺术的不良后果有了足够的把握，所以现在故意把那些自我教化者(der sich Bildenden)的目光从这门艺术上引开？事实上，对人类天性之善意的某种特定的盲目信念，对分解剖析人类行为的某种深植于心的反感，在谈及灵魂的赤裸状态时的某种羞耻，对于一个人的总体幸福来说，可能是更值得愿望的东西，胜过那种在心理学方面的敏锐，那种在个别情况下亦有裨益的品质；也许，对善的事物、合乎美德的人与行为和世界上不乏非个人的好意(Wohlwollen)的信念，就其减少了人类的不信任而言，已经使人类变得更好了。人们心潮澎湃地模仿普鲁塔克笔下的英雄们，对半信半疑地追查他们行为的动机则感到某种抵触，这样做虽然真相得不到好处，但是人类社会的福祉却会有收益：这个领域里的心理学谬

① “关于人”原文为 über Mensch，“高于人类”原文为 über den Mensch，两者在重复中形成互文，尼采一方面利用 über(兼有“关于”和“高于”之义)的双关，又在后者加上表示“唯一”的定冠词 den，以表示“超出现有人类之上”的意思。——译注

② 多彩宝石浮雕(Kameen)当指以阳刻表现人物的浮雕作品，古代多用于贵重的、自带色彩的石材，所表现人物事件更丰富多彩，但传播远不如一般的浅浮雕作品为广。——译注

误，说到底就是愚蠢，在帮助全人类前进，而对真相的认识也许要凭借一个假说的刺激性力量才会发挥更大作用，照拉罗什福科在他的《道德箴言录》第一版中一开始就提出的说法："世人名之为德性的，常常只是一种通过我们的激情造出的幽灵，我们给它们一个'正派'的名字，以便我们可以不受惩罚地做我们想做的事情。"①拉罗什福科和其他那些检验心灵的法国大师们（新近还有一位德国人，《心理学观察》的作者，亦跻身其列）犹如精准的射手，他们总是一而再、再而三地命中靶心的黑点②——却也命中了人类天性的黑点。他们的巧技令人惊叹，但是，一位不遵循科学精神却跟着人类友爱走的观者，最终会诅咒一门看来要向人类心灵中植入藐视与猜疑之觉识（Sinn）的艺术。

37

尽管。——那么姑且按照正反两面考量的情况：在一门特定的个别科学的现状下，复活道德观察已变为亟须，人类终究躲不过要目睹心理学解剖及其所用刀钳的残忍景象。因为这里说话算数的是那门科学，它追问所谓道德感的起源与历史，在前进过程中还要有盘根错节的社会学问题有待提出和解决：旧哲学完全不认识后者，并总是以局促的遁词逃避对道德感之起源与历史的研究。这会有哪些后果呢：现在可以全面清楚地看到了，已经有许多例子证明，最伟大哲学家们的那些谬误是如何习惯性地始于对特定人类行为和感受的虚假解释，一套虚假的伦理学是如何在一套错误分析，比如对所谓无私行为的分析的基础上建立起来的，为了迎合它人们又再求助宗教以及神话学的胡编乱造，最终，这些阴郁精神的鬼影也潜入了物理学和对世界的总体考察中。心理学观察的肤浅给人类的判断和推理设下过并且还会不断重新设下最危险的圈套，不过如果确定了这一点，那现在就需要那种劳作的毅力，不倦于一砖一瓦、一点一滴的积累，需要有节制的勇气，不耻于这样一种谦逊的劳作，跟一切对这种劳作的蔑视对着干。诚然：关于人性、太人性之事的无

---

① 原文为法语：Ce que le monde nommevertun'estd'ordinairequ'unfantômeformé par nos passion，à qui on donne un nom honnête pour faire impunémentcequ'onveut。译文参见拉罗什福科：《道德箴言录》，何怀宏译，第 133 页，北京，生活·读书·新知三联书店，1987。据中译者，这则格言在 1678 年拉罗什福科生前定稿的最后版本中却作为 606 被放到"删去的箴言"中。——译注

② "靶心的黑点"，原文为 Schwarze，即"黑色区域"，德语中以之代指靶心，尼采此处显然用作双关。——译注

数零散议论首先是在社交圈子中被发现和道出的，这些圈子习惯的是不为科学的认识却为才智上出风头而付出一切代价；那个古老的道德论警句散发出来的香气——一种极有诱惑性的香气——几乎不可分离地伴随着这整个族类：所以，学术中人会因为这香气而不由自主流露出一丝对这个族类及他们的严肃态度的不信任。不过看后果就够了：因为现在已经可以看出，在心理学观察的土壤上长出了哪些最严肃的成果。而哪个是主导命题呢？最勇敢、最冷静的思想者之一，《论道德感的起源》一书的作者凭借他对人类行为的深入通透的剖析而证成了这个命题。“道德意义上的人，”他说道，“离理知的（形而上学的）世界并不比物理意义的人更近。”这个命题，已在历史认识的锤打下变得强硬而锐利，也许有朝一日，在无论哪一种未来中，会被用作斧头，斫向人类的“形而上学需求”之根，——至于对人类普遍福祉是否福大于祸，谁说得上来呢？——不过无论如何是一个产生了最重大后果的命题，给人启发同时又令人生畏，以那种双重目光窥入世界内部，所有伟大的认识都具有这种双重目光（Doppelgesichte）。

38

何种程度上有益。——如此说来，心理学观察对人类更多是有益还是有害，这一点大概毕竟还不确定；但可以确定它是必要的，因为科学少不了它。不过，科学是毫不顾忌什么最后目的的，跟自然一样：毋宁是，正如自然是偶然地完成具有最高合目的性的事，而并不曾有意为之，真正的科学亦然，**作为在概念中对自然的模仿**，它是偶然地甚至会在许多方面增进人类的利益和福祉，并达到合目的状态，但同样**不曾有意为之**。不过，如果有谁对这一种考察方式的口吻竟会感到心寒，那也许只是他心中的火太少了：但他不妨看看四周，他将看到有些疼病是必须冰敷的，有些人是用热忱和精神“抟”成的，所以几乎不管在什么地方，都觉得空气不够寒冷和刺骨。此外，正如太过于严肃的个人和民众都会有某种对轻浮的需求，另一些过于容易受刺激和被感动的个人和民众则为了健康会不时需要沉重压抑的负担，同样，我们这些**更精神性的人**，在一个眼见失火越来越严重的年代，难道不是必须动用现有一切熄灭和冷却的手段，好让我们至少尽量一如既往地保持稳定、无害和适度，这样，也许有朝一日我们会有用于这个时代，成为它本身的镜子和自省？

39

关于理知自由①**的寓言**。——关于那些我们借以令某人承担责任的感受亦即道德感的历史，经过了以下几个主要阶段。首先，人们把单个行为称作善的或恶的，完全不考虑其动机，只看后果是有益还是有害。不过很快人们就忘了这两个名称标识的来历，误以为那些行为本身，不用考虑其后果，就具有“善”或“恶”的品性：其谬误正如语言将石头本身标识为硬的，将树木本身标识为绿的——也就是说，是由于把起作用的东西认作了原因。然后，人们把“是善的”或“是恶的”夹带到动机中去，对行动本身则视为在道德上可善可恶的。再发展下去，人们不再用善或恶的谓词陈述单个动机，而是陈述一个人的整个本质，动机则是从他的本质中生发出来的，如同植物生自土壤。这样，人们便按顺序要人类为他们的作用，然后是为行为，再然后为动机，而最后是要为他们的本质承担责任。现在人们终于发现，连这个本质也是无责任的，因为它是完全必然的结果，是从过去之事和当下之事的诸种因素和影响中融合生成的，也就是说，人类不该为什么东西承担责任，既不该为他的本质，也不为他的动机，也不为他的行为，也不为他的作用负责。人们由此得以认识到，道德感的历史是记载一种谬误、关于责之谬误的历史：其基础则是关于意志自由的谬误。——叔本华则与此相反，做出了如下推理：因为某些特定的行为事后会留下不愉快(“亏欠意识”)，所以一定有某种责任存在；要是不只是人类的全部行为都是依照必然性而进行——正如事实上的情形，也正如这位哲学家的洞见所料的那样，而且人类本身也是依照此种必然性而达到其整体**本质**——这是叔本华所否认的，那么，上述那种不愉快就**没有根据**了。从不愉快的事实出发，叔本华相信，能够证明一种自由，人类必定曾经以某种方式相信过这种自由，更确切地说，在相信时不是着眼于行为，而是着眼于本质，也就是说，相信的是如此这般**存在**(Sein)的自由，而不是如此这般**行为**的自由。从 esse[存在]即自由和责任的领域，照叔本华的看法，可以推出 operari[行事]即严格因果律、必然性和无责任状态的领域。那种不愉快虽然貌似跟 operari[行事]有关——就此而言这种感受是错的，其实却跟 esse[存在]有关，它是一个自由意志做出的行动，是一位个体之实存的根本

① “理知自由”，原文为 der intelligibelen Freiheit，在康德哲学的意义指“只能通过知性”被表象而不能通过任何感觉或情感被感受到的自由。——译注

原因；人类变成他**愿意**变成的东西，他的意愿早于他的实存。——这里做出了错误的推理，从不愉快的事实，推断出了这种不愉快的合法性，它从理性上得到的**许可**；从上述错误推理中，叔本华得到他所谓理知自由这个离奇的结论。然而，行动后的不愉快根本用不着是合理的；甚至肯定不是，因为它依据的是谬误的前提，即行动本来不一定是必然成功的。如此说来，人感到后悔和良知有愧是因为他自认为自由，而不是因为他就是自由的。——此外，这种不愉快是某种人类能够戒除掉的习惯，在许多人那里这种不愉快根本不会在某些行为上出现，同样是这些行为其他人却会感受到它。它是极其善变、取决于礼俗与文化的发展的事情，也许只在世界历史的一个相对短暂的时间中存在。——没有人对他的行动有责任，没有人对他的本质有责任；无论如何评判(richten)都是不公正的。这也适用于个体自我评判之时。这个命题如同阳光般明亮，可是在这一点上，每个人都宁愿退回阴影和非真理中去：出于对后果的恐惧。

40

超动物。——我们内部的野兽愿意被谎言欺骗；道德就是迫不得已的谎言，我们靠了它才没有被这野兽撕碎。倘若没有道德诸假说中的那些谬误，人类或将仍然是动物。不过这样他就认为自己是某种更高等的东西，让自己去承担更为严格的法律。他因此对于离动物性更近的那些阶段怀有某种憎恨：以前对作为某种非人类、作为某种物品的奴隶的蔑视，要从这方面去解释。

41

不变的性格。——性格是不会变的，这严格说来是不对的；毋宁说这句脍炙人口的话的意思不过就是，在一个人短暂的生命历程中，那些起作用的动机通常未能刻下足够深的印记，深得足以抹杀许多个世纪烙下的那些笔迹。不过试想有一位活了8万年的人，那他甚至会有一种绝对变易的性格：以至于从他这里会陆续发展出大量不同的个体。人类生命之短暂产生了误导，导致了关于人类品性的谬论。

42

善值顺序和道德。——一度作为假说被接受的那个善值的等级顺序，现在决定着道德和不道德，其根据是某种低级、高级和最高级的自私想要的是这种还是那种善。把一个低级的善(比如感官享受)排在一个受到更高评价的善(比如健康)前面，即可视为不道德，把良好生活排在自由前面亦然。不过，善值的等级顺序并非在一切时代都是固定和相同的；如果有人把复仇排在正义前面，那么按照某个早期文化的标准，他是道德的，放到现在则是不道德的。也就是说"不道德"指的是，一个人对于他当时的新文化带来的那些更高级、更精细、更精神性的动机，还没有感受或感受还不够强烈：它指的是一个落后的人，但总是只就程度上的区别而言。——善值的等级顺序本身并不是根据道德的观察角度来安排或重排的；虽然一个行为是道德的还是不道德的，倒是根据这个等级顺序每次的确立而被决定的。

43

作为落后之人的残忍之人。——现在算是残忍的那些人，在我们这里必须被当作残留的**早期文化**的诸阶段：在他们这里，人类之群山豁然展现了一下那些在其他地方隐而不显的岩层。这是些落后的人，因为遗传过程中一切可能的偶然事件，他们的大脑未曾得到细致和多方面的持续塑造。他们向我们展现了我们所有人**曾经所是**的样子并且把我们吓住了：可是他们本身是没有什么责任的，正如一块花岗岩不用为它是一块花岗岩负责。在我们的大脑中一定也有些暗沟回路对应着他们的心态，正如在个别人类器官的组成中会有些地方让人回想起鱼的样态。不过，现在这些暗沟回路已经不再是我们感受的风暴辗转反侧的温床了。

44

感谢与复仇。有权势者之所以心怀谢意，就是因为他是有权势者。向他行善的人仿佛是通过其善举而侵犯、闯进了有权势者的界域：于是他通过感谢的动作反过来侵入行善者的界域，以为报答。这是一种较温和形式的复仇。倘若没有回敬以充分的感谢，有权势者就显得他自己没有权势了，今后亦会被这样看待。因此，所有由好人——最初指的就是有权势者——组成的社会都把感谢置于头等义务之列。——斯威夫特不经意给出过这个命题：人类的感谢之情跟他所怀的复仇之意是成正比的。

45

善恶的双重前史。——善与恶的概念有一段双重的前史：**起初**

发生于在统治性部族和种姓的心灵中。谁若有以善还善、以恶还恶进行报复的权力并确实也实施了报复，亦即那种心怀感谢和复仇之意的人，被称为好的；谁若没有权势，不能报复，就被当作坏的。人们作为好人而属于“好人们”，属于一个有着共同情感的团体，因为所有单个人都通过对报复的心领神会而彼此编结在一起。作为坏人则被归为“坏人们”，归入一大堆屈服的、无权无势的人们中去，他们不具有共同情感。好人们是一个种姓，坏人则是一团尘土般的大众。好与坏在很长一段时间内相当于高尚和卑贱，主人和奴隶。相反，人们并不视敌人为恶的：敌人能报复。特洛伊人和希腊人双方在荷马笔下都是好的。并非对我们造成损害的人士，而是受鄙视之辈，才被当作坏的。在好人团体中好人世代相传；从这样好的土壤中长出坏人是不可能的。如果有个好人还是做了某种有失好人体面的事，那么人们就随口找个遁词；比如把责任推给某个神祇，说：是他使这个好人迷失和疯狂了。——**然后**发生于被压迫者、无权力者的心灵中。在这里，每个**其他**人都被视为敌对的、无情的、剥削性的、残忍的、狡诈的，无论他是高尚还是卑贱；恶就是一个专指人类甚至一切有生命造物的特征的词，人们为了某个上帝而将之设为前提；人性的、神性的被等同于魔性的、恶的。善心、乐于助人、同情的表示引起的反应是惶恐不安，被当作阴谋，惨剧的前奏，是麻痹和使诈，简言之就是被当作精心修饰过的恶意。单个人怀着这样一种心态，就几乎不可能产生一个公共体，最多只能产生最粗野形式的公共体：所以，凡是这种善恶见解盛行之处，单个人、他们组成的部族和种族离灭亡也就不远了。——我们现在的伦常(Sittlichkeit)则是在**统治性**部族和种姓的土地中生长起来的。

46

对苦难的同情比罹受苦难更强烈[①]。——有些情况下，对苦难的同情比真正罹受苦难更为强烈。比如，当我们有位朋友对某种可耻行径负有亏欠的时候，我们会感到比我们自己这样做了还要痛苦。也就是说，起初我们比他更信赖他品格的纯粹；然后我们对他的爱，大概正是因为那种信赖，也比他对他自己的爱更强烈。即使实际上，

---

① “对苦难的同情”原文为 Mitleiden，通译为“同情”，此处为表示该词与“苦难”(Leiden)的同源性。——译注

就自私[①]而言，这时他受的苦难比我们自己更多，因为他不得不更强烈地承受他所犯过错的恶果，但是，就无私——对这一措辞切不可拘泥，它只是一种方便的表达——而言，我们从他的亏欠中所受的打击，却比他更为强烈。

47

疑病症。——有些人出于对另一个人的同感和关切而变得有疑病症了；这里产生的那种同情无非就是一种病。所以也有一种基督教疑病症，那些孤独的、受宗教感动的人们染上了这种病，眼前不停萦回着基督的受难和死亡。

48

善心经济学。——作为人类交往中最有疗效的草药和力量，善心和爱是如此昂贵的发现，以至于人们很希望在使用这些香脂药膏时尽可能地经济节俭：但这是不可能的。善心经济学是最莽撞的乌托邦主义者们的梦。

49

好意。——比起对伟大而罕见的事物，对那些微小却无比常见因而极其有效的事物，科学应给予更多的重视，其中也包括好意；我指的是交往中那种友好心态的表露，那种眼中的微笑，那种握手，那种拥抱，人类做几乎一切事情都习以为常地被它们缠绕牵绊。每位教师、每位官员完成他们的分内事之余，都会添上这些附加性的举止；这是对人性的持续践行，犹如人性的光波，万物皆生长其中；尤其在最亲密的圈子中，在家庭内部，生活只有通过那样的好意才长出绿叶，开出鲜花。发自内心的好脾气(Gutmütigkeit)、友爱和礼貌，是无私冲动的源源不断的流淌，它们对文化的建设之功，要远远强过这种冲动的另一些声名远著的表露方式，即人们称之为同情、慈悲和牺牲者。然而，人们习惯予以它们较低的评价，而且事实上：这当中未必就有很多无私的成分。虽然如此，这些微小分量的**总和**仍然强劲有力，它们累加起来的力量可与那些最强的力量比肩。——同样人们会发现这个世界上有比阴郁者眼中所看到的多得

① “自私”(Egoismus)即“与自己相关的利益”，后者“无私”指“不与自己相关的利益”，尼采这里故意以一种中性的方式来使用这两个平常有褒贬含义的词，他所谓“不可拘泥”指的就是这两个词指的不是道德立场，而是作为感受之出发点的利益相关方。——译注

多的幸福：如果他们做了正确的估算①的话，而且只要他们没有忘记所有那些拥抱的时刻，每一天，每个人，哪怕是再窘迫不堪的人，也都不缺少那样的时刻。

50

想要激起同情。——拉罗什福科确实说到了点子上，在他自画像(初版于 1658 年)最值得注意的那些段落中，他向一切有理性的人提出警告，要提防同情，并建议把这个东西专门留给来自民众的人们去做，他们需要由激情(因为后者不受理性的规定)带动起来，方能帮助那些罹受苦难者，在某个不幸发生时有力地介入；而同情，照他(和柏拉图)的判断，则会使心灵脱力。他认为，人们诚然应该**表示**同情，但要防止**拥有**它：因为不幸者就是那么**愚蠢**，表示同情在他们那里就是世界上最大的善举了。——也许，人们还可以就这种拥有同情的情况提出更强烈的警告，如果人们不是把不幸者的那种需求直接认定为愚蠢和缺乏理智，某种由不幸导致的精神紊乱(拉罗什福科似乎真是这么认为的)，而是把它当作某种完全不一样的、更加可疑的东西来理解。人们不如去观察一下儿童，他们又哭又闹，**借以**得到同情，因而他们是在等待时机，让自己的状况能够为人所见；不如去跟病人和精神消沉的人打一下交道，问问自己，那种能说会道的抱怨和诉苦，那种对不幸的故意展现，难道根本上不是企图让在场者**疼痛**吗？于是后者表现出来的同情，对于弱者和罹受苦难者来说乃是一种慰藉，因为他们在这上面认识到，尽管如此虚弱，自己至少还**拥有**一种**权力：令人疼痛的权力**。不幸者在这样的优越情感中赢得了一种快乐(Lust)，表示同情就使他意识到了这种情感；他的自以为是高涨了，他总还是足够重要，可以对世界制造痛苦。所以说，对同情的渴求是一种对自我享受的渴求，而且代价是周围人要付出额外的负担；这一点展现在人们面前时，伴随着他那个最切身的、受钟爱的自己的肆无忌惮：而不是像拉罗什福科所以为的那样，直接出于愚蠢。——在社交对谈中，所有提问和所有回答中有四分之三都是为了给谈话者弄出一点点疼痛；因此许多人才如此渴望社交：它让他们感觉到自己的力量。在这样一种数量无穷但剂量微小的服用中，恶意产生了效果，它成为一种强劲的生命兴奋剂：

---

① 此处所谓“正确的估算”，当与上文“总和”“累加”和下文的“没有忘记”连在一起理解。——译注

其情形跟好意完全相同，后者以同样的形式遍布人类世界，是随时备用的治疗剂。——可是，会有许多诚实的人承认说，令人疼痛可以用来娱乐吗？承认说，对其他人至少在思想上制造伤害，朝他们发射细小恶意的霰弹，用这个来做消遣——而消遣得很开心——，这样做并不少见？大多数人太不诚实，有些人又太善良，都不足以对这个阴私部位有所了解；后者大概因此终归会否认普罗斯佩·梅里美的下面这句话是对的："要知道，没有什么比为了作恶的快乐而作恶更普遍的了。"①

51

像如何成为是。——演员到最后可能在痛苦最深切的时候，比如甚至在他孩子的葬礼上，也止不住想到他的个人形象和总体的场景效应；他会对着他自己的痛苦及其外露的方式而哭泣，作为他自己的观众。总是扮演同一个角色的伪善者，到最后则会中止伪善；比如教士，他们在身为少年时照惯例会有意无意地做伪善者，最后习惯成自然，于是真的不带一丝做作地就成了教士；或者如果父亲没有达到这个地步，后面也许荫承父业的儿子会继承他的习惯。如果一个人长久而执拗地想要**像**某种东西，那么最后他就很难**是**别的东西了。几乎每个人，甚至艺术家也是，其职业都始于伪善，始于对外部的模仿，对产生强大作用者的某种复制。总是戴着友好表情的面具的人，必定最后会取得一种强力，能掌控充满好意的情绪，没有这些情绪，友善的表达就勉强不来，到最后，这些情绪也会取得掌控他的强力，他就是好意的了。

52

欺骗中的诚实时分。——在所有伟大的骗子那里都有一个过程值得注意，他们的权力仰仗于这个过程。在欺骗的真正行动万事俱备，通过声音、谈吐、姿势中那种令人毛骨悚然的东西，在产生了强大作用的场景中，他突然感到自己对自己的相信：正是这个信念，奇迹般地、压倒性地对着周遭发言。宗教创立者们跟那些伟大骗子的区别就在于，他们没有走出这种自欺的状态：或者，他们极为罕见地会一度处于较为清醒的时刻，被怀疑压倒；可通常他们就安慰自己，把这些较为清醒的时刻归咎于邪恶的对手。自欺必须有，以

① 引文为法语：Sachezaussiqu'iln'y a rien de plus commun que de faire le mal pour le plaisir de le faire. ——译注

便让有些人或事产生非凡的**作用**。因为人们相信，那些显然被强烈地相信的东西就是真的。

53

真理据说有几个阶段。——已经形成习惯的错误推理中有一条是：因为某人真实和坦诚地对待我们，那么他说的就是真话。孩子就是这样相信父母的判断的，基督徒就是这样相信教会创立者的主张的。以相同的推理，人们不愿意承认，人类先前几个世纪中牺牲生命与幸福捍卫的所有东西都无非是谬误：也许他们会说，真理是有过几个阶段的。但他们心底的想法是，如果某人诚实地相信某事，为他的信仰奋斗并死去，那么，倘若激励他的其实只是一个谬误，那可简直太**不公道**了。这样一个过程似乎跟永恒的正义相矛盾；因此，有感受力的人们的心灵就总是一再反对他们的大脑，颁布下面这个定理：在道德行为和理智洞见之间必须有一条必然的纽带。可惜不然；因为没有永恒的正义。

54

谎言。——为何在绝大多数时候人们在日常生活中都说真话？——肯定不是因为上帝诫止谎言。而是首先，因为这样做更舒适；因为谎言要求发明、伪装和记忆。(因此斯威夫特说：撒了一句谎话的人很少会觉察到他所承担的重负；因为他必须发明20句别的谎言来圆一句。)然后，因为直接说出我要这个、我做了这个等诸如此类的话，在平常的关系中是有好处的；也就是说因为强制与权威的道路比诡诈(List)的道路更加安全。——不过，如果一个孩子起初是在错综复杂的家庭关系中成长起来的，那么他就会自然而然地操习谎言，他不自觉地总是说出符合他利害关系的话；一种求真意识、一种对谎言本身的反感，对他来说是完全陌生和不可理喻的，所以，他是完全无辜地说谎的。

55

因为相信而猜疑道德。——没有权力在纯粹由伪善者来代表它的情况下站得住脚；天主教教会尽管具有那么多“世俗”底色，它的力量还是倚仗那些至今为数尚多的有着教士天性的人，他们使自己的生命变得沉重和意义深刻，他们的目光和憔悴肉身诉说着守夜、饥饿、热切的祈祷，也许甚至还有鞭打；这些使人类震撼而畏惧：

怎么，竟**必须**这样去生活？——这就是他们的情景催人发出的令人战栗的问题。他们通过使这种惊疑广为传扬，一再重新奠定了他们权力的一大柱石；即使是那些思想开明的人，对于以如此方式做到无我的人也不敢用强硬的求真意识来反驳说："你这个受骗的人哪，别来骗人了！"——他们跟他的区别只是见识上的差异，绝不是用心的好坏；不过，人们通常对自己不喜欢的东西习惯予以不公正的对待。所以他们会谈论耶稣会士的狡黠和卑鄙手腕，却忽视了每个单个的耶稣会士都在身体力行何等的自我克服，耶稣会教义手册所谆谆教导的那种简便的生活实践，是如何绝不应该给他们，而是要给那些平信徒带来好处的。甚至可以自问，我们这些启蒙了的人们，在采取完全相同的策略和组织的情况下，是否也会成为那样良好的工具，也会通过自胜、无倦和奉献而那样令人惊叹。

56

认识对彻底邪恶者的胜利。——想要变得智慧的人，若一度经历过那种对彻底邪恶和腐败了的人类的想象，会收获颇丰：那种想象跟与之相反的想象一样虚假；但它历经若干完整的时间段而始终占据了统治地位，它的根系分叉生长，直抵我们和我们世界的内部。我们要把握自身，就必须把握**它们**；而要在之后登得更高，就必须登到它们上面并越过去。然后我们会认识到，不存在形而上学意义上的罪恶；不过，在相同的意义上也不存在美德；整个道德表象的王国是持续动荡不安的，关于善与恶、道德与不道德存在着更高级和更深刻的概念。谁如果不贪求从事物中得到超出对它的认识太多的东西，他就容易达到灵魂的安宁，最多只是出于无知，而很难出于贪欲而犯错(或者按世人的说法，犯罪)。他将不会再想要贬低和根除欲望；而那个唯一占据他全身心的目标，在一切时候均尽可能地去**认识**，将使他冷静，驯化他禀赋中的全部野性。此外，他已经摆脱了一大堆折磨着他的想象，他对于地狱之罚、有罪状态、无能为善等说辞已经不再有什么感受：他在这里认识到的仅仅是对世界与生命的虚假考察所投下的飘浮的阴影图像。

57

道德作为人的自身分解。——一个对他的主题真正用心的好作者，但愿有人过来对这个主题做出更为清晰的表述，把其中包含的问题一点不剩地全部答上，由此把他全盘否定掉。恋爱中的少女但愿能在她爱人的不忠上考验她那份爱的奋不顾身的忠诚。士兵但愿为他常胜的祖国殒命战场：因为随着祖国的胜利他最高的愿望也一起胜利了。母亲会把她自己错过的那些东西送给孩子，睡眠，最好的饭菜，有时候还有她的健康和财富。——可所有这一切都是无私的境界吗？这些道德行动，用叔本华的话说，“不可能却现实地发生了”，所以它们就是**奇迹**吗？下面这一点难道不是很清楚吗，在所有这些例子中，人都是爱**自己的某些东西**，某个思想，某种渴望，某件产品，胜过**自己的另外某些东西**，也就是说，他把他的本质**分解**开来，为了一部分而牺牲另一部分？这跟一个犟脑壳说“我宁愿把这个人一枪放倒，也不愿在他面前退让一步”，在本质上有什么不同吗？——在上述全部例子中都有**对某种东西的倾向**（愿望、冲动、渴求）；顺从这个倾向，包括一切后果在内，无论如何不是“无私”。——在道德中，人类不是把自己当作 individuum［个体］，而是当作 dividuum［可分体］[1]来对待。

58

人们能许诺的东西。——人们能许诺行为，但是不能许诺感受；因为后者是不由自主的。谁若许诺某人永远爱他，或永远恨他，或永远忠于他，就是在许诺某种他权力之外的事情；但他当然能许诺这样的行为，后者虽然通常是爱、恨和忠诚的后果，却也可能源自其他动机：因为一个行为是由多种路径和动机导致的。永远爱某人的许诺，如此说来就意味着：只要我爱着你，我将向你做出那些爱的行为；我若不再爱你，你将依然不间断地从我这里接收到同样的行为，即使是出自其他动机。从而在周围人的心目中始终留有这样的假象（Schein），这份爱没有改变，永远如一。——也就是说，人们许诺的是爱的表面现象（Anscheines）的持续，当他们为某人许下永远相爱的誓言而没有自我蒙蔽的时候。

59

理智与道德。——人们必须有一副好记性，方能信守许下的诺言。人们必须有一份强大的想象力，方能同情。道德是如此紧密地跟理智的品质（Güte）相关。

---

① 德语中“个体”（Individuum）来自拉丁语 individuum，意为“不可分者”，即对 dividuum（“可分者”）的否定。——译注

60

想复仇和去复仇。——有一个复仇的念头并将之实施，意味着发作了一阵高烧，不过是暂时性的；有一个复仇的念头却没有力量和勇气去实施，则意味着跟一种慢性病、肉体与灵魂的一次中毒长相伴随。只关注意图的道德，对两种情况会给出同等的估值；而习惯上人们会把第一种情况估算得更恶劣(因为复仇行动也许会留下恶的后果)。两种评价都目光短浅。

61

能够等待。——做到能够等待是如此的困难，所以那些最伟大诗人都不曾鄙薄那种把不能等待作为其诗作之动机的做法。莎士比亚在写《奥赛罗》、索福克勒斯在写《埃阿斯》时就是这样：后面这位只要有一天时间让他的感受冷静下来，他自己就不再会觉得自杀是像预言所说的那样必要的了；多半他巧妙地化解掉对受伤虚荣心的可怕教唆，对自己说道，在我这种情况下，谁还没有把一只羊看成一位英雄的时候呢？这难道有那么可怕吗？相反，这只是人之常情：埃阿斯可以这样来安慰自己。激情则不想等待；伟大男人生命中的悲剧性成分常常不在于他们跟时代和周围小人的冲突，而是在于他们没有能力把他们的工作推迟一两年；他们不能够等待。——在所有决斗中，做参谋的朋友都要确定一件事，相关人士是否还能够等待，如若不能，那一场决斗就是合理的，因为双方各自心中都在说："要么我活下来，那人就必须立刻去死，要么倒过来。"等待，在这种情况下，意味着还要当着损害者的面继续忍受名誉受损所带来的可怕煎熬；而这样所受的苦可能已超过了生命终究的价值。

62

复仇的放纵。——粗人感到受辱时，会习惯把受辱的程度看得尽可能高，用强烈夸张的言辞讲述缘由，只为能在那一下被唤醒的憎恨与复仇的情感中好好地放纵自己。

63

渺小化的价值。——不少人，也许绝大多数人，为了在自己这里保持他们的自尊和行事时某种特定的效能，极其需要在其想象中对所有他们认识的人进行贬低，将之渺小化。不过因为天资薄劣者居多数，而这在很大程度上又关系到他们会拥有还是丧失上述效能，所以——

64

咆哮者。——在一个朝我们咆哮的人面前，应该小心提防，如同提防一个对我们一度起了杀心的人：因为，**之所以**我们还活着，是由于杀人的权力尚付阙如；倘若目光足以致死，我们早就丧命了。这是粗野文化的一部分，通过让肉体的野性变得可见，通过激起恐惧，来让某人沉默。——同样，高贵者投向他们奴仆的那种冷漠的目光，那种人与人之间的种姓划分留下的某种残余物，也是粗野古代的一个片段；女士们，古旧事物的守护者，把这种遗风也更加忠实地守护下来了。

65

诚实可能导向何方。——有的人曾养成了坏习惯，时不时会完全诚实地谈论他的行为动机，那些跟大家一样好也一样坏的动机。他首先会引起反感，然后引起猜疑，逐渐完全被排挤和驱逐出社会之外，直到最后司法机关也有了机会，想起有一个如此堕落的家伙，不然他们是看不到或者会装作看不到的。没能做到对普遍的秘密保持缄默，以及那种不负责任的习气，偏要看见没有人想看见的东西——自己看见自己，把他带向监狱，带向过早的死亡。

66

应予惩罚，从未受罚。——我们对罪犯的犯罪在于，我们把他们同无赖(Schufte)一样处置。

67

美德的 Sanctasimplicitas[神圣的单纯][①]。——每一种美德都有些特权：比如下面这个特权，向一个被判火刑者的柴堆投下她[②]自己的一小捆木柴。

---

① 语出早期拉丁圣经译者圣杰隆的书信(St. Jerome，*Epistulae* 57，12)，形容《新约》中的质朴童言；后波希米亚的宗教改革家胡斯(Jan Hus)受火刑，一位老妇人往其火堆上添柴时，他说了这句话。——译注

② “她的”原文为 ihr，作为阴性可理解为“美德的”，或也可理解为历史上这样做的那位单纯的老妇人。——译注

68

道德性与成功。——对一个行动，不只是旁观者常常根据成功来衡量它的道德或不道德：不，行动者本人也这样做。因为动机和意图很少会足够的清晰和简单，有时连记忆也会被行动的成功弄模糊了，以至于人们给他们的行动本身安上虚假的动机，或者把非本质的动机当作本质性的。成功经常让一个行动散发出好良知的完满诚实的光辉，而一次失败则会给最可敬的行为也罩上良知有愧的阴影。结果就产生了众所周知的政治家实践，他想："只要给我成功：成功了，我也就使所有诚实的灵魂都站到我这边了——而且就使我在自己面前变得诚实了。"——成功应该以类似的方式取代更好的论证。现在还有许多有教养者以为，基督教教义对希腊哲学的胜利是前者具有更伟大真理的一个证据——虽然在这个例子上，只是更粗糙和更强暴的一方战胜了更精神性的、细腻的一方。更伟大的真理的情况如何，则从下面这一点上可以看出来：觉醒中的诸门科学一点一点地跟伊壁鸠鲁哲学建立起了关联，并一点一点地驳倒了基督教教义。

69

爱与正义。——为什么人们会高估爱情而亏待正义，对前者用上最美好的说辞，仿佛它是一件比后者高出许多的事情？难道它不是显然比后者愚蠢吗？——当然是，不过恰恰因此让所有人更加**舒服**。它愚蠢并拥有一个富丽的丰饶角；它把它的馈赠从中分发给每个人，即使他配不上它，即使他甚至都不会为此有所感谢。它像雨一样不偏不倚，根据圣经和经验，雨不仅会把不正义者，而且有时也会把正义者淋个透湿。

70

死刑。——每个死刑都给我们带来比一次凶杀更多的侮辱，为什么会这样呢？就因为法官的冷漠，苛细的行刑准备，和洞察到在这里一个人是被用作威慑其他人的手段的见识。因为亏欠受不到惩罚的，哪怕真有的某种亏欠：这亏欠也是在教育者、父母、周遭环境那里，在于我们，而不在凶手那里——我指的是诱发的事由。

71

希望。——潘朵拉带来装着祸害的桶[①]并打开了它。这是诸神送给人类的礼物，从外表看是一件精美诱人的礼物，别称曰“幸福之桶”。从这里飞出了所有祸害，活泼的带翅膀的玩意：从那时起，它们就四处游荡，日夜为害人间。唯有一个祸害还没有从那个桶里溜出来：当时潘朵拉遵从宙斯的旨意关上了盖子，所以它就留在里面了。人类于是永远把这个幸福之桶放在家里，以为里面装着什么了不起的宝贝；它供他使唤，他一动念便向它索求；因为他不知道，潘朵拉带来的那个桶是个装祸害的桶，便把留下的祸害当成了最大的福气——这就是希望。——宙斯的用意就是要人类即使被其他祸害折磨得那么惨，也不会抛弃生活，而是继续过下去，任凭自己永远被反复折磨。所以他给了人类希望：它真的是最害人的祸害，因为它延长了人类所受的折磨。

72

道德可加热性[②]未知。——我们的激情是否达到灼热并主导整个生活，取决于我们有没有遭遇特定的震撼性景象或印象，比如一个被不公正地审判、杀害或拷打的父亲，一个不忠的女士，一次残忍的敌对性攻击。没有人知道，这些情形，同情、愤慨，可能把他推向何方，他不懂自己的可加热性达到何种程度。小得可怜的受热比率[③]就使人变得可怜；通常不是体验的质，而是体验的量在决定着低等人和高等人，善和恶。

73

违背意志的殉道。——在某个党派中曾经有一个人，他胆怯和懦弱得从来不敢反抗他的同志们：人们在一切差事上差遣他，从他这里索取一切，因为他害怕同伴们(Gesellen)的恶评甚于死亡；这是一个可怜的虚弱的灵魂。他们晓得这一点，根据上述这些品性要把他做成一个英雄，最后甚至是一个殉道者。虽然这个懦弱的人在内

---

① 相关神话通行版本中皆说潘朵拉的“盒子”(Büchse)，尼采此处用“桶”(Fass)，在德语中多指用来装酒的桶。——译注

② “可加热性”，原文为 Erhitzbarkeit，此系直译，字面义为“容易被加热或被激怒的状态”。——译注

③ “受热比率”，原文为 Verhältnisse，表示“关系、比例”，此处当与“可加热性”相联系理解，“小得可怜的受热比率”当表示“很容易就被(某种景象)激怒”。——译注

心里总是说不，嘴上却总是说是，甚至在绞刑架上，在他为了所在党派立场而死的时候，他边上就站着某个他的老伙伴，用言辞和目光霸道地宰制他，竟使他真的以最刚直的方式受死，并从此作为殉道者和伟人受到尊崇。

74

日常标准。——把极端的行为归结为虚荣，把中庸的行为归结为习惯，把渺小的行为归结为恐惧，这样做很少会错。

75

关于美德的误解。——谁若是在跟快乐的关联中了解坏德性(Untugend)的，就像那种已经过了一段寻欢作乐的青春时光的人，那么他想当然地以为美德必定跟无趣联系在一起。谁若相反，深受自己激情和恶习的困扰，就会渴盼在美德中得到灵魂的安宁和幸福。因而有可能这两个有美德的人彼此完全不理解对方。

76

苦修者。——苦修者从美德中造出一种必需。

77

把人的荣誉转为事的荣誉。——人们普遍尊敬那些为有利于身边人而做出的爱和献身的行为，不论它们展现在谁身上。这样人们提高了**对事情的评价**，以上述方式为人所爱或者人们为之而牺牲的那些事情：虽然它们本身也许并没有很高的价值。一支勇敢的军队所服膺的，是它为之战斗的事业。

78

雄心，道德情感的一种替代品。——有些人生性没有雄心，在这样的天性中是不可以缺少道德情感的。雄心勃勃的人则没有道德情感也能行，成效几乎相同。——因此，杜绝了雄心壮志的寒族的子孙们如果连道德情感都失落了，那么通常会在快速的上升中变为十足的流氓。

79

虚荣致富。——人类精神倘若没有虚荣将多么贫乏！而有了的话它就如同一个装得满满并永远会自动重新装满的商品库房，吸引着各路买家：他们几乎能找到一切，买到一切，前提是要带上有效的币种(赞美)。

80

老去与死亡。——且不考虑宗教提出的那些要求，人们可以好好地问一下：对于一个年事已高、觉察到自己力量衰退的男人来说，等着衰竭和崩溃慢慢到来，为什么就比充分自觉地为自己设置一个目标更加光彩呢？在这种情况下，自杀是一个完全自然、可以想见的行为，作为理性的一种胜利，它应该合乎情理地唤起人们的敬畏：而且也曾经在那些时代唤起过，当时希腊哲学的头号人物和忠勇的罗马爱国者们是惯于自杀的。相反，在医生谨小慎微的建议下，按照极其繁苛的生活方式，日复一日地苟延残喘，而没有力量再行趋近真正的生活目标，这样的嗜求是远不值得敬重的。——诸宗教则富于遁词以回避自杀的要求：他们由此讨得了那些迷恋生活的人们的欢心。

81

受难者谬误和施难者谬误。——当富裕者取走一份属于贫穷者的财物(比如君主抢走平民的爱人)，那么在穷人这里会产生一个谬误；他以为，前者一定是非常卑鄙，才会从他这里拿走他仅有的那一点东西。可是，那一方对**单个**财物完全不会有那么深的感受，因为他习惯了拥有许多东西：所以他不能体谅穷人的内心，其所作所为之不公正，也远没有后者以为的那样严重。双方都对彼此有一种虚假的想象。历史上最令人激愤的强权者之不公正，远没有它显示的那样大。那种与生俱来的感受，感到自己是一个有着更高期许的更高的造物，已经足以使人冷漠，让他心安理得了：我们所有人在觉得自己跟另一种造物之间区别很大的时候，甚至会再也感受不到丝毫不公正，比如杀死一只蚊子而没有任何内疚。所以，当薛西斯(连希腊人也都把他描写得杰出而高贵)从父亲身边带走儿子而将之肢解，因为儿子对行进的大军表达了恐惧而不祥的疑虑，这并不表明他的坏：单个人在这种情况下就像一只让人不舒服的虫子那样被清除掉，他太低微了，不足以在一位世界统治者那里引发更久的烦恼。是的，一切残忍皆未残忍到被残害者所相信的**那个**程度；想象痛苦跟罹受痛苦不是一回事。这一点同样适用于不公正的法官，借助微小的不实之词误导公众的记者。在所有这些情况下，原因和作用是包藏在完全不同的感受群和思想群中的；而人们却不自觉地假定施难者和受难者的思维和感受是相同的，并根据这种假定，把一方的亏欠用另一方的痛苦来衡量。

82

灵魂的皮肤。——正如骨头、肉块、内脏和血管被一张皮肤包裹，这张皮肤使人的景象可以被忍受，同样，灵魂的兴奋和激情是被虚荣包住：它就是灵魂的皮肤。

83

美德的睡眠。——如果美德曾经入睡，它起床时将更清醒。

84

羞耻的精细。——人类并不为想到某种肮脏东西而羞耻，但在想象人们相信他们会有这些肮脏想法的时候却会大感羞耻。

85

恶意是稀有的。——大多数人类把太多心思花在自己上面，以至于无法心怀恶意。

86

决定性的小因素。——我们在称赞一件事或指责另一件事时，依据的是哪一个可以为炫耀我们的判断力提供更多的机会。

87

对《路加福音》18 章 14 节的修订。——凡自降为卑的，是想要提升为高。[1]

88

阻止自杀。——有我们据以夺走某人生命的法律，但没有我们据以夺走其死亡的法律：这简直是残忍。

---

① 《圣经·新约·路加福音》18：14 后半段原文为："因为凡自高的，必降为卑；自卑的，必升为高。"（[…]wersichselbsterniedrigt，der wirderhöhtwerden.）尼采的修订主要是将表示将来时的助动词"wird"改为表示"意愿、意志"的情态动词"will"。——译注

89

虚荣。——我们之所以注重人们的好评，起初是因为它有益，然后是因为我们想让他们(孩子想让父母、学生想让老师、心怀好意的人想让所有其他人)高兴。只有当人们的好评对某人很重要而又无关乎好处或让人高兴，这时我们才说到虚荣。在这种情况下，那个人是想要让自己高兴，不过周围的人要为此付出额外代价，因为他要么诱导后者对自己产生虚假的看法，要么干脆就故意使“良好评价”达到一个肯定会让所有其他人难受的程度(通过激起嫉妒)。单个人会想通过其他人的评价来弥补他自己对自己的评价，并在自己面前巩固这种评价；但依赖权威的强大习惯——一种跟人类一样古老的习惯——也会促使许多人把对自己的信念建立在权威的基础之上，也就是说，首先从他人那里接受这种信念：他们对他人的判断力比对自己的更加信任。——在虚荣者那里，那种自己对自身的兴趣，自我满足的愿望，达到如此之高的程度，以至于他诱导他人对自己做出某种虚假的、过高的估价，然后还以他人的权威为依据，也就是说，引起谬误，而且还对这个谬误付以信任。——如此说来，人们必须承认，单个的人类并不是既想要让他人高兴又想要让自己高兴的，而且他们走得如此之偏，这时竟会忽略对自己有利的地方；因为他们经常注重使周围的人对自己抱有一种不利的、敌对的、嫉妒的也就是有害的情绪，为的只是让自己对自己高兴，得到那种自身享受(Selbstgenuss)。

90

人类之爱的界限。——任何人，如果他曾经赞同说另一个人是个傻瓜，是个蹩脚的伙伴，那么当后者最终表明他不是的时候，他都会恼怒。

91

令人流泪的道德性[①]**。**——道德性可以带来多大的满足啊！只要想想看，在听到对高贵、大度的行为的叙述时，会有怎样一大片舒适的泪水汪洋般涌出？——倘若对完全无责任状态的信念高涨，生命的这种魅力或将消失。

---

① 原文为法语：Moralité larmoyante. ——译注

92

正义的起源。——正义(公道)起源于**权势**大体**相同者**之间，正如修昔底德(在雅典和米洛斯的使者们的可怕对话中[①])正确理解的那样；在没有清晰可辨的暴力优势、战斗可能会变成两败俱伤的情况下，才会产生要达成一致、对双方诉求进行协商的想法。**交换**特征就是正义的最初特征。每一方都让对方满意，因为每一方都得到了他比另一方认为更有价值的东西。人们给予每一方他想要今后据为己有的东西，反过来也得到了曾经盼望的东西。正义也就是在拥有一种大致相同的权力地位的前提下的回报和交换：所以复仇原初就属于正义的范围，它是一种交换。感谢亦然。——正义的自然根源在于一种明智自保的视角，也就是说，追溯到下面这种审慎的自私："我为何要无益地损害自己，而且也许还达不到我的目标呢?"——关于正义的**起源**就说这么多。由于人类照他们理智的惯例**忘记**了所谓正义和公道行为的原初目的，尤其是因为数千年来，儿童已被训练得会赞美和模仿这样的行为，所以逐渐产生了这样的假象，似乎一个正义的行为就是一个无私的行为。在这种假象的基础上却建立起对这一行为的高度评价，不仅如此，跟所有评价一样，它还会持续拔高：因为某种受到高度评价的东西会受到奋不顾身地追求、模仿和传播，而且由于每个人各自花费在上面的辛劳与力气的价值还会被加到所评价事情的价值上去，它就被拔高了。——倘若不是那样健忘的话，世界看上去道德程度会有多低啊！一个诗人或许就会说，神是把健忘当作守护神立在人性尊严的门槛上了呢。

93

论弱者的法权。——如果有人在若干条件下屈服于一个强权者，比如一个被围攻的城市，那么能跟对手讨价还价的条件是：我们能够消灭自己、烧毁城市并以此使强权者遭受巨大损失。从而这里就产生了一种**对等**，在此基础上法权方能得到确立。——就此而言，奴隶和主人之间也是有法权的，也就是，精确地按照占有奴隶对其主人有益和重要的程度而有相应程度的法权。**法权**的原初**范围**就对应于一方在另一方那里**显现**出很有价值、至关重要、不可或缺、无法制服以及诸如此类之性状的程度。从这个方面来看，即使弱者也

① 参见修昔底德：《伯罗奔尼撒战争史》，谢德风译，第415页，北京，商务印书馆，1985。——译注

有法权，不过较为低微。所以有了那句名言：unusquisquetantum-juris habet，quantumpotentia.［每人所拥有的权利皆与他权力之所值相当。］①（或更确切地说，quantumpotentiavalerecreditur［与他权力所受之估值相当］。）

94

迄今为止道德性的三个阶段。——动物变成人的第一个标志是，他在行为时不再指向即时的良好感受，而是指向持续性的良好感受，也就是说人类变得**有益、合目的**了：这就破天荒地出现了理性的自由统治。当他遵照**荣誉**原则去行为的时候，就达到了一个更高的阶段；借助这个原则他找到了自己的位置，服从共同的感受，这就提升了他，使他超过了以个人理解的有益性为指导的阶段：他尊重人，也想要被人尊重。这意味着：他理解到利益是取决于他对别人和别人对他的评价的。最后，在**迄今为止**道德性的最高阶段，他按照**他自己**对事和人所持的标准去行为，他本人为自己和他人规定何者为光荣，何者为有益；有益和光荣的概念发展得越来越高级，他就相应地成了评价的立法者。认识使他有能力把最有益的东西，也就是那种普遍、持续的利益，放到个人利益前面，把普遍、持续的效用所带来的尊崇，放到当下得到的尊崇前面；他像集群个体（Collectiv-Individuum）那样生活和行为了。

95

成熟个体的道德。——人们迄今为止都把非个人因素看作道德行为的真正标记；已经证明的是，人们开始正是基于对普遍利益的考虑才称赞和嘉奖所有非个人行为。现在人们则越来越清楚地看到，恰恰在尽可能**个人性**的考虑中，对于普遍者的利益仍然是最大的，这时，上述观点岂不是面临一次意义重大的转型吗：结果岂不恰恰就是，严格局限于个人的行为才符合当今的道德性（作为某种普遍的有益性）概念？让自身成为一个完整的**个人**，在自己的所作所为中见证个人的**最高福祉**——这比出于同情而偏向他人的感动和行为要有出息得多。诚然，我们对自己身上个人性的东西的重视实在太少，一直以来我们所有人都深受其害，这是很坏的教养——让我们承认它吧：人们毋宁说是在把我们的感觉从个人性的东西那里粗暴地移

① 据 Helen Zimmern 译本，出自斯宾诺莎，*Tractatus Politicus* 卷 2，第 8 章。

开，而它用作为国家、为科学、为了扶危济困的牺牲品，似乎它是坏东西，应该被牺牲掉。现在，我们仍然愿意为了我们周围的人工作，不过只在我们看到这工作中对自己最有利之处的范围内这样做，既不多做，也不少做。问题只是，人们所理解的**对自己有利的**是什么；恰恰是那种不成熟的、还没有成长起来的粗糙个体对此理解得最为粗糙。

96

礼俗和合乎礼法(sittlich)。——合乎道德，合乎礼法，合乎伦理，这些意味着顺从地面对一套自古订立的律法或风俗(Herkommen)。人在遵从时是辛苦还是愉快，在此是无关紧要的，只要他们做了就够了。如果有人在遵从时犹如出于天性或累世家传，也就是说很轻松愉快地做到了合乎当时所处的礼法(比如当复仇像在希腊人那里一样属于好礼俗时，就去复仇)，人们就称这个人为“善”的。他被称为“善”的，是因为他对于“目的”(wozu)来说是好的；但因为在礼俗的更替中，好意、同情以及诸如此类总是被感受为“好的目的”，被感受为有益的，所以现在人们首先称那些心怀好意的人、能有所帮助的人为“善”的。恶的则是“不合礼法”(有违礼法)的，是施行非礼之事，是违背风俗，不管这风俗是理性的还是愚蠢的；不过，对邻人的损害在不同时代的所有礼俗律法中都是被感受为有害的，所以我们现在对“恶”这个词首先想到的是对邻人的故意伤害。使人类在合乎礼法和有违礼法、善和恶之间做出区分的基本对立项并不是“自私”和“无私”，而是：与一套风俗、律法的盟约和解约。这套风俗是如何产生的，在此是无关紧要的，这里无论如何不会考虑关于善与恶的或无论哪种内在绝对律令，首要的目的是保存一个团体(Gemeinde)，一族民众；基于被误读的偶然事件而产生的每一种迷信，都会强制产生一种风俗，遵行它就是合乎礼法；与之相脱离则是危险的，对于**共同体**(Gemeinschaft)的损害甚于对单个人的(因为神灵们在惩罚渎神和一切对其特权的触犯时针对的是团体，只是在此范围内才针对个体)。于是随着越来越远离源头和越来越被忘却，每一种风俗都持续地变得越来越值得尊敬；向它致以的敬意一代一代累积，最后风俗变得神圣并唤起敬畏；所以，比起那种要求无私行为的道德，虔诚的道德无论如何是一种古老得多的道德。

97

礼俗中的快乐。——快乐中很重要的一类产生于习惯，道德的源泉也与之相伴而生。习惯了的事情，人们做起来更轻松，更好，于是也更乐意做，人们从中感到一种快乐，并从这种经验中知道，习惯了的事情是久经考验的，那么也就是有益的；一种可以依之而生活的礼俗，已被证明有治疗和促进的作用，跟所有新的、没有经过考验的尝试正相反。照此看来，礼俗就是舒适和有益的合一，此外它就毋庸多虑了。人类一旦能够实施强制，他就会实施之以贯彻和推行他的**礼俗**，因为对他来说，礼俗就是久经考验的生活智慧。同样，一个由个体组成的共同体也会强制每一个人遵守同样的礼俗。这里面的虚假推理是：因为人们对某种礼俗感觉良好，或至少因为他们借助它来展开他们的实存，所以这套礼俗就是必要的，它已被视为人们得以对自己有良好感觉的**唯一**可能性。这种把习惯之事当作此在的某种条件的见解，会被贯彻到礼俗的最微小细节中去：由于对真正因果关系的洞察在那些处于低等状态的民众和文化那里还非常浅陋，所以人们带着迷信的恐惧就只注意到，万物皆有其常规；甚至在礼俗沉重、严苛和繁重的情况下，它也会因为表面上至高的有益性而得到守护。人们不知道，在其他礼俗那里也存在着同样程度的良好感受，甚至可以达到更高的程度。不过人们倒确实察觉，所有礼俗，即使是最严苛的那些，也会随着时间而变得较为舒缓与温和，即使是最严谨的生活智慧也可能变成习惯，并因而变成负担。

98

快乐和社群本能。——人类在从自己这里感到的那些快感之外，还从跟其他人的关系中获得了一类新的快乐；他由此使快感的范围从根本上广泛了许多。也许其中包括的某些快感是他从动物那里继承过来的，后者在彼此嬉戏时，尤其在母子之间，显然是感到快乐的。然后还可以回想一下性关系，它使得在每个少男看来，几乎每个少女都显现出引向快乐[①]的吸引力，反之亦然。植根于人类关系的快感普遍使人类变得更好；共同的欢乐，一起享受的快乐，提升了这种感受，给单个人以安全，使他性情更温良，消释了疑心和嫉妒心：因为人们自己感觉良好，也以同样的方式看到别人也感觉良好。**快乐的同类外化**[②]唤起了共同感受的幻想，那种成为某种相同

① “快乐”(Lust)在德语中亦可指与情欲相关的快乐，精神分析学派有译为“欲乐”者。——译注

② “同类外化”，原文为 gleichartigen Aeusserungen，通译为“相同种类的外在表现”。——译注

者的情感：做到这一点的还有共同的苦难，经历同一个天灾、危险、敌人。然后在这基础上竟建立起了最古老的联盟：联盟的意义就是为了每个单独一方的利益而共同清除或对抗某种威胁着大家的不快乐状态。社群本能就是这样从快乐中发展起来的。

99

所谓邪恶行为中的无辜因素。——所有“邪恶”行为都是被自保冲动，或更确切地说，是被个体对快乐的意求和对不快乐的回避所触发的；如此这般被触发，却并非如此这般就是邪恶的。“自在地引发痛苦”①这种做法并**不实存**②，除了在哲学家的大脑里，同样也没有“自在地引发快乐”（叔本华意义上的同情）这回事。在**前**国家的状态下，我们会在饥肠辘辘地跑到果树下时杀死那个想要抢在我们前头摘下果实的生物，无论那是猴子还是人：正如现在我们在荒无人烟的地方漫游时还会对动物做的那样的。——现在最激怒我们的那些邪恶行为受到了下面这个谬见的支持：他人在对我们做出邪恶行为时是有自由意志的，也就是说，不对我们做出这个坏事，这是在他的**随心所欲**（Belieben）范围之内的。对于随心所欲的这一信念激发出憎恨、复仇的快乐、暗算的诡计，引起幻想力（Phantasie）的全面恶化，而对于一只动物我们的怒火却要少得多，因为我们将之视为无责任的。不是出于自保冲动而是出于报复而制造苦难——这种行为是一个错误判断的后果，因此也同样是无辜的。处于前国家状态中的单个人会为了**威慑**而严厉残忍地处置其他生物：为的是通过对他权力的威慑性演练来保障他的实存。那些令弱者屈服于自己的残暴者、强权者、最初的建国者就是这样行事的。他们有权这样做，正如现在国家也还自认为的那样；或者毋宁说：不存在能够阻止这样做的法权。对于所有道德性来说，只有当一个伟大的个体，或是一个集群个体，比如社会、国家，征服了单个人，亦即把他们从其单独自处的状态中剥离出来，编排到某个联合体（Verband）中，这时才可能有适合它们生长的土壤。道德性的前提乃是**强制**，甚至它本身在很长一段时间内也是一种人们为了避免不快乐而忍受的强制。

---

① “自在地引发痛苦”，原文为Schmerz bereiten an sich，指的是“为了引发痛苦而引发痛苦”，尼采这里反对的是把“引发痛苦”这个过程绝对化，即去除其经验条件，故以“自在”译之，凸显这里跟尼采其他文本中类似用法的关联。下文“自在地引发快乐”亦然。——译注

② “不实存”，原文为existirt nicht，通译为“不存在”，尼采特意用上existirt（原形正字法作existieren）指的是关乎生命之具体经验的意义上的“存在”。——译注

之后它变成了礼俗，再之后成了自由服从，最后近乎本能了。于是跟所有久而久之习惯成自然的事物一样，它也跟快乐联结在一起了——这时它就叫作**美德**。

100

羞耻。——凡有某种“神秘”[①]之处，皆有羞耻实存；不过这个词是一个在人类文化的古老时代含义广泛的宗教概念。曾经到处都有圈画了界限的区域，神圣的法律禁止人们进入，除非在特定的条件下：最初完全是空间性的，某些特定的地点未受秘传者(Uneingeweihten)不得踏足其间，在其近旁则会感到战栗与畏惧。这种情感会多方转移到其他关系上去，比如转移到性关系上，这些关系作为更成熟的成年人的特权和禁地，应该避免落入青年人的视线之内，这是为他们好：据认为，为了保护它们和维护它们的神圣性，有许多神灵在活动着，作为守护者而设神位于婚房中。(在土耳其语中，此类后宫寝居因而被称为“圣所”，也就是通常用于清真寺前院的那个词。)所以，王权作为一个放射着权力和光辉的中心，对于臣属来说就是一个充满机密和羞耻的神秘所在：这方面的许多后续影响现在还可以在民众们中间感觉到，而在其他情况下他们是谈不上羞怯的。同样，整个内在状态的世界，所谓的灵魂，在它历经无限漫长的时间，被相信是具有神性的起源、是来自神性的交际而受到敬仰之后，对于所有非哲学家来说，现在也还是一个神秘所在：所以它是一个禁地并会唤起羞耻。

101

不审判。——人们必须提防，在考察前代时不要陷入一种不公正的斥责。奴隶制的不正义，征服个人和民众时的残忍，皆不应以我们的标准来衡量。因为当时还没有那样的程度上形成正义的本能。谁可以指责日内瓦人加尔文烧死塞尔维特医生之举呢？那是一个从他的信念中有前因后果地顺势导出的行为，同样裁判所也有某种充分的理由；只不过那些占统治地位的观点是错的，导致一连串前因后果，它在我们看来显得严酷，是因为对我们来说那些观点已变得陌生。烧死个把人，顺便说一下，跟几乎所有人都受绝罚下地狱相比，算得了什么呢！这种想象当时确实通行于世，它引起的那种厉

① “神秘”原文为Mystherium，在前基督教时代的古希腊罗马指“秘教”或“秘仪”，近世多指宗教上的神秘学说，此处依语境译为“神秘”或“神秘所在”。——译注

害得多的恐怖却并不就对某个关于上帝的想象造成本质性的损害。即使在我们这里，有些政治派别也受到严酷而残忍的处置，可是因为我们已经学会信赖国家的必要性，所以这时就不会像在立场龃龉的情况下那样强烈地感受到残忍。在儿童和意大利人那里，针对动物的残忍是源于不理解；动物尤其根据教会学说的旨趣被放到远远落后于人的位置上。——历史上许多人们几乎无法置信的恐怖和非人性之事，也会因为下面这种考察而显得缓和，即命令者和执行者是不同的人员：前者没看到景象，因而没有那种强烈的激发幻想力的印象，后者服从于某位上司而觉得自己没有责任。大多数君主和军事首领出于幻想力的匮乏，显得很容易就残忍和严酷，却并不就是那样的人。——**自私不是恶的**，因为对于“邻人”的想象——这个词源于基督教，并不符合实情——在我们身上是非常微弱的；面对邻人，我们觉得自己就像面对植物或岩石那样自由和没有责任。他人在罹受苦难，这一点是有待于**学习**的：而完全学会是从来都不可能的。

102

“人类在行为时总是好的。”——在自然给我们来了一场雷雨把我们淋湿时，我们不会指控它是不道德的：那为何我们称那些造成伤害的人是不道德的？因为我们在后者这里假定了一个在任意运作的自由意志，而在前者那里则假定了必然性。不过这种区分是一个谬误。进一步说：甚至对故意伤害，我们也不会在所有情况下都称为不道德的；比如，我们不假思索就故意杀死了一只蚊子，只因为不喜欢它嗡嗡叫，我们有意惩罚罪犯，让他受苦，以保卫自己和社会。在第一种情况下，是个体为了保存自身或甚至只是为了自己不遭受不快乐而有意造成苦难；在第二种情况下，则是国家在这样做。所有道德都认为故意伤害可以用在**正当防卫**之时，也就是说，在事关**自保**之时。而这样一对观察角度已足以解释所有针对人类、由人类实施的邪恶行为了：人们想要自己快乐，或者想要防止不快乐；无论在哪一种意义上总是关乎自保。苏格拉底和柏拉图是对的：不管人在做什么，他总是在做好的事情。这意味着：按照他的理智达到的程度、他的合理在当时所依据的标准，那个在他看来是好的(有益的)东西。

103

恶意中的无害成分。——恶意并不是以令他者受苦为目的，而是为了我们自己的享受，比如说作为复仇情感的享受，或者作为强烈神经刺激的享受。一切揶揄调侃都表明，在他人身上放手行使我们的权力并得到占据优势的快活感，是何等令人满足。那么，**以他人的不快乐为基础而拥有快乐**，这上面是否有**不道德的东西**呢？是否幸灾乐祸就有如恶魔，像叔本华说的那样？可我们在自然中会因为枝条的折断、岩石的崩裂、与野兽的搏斗而让自己快乐，而且为的就是从中意识到自己的力量。**知道**有某个他人因我们而受苦，这时就会使我们本来觉得自己没有责任的那件事情变得不道德了吗？可倘若人们不知道这一点，那么他们此间也就不会有对自身优越性的快乐，这种优越性恰恰只能在他人的苦难中**让人认识到**，比如在揶揄调侃的时候就是。所有自在的快乐本身都既非善也非恶；要拥有自在的快乐就不允许激起他人的不快乐，这个规定是从何而来的呢？只可能从基于利益的观察角度而来，亦即出于对**后果**的考虑，考虑到当受害人或他的代言人国家势必进行处罚和复仇时最终会到来的不快乐：只有这一点，才能从根源上提供放弃此类行为的理由。——同情同样也不以他人的快乐为目的，正像恶意，如前所述，不以他人的痛苦本身为目的。同情至少蕴含着跟某种个人快乐相关的两种(也许更多)元素，并由此而成为自身享受：起初是作为感情(Emotion)的快乐，悲剧中的怜悯①即属此类，然后，当它促成行动时，就是作为行使权力时的满足的快乐。此外，如果我们跟某位罹受苦难的人士离得非常之近，那么通过实施满怀同情的行为，我们就从自己这里减去了一份苦难。——所以，除了少许哲学家外，人类一直是把同情放在道德感的等级顺序中相当低的位置：这么做是有道理的。

104

正当防卫。——如果人们根本上认可正当防卫是道德的，那么对于所谓不道德的自私的几乎所有外在表现，他也必须予以认可：有人造成苦难，抢劫或杀戮，为的是保存或保护自身，预防个人的祸患；有人撒谎时，狡计和伪装是自保的正确手段。**故意伤害**，如果事关我们的生存或安全(保持我们的良好感受)，就会被当作道德的而得到容许；从这种角度来看，甚至国家在施行惩罚时也是在伤害。在非故意的伤害中当然就没有不道德因素，那是偶然在支配。

① 此处的“怜悯”原文是 Mitleid，跟“同情”是一个词，此译为体现尼采对古典悲剧理论的暗引。——译注

那么是否存在一种跟我们的实存、我们良好感觉的保持并不相干的故意伤害呢？是否存在一种出于纯粹**恶意**的伤害，比如在残忍中？如果人们不知道一种行为会造成怎样的疼痛，那么那就不是恶意的行为；所以儿童对动物就不是恶意的，不是恶的：他们研究和摧毁它们，如同对待他们的玩具。不过，人们向来都充分**知道**一种行为会对某个他者造成怎样的疼痛吗？我们是在我们神经系统能够达到的范围内防止自己痛苦的：倘若它达到更大的范围，亦即延伸到周围人的体内，那么我们或许不会让任何人受苦(除了那些我们让自己吃苦的情况，即我们为了治疗而切割自己，为了健康而让自己疲劳和紧张)。我们是从类比中**推断**出某物弄痛了某人，通过回忆和幻想之强度，它在我们自己这里也会变得令人不舒服。不过，在牙痛和牙痛景象唤起的那种痛感(同情)之间，总是有什么区别吧？如此说来：在出于所谓的恶意的伤害那里，被制造出来的痛苦的**程度**对于我们无论如何是未知的；而就行为时存在某种快乐(对自身权力、自身强烈激动的感觉)而言，行为是为了保持个体的良好感受而发生的，所以正可以放到一种类似正当防卫和必要的谎言的视角下来看待。没有快乐就没有生命；为了快乐而战斗就是为了生命而战斗。单个人在打这场战时，是打得令人称**善**还是称恶，是由他**理智**的标准和性质来决定的。

105

有奖赏的正义。——谁若对完全无责任状态的学说有全面的把握，就能够完全不再把那种所谓惩恶奖善的正义归入正义概念之中了：假设正义就在于给每个人以其所应得。因为受惩罚的那个人不当其罚，他只是被当作禁止今后特定行为的威慑手段来利用；同样，人们所奖赏的那个人也不当其赏，他可能本来就不会不按他所行的那样去行为。也就是说奖赏对他和其他人来说只有一种鼓励的意义，也就是为了给后来的行为提供一个动机；称赞是对那些还在跑道上跑的人们发出的，而不是对那些已到终点的人。惩罚和奖赏都不是一个人所应得的**属于他**的某种东西；它们出于有益的理由被给予他，而用不着他依据正义提出对它们的诉求。人们会说“智者惩罚不是因为之前的恶行，而是要之后不会有恶行”，同样也必须说，“智者奖赏不是因为之前的善行”。惩罚和奖赏废止了，那么推动人们不做和去做某些特定行为的最强大动机也就废止了；人类的利益则要求这些动机持续下去；鉴于虚荣对赏罚臧否的作用最为敏感，所以同样的利益也会要求虚荣持续下去。

106

在瀑布边上。——看到一条瀑布的景象时，我们以为在水浪的无数盘旋、蜿蜒和折冲中看到的是意志自由和随心所欲；但一切都是必然的，每个运动都可以在数学上计算出来。人类的行为也是这样；倘若人们是全知的，就必定能事先计算出每一个单个行为，对于每个认识的进步、每个谬误、每种恶意也一样。行为者自身固然还会囿于任意的错觉；倘若在一个瞬间，世界之轮凝止不动，一个全知的计算性的知性此间则利用这个停顿来计算，那么，他或许能够往后历数万物的未来，直到最遥远的时代，遍记世界之轮还将碾过的一切辙迹。行动者的自欺，对于自由意志的假定，也当被一同算入这个有待被计算出来的机械过程(Mechanismus)中去。

107

无责任和无辜。——人类对其行为和本质的完全无责任状态，是认识者必须咽下的最苦涩的苦水，如果他此前已经习惯在责任和义务中看到自己人性之高贵的证明。他所有的评价、嘉奖和厌恶都因此而贬值和变得虚假：他给予受难者、英雄的最深切的情感，都指向了一个谬误；他再也不可以去称赞，不可以去谴责，因为称赞或谴责自然和必然是不得要领的。就像对好的艺术作品他会喜爱但不会称赞，因为作品本身不能有所自为，像站在植物面前那样，他就必须这样站在人类的行为面前，站在他自己的行为面前。他能够赞赏这些行为的力量、美和充实，但不可以从中找到任何功绩：化学过程和元素的纷争，亟盼痊愈的病人的病痛，这些都同样不是功绩，正如那些灵魂斗争和紧急状态，在那样的情形中，我们被不同的动机推来扯去，直到最终我们自己决定出那个最有权势者——照我们的说法(但实际上到最后是那个最有权势者决定了我们)。所有这些动机皆生于相同的根脉，尽管我们给它们起了那么高级的名字，却相信有恶毒盘踞在那些根脉里；在善行和恶行之间没有类的区别，最多只有程度的区别。善行是升华了的恶行；恶行是粗俗化、愚蠢化了的善行。人类尽可以按他能够的那样，也就是说，按他必须的那样，去行为：无论是在跟虚荣、复仇、快乐、利益、恶意、狡诈相关的行动中，还是在跟牺牲、同情、认识相关的行动中，在一切状况下，个体对自身享受的唯一渴望(连带着丧失它的恐惧)都会满足自身。判断能力的高下程度决定了人们可能被这种渴望引向何方；每个社会、每个人心目中都一直有一个善值等级顺序，他们据以规定自身的行为，判断他人的行为。不过这套标准也一直在变换，许多行为被称为邪恶但只是愚蠢，因为决定这些行为的智力程度非常低下。可以说，在某种特定的意义上，现在的**所有**行为也都还是愚蠢的，因为人类智力现在所能达到的最高程度肯定还将被超过：而到那时一眼回望过去，所有**我们的**行为和判断都将显得狭隘和仓促，正如在我们现在看来落后蛮族们的行为和判断是狭隘和仓促的一样。——对所有这一切的洞察可能造成深切的痛苦，不过之后会有一个安慰：这样一些痛苦是产痛。蝴蝶想要破茧而出，她撕扯着它，撕碎了它：这时未知的光、自由的国度让她目眩神迷。在这样一些有**能力**感到那种悲伤的人——会这样的人多么稀少！——中间，会第一次有尝试被做出，尝试人类是否**能够**从一种**道德的**人类**变形**为一种**智慧的人类**。一部新福音的阳光把它的第一道光线投在那些个别人灵魂的山巅：在那里迷雾聚集，比向来都更加浓密，最明亮的光辉和最沉郁的曙色交织笼罩。一切皆必然——新的认识这样说道：这一认识本身亦是必然。一切皆无辜：认识是通向对这一无辜的洞见的道路。如果为了道德现象及其最高的精华——对认识之真理与正义的觉识(Sinnes)——的产生，快乐、自私、虚荣是**必然的**[①]，那么幻想力的谬误与迷失此前就是唯一的手段，人类唯有通过它们才能够将自己逐渐提高到那样一种程度的自身启示和自身救赎——有谁会贬低那些手段？在瞥见那条道路所指向的目标时，有谁会悲伤？道德领域上一切都是变化而成的，是可变化的，摇摆不定的，一切都在流动中，这是真的——但**一切也都在潮流中**：朝向一个目标的潮流。就算我们这里总还会有错误的评价与爱恨所遗留的习惯在继续干扰，但在增长着的认识的影响下，它将变得越来越虚弱：一种新的习惯，理解、不爱、不恨、通观的习惯，会在我们身上、在同一片土壤中逐渐生根发芽，在数千年内也许将变得足够强大，给人类以力量，能够定期地产出智慧、无辜(无亏欠意识)的人，正如他们现在定期地产出不智慧、不公道、有亏欠意识的人——**这就是前者必然要经历的预备阶段，不是其对立面。**

（赵千帆　译）

① “必然的”原文为 nothwendig，同时有“必然”和“必要”之义。——译注

曙光[1]

1.

后添的合理性。——一切长久存在的事物都渐渐地为理性所浸染，以至它们的非理性来源都因此而变得难以置信了。几乎每一部准确的起源史听起来不都令人感到悖谬而亵渎吗？优秀的史学家在根本上难道不是一直在作逆耳之言吗？

2.

学者们的成见。——学者们认为，所有时代的人都曾相信自己知道，什么是善恶、什么值得褒贬，此论不谬。可是，认为我们现在比任何时代更了解这些，这就是学者们的成见了。

3.

一切皆有其时。——当人给一切事物赋予性

① 关于道德成见的思考(第一卷)，译文据科利/蒙提那里考订研究版《尼采著作全集》(KSA)第3卷，柏林/纽约，1988年。

别[1]的时候，他并不以为自己是在游戏，而是以为自己获得了一种深刻的洞见：对于这种错误的巨大范围，他要在很久之后才能承认，甚至现在也许还没有完全地承认。——同样，人也给一切存在的事物附上了一种道德关联，并且把一种伦理含义的重担强加给了世界。终有一日，道德所具有的价值，将相当于今天对于太阳之阳性或阴性的信仰尚且具有的价值。

4.

反对梦寐以求的天体间的不和谐。——我们必须把许多虚假的光辉从世界上重新清除出去，因为它们有违一切事物所要求于我们的正义！为此，必须如其所是地看待世界，而不是把它看得更不和谐。

5.

心存感激吧！——迄今为止，人类最大的功绩在于，我们不再需要对野兽、野蛮人、诸神和我们自己的梦境一直心存恐惧了。

6.

魔术师及其对立面。——科学的令人惊讶之处与魔术正好相反。因为魔术让我们在事实上极为复杂的因果关系起作用的地方，看到一种极为简单的因果关系。科学却要求我们，恰好在一切都显得简单易懂的地方，在我们被表面现象所愚弄的地方，放弃对于简单的因果关系的信念。“最简单的”事物是极为复杂的——对此，无论怎样惊讶都不为过！

7.

空间感的改变。——真实的事物和虚构的事物，哪个对于人类的幸福贡献更大？可以肯定的是，只有通过虚构事物的帮助，在最高的幸福与最深的不幸之间，才展开了广阔的空间。在科学取得发展之后，这种形式的空间感随之被不断地缩小：正如我们从科学当中所学到并且还在学习的那样，感受到地球的渺小，甚至把太阳系视为一个圆点。

---

① 德语中名词都有性(别)，区分为阳性、阴性或中性名词。这也是西方语言的普遍现象，只是不同的语言可能会给同一事物规定不同的性，比如，太阳在德语中为阴性，而在希腊语中则是阳性。——译注

8.

变容。[①] ——无望的痛苦者、混乱的梦想者和超越尘世的陶醉者——这是拉斐尔借以划分人类的三个等级。我们已经不再这样看待世界了——即便拉斐尔现在也不该这样看待了：他或许会看见一种新的变容。

9.

习俗礼教(Sittlichkeit der Sitte)[②]的概念。——与人类千年以来的生活方式相比，我们现在的人类生活在一个非常没有教养(unsittlich)的时代：习俗的权力已经惊人地衰落；对礼教的感受又是如此地精微而渺远，以至于我们都可以说，它已经从人间蒸发了。因此，我们这些后来者很难获得关于道德起源的根本洞见[③]，即便我们还是获得了这种洞见，也会张口结舌、难以启齿：因为它们听起来甚是粗鲁！因为它们看起来有辱礼教！比如下面这个基本原理：礼教无非就是(这也即是说，并没有更多的含义！)对习俗的听从，习俗也正想要这种听从；而习俗乃是以传统的方式去行动和评价。在不受传统(Herkommen)支配的事物当中不存在礼教；并且，生活越少受传统的规定，礼教的范围也就越小。自由的人是不守礼教(unsittlich)的。因为他在一切方面都想听凭自己，而不愿依赖某一种传统：在人类的一切原初状况中，“罪恶的”也正意味着“个体的”“自由的”“任意的”“不同寻常的”“不可预料的”“难以捉摸的”。衡量的标准只

---

① 即拉斐尔的名画《基督显圣图》。因为这一节中尼采在更宽泛的意义上用了 Transfiguration 这个说法，因此译为“变容”，但具体的所指是拉斐尔画的“基督显圣”。在《悲剧的诞生》第 4 节，尼采曾从阿波罗艺术之下的泰坦要素的“变容”来解释这幅画。——译注

② 字面义为“习俗之习俗性”。Sittlichkeit 指一个人的行为举止符合习俗规定。在德语中，Sittlichkeit 既保留了 Sitte[习俗]作为词根，强调道德的这种习俗渊源，可又比某一种具体的 Sitte[习俗]更抽象，指的是一切习俗共有的道德教化的意义。尼采在行文中有意运用了这种“之间性”。结合中文用语和思维习惯，我们不妨用“礼教”来对译。相应地，sittlich 译为“守礼教的”或“有教养的”，unsittlich 译为“不守礼教的”或“没有教养的”，Gefühl der Sittlichkeit 译为“对礼教的感受”。“习俗”保留给 Sitte，而“道德”保留给 Moral，“德性”保留给 Tugend。——译注

③ 注意“道德起源”(Entstehung der Moral)用了 Moral 而非 Sitte，大体来说，Sitte 是更原始的、某一共同体的习俗规定，而狭义上的 Moral 则是人类在更晚时期才形成的抽象于具体习俗的、基于普遍个体性而非任何固着于任何一种共同体礼法的道德。广义上的道德则包括两者在内。尼采的意思是，不从习俗礼教出发，我们无以理解个体主义道德之前的道德意识，也就不能理解个体主义道德的起源意味着什么。——译注

在于：如果一个行为*不是*出于传统的命令，而是出于其他的动机（比如出于个体的好处），那么，即使它与传统之前所奠定的动机相吻合，人们也称其为不守礼教的，并且它的行为者也会有同样的感受，因为他这样做不是出于对传统的服从。什么是传统？一个更高的权威，人们服从它，并不是因为它的命令对我们*有什么用*，而是因为它在*命令*。——这种对传统的感受究竟如何与恐惧感相区分呢？它乃是对一个在那儿下命令的更高智识，对一个不可把握、不可规定的最高权力，对某种超人格之物的恐惧——在这种恐惧中存在着*迷信*。——在开始的时候，全部的教育和保健、婚姻与医疗、建设与战争、谈话与沉默、人与人之间以及人与诸神之间的交往都归属于礼教的领域：人们被要求去遵守规范，而绝*不能把自己*作为个体来思考。因此，起初一切皆是习俗，谁想要从中超脱出来，谁就必须成为立法者、医生或某种形式的半神。也就是说，他必须*制造习俗*——一件可怕的、有着生命危险的事情！——谁是最守礼教的人(der Sittlichste)？*首先*是经常地履行礼法(das Gesetz)的人：就像婆罗门一样，处处且又时时背负着礼法意识，从而不断地创造出履行礼法的机会。*其次*是在最困难的情况下也要履行礼法的人。最守礼教的人是最经常为习俗*牺牲*的人：然而，哪种牺牲是最大的？对于这个问题的回答是各种不同道德的分歧点；不过，最重要的区别还在于，把*最经常履行*的道德和*最难以履行*的道德区分开来。对于那种要求把最难以履行的习俗作为礼教标志的道德，我们不会搞错它的动机！*不是*为了对于个体的好处，而是为了让人们看到，无论个体有着怎样相反的渴望和益处，习俗和传统都在统治着，才需要自我克服：个人当牺牲自我——习俗礼教如是强烈地要求。——相反，那些道德学家们，他们跟随苏格拉底的足迹，让*个体*把自制与节制的道德作为其最本己的*利益*和最私人的幸福秘诀牢记在心，他们*成了特例*——如果在我们看来不是这样，那是因为我们是在他们的影响之下受到教育的：在所有习俗礼教践行者的强烈反对之下，他们都走上了一条新的道路——他们从共同体中脱离出来，作为不守礼教者(Unsittliche)，他们在最深刻的意义上是恶的。同样，在一个有德性的、地道的罗马人看来，每个"首先寻求其*自身*圣福(Seligkeit)"的*基督徒*也是恶的。——只要存在着共同体并且因此存在着习俗礼教，这样一种观念就支配着人们的头脑，即践踏习俗首先会给共同体带来惩罚：这是一种超自然的惩罚，其表现和界限是那么难以捉摸，人们带着迷信的畏惧来探究它。共同体可以制止个人，可以消除他的行为给个人或共同体所带来的损害，它还可以对个人实施报复，因为神性的云层和怒火(所谓其行为的后果)因他而聚集在了共同体上方——但是，他们首先仍然把个人的罪责感受为他们的罪责，把惩罚视为对他们的惩罚：“如果这些行为是可能的，那么习俗就变得松弛了，每个人都在心里这样嘀咕着。”每个个体的行为和每一种个体的思想方式都会让人感到恐惧；那些更加稀有、特别、更有原创性的思想者总是被视为罪恶而危险的，甚至他们自己也这么觉得，简直难以估量，他们在全部历史过程中因此得承受多大的痛苦。在习俗礼教的统治之下，无论何种独创性都担负着一种罪恶的道德意识(ein böses Gewissen)；直到此刻，最优秀者的天空仍然因此而昏暗，而它本该更加明亮。

10.

礼教意识与因果意识之间的此消彼长。——当因果意识在人群中增长的时候，礼教王国的疆域就缩小了。因为每当人们理解了必然性，并且学会了从一切意外和一切事后偶然(post hoc)中脱离出来思考的时候，就摧毁了无数幻想出来的因果关系，这些因果关系迄今都作为习俗的基础而被信仰——真实的世界要比虚幻的世界狭小得多——每当恐惧和强迫从世界上减少一分，对习俗权威的敬重也就减少一分：我们已经丧失了大部分的礼教。如果谁想要反过来增强礼教，就必须知道如何避免使结果成为可控制的。

11.

民众道德与民间医术。——人人都在不断地改进支配着一个共同体的道德。大多数人为认定了的罪与罚、因与果的关系添加一个又一个例证，证明它们是很有道理的并增强其信仰：少数人对行为及其结果做出新的观察并从中得出结论和法则；极少数人会时时提出反对并在此意义上削弱信仰。——然而，所有这三种人就其粗糙的、不科学的行为方式来说，彼此并没有什么区别；无论是例证、观察还是反对，无论是证明、强化、表达还是重复了一条法则——其材料和形式就像所有民间医术的材料和形式一样是没有价值的。民众道德和民间医术本是同类，我们不该像过去那样一直将它们区别对待：两者都是最危险的伪科学。

12.

结果之为添加。——人们曾经相信，一个行为的成功不是一种结果，而是一种自由的添加——上帝的添加。还有比这更严重的思维混乱吗！居然必须用完全不同的手段和程序来区别对待行为和它的成功！

13.

通往新的人类教育。——乐于助人者，你们快来帮忙！不过，只有一件事：把覆盖了整个世界的惩罚概念从世上清除掉！没有比这更恶毒的杂草了！它不仅掺和进我们的行为方式的结果——把原因和结果视为原因和惩罚，这已经是多么可怕、多么反理性！——但是还要更进一步，人们用惩罚概念，用这个卑鄙的解释技艺，剥夺了事件纯粹的偶然性的清白(Unschuld)。是的，甚至疯狂到这一步，要将生存本身感受为惩罚——迄今为止，引领人类教育的似乎都是狱卒和刽子手们的幻想！

14.

疯狂(Wahnsinn)在道德历史上的意义。——在公元前数千年之久和公元后直至今日的全部历史中，所有人类共同体都生活在“习俗礼教”的可怕压力之下(我们自己所居住的狭小世界是个例外，并且仿佛是一个罪恶的地带)，尽管如此——各种新颖的、离经叛道的思想、价值观和欲望总还是不断地涌现出来，而其发生却伴有一种可怕的现象。几乎无论在哪里，疯狂都是新思想的开路者，打破了一种令人敬畏的风俗和迷信。你们知道为什么必得是疯狂吗？其音容笑貌是如此残酷无情、反复无常，一如天气和大海恶魔般的变化无常，并因此而配得同样的畏怯与遵从？它带有如此明显的完全不由自主的标志，就像羊痫风患者的抽搐和白沫，这表明此类疯癫者乃是一位神灵的面具和话筒？它不再把良知的谴责而把对于自身的敬畏与恐惧给予新思想的担负者，并推动他成为这种思想的先知和烈士？——给予天才的不是一粒盐[1]而是一颗疯狂的种子，我们今天才慢慢地认识到这一点，然而所有前人却更加明白，凡是哪儿有疯狂，哪儿可能就有一粒天才和智慧的种子——某种“神性因素”，人

① 天才与盐之间的联系或许源于圣经，如《马可福音》9章50节和《歌罗西书》4章6节。又或许是意大利文化中理智与盐的关联吸引了尼采的注意。托斯卡纳语中有avere sale per la zucca[头脑中有一粒盐]的说法，常用来形容一个人机智而敏锐。(参看英译本Dawn，Translated by Brittain Smith，Stanford University Press，2011，第292页)——译注

们如是轻声自语。或者更进一步：人们可能足够有力地宣称。“最伟大的财富通过疯狂降临希腊”①，柏拉图和所有古人都这样说。让我们再进一步：所有那些优秀的人，那些被强烈吸引去打破某种习俗的枷锁并制定新的律法的人，如果他们原本不是疯狂的，那么唯一的办法就是把自己弄成或变得疯狂——并且，这适用于一切领域的革新者，不仅适用于教规或政令领域的革新者：即便诗歌韵律的革新者也得借由疯狂才能胜任②。（直至远为文弱的时代，诗人们依然持守着某种疯狂传统：比如，当梭伦激励雅典人再次去征服萨拉米斯的时候，他就回溯到了这种传统。③）——“如果本不是疯狂的，又不敢显得疯狂，如何能让自己变得疯狂呢？”几乎所有古代文明的重要人物都沉浸在这种可怕的思想过程中；一种关于诀窍和节食提示的秘密学说伴随着这样一种考虑和打算的清白感甚至神圣感而得到传播。要在印度人中成为一个巫医，在中世纪的基督徒当中成为一个圣者，在格陵兰岛上成为一个安格柯克（Angekok）④，在巴西人中成为一个巴杰（Paje）⑤，办法在本质上是一样的：不同寻常的斋戒、长久的禁欲、走进沙漠、登上山头或者圆柱，或是“坐在一个面朝大海的老柳树上”沉思冥想、为了能够进入精神错乱和迷狂。⑥ 啊，最苦、最多的心灵煎熬，谁敢向这荒野投去一瞥，一切时代最有成就的人恰恰极有可能在这些荒野受难！听那孤独且又烦乱者的叹息：“啊，你们天上的诸神，快给我疯狂！疯狂，那让我最终能够相信自己的疯狂！给我谵妄和迷狂、突然的光和暗，用风声鬼影、用无人经历过的热火和冰霜来激励我，让我乞求哀哭，让我像畜生一样匍匐爬行：只有这样我才能相信自己！怀疑在吞噬着我，我把律法杀死，这律法让我恐惧，就像一个死人吓着一个活人：如果我不能超越律法，我就是道德最败坏的人。我身上新的精神，如果不是源于你们，那又来自何方？快向我证明，我属于你们；只有疯狂才能向我证明。”这种炙热的情感经常成功地达到目的：当基督教最成功地

① 参看柏拉图《费德罗》244a。——编注

② 参看柏拉图《伊翁》533d-534e。——编注

③ 参看普鲁塔赫《梭伦》8。——编注

④ 因纽特人的教士和巫师，以迷狂的仪式驱除邪灵。（参看英译本 Dawn，Translated by Brittain Smith，Stanford University Press，2011，第 293 页）——译注

⑤ 南美印第安人部落中的医生。（参看英译本，同上）——译注

⑥ 参看约翰·鲁波客，《文明的兴起与人类的原始状况——论原始人的内外生活》，帕绍（A. Passow）德译，菲尔绍（R. Virchow）作序，耶拿，1875 年，第 211 页及下一页，尼采遗留图书馆藏书。——编注

证明了，它盛产圣者和荒漠隐者，并以为由此也证明了自己的时候，在耶路撒冷也修建了巨大的疯人院，来收容那些丧失了最后一点理智的、遭遇不幸的圣者。

15.

最古老的慰藉。——第一步：人在每一种厄运和不适中，都会看到某种必须让他人为之而感痛苦的东西——他将由此而感到自己尚存的权力，并从中得到安慰。第二步：人在每一种厄运和不适中都看到了一种惩罚，而这意味着赎罪和一种从事实上或臆想中的过错的恶毒魔法中解脱出来的办法。当他看到了不幸所包含的这种好处，就认为不必再让别人为此而受苦了——他想告别这种满足办法，因为现在他有了一个新办法。

16.

文明的第一原理。——初民当中存在着这样一种类型的习俗，其目的看起来只是习俗本身。这些规定极其细微而其实又没有必要(比如堪察加半岛上的如下规定，勿用刀来刮鞋子上的雪，勿用刀来取炭，勿将铁放入火中——违者将被处死!)，却时时提醒人们，习俗无处不在，要不停地强迫自己去遵行习俗。从而强化开启文明的伟大原理：任何一种习俗都比没有习俗更好。

17.

善的和恶的自然。——人类首先将自然人化。他们处处看见自己以及与自己相类之物，即仿佛在云层、雷电、猛兽、树木和杂草中隐藏着他们恶劣、乖张的思想意识。那时，他们发明了“恶的自然”。而后，有一个时代，人们要将自然去人化，此即卢梭的时代。人们已经如此地厌倦彼此，以至于他们无论如何想要拥有一个人迹未至亦无人世烦恼的世界角落。人们发明了“善的自然”。

18.

自愿受苦的道德。——当那些小而且总是受到威胁的共同体(最为严厉的礼法在其中处于支配地位)处于战争状态的时候，什么是人们最高的享受？换言之，对于那些充满了力量和报复心、怀有敌意和诡计、疑心重重、为最可怕的事情而时刻准备着、被匮乏和礼法变得坚硬的灵魂而言，什么是最高的享受？残忍(Grausamkeit)即是这种享受：正如在这种状况中，在残忍之事上富有创造力且不知餍足亦属于这样一种灵魂的德性。残忍的行为让共同体提起精神，把持续的恐惧和戒备所带来的阴影从身上抖去。残忍是人类最古老的节日欢乐之一。于是，人们以为，如果给予诸神残忍的外貌，他们也会提起精神、充满节日的欢乐——这样，人们渐渐认为，自愿受苦、自找折磨具有一种好的意义和价值，这种观念慢慢地潜入世界。习俗在共同体中渐渐地形成一种符合这种观念的实践。人们开始怀疑一切过度的幸福，并且更加信任所有异常痛苦的处境；人们对自己说：当诸神看见我们的时候，大概不会恩赐我们的幸福，而会恩赐(gnädig)我们的苦难——绝不是同情(mitleidig)！因为，同情被认为是可鄙的，对于一个强健、可怕的灵魂而言，同情是不体面的；而是恩赐，因为它们由此而变得愉悦、变得更加优秀：因为残忍者喜欢权力所带来的最高刺激。于是，共同体中"最守礼教的人"务必具有如下这些德性：时时的痛苦、匮乏、严厉的生活方式和残忍的苦修，不是作为(且让我再说一遍)教养、节制和追求个人幸福的手段，而是共同体将其作为一种德性献祭给邪恶的诸神，仿佛用于和解的牺牲在祭坛上不断地向上冒气，散发出一种香味。所有那些想要移风易俗的民众精神领袖，为了寻得信仰——首先和在大多数情况下总是对自己的信仰！——除了疯狂，还必得自愿受折磨。他们的精神越是追求革新，并且越是被良心的叮咬和恐惧所折磨，他们恰恰越是要摧毁自己的肉体、自己的欲望和自己的健康——仿佛是为了给神灵换一种快乐，如果他们或许会因为被忽视、被废除的习俗和新设定的诸种目标而恼怒的话。不要轻易地认为，我们现在已经完全摆脱了这样一种情感的逻辑！那些最有英雄气概的灵魂可以为此而扪心自问。在自由思想、个性生活领域中的每一个极小的步伐从来都是通过精神和肉体的折磨而争得的：不仅是进步，不！首先是步伐、运动和变化，它们必得忍受无数的折磨，这贯穿着几千年之久对道路的寻求和对基础的奠定，可惜的是，当人们习惯性地谈论"世界历史"、谈论这个小得可笑的人类生活片段的时候，却不曾思及这一点；而且即便在这个所谓的世界历史中(它在根本上是对于近期新闻的一阵喧闹)，与那些想要搅动泥潭的殉道者们的古老悲剧相比，也没有在根本上更加重要的主题。没有什么比那些使我们感到骄傲的少许人类理性和自由感更昂贵了。然而，正是这种骄傲使得我们现在几乎无法将那个可怕的、位于"世界历史"之前的"习俗礼教"的时代，感受为确定了人类特征的、事实上的和决定性的主要历史：在其中，人们把苦难、残忍、伪装、报复和对理性的否定视为德性，相反将幸福、求知欲、和平及同情视为危险，将被同情和劳动视为辱骂，将疯狂视为神圣，将变革视为不道德和孕育腐败的！——你们以为，所有这些都有了变化，人类必因此而改换了他们的特征？哦，你们善于识人者，更好地认识自己吧！

19.

礼教和愚昧化。——习俗所表达的是先前人类关于他们所以为的有益和有害之物的经验——然而，对于习俗（礼教）的情感所关涉的并不是这种经验本身，而是习俗的古老、神圣和不可辩驳。于是，这种情感阻碍了人们去获取新的经验并改进习俗，也就是说，礼教阻碍了新的和更好的习俗的产生：它把人变得愚昧。

20.

自由行为者和自由思想者。——与自由思想者相比，自由行为者处境更糟，因为与思想所带来的麻烦相比，人们更能看清行为所带来的后果。不过，仔细想来，前者与后者一样，都寻求自己的满足，只不过，对于自由思想者来说，想出并说出被禁止之物已能提供这种满足，因此，就动机而言，两者没有什么区别；就后果来说，假如人们所具有的不是最近视、最粗俗的眼光，也就是说，假如人们不用流俗的眼光来判断的话，钟摆甚至还要向自由思想者这边倾斜。人们诋毁所有那些通过行为冲破习俗的人——一般称为罪犯，人们必得重新收回许多诋毁之词。迄今为止，每个推翻了既有习俗律法的人首先一直都被视为坏人：不过，往往当人们之后不想再建立这种律法并且满足于此的时候，评价也就渐渐改变了——历史的主角几乎只是这些在后来又被称道的坏人！

21.

“遵行律法。”——当遵循一种道德准则没有带来所允诺和期望的结果的时候，当谨守礼法的人没有得到所期许的幸福，反而遭到与期望相反的不幸和痛苦的时候，仔细认真、谨小慎微者总还是可以找到托词：“执行有误。”在最糟糕的情况下，心碎绝望的人类甚至会颁布命令说：“我们完全是懦弱和罪恶的，我们在最深处无能于道德，不能恰当地执行规范，因此我们也没有权利要求幸福和成功。道德准则和道德期许是给予那些比我们更好的生命的。”

22.

行为与信仰。——新教教师们在不断地散布着一个基本错误：要紧的只是信仰，行为必定出于信仰尾随而至。这完全是不真实的，但听起来是那么有诱惑力，以至于一些并非路德式的头脑(即苏格拉底和柏拉图式的)已经被迷惑了：即便我们所目睹的一切生活经验都和它相抵牾。最确信的知识或信仰既不能赋予行动以力量，也不能使行动变得更加熟练，它无法替代那个复杂精妙的机械装置去作为，必须先有这种作为，某种观念才能变成行动。行为才是第一位的！也就是说，做、做、做！归属于行为的“信仰”已经在里面了——我向你们保证！

23.

我们最为精细的地方。——数千年来，人们认为，事物(自然、工具和各种所有物)同样具有生命和灵魂，同样具有力量去伤害、去违背人类的目的，人类因此而时时生出巨大的无力感(das Gefühl der Ohnmacht)，远甚于它本来该有的样子：人们甚至必须像安抚人和动物一样通过暴力、强迫、奉承、契约和供奉来安抚这些事物——而这正是大多数习俗迷信之根源，即人类迄今为止所有行为中巨大甚至最大的可又浪费无用的部分的根源！——然而，因为恐惧无力的感受在这么长时间以来几乎一直是这么强烈，使得权力感(das Gefühl der Macht)的发展是如此精微细致，以至于几乎可以将它与最精细的黄金相媲美了。这成了人类最强烈的倾向；人们发现并用来创造这种权力感的举措几乎已是整部文化史了。

24.

准则的证明。——一种准则的好坏，比如烤面包的准则，通常可以这样来证明，即看看是否取得预期的效果，当然，前提是准则得到了准确的执行。道德准则却不是这样：因为它的效果是辨认不清、难以确定的。这种准则的前提只有极少的科学价值，要从效果来证明或反驳它都是不可能的：但是，曾几何时，当科学还处于原始状态，当人们对于证明一件事情还只提出极低的要求——那时候，一种道德准则的益处或坏处是能够断定的，就像如今任何一种其他的准则一样：通过结果来断定。比如阿拉斯加原住民信奉这样一条准则：勿将动物骨头丢进火里或扔给狗——对于这条准则的证明是：

"要不然你就会在狩猎时不走运。"可人们几乎总是会以某种方式"在狩猎时不走运";所以要通过这种方式反驳这条准则的益处是不那么容易的，特别当受罚者不是个人而是一个共同体的时候；准则仿佛得到证明的情形倒总是出现。

25.

习俗与美。——为促进习俗，不能忘了说，每个从一开始就全然服从习俗的人，无论身体还是精神上的攻击和防卫器官都会萎缩：而这也就意味着，他会变得更美！因为正是这些器官的运用以及与之相应的念头令人丑陋并且变得更丑。老狒狒因此比小狒狒丑，雌性小狒狒则与人最像也就是最美。——我们可以由此推论出女性美的来源！

26.

动物与道德。——在一个精致的社会中所要求的那些行为举止，小心避免可笑、触目、过分之事，既要藏匿自己的德性也要藏匿自己的强烈渴求，让自己显得与他人一样、融入其中、自我贬抑——所有这些作为社会交往的道德在粗俗的社会中同样无处不在，甚至在动物世界的最深处也能找到——并且只有降到这个层面，我们才能看出隐藏在所有这些友好交往背后的目的，避免被捕并更好地捕食。动物因此学会了自我控制、以各种方式自我伪装，比如有些动物就(通过所谓的"变色")改变自己的颜色以适应周围的颜色，有些动物则会装死，或者装成另一种动物的样子和颜色，或者装成沙堆、树叶、苔藓和霉菌(英语世界的研究者们称之为 mimicry[模仿])。个体也这样隐身于"人"这个概念的普遍性之下，或者隐身于社会，或者让自己适应于君主、阶层、党派、时代的意见或者周遭世界：我们很容易地就可以为所有这些让我们显得幸福、感恩、强大和可爱的精巧艺术找到动物世界的比喻。包括真理感，也是人和动物共有的，真理感在根本上只是安全感：人们不愿意被欺骗，不愿意被自己给误导，人们不轻易听从自己的激情、对之报以怀疑，人们强迫自己、一直在窥视自己；动物和人一样擅长所有这一切，动物也从现实感(明智)生出了自我控制。动物也会观察其他动物对自己的反应，会转而回看自身，"客观地"看待自己，动物也有一定程度的"自我认识"。动物对敌人和朋友的活动都有自己的判断，牢记它们的特征并有针对性地行动：与某一种动物永久停战，猜到另一些动物靠近时的和平与契约意图。这是正义、明智、节制和勇敢的起源——简言之，所有我们所谓的苏格拉底式德性都是动物性的：都是那些教人寻觅食物、躲避敌人的本能的产物。即便最高种类的人也是从其营养方式及其心目中一切对他有害的东西中获得提升、变得精致的，只要我们考虑到这些，就不会反对把全部的道德现象称为动物性的了。

27.

对于超人激情的信仰具有何种价值。——婚姻制度顽固地坚持这样一种信仰，即爱情虽然确为一种激情，但这种激情能够持久，甚至持续终生的激情之爱能够被建立为规则。这样一种高贵的信仰尽管太过经常并几乎是常规性地遭到反驳，因此而只是一个 pia fraus[善意的谎言]，可因为这种信仰的坚执，婚姻为爱情赋予一种更加高贵的品格。一切制度，如果违逆激情的本质，使人相信一种激情能够持久，令人对这种激情的持存担负起责任，那就赋予这种激情以一个新的品级了：此后，如果一个人被这样一种激情所侵袭，他就不会像以前那样感到自己因此而被降格或被损害了，而是在自己和同类面前都感到自己的档次被提高了。且让我们想想这样一些制度或习俗吧，它们把一时炙热的献身变成永恒的忠诚，把愤怒的渴念变成永恒的仇恨，把绝望变成永恒的悲伤，把突然冒出的和一次性的话语变成永恒的义务。每一次都会有许许多多的虚伪和谎言通过这样一种改头换面来到人间：尽管要付出这些代价，可每一次也会产生一个新的超人的、提升人的概念。

28.

用心情来论证。——是什么原因让人愉快地下定行动的决心？——对这个问题人类多有思索。最古老的并一直还流行的回答是：上帝即这个原因，上帝以此让我们明白，他许可我们的意愿。当人们从前就一个行动意图询问神谕时，他们想要得到并带回去的正是那种愉快的决心；在过去，当心灵(Seele)面对着许多可能的行动时，每个人都曾如是答复这种犹疑："我要做的是能带来那种感觉的事。"也就是说，人们过去所选择的并非最合乎理性之事，而是那种想起来就让心灵感到勇气、充满希望的行动意图。那时候，好心情(Die gute Stimmung)被充作论据，在权衡之际，分量比理性还重呢：因为心情曾被做了迷信的解释，即被解释为一位允诺了成功的上帝的作用，通过人类的心情，上帝的理性得以发言，而上帝的理性是最高的理性。现在，且让我们权衡一下这样一种成见所带来的结果，如果那些聪明而又渴求权力的男人们，为了达到自己的目的而"营造氛围""制造心情"①——那他们就可以免于任何理由，并胜过所有反驳他们的理由了！他们过去这么干，现在也还这么干！

29.

德性与罪的表演者们。——在古代世界，那些因德性而闻名的男人中看来有过无数人，看来其中大多数人是表演给自己看的：特别是希腊人，他们是天生的表演者，他们全然无意识地这样做了并且还感觉良好。此外，每个人都拿自己的德性与另一个人或所有其他人的德性相竞赛：他们怎么不会尽己之所能来展示自己的德性呢！特别是在自己面前展示，哪怕仅仅是为了操练一番！如果空有一种德性却无法展示，如果一种德性不懂得如何展示自身，那么要它何用！——基督教中断了这群德性的表演者：为此而发明了罪的各种令人厌恶的排场和炫耀，它带给世界的是被虚构出来的负罪状态（直到今天，在善良的基督徒当中，负罪状态还被视为"正派"）。

30.

精致的残忍成了德性。——这种道德全然基于出众欲，可别把它想得太好了！这到底是一种怎样的欲望，这种欲望底下究竟是一种怎样的想法？我们要让别人一看到我们就感到痛苦，就唤起他们的嫉妒心、无力感和自我贬抑感；我们要往他人的舌头落下一滴我们的蜜糖，在行这所谓的善举之际盯着他的眼睛幸灾乐祸地看他，要让他品尝自身命运的苦楚。有人变得谦卑，直至全然谦卑——可他许久以来就在寻找一个他想用自己的全然谦卑来折磨的人！你们会找到这种人的！还有人表现出对动物的慈悲，因此而备受赞扬——可他也想用慈悲来对某些人释放残忍呢。那儿还站着一位伟大的艺术家：对于被打败的竞争者的嫉妒让他预感到一种欲乐，这种欲乐令他的力量保持清醒，直到他变得伟大——他为了让自己变得伟大所付出的代价，是他人灵魂多少苦痛的瞬间呀！修女的贞洁：她用何种审判之眼来打量那些以其他方式生活的女人呀！在这双眼

① 德语 Stimmung machen 日常含义为"营造气氛"，在这里则兼有字面义"制造心情"，故而并列译出这两种含义。——译注

睛中有着多少复仇的快乐啊！——这个主题虽简短，相应的变奏却可以是无穷的，并且不那么容易令人感到乏味——因为这始终还是一个太过悖谬并几乎令人感到痛苦的新见解，即这种追求出众的道德在最深处乃是一种因精致的残忍而得到的快感。所谓最深处，在这儿意味着：每次都是第一代。因为当任何一种出众行为的习惯得到遗传，这种行为底下的想法却不会一同被遗传下来(遗传的只是感受，而非思想)：假如这种想法没有通过教育而重新被置于行为的根底处，那么第二代就已经不会再有残忍的快感了，而只是对习惯本身的快感。而这种快感正是“善”的第一阶段。

31.

对精神感到骄傲。——人类的骄傲对抗着人起源于动物的学说，并且要在人与自然之间设置巨大的鸿沟——这种骄傲的根据在于对被称为精神(Geist)的那个东西的成见：而这种成见相对来说是晚近之事。在人类漫长的史前时期，人们处处都预设了精神，而且并没有想着要把精神作为人类的特权来尊崇。反之，人们那时把精神事物(和所有冲动、恶意、喜好一样)看作共同的财富，精神也就没什么特别的了，于是人们也就不因自己起源于动物或者树木而感到羞耻了(那些高贵的家族因这种传说而感光荣)，不是在精神事物中看到使我们区别于自然的要素，而是看到了联结我们和自然的要素。那时候，人以谦虚的姿态教育自己——可这同样出于一种成见。

32.

阻碍。——因道德而承受痛苦，后来却听说这种痛苦根本上基于一种错误，这令人感到愤怒。因痛苦而肯定了一个比所有其余的世界“更深邃的真理的世界”，这是一种如此独特的安慰，以至于人们更愿意受苦并因此(通过意识到自己因此而接近那个“更深邃的真理的世界”)感到自己比现实更加崇高，而不是没有痛苦也没有这种崇高感。新的道德理解所要抵制的正是这种骄傲和满足这种骄傲的惯常方式。我们必须运用何种力量，才能消除这种阻碍？更多的骄傲？一种新的骄傲？

33.

藐视原因、结果和现实。——每当一个共同体遭遇偶发的灾难，诸如突降的暴风雨、歉收或瘟疫，全体成员都会猜疑，习俗是不是被破坏了，或者是不是得发明新的风俗来平息一种新的神灵般的强力和情绪。这种猜疑和反思恰恰因此错过了对真正的自然原因的探究，它预设了神灵般的原因。这是人类理智遗传倒错(Verkehrtheit)的一个来源。另一个来源与此相近，即在根本上远远不够重视一个行为的真正自然的结果，而是重视超自然的结果(即所谓神的惩罚和奖赏)。比如，人们为特定的时节规定了特定方式的沐浴：人们不是为了洁净才沐浴，而是因为规定如此。人们学会的不是去避免不洁所带来的真实后果，而是要逃避某一次沐浴的耽误所可能导致的诸神的不悦。迫于迷信的恐惧所带来的压力，人们猜想，洗去身上的不洁一定有着更多的意义，人们往上加了第二层、第三层意义，人们如是败坏了自己的现实感，败坏了自己对于现实的快感，最终，只有当现实能够成为符号，人们才认为它是有价值的。因此，在习俗礼教的轨道上，人们首先藐视原因，其次藐视结果，再次藐视现实，然后逐渐从自己所有那些更高的感受(敬畏、崇高、骄傲、感恩和爱等感受)出发建构一个想象的世界：所谓更高的世界。直到现在我们还能看见这种后果：只要一个人的情感振奋起来，那个想象出来的世界就会以某种方式浮现。这令人悲伤：不过有朝一日，所有这些更高的情感都会让科学人(Wissenschaftlichen Menschen)心生疑窦，无论它们与妄念和胡说多么紧密地纠缠在一起。并不是说更高的情感本身必定如此，或者永远都得如此纠缠于妄念和胡说，但在人类有待完成的所有缓慢的净化中，更高情感的净化必定是最为缓慢的几种之一了。

34.

道德情感和道德概念。——道德情感显然是以这样的方式代代相传的：孩子看到成年人对某些行为有强烈的喜好和厌恶，于是他们作为天生的模仿者就会模仿这些喜好和厌恶；后来，当他们发现自己身上已经充满了这些习得的、娴熟的感受，他们就感到有必要附加一种说明，一种论证，即论证那些喜好和厌恶是有道理的，否则有失体面。然而，这种“论证”既无关于他们的情感来源，也无关于他们的情感强度：人们只不过要满足这样一条规则，即人作为理性动物，无论赞成还是反对什么，都得有理由，并且是可以说清也可以被接受的理由。就此而言，道德情感的历史和道德概念的历史是完全不同的。前者的力量在于行动之前，后者则主要在行动之后，是出于言说行动的必要才发生的。

35.

情感及其判断来源。——“信赖你的情感!”——可情感并非最终之物和本源之物，位于情感背后的是判断和评价，它们以情感的形式(喜好和厌恶)传给我们。源于情感的灵感是一个判断的孙子，并且经常是一个虚假的判断，而且无论如何不是你自己的！信赖自己的情感——这意味着服从祖父母及其祖父母，而不是听命于我们自己身上的诸神：我们的理性和我们的经验。

36.

别有用心的虔敬中的愚蠢。——真的吗！古代文化的那些发明家，工具和测量软线、车辆、船只和房屋的最初建造者，天体秩序和乘法口诀的最初观测者——与我们时代的发明家和观测者相比较，他们真的无与伦比、远为高明吗？最初迈出的那些步伐真的具有这样一种价值？以至于我们今天在发现领域的全部旅行和环球航行都无法与之相比？成见就是这么说的，人们就是这样为了贬低当下的精神而进行论证的。可显而易见的是，偶然曾是最伟大的发现者和发明家，曾慷慨地把创意赠予那些有发明才能的古人；可今天所做出的最微不足道的发明都比过去所有时代耗用了更多的精神、训练和科学想象。

37.

从有用性出发的错误推论。——如果我们证明了一件事物具有最高的有用性，这仍然不意味着对其起源做了任何说明，也就是说，我们永远也无法凭借有用性来解释一件事物之实存的必然性。可迄今占统治地位的恰恰正是相反的判断——并且这种判断一直深入到最为严格的科学当中。甚至在天文学中，人们难道不是认为(所谓的)卫星排序是有用的(离太阳越远光也就越暗，就需要有别的光源来替代，这样星球上的居住者才不会缺少光亮)，这种有用性给出了其排序的最终目的，也说明了它们的起源？这令人想起哥伦布的推论：地球是为人创造的，所以只要有陆地，就一定有居民。“太阳难道会无端照耀，星辰难道会在夜晚孤守渺无人迹的海洋、无人居住的陆地?”

38.

道德判断改变了冲动的形式。——有一种冲动，如果遭遇了习俗加诸其上的压力，就会发展为一种难堪的怯懦感；可如果一种习俗，比如像基督教那样，呵护并称赞这种冲动，那么这同一种冲动就会发展为惬意的谦卑感。也就是说，它身上被附着了一颗良心或是一种内疚！它本身却既没有这些，也没有任何一种道德品质和名称，甚至没有一种固定伴随着它的快感或是不快，就像任何一种冲动一样：所有这些，都是它作为自己的第二天性在后来才获得的，当它与已然具有善恶属性的冲动发生关联的时候，或者当它被识别为某一种人格的特征，而这种人格又被民众做了道德上的认定和评判，这时它才获得了所有这些。——因此，早期希腊人对嫉妒有着不同于我们的感受；赫西俄德把它算作那位好的、行善的纷争女神的影响[①]，并且，把嫉妒心算作诸神的品质亦无不妥：当事物所处的状态充满了竞赛的灵魂，这就可以理解了；而那时，竞赛被认定和评价为好的。希腊人在对希望的评价上也和我们不同：他们认为，希望是盲目的、诡计多端的；赫西俄德在一则故事中暗示了[②]对于希望的最强烈的看法，并且他的看法是如此迥异于我们，以至于没有一位现代解释者能够理解——因为这违逆现代精神，在基督教的影响下，现代精神学会了把希望作为一种德性来信仰。相反，对于希腊人来说，知晓未来的大门仿佛尚未完全关闭，在无数情况下，占卜未来甚至被弄成了宗教义务，而我们则只能满足于希望；由于所有的预言家和占卜者的存在，希望在希腊人那儿难免被降级了，降入邪恶和危险之物的行列。——犹太人对愤怒的感受与我们不同，他们把愤怒宣布为神圣：他们私下高度看待人类的阴暗之主(人曾表明自己与之相连)，这种高度是一个欧洲人无法想象的；他们根据自己那些愤怒的神圣先知来塑造自己那个愤怒的神圣耶和华。与那些愤怒的先知相比，欧洲人中最大的愤怒者仿佛只是些次品罢了。

39.

“纯粹精神”的成见。——但凡一种教诲纯粹精神性的学说占据了支配地位，就会因其漫无节制而摧毁神经的力量：它曾教诲的是贬低、忽视或折磨肉体，并且因为所有的肉体冲动而折磨、贬低人

① 参看《工作与时日》20—24。——编注

② 参看《工作与时日》94—99。——编注

自身；它曾造就的是阴暗、紧张和压抑的灵魂——此外，这些灵魂还自以为认识了其不幸感受的原因，甚至还能消除之！“原因必定就在肉体当中！肉体总还是**耗费**太多！”——他们如是推论，可事实上，一再遭受藐视的肉体正通过自己的痛苦来对异议表达异议。最终，一种遍布的、慢性化的过度神经衰弱成了那些有德的纯粹精神的命运：他们只还能在迷狂的形式中、在疯狂的其他前兆中了解到**快感**——当迷狂成了生命的高级目标，可据以谴责一切尘世之物，他们的体系就登峰造极了。

40.

为风俗而绞尽脑汁。——无数的习俗规定都是根据某种一次性的、罕见的事件而匆匆做出的，很快也就变得不可理解了；这些规定的意图，同违反这些规定所带来的惩罚一样，很难得到确切的解释；甚至仪式的次序都仍然存疑——可就当人们为此猜来猜去的时候，这样一种绞尽脑汁思虑的对象就增值了，并且恰恰风俗中最荒谬的部分最终变成了最神圣的神圣性。我们可别小瞧了人类数千年以来在这方面花费的力量，更不可小觑这种为风俗而绞尽脑汁所带来的影响！我们在此抵达的是惊人的智力训练场——这儿不只是各种宗教的发祥地和滋养之所：这儿也是科学的尽管可惊却也可敬的史前世界，这儿长出过诗人、思想家、医生和立法者！不可理解之物以模棱两可的方式要求我们行礼纪念，对于这种不可理解之物的畏惧渐渐转变成了对难以理解之物的好奇，并且当人们不知道如何研究的时候，他们就学会了创造。

41.

论沉思生活的价值。——作为过着沉思生活（vita contemplativa）的人，我们切莫忘了，静观状态的各种影响给行动中人（Menschen der vita activa）带来了何种恶果和不幸——简言之，切莫忘了，如果我们太过骄傲地在他们面前吹嘘我们的善举，行动中人会怎样反过来和**我们**算账。第**一类**：所谓的**宗教**天性，从数量上来说，在沉思中人当中占大多数，因此也构成了其中最庸常的类型，这些人无时不在让实践者的生活变得艰难，并尽可能地败坏他们的兴致。让天空暗淡，阳光熄灭，让欢乐变得可疑，希望失去价值，让活动的手瘫痪下来——这是他们的拿手好戏，就像他们为悲惨的时代和感受送去慰藉、施舍、帮助和祝福一样。第**二类**：艺术家，这种类型比宗教家要少一些，可在过着沉思生活的人当中仍然是一种常见的类型；这些人在人格上往往令人难以忍受，他们喜怒无常、嫉妒心强、脾气暴躁、不好相处，他们的作品令人愉悦、使人崇高，可上述这些则会从中发生减损性影响。第三类：哲学家，在这种类型中宗教和艺术力量汇聚在一起，不过同时汇聚的还有第三种要素，即辩证法的要素，和对于证明的快感，除了是和宗教家、艺术家一样的恶果制造者之外，还因其辩证癖而令许多人感到无聊；不过，他们的人数总是很少。第四类：思想者和科学工作者；他们极少以发生影响为目的，而是静悄悄地挖自己的鼹鼠洞穴。他们因此很少引起厌烦和不快，并且常常成了挖苦和嘲笑的对象，于是无意中令行动中人的生活变得轻松了。最终，科学还成了对所有人都非常有用的东西：如果因为这种用处，许多本来命中注定的行动中人走上了科学的道路，满面汗水而又不乏伤透脑筋、满口诅咒的时刻，那么这种不幸就没法怪罪于那群思想者和科学工作者了；这是“自作自受”。

42.

沉思生活的起源。——在蒙昧时代，对人类和世界的悲观主义判断占有支配地位，个体一旦感到自己充满了力量，就总是会遵照这种判断来行动，也就是通过追捕、抢夺、袭击、虐待和谋杀（包括这些行动在共同体内部能够被容忍的那些弱化形式）把观念付诸行动。可如果他的力量减弱了，自感疲倦或是病了、情绪消沉或是心生厌倦，并因此而暂时了无意欲，那他就相对而言变好了，而这意味着，变成一个不那么有害的人了。这时，他的悲观主义观念只还发泄在词语和思想中，比如关于同伴、妻子、自己的生命或诸神，他的判断都会变成恶意的。在这种状态下，他变成了思想者和预言者，或者进一步虚构自己的迷信，构想出新的风俗，或者嘲笑自己的敌人——无论他杜撰了些什么，（他的精神的）所有产物必定都反映了他的状态，即恐惧和倦怠增加了，对行动和享受的评价降低了；这些产物的内容必定相应于这些诗意的、思想性的、教士性质的情绪；恶意的判断必定在其中占据了支配地位。后来，所有将一个人之前在那种状态中所为之事（即以恶意度人、以忧郁和倦于行动的状态生活）变为持久行为的人，就会被称为诗人、思想家、教士或巫医——由于这些人缺乏行动，人们其实对他们评价不高，甚至是想要将他们逐出共同体的；可危险在于——这些人精通迷信，善于捕捉各种神性力量的踪迹，人们毫不怀疑，他们手上掌握着未知的权力工具。最早的一代沉思天性就生活在这样一种评价之中——人们在多大程度上不再畏惧他们，也就会在多大程度上鄙视他们！以这样一种伪装的形象、模棱两可的声望，怀着一颗充满恶意的心，并且常常还带着一颗焦虑的头脑，沉思首度在大地上现身，既虚弱又可怕，私下里遭鄙视，公开场合又充斥着迷信的尊崇！一如既往，这也得被称为：pudenda origo[卑贱的起源]！

43.

如今的思想者必得积聚多少种力量于自身。——异化于感性直观，提升至抽象之境——这确实一度被感受为升华：对此，我们已经无法全然感同身受了。沉溺于最为苍白的词语图像和事物图像之中，游戏在此类不可见、不可闻、不可感的存在者之间，这一度被感受为位于另一个世界、一个更高世界的生活，而这乃是出于对一个感官上可以触及、充满引诱和邪恶的世界的藐视。“这些 Abstracta[抽象物]不再引诱，而是引领我们！”①—— 人们由此便青云直上了。在科学时代之前，“更高者”并非这种精神游戏的内容，而是这种精神游戏本身。柏拉图因此才推崇辩证法，才如此热切地相信辩证法与脱离了感官的好人之间有着必然的联系。不仅知识是一点一点、逐渐被发现的，而且求知的手段，先行于求知的状态和程序，都是逐渐被发现的。并且，每当有新的程序或感受状态被发现的时候，看起来并非获得所有知识的手段，而已然是内容和目标，是值得认识的一切。幻想、飞腾、抽象、摒弃感性、发明、预感、归纳、辩证法、演绎、批判、素材收集、非个人的思想方式、沉思默想和综合概观，尤其还对一切存在报以公正和爱，所有这些都是思想者所必需的—— 可所有这些手段中的每一个都在沉思生活史上一度被视为目的和终极目的，都令其创造者得着一种终极目的的闪现时出现于人类灵魂中的极乐。

44.

本源与意义。——以下这个思想为何一再向我走来，而且越发多彩？——过去，当研究者踏上追索事物本源的道路，他们总以为

① führen[引领]是 verführen[引诱]的词根，verführen 的字面义即“错误的引领”。——译注

自己会找到一些东西，这些东西对于所有的行动和判断都具有无可估量的意义；人们甚至于总是预设，人类的救治必定依赖于这种对于事物本源的洞见。可现在，我们却反其道而行，越是探索至本源处，就越是令我们失去兴致；乃至于我们越发通过知识向前追溯、达至事物本身，所有那些被我们置入事物当中的我们的评价和“趣味”就都开始失去意义了。愈是洞察本源，本源就愈发丧失意义；与此同时，那切近之物，围绕着我们、内在于我们的事物渐渐开始展露色彩、美、谜团和丰富意蕴，而这是前人无法想象的。从前，思想者仿佛笼中困兽，愤懑地来回踱步，总是盯着笼子的栏杆，向栏杆扑过去，意欲破笼而出；而如果有哪一位思想者以为自己通过缝隙看到了外部、彼岸和远处的什么，他就会显出一副极乐的样子。

45.

求知的一条悲剧性出路。——在一切鼓舞人类的手段中，人之献祭(Menschenopfer)是所有时代最为鼓舞和提升人类的一种。也许一个惊人的思想仍然能够压倒所有其他的欲求，成为胜过最殊胜者的殊胜者——此即人类之自我献祭(sich opfernden Menschheit)[①]的思想。可它们该向谁献祭自身呢？人们可以信誓旦旦地说，这种思想的星座果然真的浮现于天际，那么只有对真理的认识堪称唯一的惊人目标，才适于这样一种献祭，因为没有什么献祭对于它来说是过大的。可作为一个整体的人类在推进求知的道路上究竟能走多远的问题尚未被提出过，更不用说，何种求知欲能够如此促发人类，令其奉献自身，宁愿看着智慧的灯塔在前方闪烁而死去。或许，如果与另一个星球上的居住者结盟有朝一日被确立为求知的目的，而人类需要几千年才能将自己的知识从一个星球传达到另一个：或许，那时候对求知的热情才能汹涌而上达至那样一种高度！

46.

对怀疑的怀疑。——“对于一颗有着良好教养的头脑而言，怀疑

① 或“自我献祭的人类”，这是更贴合字面的译法，只是因为语境才稍作调整。——译注

是多么好的一个枕头啊！”①蒙田的这句话总是令帕斯卡尔感到恼怒，因为没有人比他更强烈地渴求一个好枕头了。可问题出在哪呢？

47.

词语挡了我们的道路！——凡远古之人创立词语处，他们都以为自己做出了一项发现。事实却是另一番样子！——他们确实触及了问题，可当他们以为已然解决问题的时候，他们事实上为解答设置了一个障碍。——现在，每每求知，都必得踉跄于石化的、死去的词语之间，并且往往折了条腿而非踩碎了词。

48.

“认识你自己”是全部的科学。——只有穷尽了对一切事物的认识，人才能认识自己。因为各色事物无非人的各种界限。

49.

新的基本情感：我们终究是短暂易逝的。——从前，人们要达至人之庄严崇高感，只需指向人的神圣起源；如今，这成了一条禁路，因为与其他动物并列的猴子立于这条道路的门口，会意地咧嘴露牙，仿佛在说：此路不通！因此，人们现在试着往相反的方向走去：用人类的去处证明他们的庄严崇高和与神亲近。啊，这竟然也是徒劳！末人和掘墓人的骨灰盒摆在这条道路的终点(上书“nihil humani a me alienum puto[没有什么人性之物于我而言是陌生的]”)。无论人类可以发展至何种高度——或许他们最终甚至站得比开端还低！——都没有一条过道可以让他们通向一个更高的秩序，正如蚂蚁和耳虫在其“尘世旅程”的终点无法跃升至神的近处，无法达至永恒一样。生成(Werden)总是拖着一条名为“已然”(das Gewesensein)的尾巴：这部永恒戏剧何以要为一颗尘土般星球和这颗星球上的尘土般族类破例呢！别再多愁善感了！

---

① 参看蒙田《随笔集》第三卷第十三章。在尼采遗留图书馆中，藏有两种蒙田文集，分别是：法文版《随笔集(集注版)》(*Essais avec des notes de tous les commentateurs*)，巴黎，1864 年；德文版《随笔集——附有作者生平》(*Versuche*，*nebst des Verfassers Leben*)，根据 Peter Coste 编辑的最新版译成德语，共三卷，莱比锡，1753—1754 年。这一处也见于《帕斯卡尔：思想录、残篇和书信》根据 P. Faugère 的版本由 C. F. Schwartz 博士译成德文，莱比锡，1865 年，第二版，第一部，第 316 页。——编注

50.

对迷醉的信仰。——对于那些耽于崇高迷醉时刻的人来说，因为反差，也因为神经力量的过度耗用，平常的时刻是消瘦而暗淡的。这类人把那些崇高迷醉的时刻视为真正的自我，视为他们的“自身”，而消瘦暗淡的时光则被视为“外于自身”(Ausser-sich)的结果；于是，他们对周遭、对时代、对身处其中的整个世界的思考都带有仇怨心态。对他们来说，迷醉才是真实的生命，是真正的自我；除此以外，他们看到的都是迷醉的反对和阻碍，而迷醉可以是精神的、伦理的、宗教或艺术的。人类的诸多不幸都要怪在这些狂热的醉汉身上：因为他们乃是不知疲倦的杂草播种者，他们所播种的是对自身和邻人的不满，对于时代和世界的藐视，并且尤其是对世界的倦怠。这一小群高贵的放浪者、幻想者、半疯癫、天才，不懂得节制自己，而且只有全然自失，才能对自身有任何的欢享，他们所产生的压抑效果、污染大地和空气的可怕影响波及最遥远的远处，或许一整个地狱的罪犯都无法产生这种影响：罪犯常常还会显露出出色的自控力、牺牲精神和明智，并令畏惧者牢牢记住这些特质。罪犯或许会使生活的天空变得危险而阴暗，可空气仍然强劲有力。——在所有这些之外，迷狂者们还要竭力传播对于迷醉的信仰，将之作为生命中的生命来信仰：一种可怕的信仰！正如野蛮人很快就被“烧酒”败坏和毁灭一样，总体而言的人类也缓慢而根本地被精神烧酒所带来的沉醉感、被维系这种欲望的人所败坏：人类或许还将因此而毁灭。

51.

如我们现在的样子！——“让我们宽恕那些伟大的独眼龙吧！”斯图亚特·穆勒曾如是说。就好像只要我们习惯了信仰某些人乃至习惯了敬拜某些人，请求对他们的宽恕就是必需之事了！我说：让我们宽恕所有两只眼睛的人吧，无论大小——因为如我们现在的样子，比宽恕更高的东西不是我们能够给予的！

52.

新的灵魂医生在哪儿？——人们现在认定生命充满了痛苦，可生命正是因为有了各种安慰手段才有了这样的品格；人类最大的疾病正产生于人类与自身疾病的斗争，看上去是解药的东西，时间一长，就产生了比它要救治的更恶劣的疾病。因为无知，人们以为能在瞬间发生效果、产生麻醉作用的药物，即所谓的安慰，就是真正的救治；人们甚至从来就没有注意到，这种骤然的缓解是有代价的，人们常常要为此付出的代价是更广更深的痛苦；没有注意到，病人首先要苦于迷醉(Rausch)的后果，后来要因为迷醉的消失而痛苦，再后来，焦躁不安、神经震颤和不健康混合成一种压迫性的总体感受，他还要苦于这种感受。如果有人病到一定程度，就没法再康复了——而这正是通常被大家所信任、所敬拜的灵魂医生干的事。——人们沿袭叔本华的说法，而这个说法确实是有道理的：人类的痛苦一直到他才终于重新得到严肃对待。可有谁也终于能严肃对待这种痛苦的解药，公开揭露这种空前绝后的江湖医术？人类迄今都惯于以最崇高庄严的名义用这种江湖医术来救治他们的灵魂疾病。

53.

对有良知者的滥用。——从前，劝人忏悔的布道和对地狱的恐惧对有良知者而非无良知者形成了可怕的压力，令其痛苦不堪，特别当有良知者同时又富于幻想的时候。也就是说，恰恰是那些必需明朗心境和优美景象之人，其生命被弄得最为黑暗——他们需要明朗心境和优美景象，不只是为了从自身得到休息和康复，而且是为了让人类能够对之感到欢欣，能从他们的美取来一束光。噢，从那些发明了罪的宗教当中，从那些想要通过罪获得最高的权力快感的人当中，生出了多少过量的残忍和折磨！

54.

关于疾病的思想。——平息病人的幻想，使他至少不再像从前那样，不得不被自己关于疾病的思想所折磨，甚于被疾病本身所折磨——我想，这已经有所成就了！而且这成就已经不小了！现在，你们该明白我们的使命了吧？

55.

各条“道路”。——所谓的“捷径”总是将人类带向巨大的危险；只要福音传到，说是发现了这样一条捷径，人们就总是会离开自己的道路——并且迷路。

56.

自由精神的背叛者。——对于虔诚的、信念坚定的人，谁会反感呢？相反，我们会带着默默的尊敬注视着他们，因他们而感喜悦，同时因为这些出色的人与我们不同道而感到一种深深的惋惜。可对于曾拥有过所有的精神自由最终却变得“虔心”(gläubig)的人，为何会毫无理由地突然生出那种深深的厌恶呢？这就好比我们目睹了一个令人反感的景象，必得速速将之从灵魂中抹去一般！即便最受尊敬的人，如果他在这方面变得可疑，我们不是会转身而去吗？并且还不是出于一种道德谴责，而是出于一种突然的厌恶和惊愕！这种强烈的感受来自哪里！或许会有这人那人告诉我们，原因在于我们根本上对自身还不是完全确信？从前，我们时时在自己周围种下最尖刻的轻蔑所扎成的荆棘篱笆，以便在岁月让我们变得虚弱和健忘之时，在关键时刻无法越过我们自己的轻蔑？——坦率说，这种猜测搞错了，谁要是做出这种猜测，那就对于推动和规定自由精神的东西一无所知：改变观点本身对于自由精神来说并没有什么可轻蔑的！相反，对于改变自身观点的能力，他是多么尊敬啊！他报之以一种罕见的和高度的表彰，特别当这种能力至晚年而不衰的时候！他的野心(而非他的胆怯)甚至伸手摘取 spernere se sperni[对自己的被嘲笑报以嘲笑]和 spernere se ipsum[自我嘲笑]的禁果：不用说，对此他不会抱有虚荣和适意之人的畏惧！不仅如此，他确信，所有的意见都是无辜的，正如他同样确信，所有的行为都是无辜的：他怎能在精神自由的背叛者面前变成判官和刽子手呢！他毋宁被他所看到的景象所触动，一如病人得了令人作呕的疾病，医生被自己所看到的景象所触动一样：浮肿、软化、蔓延、化脓，这些所引起的生理厌恶一时间压倒了理性和帮助的意愿。我们的善良意志就这样被巨大的不真诚的观念所压倒，这种不真诚必定在自由精神的背叛中起到了支配作用：我们的善良意志也被一种普遍退化的观念所压倒，这种退化甚至深入人格的骨髓深处。

57.

另一种畏惧，另一种确信。——基督教曾为生命带来了一种前所未有的、无限的危险，却也由此为它创造了同样前所未有的确信、享受、休憩和对万物的评价。我们的世纪心安理得地否定了这种危险：在确信、享受、休憩和评价上，却依然带着基督教的旧习！甚至在其最高贵的艺术和哲学中！如今，当那可怕的对立面，即基督徒对于永恒救赎无处不在的畏惧已经丧失殆尽的时候，这一切必定都显得多么贫乏无力、似是而非、笨拙可笑、任意且偏执，特别是靠不住！

58.

基督教与情感。——从基督教中也可以听出一片民众反对哲学的大声抗议：老智者的理性劝阻人们的情感，基督教却要把这种情感还给人类。为此，它否认了哲学家所理解的德性（体现了理性对于情感的胜利）具有任何道德价值，从根本上谴责理性，并且要求情感显露其最强大、最壮观的样子：显露为对上帝的爱、在上帝跟前的畏惧、对上帝的狂热信仰和最盲目的期待。

59.

错误之为提神剂。——不管怎么说：基督教以为自己能够展示一条通往完满的捷径，试图由此把人从道德要求的重负中解放出来：这就好像有一些哲学家妄以为自己可以免除艰难而漫长的辩证法训练，省却对经过严格检验的事实的收集，而踏上一条“通往真理的康庄大道”。二者所犯的是同一种错误——可对于荒漠中过于疲惫乃至绝望的人来说，这却是一大提神剂。

60.

一切精神最终都会显现于身体。——无数乐于臣服者、所有那些或精致或粗鲁地热衷于屈辱和崇拜者，基督教都将其整体精神悉数纳入自身，由此从一种乡野粗陋——比如使徒彼得最为早期的画像就会令人强烈地联想起这种乡野粗陋的气息——变成了一种极富精神的宗教，脸上带有千万条褶皱、隐秘想法和各种借口；欧洲人因此变聪明了，变得诡计多端，而且其狡黠并不局限于神学上。怀抱着这种精神，联合了当权者，并且常常带着至深的对于献身的信念和真诚，基督教或许雕琢出了人类社会迄今存在过的最为精美的形象——天主教高级修士和最高级修士的形象，如果他们出身贵族，从一开始就带有天生优雅的姿态、支配性的目光、秀美的双手和双脚，那就尤其如此了。人类的面容在他们身上达到了一种全然的精神化，在一种精心构想出来的生活方式驯服了人身上的动物之后，两种幸福（权力感和顺服感）不断地此消彼长造就了这种全然的精神化；一种赐福、赦罪和为神性做代表的活动，不断地在灵魂中，甚至也在身体上维系着一种超人的使命感；他们如同天生的战士一般，对身体之易朽和幸福之利益始终报以那种高贵的藐视；他们的骄傲在于服从，这是一切贵族制所特有的品质；他们的使命几乎没有实现的可能性，他们因此而得其辩解与理想。①教会诸侯美而雅，其强有力的优美和雅致一直为民众证明了教会之真；僧侣偶尔的野蛮化（比如在路德时代）总是会导致信仰的反转。——形态、精神和使命之间的和谐才产生了这种人性之美和雅，这也会随着宗教的终结而被带入坟墓吗？而更高的东西是否再也无法达到，甚至无法设想？

61.

必要的献祭。——这些严肃、能干、正直而又有着深刻感受力的人，如今他们仍然打心底里是基督徒：他们该有一段较长的时间尝试过一种没有基督教的生活，这是他们欠自己的债；他们该有那么一次以这种方式居住“在旷野”——只为了让自己在基督教是否必需的问题上取得发言的权利，这是他们欠自己的信仰的债。眼下，他们固守自己的乡土，站在那儿诽谤乡土之外的世界：当有人告诉他们，乡土的外面才是世界，才是整个世界！而最重要的是，基督教只是其中一角！这时他们甚至会勃然大怒。不！你们的见证没有任何分量，除非你们曾经长年没有基督教而生活过，并以一种真诚的热情在基督教的反面持守过；除非你们曾离开它远游，远走他乡。而促使你们回返的不能是乡愁，得是你们根据一种严格的比较来做出的判断，只有这样，你们的返乡才有某种意义！——未来的人类都要一度以这种方式对待所有过去的价值；他们必须自愿地再一次遍历这些价值及其反面——为了最终有权利弃之如秕糠。

62.

论诸宗教的起源。——一个人如何能够将自己对于事物的看法感受为一种启示？这就是诸宗教如何产生的问题：在产生的时候总有那么一个人使得那个过程成为可能。前提是他在此之前就已经信仰启示了。有一天，他突然得到了他的一个新想法，一个囊括了自己的大世界和此在的假说所带来的幸福如此强有力地进入他的意识，以至于他不敢把自己感受为这样一种圣福的创造者，而是把原因以

① 或直译为：“在他们的使命之巨大的不可能性当中，他们有着自己的辩解和自己的理想。”Entschuldigung 通常的含义是辩解、抱歉，这里甚至可以根据词根 Ent-schuldigung 理解为“解脱于罪责”。言外之意即因此而超脱于成败之虑。尼采在这里所表达的意思很类似于夫子所谓“知其不可为而为之”。——译注

及那个新想法的原因之原因归为他的神：将之理解为神的启示。一个人怎么可能是一种如此巨大的幸福的发起者！——这就是他的悲观主义的怀疑。此外，还有其他的一些要素(Hebel)在暗中起作用：比如，人们通过把一种看法感受为启示来向自己强化这种看法，这样一来，它就不再是假说了，就不再会受到批判，甚至不再会被怀疑，人们将之弄成神圣的了。于是，虽然我们自行贬低为工具，可我们的思想作为神的思想最终取得了胜利——这种最终由此保持为胜者的感觉占了上风，压倒了那种自我贬抑的感觉。还有另一种感觉也在暗地里起作用：当人们把自己的作品提高到自己之上，这看起来是不顾自己的利益了，可这儿实有一种父爱和父亲的骄傲所带来的欢愉，这种欢愉补偿了所有的损失，而且还有余。

63.

邻人之恨。——假定我们感受他人，正如他感受自己——这就是叔本华所谓的同情，其实更恰当的说法该是一情(Ein-Leid)或共情(Einleidigkeit)，那我们就不得不恨他了，如果他像帕斯卡尔一样发现自己是可恨的。并且帕斯卡尔感到人类全都是可恨的，早期基督教也这么认为。据塔西佗的报道，在尼禄掌权的时代，早期基督教被定下的罪名是 odium generis humani[对人类的仇恨]。

64.

绝望者们。——对于所有可以以任何一种方式被带向绝望的人，基督教都有着猎人的本能——并不是所有人，而是只有一部分被拣选者才能绝望。基督教总是蹲在他们身后，要打他们的伏击。帕斯卡尔曾尝试过用最能刺痛人的知识把所有人都带向绝望——可他失败了，这令他陷入第二重绝望。

65.

婆罗门教和基督教。——有不同的权力感处方，一种针对能够自治的人，这种人因此已经对权力感有了一种了解；另一种则针对那些恰恰缺少自治者。婆罗门教所关心的是第一类人，而基督教关心的则是第二类人。

66.

幻象的能力。[1] ——在整个中世纪人们都认为，人群中的最高类型的真正和决定性的标志在于能够看见幻象——而这意味着一种深度的精神紊乱！事实上，在中世纪，所有高等人（即宗教人）的生活规范都意在令人能够看见幻象！于是，无须惊讶，即便在我们的时代都泛滥着一种对于所谓天才人物的过高评价，他们是些神经半错乱而又充满幻想的狂热分子："他们看到了别人看不到的东西。"——没错！但这应该让我们警惕而非信从他们！

67.

信徒的价格。——一个人如果这么看重别人对他的信仰，以至于要为这种信仰担保天堂，并且是为每一个信徒做担保，哪怕他是十字架上的一个窃贼[2]——那他必定因为一种可怕的怀疑而受煎熬，而遍历所有十字架上的苦难；否则，他不会出那么高的价钱来购买他的信徒。

68.

第一位基督徒。——全世界都还在相信"圣灵"作文之说，或者还处于这种信仰所带来的影响之中：人们打开《圣经》，是为了自我"激励"，为了在自己或大或小的个人困境中找到安慰的提示——简言之，我们是把自己读了进去又读了出来。可《圣经》也记载了一颗极具雄心、极其讨厌的灵魂和一个既迷信又狡猾的头脑的故事，使徒保罗的故事——除了少数几个学者，又有谁知道这一点呢？然而，如果没有这段奇特的故事，没有这样一个头脑、这样一颗灵魂的诸多迷乱和阵阵风暴，就不会有基督教了；我们就几乎不可能了解一个其导师死在十字架上的犹太教小教派了。不过，如果人们及时理解了这段故事，如果人们没有把保罗的著作读作"圣灵"的启示，而是带着一种诚实的、自由的、自己的精神去真正地阅读，并且在读的时候不去总想着我们个人的任何遭遇——这样的读者一千五百年来还没有过一个，那么基督教早就成过去时了：尽管这位犹太帕斯卡尔的著作把基督教的起源暴露无遗，正如法国的帕斯卡尔清楚暴

---

① Vision 在基本义"幻象"之上，还有更明确的宗教性含义，即"看到显圣"。——译注

② "窃贼"原文为 Schächer，在基督教神学和艺术史上特指与耶稣一同钉在十字架上的那两个窃贼。——译注

露了基督教的命运及其没落的缘由。基督教这艘船之所以丢掉了大量的犹太包袱，驶入异教徒的海域，它之所以能够驶入异教徒的海域——这都与这一个人的故事分不开，这个人备受折磨、十分值得同情，他是一个极其令人感到不适、令他自己感到不适的人。他苦于一个固定观念，或者更准确地说，苦于一个固定的问题，这个问题总是挥之不去、永无止息：犹太律法究竟是怎么一回事？以及，履行这种律法究竟意味着什么？在青年时代，他曾试图满足律法的要求，曾热切地追求一个犹太人能够想到的最高荣誉——这个民族极力鼓舞伦理崇高感的幻想，其程度胜过其他任何一个民族；只有这个民族才成功创造了一位神圣的上帝，以及违逆这种神圣性的罪的观念。保罗同时成了这位上帝及其律法的狂热的保卫者和荣誉捍卫者，不断地与律法的僭越者和怀疑者做斗争，一直监视着他们，严厉而恶毒，惩罚起来无所不用其极。可现在，他意识到，一个像他那样易怒而肉欲的、阴郁而恶毒的仇恨者，自己也不可能满足律法的要求；最令他感到惊奇的是，他那高涨的统治欲不断地促使他僭越律法，并且他不得不屈服于这根刺。难道真的是“肉欲”在促使他一再地成为僭越者吗？难道不是如他后来所疑心的那样，位于肉欲背后的律法本身必定不断地在证明自己是无法被全然遵守的，并以一种难以抗拒的魔力在诱人僭越吗？然而那时他还没有这样一条出路。他的良心中还装着许多东西——他指向敌意、谋杀、魔法、偶像崇拜、淫乱、醉酒和饕餮狂欢的欲乐——瞧他如何通过最狂热的律法崇拜和律法捍卫来安放这种良知，更安顿自己的统治欲。直到那一个瞬间，他对自己说：“一切都是徒劳！律法得不到全然遵守所带来的折磨是克服不了的。”当路德在他的修道院中想要成为精神理想之完人的时候，他所感到的大概是类似的东西；同样类似的是，突然有一天，他开始仇恨精神理想、教皇、圣徒和所有的教士，这种仇恨越是真切越是致命，他就越是不敢向自己承认——保罗的经历与此类似。他感到自己被钉在了律法这座十字架上：他是多么痛恨律法啊！他对律法多么耿耿于怀啊！他环顾四周，寻觅毁灭律法的手段——从而让自己不再需要遵循律法！最终，他领悟到那个拯救性的思想，同时也看到一个幻象，如癫痫症患者身上必定会发生的那样：律法的狂热追求者在内心对律法产生了极度的厌倦，于是，在孤独途中那位基督向他显现，脸上洋溢着上帝的光辉，这时保罗听见一句话：“你为何迫害我？”而这个事件的实质意义在于，他的头脑一下子开窍了；他跟自己说：“迫害这位基督是不理智的！出路不就在这里嘛，这不就是完美的复仇嘛，律法的毁灭者就在这里而非别处呀！我找到了！”高傲令这位病人受了极端的折磨，现在他感到自己一下子就恢复过来了，道德绝望仿佛烟消云散了，因为道德烟消云散了，道德被毁灭了——得到了实现，就在十字架上！在这之前，他一直把那场可耻的死亡看作反对新学说的追随者所谈论的“弥赛亚国”的主要理由。可如果他必须废除律法，这又如何！——这个突然产生的念头、这个谜语的解开所带来的巨大后果在他眼前起了旋涡，他一下子成了最幸福的人——犹太人的命运，甚至人类的命运，在他看来，都系于他的这个突然启明的瞬间，系于这个突然产生的念头，他有了诸种思想中的那一个思想，各种钥匙中的那一把钥匙，诸多光亮中的那一束光；从今往后，历史就围绕着他转动！因为从今往后，他是律法之毁灭的教师！死于恶——也就是死于律法；在肉体中——也就是在律法中！与基督一体——也就是和他一道成为律法的毁灭者；与基督一同死去——也就是死于律法！即便还可能犯罪，也不再是违反律法之罪，“我在律法之外了”。“如果我现在想要重新接受和臣服于律法，我将把基督变成罪的共谋”；因为有律法才有犯罪，律法不断催生罪，正如辣汁催生疾病；如果不是唯有这场死亡才能实现律法，上帝定然不会下决心让基督死去的；现在，不仅所有的罪责都被偿还，而且罪责本身被毁灭了；现在，律法死了，律法居于其中的肉身死了——或者，至少正在不断死去，仿佛是在腐烂。仍要短暂地生活在这种腐烂之中！——这是基督徒的命运，在他与基督合一之前，在他随基督复活、与基督一起分享神性的庄严之前，在他像基督一样成为“上帝的儿子”之前，这是他的命运。——保罗的迷醉由此达到了顶点，他的灵魂的那种咄咄逼人也由此达到了顶点——与基督一体的观念从他的灵魂中抹去了所有的羞耻、臣服和限制，统治欲之无所节制的意志提前在欢享神性的庄严了。——此即第一位基督徒，即基督性的发明者！此前存在过的无非几个犹太教派罢了。

69.

无可模仿。——在嫉妒与友谊之间、自我藐视与骄傲之间，有着巨大的张力和跨度：希腊人生活在前者当中，基督徒在后者当中。

70.

心智粗鄙有何益处。——基督教教会汇集了史前崇拜和来源极为不同的各种观念于一身，所以才这么善于宣教：无论过去还是现在，它要传到哪里就能传到哪里；无论过去还是现在，在那些它想要与之相适应的东西身上，它总是能够找到一些与自身相似处，并渐渐把自己的意义塞入其中。这种世界宗教所以能够得到传播，理由并不在于它身上的基督教性质，而在于其习俗的异教性质；其思想同时植根于犹太要素和希腊要素，从一开始就有意识地超出了民族的和种族的种种特殊和精微之处，如同超出诸种成见之上。我们尽可以对这种力量表示赞叹，它让极不相同的要素彼此融入：只是不能忘了这种力量的可鄙视处——不能忘了教会形成时期其心智是何等惊人的粗鄙和单薄，可正因为如此，它可以将就任何一种食物，像消化鹅卵石一样消化各种矛盾。

71.

基督教对罗马的报复。——大概没有什么比目睹一位持续不断的胜利者更令人心感倦怠的了——人们看到罗马两百年来征服了一个又一个民族，圆圈聚拢，未来已来，一切都得到了永恒的安排，人们在建造帝国的时候，内心想的是“比青铜还持久”①；我们只了解“废墟的忧郁”，我们几乎无法理解另一种完全不同的忧郁，即永恒建成的忧郁，面对这种忧郁人们都不得不各尽所能地寻求自救之道——比如用贺拉斯的那种轻浮。其他人则寻求其他的安慰，来对抗那种近乎绝望的倦怠，对抗那种致命的意识，即意识到所有的思想和心灵过程从今往后都是没有希望的，到处都蹲着一只大蜘蛛，只要哪里还有鲜血涌流，它就会毫不留情地统统吸去。只要罗马在统治，疲惫的观众就会对之报以百年的无言仇恨，这种仇恨最终发泄在基督教当中，基督教把罗马、“尘世”和“罪”都作为一回事来感受。人们想着尘世的毁灭瞬间即将到来，以此报复罗马。人们再次在自己面前树立了一个未来——罗马将一切都视为自身的过去和现在——与这个未来相比，罗马就不再是最重要的了，人们以此报复罗马；人们梦想着最后的审判，以此报复罗马——把被钉十字架上的那位犹太人视为拯救的标志，这是对罗马行省庄严的裁判官们所做的最深刻的讽刺，因为他们现在成了灾祸和适于毁灭的“尘世”的标志。

---

① 原文为拉丁语 aere perennius。——译注

72.

“死后”。——基督教在整个罗马帝国处处碰到了地狱惩罚的观念：无数的神秘崇拜都热衷于孵化这种观念，就像是在孵化它们的权力生下的最丰饶的蛋。伊壁鸠鲁相信，拔除这种信仰的根，是他能为同类做出的最重大的事：他的胜利在其学说的那位阴暗而又变得明亮的门徒、罗马人卢克莱修的口中得到了最美的表达，只不过这场胜利来得太早了——基督教给这种已然凋敝的对于地府恐怖的信仰以一种特别的呵护，这是聪明的做法！如果没有对于这种全然异教的信仰的大胆采用，它又怎么能够战胜流行广布的密特拉和伊西斯崇拜！它由此拉拢怯懦者站到自己这边——使之成为一种新信仰的最坚定的追随者！犹太人无论是在过去还是现在，都是一个和希腊人一样执着于生命的民族，甚至有过之而无不及，他们很少用到那种地府观念：罪人所受的惩罚是终结性的死亡，并且永无复活的可能，这是最极端的威胁——对于这些奇特的人来说，这种观念所带来的影响已经足够强大了！因为他们不想离开自己的身体，而是带有一种精致的埃及主义，希望永恒地拯救身体。（在《马加比二书》中有一位犹太殉道者，不想放弃自己被挖出的内脏：他想要在复活的时候拥有内脏——这是犹太观念！）最初的基督徒离永罚观念甚为遥远，他们满脑子想的是“从死亡”得解脱，每天期待的都是一种转变而非一次死亡。（第一场死亡事件在这些期盼者当中发生了多么奇异的影响！震惊、喜悦、怀疑、羞耻和狂热，是如何交织一处的！——这是值得大艺术家来处理的课题！）保罗在后来关于他的救主能说的最好的一点，是他为所有人开启了通往永生的大门——他还不相信未得救赎者的复活；甚至，根据他的无可实现的律法和死乃罪之后果的理论，他怀疑，那之前有任何人得着永生（或者只有极少数人，可也不是因为功绩而是因为恩典）；永生的大门只有在这时才开始打开——并且最终也只有极少数被拣选者可以通向那里：被拣选者的骄傲令他无法不这样补充说道。——在其他那些求生欲不像犹太人和犹太基督徒那么强的地方，与一种终结性死亡相比，对于永生的愿景看起来也未必更有价值，那种异教的但也不是完全非犹太的、对于地狱的补充在宣教者手中成了一件有用的工具：于是产生了一种新学说，即罪人和未得救赎者也将永生，这是一种有关永恒的被诅咒者的学说，从此以后，终结性死亡的观念就相形见绌、全无光彩了。只有科学才必须重新赢得这种终结性死亡的观念，并且同时拒绝了另一种死亡观念和任何一种彼岸的生命。我们在某一方面变得贫乏了："死后"不再与我们相关！——这是一桩难以言表的善举，只不过时间还太短，其深远广阔的意义还没有被感受到。——伊壁鸠鲁重新获胜！

73.

证明"真理"！——"基督徒在道德上的转变，他们在痛苦中的坚韧不拔，信仰之坚固，尤其是不管多么艰难，基督教都得到了传播和增长，这都证明了基督教的真理性"——你们今天还这么说！真是可怜！你们该学习学习，该知道所有这些既没有证明也没有证伪真理，真理之证明与真诚性之证明是两回事，后者完全不能为前者提供论证！

74.

基督徒的隐秘想法。——在第一个世纪，这难道不是基督徒最常见的隐秘想法吗："与其说服自己相信自己无罪，不如相信自己的罪责，因为我们并不清楚，这样一位强有力的审判者是怎么想的——可我们不得不担心，他希望找到的是自觉有罪责的人！他的权力那么大，要赦免一个有罪责的人，这比让他承认一个人有理更容易。"——行省的可怜人在罗马长官面前就是这样想的："他太骄傲了，怎么能容忍我们是无罪责的。"——当基督徒面对最高审判者的时候，这种感受怎么不会恰恰再次涌现呢！

75.

非欧洲、不高贵。——基督教里有着某些东方要素和女性气质，这表现在这个思想中——"上帝责罚自己所爱的"①；因为东方女性把责罚和严格地与世隔绝看作丈夫之爱的标志，如果缺少这种标志，她们反倒会诉苦了。

76.

恶之思意味着恶之行。——激情如果被视为邪恶和狡诈的，就会变得邪恶和狡诈。通过让信徒在每一次性欲勃发的时候感到良心上的折磨，基督教就成功地把爱若斯和阿芙洛狄特——伟大的理想

① 《希伯来书》12章6节。——译注

化力量——变成了地狱精灵和惑人的鬼怪。如果有着必然性和经常性的感受被弄成了内在痛苦的来源，并想要以这种方式把内在痛苦弄成了每一个人的必然和经常之事，那不是很可怕吗！此外，它还会保持为一种隐秘的并因此而根植于更深处的痛苦：因为不是所有人都像莎士比亚那样有勇气，在他的十四行诗中坦承基督教在这一点上所布下的阴影。——人们要与之斗争、要节制甚或在某些情况下要彻底铲除的东西永远都必得称之为恶吗！总以为敌人是恶人，这难道不是庸人的做派吗！并且爱若斯竟可以被称为敌人吗！就其自身而言，性爱和同情以及敬仰之情并无二致，都是一个人以自己的愉悦来取悦他人——我们在自然中并不经常碰见这样善意的安排！可恰恰要诽谤这样的安排，要用内疚来败坏之！把人类的生殖同内疚紧密勾连在一起！——对爱若斯的这种妖魔化最终以喜剧收场。由于教会在一切爱欲之事上的窃窃私语和鬼鬼祟祟，对于人类来说，爱若斯这个“魔鬼”渐渐变得比所有的天使和圣徒都更有趣了。一直到我们的时代，这种妖魔化所带来的结果都是爱情故事成了唯一能让所有阶层都真正感兴趣的东西——其中所带有的夸张是古人难以理解的，以后有朝一日也还会被嘲笑。我们全部的诗艺和思想，从最伟大的到最低级的，无不以爱情故事为主题，无不以爱情故事之过分重要为特点，并且还不只是特点。或许后世会因此而对全部的基督教文化遗产做如是判断：这是些小家子气而又疯疯癫癫的东西。

77.

论灵魂折磨。——如今，无论一个人把何种折磨加在其他人的身体上，每个人都会大叫起来；一个人如果能够干出这种事，对他的愤怒马上就会爆发出来；甚至，只要一想起某人或某个动物可能受了折磨，我们就会颤抖起来，如果确证了这样一种折磨的事实，那就会感到一种全然难以承受的痛苦。可灵魂折磨以及灵魂折磨所带来的恐怖还远远没有被人们同样普遍和确定地感受到。基督教在一种无可企及的程度上运用了灵魂折磨，并且还在不断鼓吹这种拷问，甚至于当它没有遇到这样一种折磨的状况，它还会全然天真无辜地抱怨世风日下、人心淡漠——所有这一切所导致的结果，是人类如今在面对精神上的火刑、精神拷问及其工具的时候，仍然报以同样可怕的忍耐和犹疑，就像从前对人和动物身体上的残忍一样。地狱并不一直是一个单纯的词语：新造出来的实实在在的地狱恐怖也有一种新型的同情与之相应，一种从前时代闻所未闻的、对于“永堕地狱者”的丑恶和沉重的怜悯，石化了的客人对唐璜①所展示出来的正是这样一种怜悯，在基督教时代，这种怜悯大概能经常地化石头为悲叹。普鲁塔克对异教世界中的迷信者的状况做了一番阴暗的描绘：如果与中世纪的基督徒相对照，这幅画面就显得平淡无奇了，基督徒以为自己不再能够摆脱“永罚”。可怕的预示向之显现：或许是一只鹳，嘴上正叼着一条蛇，在犹豫要不要将之吞下。或者大自然突然之间变得苍白，或者火红的颜色掠过大地。或者死去亲属的形象向之靠近，脸上带着可怕的痛苦的痕迹。或者入睡者的房间里，昏暗的墙壁明亮了起来，一团黄烟之中现出各种刑讯工具，还有一团蛇和魔鬼。是啊，当基督教到处树立十字架，并以这种方式将大地标识为“义人受折磨至死”之所，它就已经有意识地把大地变成一个何其可怕的地方！当伟大的劝说忏悔者以强力把个体所有隐秘的痛苦、把“小房间”里所受的折磨统统公之于众，当一个像怀特菲尔德那样的牧师“像一个将死者对另一个将死者”布道，时而大哭，时而大跳，充满了激情，带有最为尖厉而又最出人意料的声调，并且毫不留情地将一种攻击性的愤怒全然倾泻到在场的某一个人身上，以一种可怕的方式将他逐出教团——这时，大地看起来确实想要变身而成“不幸的草地”了！而后可以看见，人群在一种疯狂执念的发作之下紧紧汇聚一处；许多人因恐惧而抽搐；另一些人无意识地躺在那里，一动不动；还有一些人使劲哆嗦，或者用持续了几小时的声嘶力竭的叫喊划破长空。到处都在发出呼吸的声音，就像被掐得半死的人在拼命呼气。“真的，”这种布道的一位目击者说，“能听见的几乎都是那些要在痛苦的折磨中死去的人。”——我们永远不能忘记，基督教如何首先把临死之床变成了折磨之床，如何用从此才能看见的景象、在这里才首先可能出现的可怕的声调，毒害了无数见证者的感官与血液，而他们见证了自己及其后代的生命！我们可以想象一个单纯的人，在听到以下这些之后，就再也无法克服它了：“噢，永恒！噢，但愿我没有灵魂！噢，但愿我没有出生！我被诅咒了，被诅咒了，我永远迷失了。六天以前你们或许还能帮助我。可是错过了。现在我落入魔鬼手中，我要和他一起走向地狱了。碎吧，碎吧，可怜的石头般的心灵！你们不愿意碎掉吗？还有什么能让你们心碎呢？我被诅咒了，这样你们才能得救！他来了！是的，他来

① 概指莫里哀的喜剧《唐璜或石化的客人》中，石化的客人对被诅咒下地狱的唐璜的同情。——译注

了！来吧，善意的魔鬼！来吧！”

78.

报复性正义。——基督教才把不幸与罪责这两样物事放在一杆秤上：这样，巨大的不幸一定是某种罪责的结果，一直到现在，我们还不自觉地从不幸的大小来回溯性地衡量罪责的大小。这却不是古人的方式，因此，如此丰富又以如此不同的方式谈论了不幸与罪责的希腊悲剧，得以位居几种最伟大的心灵解放者之列，其伟大程度是古人自己无法感受的。他们始终保持单纯，从未在罪责和不幸之间建立任何“相应的联系”。悲剧英雄的罪责无非他们走路时绊到的小石头，他们可能因此摔断了手臂，或者自己弄瞎了一只眼睛。古代的感受方式会说：“是啊，他走路时应该当心一点，不要太傲慢！”可只有基督教才说：“这是一桩巨大的不幸，这背后一定隐藏着一种严重的、同样严重的罪责，无论我们是否能够看清！如果你这不幸的人不这样感受，那你就已经被滞塞住了——走着瞧，还会有更糟糕的让你去经历！”——所以，在古代，还有真正的不幸，纯粹的、无辜的不幸；只有在基督教的时代，一切才变成了惩罚，该遭受的惩罚：受苦者的痛苦想象更令其感到痛苦，以至于他在所有的糟糕处境中都感到自己在道德上是可被谴责的，并且正被谴责。可怜的人类！——希腊人有着一个自己的词语来表达对他人的不幸所感到的愤怒：这种情感在各基督教民族中是不被允许的，也就很少得到发展，于是他们也就没有名词来称呼同情的这位更有男性气概的兄弟。

79.

一个建议。——如果我们的自我，照帕斯卡尔和基督教的说法，总是可恨的，我们又怎么能够允许和设想他者——无论是上帝还是人！——去爱它呢？让自己被爱而又清楚地知道自己只配得上仇恨——更不用说其他那些负面的感受了，这无论如何都是不体面的。——“可这正是恩典的领域呀。”——那么你们的邻人之爱对你们来说也是一种恩典喽？你们同情也是一种恩典吗？如果竟是这样，那不妨再进一步：出于恩典而爱你们自己，然后，你们就不再需要你们的上帝了，有关堕落和救赎的整部戏剧就会在你们自身当中落幕！

80.

有同情之心的基督徒。——基督徒同情邻人的痛苦，可是在这背后，是对邻人所有的欢乐、一切所愿和所能之物给他带来的欢乐的深深的怀疑。

81.

圣者的人道。——一位圣者身陷信徒当中，实在忍受不了他们对于罪的一再仇恨。最后，他说："上帝创造了万物，唯独没有创造罪：他对罪不友好，这又有什么大惊小怪的呢？——可人创造了罪——仅仅因为上帝，罪的祖父不喜欢它，人就应该拒绝自己唯一的孩子吗！这是人性的吗？所有值得荣誉者都当得荣誉！——但首先该对孩子尽心尽责——祖父的荣誉该放在第二位！"

82.

精神上的突袭。——"你必须自己了解这事，因为这关乎你的生命！"路德如是呼喊，扑将过来，他以为我们会感到刀子架在脖子上了。我们却不以为然，而是还以我们当中一位更高明也更谨慎的人所说的话："有关于此，有关这一点，我们可以不下论断，免得我们的灵魂陷于不安。因为事物本身可以因其本性而不至于**逼迫**我们下判断。"

83.

可怜的人类！——大脑中多一滴血还是少一滴血会给我们的生命带来难以言表的悲苦和艰难，其程度有甚于秃鹫给普罗米修斯带来的痛苦。不过，最可怕的还在于如果一个人甚至不**知道**，那一滴血才是原因。还以为原因在于"魔鬼"！或者"罪"！

84.

基督教语文学。——基督教很少培养对于诚实和正义的感受，有关于此可以很好地从基督教学者的著作品格中看出：他们把自己的猜测作为教义来宣讲，他们在解释圣经词句时很少陷入一种诚实的困境。他们总是说："我是对的，因为经上这么记载——"然后对经文做一种无耻的任意解释，一位语文学家如果听了这种解释，会哭笑不得地立在那里，不断自问：这是可能的吗！这是由衷的吗？

这还能算体面吗？——在这个意义上，基督新教讲坛上还一直在演练不诚实，牧师们多么无耻地利用无人能够插嘴所带来的好处，圣经又是如何被掐来掐去，民众则被授以所有形式的糟糕阅读的技艺(Kunst des Schlecht-Lesens)：有关于此，只有从不去教堂或者一直都去教堂的人才会低估。不过最后还得说：对于一个在创立时期花了几百年时间对《旧约》搞了那场闻所未闻的语文学闹剧的宗教来说，人们又能期待怎样的后续影响呢。我指的是基督教把《旧约》从犹太人手中抢过来的企图，即通过主张《旧约》所包含的无非基督教的学说，是属于真正的以色列人即基督徒的，而犹太人只不过妄称自己是真正的以色列人罢了。于是人们就狂做一通解释和转接的工作，而这些工作是断然无法让人问心无愧的：不管犹太学者如何抗议；《旧约》处处都得在谈论基督，并且只是在谈论基督，尤其是处处都在谈论他的十字架，但凡提到一根木头、一枝荆条、一把梯子、一根树枝、一树、一柳、一根棍棒，就都意味着对十字架之木做了一种预示：就连独角兽和金属蛇的竖立，就连祷告时伸出双手的摩西，甚至就连复活节烤羊肉用的叉子——全都暗示着十字架，并且仿佛十字架的预演！做出这种断言的人可曾相信过这些？教会甚至胆敢增添七十士译本的经文(比如诗篇 96，V. 10)，为了方便以后在基督教预言的意义上使用这些混入的段落。他们是在战斗，心目中所想的是对手，而非诚实。

85.

缺陷中的精巧。——不要只因为希腊人的神话迥异于你们玄奥的形而上学就嘲讽它！希腊人恰恰让其敏锐的理智在此停下脚步，并且长期保持足够的分寸，从而避免了经院哲学和偏狭迷信的危险，你们该对这样一个民族存有敬佩之心！

86.

身体的基督教解释者们。——无论从胃、内脏、心跳、神经、胆汁和精液中产生了些什么——所有那些不快、无力、过激，以及如此不为我们所了解的这部机器的所有偶然性！——像帕斯卡尔那样一位基督徒必得把所有这些都当作一种道德和宗教现象来对待，必得追问位于其中的究竟是上帝还是魔鬼，是善还是恶，是拯救还是诅咒！噢，瞧这不幸的解释者！他必得如何编织和折磨他的体系！为了言之有理，他必得如何编织和折磨他自己！

87.

道德奇迹。——在道德事物上，基督教只认奇迹：一切价值判断的突然转变，所有习惯的突然放弃，对于新事物和人突然产生的无可抑制的好感。基督教把这种现象理解为上帝在做功，并且称之为重生之事，这为之赋予了一种独一无二的、无与伦比的价值——此外被称作道德的一切，只要无关奇迹，对于基督徒来说就是无所谓的，甚至是恐惧的对象，因为它们会被视为幸福和骄傲的感受。《新约》确立了德性的典范，而此即实现了的律法的典范，可这却是不可能的德性的典范，还在道德上竭力追求的人当学会感受到，如果照着这样的典范来衡量，他们的目标正变得越来越遥远，他们应当对德性感到绝望，最终投入怜悯者的怀抱——对于一位基督徒来说，道德追求只有落入这样的结局才能被视为有价值的，前提是，这种追求一直都是不成功、不愉快、郁郁而终的；于是，这还有一种作用，即引发那种狂喜的时刻，在这样的时刻，人体验到了“恩典的突破”和道德的奇迹——不过这样一种对于道德的竭力追求并不是必需的，因为那种奇迹恰恰经常突然降临于罪人身上，当他仿佛泛滥于罪的麻风病的时候；从最深、最根本的罪中跳跃至其反面看起来甚至还要更加容易，并且作为奇迹的形象证明也更符合需要。——此外，这样一种无理性的、不可抗拒的突然转折，最深的悲苦和最深的幸福感之间的转换意味着什么（会不会是一种改头换面的癫痫？）——这要留待精神病医生来考量，他们考察过大量的此类“奇迹”（比如杀人狂、自杀狂）。基督徒的情形相对来说是一种“更令人愉快的成功”，可两者并无实质差别。——

88.

大善人路德。——路德最重要的影响在于他唤起了对圣徒和全部基督教 vita contemplative［沉思生活］的怀疑：那以后，通往一种非基督教的 vita contemplative［沉思生活］的道路才在欧洲重新敞开，对世俗行动和普通信徒的藐视才被终结。路德始终是一个实诚的矿工之子，当他被关进修道院，因为缺少其他可钻研的深渊和“深井”①，他便钻入自身并且挖掘出一条又一条阴暗骇人的通道——最终，他注意到，一种静观默想的神圣生活于他而言是不可能的，他

① Teufe 为矿工用语，含义与 Tiefe［深度、深渊］相同，为表示语用上的区别，译为“深井”。——译注

在灵魂和肉体上天生具有的"活动性格"会让他死于此地。他努力了太久，试图通过苦修的方式找到通往神圣的道路，最终他下定决心并对自己说："不存在真正的 vita contemplative[沉思生活]！我们让自己受骗了！圣徒并不比我们所有人更有价值。"——这样讲道理诚然是一种农民的方式——不过，对于那个时代的德国人来说，这是正确的也是唯一的方式。当他们在路德的教义问答手册中读到这样的句子，他们多么受鼓舞啊："十诫之外没有什么能让上帝悦纳的功业——圣徒们备受赞美的精神功业都是他们自己构想出来的。"

89.

怀疑之为罪。——为了自圆其说，基督教无所不用其极，并且已经把怀疑宣布为罪。人们当丢掉理性，通过一场奇迹被投入信仰之中，然后就像在最清澈、最无可怀疑的要素中一样在信仰中遨游：只要瞥一眼陆地，只要想一下人们来这里或许不只是要游泳，只要我们的两栖天性稍稍萌动——那就是罪！显然，为信仰做论证、对信仰之缘起的所有思索同样也都随之而被作为有罪的排除在外了。要的是盲目和陶醉，是对理性淹死其中的波涛唱一支永恒的歌。

90.

自私反对自私。——多少人还在这样推论："如果上帝不存在，生命是不可忍受的!"(或者，在各种理念论者的圈子中是这样推论的："如果生命的伦理意义缺少根据，那么生命是不可忍受的!")——于是必须得有一位上帝(或者一种人生此在的伦理意义)存在！事实上，只有那些习惯了这种观念的人，才不希望生命中缺少这些东西，也就是说，事实上，这些观念只是对于他和他的保存是必不可少的——可下令说，对我的保存来说必不可少的东西也必须在实际中存在于那儿，这是多么妄自尊大啊！就好像我的保存是必不可少的一样！可如有别人有着相反的感受，又当如何！如果他们恰恰不想在那两个信条之下生活，他们觉得，如果那样的话，生命恰恰是不值得过的，又当如何！——眼下即是这般状况！

91.

上帝的诚实。——如果一个上帝是全知全能的，却从来都不曾关心过，他的意图是否被他的造物所理解——这能是一位善意的上帝吗？几千年来，他任凭无数的怀疑和顾虑继续存在，就好像这些怀疑和顾虑无关人类的救赎似的，可如果人们在真理问题上搞错了，又将面临可怕的后果——这能是一位善意的上帝吗？如果一位上帝拥有真理却能眼睁睁地看着人类因求真理而备受折磨，这难道不是一位残忍的上帝吗？——不过，也许他还是一位善意的上帝——他只不过**没法**清晰地自我表达！所以他或许精神上有缺陷？或者缺少口才？这岂不是更糟！因为这样一来，他或许在自己所谓的他的“真理”上也搞错了，他自己就与“可怜的被骗的魔鬼”相距不远了！看到他的造物因为他的知识而遭受痛苦，更糟糕的是，看到他们要因此而遭受永恒的痛苦，就像一个聋哑人看到自己的孩子或狗面临最可怕的危险那样，除了给出各种意义含混的标记之外，却不**能**给予建议和帮助，这样一来，他不也是必得忍受近乎地狱的折磨了？——如果一位信徒如此推论并感到窘迫，当他更同情受苦的上帝而非“邻人”的时候，那确实是可以原谅的，因为，如果那位最为孤独和原始者也是所有存在者中最为痛苦、最需要安慰者，那么邻人也就不再是他的邻人了。——所有的宗教都有迹象表明，宗教的起源要归功于人类早期的不成熟的智性，所有宗教都惊人地轻易对待说真话的义务：他们都还不知道**上帝**在向人类表达的时候**有**说话真诚和清晰的**义务**。——有关“隐匿的上帝”以及如此隐匿自身、总是半露声色的理由，没有人比帕斯卡尔说得更动人了，可这恰恰表明他从来没有能够在这个问题上让自己心安理得：可他的声音听起来是如此笃定，仿佛他曾经同坐于幕帘之后一样。他在“deus absconditus”[隐匿的上帝]身上嗅到了一丝非道德的气息，并且对于承认这一点有着极大的羞耻和畏惧：于是他才这样说话，就像一位心怀恐惧者尽可能大声说话一样。

92.

弥留之际的基督教。——真正的行动中人现在已经不再把基督教装在心里了，精神世界的中产们则要更温和、更谨慎，他们也只还拥有一种整理过的基督教，即以一种奇特的方式**简化了**的基督教。这个上帝出于爱而为我们把一切安排得极为妥当；这个上帝操持我们的德性和幸福，或取或予，他要让整体总是保持适当，要让人们没有理由把生命看得艰难甚至控诉生命，总之，听天由命和谦顺知足被提升到神性的高度——这是基督教还剩下的最好和最有生命力的东西。不过人们该意识到，这样一来，基督教就转变成一种温和的道德主义：不仅“上帝、自由和不朽”被保留了下来，而且还有善意、诚念，以及对于善意和诚念支配着一切的信仰。这就是基督教的安乐死。

93.

何为真理？——“科学不可能是真的，因为它否认上帝。因此科学不是源自上帝的，因此科学不是真的——因为上帝才是真理。”信徒喜欢如是推论，谁会不喜欢这个推论呢？错不在推论，而在前提：如果上帝恰恰不是真理，如果恰恰这一点得到了证明，又当如何？如果上帝是虚荣，是权力欲，是不耐烦和恐吓，是人类惊喜又惊恐的妄念，又当如何？

94.

治疗不悦的药方。——保罗早已认为，唯有献祭才能消除上帝对于罪的深深不悦。自那以后，基督徒就没有停止过把他们对于自己的不快发泄到一个祭品上去——无论祭品是“尘世”“历史”“理性”，还是他人的快乐或平静——总之得有某种好东西为他们的罪而死去（即便只是 in effigie[象征性地]）！

95.

史学反驳之为最终的反驳。——从前人们尝试证明上帝并不存在——如今人们展示，对一位上帝存在的信仰怎么能够产生，这种信仰又如何获得分量、赢得重要性：这样也就不再需要对上帝不存在提供一种反向证明了。——在从前，即便人们反驳了提出来的“上帝实存的证明”，也还是得疑心，会不会还能找到比已经反驳掉的证明更好的证明：那时候，无神论者还不知道如何彻底结束论战。

96.

“In hoc signo vinces.”[以此为记，汝必得胜。][1]——无论欧洲在其他方面如何进步，在宗教上，它还没有达到古代婆罗门那种自由思想的质朴性，一个标志是，早在四千年前，印度人就比我们如今的欧洲人做了更多的思考，就更加习惯传承思想的快乐。因为那些婆罗门首先就相信，教士比诸神更有权力，其次相信教士的权力

① 传说君士坦丁大帝梦见十字架，上书此语。——译注

就在于各种习俗：因此他们的诗人不倦于赞美各种习俗（祈祷、典礼、献祭、歌曲和韵律），将之作为一切善好的真正施予者来赞美。无论这当中总是穿插着多少虚构和迷信，这些原理却是真的！进一步，人们干脆把诸神抛在一边——这是欧洲有朝一日也得迈出的步伐！再进一步，人们干脆不再需要教士和中介，于是佛陀这位自我解脱的宗教的教师登场了——欧洲距离这一文化步伐还有多远！诸神、教士和救主的权力都建立在习俗和伦常之上，当有朝一日所有的习俗和伦常都被毁灭，当有朝一日传统意义上的道德已然死去：那么——又会如何？我们还是不要猜来猜去了，且让我们看看，在印度这一思想家的民族早在几千年前作为思想的诫命已经做过的，在欧洲补做一遍！在欧洲各个不同的民族当中，现在大概有一千万到两千万人不再相信上帝——让他们彼此给个记号，不算过分的要求吧？只要他们如是认识自身，他们也会让自己这样被认识——他们将很快在欧洲成为一股力量，并且幸运的是，这将是一股跨越民族的力量！也将跨越阶级！跨越贫穷和富裕！跨越命令者和臣服者！跨越最不安、最安稳和最令人安稳的人们！

（余明锋　译）

快乐的科学

（节选）[1]

第一部

1

此在[2]之目的的导师。——无论我现在以善的或者恶的眼光来看人，我都发现，他们所有人和每个特殊个体，总是有着唯一的使命，那就是：去做有益于人类种类之保存的事。而且，这委实不是基于一种对于这个种类的爱的情感，而只是因为在他们身上，没有任何东西比那种本能更古老、更强大、更无情、更不可克服了——因为这种本能正是我们这个族群的本质。[3] 尽管人们带着通常极其短浅的目光，早已十分迅速地习惯清楚地区分自己的邻人是有益的还是有害的，是好人还是恶人，但只要粗略地算个账，更长久地思

① 译文据科利/蒙提那里考订研究版《尼采著作全集》(KSA)第3卷，柏林/纽约，1988年。

② 此在(Dasein)：或译“人生此在”，在尼采那里等于“生命”(Leben)。——译注

③ 尼采这里的思想结合了达尔文的进化论与斯宾塞的社会达尔文主义。——译注

索一下整体，人们就会怀疑这种区分了，最后便只好不了了之。即便最有害的人，从种类保存的角度来看，始终也可能是最有益的人；因为他要维护和满足自己的欲望，或者，通过自己的影响去维护和满足他人的欲望，而没有这种欲望，人类早就萎缩衰退或者腐败了。仇恨、伤害的快乐、掠夺欲和支配欲，以及通常被称为恶的一切东西，皆属于令人惊奇的种类保存之经济学(Oekonomie)，诚然是一种昂贵的、挥霍性的和整个极其愚蠢的经济学——但就已经证实的范围内来说，它迄今为止保存了我们人类。我亲爱的同胞和邻人啊，我再也不知道，你究竟是否可能过着不利于种类的生活，也即"非理性地"和"恶劣地"生活；可能伤害过种类的东西，也许几千年以来已经灭绝了，而且现在属于甚至在上帝那儿也不再可能的东西了。沉湎于你最佳的或者最坏的欲望吧，而且首要地：走向毁灭吧！——在两种情形下，你都还有可能以某种方式成为人类的促进者和行善者，因而可以为自己留住你的赞颂者——同样也可留住你的嘲弄者！然而，你将永远找不到这样一个人，他懂得甚至于在你最出色的方面也要完全地嘲弄你这个个体，他能够品味你那无穷的苍蝇和青蛙般的可怜相，同时令你与真理相一致而心满意足！嘲笑自己，正如人们不得不笑的那样，为的是从全部真理出发而大笑，为了笑，迄今为止出类拔萃者都没有足够的真理感，最有天赋者都太少太少天才了！也许，笑也还得留待将来呢！如若"种类就是一切，一个人等于没人"这个说法已经深入人性之中，每个人在任何时候都得以通达这种最后的解放和无责任感，则事情就是这样。那时，笑也许就已经与智慧联系在一起了，那时，也许就只还有"快乐的科学"了。此间，情形还是完全不同的，此间，此在的喜剧本身尚未"得到意识"，此间，始终还是悲剧时代，还是伦理和宗教的时代。那些伦理和宗教的创建者，那些围绕道德评估的斗争的发起者，那些良心谴责和宗教战争的导师，他们层出不穷地涌现出来，究竟意味着什么呢？①在这个舞台上的这样一些英雄到底意味着什么呢？因为他们一直都是这同一个舞台上的英雄，而且，所有其余的、仅仅短时可见的、太过切近的东西，始终不过是为这些英雄们的出场做准备的，要么是作为舞台装置和布景，要么是扮演心腹侍从的角色。(例如，诗人们永远都是某一种伦理道德的心腹侍从。)——显而易见，即便这些悲剧人物自以为是为上帝的利益并且作为上帝的使者而工作，但实

① 可参看尼采：《道德的谱系》(1887 年)第二章"亏欠""坏良心"及与此相关者和第三章"苦修理想意味着什么？"。——译注

际上，他们也是在为种类而工作的。他们也是通过推动对生命的信仰来促进种族的生命。“活着是值得的”——他们中的每个人都这样叫嚷道——“这种生命中有某种重要的东西，在生命背后、在生命深处隐藏着某个东西，你们可要留心呀!”那种欲望，那种在最高贵者和最卑贱者身上同样地起着支配作用的欲望，也就是种类保存的欲望，时不时作为理性和激情爆发出来；它进而就拥有了一系列辉煌的理由，并且竭尽全力要使人忘却它根本上乃是一种欲望、本能、愚蠢、无根无底。生命应当受到热爱，因为……！人应当促进自己和自己的邻人，因为……！① 而且，所有这些“应当”(Soll)和“因为”(Denn)意味着什么，将来还可能意味着什么啊！为了使这种必然地总是自发地和无任何目的地发生的事情，从现在起表现为为着唯一目的而发生的行为，并且作为理性和最终戒条而为人所明白——为此，伦理导师就粉墨登场了，成为此在之目的的导师；为此，伦理导师就杜撰了第二个不同的此在，并且借助他的新机械，把那个旧的普通此在从其旧的普通枢纽上取了下来。是的！他根本不希望我们嘲笑此在，也不希望我们嘲笑自己——甚至嘲笑他；对他而言，一个人始终是一个人，是某个最先的和最终的和异常惊人的东西，对他来说，不存在什么种类，没有什么总数，也没有归零一说。不管他的杜撰和估价是多么愚昧和狂热，不管他多么严重地误解了自然的进程，否认了自然的条件——所有的伦理学从来都是极其愚昧和反自然的，以至于其中每一种伦理学，如若它已经使人类就范，就都会使人类走向毁灭——向来如此！每当那“英雄”登上舞台，都会获得某种新鲜货色，骇人听闻的笑的反面，大量个体的那种深度震颤，因为这样一个想法：“是的，活着是值得的！是的，我是值得活下去的!”——生命，我和你，我们所有人，在某些时候又一次让我们产生了兴趣。——不可否认的是，长时间地，笑、理性和自然一直都主宰了这些伟大的目的导师当中的每个个体：短暂的悲剧最后总是转向和回到永恒的此在之喜剧，还有，“无数大笑的浪潮”——用埃斯库罗斯的说法——最后必定也会扫荡这些悲剧人物中最伟大者。然而，在所有这些矫正性的笑声中，整体说来，通过那些此在之目的的导师的层出不穷地涌现，人类的自然本性已经被改变了——它现在多了一种需要，就是需要此类导师和有关“目的”的学说层出不穷地涌现出来。人渐渐地变成了一种幻想的动物，必须

① 这两句中的省略号为译者所加。——译注

比其他任何动物更多地满足一个生存条件，即人必须时而相信自己知道为何而生存，要是没有一种周期性的对生命的信赖，要是没有对生命中的理性的信仰，则人类就不可能繁荣昌盛！还有，人类也总是一再地不时宣告："有某种东西是我们绝对不可嘲笑的！"而极其谨慎的人类之友会加上一句："不光是笑和快乐的智慧，还有悲剧性的东西及其所有崇高的非理性，皆归属于种类保存的手段和必需品！"——因此！因此！因此啊！我的兄弟们啊，你们理解我吗？你们理解了这条全新的潮起潮落的规律吗？我们也有自己的时代呀！

2

理智的良心。——我总是一再地重复相同的经验，同样也总是重新去抵抗这种经验，尽管我可以信手拈来，但我却不愿意相信，绝大多数人缺乏理智的良心；真的，我常常觉得，以这样一种良心的要求，人们置身于人口稠密、熙熙攘攘的大都市里仍不免孤独，就仿佛身处荒漠一般。每个人都以奇异的目光盯着你，进而用自己那杆秤来衡量一切，说这是善的那是恶的①；而当你流露出，这样一种衡量并非分量十足时，没有人会有羞愧的表情——也没有人会对你心生愤怒：也许，人们会对你的怀疑一笑了之。我想说的是：相信这个或者那个，并且据此而生活，而预先并不知道赞成或者反对的最可靠的终极理由，甚至事后也不花力气去探究这些理由，绝大多数人并不会感到这有什么可鄙的——最有天赋的男人们和最高贵的女人们也还在这"绝大多数人"之列。但如果具有这等德性的人竟容忍在自己的信仰和判断方面的松懈无力感，如果他并没有把对确定性的要求视为最内在的渴望和最深刻的需要——把它当作区分高等人与低等人的标准，那么，善良、精巧和天才对我来说又算得了什么呀！在某些虔信者身上，我发现了一种对于理性的憎恨，并且为此善待过他们：这至少还暴露了那种恶的理智的良心！然而，处身于这种 rerum Concordia discors[矛盾的统一体]之中，处身于此在的整个奇妙的不确定性和多义性之中，而并不追问，并不因追问的渴望和快乐而战栗，甚至并不憎恶追问者，也许还对追问者产生了一点点愉悦之情——这些，就是我感到可鄙的东西，而这种感觉正是我要在每个人身上寻找的。——某种愚蠢总是一再地说服我，

① 参看尼采：《善恶的彼岸》(1886 年)和《道德的谱系》(1887 年)。在那里尼采区分了"善—恶"与"好—坏"。——译注

要我相信只要是个人，人人都会有这种感觉。此乃我的不公风格。

3

高贵与卑贱[①]。——对卑贱者来说，一切高贵的、大度的情感都显得不适当，因此首先显得是不可信的：当他们听到这类情感时，他们便眨眨眼，仿佛是想说“其中一定会有某种好处吧，可人们不能透过所有墙壁看到什么呀”。——他们怀疑高贵者，仿佛高贵者是在偷偷摸摸地寻找好处似的。如果他们十分清晰地确信没有自私的意图和收益，那么，高贵者在他们看来就是一种傻瓜：他们蔑视高贵者的快乐，嘲笑高贵者眼神里流露出来的光彩。“人们处境不利，怎能开心呢？人们怎能眼睁睁地甘愿落入不利处境啊！一定是有一种理性的疾病与高贵的情绪联系在一起了”——他们这样想着，同时投去轻蔑的目光：正如他们藐视错乱者从其固定的理念中获得的快乐。卑贱人物的特性是，他一味盯牢自己的好处，这种对于目的和好处的想法，甚至比他身上那些最强的本能还要强：不能让那些本能引诱他去做不适当的行为——这就是他的智慧和自我感觉。与卑贱人物相比较，高贵人物是更为非理性的；因为高贵、大度、牺牲的人物实际上都屈服于自己的本能，而且在其最佳时刻，他的理性便会中止。一只动物会冒着生命危险保护自己的幼崽，或者在发情期死命追随母兽；它毫不顾及危险和死亡，它的理性同样会中止，因为对于自己的后代或者对于母兽的乐趣，以及怕这种乐趣被剥夺掉的担心，完全把它控制住了；它变得比平常更为蠢笨，就像那高贵和大度者一样。高贵和大度者拥有某些如此强烈的快乐感和不快感，以至于理智不得不对它们保持沉默，或者不得不投身其中，为它们效力：这时候，他的心跑到脑子里去了，人们于是就说“激情和狂热”。(有时也可能出现与之相反的情况，可以说是“激情的颠倒”，例如在封丹纳尔[②]那里，有一次，有人把手放在封丹纳尔的胸口上，说：“我最亲爱的啊，您这里面的东西也是脑子呀。”)激情的非理性或者错乱理性(Quervernunft)正是卑贱者蔑视高贵者的地方，尤其是当这种激情指向那些客体，后者的价值在卑贱者看来是完全空想的和任意的。卑贱者恼怒于总是受到口腹之激情支配的人，但却能理解那种在这方面把人弄成暴君的刺激；然则他理解不了，譬如说，

---

① 高贵与卑贱(Edel und Gemein)：在尼采这里接近于他所思的“好与坏”。——译注

② 封丹纳尔(Bernhard Le Bovier de Fontenelle，1657—1757年)：又作“方特奈尔”，法国哲学家、作家，欧洲启蒙运动先驱之一。著有《关于宇宙多样性的对话》等。——译注

人们如何可能为取悦于一种认识的激情而拿自己的健康和荣誉来冒险。高等人物的趣味指向特殊，指向那些通常让人感到冷漠、似乎毫不甜美的事物；高等人物有着独一无二的价值尺度。再有，高等人物多半相信，在自己趣味的特异反应性中并不具有独一无二的价值尺度，而倒是把自己的价值和非价值(Unwerthe)设为普遍适用的价值和非价值，并且因此陷于无法理解和不切实际的境地。十分稀奇的是，一个高等人物会留下足够的理性去理解和对待日常之人：他多半相信，自己的激情就是所有人身上隐藏的激情，而且恰恰在这种信念中，他充满了热情和雄辩。如果此种特殊的人并没有感到自己是特立独行的人，他们又怎能理解卑贱的人物，又怎能正确地评价常轨定则呢！——而且，他们也这样来谈论人类的愚昧、不当和空想，完全惊奇于世界多么疯狂，世界为什么不愿承认"对它来说急需的东西"。——这就是高贵者永远的不公。

4

种类之保存者。——直到现在，最强壮和最凶恶的人物把人类带向前方：他们总是一再点燃昏昏欲睡的激情——所有井然有序的社会都会使激情昏昏欲睡——他们总是一再唤醒比较意识、矛盾意识，唤醒人们对于新鲜的、冒险的、未经试验的事物的兴趣，他们迫使人们把各种意见、各种典范对立起来。多半要动用武器，推翻界碑，损害虔诚：但也可能通过新的宗教和道德！同一种"恶"也存在于每一个新事物的导师和说教者身上——它使征服者声名狼藉，即便它表现得较为文雅，并没有立即付诸实施，恰恰因此也没有弄得如此声名狼藉！而无论如何，新事物都是恶的，它作为征服者想要推翻老旧的界碑和老旧的虔诚感；只有老旧事物才是善的！每个时代的善人全都是那样一些人，他们深入挖掘旧思想的根底，并且由此结出果实，他们是精神的耕耘者。然而每一块土地最后都会被利用殆尽，恶之犁铧必定会一而再、再而三地出现。——现在有一种彻底错误的道德学说[①]，它在英国备受欢迎：根据这个学说，"善"与"恶"的判断乃是关于"适当"与"不适当"[②]的经验的累积；

---

① 关于此处"彻底错误的道德学说"，可参看尼采在《论道德的谱系》(1887年)第一篇中的讨论，参看尼采：《善恶的彼岸·论道德的谱系》，科利版《尼采著作全集》第5卷，赵千帆译，孙周兴校，第326页以下，北京，商务印书馆，2015。——译注

② 德语原文为zweckmässig和unzweckmässig，是两个形容词，或译为"合目的"与"不合目的"。——译注

根据这个学说，所谓善的就是保存种类的，而所谓恶的就是危害于种类的。但事实上，恶的本能恰恰与善的本能一样，是在同等程度上适当的、保存种类的和不可或缺的——只不过其作用不同罢了。

5

绝对的义务。——所有人都觉得，为了从根本上发挥作用，他们需要最有力的话语和声音，最雄辩的举止和姿态——所有这些革命政治家、社会主义者、基督教的和非基督教的布道者，他们都拒不接受半拉子的成功。所有这些人都在谈论“义务”，而且总是在谈论具有绝对性质的“义务”——倘若没有这种义务，他们便无权拥有自己的伟大激情了。这一点，他们是十分清楚的！于是，他们谋求那些宣讲某种绝对命令[①]的道德哲学，或者，他们接受宗教里的某个优良部分，正如——举例说来——马志尼[②]所做的那样。因为他们想要让人们无条件地信赖他们，所以他们首先必须无条件地信赖自己，依据的是某个终极的、无可争论的和本身崇高的戒律；他们感到自己是这个戒律的仆人和工具，并且想冒充为这种仆人和工具。在这里，我们就有了极其自然的并且通常十分有影响力的道德启蒙和怀疑的敌人：但这种敌人是稀罕的。与之相反，往往在利益教人们屈从，而名声和荣誉似乎不允许人们屈从的地方，倒是有一个规模很大的这种敌人的阶层。例如，谁若作为一个古老的、骄傲的家族的后裔，想到自己沦落为某个王侯或者某个党派和宗教团体、甚或某个财团的工具，感到自己受了屈辱，但在自身面前或者在公众面前，仍然意愿成为或者不得不成为这种工具，那么，他就需要人们可能时时挂在嘴上唠叨的庄严原则了——亦即一种绝对应当(Sollen)的原则，人们可以毫无羞耻地服从之，并且可以显得自己已经服从它了。所有较精细的奴性都坚守绝对命令，是那些想要把义务的绝对性质剥夺掉的人们的死敌：要求他们这样做的乃是规矩(Anstand)，而且不光是规矩。

---

① 指康德的“绝对命令”(kategorischer Imperativ)概念，参见康德：《实践理性批判》第一部分第1卷，邓晓芒译，第21页以下，北京，人民出版社，2003。——译注

② 马志尼：意大利革命家，民族解放运动领袖，1831年在马赛成立“青年意大利”社团，1834年与德国和波兰的“青年欧洲”运动联合。1837年流亡伦敦后创办《人民使徒报》，发布《论人的责任》一书。——译注

6

尊严的丧失。——思考已经失去了它全部的形式尊严，人们嘲笑思考的一本正经和庄重姿态，再也不能忍受一位老派的智者了。我们思考得太过快速仓促了，在途中，在行走中，在处理各色事务的过程当中，哪怕我们思考的是极其严肃的事体；我们无须什么准备，甚至也不需要安静——就仿佛我们头脑里有一台不停地转动的机器，即便在最不利的情况下也还在工作。从前，人们在每个人身上都能看出他想要思考一下了——这可能是个特例吧！——他现在想要变得更智慧一些了，而且为某个思想做好了准备：为此人们拉长了脸，有如为了一次祈祷，并且停下了脚步；的确，当思想“到来”时，有人曾经在街上安静地站了几个钟头呢①——用一只或者两只脚。这样才“与事体相配”嘛！

7

给勤劳者的一些话。——现在，谁若想对道德问题做一番研究，他就为自己开启了一个巨大的工作领域。所有种类的激情都必须逐一得到思考，都必须分别通过时代、民族、大大小小的个体而加以追究；他们的整个理性以及他们对事物的全部评估和阐明都应当明明白白！直到现在，赋予人生此在以色彩的一切东西都还没有历史：抑或，哪里有爱情史、贪婪史、嫉妒史、良心史、虔诚史和残暴史呢？甚至一种法律比较史，或者哪怕只是刑罚比较史，至今也完全付诸阙如。有人已经把日子的不同划分，对劳动、节日、休息的有序固定的后果当作研究课题了吗？有人了解食物的道德作用吗？有一种营养哲学吗？（赞成和反对素食主义的喧闹声一再爆发出来，这就证明了还没有这样一种哲学！）关于集体生活的经验，例如修道院生活的经验，已经被收集起来了吗？婚姻与友谊的辩证法已经得到描绘了吗？学者、商人、艺术家、手艺人的习俗——它们找到自己的思想家了吗？有太多的事需要思考！人类直到现在都看作自己的“实存条件”的一切东西，以及一切理性、激情和对于这种看法的迷

---

① 此处暗指苏格拉底的一个故事：苏格拉底去阿伽通家赴宴，同行的人已经到了，而他却落在后面思考，到了阿伽通家也不进门，在隔壁的前院里待着。后来终于进来了，大家已经吃了一半。阿伽通说：“来呀！苏格拉底，请挨着我坐，让我靠近你，可以沾到你在隔壁门楼里发现的智慧。显然你是找到了并且抓住了它，要不你还不会来。”参看柏拉图：《会饮篇》174A以下；见《柏拉图对话集》，王太庆译，第290页以下，北京，商务印书馆，2004。——译注

信——这些已经彻底地得到探究了吗？光是对于不同增长的考察，即人类本能依照不同的道德环境已经具有的和还可能具有的不同增长，即便对最勤劳者来说也已经是太多的工作了；需要有整整几代学者有计划地通力合作，方能穷尽这方面的观点和材料。对道德环境差异性的根据的证明也是同样的情形（“为什么在这里闪耀着这个太阳，一种道德基本判断和主要价值尺度的太阳——而在那里则是那个太阳？”）。而且又有一项新工作，就是要确定所有这些根据的错误以及以往的道德判断的整个本质。假如所有这些工作都完成了，则所有问题中最棘手的问题就会突现出来，即既然科学已证明自己能够取消和消灭行动的目标，那么科学是否有能力给出行动的目标——如若能，那适合于做一种实验了，在这种实验中每一种英雄行为都能得到满足，一种长达几个世纪的实验，它能使以往历史上全部伟大的工作和牺牲都黯然失色。直到现在，科学还没有建造起自己的独眼巨人建筑物①；不过，建造的时代会到来的。

8

无意识的德性。——一个人意识到的自己的全部特性——尤其是当他假定，甚至对于他周围的人来说这些特性也是清晰的和显明的——服从于完全不同的发展规律，完全不同于那样一些特性，它们是他所未知的或者一知半解的，即便在更精细的观察者眼前也会通过自己的机敏而把自己隐藏起来，并且懂得如何躲藏于虚无背后。这种情形可与爬行动物鳞片上的精细雕刻相比：若是猜想此类雕刻是一种装饰或者一种武器，这或许是一个错误——因为人们要看到此类雕刻，只有借助显微镜，也就是一种通过人工加强的眼睛，而类似的动物并不拥有这种眼睛（对它们来说，此类雕刻或许就意味着装饰或武器）！我们的可见的道德性质，尤其是我们相信可见的道德性质，有自己的运行轨道——而不可见的、完全同名的道德性质（从他人角度看，它们既非我们的装饰，又非我们的武器）也有自己的运行轨道：可能是一种完全不同的运行，带有各种线条和精细雕刻，或许能够给一位具有神性显微镜的上帝带来欢愉。举例说来，我们有我们的勤勉、我们的虚荣、我们的机敏：它们是尽人皆知的，此

① 独眼巨人建筑物：希腊神话中的独眼巨人（又译为“基克洛普斯”）是西西里岛的巨人，擅于锻造，为宙斯制造闪电。在古意大利伊特拉斯坎等地建有独眼巨人城墙。——译注

外，我们很可能还有我们的勤勉、我们的虚荣、我们的机敏[1]；但用来观察我们身上的爬行动物鳞片的显微镜，还没有发明出来呢！——而且在这里，本能性道德之友就会说："好极了！他至少认为无意识的德性是可能的——这对我们来说就够了！"——你们这些知足者啊！

13

关于权力感学说。——通过行善和作恶，人们都是对他人施加自己的权力——于此人们所意愿的无非是这个！我们作恶于那些人，就是我们必须使之首先感觉到我们的权力的那些人；因为比起快乐来，痛苦作为达到此目的的手段更能为人所感受——痛苦总是要追问原因，而快乐则倾向于保持现状，并不回顾。我们行善，把善意展示给已经以某种方式依赖于我们的人们(就是说，他们已经习惯把我们设想为他们的原因)；我们意愿增强他们的权力，因为我们由此来增强自己的权力，或者，我们意愿向他们展示置身我们的权力范围内的好处——如此，他们将更满足于自己的处境，对我们权力的敌人更有敌意、更有战斗精神。无论我们行善或者作恶是否造成牺牲，都不会改变我们的行为的最终价值；即便我们冒着生命危险，就像殉道者为着自己的教会而牺牲，那也是为我们的权力欲求[2]带来的一种牺牲，或者是为了保存我们的权力感。谁若在此觉得"我占有真理"，那么为挽救这种感觉，有多少财富是他不会放弃的呀！他之所以没有抛弃一切，是为了保持自己"高高在上"的地位，也就是说，要凌驾于那些缺乏"真理"的人们之上！诚然，我们作恶时的状况很少像我们行善时那样令人惬意，一种没有杂质的惬意——那是一个标志，表明我们还缺失权力，或者透露出对于这种贫困的厌烦，它给我们现有的权力带来新的危险和不安，而且通过对报复、嘲讽、惩罚、挫败的指望遮蔽了我们的视界。唯有那些对权力最敏感和最渴望的人才更喜欢在反抗者身上打上权力的印记；而业已被征服者的样子(作为行善的对象)对这些人来说就构成累赘和无聊了。这取决于人们如何习惯给自己的生活增添调料；这是个趣味问题，要看人们是偏爱权力的缓慢增长还是偏爱权力的突然增长，是偏爱权力

---

① 前一句的"我们的"用的是 unsern，后一句加着重号的"我们的"用的是 *unseren*，字面上并无区别，未知如何区分。——译注

② 此处"权力欲求"(Verlangen nach Macht)，我们可视之为尼采对"权力意志"(Wille zur Macht)的预先表达。——译注

的安全增长还是偏爱权力的危险而鲁莽地增长——人们总是根据自己的性情去寻求这种或者那种调料。对于高傲的人物来说，一个唾手可得的战利品是某种可轻蔑的东西，他们一见到可能成为他们的敌人的不屈不挠者就会有快感，见到一切难以获得的财富时也是如此；对于受苦受难者，他们往往冷酷无情，因为这种人不值得他们追求和为之骄傲，而对于旗鼓相当者，他们却显得愈加亲切友好，倘若找到了一个时机，他们都会光荣地与之争斗一番的。本着这个视角的快感，骑士阶层的人们相互习惯于一种特别的礼貌。——在那些少有骄傲、无望于伟大征服的人那里，同情才是最惬意的情感：对他们来说，唾手可得的战利品——此即每一个受苦受难者——是某种令人陶醉的东西。人们把同情当作妓女的德性来加以赞扬。

14

被称为爱情的一切。——贪婪[①]与爱情：我们对这两个词语的感受是多么不同啊！——其实或许是同一种欲望的两种说法，一种说法是从已经占有者的立场出发的诋毁，在这些占有者身上，欲望有点儿平静下来了，他们现在为自己的“占有”担心了；另一种说法则是从不满者、渴望者的立场出发的，从而把欲望美化为“善的”。我们的博爱——难道它不是一种对新的所有物的渴望吗？而我们对知识的爱，我们对真理的爱，一般地，所有那种对新鲜事物的渴望，不也同样如此吗？我们渐渐厌倦于老旧之物、稳妥地占有之物，又伸手去攫取；即便是风景最美的地方，让我们住上三个月，也肯定不再是我们所爱了，而某个更遥远的海滨会刺激我们的贪婪：占有物通过占有而多半变得微不足道了。我们对于我们自身的乐趣想要维持自己，其办法是它总是一再地把某种新东西转化到我们自己身上——这恰恰意味着占有。对某个占有物产生厌倦，此即对我们自身产生厌倦。（人们也可能因占有太多而痛苦，连抛弃的欲望、分发的欲望也可能冠以“爱”的美名。）当我们看到某人受苦受难时，我们便乐于利用现在出现的机会去攫取他的占有物；举例说，这就是乐善好施者和同情者的作为，他们也把在自己身上唤起的对于新占有物的欲望称为“爱”，而且乐在其中，有如处身于一种正在向他们招手的新的征服过程中。然而，性爱却最清晰地表现为对所有物的追求：情人想要绝对地和排他地占有他渴望得到的可人儿，他想对她

① 此处“贪婪”(Habsucht)的字面意义为“占有欲”。——译注

的心灵和肉体都拥有绝对的支配权力，他想独自被爱，意欲作为至高无上者和最值得追求者而在他人心灵中驻留，并且占据支配地位。如果人们考虑到，这无非是意味着把所有人都排除在某种宝贵的美好、幸福和享受之外。如果人们考虑到，这个情人旨在把所有其他情敌搞得一贫如洗，想要成为他自己的金库之龙①，成为所有“征服者”和掠夺者当中最肆无忌惮和最自私自利者。最后，如果人们考虑到，对这个情人本身来说，所有其他人都显得无关紧要、苍白而毫无价值，他已经准备好不惜造成一切牺牲，摧毁一切秩序，无视所有其他利益。那么，人们实际上就会惊奇，这种野蛮的性爱贪婪和不公何以在任何时代都被如此这般地美化和神化了，以至于人们从这种情事中获得了一个与自私相对立的爱情概念；而其实，也许爱情恰恰就是关于自私的最率真的表达。在这里，未占有者和渴望者显然取得了语言用法——这种人可能永远是数不胜数的。那些在这个领域里被赐予许多占有物而获得满足的人，诸如那个在所有雅典人当中最值得爱也最受人爱的索福克勒斯，有时也蛮可能脱口骂一声“疯狂的魔鬼”②；但爱神爱若斯随时都在嘲笑这类渎神者——他们永远都是爱神最大的宠儿。——有时候世上可能会有一种爱情的延续，在其中，两个人之间那种相互的占有要求已经让位于一种新的欲望和贪婪，已经让位于一种共同的、更高的对于某个凌驾他们之上的理想的渴望。但，有谁识得这种爱情呢？有谁体验过这种爱情呢？它真正的名字是友情。

19

恶。——检验一下最优秀和最成功的人类和民族的生活，问问你们自己，一棵骄傲地向高空生长的树是否少得了坏天气和暴风雨的侵袭？是否少得了外部的不利和阻力？是否无论何种憎恨、嫉妒、顽固、猜疑、严酷、贪婪和暴力都不属于有利的环境，没有它们，一种在德性方面的伟大生长几乎是不可能的？毒药能使虚弱者毁灭，而对强者来说则意味着强化剂——而且强者也并不把它称为毒药。

---

① 金库之龙：指北欧神话故事中守护尼伯龙根人金库的龙形巨人法夫尼尔，后成为理查德·瓦格纳歌剧《尼伯龙根的指环》中的情节。——译注

② 引自索福克勒斯，并不忠于字面，可参看索福克勒斯：《安提戈涅》(Ant.)第790行，《特拉基斯妇女》(Trach.)第441—446行，以及柏拉图在《理想国》(Resp.)329b-d中关于索福克勒斯的讨论，叔本华也提及柏拉图的这段文字，参看叔本华：“论年龄差别”，《附录》(Parerga)第一卷，第524页。——编注

20

愚昧的尊严。——几千年来直到上世纪[1]的进程！——而且，在人类所做的所有事体上均可见出那至高的聪明：但恰恰因此，聪明丧失了它全部的尊严。于是，做聪明人虽然是必然的，但也是十分惯常和凡庸的，以至一种令人讨厌的趣味会把这种必然性当作一种卑鄙。恰如一种真理和科学的专横或许会提升谎言的价值，一种聪明的专横同样也能促进一种全新的高贵感。成为高贵的——这也许就意味着：头脑里满是愚昧。

21

致无私之教师。——人们把一个人的德性称为善的，并非着眼于德性对他本身所具有的作用和影响，而是着眼于我们从中为我们自己和社会所预设的作用和影响——自古以来，在赞美德性时，我们是很少“无私”，很少“不利己的”！因为不然的话，我们就必定会看到，德性(诸如勤勉、顺从、贞操、同情、公正等)对于它们的持有人多半是有害的，成了这样一种本能，后者太强烈和太贪婪地在他们身上起支配作用，并且反抗理性那种保持与其他本能的平衡的努力。如果你有一种德性，一种真正的完全的德性(而且不只是一种追求某种德性的小小的本能！)——那么，你就是这种德性的牺牲品！但邻人恰恰会因此称赞你的德性！人们称赞勤勉者，尽管后者因为这种勤奋而损害了自己的视力或者自己精神的原始性和清新生机；年轻人“因劳累搞垮了身体”，人们表示尊敬和遗憾，因为人们会判断：“对整个大社会而言，最优秀的个人的损失也只不过是一个小小的牺牲！糟糕的是，牺牲是必需的！诚然，如果个体有不同的想法，认为自己的保存和发展比他服务社会的工作更重要，那就要糟糕得多了！”而且，人们之所以为这个年轻人感到遗憾，并非因为他自身之故，而是因为一个忠诚的对自己毫无顾忌的工具——一个所谓的“老实人”——通过这种死亡而对社会来说是遗失了。也许人们还会思量，倘若他较少对自己毫无顾忌地工作，得以更长久地保存自己，这从社会利益上讲是否会更有用些？——的确，人们可能会承认其中的一个优势或利益，而打击另一种优势或利益，即一种牺牲已经做出，牺牲动物的思想态度再一次明显地得到了证实——更高又持

[1] 这里的“上世纪”指18世纪，即欧洲启蒙运动的世纪。——译注

久。所以，一方面，当德性受到赞扬时，真正受到赞扬的是德性中的工具自然(Werkzeug-Natur)，另一方面，在任何一种德性中起支配作用的盲目冲动，它拒绝通过个体的总体优势或利益局限而把自己限制起来，简言之，就是德性中的非理性，借着这种非理性，个人才让自己转化为整体的一个功能。对德性的赞扬乃是对某种私下伤害的赞扬——就是赞扬那些冲动，它们剥夺了人最高贵的自私自利以及最高的自我保护之力量。——诚然，为了培育和获取合乎德性的习惯，人们摆出一系列德性的效应来炫耀，后者使德性与私人利益显得关系密切——而且实际上也确有这样一种密切关系！一个工具的这样一种典型德性，例如盲目激越的勤奋，被说成是通向财富和荣耀的道路，以及针对无聊和激情的最有效的毒药：但人们却隐瞒它的危险，它的极高的危害性。教育始终是这样进行的：它寻求通过一系列导致一种思想和行动方式的刺激和利益来规定个体，而当这种思想和行动方式变成了习惯、冲动和激情时，它便违反自己最后的利益，但“为了普遍至善”而在他身上并且对他起支配作用。我多么经常地看到，盲目激越的勤奋虽然创造了财富和荣耀，但同时剥夺了器官的精细性，而正是借着后者，才可能有一种财富和荣耀方面的享受，同样地，那种针对无聊和激情的主要手段同时也使感觉迟钝，使精神反抗新的刺激。(所有时代里最勤勉的时代——我们的时代——只知道把自己大量的勤奋和金钱变成总是越来越多的金钱和总是越来越多的勤奋：为此恰恰更多地需要付出的天才，而不是获得的天才！——现在，我们才会有我们的“子孙后代”！)如果这种教育成功了，那么，个体的任何一种德性就都是一种公共的好处，一种至高的私人目标意义上的私人的不利情况——很可能是某种精神—感性的萎缩，或者甚至于是过早的没落：让我们根据序列，从这个观点出发，来考量一下顺从、贞洁、虔诚、公正之类的德性。对无私者、牺牲者和有德性者的赞扬——也就是赞扬那个人，他不会把自己全部的精力和理性使用到自己的保存、发展、提升、推动、权力扩张上面，相反，关于他自身，他倒是活得谦逊而不经意，也许甚至是漠然或者反讽——这样一种赞扬无论如何都不是起于无私的精神！“邻人”赞扬无私，是因为他能从中获得好处！倘若邻人本身是“无私的”，那么，他为有利于自己，就会拒绝那种对力量的损害，那种伤害，就会抵制此类倾向的形成，首要地恰恰并不把这种无私称为善的，由此来表明自己的无私！——这就暗示了那种恰好现在深受尊重的道德的基本矛盾：这种道德的动机是与其原则相矛盾的！对于这种道德想用来证明自己的那个东西，它又以自己的道德标准来加以反驳！"你应当弃绝自己和牺牲自己"——为了不至于与自己的道德相违背，这个命题就只能由一个人来宣告，此人由此放弃自己的利益，并且也许在所要求的个体之牺牲中招致他自己的没落。不过，一旦邻人(或社会)为功利之故而倡导一种利他主义，那么，与之恰好相反的命题"你应当追求自己的利益，即便以其他的一切为代价"就会得到应用，也就是说，"你应当"与"你不应当"就会一口气得到说教！

23

腐化的标志。——让我们来关注一下那些有时必然地发生的、用"腐化"一词来表示的社会状态的下列标志。一旦在某个地方出现了腐化，就会不断发生一种混杂的迷信，相反，一个民族迄今为止的总体信仰就会变得苍白而无能：因为这种迷信乃是次一等的自由精神——谁若听命于这种迷信，他就选择了某些与自己意气相投的形式和套路，并且允许自己有选择的权利。与笃信宗教者相比较，迷信者始终有多得多的"人格"(Person)，而且一个迷信的社会将成为这样一个社会，在其中已经有大量个体，也已经有许多关于个体性的快乐。从这个观点出发来看，迷信总是表现为一种进步，一种反对信仰的进步，总是表现为一个标志，标志着理智变独立了，想要获得自己的权利。古老宗教和虔诚的崇拜者这时就控诉腐化，他们一直也规定了语言用法，甚至在最自由的精神那里，也对迷信做了一种恶意的诽谤。让我们记取一点：迷信是启蒙的一个征兆。——人们以衰弱(*Erschlaffung*)谴责一个腐化蔓延的社会：而且在这个社会中，对战争的重视和对战争的乐趣明显减少了，现在人们对舒适生活的追求是如此热烈，就像从前人们追求战争的和竞技的荣誉一样。但人们习惯忽视一点：从前通过战争和竞赛获得壮丽成就的那种古老的民族活力和民族激情，现在已经转化为无数私人激情了，一味地变成更不可见的了；的确，在"腐化"状态中，一个民族现在被耗尽的活力的权力和强力很可能比从前更大些，个体如此挥霍地发挥这种力量，这是前所未有的——当时还没有丰富到这个地步！因此，恰恰就在"衰弱"时代，悲剧在各处乱窜，伟大的爱情和深仇大恨在此产生，认识的火焰熊熊燃烧，升向天空。仿佛是要为对迷信和衰弱的责难做出辩解，人们经常说，这样的腐化时代是比较温和的，与更老的、更虔信的和更强大的时代相比，现在暴行是大大减少了。但就像前述的责难一样，对于这种赞扬，我也是不能附和的：我只能承认，现在暴行变得精细优雅了，而且它的陈旧形式从现在起是违背趣味的；但在腐化时代，由言辞和眼神所造成的伤害和折磨获得了极高的发展，现在才产生了邪恶以及对于邪恶的乐趣。腐化的人是机智的和喜欢诽谤的；他们知道，除了用匕首和袭击，还有其他谋杀方式，他们也知道，一切保证都会被相信。"礼崩乐坏"之时，首先出现的是那些被称为暴君的人物：他们是先行者，可以说是早熟的个体中的头生子。只还有一小会儿：而且这种果实中的果实挂在民族之树上，成熟而发黄，而且，只是为这些果实之故才有这棵树的！如果这种礼崩乐坏到了极点，所有暴君的斗争也达到了极点，那就总是会出现一个恺撒，这个最后的暴君，他厌倦了为自己而工作，从而结束了围绕独裁统治所做的困倦争斗。在恺撒那个时代，个体通常已极为成熟，因而"文化"极其发达而硕果累累，但这不是因为他的缘故，并不是由他造成的：尽管高度文明的人喜欢把自己假装为恺撒的功业，以此来对他们的恺撒献媚。然而真相是，因为他们于自身中有了足够多的不安和劳作，所以他们必须有外部的安宁。在这样的时代里，贿赂和告密行为放大到了极致：因为人们现在对刚刚发现的 ego[自我]的热爱已经远远强于对陈旧的、被耗尽了的、被死命吹捧的"祖国"的热爱；而且，一旦一个权势人物和富人表示乐于把金钱施舍给他们时，则那种要以某种方式抵抗可怕的幸福之动荡而保障自己的需求，也就张开了高贵的双手。现在少有可靠的将来了，人们只为今天活着，有了这样一种心灵状态，所有诱骗者都在做一种轻松的游戏——因为人也只能让自己"为今天"去诱骗和行贿，并且为自己保留将来和德性！个体们，这些真正的自在自为者①，众所周知他们更多地为眼下操心，甚于他们的对立面即群畜之人，因为他们认为自己与将来一样都是不可估量的；同样地，他们也乐意与强权人物接触，因为强权人物深信自己的行动和资讯，而大众既不能理解也不能宽恕这些，但暴君或者恺撒却能理解个体的权利，甚至理解个体的放荡不羁的行为，而且有兴趣谈论甚至支持一种更大胆的私人道德。因为他想到自己，希望自己已经思考了拿破仑曾经以经典的方式道出的话，"我有权通过一种永远的'这就是我'(Das-bin-ich)来回答人们针对我的全部责难和控诉。我远离世人，我不接受任何人的条件。我要求

① 此处"自在自为者"原文为 An-und Für-sich's，或译"独立自主者"。——译注

人们也屈服于我的幻想，如果我热衷于这种或者那种消遣，人们会觉得那是十分简单的”。拿破仑有一次对自己的夫人如是说，当时他夫人拿到了理由，责问她丈夫对婚姻的忠诚。——腐化时代就是苹果从树上掉下来的季节：我指的是个体、将来的胎盘、精神殖民的创作者以及国家和社会联盟的发动者。腐化只不过是表示一个民族的秋收季节的咒骂之语。

27

弃世者。——弃世者在干什么呢？他力求一个更高的世界，他意愿比所有肯定的人飞得更广、更远、更高，他扔掉了许多会使他的飞行变得艰难的东西，而其中有些东西对他来说并非毫无价值、并非是他不喜欢的：他为自己追求高处的欲望而把它们牺牲掉了。这种牺牲、这种扔掉现在恰恰是他身上唯一可见的东西：据此，人们给了他弃世者之名，而且他作为这种弃世者站在我们面前，裹上风帽，就像披着一件粗山羊毛衬衣的幽灵。但他对自己给我们造成的效果却是十分满意的：他想对我们隐瞒自己的欲望、自己的骄傲、自己飞越我们的意图。——是的！他比我们所设想的要聪明些，对我们彬彬有礼——这个肯定者啊！因为尽管他弃世，但在这一点上并不逊于我们。

28

精华造成伤害。——我们的强项有时会推动我们向前，推到如此之远的地步，使得我们再也不能忍受我们的弱点，并且毁于我们的弱点：对于这个结局，我们也可能预见到了，但却不愿意改变。于是我们会横眉冷对我们身上想要受到保护的东西，我们的伟大也是我们的冷酷无情。——这样一种体验，我们最后必将为之付出生命的代价，它是那些伟大人物对他人和时代的总体影响的一个比喻：正是以他们的精华，以只有他们能够做到的事，他们使许多虚弱者、不安者、生成者、意愿者走向毁灭，而且由此成为有害的。的确也可能出现这样的情形，即总的来看，他们之所以有伤害作用，是因为他们的精华只有那些失去了自己的理智和自私自利的人们才会接受，仿佛是畅饮一种太烈的酒：这些人酩酊大醉，结果必定会在醉意驱动下走上的全部迷途上粉身碎骨。

37

起于三种谬误。——最近几个世纪来，人们促进了科学的发展，首先是因为人们希望用科学、通过科学来对上帝的善意和智慧做最佳的理解——这个主要动机存在于英国伟人的心灵里（比如牛顿）；其次是因为人们相信知识是绝对有用的，尤其是相信道德、知识与幸福的最内在的结合——这个主要动机存在于法国伟人的心灵中（比如伏尔泰）；第三是因为人们认为，在科学中可以拥有和热爱某种无私的、无害的、自足的和真正无辜的东西，这种东西根本就没有掺杂人的邪恶欲望——这个主要动机存在于斯宾诺莎的心灵里，后者作为认识者颇有神圣之感——可见，盖起于三种谬误。

44

被相信的动机。——懂得迄今为止的行为真正依据的那些动机，这是多么重要：也许，对于这种或者那种动机的**相信**，也就是相信人类迄今为止当作自身行为的真正杠杆加给自己、为自己想象出来的东西，这对于认识者来说乃是某种更为本质性的事情。因为人的内心幸福和困苦，向来是根据他们对这种或那种动机的相信而为他们所领受的，而**并非**通过真正的动机！所有这些动机只配有次等的兴趣。

48

对痛苦的认识。——也许，人与时代得以相互区分开来，无非是由于对他们所具有的痛苦的不同程度的认识：心灵的痛苦以及肉体的痛苦。关于肉体的痛苦，我们现代人尽管有身体上的残疾和脆弱，但统统由于缺乏丰富的自身经验而成了半吊子和幻想家：与一个恐怖时代相比较——所有时代中最漫长的时代，那时候，个体必须保护自己免受暴力侵害，而且为此目的，本身不得不成为残酷无情的人。当时，一个人经受了自己身体痛苦和匮乏方面的丰富训练，甚至在某种对自身的残暴中、在一种自愿的痛苦练习中，把握到一种对他来说必然的自我保存的手段；当时人们教育周围的人去承受痛苦，当时人们乐于施加痛苦，看到这种最可怕的东西被发布给他人，而除了自己的安全感之外没有别的感情。但就心灵的痛苦而言，我现在对每个人的观察着眼于：他是否基于经验或者描述来认识这种痛苦；他是否假装这种认识，但依然视之为必需，诸如认为它是更优雅教养的一个标志，抑或他是否从其心灵的根基上并不相信巨大的心灵痛苦，在提及心灵痛苦时产生了类似的经验，类似于提及巨大的肉体痛苦之时，后者使他想到自己的牙痛和胃痛。但这在我看来就是大多数人现在的情形。有关两种形态的痛苦的经验的普遍缺失，以及一个受苦者的模样的某种奇特性，现在得出了一个严重的结果：人们如今憎恨痛苦远甚于从前的人，对痛苦的恶意中伤远甚于过去，是的，人们觉得痛苦作为一种想法的现成存在几乎是不可忍受的，就把它变成一种对整个此在(Dasein)的良心谴责。各种悲观主义哲学的出现完全不是巨大的、可怕的困境的标志；而不如说，这个对一切生命之价值的怀疑是在那些时代被提出来的，那时候，对此在的精细化和轻松化，已经把心灵和身体无可避免的蚊虫叮咬看作太过血腥和太过凶恶的，而且由于缺乏真正的痛苦经验，最喜欢让令人烦恼的、普遍的观念表现为至高种类的痛苦。——已经有一种针对悲观主义哲学以及过度的敏感性的药方，在我看来，这种敏感性就是真正的"当代困厄"。——但也许，这张药方听起来已经过于残暴了，本身或许可以被列为那样一种症状，人们现在可以根据它来判断："此在是某种恶"。好吧！对付"困厄"的药方就是：困厄(Noth)。

49

宽宏大度以及类似品质。——那些矛盾的现象，比如不动声色的人在行为中突然变得冷酷，比如忧郁之人变幽默了，尤其是突然放弃复仇或者平息了嫉妒心的宽宏大度——出现在那些具有强大的内在离心力的人身上，在那些会突然餍足和突然厌恶的人身上。他们的满足是如此迅速和强烈，以至于接踵而来的就是厌倦和憎恶，一种向反面趣味的逃遁：在这种对立中引发的是感觉痉挛，在此人那里是由于突然变得冷酷，在那人那里是通过大笑，在另一个人那里则是流泪和自我牺牲。在我看来，宽宏大度者——至少是那种总是让人印象最深刻的宽宏大度者——是具有极度报复欲的人，一种满足于切近中向他显示出来，他已然在表象(Vorstellung)中如此丰富而彻底地痛饮之，直到最后一滴，结果，对于这种快速的放纵行为的巨大而迅速的厌恶便接踵而来，现在，他得以"超越自身"(正如人们所说的那样)，宽恕了自己的敌人，甚至祝福和崇敬敌人。但以这样一种对自身的强暴，以这样一种对自己刚刚还十分强大的报复欲的嘲笑，他只不过是屈服于那种恰好现在在他身上变得强大的新欲望(即厌恶)，而且他这样做也同样不耐烦和同样放纵，就如同此前不久他先行取得了——可以说在想象中吸干了——复仇之快乐。宽宏大度与复仇一样，包含着同样程度的自私，但却是一种不同性质的自私。

50

孤独的理由。——即便在最有良心的人那里，良心的谴责也虚弱不堪，无力面对这样一种情感："这件事或那件事是违背你的社会的良好伦理的。"最强大的人也还会害怕旁人的冷眼和撇嘴，而人们就是在旁人当中、为着旁人而长大成人的。在此他到底害怕什么呢？害怕孤独！这个理由甚至把做人或做事的那些最佳理由击倒了！——我们的群盲本性如是说。

53

善从哪里开始。——眼睛的微弱视力不再能够看到邪恶的欲望本身(因为它变得文雅精致了)，在这当儿，人就开始建立善的王国，并且感到现在已经转入善的王国中了，这样一种感觉使所有受邪恶欲望威逼和限制的本能欲望，比如安全感、舒适感、善意等，都一道激动起来。可见：眼睛越是迟钝，善之触角伸展得越广大！所以才有民众和孩童们永远的快乐！所以才有大思想家的阴郁及其与坏良心同源的悲伤！

55

最后的高贵感。——究竟什么使人"高贵"呢？肯定不是做出牺牲；狂热纵欲者也做出牺牲。肯定不是完全服从某种激情；因为也有可鄙的激情。肯定也不是无私地为他人做些什么；也许自私的后果恰恰在最高贵者那里是最大的。——相反，侵袭高贵者的激情乃是一种特殊性，而高贵者是不知道这种特殊性的；使用一种罕有而独一的尺度，近乎一种疯狂；对其他所有人都会感到冷酷的事物的灼热情感；一种对尚未找到衡器来加以衡量的价值的猜测；一种献给某个未知之神的祭坛牺牲；一种不求荣耀的勇敢精神；一种向人和物传布的富裕的自足。所以，迄今为止，都是这种稀罕的东西以及对于这种稀罕性的无知才使人高贵。但我们在此要思量一下，通过这一准则，一切通常之物、切近之物和不可或缺之物，就是最能保存种类的东西，以及根本上迄今为止人类的规则，这一切都为了照顾特例而受到不公正的评判，整体上受到了诽谤。成为规则的辩护者——这也许是使人间的高贵感得以开启的最终形式和精妙之处。

56

追求痛苦的欲望。——如果我想到做事的欲望，这种欲望不断刺激着千百万年轻的欧洲人，他们全都不能忍受无聊，也都不能忍受他们自己，那么我就能理解，他们身上必定也有一种受苦的欲望，为的是从他们的痛苦中获得行为、行动的一个可能原因。困厄(Noth)是必需的！所以才有了政治家的叫喊，所以才有了全部可能的阶层的许多虚假的、被虚构和被夸大的"困境"，以及乐于相信这些东西的盲目的热心肠。这些年轻人要求，不幸——而绝不是幸福——应当来自外部，或者从外部才是可见的；他们的想象已经先行忙碌于从中形成一个怪物，以便他们此后能够与一个怪物斗争。倘若这些有困厄嗜好的人在自身中感到一种从他们出发使自己愉快、为自己做某事的力量，那么，他们就会懂得从他们出发为自己创造一种特有的、本己的困厄。于是，他们的臆造和发明就可能会更精细，他们的满足就可能会像好音乐一样美妙动人；而现在，他们却用他们的痛苦叫声来充斥这个世界，因而甚至太过经常地用痛苦感情来充斥这个世界！他们不知道对自己做些什么——因此他们就把他人的不幸画在墙上：他们永远需要他人！而且总是不同的他人！——原谅我，我的朋友啊，我已经斗胆把我的幸福画在墙上。

第二部(第 57—107 节)

68

意志与情愿①。——有人领着一个小伙子，来到一位智慧的男人面前，跟智者说："瞧，这是一个被女人毁了的人！"这个智慧的男人②摇了摇头，笑了。"是男人吧，"他叫道，"是男人把女人毁了：女人缺少的一切，都要在男人身上得到补偿和改善，因为男人为自己做出女人的形象，而女人是按照这个形象来塑造自己的。"——"你

① 此处"意志"(Wille)与"情愿"(Willigkeit)有相同的词根。"情愿"(Willigkeit)也有"愿意、顺从"的意思。——译注

② 准备稿：查〈拉图斯特拉〉指着一个小伙子："瞧，人们说这是一个被女人毁了的人！"查〈拉图斯特拉〉。——编注

对女人太仁慈了，”围观人群中有人说，“你不懂女人!”这位智慧的男人[①]答道：“男人的本性是意志，女人的本性是情愿，这是性别的法则，真的！是对女人的冷酷法则！所有人就其此在(Dasein)来说都是无辜的，而女人是在次等意义上无辜的：谁能给她们足够的抚慰和柔情呀。”——“什么抚慰啊！什么柔情啊!”人群中另一个人嚷道，“我们必须把女人调教得更好些!”——“我们必须把男人调教得更好些。”这个智慧的男人[②]说道，示意那个小伙子跟他走。——但小伙子没有听他的。

69

复仇能力。——一个人不能自卫，因此也就不想自卫，这在我们眼里还不会给他带来耻辱；但我们却要蔑视那种既无能力又无善良意志进行复仇的人，不管是男人还是女人。如果我们并不相信，一个女人懂得在某种情况下熟练地操起匕首(任何一种匕首)对付我们，她能抓牢(或者如人们所言，“迷惑住”)我们吗？抑或对付自己：在某种特定情形下，这或许是更严重的复仇(中国式复仇)。

71

论女人的贞洁。——在高贵女人的教育方面，有某种十分令人惊讶和非凡的东西，确实，也许没有更为悖谬的东西了。人人都同意，她们在eroticis[性爱]方面所受的教育，是要让她们变得尽可能无知，使她们对性爱有一种深深的羞耻感，使她们在提及此类物事时便会产生极度的不耐烦和逃避之心。根本上，女人的全部“荣誉”都只在此发挥作用：她们此外还有什么没有被扭曲的！但在性爱方面，她们理当打心眼里保持无知——对于她们的这种“恶”，她们应当不视不听，不言不想。是的，在这里知识就是恶！那好！就好比随着一记可怖的霹雳被抛入现实和知识之中，婚姻亦然——而且是通过那个她们最爱和最珍视的人。她们突然发觉爱与羞耻的冲突，实即不得不一体地感到狂喜、奉献、义务、同情，以及关于突如其来的与上帝和动物的毗邻关系的恐惧——天知道此外还有什么！——实际上，她们在此为自己打了一个无与伦比的心灵之结！甚至那个最聪明的善于识人者，其充满同情的好奇心也不足以猜度，

① 准备稿：查〈拉图斯特拉〉。——编注

② 准备稿：查〈拉图斯特拉〉。——编注

这个和那个女人如何善于寻找这种谜团的答案和这种答案的谜团，以及在女人可怜的四分五裂的心灵里必定会引发何种可怖的、广泛的怀疑，实即女人最终的哲学和怀疑是如何在这个点上抛锚的！——此后一如既往地深深地沉默：而且经常是一种对自身的沉默，一种对自身的视而不见。——年轻女子们尽力显示出浅薄无知和无所用心；她们当中最优雅者则假装出一种放肆。——女人们容易把自己的丈夫视为她们婚姻的问号，把她们的孩子视为一种辩解或者赎罪，——她们需要孩子，她们对孩子们的愿望完全不同于丈夫的愿望。——总而言之，人们可不能对女人太温和！

85

善与美。——艺术家不断地颂扬——他们不做其他任何事体：而且是颂扬所有那些状态和事物，后者享有好名声，能给人机会，或者让人感觉良好或伟大，或者让人感觉陶醉，或者让人感觉快乐，或者让人感觉舒适和智慧。对于人的幸福而言，这些被精选的事物和状态的价值是确凿的和有定论的，它们是艺术家的客体：艺术家总是在暗中守候，伺机去发现此类东西并且把它们拉入艺术领域之中。我想说：艺术家本身并不是幸福和幸福之物的估价员，但他们总是跻身于这些估价员近旁，怀着极大的好奇心和兴致，希望立即就能利用后者的评估。因为他们除了不耐烦，也具有宣告者的大肺腔和奔跑者的双脚，所以，他们也总是成为第一批颂扬新的善的人，而且经常表现为这样的人，后者首先把它称为善，进而把它估价为善。然而，再说一遍，这是一个错误：他们只是比真正的估价员更敏捷和更大声。——而真正的估价员到底是谁呢？是富有者和有闲者。

第三部(第 108—275 节)

114

道德的范围。——我们看到一个新的图像[①]，立即就借助我们所取得的全部旧经验来构造它，每每要依照我们的正直和公正的程

① 誊清稿：事物。——编注

度。除道德体验外根本没有别的体验了，即便感官感知领域也是如此。

115

四种错误。——人通过自己的各种错误而受到教育：第一，人认为自己始终是不完美的；第二，人赋予自己一些虚构的特性；第三，较之动物和自然，人觉得自己处于一个错误的等级中；第四，人不断发明出新的价值榜，并且在某个时期内把它看作永恒的和绝对的，结果，有时是这种人类欲望和状态，有时则是那种人类欲望和状态，占了首要地位而且因这种估价而变得高贵起来。如果我们无视这四种错误的作用，我们也就忽略了人道、人情和"人类尊严"。

116

群畜本能。——当我们碰到一种道德时，我们就会发现一种对人类本能和行为的评估和排序。这种评估和排序始终是某个群体和群畜的需要的表达：什么东西首先对它们有益——什么东西其次和再次，这也是所有个体的最高价值标准。个体受道德引导，成为群畜的功能，仅仅作为功能而把价值归于自己。因为一个群体的保存条件是完全不同于另一个群体的保存条件的，所以才有十分不同的道德；而着眼于即将来临的群畜和群体、国家和社会的根本改造，我们可以预言，还将出现大有分歧的道德。道德性乃是个体身上的群畜本能。

117

群畜的良心谴责。——在人类极漫长和极遥远的时代，有过一种与当今完全不同的良心谴责。如今，人们感到只对自己意愿的和做的事情负责，而且本身都有自豪感：我们所有的法学教师都以个体的这种自我感和快乐感为出发点，仿佛这向来都是法律的源泉。然而，在人类极其漫长的岁月里，没有比感觉孤独更可怕的事了。独自存在，感受孤独，既不服从也不支配，成为一个个体——这在当时并不是一种快乐，而是一种惩罚；人们被判决"成为个体"。思想自由甚至被当作一种不适。我们今天感觉法规和顺从是一种强制和丧失，而在从前，人们却把自私自利视为一种痛苦的事情，一种真正的困厄。成为自身，按照自己的标准和分量来评估自己——这在当时是违背趣味和风尚的。这方面的爱好被认为是疯狂：因为任何痛苦和恐惧皆与孤独联系在一起。那个时候，“自由意志”是与坏良心紧紧相连的：人们越是不自由地行动，人们行动中越多地表现出群畜本能而不是个人意识，则人们就越是在道德上高估自己。伤害到群畜的一切，不论是个体有意的还是无意的，在当时都会使个体受到良心的谴责——而且他的邻人亦然，其实整个群畜都是如此！——在这一点上，我们已经在最大程度上改变了自己的观念。

118

善意。——若是一个细胞转变为一个更强大的细胞的功能，这是有德性的吗？它必须如此，别无选择。若是更强大的细胞同化了较弱的细胞，这是邪恶的吗？它同样必须如此，别无选择；这对它来说是必然的，因为它力求充裕地补偿，并且意愿再生。因此，在善意（Wohlwollen）方面，我们必须区分：占有欲望与屈服欲望，依据的是强者或弱者对善意的感受。在意愿把某物改造为自己的功能强者身上聚集了快乐与欲求；而在想成为功能的弱者身上，则聚集了快乐与被欲求的意愿。——同情本质上是前者的，是一种看到弱者时产生的占有欲望的愉快冲动：在此还必须思量的是，“强”与“弱”是相对的概念。

119

不要利他主义！——在许多人身上我看出一种过剩的力量和欲望，意愿成为一种功能；他们奋力向前，并且对于他们正好能成为一种功能的所有那些地方，他们有着极敏锐的嗅觉。这也包括那些女人，她们把自己转换成某个男人的功能（这功能在他身上恰恰发育得虚弱不堪），如此这般地变成他的钱包，或者变成他的政治，或者变成他的社交。当这种女人把自己嵌入外来的有机体之中时，就最好地保存了自己；如若她们没有成功地做到这一点，她们就会恼怒、敏感，把自己吞没。

120

心灵的健康。——有一个广受欢迎的、具有医学疗效的道德公式（其倡议者是希俄斯的阿里斯顿①），“德性就是心灵健康”——为了变成可用的，这个公式至少得略加改动，表述为，“你的德性是你

① 希俄斯的阿里斯顿（Ariston von Chios，约活动于公元前3世纪中期）：古希腊哲学家，曾师从斯多亚派哲学家芝诺。——译注

的心灵的健康”。因为健康本身①是不存在的，以此方式来界定某个事物的所有尝试，都遭到可悲的失败。为了确定什么东西对于你的身体来说是健康的，关键在于你的目标、你的视野、你的力量、你的动力、你的谬误，尤其是你心灵的理想和幻象。因此有无数种身体健康；而且，人们越多地允许无与伦比的个体再次昂起自己的脑袋，人们越多地忘掉了关于“人人平等”的信条，则关于一种正常健康的概念(与正常的饮食、正常的疾病过程一道)也必定越多地被我们的医生所摈弃。进而或许才到时候了，我们可以来思索心灵的健康和疾病，并且把每个人特有的德性置入其健康之中：诚然，在某个人那里看起来或许是健康，在另一个人那里可能是健康的对立面。最后依然有一大问题：我们是否能够少得了疾病，甚至是为发展我们的德性？尤其是，我们对于认识和自我认识的渴望是否需要健康的心灵，也同样需要患病的心灵？简言之，追求健康的唯一意志是不是一种偏见，一种胆怯，也许是一种极精细的野蛮和落后？

121

生活并非一种论证。——我们想好了一个我们能够在其中生活的世界——通过假定和采纳体、线、面，因与果，动与静，形式与内容：要是没有这些信条，现在没有人能坚持活下去了！不过，这还丝毫没有证明它们。生活并非一种论证；生活的条件或许就包含着谬误。

122

基督教中的道德怀疑。——基督教也对启蒙运动做出了一大贡献。它以一种十分透彻而有效的方式传授了道德怀疑论。有所指控、有所忧愤，但带着不懈的耐心和精细。它消灭了每个个人身上对自己“德性”的信仰。它让古代并不稀缺的那些伟大的有德性者从地球上永远地消失了，让那些自以为完美、以一个斗牛士英雄的威严四处游走的公众人物永远消失了。当我们今天——受过这种基督教怀疑论学校的教育——来读古人的道德书，例如塞内卡和爱比克泰德②的道德书，我们就会感受到一种愉快的优越感，并且充满了隐秘的洞察和概观，这当儿我们的心情，就仿佛一个小孩子在一个老

① 德语原文为Gesundheit an sich，或译为“自在的健康”。——译注

② 塞内卡：古罗马政治家、斯多亚派哲学家，曾任帝国会计官和元老院元老，后任尼禄皇帝的家庭教师与顾问。爱比克泰德：古罗马最著名的斯多亚派哲学家之一。——译注

人面前说话，或者一个年轻美丽的热烈女郎在拉罗什福科[①]面前说话：我们便更好地知道了德性是什么！但最后，我们也把这同一种怀疑态度应用于所有的宗教状态和过程上面，诸如罪恶、懊悔、恩典、神圣化等，并且让蠕虫深入挖洞，使得我们即便在阅读基督教图书时也有同一种精细的优越感和洞察——我们于是也更好地知道了宗教情感！是时候了，得好好认识和描写这些宗教情感，因为连古老信仰的虔信者也正在灭绝——至少为了认识，让我们来拯救他们的映象和他们的类型吧！

125

疯子。——你们是否听说过那个疯子，他大白天点着灯笼，跑到市场上不停地喊叫："我寻找上帝！我寻找上帝！"——由于那里刚好聚集着许多不信上帝的人，所以他引起了一阵哄然嘲笑。怎么搞的！他失魂了吗？其中一个说道。他是不是像小孩一样走错了路？另一个说。还是他迷失了自己？他害怕我们吗？他坐船走了吗？流亡了吗？人们议论纷纷，哄然大笑。这个疯子突然闯进人群之中，并张大双眼瞪着大家。"上帝到哪里去了？"他大声喊叫，"我要对你们说出真相！我们把他杀死了——你们和我！我们都是凶手！但我们是怎样杀死上帝的呢？我们又如何能将海水吸光？是谁给我们海绵去把整个地平线拭掉？当我们把地球移离太阳照耀的距离之外时又该做些什么？它现在移往何方？我们又将移往何方？要远离整个太阳系吗？难道我们不是在朝前后左右各个方向赶吗？还有高和低吗？当我们通过无际的虚无时不会迷失吗？难道没有宽广的空间可以让我们呼吸吗？难道那儿不会更冷吗？是否黑夜不会永远降临且日益黯淡？我们不必在大白天点亮提灯吗？难道我们没有听到那正在埋葬上帝的挖掘坟墓者吵嚷的声音吗？难道我们没有嗅到神性的腐臭吗？——就连诸神也腐朽了！上帝死了！上帝真的死了！是我们杀死了他！我们将何以自解，最残忍的凶手？曾经是这世界上最神圣和最万能的他现在已倒在我们的刀下——有谁能洗清我们身上的血迹？有什么水能清洗我们自身？我们应该举办什么样的祭典和庄严的庙会呢？难道这场面对我们来说不会显得太过隆重了吗？难道我们不能使自身成为上帝，就算只是感觉仿佛值得一试？再也没有更伟大的行为了，而因为这个行为的缘故，我们的后人将生活在

① 拉罗什福科：法国思想家，主要著作有《道德箴言录》等。——译注

一个前所未有的更高的历史之中!”说到这里，疯子静下来，举目望望四周的听众，听众也寂然无声并惊讶地看着他。最后，他将提灯掷在地上，而使灯破火熄。“我来得太早了，”他接着说，“我来得不是时候，这件惊人的大事还在途中游走——它尚未传到人们的耳朵里。雷电需要时间，星光需要时间，大事也需要时间，即使在人们耳闻目睹之后亦然，而这件大事比最远的星辰距离人们还要更为遥远——虽然他们已经做了这件事!”据说，在同一天，这个疯子还跑到各个教堂里，在里面唱他的 Requiem aeternamdeo[安魂弥撒曲]。而当有人问他缘由时，他总是回答说：“假如这些教堂不是上帝的陵墓和墓碑，那么，它们究竟还是什么玩意?”

128

祈祷的价值。——祈祷是为那些人发明的，他们根本上从来没有自己的思想，他们不知道或者觉察不到心灵的升华：在生活的神圣场所，以及所有要求安宁和某种尊严的重要处境，这些人应当做些什么呢？为了这些人至少不起扰乱作用，或大或小的所有宗教创始人的智慧就把祈祷这一形式交付他们，作为一种长期的机械的嘴上劳作，与记忆的努力和手、足、眼的相同的固定的姿态相联系！于是让他们像西藏人那样，无数次地吟诵“唵嘛呢叭咪吽”[1]，或者就像在贝那勒斯[2]，让他们一边掐指，一边念叨神的名字罗摩—罗摩—罗摩[3](如此等等，优雅地或者毫不优雅地)：或者让他们把毗湿奴[4]的名字叫上千遍，把安拉[5]叫上九十九遍；或者让他们使用转经筒[6]和玫瑰花环[7]——最重要的事体是，他们会有固定的一段时间

① “唵嘛呢叭咪吽”(om mane padme hum)：佛教的六字大明咒，又称六字大明陀罗尼、六字箴言、六字真言、嘛呢咒，是观世音菩萨心咒，源于梵文。此咒含有诸佛无尽的加持与慈悲，是诸佛慈悲和智慧的声音显现，六字大明咒是“嗡啊吽”三字的扩展，其内涵异常丰富，奥妙无穷，蕴藏了宇宙中的大能力、大智慧、大慈悲。——译注

② 贝那勒斯：印度北部一城市，位临恒河，为印度教之圣地。——译注

③ “罗摩—罗摩—罗摩”原文为 Ram-Ram-Ram。罗摩(Ram)有时也作 Rama，是印度神话史诗《罗摩衍那》中的主角，后渐被神化，成为印度教卡比尔教派的唯一之神。——译注

④ 毗湿奴：为印度教三大天神之一，梵天主管创造，湿婆主掌毁灭，毗湿奴则是“维护”之神。——译注

⑤ 安拉：真主。穆斯林尊之为独一无二的神。——译注

⑥ 转经筒：又称“嘛呢”经筒、转经桶等，与八字真言和六字真言(六字大明咒)有关，藏传佛教认为，持颂真言越多，越表对佛的虔诚，可得脱轮回之苦，因此人们除口诵外还制作“嘛呢”经筒，把六字大明咒经卷装于经筒内，用手摇转。——译注

⑦ 玫瑰花环：印度人的习俗，以玫瑰花环献给贵宾。——译注

从事这项工作，并且表现出一种可承受的样子：他们的祈祷方式是为了那些知道自己的思想和升华的虔信者的利益而发明的。而且，即使是这些虔信者也有疲倦的时候，尽管一系列令人敬畏的言辞和音调以及一种虔诚的机制令他们愉快。然而，假定这些稀罕的人——在每一种宗教中，虔诚者都是例外——懂得如何自助。那些精神上的贫困者不懂得如何自助，若是禁止他们发出祈祷之声，那就意味着取消了他们的宗教。正如基督新教越来越表明了这一点。宗教对于这种人的要求无非是，他们保持安宁，以眼、手、脚以及一切器官：由此，他们有时会变得更美，而且——更像人！

129

上帝的条件。——“要是没有智慧的人，上帝本身也不可能存在”——路德[①]言之有理；但是，“要是没有愚蠢的人，上帝就更不可能存在”——这是善良的路德没有说过的！

130

危险的决心。——基督教决心要揭示这世界是丑恶的，于是确实把这世界弄得丑恶了。

131

基督教与自杀。——基督教把在它形成之际提出的对于自杀的要求弄成了它的权力的杠杆：它只允许两种自杀方式，用至高的尊严和至高的希望把它们掩饰起来，并用一种可怕的方式禁止所有其他的自杀方式。然而，殉教和禁欲者的慢性自戕却是被允许的。

132

反基督教。——现在，反基督教不再是我们的理由，而是我们的趣味。

134

作为牺牲品的悲观主义者。——在一种对于此在（Dasein）的深度反感占据优势的地方，就会暴露出一个民族长期所犯的严重的饮食错误所造成的后果。所以，佛教的传布（不是它的起源）在很大程

① 路德：德国神学家，16世纪欧洲宗教改革倡导者，基督教新教路德宗创始人。——译注

度上取决于印度人过多的、几乎唯一的大米膳食，以及由此造成的普遍的身体衰弱。也许近代欧洲人的不满乃是基于以下事实，即我们的前世即整个中世纪，由于日耳曼民族的爱好对于欧洲的影响，完全沉湎于酗酒了：中世纪，意思就是欧洲的酒精中毒。——德国人对于生活的反感，本质上就是一种冬季重病，包括德国人住房里地窖空气和火炉毒素的不良作用在内。

135

罪恶的起源。——基督教占上风或者曾经占上风的地方，人们现在都能感受到罪恶：罪恶乃是一种犹太式的情感和一种犹太式的发明，而且着眼于所有基督教道德的这个背景，实际上基督教就是要把整个世界“犹太化”。基督教在欧洲在多大程度上成功地做到了这一点，我们可以根据那种陌生程度来获得最精细的感受，也就是古代希腊——一个没有罪恶感的世界——对于我们的感觉来说始终还具有的陌生，尽管有一切力求接近和同化的善良意志，全部世代以及许多杰出的个体都不能没有的善良意志。“唯当你懊悔时，上帝才会恩赐于你”——对一个希腊人来说，这话是一个笑话和一种烦恼：他会说“可能只有奴隶才有这样的感觉”。在此预设了一个强大的、超强的但又有报复欲的上帝：他的权势是如此之大，以至于除了对他的荣耀的伤害，根本就没有一种伤害能施加于他。每一种罪恶都是一种敬重的损害，一种 crimen laesae majestatis divinae[损害上帝尊严之罪]——此外无他！悔改、受辱、在尘土中打滚——这是与上帝的恩惠相联系的第一和最后的条件：也就是对他的神性荣耀的恢复！至于罪恶是否会造成别的伤害，随罪恶一道是否会种下一种深刻的不断生长的祸害，像一种疾病一样侵袭和扼杀一个又一个人——这是这个天堂中贪图名誉的东方居民所不关心的：罪恶是一种对他的犯罪，而不是对人类的犯罪！——他把恩惠赐予了谁，也就赐予谁这种对于罪恶之自然后果的无忧无虑。上帝与人类在这里被设想得如此分离、如此对立，以至于根本上是不可能对人类犯罪的，任何一种行为都只能根据其超自然的后果而被考察，而不是根据其自然的后果：这是那种犹太情感所想要的，对它来说，一切自然的东西本身都是有失体面的。与之相反，希腊人更接近于这样一个想法，即连亵渎行为也可能是有尊严的——甚至偷盗，比如在普罗米修斯那儿，甚至屠杀牲口，作为一种疯狂嫉妒的发泄，比如在阿亚克斯[①]那儿：他们需要为亵渎行为捏造一种尊严，并且使之获得尊严，以这样一种需要，他们发明了悲剧——这是一种艺术和乐趣，对于犹太人(尽管有其全部的诗人天赋和对崇高事物的爱好)来说，在其最深刻的本质方面依然是格格不入的。

138

基督的错误。——基督教的创始人认为，人类所受的痛苦莫过于自己的罪：这是他的错误，是感到自己无罪、没有这方面经验的人的错误！因此，他的心灵充满了那种奇妙的、想象的对于患难的怜悯，这种患难即便在他的民族即罪的发明者那儿也很少是一种大患难！——基督徒们明白了，事后为他们的大师提供正当性，并且把基督的错误神圣化为“真理”。

139

激情的色彩。——这等人物，就像使徒保罗[②]这样的人物，给激情投去恶狠狠的目光；他们从激情中只了解到肮脏、畸形化和败坏心灵的东西，所以，他们的理想追求就是要消灭激情：他们把神性视为对激情的完全净化。与保罗和犹太人完全不同，希腊人把他们的理想追求径直转向了激情，并且热爱、弘扬、美化和神化激情；显然，他们在激情中不仅感觉更幸福，而且感觉比往常更纯洁和更神圣。——那么基督徒呢？他们想要在这方面变成犹太人吗？也许他们已经成了犹太人？

140

过于犹太化的。——倘若上帝想要成为爱的对象，他就必须首先放弃审判与正义：一个法官，即使是一个仁慈的法官，也不是爱的对象。基督教的创始人在这方面的感觉不够精细——作为犹太人。

141

过于东方的。——什么？上帝爱世人，前提是世人信上帝，谁若不信这种爱，上帝就会投以可怕的目光和恫吓！什么？一种有附加条件的爱竟是一位万能的上帝的情感！一种爱，甚至连荣誉心和

---

① 阿亚克斯：荷马史诗和索福克勒斯悲剧中的英雄。——译注

② 保罗：早期基督教领袖之一，被天主教封为使徒，其著作构成《新约》的重要部分。——译注

复仇欲都支宰不了的爱！这一切是多么具有东方气啊！“如果我爱你，与你有何相干？”这话已经是对整个基督教的充分批判了。

142

熏香。——佛陀说：“不要阿谀施你的施舍者！”人们把这话放在基督教教堂里重复一遍：那就立即会净化那儿的全部基督教气氛。

143

多神论的最大好处。——个体为自己树立了他自己的理想，并且从中推导出自己的法则、快乐和权利——迄今为止，这都被视为人类所有迷途中最可怕的，被视为偶像崇拜本身；实际上，少数冒险一试的人总是需要对自己做一种辩护，而且这种辩护通常是这样的：“不是我！不是我！而是一个上帝通过我而为！”正是在创造诸神的神奇艺术和力量——多神论——中，这种欲望才能得到释放，才能变得纯净、完美、高贵：因为它原始地是一种普通而微不足道的欲望，类似于顽固、不顺从、嫉妒。敌视这种要求个人理想的欲望：这曾经是一切道德的定律。其中只有一个规则：“这个人”——而且每个民族都相信自己拥有这个唯一的和最后的规则。但超越自身并且在自身之外，在一个遥远的高超世界(Ueberwelt)，人们可以看到众多的规则：这个神不是对另一个神的否定或者亵渎！在这里人们首先承认了个体，在这里人们首先尊重个体的权利。诸神、英雄以及各种超人的发明，邻人和下等人的发明，以及侏儒、仙女、半人半马的怪兽①、萨蒂尔、神魔(Dämonen)和魔鬼的发明，正是对个人之自私自利和骄横自负的辩护的一次不可估量的预习：人们授予此神以自由，以反抗其他的神，这种自由最后也给了人自己，以反抗律法、伦常和邻人。与之相反，一神论，这种关于唯一标准人的学说的僵化结果——也就是关于一个标准神的信仰，除了标准神，就只有虚假的骗人之神了——也许是迄今为止人类的最大危险：人类遭受了那种过早的停滞状态，就我们能看到的而言，是大多数其他物种早就达到了的；其他物种全都相信在自己的种类中只有一个标准动物和理想，并且最终把伦常的道德性转化入自己的血肉之中。在多神论中，人类的自由精神和多元精神已经得到了预先训练。这是一种力量，它为自己创造新的和属己的眼睛，而且总是一再地为

---

① 半人半马的怪兽：古希腊神话中凶猛而贪婪的怪兽，上半身为人，下半身为兽。——译注

自己创造新的和更本己的眼睛。所以，在所有动物当中，唯对人来说是没有永恒的视域和视角的。

145

素食主义者[①]的危险。——主要食用米饭会促使人们服用鸦片和麻醉物品，同样地，主要食用土豆会促使人们去喝烧酒：而以更为精细的后果看，这也会导致具有麻醉作用的思想方式和感觉方式。与此相一致的是，麻木的思想方式和感觉方式的推动者，就像那些印度教的导师，他们要赞扬一种完全素食的饮食疗法，想把它搞成大众的律法定则，不但本身奉行素食，而且还想使它成为大众遵行的律则：他们想以此来引发和增加能够使他们得到满足的需求。

150

圣徒批判。——为拥有一种德性，难道人们非得要拥有它最残忍的形态吗？——正如基督教的圣徒们所意愿和必需的那种形态；他们作为圣徒只靠着想法和观念来忍受生活，以至于一看见他们的德性，每个人都会突然感到对自己的蔑视。而具有此种影响的德性，我称之为残忍。

151

论宗教的起源。——形而上学的需要并不是宗教的起源(就像叔本华所主张的那样[②])，而只不过是一个宗教的遗腹子。在宗教思想的主宰下，人们已经习惯于“另一个世界(后面的、下面的、上面的世界)”的观念，而且在消除宗教幻想的情况下，就会感到一种难过的空虚和缺失，再有，从这种感觉中又会产生出“另一个世界”，但现在，它只是一个形而上学的“另一个世界”，而不再是宗教上的“另一个世界”。然而，在远古时代里导致人们接受“另一个世界”的东西，并不是欲望和需要，而是在解释特定自然过程时发生的一种错误，是一种智力的窘迫。

---

① 素食主义者(Vegetaianer)：尼采生造的词语，容易让人联想到“瓦格纳信徒”(Wagneraner)一词。瓦格纳晚年吃素，并且在1880年的《宗教与艺术》中阐述了素食主义。——译注

② 参看叔本华：《论宗教》，载《叔本华选集》，刘大悲译，第132—158页，台北，台湾志文出版社，2001。——译注

152

最大的变化。——所有事物的光照和色彩都变了！我们不再能完全理解，古人是如何感受最切近和最常见的事物的，例如白昼和清醒：由于古人相信梦，清醒的生活就有了不同的光。整个生活也是这样，借助死亡及其意义的反射：我们的“死亡”是一种完全不同的死亡。一切体验都发出不同的光，因为上帝在其中闪烁；一切决断和对遥远将来的展望亦然：因为人们得了神谕和隐秘暗示，并且相信预言。“真理”被不同地感受，因为在从前，疯子可能被看作“真理”的代言人——这使我们感到恐怖或者使我们发笑。任何一种不公以不同方式对情感产生作用：因为人们害怕的是一种神性的报复，而不只是民法的惩罚和侮辱。当人们相信魔鬼和撒旦时，曾有过何种快乐啊！当人们看到神魔就在近处潜伏时，曾有过何种激情啊！当怀疑被感觉为最危险的犯罪，而且被感觉为对永恒的爱的亵渎，对一切美好、崇高、纯粹和仁慈的东西的猜疑时，曾有过何种哲学啊！——我们已经把事物重新着色，我们不断地在事物上描绘，但面对那位老大师(我指的是古人)的绚丽色彩，这当儿我们能做什么呢！

159

每一种德性都有自己的时代。——现在谁若是坚强不屈的，他的正直往往会使他心生内疚：因为坚强不屈是另一个时代的德性，不同于正直。

160

与德性打交道。——即便面对一种德性，人们也可能不顾体面，也可能谄媚奉承。

161

致时代的恋人。——出逃的教士和获释的犯人不断地装出某种神情：他们所意愿的是一种没有过去的神情。——但你们可曾见过那些人，他们懂得未来反映在他们的脸上，他们对你们——你们这些“时代”的恋人——是如此彬彬有礼，以至于他们装出一种没有未来的神情？

162

利己主义。——利己主义乃是感觉的透视法则，据此法则，切近之物显得大而重，而远处的所有事物，其尺寸和分量就缩小了。

167

厌世与博爱。——只有当人们再也不能消化人类但胃里却装满人类时，人们才会说对人类厌烦了。厌世乃是一种过于贪婪的博爱和"人类相残"的结果，但是，我的哈姆雷特王子呀，是谁叫你把人类也当作牡蛎一般来吞食的呢？

192

好心人。——什么能把那些脸上发出善意的好心人与其他人区别开来呢？有一个新人在场，他们就大感快意，一见钟情；于是他们希望她开心，他们的头一个判断是"我喜欢她"。他们身上接踵而来的：先是占有的愿望(他们并不顾及他人的价值)，接着是快速占有，进而是享受拥有的快乐以及为了被拥有者而行动起来。

214

信仰使人福乐。——德性只给予那些笃信自己德性的人以幸福和福乐：但不赐予那些更精细的心灵，后者的德性在于对自己和一切德性的深度怀疑中。说到底，即便在这里，也是"信仰使人福乐！"——注意！并非德性！

第四部：圣雅努斯①

292

致道德说教者。——我不想搞任何道德，而对于推动道德者，

① 圣雅努斯：罗马神话中的门神、双面神，有前后两个面孔或四方四个面孔，是"开始"和"终结"的象征，这就是说，雅努斯既执掌着开始和入门，又执掌着出口和结束。罗马士兵出征时，都要从象征雅努斯的拱门下穿过，从中发展出四方双拱门，后来欧洲各国的凯旋门形式都是由此而来。雅努斯是罗马本土最原始的神，拉丁语"一月"(Januarius)一词也源于此，进而演变成西方各国语言中的"一月"。——译注

我要给出如下忠告：如果你们想最终葬送掉最佳事物和状态的全部荣耀和价值，那就请你们继续把它挂在嘴上吧，一如既往！请你们把它们置于你们的道德的顶峰，从早到晚谈论德性的幸福，谈论心灵的宁静，谈论正义和内在的报复之类：就像你们所从事的那样，所有这些美好的事物因此最后都获得了一种大众普及性，本身成了一种街头喧嚷了。但这样一来，它们身上的全部金光也就被损坏而变得黯淡了，更有甚者，其中的全部金子也转变成铅块了。真的，你们精通的是颠倒的炼金术，精通的是使最有价值之物贬值！为了不像从前那样达到与你们所寻求的相反的结果，试一下另一副处方吧：否定那些美好的事物，不再给予它们以群氓的喝彩和轻易的流通，使它们重又变成孤独心灵的隐秘羞愧，说道德就是某种被禁止的东西！如此，也许你们就为这些事物赢得了这样一种唯一的只关心某事某物(Etwas)的人，我指的是英雄人物。然而这样一来，其中必定会出现某种可怕的东西，但绝不会像从前那样令人讨厌！难道关于道德，人们今天不会像埃克哈特大师①那样说："我祈求上帝，让我与上帝断绝关系吧！"

294

反天性诽谤者。——这是一些令我不快的人，在他们身上，任何一种自然的倾向立即就变成病态，变成某种畸形化的或者卑劣的东西，这些人诱使我们以为，人类的倾向和本能是恶的；他们是我们对自己的天性、对全部天性的巨大不公的原因！本来有足够多的人，他们可以优雅而无忧地听任自己的本能，但他们并没有这样做，是出于对那种想象出来的天性的"恶之本质"的畏惧！所以就到了这样一个地步，即在人群当中极少能找得到高贵品质：后者的标志始终是，无畏地直面自身，不希望自己有任何卑劣的东西，毫不犹豫地飞翔，飞往我们受到驱使而要去的那个方向——我们这些天生自由的鸟！不论我们去哪儿，我们将始终是自由的，周围始终都是阳光灿烂。

304

有所为才有所不为。——我从根本上讨厌所有那些道德说教，它们告诉我们："别干这事啊！放弃吧！克服你自己吧！"——与之相

① 埃克哈特大师：德国神秘主义者、神学家，著作有《埃克哈特大师德语和拉丁语著作全集》共10卷。——译注

反，我倒是喜欢那些道德，它们促使我干某事，一再干某事，从早到晚地干，夜里梦着这事，一门心思只想着：把这事干好，是尽我所能地把它干好！凡是这样生活的人，不属于这样一种生活的东西就会一个接一个地不断脱落于他。毫无仇恨和厌恶地，他今天看到这个、明天看到那个与他告别，犹如每一阵撩人的微风拂动树梢时飘落的黄叶，或者他竟没有看到这个那个的告别，他的眼睛紧紧盯着自己的目标，一味前瞻，不旁顾，不回顾，不侧视。“我们的行动当决定我们放弃什么：有所为才有所不为”——这话让我多么喜欢，这就是我的 placitum[见解]。可是，我并不是要睁大眼睛去追求自己的贫困化，我不喜欢所有否定性的德性，即那些其本质为否定和否弃的德性。

305

自我克制。——那些道德教师，他们首先和首要地命令人去掌控自己，因此用一种特殊的疾病去折磨他：也就是一种在所有自然冲动和倾向方面的持续的过敏性，可以说是一种痒。无论今后会有什么东西从内部或者从外部碰撞、吸引、引诱、驱使他——在这个敏感者看来，总仿佛是他的自我克制现在陷入危险中了：他再也不能相信任何本能，再也不能相信任何自由的振翅飞翔，而是持续地以防御姿态站在那儿，全副武装对付自己，以敏锐而怀疑的眼睛，成为他为自己修筑的城堡的永远守护者。是的，他可能因此而伟大！但现在，他对于别人来说变得多么不堪忍受，对于自己来说变得多么艰难，多么可怜地切断了与最美好的心灵偶然性的关系！是的，也切断了与所有其他教导的关系！因为如果人们想从我们本身所不是的事物身上学到某个东西，那么，人们必须能够偶尔失去自己。

310

意志与波浪①。——这波浪多么贪婪地席卷而来，仿佛急于达到某个东西！它是怎样怀着激发恐惧的匆忙慌张，爬进悬崖绝壁的至深角落里！看起来，它似乎是想要抢先一步；似乎那里隐藏着某个有价值的东西，甚至于极有价值的东西。——现在它慢慢退回去了，由于兴奋始终还是白茫茫一片，它失望了吗？它找到它寻求的东西了吗？它是装作失望的样子吗？——但又一个波浪临近了，比

① 中译文未能传达此处“意志”(Wille)与“波浪”(Welle)的谐音。——译注

第一个更贪婪、更狂野，而且它的心灵似乎充满了奥秘，似乎充满了掘宝的渴望。波浪就是这样生活的——我们这些意愿者也是这样生活的！——我不想多说什么了。——是这样吗？你们不相信我吗？你们是不是要对我发怒，你们这些漂亮的怪物？你们是不是害怕我泄露你们的全部奥秘？好吧！你们只管对我发怒吧，尽你们所能高高抬起你们绿色的、危险的躯体吧，在我与太阳之间造一堵墙吧——就像现在！真的，除了绿色的朦胧和绿色的闪电，这世上再也没有剩下什么东西了。尽情漂浮吧，你们这些放纵者，快乐地和凶恶地咆哮吧——或者又潜到下面，把你们的翠绿洒向最深处，把你们无尽的白色泡沫和浪花抛洒出去吧——这一切都适合于我，因为一切都完全适合于你们，而且我多么喜欢你们的一切：我怎么会背叛你们呀！因为——听好了！——我认识你们，我知道你们的奥秘，我了解你们的族类！你们和我，我们其实属于同一族类！——你们和我，我们其实有同一个奥秘！

332

恶的时刻。——对每个哲学家来说，可能都有过恶的时刻，那时他会想：如果人们连我的不好的论证都不相信，那关我什么事啊！——这时候，某只幸灾乐祸的小鸟从他头顶飞过，自他面前飞过，叽叽喳喳地唱道："关你什么事？关你什么事？"

335

万岁物理学！——究竟有多少人懂得如何观察啊！而在少数懂的人当中，又有多少人知道如何观察自己啊！"每个人都是最疏远于自己的"①——所有彻底的检查者都知道这一点，颇不适意；而"认识你自己！"这个箴言，由某个神祇之口向人说出来，就近乎一种恶毒了。然而，自我观察的情形是如此让人绝望，关于这一点的证明莫过于那种谈论方式，即几乎每个人都是怎样来谈论一种道德行为的本质的，这种快速的、热心的、令人信服的、冗长的方式，带有自己的目光、微笑、讨人喜欢的热心！人们似乎是想对你说："可是我亲爱的先生，这是我的事！你还是求教于能够回答你的问题的人吧：偶然地，我在这方面最聪明不过了。也就是说：如果有人判断

① 此句德语原文为 Jeder ist sich selbst der Fernste，也可译为"每个人都是自己的最疏远者"，其中"最疏远者"（der Fernste）的反义词是"最切近者"即"邻居"（der Nächste）。——译注

‘这样是对头的’，如果有人推断出‘因此这事必定会发生！’而且现在去做他如此这般地认作正确的和称作必然的事，那么，他的行为的本质就是道德的！”但是，我的朋友啊，你在此跟我说的是三种行为，而不是一种：例如，甚至你的判断“这样是对头的”也是一种行为——难道不是已经可以根据某种道德的和非道德的方式来加以判断了吗？为什么你认为这个是对的，恰恰这个是对的？——“是因为我的良心告诉我的；良心从来不会非道德地说话，其实良心首先决定什么应该是道德的！”——然而为什么你要听从你的良心的语言呢？还有，你何以有权把这样一个判断视为真实的和可靠的呢？对于这种信仰——不再有一种良心了吗？你对一种理智的良心一无所知吗？一种隐藏在你的“良心”背后的良心？你的判断“这样是对头的”有一个前史，这个前史就在你的冲动、喜好、厌恶、经验和非经验中；你必须问“这是如何产生的？”之后还得问：“什么真正驱使我去听从它？”你可以听从它的命令，就像一个规矩的士兵接受长官的命令一样。或者就像一个女人爱上命令她的男人。或者就像一个奉承者和懦夫害怕命令者。或者就像一个傻瓜，他之所以服从他人，是因为他对他人根本没有反对意见。你可以有上百种方式来听从你的良心。然而，你把这个或那个判断当作良心的语言来倾听，也即你把某个东西感受为正确的，这一点的原因可能在于，你从未对自己做过深思，盲目地接受被你从小就称为正确的东西；或者可能在于，一直以来，与你所谓的义务一道，你也分享了面包和荣誉，这被你视为“正确的”，因为这在你看来似乎就是你的“实存条件”(Existenz-Bedingung)(但你拥有一种实存权利，你认为是无可争辩的！)。你的道德判断的坚固性可能始终还是一个证据，恰恰证明了个人的可怜和无人格，你的“道德力量”的源泉可能就在于你的固执——或者就在于你的无能，即无能于直观新的理想！而且，简言之，倘若你思考得更精细些，观察得更好些，学习得更多些，那么你在任何情况下都不再会把自己的这个“义务”和“良心”称为义务和良心了：认识到道德判断在某个时候究竟是怎样发生的，这会使你失去对这些崇高词语的兴趣，就像其他一些崇高词语，例如“罪恶”“灵魂得救”“拯救”，已经败坏了你的兴致。——现在，我的朋友，可别跟我谈绝对命令！——这个词使我耳朵发痒，我不得不大笑，尽管你如此严肃地在场：我在此想起老康德，此公因骗取了“自在之物”——也是一个十分可笑的东西！——而受惩罚，故而受到了“绝对命令”的侵袭，随之而在心灵上误入歧途，逃回到“上帝”“灵魂”“自由”和“不朽”之类的理念上，犹如一只迷途的狐狸逃回牢笼：而此前，康德的力量和智慧却在于打破了这种牢笼！——什么？你赞赏你心中的绝对命令吗？赞赏你所谓的道德判断的这种坚固性吗？赞赏“所有人在此都必须像我一样判断”①这样一种感觉的“无条件性”吗？倒不如赞赏你在这方面的自私自利！以及这种自私自利的盲目、狭隘和平庸！因为自私自利就是把自己的判断当作普遍准则；而自私自利之所以是盲目、狭隘和平庸的，是因为它透露你尚未发现你自己，尚未为你自己创造出本己的、最本己的理想：因为这个目标绝不可能是某个他者的目标，更遑论是所有人的目标，每个人的目标！——谁若还做出判断，说“在此情形下人人都必须这样行动”，那么他就还没有在自我认识方面走出五步远：不然的话他就会知道，人世间既没有相同的行动，也不可能有相同的行动，每一个完成了的行动都是以一种完全独一无二的和不可挽回的方式被完成的，而且每一个将来的行动的情形也是如此，所有行动准则都只关乎粗暴的外表(甚至也包括所有以往道德的最内在和最精细的准则)，以这些准则所能达到的很可能是一个相同性的假象，但无非只是一个假象而已——每一个行为，不论对它进行考察还是对它进行回顾，都是一件捉摸不透的事情，我们关于“善”“高贵”“伟大”的看法是从来不可能通过我们的行动来证明的，因为每一个行动都是不可认识的，——我们的看法、评价和价值榜诚然属于我们行动体系中最强大的杠杆，但对于任何一个个别情形来说，它们的机械定律却是不可证明的。所以，让我们满足于净化我们的看法和评估，满足于创造本己的新价值榜：——而不要再去沉思冥想“我们行动的道德价值”！是的，我的朋友！人们对于他人的全部道德饶舌和闲话乃是对这个时代的厌恶！在道德法庭上进行审判，这有违我们的趣味！让我们把这种饶舌和闲话以及这种恶劣趣味交付那些人，他们除了把过去的一小部分拖入时代之中，就再也做不了什么了，他们本身从来都没有活在当下——也就是众人、绝大多数人！然而，我们意愿成为我们所是的人——全新者、唯一者、无与伦比者、自我立法者、自我创造者！而且为此，我们必须成为世上所有定律和必然性的最佳学习者和发现者。我们必须成为物理学家，方可能成为那种意义上的创造者，而迄今为止，所有价值评估和理想都是在对物理学之

① 可对照康德的三大道德律令之第一条：“你要这样行动，就像你行动的准则应当通过你的意志成为一条普遍的自然法则一样。”也可参照康德在《判断力批判》中提出的“共通感”。——译注

无知或者与物理学的矛盾基础上构造起来的。而且因此之故：物理学万岁！还有，更要向迫使我们转向物理学的东西致敬，那就是我们的诚实！

337

未来的“人性”。——当我以某个遥远时代的眼光来审视我们这个时代时，我发现，除了其特有的德性和病态，即所谓的“历史感”，我无法在当代人身上找到任何更值得注意的东西。这是历史上某种全新的和陌生的东西的开端：如果这种萌芽要存在几个世纪甚至更久，那么，或许最后就可能从中长出一种奇妙的植物，带有某种同样奇妙的香味，后者使得我们这个古老的地球变得比以往更适宜于居住。我们当代人刚刚开始构成一种将来的、十分强大的情感的链条，一环接一环——我们几乎不知道自己在做什么。在我们看来，仿佛这里重要的并不是一种新的情感，而是所有老旧情感的衰退：历史感还是某种十分贫困和冷酷的东西，它就像一种严寒侵袭许多人，使许多人变得更贫困和更冷酷。对于其他一些人，它表现为一种悄悄接近的老年的征兆，我们的星球被他们视为一个忧伤的病人，这个病人为了忘掉自己的当前而为自己写下自己的青春史。实际上，这就是这种全新情感的唯一色彩：谁若懂得把整个人类的历史当作自己的历史来感受，他就能以一种惊人的普遍化方式，感受所有那些悲伤，那个想念健康的病人的悲伤，那个怀念青春梦的老人的悲伤，被所爱者夺爱的恋人的悲伤，理想毁灭的殉难者的悲伤，战后黄昏的英雄的悲伤(这战役没有决定什么，而是给他带来了创伤和战友的牺牲——)；然而，如果人们承受了而且能够承受这巨量的形形色色的悲伤，同时却还要成为一个英雄，这英雄要在第二次战役开始时欢呼曙光及其幸福，成为一个具有过去和将来千年之视野的人，成为过去一切精神的所有高贵性的继承人和负有责任的继承人，成为所有旧贵族的最高贵者，同时也是一种新贵族的头生子(其同类尚未看见和梦想到任何一个时代)。如果人们把这一切都纳入自己的心灵，最古老的东西、最新的东西、各种损失、希望、征服、人类的胜利。如果人们最终在一个心灵里拥有所有这一切，把这一切集中在一种情感之中——这必定会得出一种迄今为止人类尚未认识到的幸福，一个上帝的幸福，充满权力和爱，充满眼泪和笑声，一种幸福，就像黄昏的太阳，不断地将其不可穷尽的财富赠送出来，倾注入大海之中，而且就像太阳一样，只有在最贫困的渔夫也以金色的桨划船时，才觉得自己是最富有的！那就可以把这种神性的感觉叫作——人性！

338

求苦难的意志与同情者。——首先成为充满同情心的人，这对你们来说是有益的吗？还有，如果你们是受苦者，这对你们是有益的吗？但我们眼下暂不回答第一个问题。——我们所受的最深刻和最个人的痛苦，对所有其他人来说几乎都是不可理解和无法达到的：在这里，即使邻人与我们同桌吃饭，我们对他来说依然是蔽而不显的。但无论哪里，只要我们被觉察为受苦者，则我们的痛苦就会肤浅地被解释；同情的情绪本质上要求解除他人真正个人性的痛苦——我们的"行善者"比我们的敌人更多是我们的价值和意志的贬低者。在向不幸者表示的多数善行中，有某种反叛性的东西存在于理智的轻率中，同情者正是以这种理智的轻率来玩弄命运：同情者完全不知道对我或你来说意味着不幸的整个内在后果和纠缠！我心灵的整个经济学及其通过"不幸"而达到的平衡，新的源泉和需要的开启，旧创伤的愈合，对全部过去的拒斥——所有可能与不幸相联系的东西，是可爱的同情者并不关心的：他意愿襄助，而没有想到，存在着一种个人的不幸必然性，你和我都需要恐惧、匮乏、贫困、半夜、冒险、风险、失误等，就如同它们的反面一样，用神秘说法，其实通往自己的天国之路总是要经过自己的地狱的肉欲快感。不，他对此一无所知："同情之宗教"(或者"心脏")要求人们去襄助，而当人们最快地襄助了别人时，人们相信自己已经做了最好的襄助！如果你们作为这种宗教的信徒同样以你们对别人的同一种态度去对待你们自己，如果你们不愿意忍受一小时自己的痛苦，而是不断地防止一切可能的不幸，如果你们把一般痛苦和不快当作邪恶的、可憎的、应当消灭的东西，把它们感觉为此在(Dasein)的缺陷：那么，你们除了自己的同情之宗教，心里也还有了另一种宗教，而且后者也许是前者之母——舒适之宗教。啊，你们这些舒适者和好心肠者，你们关于人类的幸福知道得多么少啊！——因为幸福与不幸是一对孪生姐妹，她们一起长大，或者就像在你们这儿，她们是一起——长不大！但现在让我们回到第一个问题上来。——究竟如何可能保持在自己的道路上呢？某种叫喊声不断地把我们唤向歧路；我们的眼睛在此很少看到某种并不要求我们即刻放弃和关闭我们自己的事务的东西。我知道：为了在我自己的道路上迷失自己，有上百种合适的和光彩的方式，而且委实是极为“道德的”方式！是的，现在的同情-道德的说教者的观点甚至于主张：这个而且只有这个是道德的——如此这般便迷失于自己的道路，而去帮助邻人。我同样确凿地知道：我只需把自己交给对一种现实困境的注视，我也就已经迷失了！如果有一个正在受苦的朋友对我说，“看哪，我快要死了；可答应我，跟我一起死掉吧”——我或许会答应的，就如同看到那个为自己的自由而斗争的山区居民会促使我向他们伸出我的手，为他们奉献我的生命：如果我出于好的理由可以选择若干不好的例子。确实，存在着一种隐秘的诱惑，甚至深入所有唤醒同情者和召唤襄助者那儿：恰恰我们“自己的道路”是一件太过艰难和苛求的事情，离他人的爱和感恩太过遥远，我们并非真的不情愿地逃避之，逃避我们最本己的良心，而且逃遁入他人的良心之中，进入“同情之宗教”的迷人的庙宇之中。一旦现在有一场战争爆发，则与之相随，恰恰就在一个民族最高贵者那儿，也总是有一种诚然保持隐秘的快乐突如其来：他们喜悦地把自己抛入新的死亡危险之中，因为他们相信，只要能为祖国牺牲，最后就能获得那种长期寻求的许可——就是允许他们逃避自己的目标：——对他们来说，战争乃是一条通向自杀的迂回之路，但却是一条伴随好良心的迂回之路。还有，我在这里要压下一些东西不说，但我不想隐瞒我自己的道德，它对我说：在隐蔽中生活吧，这样你才能够为自己而生活！无知地生活吧，无须了解似乎对你的时代来说最重要的东西！在你与今日之间，至少插入三百年的皮壳！还有，今日之叫声，战争和革命之喧嚷，都要成为对你的喃喃低语！你也会想要襄助：但只是襄助那些人，他们的痛苦是你完全理解的，因为他们与你有同一首歌和同一个希望——你的朋友们，而且只能以你襄助自己的方式——我要使他们变得更勇敢、更经久、更简单、更快乐！我要教他们这个，现在少有人理解，那些同情之说教者最不能理解之，那就是：同乐！①

341

最大的重负。——假如在某个白天或者某个黑夜，有个恶魔潜入你最孤独的寂寞中，并且对你说：“这种生活，如你目前正在经

① 此处“同乐”德语原文为 Mitfreude，或译为“共同快乐、一起快乐”，英译本竟译作 to share not suffering but joy，并认为这是尼采反对同情的最佳说法之一。参看英译本，第 271 页。——译注

历、往日曾经度过的生活，就是你将来还不得不无数次重复的生活；其中绝不会出现任何新鲜亮色，而每一种痛苦、每一种欢乐、每一个念头和叹息，以及你生命中所有无以言传的大大小小的事件，都必将在你身上重现，而且一切都是以相同的顺序排列着的——同样是这蜘蛛，同样是这树林间的月光，同样是这个时刻以及我自己。存在的永恒沙漏将不断地反复转动，而你与它相比，只不过是一粒微不足道的灰尘罢了！”——那会怎么样呢？难道你没有受到沉重打击？难道你不会气得咬牙切齿，狠狠地诅咒这个如此胡说八道的恶魔吗？或者，你一度经历过一个非常的瞬间，那当儿，你也许会回答他：“你真是一个神，我从未听过如此神圣的道理！”假如那个想法控制了你，那它就会把你本身改造掉，也许会把你碾得粉碎。对你所做的每一件事，都有这样一个问题：“你还想要它，还要无数次吗？”这个问题作为最大的重负压在你的行动上面！或者，你又如何能善待自己和生活，不再要求比这种最后的永恒确认和保证更多的东西了呢？

第五部：我们无畏者

343

我们的喜悦是啥意思。——最近发生的最大事件，“上帝死了”，对于基督教上帝的信仰变得不可信了——已经开始把它最初的阴影投在欧洲大地上。至少，对于少数人来说，他们的目光、他们目光中的怀疑，十分强烈而敏锐地注视着这出戏，对他们来说，仿佛就有某个太阳陨落了，某种古老而深刻的信赖翻转为怀疑了：对他们来说，我们的旧世界必定会显得日益黯淡、日益可疑、日益怪诞、日益“古旧”。但基本上我们可以说：这个事件本身是太过伟大、太过遥远了，大大地超出了许多人的把握能力，哪怕连它的消息也不能说已经为许多人所获得；更不能断定，许多人已经知道根本上由此事件发生了什么——以及这种信仰削弱以后必定会倒塌的一切，因为它们是建立在这种信仰之上的，是依靠这种信仰的，是植根于这种信仰的。例如，我们的整个欧洲道德。断裂、摧毁、没落、颠覆，这个长长的丰富序列现在已然来临：今天，有谁已经充分猜度到了个中状况，必得充当这一惊人的恐惧逻辑的导师和预告者，一种可能在人世间还绝无仅有的阴霾和日食的预言家呢？……即便我们这些天生的猜谜者亦然，我们仿佛在群山之上期待着，置身于今天与明天之间，被夹入今天与明天的矛盾之中，我们这些即将到来的世纪的头生子和早产儿，从根本上说，我们现在应当已经看到了一定会很快笼罩欧洲的阴影：但何以连我们也对这种阴霾毫无真正的同情，尤其是全无对我们自身的忧虑和恐惧，反倒盼望着它的来临呢？兴许是我们还太深地置身于这一事件的最近后果之中吧——而且，这些最近的后果，这一事件对我们而言的后果，也许与人们可能预期的恰好相反，完全不是令人悲伤和令人阴郁的，而倒是像一种新的难以描写的光明、幸福、轻松、欢快、振奋、曙光[①]……实际上，我们这些哲学家和"自由精神"，当我们听到"老上帝死了"这个消息的时候，我们便感到自己被一道新的曙光所照耀；于是，我们的心灵充溢着感恩、惊讶、预感、期望之情，终于，地平线又向我们开启了，纵使它还不太明亮，终于，我们的船又可以出海了，面对种种危险而出海了，认识者的种种冒险行径又得到了允许，大海，我们的大海，重又敞开了胸怀，也许还从未有过如此"开放的大海"呢。

344

在何种意义上我们也还是虔诚的。——人们完全有理由说，在科学中，信念是没有公民权的：只有当各种信念决定把自己贬降为一种谦逊的假设，一种谦逊的暂时的尝试观点，一种谦逊的规整性假定(regulative Fiktion)时，它们才可能被允许进入认识领域，甚至获得认识领域里的某种价值，尽管总是带着一个限制条件，即它们要置于警察的监督之下，置于警察的猜疑之下。——但更准确地说，这难道不是意味着：唯当信念不再是信念时，它们才能获准进入科学之中吗？难道科学精神的培育不是始于人们再也不许可任何信念吗？……也许情形就是这样吧：只不过，我们还得问，为了能够开始这种培育，是否其中必定已经有一种信念，而且是一种十分专横独断和无条件的信念，以致它使其他所有信念都成了自己的牺牲品。我们看到，甚至科学也依据某种信仰，根本不存在什么"无前提的"科学。真理是否必需的问题，不仅必须预先已经得到肯定回答，而且必须已经在相当程度上得到了肯定回答，使得其中能传达出这样

① 此处"曙光"暗示作者1881年问世的同名著作《曙光》。——译注

一个原理、信仰、信念，即“没有比真理更必需的了，而且与真理相比，其他一切东西都只有次等的价值”。——这种绝对的求真理的意志是什么呢？是不让自己受骗的意志吗？是不骗他人的意志吗？因为求真理的意志也可以用后面这种方式来解释：假如我们在“我不想骗人”这个普遍原则下也包括了“我不想骗自己”这个个别情形。但为什么不欺骗呢？但为什么不让自己受骗呢？——人们发觉，这两种情况的原因处于完全不同的领域里：不想让自己受骗，这种情形假定了一点，即受骗是有害的、危险的、灾难性的，在此意义上说，科学或许就是一种悠久的明智，一种审慎，一种功利，而对此，人们是可以公正地提出反对意见的：怎么？不愿自己受骗真的更少伤害、更少危险、更少灾难性吗？关于人生此在(Dasein)的特性，你们自始就知道些什么，方能裁定更大的优势在绝对猜疑者一边还是在绝对信赖者一边？而如若大大的信赖与大大的猜疑，这两者都是必需的，那么，科学可能从何处获得它所依据的绝对信仰，它的信念，即坚信真理比其他任何一个事物都更重要，也比其他一切信念都更重要？倘若真理与非真理两者都能持续不断地表明自身的有用性(实际情形正是如此)，那么，恰恰上面这种信念就不可能产生。也就是说——现在终究无可争辩地存在的对于科学的信仰，可能并不是从这样一种功利计算中获得其根源的，而毋宁说，尽管如此，尽管“求真理的意志”或“不惜代价地追求真理的意志”的非功利性和危险性不断地向这种信仰表现出来，但这种信仰却已然产生了。“不惜一切代价”：哦，当我们先把一个又一个信仰奉献于这个祭坛上并且把它们屠杀之时，我们就很好地理解了个中意思！所以，“求真理的意志”并不意味着“我不想自己受骗”，而是意味着——别无选择——“我不想骗他人也不想骗自己”：而且，由此我们就站在道德的基地上了。因为人们会一个劲地问自己：“为什么你不想骗人？”尤其是，倘若这可能是假象，——而且这其实就是假象！——仿佛生活以假象为标的，意即是以谬误、欺骗、伪装、眩目、自我蒙蔽为目标的，而另一方面，如果伟大的生活形式事实上总是已经在最不令人生疑的 πολæτροποι[变化多端、多样性]方面显示出自身，那么人们就会这样问自己。温和地来解释，这样一种意图也许就是一种堂吉诃德[1]式的蠢行，一种小小的狂热的愚笨和癫狂；但它也可能依然是某种更为恶劣的东西，亦即一个敌视生命的毁灭性的原则

① 堂吉诃德：西班牙作家塞万提斯同名长篇小说的主人公，一个可悲的骑士形象。——译注

……“求真理的意志”①——可能是一种隐蔽的求死亡的意志。——于是，“科学何为?”的问题就归结于这样一个道德问题：如果生命、自然、历史是“非道德的”，那么道德究竟何为？毫无疑问，真诚者，在那种大胆和最终意义上的真诚者，一如对科学的信仰是以这种真诚者为前提的，他因此肯定了另一个世界，另一个不同于生命、自然和历史的世界；而且，就他肯定这“另一个世界”而言，是何种情形呢？难道他不是恰恰因此要否定这另一个世界的反面，即这个世界，我们的世界吗？……然则人们或许已把握了我的目的，那就是，我们对科学的信仰始终还是基于一种形而上学信仰，即便我们今天的认识者，我们这些失神者和反形而上学家，也还是从那个千年以来由古老的信仰所点燃的火堆中获取我们的火的；此所谓古老的信仰就是基督教的信仰，也是柏拉图的信仰，就是相信上帝是真理，真理是神性的……可是，如果这信仰恰恰变得越来越不可信了，如果除了谬误、盲目、谎言，再没有什么东西能证明自己是神性的，如果上帝本身也被证明为我们最长久的谎言，那又如何呢？

345

作为问题的道德。——人格缺陷处处都会造成恶果；一种衰弱、浅薄、破灭的人格，一种自我否定和自我违背的人格，再也不适合做任何好事了，尤其不适合做哲学了。“无私”②不论在天国还是在尘世都没有任何价值；重大问题全都要求大爱，而且，只有强壮的、圆满的、稳靠的、坚守自己的精神方能有此大爱。一个思想家是以个人方式对待自己的问题，以至于他在其中找到了自己的命运、自己的困厄，也找到了自己最佳的幸福，还是以“非个人的”方式去对待，也即他只会以冷酷、好奇的思想的触角，去接触和把握自己的问题——这两者之间，实有天壤之别。后一种情形是不会有任何结果的，我们可别指望太多：因为即使重大问题是可以把握的，它们也不是蛤蟆和懦夫所能搞定的，这永远是他们的趣味——顺便提一下，这是他们与所有能干的女人共有的趣味。——那么，何以我还没有碰到什么人(甚至在书本里也没有)，是以这种个人态度来对待道德，并且把道德当作问题，把这个问题当作他个人的困厄、折磨、快感和激情呢？显然，迄今为止，道德根本都不是一个问题；而毋

① “求真理的意志”原文为 Wille zur Wahrheit，或译“求真意志”。尼采把它理解为权力意志的一个形式。——编注

② 此处“无私”(Selbstlosigkeit)的字面意义即“失去自身”。——译注

宁说，道德恰恰是人们在经历全部的猜疑、分裂、矛盾之后相互达成一致的东西，是一个被神圣化的和平之所，连思想家们也可以在其中得到休息、松弛和重新振奋。我没看到任何人，敢于对道德的价值判断做一种批判；对此，我甚至找不到科学好奇心的尝试，找不到挑剔的、引诱性的心理学家和历史学家之想象力的尝试，这种想象力容易先行认识并且飞快地捕捉到一个问题，而并不真正知道其中捕捉到了什么。我几乎没有找到一些微弱的苗头，得以探讨此类情感和价值评估的起源史(这是某种与情感和价值评估之批判不同的东西，更是某种与伦理体系之历史不同的东西)：在某个个案中，为了激励对于这种历史的爱好和天赋，我已经做了全部的事体——但今天在我看来，一切皆徒劳。这些道德史学家(尤其是英国人)实在是没啥意思的：通常他们自己还毫无疑虑地服从某种道德的命令，毫无意识地充当这种道德的扛牌者和随从；诸如带着那种还总是十分天真地被传布的基督教欧洲的民众迷信，即道德行为的特征就在于无私、自我否定、自我牺牲，或者就在于同感、同情。他们在前提预设方面的通常错误乃是，他们主张诸民族，至少是那些温顺的民族，在某些道德原则方面是有某种 consensus[一致性]的，并且由此推导出这些道德原则的无条件的约束性，对你对我也有效的约束性；或者反过来，在他们明白了道德估价在不同民族那儿是必然不同的这样一个真理以后，他们又推出全部道德都无约束性的结论：这两种做法同样纯属儿戏。他们当中比较精明者的错误在于，他们发现并且批评一个民族关于自己的道德的可能不无愚蠢的看法，或者人类关于人类所有道德的可能不无愚蠢的看法，也就是关于道德的起源、宗教惩罚、自由意志的迷信以及诸如此类的东西的可能不无愚蠢的看法，而且恰恰因此误以为已经批评了道德本身。然而，“你应该……”这种准则的价值还更彻底地区别于、独立于此类有关道德的看法，区别于、独立于也许道德随之疯长起来的谬误之杂草：就像一种药物对于病人的价值，无疑地完全无关乎病人是否以科学方式思考，抑或一个老妇人如何看待医学。一种道德甚至可能是从一种谬误中生长起来的：不过，这种观点也还根本触及不了道德之价值的问题。——也就是说，迄今为止，还没有人检验过所有药品中那些最著名的药品的价值，即所谓道德的价值：这首先就意味着，我们要对这种价值——做一番质疑。好吧！这正是我们的事业。

346

我们的问号。——但你们不明白这一点吗？实际上，人们会尽力理解我们。我们寻求各种说辞，也许，我们也会寻求听众。但我们是谁？倘若我们干脆用一个比较陈旧的表达“失神者”或者“无信仰者”甚或“非道德论者”①来命名自己，那么，我们会以为自己还远远没有得到描写呢：我们是在一个特别晚的阶段才成为所有这三者的，以至人们理解不了，以至你们这些好奇的先生们也理解不了，我们在其中心情如何。不！别再带着那脱缰者的愤恨和激情，他甚至一定要从自己的无信仰中搞出一种信仰、一个目标、一种殉难！我们已经认识到(我们已经在这种看法中被熬干，变得冷酷无情了)，这个世界根本不是神性地发生的，甚至更不是以人性的尺度，理性地、仁慈地或者公正地发生的：我们知道，我们生活于其中的这个世界是非神性的、非道德的、“非人性的”——太久了，我们对这个世界做了错误的和骗人的解释，但却是按照我们的崇拜愿望和崇拜意志，也即是按照某种需要做的解释。因为人是一种崇拜的动物！但人也是一种怀疑的动物：而且，说这个世界并不具有我们所相信的那种价值，这差不多是我们的怀疑终于获得的最确凿可靠的事。越多怀疑，越多哲学。我们得小心，别满口说这个世界鲜有价值：在今天，倘若人想要去发明一些超过现实世界之价值的价值，那么，这在我们看来本身就是十分可笑的，我们恰恰已经从中退了回来，有如从人类虚荣和非理性的一种荒诞无稽的迷误中退了回来。这种迷误是久未得到真切认识的。这种迷误在现代悲观主义中找到了它最后的表达，较古老和较强烈的表达则在佛陀的教义中；不过，连基督教也含有这种迷误，诚然是更加可疑和更加暧昧的，但并不因此更少蛊惑性。“人对世界”的整个姿态，作为“世界否定”原则的人，作为万物之价值尺度的人，作为世界法官的人，这法官最后把人生此在(Dasein)本身也放在自己的天平上，并且认为它太轻了②——我们已经意识到这种姿态的极度乏味，由此败坏了我们的兴致，当我们发现“人与世界”被并置起来，被这个精深而骄横的小词“与”所分隔

① 尼采在《瞧，这个人》(作于1888年)中自称为“非道德论者”，“我是第一个非道德论者，因此我是卓越的毁灭者”。参见尼采：《尼采著作全集》第6卷，德文版，第366页；《瞧，这个人》，孙周兴等译，第474页，北京，商务印书馆，2015。——译注

② 可参照旧约《但以理书》：“你被称在天平里，显出你的亏欠。”参见《旧约·但以理书》第5章第27行。——译注

时，我们就会发笑！但怎么回事？作为发笑者，难道我们不是恰恰因此只不过是在对人类的蔑视方面迈进了一步吗？而且也就是说，难道我们并非只是在悲观主义方面，在对我们能认识的人生此在的蔑视方面迈进了一步吗？难道我们不是恰恰因此沉湎于关于一个对立的怀疑，亦即关于迄今为止我们心怀崇拜安居于其中的这个世界——也许为此之故，我们才经受生活——与我们本身所是的另一个世界之间的对立的怀疑：一种关于我们自己的无情的、彻底的、最深层的怀疑，它越来越厉害、越来越糟糕地控制了我们欧洲人，并且可能轻而易举地把将来几代人置于可怕的非此即彼的抉择之中："要么废除你们的崇拜，要么废除——你们自己！"后者或许就是虚无主义；但前者不也是——虚无主义吗？——此乃我们的问号。

347

虔信者及其对信仰的需要。——一个人在多大程度上需要一种信仰才能成长，一个人需要多少"坚固之物"，因为依靠之而不想动摇之的"坚固之物"，此乃一个人的力量的标尺（或者讲得更清晰些，是一个人的虚弱的标尺）。在我看来，在古老的欧洲，在今天依然，大多数人是需要基督教的：所以它也总还能得到信仰。因为人就是这样：他可能千百次地驳斥某个信条——假如他需要这个信条，那么，他也总是会一再地把它当作"真的"——依照圣经里讲的那个著名的"力量之证明"。一些人依然需要形而上学；但也需要那种狂热的对于确定性的要求，这种要求如今以科学实证主义的方式在广大群众身上爆发出来，就是想要彻底地牢牢掌握某个东西的要求（而由于这种要求的激昂，人们便用比对可靠性的论证更轻松和更马虎的方式来对待这个东西）；这也还是对依靠、支撑的要求，简言之，就是那种虚弱本能，虽说这种虚弱本能并没有创造出全部的宗教、形而上学、信念，但是——它却把这形形色色的东西保持下来了。实际上，在所有这些实证主义体系周围，弥漫着某种悲观主义的阴郁气息，某种厌倦、宿命论、失望、对于新失望的恐惧——抑或被炫耀的愤怒、恶劣情绪、激愤的无政府主义，以及虚弱情感的全部症状或装饰。有一种激越之情，我们时代最聪明的人物怀着这种激越之情，在穷街陋巷里迷失了自己，例如，迷失于爱国心（我以此指的是法国人所谓的沙文主义[①]，德国人所谓的“德意志”），或者迷失于效仿巴黎自然主义褊狭的美学信条里（巴黎自然主义只从自然中抽取和揭露那让人厌恶同时又让人惊奇的部分——今天，人们喜欢把这个部分叫作 la verité vraie 即逼真——），或者迷失于彼得堡式的虚无主义[②]中（也就是信仰无信仰，直至为之殉难）。即便这样一种激越之情也总是首先显示出对于信仰、依靠、支柱和支撑的需要……凡缺乏意志之处，信仰总是最多地受追求，就总是变得最急需：因为作为命令之情绪，意志乃是自负和力量的决定性标志。这就是说，一个人越是不会下命令，就越是迫切地渴望一个下命令的人，一个严厉地下命令的人，渴望一个上帝、王公、等级、医生、告解神父，渴望某种教义，某个党派意识。由此也许可以得知，两大世界宗教，佛教和基督教，或许在某种巨大的意志罹病中获得了它们形成的根据，尤其是获得了它们突然的广泛传布。而且真实情形正是如此：两大宗教发现了一种对于“你应当”（du sollst）的要求，这种要求乃由于意志罹病而堆积起来，臻于荒唐乃至绝望的地步，两大宗教乃是意志疲劳虚弱时代里的狂热信仰的教师，因此为芸芸众生提供了一个支柱，一种新的意愿可能性，一种意愿享受。因为狂热信仰乃是唯一的“意志力”，就连弱者和无自信者也可能获得这种“意志力”，乃作为一种对整个感觉-理智系统的催眠，有利于现在占主导地位的观看点和情感点的丰沛营养（营养过度）——基督徒称之为自己的信仰。一旦一个人达到了他必须接受命令这样一个基本信念，则他就成为“虔信的”；相反，可设想一种自我规定的乐趣和力量，一种意志的自由，在其中，精神告别了任何信仰，任何对于确定性的愿望，而如其所是的那样，熟练于在轻飘的绳索和可能性上保持自己，即便面临深渊也还能高蹈自守。这样一种精神或许就是卓越的（par excellence）的自由精神。

350

向 homines religiosi［宗教人］[③]致敬。——反对教会的斗争有多种含义，其中肯定包含着下列意义上的斗争，即较普通、较快活、较亲近和较肤浅的人们对于更有分量、更为深刻、更多冥想的人

---

① 沙文主义：18 世纪末、19 世纪初产生于法国的一种极端民族主义，因法国士兵沙文（Nicolas chauvin）狂热拥护拿破仑一世的侵略扩张政策，主张用暴力建立法兰西帝国而得名。——译注

② 彼得堡式的虚无主义：应指俄国作家屠格涅夫的长篇小说《父与子》（1862 年）。——译注

③ 此处 homines reliiosi 意为：宗教虔信者。——译注

们(也即更邪恶和更多疑的人们)的斗争；后面这种人带着一种对于人生此在之价值的长期怀疑，同样也带着一种对于自身价值的长期怀疑而苦思冥想：民众的普通本能，他们的感官快乐，他们的“好心肠”，都反抗后面这种人。整个罗马教会乃基于南方人对在北方人那里总是被误解的人类天性的一种怀疑：这样一种怀疑，是南欧人从幽远的东方，从古老而神秘的亚洲及其冥想中继承过来的。基督新教就已经是一场民众起义，有利于诚实、正直、肤浅的人们(北方人总归比南方人好心肠些，也肤浅些)；然而，只有法国大革命才完全而庄严地把王权交到了“好人”手上(所谓“好人”，就是绵羊、蠢驴、笨鹅，以及一切无可救药的肤浅、吵闹不止和足以进入“现代理念”疯人院的人们)。

351

向教士们致敬。——我想，民众(今天谁不是“民众”呢?)所理解的智慧，那种聪明的母牛式的宁静、虔诚和乡村牧师的温良(后者躺在草地上，严肃地反刍和旁观生活)，恰恰哲学家们总是觉得自己与之相距最远，可能是因为他们还不够“民众”，还不够乡村牧师吧。很可能哲学家也恰恰到最后才学会相信，民众可以理解与他们相距最远的东西中的某个东西，理解认识者的伟大激情；这个认识者经常生活在——必定生活在——最高的难题和最难的责任的乌云中(所以他根本就不是旁观、置身事外，不是漠然、稳靠、客观的……)。当民众为自己弄出一个“智者”理想时，他们就会崇拜一种完全不同的人，而且有千倍理由径直用最佳的言语和荣誉向这种人致敬：这种人就是温柔、严肃、单纯、贞洁的教士以及与之相似者，包含在民众对于智慧的那种敬畏中的赞美就是针对这种人的。而且，除了对这些人，民众还会有理由对谁表示感谢呢?这些人属于民众，来自民众，但却犹如被奉献者、被遴选者、为民众的福祉而被牺牲者——他们自己也相信为上帝牺牲了自己，在他们面前，民众可以倾诉衷肠而不受惩罚，可以摆脱自己的隐秘、烦忧和坏事(因为“跟人推心置腹”的人能摆脱自己；“告白”的人善遗忘)。这里有一大急需：因为即便对于灵魂的垃圾来说，也需要排放的沟渠以及其中洁净的具有净化作用的水流，也需要爱的湍流以及强壮、谦恭、纯洁的心灵，它们做好了准备，效力于这样一种非公共的卫生工作，甚至为之牺牲自己——因为这就是一种牺牲，一个教士是一种人祭，始终是一种人祭……民众感到，这种被牺牲的、变得沉静而严肃的

"信仰"之人是智慧的人，也即是知识者，与自己的不安不稳形成对照的"稳靠者"：谁会想剥夺他的这种话语和这种敬畏呢？然而，反过来讲也是合理的，在哲学家中间，一个教士也被视为"民众"，而非知识者，这首先是因为哲学家本身并不相信"知识者"，正是在这种相信和迷信中嗅到了"民众"的气息。正是谦逊在希腊发明了"哲学家"①一词，并且把自命智慧这一华丽的傲慢转让给了那些精神戏子，这样一种骄傲和专横的怪物的谦逊，比如毕达哥拉斯，比如柏拉图。

352

何以道德几乎不可或缺。——一般而言，赤身裸体的人是一副无耻下流的样子——我说的是我们欧洲男人(绝不是指欧洲女人!)。假定通过一个魔术师的魔法，兴高采烈地同桌共餐的客人们看到自己突然被暴露了，被剥光了衣服，那么，我相信，不光原来的欢乐感完了，连最强的胃口也会倒掉的——看起来，我们欧洲男人根本上少不了那种被叫作衣裳的伪装。然而，"道德人"的伪装，他们用道德公式和礼节概念做的掩饰，以及用义务、德性、集体精神、荣誉和自我否定之类的概念对我们的行为所做的完全善意的隐藏，难道不也应该有同样好的理由吗？我的意思并不是说，在此要把诸如人性的邪恶和卑劣掩盖起来，简言之就是要把我们身上恶劣而野蛮的动物性掩盖起来；我的想法正相反，作为驯服的动物，我们恰恰有一副无耻下流的样子，需要道德的伪装，在欧洲，"内在的人"长期以来就没有足够的坏，坏到能够因此"让人看出来"的地步(坏到能够因此变得美好的地步——)。欧洲男人用道德伪装自己，因为他变成了一种多病的、羸弱的、残疾的动物；这种动物有充分的理由成为被驯服的，因为他差不多是一个畸形怪胎，某种半拉子的、虚弱的、笨拙的东西……并非食肉猛兽需要一种道德的伪装，相反，是本身深度平庸、畏惧和无聊的群居动物才需要一种道德的伪装。道德装扮了欧洲男人——让我们承认这一点吧！——使之变成更高贵、重要、体面的东西，甚至变成"神性的东西"。

353

论宗教的起源。——宗教创始人的真正发明首先是设立某种生

① "哲学家"(Philosoph)在希腊文中的对应词语为 philosophos，意为"爱智慧者"。尼采在此做了一次暗讽。——译注

活方式和日常风俗，后者乃作为disciplina voluntatis[意志训练]而起作用，同时能消除无聊；其次是恰恰为这种生活给出一种阐释，由于这种阐释，生活似乎萦绕着至高价值的光辉，以至生活现在变成了一种善，人们为之而奋斗，有时甚至献出自己的生命。实际上，在这两个发明当中，第二个发明是更为本质的：第一个发明，即生活方式，通常已经在那儿了，但却是与其他生活方式并存的，而且没有意识到其中存在着何种价值。宗教创始人的重要性、首创精神，通常表现在，他看到了这种生活方式，他选择了这种生活方式，他首次猜到这种生活方式有何用，这种生活方式能够如何被阐释。例如，耶稣(或者保罗)发现了罗马行省小老百姓的生活，一种简朴的、有德性的、受压迫的生活：他解释了这种生活，并且往里面投入了至高的意义和价值——因此也使之有勇气蔑视其他任何生活方式，那种寂静的赫伦胡特兄弟会①的狂热，那种隐秘的、暗藏的自信，这种自信越来越强，终于准备"征服世界"了(也就是罗马以及整个帝国的上层阶级)。佛陀同样也发现了那种人，这种人其实散布在他那个民族的所有阶层和社会等级中间，他们由于惰性而变得善良和好意(首要的是非攻击性的)，同样由于惰性，他们过着节制的生活，几乎毫无所需：佛陀理解，这样一个类型的人如何必然地会以整个惯性之力(vis inertiae)卷入一种信仰之中，这种信仰允诺能够防止尘世的苦难(亦即一般劳动、行动)的轮回，这种"理解"乃是佛陀的天才。宗教创始人一定会在心理学上准确无误地了解那些尚未认识到相互共属一体的心灵的某个平均特质。正是他使他们相聚在一起；就此而言，一种宗教的创立总是成为一种长久的认识之庆典。

359

对精神的复仇与其他道德背景。——道德——在哪里你们会以为，道德找到了自己最危险和最奸诈的辩护者？……这里有一个不成器的人，他不具有足够的精神，不能欢欣于精神，而恰恰又有足够的教养，从而知道这一点；他无聊，厌烦，是一个自我蔑视者；遗憾的是，由于某种继承来的能力，他还骗取了最后的安慰，即"劳动的赐福"，在"每日的工作"中遗忘自己；这种人骨子里对自己的此在(Dasein)感到羞愧——也许为此也接纳了若干小小

---

① 赫伦胡特兄弟会：17—18世纪德国虔信主义教派的一个宗教团体，起源于赫伦胡特的"觉醒者"社团，宗旨是避免宗教争论，推崇兄弟情谊和博爱。——译注

的恶习——而另一方面，通过阅读一些他无权读的书，或者通过比他所能消化的更具才智的社交，他不得不越来越糟糕地娇惯自己，使自己变得虚荣而敏感：这样一个被彻底地毒化的人——因为在这样一个不成器的人身上，精神会变成毒药，教养会变成毒药，财产会变成毒药，孤独会变成毒药——最后便沦于一种习常的复仇状态、求复仇的意志状态……你们会认为，他必须、无条件地必须拥有什么，方能靠着自己，为自己创造那种超越更具才智的人们的优越感假象，方能为自己提供完成了的复仇的快乐（至少是就其想象而言）？他必须有的永远是道德性，我们可以打赌，永远是那些道德大话，永远是关于正义、智慧、神圣、德性的鼓噪，永远是姿态上的斯多亚主义（——斯多亚主义多么高超地隐藏了人们不具有的东西啊！……），永远是聪明的沉默、随和、温柔的外套，而且就像大家所谓的理想主义者外套，那些无可救药的自我蔑视者，也包括那些无可救药的虚荣者，都披着这个外套走来走去。请不要误解我的意思：从这些天生的精神之敌当中，有时会产生那种稀奇的人物，后者被民众冠以圣徒、智者之名而大加崇敬；从这种人当中产生出那些制造噪声、创造历史的道德怪物——圣奥古斯丁[①]即属此列。对精神的恐惧，对精神的复仇——这些有驱动力的恶习是多么经常地变成了德性之根啊！甚至变成了德性！——还有，容我们私底下问问，即便那种在地球上某个地方出现过的哲学家对智慧的要求，所有要求中最愚蠢和最谦逊的要求，迄今为止，在印度就如同在希腊，难道它并非一直首要地是一种隐藏吗？有时候也许是以教育的观点，这种观点把如此之多的谎言神圣化，使之成为对于生成者、增长者的温柔回顾，对于年轻人的温柔回顾，这些年轻人经常必须通过对个人的信仰（通过一种谬误）来抵御自己……但在更经常的情形中，哲学家的隐藏乃为自救，在这种隐藏背后，哲学家把自己从疲惫、老迈、冷漠、冷酷中解救出来；作为一种临终的情感，作为动物们死之前具有的那种本能的聪明，它们会离群索居，变得安静，选择孤独，爬进洞里，变得智慧……怎么？智慧就是哲学家对精神的一种隐藏吗？

（孙周兴　译）

① 圣奥古斯丁：中世纪著名神学哲学家，不但是沟通希腊哲学和希伯来信仰的思想家，更是创造基督教信仰深度的宗教家。——译注

查拉图斯特拉之序言[①]

一

查拉图斯特拉三十岁[②]时，离开了他的故乡和故乡的湖，遁入山林隐居起来。他在那里享受自己的精神和孤独，历经十年之久而乐此不疲。但终于，他的心灵发生了转变——有一天早晨，他随着曙光一道起床，朝着太阳走去，他对太阳说道：

"你，伟大的星球啊！倘若没有你所照耀的人们，你的幸福又会是什么啊！

十年里，你在这里升起，照临我的洞穴：要是没有我，没有我的鹰和我的蛇，你就会厌倦于你的光明，厌倦于这样一条老路了。

而我们每个早晨都期待着你，领受你的丰盈光辉，而且因此为你祝福。

看哪！我就像采集了太多蜂蜜的蜜蜂，厌烦了自己的智慧，我需要伸展的双手。

我想要馈赠和分发，直到人间的智者又一次

① 译文选自尼采：《查拉图斯特拉如是说》，孙周兴译。——译注

② 就像耶稣，参看《新约·路加福音》，第3章第23行。——编注

欢欣于自己的愚拙，人间的贫者又一次欢欣于自己的财富。

为此我必须下降到深渊：就像你在傍晚时分沉入海面，还给阴界带去光明，你这无比丰盈的星球啊！

我必须与你一样**下山**[①]，就像我想要去的人间所讲的那样。

那么，祝福我吧，你这宁静的眼睛，甚至能毫无妒忌地看出一种过大的幸福！

祝福这只将要溢出的酒杯吧，使其中的酒水金子一般流溢，把你的幸福的余晖洒向四方！

看哪！这只杯子又想要成为空的了，查拉图斯特拉又想要成为人了。”

——于是查拉图斯特拉开始下山了。

二

查拉图斯特拉独自下山，一路上没有碰到任何人。而当他走进森林时，有一位白发老人突然出现在他面前，这位老人为了到林子里寻找树根，离开了自己神圣的茅舍。他向查拉图斯特拉如是说道：

这个漫游者我并不陌生：一些年前他[②]曾路过这里。他叫查拉图斯特拉；但他变样了。

想当年你把你的灰搬到山上去：今天你是要把你的火带到山谷里去吗？你就不怕挨纵火犯的惩罚吗？

我认出来了，这确实是查拉图斯特拉。他的眼睛是纯净的，他的嘴上丝毫不含厌恶。他不就像一位舞者那样走了过来？

查拉图斯特拉是变了样，查拉图斯特拉变成了孩子，查拉图斯特拉是一个觉醒者[③]了：那么，你在沉睡着的人们那里要些什么呢？

你生活在孤独里犹如生活在大海里，大海承载过你。啊，莫非你是想登陆了？啊，你又想自己拖着你的身体吗？

查拉图斯特拉答曰：“我爱人类啊。”

可是，这位圣徒说，为什么我却逃到这森林里，逃到这荒野之

① 此处“下山”德文原文为 untergehen，名词形式为 Untergang，兼有“下落、下降”与“没落、毁灭”双重意义。我们根据上下文处理为“下山”或“没落”。——译注

② 下面陈述中“他”“你”混用，显出某种戏剧效果。——译注

③ 犹如佛陀，参看奥尔登贝格(H. Oldenberg)：《佛陀——他的生平、学说和信徒》，柏林，1881 年，第 113 页(尼采藏书)。——编注

地来了？难道不正是因为我曾经太爱人类了吗？

现在我爱的是上帝：我不爱人类了。在我看来，人是一个太不完美的东西。对人类的爱会要了我的命。

查拉图斯特拉答道："关于爱我讲什么啊！我要带给人类的是一件礼物！"

什么也不要给人类，这位圣徒说。你宁可取走他们一点负担，与他们一起担着——这样对他们最有好处了：只要你乐于这样做！

而要是你想给予他们什么，那就只给他们以施舍，还要让他们乞求你的施舍！

"不，"查拉图斯特拉答曰，"我不施舍。要行施舍，我还不够贫穷呢。"

这位圣徒嘲笑查拉图斯特拉，说道：那你就要留神如何使他们来接受你的宝物！他们对隐士不信任，也不相信我们是为赠予而来的。

在他们听来，我们穿过街道的脚步响得太孤独了。就像在夜间，离日出还有好久，他们躺在床上听到一个人走过，他们大抵会问自己：这个窃贼要去哪里啊？

不要到人群里去，待在森林里吧！宁可到野兽群里去！为什么你不愿意跟我一样呢——熊归熊群，鸟入鸟群？

"圣徒在森林里做些什么事呢？"查拉图斯特拉问道。

这位圣徒答道：我创作曲子，吟唱之，而当我作曲时，我笑啊，哭啊，哼哼唧唧：我就这样赞颂上帝。

我用唱、哭、笑和哼来赞颂上帝，那是我的上帝。可你给我们带来了什么礼物呢？

查拉图斯特拉听了这番话，就向这位圣徒致意，并且说道："我能给你们什么啊！倒是快点让我走吧，免得我从你们这里拿走什么！"——于是他们分手了，这位老人和这位漫游者，他们笑着，宛若两个孩子。

而当查拉图斯特拉独自一人时，他就对自己的心说道："难道这是可能的吗？这位老圣徒待在森林里，居然还根本不曾听说：**上帝死了**！"

*

*　　　　*

三

当查拉图斯特拉来到森林旁的最近一个城市时，他发现市场上聚集着大量民众：因为据预告，人们可以观看一个走绳演员的表演。查拉图斯特拉就对民众说道：

我来把超人教给你们。人类是某种应当被克服的东西。为了克服人类，你们已经做了什么呢？

迄今为止，一切生物都创造了超出自身的东西：而你们，难道想成为这一洪流的退潮，更喜欢向兽类倒退，而不是克服人类吗？

对于人来说，猿猴是什么呢？一个笑柄或者一种痛苦的羞耻。而对于超人来说，人也恰恰应当是这个：一个笑柄或者一种痛苦的羞耻。

你们已经走完了从蠕虫到人类的道路，但你们身上有许多东西仍然是蠕虫。从前你们是猿猴，而即使现在，人也仍然比任何一只猿猴更像猿猴。

而你们当中最聪明者，也只不过是一个植物与鬼怪的分裂和混种。然而，我叫你们变成鬼怪或者植物了吗？

看哪，我来把超人教给你们！

超人乃是大地的意义。让你们的意志说：超人是大地的意义！

我恳求你们，我的兄弟们，忠实于大地吧，不要相信那些对你们阔谈超尘世的希望的人！无论他们知不知道，他们都是放毒者。

他们是生命的轻蔑者，垂死者，本身就是中毒者，已经为大地所厌倦：那就让他们去吧！

从前，亵渎上帝是最大的亵渎，然而上帝已经死了，因此这些亵渎者也就死了。现在，最可怕的亵渎就是对于大地的亵渎，就是对于玄妙莫测之物的内脏的高度敬重，高于对于大地意义的敬重！

从前，灵魂轻蔑地看着肉体：而且在当时，这种轻蔑就是至高的事情了——灵魂想要肉体变得瘦弱、恶劣、饥饿。灵魂就这样想着逃避肉体和大地。

啊，这种灵魂本身还更瘦弱、恶劣和饥饿呢：而且残暴正是这种灵魂的淫欲！

可是，我的兄弟们，连你们也对我说：你们的肉体对于灵魂告知了什么呢？难道你们的灵魂不是贫乏和肮脏，一种可怜的惬意吗？

确实，人是一条肮脏的河流。人们必须已然成为大海，方能接纳一条肮脏的河流，而不至于变脏。

看哪，我来把超人教给你们：超人就是这大海，你们的大轻蔑可能沉没其中。

你们能够体验的最伟大的事情是什么？那就是大轻蔑的时光。那时候，连你们的幸福也会使你们厌恶，你们的理智与你们的德性亦然。

那时候，你们会说："我的幸福算什么啊！它是贫乏和肮脏，以及一种可怜的惬意。但我的幸福原是要为此在生命辩护的！"

那时候，你们会说："我的理性算什么啊！它渴望知识就像狮子渴求食物吗？它是贫乏和肮脏，以及一种可怜的惬意！"

那时候，你们会说："我的德性算什么啊！它还不曾使我发狂。我是多么厌倦我的善和我的恶啊！这一切都是贫乏和肮脏，以及一种可怜的惬意！"

那时候，你们会说："我的公正算什么啊！我不认为我会成为火焰和煤炭。但公正者就是火焰和煤炭！"

那时候，你们会说："我的同情算什么啊！同情不就是钉死那个爱人类者的十字架吗？但我的同情并不是钉上十字架的死刑。"

你们已经这样说了吗？你们已经这样呼叫了吗？啊，但愿我已经听到你们这样呼叫了！

并非你们的罪恶——是你们的知足在朝天呼叫①，是你们罪恶中的吝惜在朝天呼叫！

然则那用舌头舔你们的闪电在哪里呢？那必定注射到你们身上的疯狂在哪里呢？

看哪，我来把超人教给你们：他就是那道闪电，他就是那种疯狂！

当查拉图斯特拉说了这番话，人群中有人叫道："我们早就听够了那个走绳演员；现在也让我们去看看他吧！"于是人群都嘲笑查拉图斯特拉。而那个走绳演员以为这话是对他说的，就开始表演了。

*

*　　*

四

但查拉图斯特拉看着人群，心生惊奇。于是他说：

人是一根系在动物与超人之间的绳索，一根悬在深渊之上的

---

① 出自圣经，据《旧约·创世记》，第4章第10行。——编注

绳索。

一种危险的穿越，一种危险的路途，一种危险的回顾，一种危险的战栗和停留。

人身上伟大的东西正在于他是一座桥梁而不是一个目的：人身上可爱的东西正在于他是一种过渡和一种没落。

我爱那些人们，他们除了作为没落者就不懂得生活，因为他们是过渡者。

我爱那些伟大的轻蔑者，因为他们是伟大的崇敬者，是渴望着彼岸的箭矢。

我爱那些人们，他们不先在群星之外寻求某种没落和牺牲的理由：而是为大地而牺牲，使大地有朝一日能归属于超人。

我爱那人，他活着是为了认识，他要求认识是为了让超人有朝一日活起来。他就这样意愿没落。

我爱那人，他辛勤劳动和发明，从而为超人建造起居所，为超人准备大地、动物和植物：因为他就这样意愿没落。

我爱那人，他热爱自己的德性：因为德性是求没落的意志，也是一支渴望的箭矢。

我爱那人，他不为自己保留一点儿精神，而是意愿完全成为他的德性的精神：他就这样作为精神跨越桥梁。

我爱那人，他使自己的德性变成自己的倾向和自己的祸患：他就这样为自己的德性之故而意愿生活以及意愿不再生活。

我爱那人，他并不意愿拥有太多的德性。一种德性胜于两种德性，因为一种德性更能成为祸患所系的关节。

我爱那人，他挥霍自己的灵魂，他不愿受人感恩也不回报：因为他总是赠予，而不愿为自己存留什么。①

我爱那人，他在走运掷中骰子时便心生羞愧，进而问道：莫非我是一个奸诈的赌徒吗？——因为他意愿毁灭。

我爱那人，他在行为之前先抛出金言，他所持总是胜于他做的许诺：因为他意愿没落。

我爱那人，他为未来者辩护，救赎过去者：因为他意愿毁灭于当前的人们。

我爱那人，他由于挚爱自己的上帝而责罚上帝：因为他必定要

① 参见《新约·路加福音》，第17章第33行："凡寻求保全灵魂的，就将丧掉自己的灵魂；凡丧掉自己灵魂的，就将救活自己的灵魂。"——编注

毁灭于上帝之怒。①

我爱那人，即便在受伤时他的灵魂也是深邃的，而且他可能毁灭于一个小小的冒险事件：他就这样喜欢跨越桥梁。

我爱那人，他的灵魂过于丰盈，以至于他忘掉了自己，而万物皆在他心中：万物就将这样成为他的没落。

我爱那人，他具有自由的精神和自由的心灵：所以他的头脑只不过是他心灵的内脏，而他的心灵驱使他走向没落。

我爱所有那些人，他们犹如沉重的雨点，从悬于人类头顶的乌云中散落下来：它们预告着闪电之到来，而且作为预告者归于毁灭。

看哪，我是一个闪电预告者，来自乌云的一颗沉重雨点：而这闪电就叫超人。——

*

*　　　*

五

查拉图斯特拉讲完这些话，又看着人群，归于沉默了。“他们站在那里，”他对自己的心灵说道，“他们讪笑了：他们弄不懂我，我的嘴对不上他们的耳朵。

难道我们首先不得不打破他们的耳朵，使他们学会用眼睛听话吗？难道我们必须像铙钹与劝人忏悔的牧师一样喧哗吗？抑或他们只相信口吃者？

他们拥有某种可骄傲的东西。然则他们怎样称呼这种使他们感到骄傲的东西呢？他们称之为教养，这种东西使他们卓然有别于牧羊人。

因此，关于自身，他们不愿听到‘轻蔑’一词。于是我就要冲着他们的骄傲来说话。

于是我就要跟他们说最可轻蔑者：而那就是末人。”

查拉图斯特拉对人群如是说：

是人类为自己确定目标的时候了。是人类栽培他最高希望的萌芽的时候了。

为此他的土壤还是足够肥沃的。但有朝一日，这土壤会变得贫瘠而温顺，再也不能从中长出任何高大的树木。

---

① 谁若热爱上帝，就责罚上帝。参看科利版第10卷，2[28]；3[1]第189节：对《新约·希伯来书》第12章第6行的颠倒：“因为主所爱的，主就要责罚之，并且要惩罚他所收纳的每一个儿子。”——编注

啊！人类再也不能射出他那渴望超越自己的飞箭的时候正在到来，人类的弓弦已经忘掉了嗖嗖之声！

我要对你们说：人身上还必须有一种混沌，才能够孕育出一颗飞舞的星球。我要对你们说：你们身上还有一种混沌。

啊！人类再也不能孕育任何星球的时候正在到来。啊！那最可轻蔑的人的时代正在到来，他将再也不能轻蔑自己。

看哪！我要向你们指出那末人。

"什么是爱情？什么是创造？什么是渴望？什么是星球？"——末人如是问，眨巴着眼睛。

于是大地变小了，使一切变小的末人就在上面跳跃。他的种族就如同跳蚤一般不可灭绝；末人活得最久长。

"我们发明了幸福"——末人说，眨巴着眼睛。

他们已经离弃了那难于生活的地带：因为他们需要热量。人们还爱着邻人，与邻人相摩擦：因为他们需要热量。

他们把生病和怀疑视为罪恶：人们小心翼翼地走过来。一个甚至还会在石头或者人身上绊倒的笨蛋！

偶尔吃一点点毒药：这将给人带来适意的梦。最后吃大量毒药，就会导致一种适意的死亡。

人们还在工作，因为工作是一种消遣。但人们要设法做到这种消遣不至于伤人。

人们不再变得富有，也不再变得贫困：两者都太辛苦了。谁还愿意统治啊？谁还愿意服从啊？两者都太辛苦了。

没有牧人，而只有一个牧群！① 人人都要平等，人人都是平等的：谁若有别样感受，就得自愿进入疯人院。

"从前人人都是发疯的"——最精明者说，而且眨巴着眼睛。

人们是聪明的，知道一切发生之事：人们就这样没完没了地嘲弄。人们依然在争吵，但很快言归于好——不然这是要坏了肠胃的。

人们在白昼有自己小小的快乐，在夜里也有自己的丁点乐趣：但人们重视健康。

"我们发明了幸福"——末人说，并且眨巴着眼睛。

至此，查拉图斯特拉的第一个演讲结束了，这个演讲也被叫作"开场白"：因为到这地方，人群的叫喊和兴致打断了他。"把这个末人给我们吧，查拉图斯特拉啊"——他们叫喊起来——"把我们弄成

---

① 参见《新约·约翰福音》，第10章第16行："……并且将成为一个牧群和一个牧人。"——编注

这种末人吧！我们就可以把超人送给你了！”群众全体欢欣鼓舞，发出啧啧咋舌之声。但查拉图斯特拉变得悲伤了，他对自己的心灵说道：

他们弄不懂我：我的嘴对不上他们的耳朵。

可能我在山里生活得太久了，我听了太多的潺潺溪流和阵阵林涛：现在我跟他们讲话，犹如向牧羊人讲话一般。

我的灵魂平静而明亮，犹如上午的群山。但他们以为，我是冷酷的，是一个恶作剧的讥讽者。

而现在他们盯着我，发出笑声：他们笑着还仇视于我。那就是含在他们笑里的冰霜。

*

*　　　*

六

但这时候发生了某件事情，使人人瞠目结舌了。因为这期间那个走绳演员已经开始了他的表演：他从一个小门走出来，踩上了一根系在两座塔之间的绳索，也就是悬在市场与群众上方的一根绳索。当他刚好走到中心时，小门又一次打开，跳出来一个彩衣少年，就像一个丑角，快步跟上前面那人。“向前啊，跛子，”这少年以可怕的声音喊道，“向前啊！懒惰坯，黑市商人，小白脸！别让我用脚后跟踹你！你在这两塔之间做什么！你应该在塔里的，人们应当把你关起来，你阻碍了一个比你更好的人的自由轨道！”——而且他每喊一句话，就一步步越来越逼近他了：而当他到走绳演员身后只有一步之遥时，使人人瞠目结舌的可怕事情发生了：他恶鬼似的大叫一声，越过了前面挡着他路的人。而这个走绳演员看到他的对手胜利了，就乱了方寸，踩了个空；他扔掉了手里的平衡杆，手足乱舞，比杆子更快速地掉了下来。市场和群众犹如暴风雨袭来时的大海：全体乱作一团，四处逃散，尤其是在走绳演员的身体要坠落下来的地方。

而查拉图斯特拉却站着不动，那身体恰好就掉到他旁边，摔得厉害，伤筋动骨了，不过还没有一命呜呼。一会儿，这个受伤者醒了过来，看到查拉图斯特拉跪在他身旁。“你在这儿弄什么呢？”终于他说，“我早就知道魔鬼会绊我一腿的。现在他正把我拖向地狱：你想阻止他吗？”

“说老实话，朋友，”查拉图斯特拉答道，“你讲的一切都是没有的：没有什么魔鬼，也没有什么地狱。你的灵魂会比你的肉体更快死掉：现在你再不要怕什么了！”

这个走绳演员狐疑地望着他，然后说道：“如果你讲的是真相，那么，即使我丢了性命也没有丧失什么。我并不比一头动物强多少，差不多就是人们通过鞭笞和微薄饲料教出来的一头跳舞动物。”

“不对的，”查拉图斯特拉说，“你把危险弄成你的职业，这没什么可轻蔑的。现在你毁于自己的职业：为此我要亲手把你埋葬。”

查拉图斯特拉说了这话，垂死的走绳演员不再回答了；不过他移动自己的手，仿佛是要抓住查拉图斯特拉的手以示感谢。

*

*　　　*

七

此间暮色降临，市场已隐于黑暗中了：群众已经散去，因为即便好奇和惧怕也是令人疲惫的。查拉图斯特拉却席地坐在死者旁边，沉湎于思索：他就这样忘掉了时间。但最后，到了黑夜，一阵寒风吹过这位孤独者。查拉图斯特拉于是站了起来，对自己的心灵说道：

真的，查拉图斯特拉今天搞了一次漂亮的捕鱼！没捉到人，倒是捉到一具尸体。

人生此在[①]阴森可怕，而且还总是无意义的：一个丑角就可能成为人生的厄运。

我要把人类存在的意义教给人类：这种意义就是超人，那是来自乌云的闪电。

然则我仍远离于人类，我的心意不能向他们的心意倾诉。在他们看来，我依然处于一个傻瓜与一具尸体之间。

夜是暗的，查拉图斯特拉的路是暗的。[②] 来吧，你这冰冷而僵硬的同伴啊！我来背你，到我要亲手埋葬你的地方去吧。

*

*　　　*

① 此处“人生此在”原文为 das menschliche Dasein，固然也可译为“人类生活、人类存在”；下句的“存在”原文为 Sein。如何恰当处理尼采文本中的“哲学术语”，这对译者构成一个困难。——译注

② 参看《旧约·箴言》，第 4 章第 19 行：“而恶人们的路好像幽暗……”——编注

八

查拉图斯特拉向自己的心灵说完这番话，便背负着尸体，上路了。他还没有走到百步之远，有一个人溜到他身旁，向他低声耳语——看哪！讲话的这个人就是塔里那个丑角。“查拉图斯特拉啊，离开这个城市吧！”这个丑角说，“这里有太多的人恨你。善人和正直者们恨你，他们把你称为他们的仇敌和轻蔑者；具有正宗信仰的信徒们恨你，他们把你称为群众的危险。人们嘲笑你，这是你的幸运：真的，你讲话就像一个丑角。你与这条死狗结伴，这是你的幸运；当你这样贬低自己时，你今天就挽救了自己。但离开这个城市吧——或者明天我要从你身上跳过去，一个活人跳过一个死人。”说完这话，那人便消失了；而查拉图斯特拉继续穿行于黑暗的胡同。

在城门口，查拉图斯特拉遇见了那些掘墓人：他们用火把照着他的脸，认出了查拉图斯特拉，便对他大加嘲弄。“查拉图斯特拉背走了这条死狗：好呀，查拉图斯特拉变成掘墓人了！因为要拿这块烂肉，我们的手太干净。查拉图斯特拉是想偷魔鬼的食物吧？那很好！那就祝好口福了！只要魔鬼不是一个比查拉图斯特拉更高明的偷儿！——他偷走他俩，他把他俩一起吃了！”他们互相笑着，交头接耳。

查拉图斯特拉一言未发，走他自己的路。走了两个钟头，走过森林和沼泽地，他听了太多饿狼的嚎叫，他自己也突然觉得饿了。于是他在一座亮着灯光的小屋前停了下来。

饥饿像一个强盗向我袭来。查拉图斯特拉说，在森林和沼泽地，饥饿向我袭来，而且是在这深夜里。

我的饥饿有着奇怪的脾气。经常在饭后它就来了，而今天它却整天未出现：它待在哪儿呢？

于是查拉图斯特拉敲了小屋的门。一个老人出现在门口；他持着一盏灯，问道：“是谁来我这儿，来搅我不妙的睡梦呢？”

“一个活人和一个死者，”查拉图斯特拉说，“给我一点吃的和喝的吧，我白天忘吃喝了。凡给饥饿者膳食的，他便提升了自己的灵魂①：有句格言这么说的。”

老人走开了，但很快又回来了，端给查拉图斯特拉面包和酒。“对饥饿者来说，这是一个凶险的地方，”老人说，“所以我住在这里。

---

① 参见《旧约·诗篇》，第146章第7行：“赐食物给饥饿者……”——编注

兽和人都到我这个隐士这儿来。不过也叫你的同伴吃点喝点吧，他比你更疲惫。”查拉图斯特拉说：“我的同伴已经死了，我难以劝他吃喝的。”“这与我不相干，”老人气呼呼地说，“谁敲我的门，也就得接受我端给他的。吃吧，祝一路平安！”

然后查拉图斯特拉又走了有两个钟头，依着大道，迎着星光：因为他是一个惯于夜行的人，而且喜欢正视一切沉睡之物。而当晨光初露时，查拉图斯特拉已处于一片深林里，前面再也没有路了。他于是把死者放在一棵空树里，在自己脑袋上方——因为他要防饿狼来侵犯死者，自己就躺在地面青苔上。他很快就入睡了，肉体疲惫，却有一颗平静的灵魂。

*

*　　　　*

九

查拉图斯特拉睡了很久，不仅曙光掠过他的面庞，而且上午也过去了。最后他的眼睛睁开：查拉图斯特拉惊奇地看着森林和一片寂静，又惊奇地看着自己。接着他迅速站起来，犹如一个突然看到陆地的水手，而且欢呼起来：因为他看见了一个新的真理。他于是对自己的心灵说道：

我恍然大悟了：我需要同伴，活的同伴，而不是死的同伴和尸体，任我带到我要去的地方。

我需要的乃是活的同伴，他们跟随我，因为他们愿意听从自己——到我要去的地方。

我恍然大悟了：查拉图斯特拉不该向群众讲话，而要向同伴讲话！查拉图斯特拉不该成为某个牧群的牧人和牧犬！

把许多人从牧群里引开——我是为此而来的。群众和牧群会对我发怒：查拉图斯特拉愿意把牧人们称为强盗。

我说的是牧人，但他们却自称为善人和正直者。我说的是牧人：但他们自称为正宗信仰的信徒。

看看这些善人和正直者吧！他们最恨谁呢？最恨那个打碎他们的价值招牌①的人，那个破坏者，那个罪犯——但那就是创造者。

看看形形色色信仰的信徒吧！他们最恨谁呢？最恨那个打碎他们的价值招牌的人，那个破坏者，那个罪犯——但那就是创造者。

① 就像摩西，参看《旧约·出埃及记》，第32章第19行。——编注

创造者寻求的是同伴，而不是尸体，而且也不是牧群和信徒。创造者寻求的是共同创造者，那些把新价值记在新招牌上的人们。

创造者寻求的是同伴，以及共同收获者：因为在他那里，一切都成熟了，可以收获了。但他缺少百把镰刀①：所以他拔掉麦穗，而且恼怒了。

创造者寻求的是同伴，以及那些善于磨镰刀的人。人们将把他们称为毁灭者以及善与恶的轻蔑者。但他们是收获者和庆祝者。

查拉图斯特拉寻求共同创造者，查拉图斯特拉寻求共同收获者和共同庆祝者：与牧群、牧人、尸体在一起，他能创造什么啊！

而你，我的第一个同伴，祝你平安吧！我已经把你埋好在空树里，我已经把你藏好了，免于饿狼侵犯了。

但我要与你分手了，时候到了。在曙光与曙光之间，我得到一个新的真理。

我不该是牧人，不该是掘墓人。我不愿再次与群众讲话；我已经最后一次对一个死者说话了。

我要与创造者、收获者、庆祝者为伍：我要向他们指出彩虹，以及超人的全部阶梯。

我将为隐士唱我的歌，也为双栖者②唱我的歌；谁还能听闻所未闻的，我就要以我的祝福使他心生苦恼。

我要向我的目标前进，我要走自己的路；我将跳过踌躇者和拖拉者。就这样，让我的前进成为他们的没落！

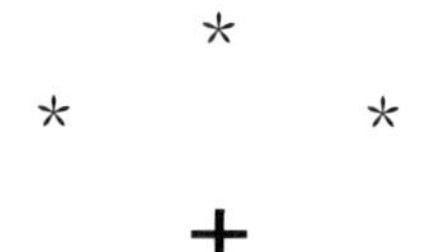

十

太阳到正午时，查拉图斯特拉向自己的心灵说完了上面这番话：这时他疑惑地望着高空——因为他听到空中传来一声尖厉的鸟叫。看哪！一只鹰正在空中翱翔，兜着大圈子，而且身上还悬挂着一条蛇，这蛇似乎并不是它的猎物，而像是一个朋友，因为蛇就盘绕在它的头颈上。

“它们是我的动物！”查拉图斯特拉说道，心中充满了喜悦。

太阳下最高傲的动物，太阳下最聪明的动物啊——它们外出探听消息。

① 参见《新约·马太福音》，第9章第37行：“庄稼大了，而工人少。”——编注

② 此处“双栖者”原文为Zweisiedler，为尼采根据“隐士”(Einsiedler)生造的词语。——译注

它们想要知道，查拉图斯特拉是不是还活着。说真的，我还活着吗？

我感到在人群中比在兽群里更危险，查拉图斯特拉行着危险的路。愿我的鹰和蛇来引导我！

查拉图斯特拉说完这话，想起了森林里那位圣徒的说法，他于是叹息一声，对自己的心灵说道：

“但愿我更聪明些吧！但愿我从骨子里成为聪明的，就像我的蛇！

然则我这是在祈求不可能的事：那么，我祈求我的高傲要永远伴随我的聪明！

如果有朝一日我的聪明弃我而去：唉，它总喜欢逃遁！——但愿我的高傲还能与我的愚蠢一道飞扬！”

——于是查拉图斯特拉开始下山。

*

*　　　　*

（孙周兴　译）

查拉图斯特拉如是说(节选)[①]

2. 德性讲坛

人们向查拉图斯特拉称赞一位智者，这智者善于谈论睡眠和德性：他因此深受崇敬和酬谢，全体少年皆端坐于他的讲坛前。查拉图斯特拉也到这位智者那儿，与全体少年一起端坐于他的讲坛前。而这位智者如是说：

尊崇睡眠，而且对睡眠保持羞怯心吧！这是头等要事！要避开所有睡不好和夜间清醒的人们！

窃贼对于睡眠尚且持有羞怯心：他总是轻手轻脚地在夜间行窃。而守夜者却是毫无羞怯的，他毫无羞怯地持着自己的号角。

睡眠绝不是一件小玩意儿：为了睡好，就必须有白昼的清醒。

你必须在白天克制自己十次：这造成一种美好的疲惫，是灵魂的罂粟。

你必须在白天调和自己十次；因为克制是一种痛苦，不调和者是睡不好的。

---

① 译文选自尼采：《查拉图斯特拉如是说》，孙周兴译。——译注

你必须在白天找到十种真理：否则你还要在夜间寻求真理，你的灵魂还是饥饿的。

你必须在白天大笑十次，并且欢快：否则肠胃这悲苦之父，就会在夜间扰乱你。

少有人知道这一点：人要睡好，就必须拥有全部的德性。我将做伪证吗？我将与人通奸吗？

我将觊觎我邻居的婢女吗？[①] 这一切都与好睡眠不相协调。

而且，即便人拥有了全部的德性，也还必须精通一点：打发德性在适当的时候去安睡。

使得各种德性不至于相互争吵，这些乖乖的小女人[②]！而且是为着你，你这不幸者啊！

与上帝和邻人和平相处：好睡眠就要求这样。还要与邻人的魔鬼和平相处！要不然，它会在夜间缠着你。

敬重上级，并且服从，即便对于不正的上级！好睡眠就要求这样。权势喜欢跛足而行，对此我能何为？

把羊群领到最绿的草地上去的，在我看来当被叫作最佳牧人：这是与好睡眠相协调的。

我不想要大量的荣誉，更不想要大财宝：这会使脾脏发炎。但没有一个好名声和一点小财宝，却是睡不好的。

较之一帮坏的朋友，我更欢迎一个小圈子：但他们须得恰当其时地往来。这样才与好睡眠相协调。

我也很喜欢精神上的贫者：他们能促进睡眠。特别是当人们承认他们总是正确时，他们是福乐的。

有德性者的白昼就是这样过的。如果现在夜晚到来，那我可能就要避免唤来睡眠！睡眠这个德性的主人，是不愿意被召唤的！

倒是我要想想自己白昼所做所想的事。我要像一头牛一般耐性，在反刍之际问自己：你的十次克制是哪些？

十次调和、十种真理，以及使我内心平和的十次大笑是哪些？

考量着这种种事体，摇晃于四十种想法，睡眠一下子向我袭来，这个不召自来者，这德性的主人。

睡眠叩着我的眼：我的眼于是变沉重了。睡眠触着我的唇：我的唇于是张开了。

真的，它蹑手蹑脚地向我走来，这窃贼中最可爱的窃贼，它偷

---

① 参见《旧约·出埃及记》，第20章第16.14.17行。——编注

② 德文中“德性”(die Tugend)为阴性名词，故尼采名之为“小女人”。——译注

走我的思想：我蠢笨地站在那儿，就像这讲坛一样。

但这时我站不了更久了：我已然躺在那儿。——

当查拉图斯特拉听了这位智者如是说法，他就在心里独自发笑：因为这时他已经恍然大悟了。他对自己的心灵如是说：

这位智者连同他的四十个想法，在我看来真是个傻子：但我相信，他是很精通睡眠的。

谁若居于这位智者近旁，他就是幸福的！这样一种睡眠是会传染的，即便隔着一层厚厚的墙壁也会传染。

甚至他的讲坛都含着一种魔力。少年们端坐在这位德性说教者面前，并非徒劳的。

他的智慧就是说：清醒，才能有好睡眠。说真的，倘若生命没有什么意义，而我不得不选择荒唐，那么在我看来，这也就是最值得选择的荒唐了。

现在我明白了，从前人们寻找德性的教师时，人们首先寻求的是什么。人们是为自己寻求好睡眠，加上罂粟花般的德性！

对于所有这些受称颂的讲坛智者来说，智慧乃是无梦的睡眠：他们全然不识生命的更好意义。

甚至在今天也还有少数人，有如这种德性说教者，却并非总是如此诚实了：不过他们的时代已经完了。他们站不了更久了：他们已然躺在那儿。

这些昏昏欲睡者是有福的：因为他们很快就要打瞌睡了。——

查拉图斯特拉如是说。

*

*　　　*

5. 快乐与热情

我的兄弟啊，如果你有一种德性，而且它就是你的德性，那么不要与任何人共有之。

诚然，你想直呼它的名字，并且爱抚之；你想扯它的耳朵，与它消遣。

看哪！现在你与民众共同拥有它的名字，以你的德性，你已经变成民众和牧群！

你更好的做法是说："使我的灵魂痛苦和甜蜜的东西，使我的内脏饥饿的东西，是不可言说的，是无名的。"

且让你的德性变得过于高贵，容不下名字的亲密性：而且如果你必须谈论它，你也不必羞于对它的结结巴巴地谈论。

你就这样结结巴巴地说：“这就是**我的**善，我热爱它，所以它十分讨我喜欢，所以只有我意愿这种善。

我并不是意愿它作为上帝的律法，我不是意愿它作为人类的规章和必需：对我来说，它绝不是超尘世和天堂的指南。

那是我所爱的地上的德性：其中少有聪明，最少见所有人的理性。

然而这只鸟儿在我身旁筑了自己的巢：因此我热爱它并且拥抱它——现在它待在我身旁孵着金卵。”

你应当这样结结巴巴地说，赞颂你的德性。

从前你拥有种种热情，并且把它们称为恶的。而现在你只还有你的德性：它们生长于你们的热情。

你曾让这种种热情来照料你的最高目标：它们于是变成你的德性和快乐。

而且，无论你是出于暴躁者种类，还是出于淫欲者种类，抑或迷信者种类，抑或复仇者种类：

到最后，你的所有热情都变成德性，你的所有魔鬼都变成天使。

从前你的地窖里有野犬：但到最后，它们转变为鸟儿和可爱的歌者了。

你从你的毒药中提炼出你的香膏；你曾挤出痛苦母牛的乳汁——现在你畅饮它们乳房里的甜奶。

从此以后，你身上再也不会产生恶，除非是从你的德性的斗争中产生的恶。

我的兄弟啊，如果你走运的话，你只要有一种德性，而用不着更多：这样你更容易穿越那桥梁。

拥有大量德性是出众的，但却是一种艰难的命运；而且有些人因为倦于充当种种德性的战役和战场，就走进荒漠，在那里自杀了。

我的兄弟啊，战争和战役是恶的吗？但这种恶是必要的，你的种种德性中间的妒忌、猜疑和毁谤也是必要的。

看哪，你的每一种德性是怎样渴求着至高的东西：它意愿你整个的精神做**它的**先行者，它意愿你在愤怒、仇恨和爱情方面的全部力量。

每一种德性对另一种德性都是妒忌的，而妒忌是一种可怕的东西。种种德性也可能毁于妒忌。

谁若为妒忌之火焰所包围，他最后就会像蝎子一样，以毒刺来蜇自己。

啊，我的兄弟，你还从未见过一种德性的自谤和自蜇吗？

人类是某种必须被克服掉的东西：因此你应当热爱你的德性——因为你将毁于自己的德性。

查拉图斯特拉如是说。

*

*　　*

9. 死亡说教者

有死亡说教者：大地上也充斥着这样一些人，他们必定受劝告要抛弃生命。

大地上充斥着多余的人，生命已经被太多太多的人败坏了。但愿人们用“永生”把他们从这种生命中引诱开！

“黄色的”：人们这样来称呼死亡说教者，或者称之为“黑色的”。但我想以别种颜色把他们显示给你们。

有一些可怕者，他们内心带有猛兽，除了肉欲或自我折磨之外别无选择。而且，甚至他们的肉欲也还是自我折磨。

他们甚至还没有成为人类，这些可怕者：且让他们说教对生命的抛弃，自己也随之而去！

有一些灵魂的痨病患者：他们刚刚出生，就已经开始死亡了，渴望着有关厌倦和断念的学说。

他们情愿死亡，或许我们应当称赞他们的意志！我们要提防，不要唤醒这些死者，不要损坏了这些活棺材。

他们遇见一个病者，或一个老者，或一具尸体；他们立刻就说：“生命已经被驳斥了！”

然而，只有他们自己被驳斥了，以及他们那只看到人生此在之一面的眼睛。

裹入浓厚的忧郁里，渴望着那些致命的偶然小事件：他们就这样等待着，咬牙切齿。

但或者：他们抓取糖果，同时嘲笑自己的孩子气：他们把生命悬于一根稻草上，嘲笑说自己还悬于一根稻草上。

他们的智慧说：“一个依然活着的蠢材，但我们正是这种蠢材！而这恰恰是生命中最愚蠢的东西！”

“生命只不过是痛苦！”——他人如是说，而且并没有说谎：那么倒是设法使你们终止吧！那么倒是设法使只不过是痛苦的生命终止吧！

而且你们的德性学说就是：“你应当杀死自己！你应当把你自己偷走！”

“淫欲就是罪恶，”——有一些死亡说教者如是说——“让我们回避，不生孩子吧！”

“生育是辛苦的，”——另一些人说——“何以还要生育呢？人们只生出不幸者而已！”这些人也是死亡说教者。

“同情是必需的，”——第三批人如是说——“取去我所拥有的吧！取走我所是的吧！生命对我就会更少些约束！”

倘若他们彻头彻尾是同情者，那么他们就会使他们的邻人厌恶生命。为恶——这或许就是他们真正的善。

然而他们想要离弃生命：若是他们用锁链和赠物更牢固地约束了别人，那是他们不关心的！

甚至包括你们，对你们来说，生命就是苦工和纷扰：你们不是十分厌倦于生命了吗？你们不是已经十分成熟，足以领受死亡的说教了吗？

你们所有人都喜爱苦工，都喜欢快速、新鲜、陌生之物，你们无法忍受自己，你们的勤劳乃是逃避，以及力求遗忘自身的意志。

倘若你们更多地相信生命，你们就会更少投身于当下瞬间。但你们身上没有足够的内涵来等待——甚至不足以偷懒！

到处响起那些死亡说教者的声音：而大地上也充斥着这样一些人，他们必定要接受死亡说教。

或者说必定要接受“永生”说教：这对我是一样的——只要他们快快离去①！

查拉图斯特拉如是说。

*

*　　　　*

15. 千个与一个目标

查拉图斯特拉见过许多国家和许多民族：他于是发现了许多民

① 在《圣经》意义上，可参见《旧约·诗篇》，第90章第10行。——编注

族的善与恶。查拉图斯特拉在世上没有找到一种比善与恶更大的权力。

任何一个民族，倘若它不首先进行估价，就不能生存；而如果它要自我保存，那么它就不能像邻族一样进行估价。

许多事物被这个民族称为善，在另一个民族却意味着嘲弄和耻辱：我感觉就是这样。我发现许多东西在此地被称为恶，而在彼地则被粉饰以紫色的荣光。

一个邻人从来理解不了另一个邻人：他的灵魂时常惊奇于邻人的疯狂和恶劣。

一个财富牌高悬于每个民族之上。看哪，那是记录它的克服和战胜的牌；看哪，那是它的权力意志的声音。

被它视为艰难者，是可赞颂的；必要而艰难者，被叫作善的，依然能摆脱至高的困厄者，稀罕者、最艰难者，便被称颂为神圣的。

凡使它统治、胜利而闪光者，激起邻人的恐惧和嫉妒者：就被它视为万物中崇高者、首先者，万物的尺度和意义。

真的，我的兄弟，如果你首先认识到一个民族的困厄，认识到土地、天空和邻族：那么你就能猜度这个民族的克服和胜利的法则，以及为什么它从这把梯子向自己的希望攀升。

“你永远应当成为第一人，高他人一头：除了朋友，你嫉妒的灵魂不应爱任何人”——这使一个希腊人的灵魂颤抖：他于是走上了自己的伟大之路。

“讲真话而熟谙弓箭”——在作为我的名字之来源的那个民族看来，这话似乎既可爱又艰难——而这个名字在我是既可爱又艰难的。①

“崇敬父母，顺从他们的意志而直至灵魂的根底”：这张克服和战胜的表悬于另一个民族之上，因此变成强大和永恒的了。②

“保持忠诚，为了忠诚之故把荣誉和鲜血也投置于凶恶而危险的事物之上”：在如此教育自己之际，另一个民族征服了自己，而且在如此征服自己之际，它孕育和承载了伟大的希望。③

真的，人类给予自己一切善和恶。真的，人类并没有取得一切善和恶，也没有发现一切善和恶，一切善和恶也不是作为天国的声音降落到他们头上的。

---

① 尼采指的是波斯人。——编注

② 尼采指的是犹太人。——编注

③ 尼采指的是德国人。——编注

人类为了自我保存，首先把价值投入事物中——人类首先为事物创造了意义，一种人类的意义！因此人类把自己称为“人类”，此即说：估价者。

估价就是创造：听啊，你们这些创造者！估价本身乃是一切被估价物中的宝藏和珍宝。

通过估价方有价值：倘若没有估价，此在的果实就是空洞的。听啊，你们这些创造者！

价值的变换——那就是创造者的变换。谁一定要成为创造者，就总是遭毁灭。

创造者原是诸民族，尔后才是个人；真的，个人本身依然是最新的创造。

诸民族曾经把一张善的牌子悬于自身之上。意愿统治的爱与意愿服从的爱共同为自己创造了这个牌子。

对群盲的乐趣比对自我的乐趣更古老：而且只要好良心还是对群盲来说的，则坏良心就只会说：自我。

真的，狡狯的自我，无爱的自我，它在多数人的利益里意求自己的利益：这并非群盲的起源，而是群盲的没落。

始终是热爱者和创造者创造了善和恶。爱火和怒火以一切德性之名燃烧。

查拉图斯特拉见过许多国家和许多民族：查拉图斯特拉在世上没有找到比热爱者的工作更大的权力：“善”和“恶”就是它们的名称。

真的，这种褒和贬的权力乃是一个怪物。告诉我，兄弟们，谁来为我征服它？告诉我，谁能把一条锁链套在这怪兽的千个颈项上？

迄今为止有千个目标，因为有千个民族。只是一直没有套在千个颈项上的锁链，一直没有一个唯一的目标。人类还根本没有一个目标。

然而告诉我，我的兄弟们啊：如果人类还没有目标，岂不是也还没有——人类自身吗？

查拉图斯特拉如是说。

*

*　　　　*

21. 自由的死亡

许多人死得太晚，有些人又死得太早。更有听起来令人奇特的信条："要死得其时！"

要死得其时：查拉图斯特拉如是教导。

诚然，生不逢时的人，又怎能死得其时呢？倒是愿他从未降生过！——我这样劝告那些多余者。

但即便多余者也把自己的死看得很要紧，连最空心的核桃也意愿被砸开来。

所有人都看重死亡：然则死亡依然不是一个庆典。人类还没有学会如何来供奉那些最美好的庆典。

我要向你们展示那种臻于完成的死亡，它对于生者将成为一种刺激和一种誓愿。

完成者赴自己的死亡，带有胜利感，为满怀希望者和誓愿者所围绕。

人们就要这样学习死亡；而且，倘若这样一个死者没有向生者宣誓，那就不会有任何庆典了。

这样赴死是最佳的死法；其次却是：死于战斗，挥霍一种伟大的灵魂。

但对于战斗者就像对于胜利者一样，你们那含着冷笑的死亡却是可恨的，它就像一个小偷悄悄地潜入——其实是作为主人到来的。

我要向你们称赞我的死亡，那自由的死亡，它向我走来，是因为我意愿。

那么我何时将意愿之？——谁若有一个目标和一个继承者，他就会在对目标和继承者合适的时候意愿死亡。

出于对目标和继承者的敬畏，他将不再把枯萎的花环悬挂于生命的圣殿。

真的，我不愿与那些搓绳者相似：他们把绳子拉长，同时自己总是往后退。

有的人甚至对于自己的真理和胜利也太老了；一张没有牙齿的嘴再也没有权利去追求任何真理了。

任何意愿享有荣耀的人，都必须时而舍弃光荣，练习那艰难的艺术，适时地——走开。

当人们感到味道最佳时，人们必须停止进食了：愿意长久被爱的人们都知道这个道理。

当然有酸苹果，它们的命运是要等到秋天的最后一日：那时它们将成熟，变得金黄而干瘪。

有人是心先老，有人是精神先老。有人在青年时就显出了老态：

而迟来的年轻能保持长久。

有些人生活失败：有一只毒虫在啮蚀他们的心。那么就让他们看看清楚，他们的死更是一种成功。

有些人永远不会变得甜美，他们在夏天就已然腐烂。是懦弱使他们固结于枝头。

太多太多的人生活着，太久地悬于枝头。但愿来一场风暴，把树上所有这些腐烂和虫蚀的东西摇落！

但愿来一些宣讲速死的说教者！他们或许是生命之树的真正风暴和摇撼者！然则我只听到人们宣讲慢死，以及对一切“尘世之物”的忍耐。

啊！你们在宣讲对于尘世的忍耐吗？尘世对于你们这些诽谤者已经太过忍耐了！

真的，为宣讲慢死的说教者们所尊敬的那个希伯来人死得太早了：而他的早死此后成了众人的厄运。

他还只知道希伯来人的泪水和忧郁，连同善人和正义者的仇恨，这个希伯来人耶稣：死亡的渴望攫住了他。

或许他倒是该留在荒野里，远离善人和正义者的！也许他就学会了生活，学会了热爱大地——还有欢笑①！

相信我，我的兄弟们啊！他死得太早了；倘若他活到我这个年纪，他自己一定会收回他的信条！要收回他的信条，他是足够高贵的！

然而他还不成熟。这个年轻人不成熟地爱，也不成熟地恨人类和大地。他的性情和精神的翅翼依然受缚而沉重。

但成年男人比年轻人更多孩子气，而更少忧郁：他更好地懂得死与生。

自由地走向死亡，以及在死亡中自由，如果不再是肯定的时候，那就是一个神圣的否定者：所以他懂得死与生。

我的朋友们啊，愿你们的死不会成为对人类和大地的诽谤：这是我要向你们的灵魂之蜜请求的。

在你们的死之中，你们的精神和德性依然熠熠生辉，有如晚霞环绕大地：要不然你们的死就是不成功的。

我自己愿这样死去，使你们这些朋友们因为我的缘故而更爱大地；我愿重返大地，化作尘土，使我能在生我的地方安息。

---

① 参看《新约·路加福音》，第 6 章第 25 行，“苦啊，你们欢笑的人”；也可参见《查拉图斯特拉如是说》第四部，“高等人”，本书第 365 页第 7—9 行。——编注

真的，查拉图斯特拉有过一个目标，他抛出了自己的球：现在，朋友们啊，你们就是我的目标的继承者，我把这个金球抛给你们。

我的朋友们，比一切都更可爱，我爱看你们抛掷那金球！所以我还要在大地上逗留一会儿：原谅我吧！

查拉图斯特拉如是说。

*

*　　　*

22. 赠予的德性

一

当查拉图斯特拉告别他所钟情的“彩牛城”时，许多自称他的门徒的人跟着他，护送着他。就这样来到一个十字路口：查拉图斯特拉对他们说，他现在想要独行了；因为他是一个喜欢独行的人。他的门徒道别时，却递给他一根拐杖，在拐杖金色的把柄上雕有一条盘绕着太阳的蛇。查拉图斯特拉很是喜欢这根拐杖，便支撑了起来；然后他对门徒们说了下面这番话。

请告诉我：金子何以获得最高的价值？是因为金子不同寻常，没有用处，闪闪发光，光泽柔和；它总是自我赠予。

只是作为最高德性的写照，金子才获得最高的价值。赠予者的目光有如金子般闪烁。金子的光辉使太阳与月亮达成和解。

最高的德性不同寻常，没有用处，闪闪发光，光泽柔和：一种赠予的德性就是最高的德性。

真的，我的门徒们，我完全猜解了你们：与我一样，你们也在追求赠予的德性。许是你们与猫和狼有什么共性吗？

你们的渴望就是自己变成牺牲和赠礼：因此你们有着渴望，要把所有财富贮积于你们的灵魂里。

你们的灵魂贪得无厌地追求宝藏和珍宝，因为你们的德性在赠予之意愿中贪得无厌。

你们强制万物归于你们，落入你们之中，使得万物要从你们的源泉里倒流出来，作为你们的爱的赠礼。

真的，这样一种赠予的爱必定会变成一切价值的劫掠者；但我认为这种自私自利是完好而神圣的。

存在着另一种自私自利，一种太过贫困而饥馑、总想偷窃的自私自利，是那种患病者的自私自利，病态的自私自利。

它以窃贼的眼睛注视着一切发光的事物；它以饥馑的贪婪打量着食物充足者；它总是蹑手蹑脚地围着赠予者的桌子。

从这样一种欲望中吐露的是疾病和无形的退化；从病恹恹的身体中表现出这种自私自利的窃贼般的贪婪。

我的兄弟们啊，请告诉我：我们视为坏的和最坏的东西是什么呢？难道不就是退化吗？——凡在赠予的灵魂缺失处，我们总是猜到退化。

我们的道路是向上行的，从这个种类上升到超种类（Über-Art）。但我们害怕那种退化的感觉，它的说法是“一切皆为我”。

我们的感觉是向上飞的：所以它是我们身体的一个比喻，一种提高的比喻。关于此类提高的比喻就是诸种德性的名称。

身体就这样穿过历史，一个生成者和斗争者。而精神——对于身体来说，精神是什么呢？是身体的斗争和胜利的先驱、伙伴和回响。

所有善与恶的名称都是比喻：它们没有表达什么，而只是暗示。一个傻子才想要从中获得知识！

我的兄弟们啊，请留意每一个时辰，你们的精神想要用比喻来说话的时候：那就是你们的德性的起源。

于是你们的身体已经得到提高和复苏；它以自己的欢乐使精神心醉神迷，使精神成为创造者、估价者、热爱者，以及万物的行善者。

当你们的心灵有如河流一般汹涌翻滚时，对于居民既是一种恩赐又是一种危险：那就是你们的德性的起源。

当你们超越毁誉褒贬，而你们的意志作为热爱者的意志想要命令万物时：那就是你们的德性的起源。

当你们蔑视舒适和柔软的床铺，而尽力避免与柔软者同睡时：那就是你们的德性的起源。

当你们是同一种意志的意愿者，而一切需要的这种转变是你们的必需时：那就是你们的德性的起源。

真的，它是一种全新的善与恶！真的，一个全新的深沉澎湃，一个新源泉的声音！

这种新的德性是一种权力；它是一种支配性的思想，围绕这种思想的则是一个聪明的灵魂：一个金色的太阳，知识之蛇围绕着这个太阳。

*

*　　*

二

说到这里，查拉图斯特拉沉默了一会儿，爱怜地看着他的门徒。然后他又继续说话——而他的声调已然改变了。

我的兄弟们啊，用你们的德性的权力，保持对大地的忠诚吧！让你们的赠予之爱和你们的知识效力于大地的意义吧！我这样请求你们，恳求你们。

不要让你们的德性飞离尘世，并且用双翼拍打永恒的城墙！啊，总是有如此之多迷失了的德性！

像我一样把迷失了的德性引回到大地吧——是的，回到身体和生命：使得它能为大地赋予意义，一种人类的意义！

迄今为止，精神就如同德性一般反反复复地迷失和失误。啊！在我们的身体上，至今还留存着所有这些妄想和失策：它们已经变成了我们的身体和意志。

迄今为止，精神就如同德性一般反反复复地试验和迷误。是的，人类就是一种试验。啊，许多无知和谬误已经变成了我们的身体！

不光是千年的理性——还有千年的疯狂，都在我们身上发作。危险的是成为继承者。

我们依然一步一步与偶然性这个巨人战斗，而直到现在，支配着整个人类的仍然是荒谬，是无意义(Ohne-Sinn)。

我的兄弟们啊，让你们的精神和你们的德性效力于大地的意义吧：一切事物的价值都要由你们来重新设定！因此你们当成为战斗者！因此你们当成为创造者！

身体以知识方式净化自己；它尝试着用知识来提高自己；对认识者来说，一切冲动都把自身神圣化；对提高者来说，灵魂将是快乐的。

医生啊，帮助你自己吧①：这样你也帮助了你的病人。对病人的最好帮助就是，让他亲眼看到那个医好自己的人。

有千百条尚未有人行走的小路；有千百种健康和隐蔽的生命之岛。人类和人类的大地始终还是未穷尽的和未发现的。

醒来并且谛听吧，你们这些孤独者！从未来吹来的风悄悄拍打着翅翼；并且向精细的耳朵发出了好消息。

你们这些今日的孤独者，你们这些离群索居者，你们有朝一日当成为一个民族：从你们这些自己选出来的人群中，当有一个特选

---

① 参见《新约·路加福音》，第4章第23行。——编注

的民族成长起来——而且从中产生出超人。

真的，大地还当成为一个康复之所！已然有一股新的气息弥漫于大地，一股带来救治的气息，以及一个新的希望！

*

*　　　　*

三

当查拉图斯特拉说完这番话，他沉默了，有如一个人还没有说出自己最后的话；他显得疑惑，久久地掂量着手中的拐杖。最后他如是说——而他的声调又改变了。

我的门徒们，我现在要独自走了！你们现在也得离开，独自走吧！我希望这样。

真的，我要劝你们：离开我吧，小心谨防查拉图斯特拉！而且更好的做法是：为他感到羞耻！也许他欺骗了你们。

知识人一定要不仅爱自己的敌人，而且也能恨自己的朋友。①

如果人们永远只做弟子，他就没有好好报答他的老师。为什么你们不想扯掉我的花冠呢？

你们尊敬我；但如果有一天你们的尊敬倒掉了，那又如何呢？小心啊，别让一座石像把你们砸死了！

你们说，你们信仰查拉图斯特拉？然而查拉图斯特拉有何要紧！你们是我的信徒：然而所有信徒有何要紧！

你们尚未曾寻找自己：你们就找到了我。所有信徒都是这样做的；因此一切信仰都是如此无关紧要。

现在我要叫你们丢掉我，去寻找你们自己；唯当你们把我全部否弃时，我才意愿回到你们身边。②

真的，兄弟们啊，那时我就将用另一双眼睛寻找我的失落；那时我就将以另一种爱情来爱你们。

有朝一日，你们当仍旧成为我的朋友，以及一种希望的孩子：然后我愿第三次与你们同在，与你们一起庆祝伟大的正午。

所谓伟大的正午，就是人类正站在野兽与超人之间的路中央的时刻，也是人类把他通向傍晚的道路当作他最高的希望来庆祝的时刻：因为这也是通往一个崭新早晨的道路。

这时候，没落者将祝福自己成为一个过渡者；而他的认识之太

① 参见《新约·马太福音》，第 5 章第 43—44 行。——编注

② 与耶稣相对立，参看《新约·马太福音》，第 10 章第 33 行。——编注

阳也将处于正午时分。

“所有诸神都死了：现在我们要使超人活起来。”——在这伟大的正午，就让这一点成为我们最后的意志吧！

查拉图斯特拉如是说。

*

* *

25. 同情者

我的朋友们，你们的朋友受到一种挖苦：“看看查拉图斯特拉吧！他在我们当中游走，不就像在动物中间游走一样吗？”

不过更好的说法是：“认识者游走于人类中，就是游走于动物中。”

而对于认识者，人类本身就等于：有着红红面颊的动物。

这是怎么回事呢？难道不是因为人类必定太过经常地感到羞耻吗？

啊，我的朋友们！认识者如是说：羞耻、羞耻、羞耻——这就是人类的历史！

而且因此之故，高贵者要求自己不羞耻：他要求在一切苦难者面前的羞耻。

真的，我不喜欢那些以同情为乐的慈善者：他们太缺乏羞耻之心了。①

如果我不得不同情，我也不愿把它叫作同情；如果我真的要同情，那也宁愿远远地。

我也宁愿蒙住自己的头，在别人认出我之前赶紧逃离：而且我叫你们也要这样做，我的朋友啊！

但愿我的命运总是把你们这样的无苦难者引上我的道路，以及这样一些我可以与之共享希望、盛宴和蜂蜜的人们！

确实，我曾为苦难者做这个做那个：而当我学会了更好地获得快乐时，我就觉得自己总要做些更好的事。

自从有人类以来，人类就少有快乐：我的兄弟们啊，唯这一点才是我们的原罪！

而如果我们要学会更好地使自己快乐，那么，我们最好是忘掉

---

① 参见《新约·马太福音》，第5章第7行。——编注

使他人受苦，忘掉对痛苦的臆想。

因此，我要洗净我那帮助过苦难者的双手，因此，我也要把我的灵魂擦拭干净。

因为当我目睹苦难者受苦，我为着他的羞耻之故而感到羞耻；而当我援臂相助时，我就严酷地强暴了他的高傲。

伟大的义务并不让人感恩，倒是使人生出强烈的报复欲；而如果细小的善举不被忘记，那就会从中生出一条啮蚀的蠕虫。

“要矜持于获取！要以你们的获取来表现你们的出色！”——我就这样来劝告那些无可赠予的人们。

但我却是一个赠予者：我喜欢赠予，作为朋友赠予友人。而外人和穷人可以自己来采撷我树上的果实：这样便少些羞耻。

至于乞丐，却是我们应当完全取缔的！说真的，无论是给予他们还是不给予他们，都令人生气。

同样地，也要取缔罪人和坏良心！相信我，我的朋友们啊：良心的谴责就是教人到处乱咬。

而最恶劣的却是卑琐狭隘的思想。说真的，行恶使坏也胜于卑琐的思想！

诚然，你们会说：“行小恶的快感能使我们免除一些大恶行。”但是，我们在此本就不该意愿省免。

恶行有如一种脓疮：它发痒、刺痛，然后溃烂——它实话实说。

“看哪，我就是疾病”——恶行如是讲；这是它的老实相。

然而，卑琐狭隘的思想就像病菌：它徐徐爬行，缩头缩脑，哪里都不想久留——直到整个身体都为细小的病菌所腐蚀而变得干枯不堪。

而对那个被魔鬼缠身的人，我要悄悄地说这个话：“更佳的做法，是把你的魔鬼拉扯大！即使对你来说，也还有一条通向伟大之路！”

啊，我的兄弟们！我们对每个人都了解得过多了些！有些人对我们来说是透明的，但我们因此还远不能把他们洞穿！

与人类一起生活是困难的，因为沉默是如此艰难。

而且，并非对于反对我们的人，我们最为不公，而是对于与我们根本不相干的人。

如果你有一个受苦受难的朋友，那么你就要成为他的苦难的休养所，然则可以说是一张硬床，一张行军床：这样你对他才最有用处。

如果有一个朋友作恶于你，你就说："我原谅你对我所做的；但你对自己也做同样的事——我又怎能原谅你！"

一切大爱都如是说：它甚至也超越了宽恕和同情。

我们应当守住自己的心灵；因为如果我们放任自己的心灵，则我们的头脑就会多么快地失去控制！

啊，比起在同情者那里，世界上哪里还有更大的蠢事呢？而且，比起同情者的蠢事，世界上还有什么更能引发痛苦呢？

一切热爱者多么不幸啊，他们还没有一个超越他们的同情的高度！

魔鬼曾经对我如是说："连上帝也有自己的地狱：那就是他对人类的爱。"

而最近我又听到魔鬼说这番话："上帝死了；上帝死于他对人类的同情。"

所以你们就要警告我提防同情：由此还会给人类带来一片重重的乌云！真的，我是精通气象的！

但也要记住这句话：一切大爱都高蹈于自己的全部同情：因为一切大爱都还意愿把所爱者——创造出来！

"我把我自己奉献给我的爱，而且对我的邻人就像对我自己"——所有创造者的讲法都是如此。

而所有创造者都是严厉无情的。

查拉图斯特拉如是说。

*

*　　　*

27. 有德性者

我们必须带着雷霆和天国烟火，向松弛而昏沉的心智讲话。

然而美之音调却是轻柔的：它只悄然潜入那最清醒的灵魂。

今天，我的盾牌轻轻颤动，并且对我发笑；那是美的神圣的发笑和颤动。

今天，我的美在嘲笑你们，你们这些有德性者。我的美的声音对我如是说："他们还意愿——得到报偿呢！"

你们还想要得到报偿，你们这些有德性者啊！莫非要为德性求奖赏，为大地求天空，为你们的今日求永恒吗？

现在，因为我宣称没有奖赏者和出纳员，你们就要对我发怒吗？说真的，我甚至根本没有宣称，道德就是它自己的奖赏。

啊，这便是我的悲哀：人们已经把赏与罚投放入事物的根基之中——现在，甚至也投放入你们灵魂的根基之中，你们这些有德性者啊！

但犹如公猪的嘴，我的话语要撬开你们灵魂的根基；我愿被你们叫作犁铧。

你们根基上的全部隐秘内情都要得到揭示；而当你们被翻掘和打碎之后大白于天下，则你们的谎言与你们的真理也将分离开来。

因为这就是你们的真理：就复仇、惩罚、奖赏、报应之类的词语的肮脏来说，你们太纯洁了。

你们爱自己的德性，就像母亲爱自己的孩子；然而，我们何曾听说过一个母亲因为她的爱而要得到报偿的呢？

这就是你们最可爱的自身，你们的德性。你们心中有圆环的渴望：为了重新达到自身，每个圆环都要争斗和旋转。

而且你们的德性的任何一种作业，就像一颗黯然的星：它的光总是还在途中，游移不定——它何时不再在途中呢？

即是说，即便这种作业已经完成，你们的德性的光依然在途中。即使它现在被遗忘和消逝了：它的光芒依然，而且游移不定。

你们的德性就是你们的自身，而不是一个外来物，一个表皮，一种掩饰：这就是基于你们灵魂根基深处的真理，你们这些有德性者啊！

但诚然有这样一些人，对他们来说，德性意味着一种鞭挞下的痉挛：而你们已经听了太多他们的叫喊声！

还有另一些人，他们把德性叫作他们的恶习的腐败；一旦他们的仇恨和嫉妒使四肢放松时，他们的“正义”便醒了过来，揉着惺忪的睡眼。

还有一些人，他们被往下拉扯：他们的魔鬼在拉扯他们。然则他们越是下沉，他们的眼睛就越炽热，对他们的上帝的渴望也越是热烈。

啊，他们的叫喊声也传到了你们耳朵里，你们这些有德性者：“凡我所不是的，在我看来就是上帝和德性！”

还有一些人，他们就像运石头下山的车子，笨重而叽叽嘎嘎地迎面而来：他们奢谈尊严与德性，他们把制动器叫作德性！

还有一些人，他们就像上紧了发条的日常时钟；他们嘀嗒作响，并且要人们把这种嘀嗒之声叫作——德性。

说真的，我对这种人大有兴致：遇到此类时钟，我就将用我的嘲讽上紧它们的发条；而且在此它们还得对我嗡嗡作响。

还有一些人，他们对自己的一丁点儿公正感到骄傲，并且因为这个缘故而对一切事物胡作非为：就是使世界溺死于他们的不公正中。

“德性”一词出自他们的口中是多么恶劣啊！而当他们说“我是公正的”，这话听起来始终就好比说：“我受了报复！”①

他们想要用自己的德性抠出敌人的眼睛；他们抬高自己，只是为了贬抑他者。

还有这样一些人，他们坐在自己的泥沼里，从芦苇中说出这样的话：“德性——那就是静静地坐在泥沼里。

我们不咬任何人，也避开那想要咬人的人；而且对于一切事物，我们有人们提供给我们的意见。”

还有这样一些人，他们喜欢各种姿态，并且认为：德性就是一种姿态。

他们的膝总是礼拜，他们的手乃是德性的赞美，但他们的心灵却对此一无所知。

还有这样一些人，他们认为说“德性是必然的”这样的话就是德性了；然而根本上他们只相信警察是必然的。

有些人看不到人类的高贵，却认为德性就是像他这样把人类的卑下看得十分真切：所以他也把自己凶恶的目光叫作德性。

有些人想要得到提高和建树，而且把这叫作德性；但另一些人想要被推翻，想要得到彻底改变——而且把这叫作德性。

这样一来，几乎所有的人都相信自己分有了德性；至少每个人都愿意成为分辨“善”与“恶”的行家。

然而，查拉图斯特拉不至于对所有这些说谎者和傻瓜说：“你们知道什么德性啊！对于德性你们能够知道什么啊！”

事情毋宁是，你们，我的朋友们，将厌倦于那些老话，你们从傻瓜和说谎者那里学来的老话。

你们将厌倦于“奖赏”“报复”“惩罚”“公正的复仇”之类的老话——

① 此处“我是公正的”(ich bin gerecht)与“我受了报复”(ich bin gerächt)在德语中发音极相似。——译注

你们将厌倦于说："一个行为是善的，因为它是无私的①。"

啊，我的朋友们！你们的自身(Selbst)在行为中，要像一个母亲之于孩子：这在我看来就是你们的德性格言了！

说真的，可能我剥夺了你们许许多多的格言和你们德性最可爱的玩具；而现在你们就像小孩一般对我发怒。

孩子们在海边玩耍，一个海浪打来，把他们的玩具卷到深处了：于是他们便哭了起来。

不过，那同一个海浪也会给他们带来新的玩具，在他们面前撒下新的多彩贝壳！

于是孩子们得到了安慰；我的朋友们，你们就像他们一样，也会有自己的慰藉——而且是新的多彩贝壳！

查拉图斯特拉如是说。

*

*　　　　*

28. 流氓痞子

生命乃是欢乐的源泉；然而，在流氓痞子也来一起饮用的地方，所有井泉都被毒化了。

我喜爱一切纯洁的东西；但我不喜欢看到奸笑的嘴脸和不洁者的饥渴。

他们俯视井泉：于是从井泉向我映射出他们可恶的笑容。

他们已经以自己的肉欲把这神圣的泉水毒化；而当他们把自己肮脏的梦想称为欢乐时，他们也还毒化了言辞。

当他们把自己潮湿的心灵投向火，火焰便生起气来；当流氓痞子走近火时，精神本身就要沸腾和冒烟了。

他们手中的果实会变甜和腐烂：他们的目光会使果树摇摆不定，使树梢干枯。

有些人抛弃生命，其实只不过是抛弃流氓痞子：他们不愿与流氓痞子共享井泉、火焰和果实。

有些人遁入荒野，与野兽一起忍受饥渴，其实只是不愿与肮脏的骆驼夫一道坐在水池旁。

有些人像一个毁灭者一般走来，犹如冰雹之于所有果园，其实

① 原文为 selbstlos，字面直译为"无自身的"。——译注

只是想把他们的脚塞到流氓痞子的咽喉里，从而堵住后者的喉头。

弄懂生命本身需要敌对、死亡和死刑十字架，这并不是最令我哽塞的食物：

相反，我曾经追问，而且几乎因我的这个问题而窒息：怎么？生命也必需流氓痞子吗？

毒化的泉、发臭的火、污秽的梦以及生命面包里的蛆虫，都是必需的吗？

饥饿地咬啮我生命的，不是我的仇恨，而是我的厌恶！啊，当我发现甚至流氓痞子也富于精神时，我就常常厌倦于精神了！

当我看到统治者现在把什么称作统治时，我就背弃了统治者：为了权势进行买卖和交易——与流氓痞子！

我居住在讲陌生语言的民族中间，充耳不闻：这样我就与他们买卖时讲的话和他们为权势做的交易格格不入了。

我掩住鼻子，恼怒地穿过一切昨天和今天：真的，一切昨天和今天都有股文痞流氓的恶劣气味！

就像一个既聋又哑又盲的残疾人：我就这样长久地生活，方不至于与那些权力痞子、文字痞子和淫欲痞子一起生活。

我的精神吃力地、小心地爬上阶梯；欢乐的施舍乃是它的清醒剂；生命在盲者的手杖上悄悄溜掉。

然则我出了事？我如何来解脱厌恶呢？谁使我的眼睛变得年轻了？我怎样飞到了那个高处，那个不再有流氓痞子坐在井泉旁的高处？

难道是我的厌恶本身为我提供了飞翔的翅膀和预感泉源的力量吗？真的，我必须飞到最高处，才能重新找到欢乐的源泉！

啊，弟兄们，我找到了它！在这里，在最高处，欢乐的源泉向我涌流！而且有一种生命，没有一个流氓痞子共饮之！

欢乐之泉啊，你几乎太猛烈地涌来！而且，因为你想要把杯子注满，你常常又把杯子倒空！

我还必须学会更谦卑地接近你：我的心太过猛烈地向你喷涌。

我的心啊，我的夏天就在我心上燃烧，这个短促、炎热、忧郁、极度快乐的夏天：我的夏天之心是多么渴望你的清凉！

我那春天的踌躇的悲伤过去了！我那六月雪花的恶毒过去了！我已经完全成了夏天和夏天的正午！

一个至高的夏天，带着清凉的泉水和福乐的宁静：啊，我的朋友们，来吧，让这份宁静变得更福乐！

因为这就是我们的高空和我们的家乡：对于所有不洁者及其渴望来说，我们在此居住得太高太陡峭了。

朋友们啊，只管把你们纯洁的眼光投向我那欢乐的源泉！它怎会因此变得浑浊呢？它当以它的纯洁对你们微笑。

我们在未来树上建筑我们的窝巢；而鹰当为我们这些孤独者叼来食物！①

真的，没有那些不洁者可以分享的食物！他们会误以为自己吞了火焰，烧了自己的嘴！

真的，我们在此根本没有为不洁者们准备住所！对于他们的肉体和精神来说，我们的幸福或许就是一个冰洞！

我们意愿像狂风一般生活在他们之上，与鹰为邻，与雪为邻，与太阳为邻：狂风就是这样生活的。

有朝一日，犹如一阵风，我还要吹到他们中间，以我的精神夺取他们精神的呼吸：我的未来就意愿如此。

真的，查拉图斯特拉乃是席卷一切低地的狂风；对于自己的敌人和所有吐唾沫者，他给出这样的忠告："当心啊，不要逆风而唾！"

查拉图斯特拉如是说。

*

*　　　　*

35. 崇高者

我的海底是平静的：谁能猜测它隐藏着诙谐的怪物！

我的深渊是不可动摇的：但它发出飘浮的谜团和大笑的光芒。

今天我看到了一个崇高者，一个庄严者，一个精神的忏悔者：啊，我的灵魂是怎样因他的丑陋而发笑！

胸部高挺，有如那些吸气者：他就这样站在那儿，这个崇高者，而且默然无声。

悬挂着丑陋的真理，他的猎物，而且浑身衣衫褴褛；他身上也布满了刺——但我还没有看到一朵玫瑰。

他还未曾学会笑和美。这个猎手阴沉地从知识之林回来。

他从与野兽的战斗中回来：但从他的严肃神情上，也还透出一只野兽的模样——一只未被战胜的野兽。

① 就像乌鸦之于厄里亚(Elias)，《旧约·列王记下》，第17章第6行。——编注

他总还站在那儿，就像一只跃跃欲试的老虎；但我不喜欢这些紧张的灵魂，我的趣味也对所有这些退却者怀有敌意。

朋友们啊，你们告诉我，趣味和口味是无可争执的吗？然则一切生命就是关于趣味和口味的争执啊！

趣味：它既是重量，也是天平和衡量者；多么不幸啊，一切生命体，它们都想要对于重量、天平和衡量者毫无争执地生活！①

这个崇高者，倘若他已厌倦自己的崇高：这时他的美才会开始，而且这时我才会中意他，觉得他好有味道。

而且唯当他背弃自己时，他才能跳越自己的阴影——真的！并且跳入他的太阳之中。

他在阴影里坐得太久了，这精神的忏悔者已经面颊苍白了；他几乎饿死于期待了。

他的眼里依然含着蔑视；他的嘴里藏着厌恶。诚然他现在安静了，但他的安静尚未置于太阳底下。

他应当像公牛一样行动；而且他的幸福应当带有泥土的气息，而不是带有对大地的蔑视的气息。

我想看见他成为一头白色公牛，在犁铧前面喘息着、吼叫着：而它的吼叫应当仍然赞颂大地上的一切。

他的面容依然是黑暗的；手的影子遮住了它。他眼睛的感觉依然被蒙上阴影了。

他的行为本身依然是遮着他的阴影：手掩蔽了行动者。他还不曾克服自己的行为。

我满心喜欢他那公牛般的脖颈：而现在我也还愿意看见天使般的眼睛。

他也还必须忘却自己的英雄意志：他应当成为一个高升者，而不只是一个崇高者——苍穹②本身当能使之高升，这个无意志者啊！

他曾制服过怪物，他曾解答过谜团：然而他也还应当解救自己的怪物和谜团，还应当使它们转变为天国的孩子。

他的知识还未曾学会微笑和毫无妒忌；他涌动的热情还不曾在美里安静下来。

---

① 参看《人性的，太人性的》，第170节；也可参看科利版第1卷，第816页。《希腊悲剧时代的哲学》(1873年)。在词源上，表示“智者”的希腊词语原起于sapio(我品味)、sapiens(品味者)和sisyphos(具有极敏锐趣味的人)；所以，按照这个民族的意识，一种敏锐的品尝力和认识力，一种重要的辨别力，构成哲学家的特有艺术。在关于《前柏拉图哲学家》(1872年)的讲课中也有类似说法。——编注

② 苍穹(Aether)：一译“以太”。——译注

真的，他的渴望不应在餍足中沉默和隐匿，而是要在美中！优美风姿属于心思宏伟者的慷慨大度。

把手臂放在头上：英雄当这样休息，也当这样克服自己的休息。

但恰恰对英雄来说，美是万物中最艰难者。对于一切热烈的意志，美都是不可或缺的。

一点点过多，一点点过少：在这里这恰恰是多，在这里这就是最多。

以松懈的肌肉，卸下鞍羁的意志，兀自站立：崇高者啊，这对你们所有人来说都是最艰难的！

当权力变成仁慈，并且下降为可见之物：我把这样一种下降叫作美。

而且我就要向你，你这强力者啊，而不是向其他任何人，径直要求美：让你的善成为你最终的自身克服吧。

我相信你能作一切恶：因此我意愿你的善。

真的，我时常笑那些弱者，他们因为跛足而自以为善！

你当追求柱子的德性：柱子升得越高，就变得越来越美，越来越温柔，但内部却越来越坚硬，越来越有负荷力。

是的，你崇高者啊，有朝一日你还当成为美的，当持镜映照你自己的美。

然后你的灵魂将因为神性的欲望而战栗；而且在你的虚荣中也将有一种崇拜！

因为这就是灵魂的秘密：唯当英雄离弃了灵魂，方能在梦中接近灵魂——那超英雄。

查拉图斯特拉如是说。

*

*　　　*

47. 违愿的幸福

心里怀着这些谜团和辛酸，查拉图斯特拉渡过了大海。但在他离开幸福岛和他的朋友们四天后，他已经克服了他所有的痛苦：他胜券在握，以坚实的脚步重又站立在他的命运之上。当时，查拉图斯特拉对自己欢欣的良心如是说：

我又孤独了，而且我愿意这样，独自与纯洁的天空和自由的大海在一起；而我四周又是下午了。

我曾在下午第一次找到我的朋友们，另一次同样也在下午——那是一切光都变得更宁静的时刻。

因为依然在天与地之间行进的幸福，眼下还要为自己寻求一个光明的灵魂来寄宿：由于幸福，一切光明现在都变得更宁静了。

啊，我生命的下午啊！我的幸福也曾降到了山谷，以便为自己寻求一个寄宿之所：于是它找到了这些开放的、好客的灵魂。

啊，我生命的下午啊！我没有把什么交出来，以便我拥有一件东西：我的思想的这种活生生的栽培，以及我至高的希望的这种晨光！

创造者曾寻求过同伴以及他的希望的孩子：而且看哪，他发现他找不到他们，除非他首先把他们本身创造出来。

所以我在工作中间，走向我的孩子们，又从他们那儿回来：为自己的孩子们之故，查拉图斯特拉必须完成自己。

因为人们根本上只爱自己的孩子和事业；而且，凡有伟大的对自身的爱之处，爱就是孕育的标志：这是我发现了的。

我的孩子们依然在他们第一个春季里抽芽发绿，彼此相互依傍，共同为春风所吹拂，那是我院子里最佳土壤里的树木。

真的！这种树木并肩矗立的地方，就是幸福之岛！

但终有一天我要把它们连根挖出，把每一棵树都单独栽种：使每一棵树都学会孤独、顽强和谨慎。

然后它应该为我矗立在大海边，多节而弯曲，带着柔顺的坚强，不可征服的生命的一座活灯塔。

在那里，暴风俯冲向大海，群山的大嘴痛饮海水，每一棵树都当有一次值日和守夜，使之得到考验和识别。

它应该得到考验和识别，看看它是不是我的同类和同系，看看它是不是一种长久意志的主宰，即便在说话时也默然无声，而且如此谦恭，以至于它在给予时也取得——

——以至于它有朝一日能成为我的同伴，以及查拉图斯特拉的一个共同创造者和共同庆祝者——这样一个东西，它能把我的意志写在我的榜上：为了万物更完满的完成。

而且为它与它的同类的缘故，我必须自己完成自己：因此，我现在逃避自己的幸福，把自己献给一切不幸——使我得到最后的考验和识别。

真的，是我离去的时候了；漫游者的阴影、最长久的时光和最寂静的时刻——一切都对我说："是至高的时候了！"

风从钥匙孔里向我吹来，并且说："来吧！"门狡诈地突兀弹开，并且说："去吧！"

但我被紧紧拴在对我的孩子们的爱上了：渴望，对于爱的渴望，已经为我设下这个圈套，使我成了我的孩子们的猎物，因他们而失去了自己。

渴望——对我来说就是：失去了自己。我拥有你们，我的孩子们啊！这种拥有中，当有全部安全而全无渴望。

可是我的爱的太阳在我头上蒸晒，查拉图斯特拉在自己的汁液里煎熬——这时阴影和怀疑飞离了我。

我已经希求严寒和冬天了："啊，愿严寒和冬天重又使我碎裂和寒战吧！"我叹息道——于是从我身上升起了冰冷的雾。

我的过去破碎了它的坟墓，许多被活埋的痛苦苏醒过来了——它只是睡够了，隐藏在尸衣里。

于是一切都以象征来召唤我："是时候了！"——但我——没有听到：直到最后，我的深渊活动了，我的思想咬了我。

啊，深渊般的思想，你就是我的思想！何时我能获得一种强力，去听你挖掘而不再战栗？

当我听你挖掘时，我的心跳到了喉咙上！你的沉默甚至要把我窒息，你这深渊般的沉默者啊！

我从来还不敢把你召唤上来：我携带着你，这就够了！我还不够强壮，还达不到最后的狮子的狂妄和恶意。

你的重量总是已经使我十分害怕了：但有朝一日，我还当获得强力，以及狮子的声音，把你召唤上来！

如果我已经在这方面克服了自己，那么我也要在更伟大的事情上克服自己；而且一种胜利当成为我的完成之印记！

在此期间，我仍然漂浮于不定的大海；偶然性迎合着我，那阿谀巴结的偶然性；我前瞻后望，依然看不到尽头。

我最后战斗的时刻还没有到来，抑或它正好就要到来了吗？真的，周围的大海和生命带着险恶的美观看着我！

啊，我生命的下午！啊，黄昏前的幸福！啊，大海上的港口！啊，不确定中的和平！我是多么不相信你们全体啊！

真的，我怀疑你们的险恶的美！我犹如情人一般，怀疑太过柔媚的笑。

正如这嫉妒者推开自己的最爱者，温柔而严厉，我也如是推开这个幸福的时刻。

离去吧，你幸福的时刻！与你一道我得到了一种违愿的福乐！①我站在这里，乐意于我最深刻的痛苦——你来得不是时候啊！

离去吧，你幸福的时刻！宁可在那儿取得寄宿之所——在我的孩子们那里！快啊！而且要在黄昏前以我的幸福祝福他们！

黄昏已然近了：太阳沉落了。去吧——我的幸福！

查拉图斯特拉如是说。而且他通宵等着他的不幸：但他徒然地等着。夜依然明澈而寂静，而幸福本身离他越来越近了。但在黎明时分，查拉图斯特拉对自己的心灵笑了，嘲讽地说："幸福追求着我。这是因为我不追求女人。而幸福就是一个女人。"

*

* *

49. 萎缩的德性

一

当查拉图斯特拉重又登上陆地时，他没有径直去他的山林和他的洞穴，而是绕了许多路，问了许多问题，打听这个那个，弄得他自己也嘲笑道："看哪，一条弯弯曲曲地流回到源头的河！"因为他想要经验，在此期间人类身上发生了什么事：人是变得更伟大了呢，还是更渺小了。有一次他看见了一排新房子；他便惊奇地说：

这些房子意味着什么呢？真的，任何一个伟大的灵魂都不会把它们当作自己的比喻！

兴许是一个傻孩子从自己的玩具盒里把它们拿出来的？而另一个孩子又会把它们收入自己的玩具盒里！

而且这些居室和房间：人们能够进出吗？我以为它们是为布娃娃做的；或者是为那些兴许也让别人一起偷吃的馋猫做的。

查拉图斯特拉站着沉思。终于他忧伤地说："一切都变渺小了！"

我看到处处都是低矮的门：我一类的人也许还能进去，但——他必须弯腰！

啊，何时我能重返我再也不必弯腰的故乡——再也不必向渺小者弯腰的故乡？——查拉图斯特拉叹息道，望着远方。

而就在同一天，他讲了一番关于正在萎缩的德性的话。

---

① 参见歌德：《诗与真》第 XVI 章，关于他的诗人天赋："最欢愉也最丰富，它不由自主地、其实是违愿地露面了。"——编注

二

我穿行于这民众中，睁着我的眼睛：我没有嫉妒他们的德性，这是他们不能原谅我的一点。

他们向我咬来，因为我对他们说：渺小的人们需要渺小的德性——而且因为我难以理解为何渺小的人们是必需的！

我在这里依然好像陌生农庄里的一只雄鸡，母鸡们也向我啄来；但我并没有因此对这些母鸡们生气。

我礼貌地对待他们，如对待所有小小的麻烦；对于小不点儿针锋相对，我以为这是刺猬的智慧。

当他们夜里围坐于火炉旁，他们全体都在谈论我，他们在谈论我，但没有人——想着我！

这是我学到的新的寂静：他们在我四周的喧闹之声展开一件外衣来包裹我的思想。

他们在彼此间叫嚷：“这阴郁的乌云要求我们什么呢？留神啊，别让它给我们带来一种瘟疫！”

新近，有一个女人拉住了她那个想到我这里来的小孩。“把孩子们带走！”她叫喊道，“这种眼睛会烧焦孩子们的灵魂的。”①

当我说话时，他们咳嗽起来：他们以为，咳嗽是一种对强风的反抗；他们根本没有猜到我的幸福的汹涌！

“我们还没有时间给查拉图斯特拉呢”——他们这样反驳；但一个“没有时间”给查拉图斯特拉的时代，又有什么要紧的？

而且如果他们竟赞扬我：我怎能在他们的赞誉上入睡呢？他们的称赞于我是一条带刺的腰带：当我把它解掉时，也还刺痛我。

而且这也是我在他们中间学到的：称赞者装出要归还什么的样子，然则实际上他是意愿更多地获赠！

问问我的脚，问它是否喜欢他们的称赞和引诱的调子！真的，按照这样一种节拍和嘀嗒声，它是既不想跳舞也不想站着不动。

他们想引诱我走向渺小的德性，并且对我大加称赞；他们想说服我的脚去接受渺小幸福的滴答声。

我穿行于这民众中，睁着我的眼睛：他们已经变渺小了，而且变得越来越渺小——而这是由他们关于幸福和德性的学说造成的。

因为即便在德性上他们也是谦逊的——因为他们想要惬意。但与惬意相协调的，唯有谦逊的德性。

① 相反的情形可参见《新约·马太福音》，第19章第13行。——编注

确实，连他们也学习用自己的方式行走和前行：我把这叫作他们的跛行。他们因此成为每个匆忙者的障碍。

而且，他们中许多人往前走，同时硬着头颈往后看：我乐意碰撞他们的身体。

脚与眼不会撒谎，更不会互揭谎言。但在渺小的人们那里多有谎言。

他们中有些人意愿什么，但大多数人只是被意愿而已。他们中有些人是真诚的，但大多数人是坏演员。

他们当中有违背知识的演员，也有违背意志的演员，真诚者总是稀罕的，尤其是真诚的演员。

在此少有男人气：因此他们的女人们要把自己男人化。因为唯有十足的男人，才能在女人中把这个女人——解救出来。

而且我发现在他们当中，这种伪善是最恶劣的：连命令者也佯装出服役者的德性。

“我服役，你服役，我们服役”——统治者的伪善在这里也如此祈祷，而且如果第一主人只不过是第一仆役[①]，那是多么不幸啊！

啊，我的好奇的目光甚至也可能迷失于他们的伪善；而且，我很好地猜透了他们所有的苍蝇之幸福，以及他们围着阳光照耀的玻璃窗的嗡嗡之声。

我看到这么多善意，也有这么多虚弱。这么多公正和同情，也有这么多虚弱。

他们彼此间圆通、正直和善意，有如沙粒与沙粒之间的圆通、正直和善意。

谦卑地拥抱一种渺小的幸福——他们把这叫作“顺从”！而同时他们已然谦卑地对一种新的渺小幸福垂涎欲滴了。

根本上他们天真地最想要一件事，那就是：没有人伤害他们。所以他们先行迎合每个人，对每个人都好生相待。

但这就是怯懦：虽然这也被叫作“德性”。

而且一旦他们粗暴地说话，这些渺小的人们：我只听到他们的嘶哑声，因为每一阵风都使他们嘶哑。

他们是机灵的，他们的德性拥有机灵的手指。然而他们没有拳头，他们的手指不知道在拳头后面藏起来。

在他们看来，德性就是使人谦卑和驯服的东西：他们因此使狼

---

① 参见弗里德里希大帝的话：“君主是国家的第一仆人和第一大臣。”（译按：原文为法文）——编注

变成狗，使人类本身变成人类最好的家畜。

“我们已经把我们的椅子置于中间，”——这是他们得意的神情告诉我的——“与垂死的角斗者和满足的猪豕保持同样的距离。”

但这就是——平庸：虽然它被称为节制。

三

我穿行于这民众中，丢下许多话：但他们既不知道获取也不知道记住。

他们感到奇怪，我到来并没有辱骂淫欲和恶习；而且真的，我到来也不是[1]要教人谨防小偷！

他们感到奇怪，我不准备进一步煽动和刺激他们的聪明：仿佛他们还没有足够多的聪明人，这些聪明人的声音有如石笔一般对我嚓嚓作响！

而且当我叫喊，“诅咒你们身上一切怯懦的魔鬼吧，这些喜欢哀泣、合手祈祷的人们”，于是他们叫喊道：“查拉图斯特拉是无神的。”

而且尤其是他们的顺从之教师这样叫喊；但我喜欢正好对着他们的耳朵大叫：是的！我就是查拉图斯特拉，无神者！

这些顺从之教师啊！凡在渺小、病态和长脓包的地方，他们都像虱子一般爬着；只不过，我的厌恶阻止我去掐虱子。

好吧！这就是我为他们的耳朵而做的说教。我是查拉图斯特拉，无神者，我在此说：“谁比我更无神，使得我能喜欢他的指教呢？”

我是查拉图斯特拉，无神者：我在哪里能找到自己的同类呢？所有那些赋予自己以意志并且摈弃全部顺从的人们，就是我的同类。

我是查拉图斯特拉，无神者：我还把每一种偶然性都放在我的锅子里煮。而且唯当它在里面已完全煮好了，我才欢迎它作为我的食物。

而且真的，许多偶然性专横地走向我：但我的意志还更专横地对它说话，它于是就跪下来请求——

——请求让它能在我这里找到寄宿之所，得到我的心，并且谄媚地对我说：“看哪，查拉图斯特拉啊，何以只有朋友才走向朋友！”

然则在无人有我的耳朵之际，我说什么呢！所以我要向外，对所有的风呼叫：

---

① 在《新约全书》中耶稣也多次如是说，如可参见《新约·马太福音》，第9章第13行；第10章第34行。——编注

你们会变得越来越渺小，你们这些渺小的人们！你们将破碎，你们这些惬意者！你们还会毁灭——

——毁灭于你们大量的小德性，毁灭于你们大量的小疏忽，毁灭于你们大量的小顺从！

太多体贴，太多屈从：你们的土地就是这样！然而，一棵树要长大，就得在坚硬的岩石里扎下牢固的根！

即便你们所疏忽的东西，也在所有人类未来之网上编织起来；即便你们的虚无也是一个蛛网，一只乞灵于未来之血的蜘蛛。

而且当你们获取时，情状也如同偷窃，你们这些渺小的德性者；但即便在流氓无赖们中间也还有一种荣誉感：“在不能抢劫的地方只好偷窃。”

“自给”——这也是一种关于顺从的学说。但我要向你们这些惬意者说：自取，而且还将越来越多地从你们那里取得！

啊，你们会摒弃一切半拉子的意愿，会下决心偷懒，如同下决心行动！

啊，你们会理解我的话：“总还做你们意愿做的事，但先成为这样一种能够意愿的人吧！”

“总还爱你们的邻人如同你们自己①，但先成为这样一种爱自己的人吧——

——用大热爱去爱，用大蔑视去爱！”查拉图斯特拉如是说，这个无神者。

然则在无人有我的耳朵之际，我说什么呢！这里对我来说还太早，早了一小时。

在这民众当中，我是我自己的先驱者，我自己的穿越黑暗胡同的鸡叫。

然而他们的时辰到了！而且我的时辰也到了！不久他们将变得更渺小、更贫困、更无成果，可怜的杂草！可怜的土地啊！

而且很快他们当站在我面前，有如干枯的草地和草原，而且真的！也厌倦于自己了——而且更多地渴望火，甚于对水的渴望！

啊，受祝福的雷电之时刻！啊，正午前的神秘！——有朝一日，我还要把它们变成流火，以及带着火舌的宣布者——②

——有朝一日，它们还当用火舌宣布：它来了，它临近了，那伟大的正午！

① 参见《新约·马太福音》，第22章第39行。——编注

② 参见《旧约·以赛亚书》，第5章第24行；《旧约·那鸿书》，第1章第10行。——编注

查拉图斯特拉如是说。

*

* *

54. 三种恶

一

在梦里，在最后的晨梦里，我今天站在一个海岬上——远离世界，我手持一杆秤，来秤量这个世界。

啊，曙光来得太早了：她的映照使我醒来，这嫉妒者啊！她总是嫉妒我的晨梦之红晕。

可为有时间者所测量，可为一杆好秤所衡量，羽翼强壮者可以飞抵，神性的解谜者可以猜度：我的梦发现世界如此。

我的梦，一只果敢的帆船，半为船只，半为旋风，有如蝴蝶般沉默，有如鹰雕般焦急：它今天何以有耐心和时光来称量世界呢！

兴许是我的智慧暗暗地对它说，我那欢笑的、清醒的白昼之智慧，它嘲弄一切“无限的世界”？因为它说：“凡有力量的地方，也就有数量成为主宰：她拥有更多力量。”

我的梦多么稳靠地观看这个有限的世界，不喜新，不好古，不惧怕，不祈求。

——仿佛一只丰盈的苹果呈现在我手上，一只成熟的金苹果，有着清凉柔软的、丝绒般细腻的皮：世界就这样向我呈现出来。

——仿佛一棵树向我示意，一棵枝繁叶茂、意志坚强的树，已被弯曲成靠背，甚至成为疲惫的长途跋涉者的足凳：世界就这样站在我的海岬上。

——仿佛纤手为我端来一只圣龛，一只为着羞涩的、崇敬的眼睛的欣喜而洞开的圣龛：世界今天就这样呈现在我面前。

——并非一个谜团，足以把人类之爱从中赶走，并非一种答案，足以使人类的智慧昏然入睡——人们如此恶意诽谤的世界，在今天向我呈现为一个人间的好事物！

我多么感谢我的晨梦，使得我因此在今天清晨称量了世界！作为一个人间的好事物，它来到我这里，这个梦和心灵的安慰者啊！

而且，我像它一样可以在白昼做这事，模仿和学习它最佳的东西：现在我意愿把三种最恶的事物放在天平上，十分人性地衡量它们。

谁教人祝福，也就教人诅咒：世界上最受诅咒的三种事物是什么呢？我意愿把它们放在天平上称量。

淫欲、权欲[①]、自私：这三者一直都是最受诅咒的和最声名狼藉的——我意愿十分人性地衡量这三者。

好吧！这里是我的海岬，那里是大海：它向我翻滚而来，蓬乱而谄媚，我所热爱的忠诚而老迈的千头怪犬啊！

好吧！这里我意愿持天秤于翻滚的大海上：而且，我也挑选了一位证人，让他来留神观看——那就是你，你这隐者之树，我所热爱的馥郁芳香的、枝繁叶茂的大树！

从现在达乎将来是哪一座桥？何种强制力使高者屈就于低者？还有，什么东西叫最高者也还——向上生长？

现在，这天秤平衡而安静：我把三个沉重的问题投入其中，而另一端则载着三个沉重的答案。

*

*　　　　*

二

淫欲：对于所有穿着粗布忏悔服的肉体蔑视者，它是一根毒刺，在所有彼世论者那里被诅咒为“世俗”[②]：因为它嘲笑和愚弄一切纷乱和迷乱之教师。

淫欲：对于流氓痞子，它是把他们焚烧的缓慢之火；而对于一切虫蛀的木头、一切发臭的破布，它是已经备好的炽烈而沸腾的熔炉。

淫欲：对于自由的心灵，它是无辜而自由的，是人间乐园的幸福，是一切将来对于现在的满溢的谢忱。

淫欲：唯对于干枯者，它是一种甜蜜的毒药，而对于具有雄狮意志者，它却是一种大大的强心剂，以及敬畏地保藏的酒中之酒。

淫欲：是伟大的比喻之幸福，代表着较高的幸福和最高的希望。因为对于大众，已经有了婚姻的预兆，甚至比婚姻更多——

——对于大众，彼此更为陌生，甚于男人与女人——而且，有谁完全明白，男人与女人是多么陌生！

淫欲：然则我要在自己的思想周围筑起篱笆，甚至也要在自己的言语周围筑起篱笆，使得猪猡和浪子不能闯入我的花园！

权欲：最铁石心肠者的灼热鞭子；为最残暴者本人储备着的残

① 据誊清稿：权力意志。——编注

② 其义如同《新约·哥林多前书》，第1章第27行。——编注

暴的折磨；活生生的火刑堆上昏暗的火焰。

权欲：恶毒的牛虻，着落于最虚荣的民众身上；一切不确定的德性的嘲笑者；它骑在每一头骏马和每一种骄傲之上。

权欲：使一切腐朽者和空洞者破碎和破裂的地震；经过粉刷的坟墓的破坏者，那滚动着的、隆隆作响的、有所惩罚的破坏者；过早的答案旁边的闪闪发光的问号。

权欲：在它的目光面前，人爬行、屈服、服役，变得比蛇和猪更卑微——直到最后那种伟大的蔑视从人心中叫喊出来。

权欲：那种伟大的蔑视的可怕教师，直面着城市和帝国宣讲。“你滚开！”——直到从它们自身中叫喊出来：“我滚开！”

权欲：然而，它甚至对于纯洁者和孤独者也是诱人的，上升到自足的高度，灼热有如一种爱情，在尘世天国诱人地描绘紫色的福乐。

权欲：但如果高高在上者俯身要求权力，那么谁还会把它称为欲望啊！真的，在这样一种要求和俯降中，毫无病态和癖好！

孤独的高处不会永远孤独和自足；高山可以降到山谷，高处的风可以吹抵地洼。

啊，谁能为这样一种渴望找到合适的名字和美名啊！“赠予的德性”——查拉图斯特拉曾这样来命名这个不可命名者。

而且当时也发生了这样的事，真的，是首次发生的事！——他的言语赞扬这种自私是有福的，这种完好的、健康的自私，源自强有力的灵魂。

——来自强有力的灵魂，它包含着高尚的肉体，那美丽的、胜利的、令人振奋的肉体，在它周围每一个事物皆成为镜子。

——这柔韧的、动人的肉体，这舞者，它的比喻和缩印就是自身快乐的灵魂。这样的肉体和灵魂的自身快乐（Selbst-Lust）把自己称为“德性”。

以其关于好与坏的话语，犹如以神圣的树林，这样一种自身快乐把自己保护起来；以其幸福之名，它袪除了自己的一切可蔑视者。

它也从自己那里去除了一切怯懦之物；它说：坏的——这就是怯懦！在它看来，那永远忧心者、叹息者、哀怨者，甚至获取极小好处者，都是可蔑视的。

它也蔑视一切苦中作乐的智慧。因为真的，也有在黑暗中开花的智慧，一种夜之阴影的智慧。作为这种智慧，它总是叹息：“一切皆虚妄!”①

羞怯的怀疑在它看来微不足道，还有每一个想要誓言而不要目光和双手的人：也包括所有过度怀疑的智慧，因为此类东西乃是怯懦灵魂的方式。

在它看来更渺小的，是殷勤者、立即卧倒的奴性者、恭顺者；而且也有一种智慧，它是恭顺的、奴性的、虔诚的和殷勤的。

它竟至于憎恨而且厌恶，那从来不想自卫的人，那吞咽有毒的唾沫和恶意的目光的人，那太过忍耐者，忍受一切者，完全满足者：因为这就是奴隶的方式。

无论人们在诸神和神性的脚步前表现出奴才相，还是在人类和愚蠢的人类意见前屈膝：它唾弃一切奴隶的方式，这幸福的自私啊!

坏的：它如是称呼一切折腰的、吝啬的和奴性的东西，不自由的眨眼，受压迫的心灵，以及那种虚伪的、屈从的风格，那以宽大而怯懦的嘴唇亲吻的。

还有假智慧：它如是称呼奴隶、老者和疲惫者所讥笑的一切；而且尤其是全部恶劣的、癫狂的、过于滑稽的教士之愚蠢!

然而这些假智者，所有这些教士、厌世者，以及其灵魂具有女人本性和奴隶本性的人，啊，他们的游戏向来怎样损害了自私啊!

而且，人们损害了自私，这一点恰恰当是德性，当被叫作德性!还有“无私”——所有这些厌世的怯弱者和十字蜘蛛，完全有理由如此愿望自己!

但现在对于所有这些人，白天到来了，这种转变，这把行刑刀，这伟大的正午：这时当有大量事物昭然若揭!②

而且真的，谁若说自我是完好而神圣的，自私是有福的，他也就将说出他所知道的，一个预言家：“看哪，它到来了，它临近了，这伟大的正午!”

查拉图斯特拉如是说。

*

*　　　　*

---

① 参见《旧约·传道书》，第1章第2行。——编注

② 《圣经》说法：参看《新约·马太福音》，第10章第26行；《新约·哥林多前书》，第3章第13行；《新约·哥林多后书》，第5章第10行；《新约·以弗所书》，第5章第13行。——编注

56. 旧牌与新牌

一

我坐在这里等待，我周围是破碎的旧牌，也有写了一半的新牌。我的时刻何时到来？

——我的下降和没落的时刻：因为我意愿再度走向人类。

我现在等待着这个：因为首先我必须获得征兆，预示那是我的时刻——那就是欢笑的狮子与鸽群。

此间我是作为一个有闲暇者对我自己说话。没有人告诉我新事物：所以我对自己讲述我自己的故事。

*

*　　　　*

二

当我来到人群中，我看到他们端坐于一种古老的狂妄上：所有人都以为早已知道，什么对人类是善的和恶的。

他们以为一切有关德性的说法都是一种老旧而令人厌倦的东西；而且谁若想要安睡，他就还要在就寝之前谈论“善”与“恶”。

我搅扰了这种睡眠，当时我教导说：什么是善与恶，还没有人知道——除非那个创造者！

——但创造者却是为人类创造目标、给予大地以意义和未来的：唯有这个创造者才创造出这一点，即某物是善的和恶的。

而且我叫他们推翻他们老旧的讲坛，以及唯有那古老的狂妄端坐的地方；我叫他们嘲笑他们伟大的德性大师、圣徒、诗人和救世主。

我叫他们嘲笑他们阴郁的智者，以及那些向来作为黑色稻草人警告着端坐于生命之树上的人们。

我坐在他们的大墓道上，甚至于在尸体和兀鹫之旁[1]——我嘲笑他们所有的过去及其腐朽而颓败的光荣。

真的，有如劝人忏悔的教士和傻子，我大声疾呼对于他们所有的伟大和渺小的愤怒，他们的至善竟是如此渺小啊！他们的极恶竟是如此渺小啊！——我如是笑了。

我聪明的渴望于是从我心中喊和笑了出来，它在高山上诞生，真正是一种野性的智慧！——我的伟大的、振翅飞腾的渴望。

① 参见《新约·马太福音》，第24章第28行。——编注

而且，它常常把我带走，带我向上，带我离开，而且在大笑之中：我于是颤动着，犹如一支箭飞越那沉醉于阳光的欣喜。

——飞到梦想不到的遥远的未来，飞到比雕塑家们向来所梦想的更火热的南方：在那里，神祇舞蹈着，羞于任何服饰。

——我同样要用比喻来说话，有如诗人一般蹩脚而口吃：而且真的，我羞于自己还不得不成为一个诗人！

在那里，一切生成在我看来似乎都是神祇的舞蹈和神祇的恶作剧，而世界被释放和放开了，逃回自身那里。

——作为许多神祇的一种永远的自行逃遁和自身找回，作为许多神祇的幸福的自身冲突、相互重逢、相互共属。

在那里，所有时间在我看来似乎都是一种幸福的对瞬间的嘲弄，在那里，必然性就是自由本身，必然性幸福地玩弄着自由之刺[①]。

在那里，我也重新发现了我的老魔鬼和老死敌，那重力的精神以及它所创造的一切：强制、律令、必需、结果、目的、意志以及善与恶。

因为，难道在此不是必须**越过**这些而跳出去舞蹈吗？为轻盈者、最轻盈者的缘故，难道在此不是必须有鼹鼠和笨拙的侏儒吗？

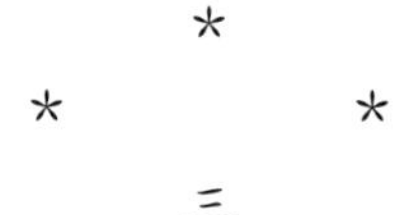

三

也正是在那里，我在路上拾起了“超人”这个词，并且说人乃是某种必须被克服掉的东西，

——人是一座桥梁，而不是一个目的：庆幸于自己的正午和黄昏，作为通向新曙光的道路。

——查拉图斯特拉关于伟大的正午的话，以及通常我悬于人类之上的东西，有如紫色的晚霞。

真的，我也让他们看到了新的星辰，连同新的黑夜；而且，在云端和昼夜之上，我依然张开了大笑，犹如张开一顶绚丽的帐篷。

我教给他们**我**所有的诗意创造和热烈追求：把人类身上的碎片、谜团和可怕的偶然，创作和组合为一体。

——作为诗人、解谜者以及偶然性的救赎者，我教他们创造未来，并且通过创造来救赎——一切曾在的东西。

救赎人类的过去，改造一切“**曾在**”，直到意志说：“但我就是这

① 参见《新约·哥林多前书》，第15章第55行。——编注

样意愿的！我还将这样意愿之。”

——我把这叫作救赎，我教他们只把这叫作救赎。

现在我期待着我的救赎——我要最后一次走向他们。

因为我意愿再一次走向人类：我意愿在人类中间没落，我意愿在赴死之际给他们以我最丰富的赠礼！

这是我从西沉的太阳那里学到的，这充溢者啊：它从不可穷尽的财富中，把灿灿金光倾泻于大海。

——以至于连最贫穷的渔夫也摇动着金色的船桨！因为我曾经看到过，观看中我的眼泪流个不停。

查拉图斯特拉也意愿像太阳一样没落：现在他坐在这儿，期待着，周围是破碎的旧牌，也有新牌——写了一半的新牌。

*

*　　　*

四

看哪，这是一张新牌：但我的兄弟们何在，与我一起把这新牌搬到山谷和肉心[1]中去的兄弟们？

我对于最遥远者的伟大的爱是这样要求的：不要体谅你的邻人！人是某种必须被克服掉的东西。

有各种各样的克服的道路和方式：你看哪！然而，只有一个丑角在想：“人也可能被跳过的。”

即便在你的邻人中也要克服你自己：而且，有一种权利，你自己能夺取这种权利，就不该让别人来给予你！

你所做的事，没有人能为你重做。看哪，根本没有什么报答。

谁不能命令自己，他就应当服从。许多人能够命令自己，但要他也服从自己，还差得远呢！

*

*　　　*

五

高贵灵魂的种类如此意愿：他们不想白白地拥有什么，尤其是生命。

谁属于群氓，他便意愿白白地生活；但我们其他人，生命已经自己呈献给我们了——我们总是思忖，我们对之能做的最佳回报是什么！

① 《圣经》用法，参看《旧约·以西结书》，第11章第19行。——编注

而且真的，这是一种高贵的说法："生命允诺给我们的东西，我们要为生命——坚守之！"

在人们不能给予享受的地方，人们就不该意愿享受。而且——人们不该意愿享受！

因为享乐与无辜乃是最可耻的东西：两者都是不能被寻求的。人们应当拥有它们，但人们更应当寻求罪恶和痛苦！

*

*　　*

六

啊，我的兄弟们啊，头生子总是要被牺牲掉的。但现在我们就是头生子。

我们全都在隐秘的献祭台上流血，我们全都为了敬奉古老的偶像而焚烧和煎烤。

我们的精华依然年轻：这刺激着老口味。我们的肉是娇嫩的，我们的皮只不过是羔羊的皮——我们如何不能刺激那些年老的偶像教士呢！

他依然寓居于我们自身中，这年老的偶像教士，把我们的精华烧烤成自己的美食。啊，我的兄弟们啊，头生子何以不能成为牺牲品呢！

然则我们的种类意愿这样；而且我爱那些不愿保存自己的人。① 以自己全部的爱，我爱那些没落者：因为他们要穿越。

*

*　　*

七

成为真实的——少数人能够做到！而且，能够成为真实的人还不愿真实呢！但尤其善人们能够做到真实。

啊，这些善人们啊！——善人们是从来不讲真理的；对于精神来说，如此为善乃是一种疾病。

这些善人们，他们让步，他们屈服，他们的心灵跟着说，他们的内心听话：但听话的人不听自己！

善人们所谓的恶的一切，必须汇集在一起，从而诞生出一种真理：啊，我的兄弟们啊，对于这种真理你们也足够恶了吗？

大胆的冒险、长久的怀疑、残酷的否定、厌倦、活活切割——

① 参见《新约·马太福音》，第16章第25行。——编注

这些东西多么难以汇集在一起！但从这种种子中将——产生出真理！

迄今为止，一切知识都在坏良心旁边生长！你们这些认识者啊，为我粉碎吧，粉碎这些老牌！

*

*　　*

八

如果水上有木料，如果河流上架起了小桥和栏杆：真的，这时就没有人会相信那个说“一切皆流”的人了。

甚至笨蛋也会反驳他。“怎么？”笨蛋会说，“一切皆流吗？木料和栏杆可是在河之上啊！”

“在河之上一切皆固定，所有事物的价值，桥，概念，所有‘善’与‘恶’：这一切都是固定的！”

如果到了凛冽的冬天，这河流的驯服者：那么连最机智者也学会了怀疑；而且真的，这时不光是笨蛋会说：“一切难道不该——静止吗？”

“根本上一切皆静止”——这是一种合适的冬天之学说，不结果时期的一个好东西，冬眠者和炉边懒汉的一个好慰藉。

“根本上一切皆静止”——但解冻的风却有与之相反的宣讲！

解冻的风，一头不知耕犁的公牛——一头暴怒的公牛，一个摧毁者，它用愤怒的角去破冰！而冰却能——打碎小桥！

啊，我的兄弟们，难道现在不是一切都在流动中吗？难道一切栏杆和小桥不都掉到水里了吗？谁还固守着“善”与“恶”呢？

“我们多么不幸啊！我们多么幸福啊！解冻的风吹拂着！”——啊，我的兄弟们，就这样穿街越巷去宣讲吧！①

*

*　　*

九

有一种古老的幻想，叫作善与恶。这种幻想之轮一直都是围着预言家和占星家转动的。

人们曾经相信过预言家和占星家：而且因此之故，人们也相信“一切皆命运：你应当，因为你必须！”

后来人们又怀疑所有预言家和占星家：而且因此之故，人们也相信“一切皆自由：你能够，因为你意愿！”

① 参见《新约·路加福音》，第10章第10行。——编注

啊，我的兄弟们，关于星象和未来，一直以来只有幻想，而不曾有意识：而且因**此之故**，关于善与恶，一直以来也只有幻想，而没有意识！

十

“你不应当偷盗！你不应当杀戮！”——人们曾经把此类语录叫作神圣的；人们在此类语录面前顶礼膜拜，而且脱了鞋子。

然而我问你们：世界上哪里有过比此类神圣的语录更出色的强盗和杀戮者呢？

在一切生命本身中，难道不都是——偷盗和杀戮吗？把此种语录叫作神圣的，这不是杀死了——**真理**本身吗？

抑或，把违反和阻止一切生命的东西叫作神圣的，这是一种死亡说教吗？——啊，我的兄弟们，为我粉碎吧，粉碎这些旧牌！

十一

这是我对于一切过去的同情，我看到一切过去都被抛弃了。

被委弃于即将到来的每一代人的恩宠、精神、癫狂，而一切曾经的东西都被曲解为每一代人的桥梁！

一个伟大的暴力主宰或许会到来，一个精明的怪物，他以自己的恩宠和失宠强求一切过去之物：直到这一切都变成它的桥梁，变成先兆、宣告者和鸡鸣声。

然而，这却是另一种危险和我的另一种同情：谁属于群氓，他的思想就要回溯到自己的祖辈那里，但时代终止于祖辈了。

一切过去之物就这样被委弃了：因为或许会有一天，群氓会变成主宰，并且把所有时代淹死于浅水里。

因此之故，我的兄弟们啊，需要有一种**新的贵族**，来反对所有群氓和所有暴力主宰，并且把“高贵”一词重新写在新牌上。

因为**要有一种新的贵族**，就需要有许多的高贵者和各色的高贵者！或者，正如我曾经用比喻所讲的：“有诸神而没有一个上帝，这恰恰就是神性！”

*

*　　*

十二

啊，我的兄弟们，我授予和指引你们成为一种新贵族：你们应当成为未来的生育者、培育者和播种者。

真的，不是要成为你们可以像商贩一样、用商贩的金钱来购买的一种贵族：因为有价格的一切都是少有价值的。

并不是你们从何而来，而是你们走向哪里，才造就了你们今后的荣耀！你们的意志和你们的双脚意愿越过你们而去——这造就了你们的荣耀！

真的，并不是你们曾为一位王侯效力过——王侯还算什么啊！——或者，你们已经变成站立者的堡垒，使得站立者能更稳固地站立！

并不是你们的家族在宫廷里变得显贵了，而且你们学会了，类似于一只红鹳，绚丽地长时间站立在浅池里。

因为在宫廷侍臣那里，能够站立乃是一大功勋；而且所有宫廷侍臣都相信，可以坐下——乃属于死后的福乐！

也不是一种被命名为神圣的精神把你们的祖先引入人们颂扬的而我并不颂扬的国度：因为一切树木中最坏的树，即十字架，生长的地方，那国度便无可颂扬！

而且真的，无论这种“神圣的精神”把自己的骑士引向何方，在这样的迁移队伍中，山羊和母鹅，滑头和怪人——总是跑在前面！

啊，我的兄弟们，你们的贵族不该后顾，而应前瞻！你们当是被放逐者，被逐出了所有的父辈和祖先之国度！

你们应当爱你们儿辈的国度：让这种爱成为你们新的高贵吧——那未被发现的，在最遥远的大海上！我要叫你们的船帆向它驶去，不断求索之！

对于你们的儿辈你们应当做出补偿，因为你们是你们的父辈的孩子：你们应当如此来救赎一切过去之物！我把这种新牌悬置于你们之上！

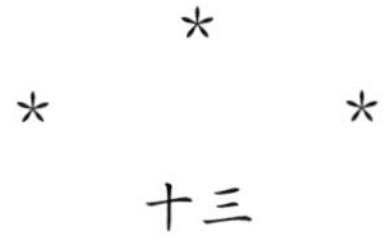

十三

“生活何为？一切皆虚空！[①] 生活——就是竹篮子打水[②]；生

① 参见《旧约·传道书》，第1章第2行。——编注

② 或意译为“徒劳无功”。——译注

活——就是自己燃烧而又得不到温暖。”

此种古式废话一直还被当作“智慧”；但由于它是古老的而且散着霉味，因此就更受尊重了。甚至腐朽也显得高贵了。

孩子们可以如是说：他们怕火，因为火烧过他们！在古老的智慧之书中含着大量幼稚的孩子气。

而且，谁若总是“竹篮子打水”，那么他怎能诽谤这种打水行为呢！对于此种傻子，人们倒是必须封住他的嘴！

这种人坐到桌旁，不带任何东西，连十足的饥饿都没有带来——现在他们诽谤说“一切皆虚空！”

但我的弟兄们啊，好吃好喝委实不是一种空虚的艺术！为我粉碎吧，粉碎永不快乐者的牌子！

十四

“对于纯洁者，一切都是纯洁的”——民众如是说。而我要对你们说：对于猪猡，一切皆猪猡！

因此，耽于幻想者和连心灵也已然下垂的垂头丧气者就宣讲说：“世界本身乃是一个污秽的怪物。”

因为所有这些人都具有不洁的精神；而尤其是那些人，他们不得安静，更不得休息，除非从背后观看世界——那些彼世论者！

对这些人我当面直言，虽然这话并不悦耳动听：世界就像其中的人类，它也有一个屁股，这是多么真实啊！

世界上有大量污秽：这是多么真实啊！但因此之故，世界本身就依然不是一个污秽的怪物！

个中智慧就在于，世界上有大量东西散发着恶臭：厌恶本身就生出翅膀和预感根源的力量！

最优秀的东西中也还有某种可厌恶的东西；而且，最优秀者也还是某种必须被克服的东西！

啊，我的兄弟们，说世界上有大量污秽，这话中含着大量的智慧！

*

*　　　　*

十五

我听到虔诚的彼世论者对自己的良心讲上面的话；而且真的，毫无恶意和虚伪，虽然世界上没有更虚伪的、更具恶意的东西了。

“且让这世界成其为世界吧！也不要举起一根手指来反对它！”

“谁若要扼、刺、割、削人们，那就让他去吧：也不要举起一根手指来反对他！由此他还能学会放弃这个世界。”

“还有你自己的理性——你自己应当封闭和扼杀它；因为那是这个世界的理性，由此你自己能学会放弃这个世界。”

啊，我的兄弟们，为我粉碎吧，粉碎虔敬者的这些旧牌！为我撕碎这些世界诽谤者的说法吧！

*

*　　　　*

十六

“谁若学了许多，他就会荒废一切强烈的渴求”——如今人们在所有黑暗的小巷里低声细语。

“智慧使人疲惫，没有什么——是值得的；你不该渴求！”——我发现这新牌就悬挂在公共市场上。

啊，我的兄弟们，为我粉碎吧，甚至也粉碎这些新牌！厌世者把它悬挂起来，还有死亡说教者，甚至还有狱吏：因为看哪，这也是一种对于奴役的说教！

由于他们学得差，没有学到最好的，而且一切都学得太早，一切都学得太快：由于他们吃得差，从而就有了那种吃坏了的胃。

——因为他们的精神就是一个吃坏了的胃：它劝人去死！因为真的，我的兄弟们啊，精神就是一个胃！

生命是一个快乐的源泉：但对于那个以吃坏了的胃说话的人，那悲伤之父，一切源泉都被毒化了。

认识：这对于有狮子般意志的人来说就是快乐！然而谁若已经疲惫了，他本身就只是“被意愿”而已，一切波浪都戏弄于他。

而且这始终是虚弱的人们的本性：他们在自己的路途上迷失了。而且最后，他们的疲惫还问：“为何我们在任何时候总在行路？一切都一样嘛！”

对于这些人，这般说教听起来悦耳动听：“没有什么是值得的！你们不该意愿！”但这是一种对于奴役的说教。

啊，我的兄弟们，查拉图斯特拉犹如一阵清新的暴风吹向所有疲惫的行人；他还将使许多鼻子打喷嚏！

连我自由的呼吸也透过墙壁，吹进牢狱和被囚禁的精神！

意愿有所解放，因为意愿就是创造，我如是教导。而且只是为了创造，你们才应当学习！

甚至于学习，你们也应当首先向我学习，好好学习！——谁有耳朵，那就听吧！①

*

*　　　*

十七

这里停着一只船，它也许要渡到那儿，进入伟大的虚无中。——然而谁意愿登上这种“也许”呢？

你们当中没有人愿意登上这死亡之船！那么你们何以意愿成为厌世者呢？

厌世者！你们甚至还不曾变成脱离大地者！我发现你们总还贪恋大地，依然迷恋着自己对大地的厌倦！

你们的嘴唇并非徒然地垂下：一种小小的大地之愿依然端坐其上！而且在眼睛里，其中不是飘浮着一朵未忘却的大地之快乐的云朵吗？

大地上有许多好发明，有的是有用的，有的是适意的：因此大地是可爱的。

而且那儿有许多如此美好的发明之物，如同女人的胸脯：既有用又适意。

然而你们厌世者啊！你们大地的懒惰者啊！人们当用荆条抽打你们！人们当用鞭打使你们重获活跃的双腿。

因为：如果你们并不是为大地所厌倦的病者和委琐侏儒，那么你们就是狡黠的懒虫，或者爱吃甜食的、躲藏起来的快乐之猫。而且，如果你们不想重又快乐地奔跑，那么你们就应当——消逝！

对于不可救药者，人们不该想要成为他的医生。查拉图斯特拉如是教导——所以你们应当消逝！

但比起写一首新诗，做一了断需要更多的勇气：所有医生和诗人都知道这一点。

*

*　　　*

十八

啊，我的兄弟们，有疲倦制成的牌子，有懒惰、腐败的懒惰制成的牌子：虽然它们讲同样的话，但它们却要得到不一样的倾听。

---

① 参见《新约·马太福音》，第11章第15行。——编注

看看这个正在受折磨的人吧！他离自己的目标近在咫尺了，但因为疲惫，他顽固地躺到尘土中了：这个勇敢者啊！

因为疲惫，他对道路、大地、目标和自身大打呵欠：他不想再前进一步了——这个勇敢者啊！

现在太阳对着他燃烧，狗们来舐他的汗水：但他固执地躺在这里，宁可受折磨。

——离自己的目标近在咫尺而宁可受折磨！真的，你们还将不得不扯着他的头发把他拉到他的天国——这个英雄啊！

更好地，你们就让他躺着，躺在他已经躺下的地方，使睡眠这个安慰者临到他，以清凉的淅沥的雨水。

让他躺着吧，直到他自己醒来——直到他自己消除一切疲惫，以及疲惫在他那儿所教导的东西！

我的兄弟们啊，只要你们赶走他身边的狗，那些懒怠的潜行者，以及一切成群的毒虫。

——“受教育者”的所有成群毒虫，它们津津有味地——喝着每个英雄的血汗！

十九

我在自己周围画出一个圆圈和神圣的边界；我登山越高，与我一起攀登的人越少，从越来越神圣的群山中，我建造了一个山脉。

但无论你们要与我一起登到何处，啊，我的兄弟们：留心啊，不要让一只**寄生虫**与你们一起攀登！

寄生虫：那是一种毒虫，一种爬行的、紧黏的毒虫，它想要在你们患病创伤的隐秘部位养得肥肥的。

而且**这**就是它的技巧，它能猜解攀登的灵魂何处疲惫了：在你们的忧伤和恼怒中，在你们温柔的羞怯中，它建造了自己可恶的巢穴。

在强壮者虚弱，高贵者过于柔顺的地方，它就到里面建造了自己可恶的巢穴：寄生虫躲在伟大者有了受伤的小小死角的地方。

一切存在者的最高种类是什么，最低微的种类是什么？寄生虫便是最低微的种类；但谁属于最高的种类，就喂养了最多的寄生虫。

因为灵魂有着最长的梯子，能够下降到最深处：它如何可能不为最多的寄生虫所依附呢？

——最广博的灵魂，可能在自身中最远地奔跑、迷失和漫游；

最必然的灵魂，因快乐而投入到偶然之中。

——存在着的灵魂，投身于生成之中；占有着的灵魂，想要进入意愿和渴望之中。

——逃离自身的灵魂，在最广大的范围里赶上了自己；最智慧的灵魂，愚蠢最甜蜜地给予劝告。

——最自爱的灵魂，在其中万物有了自己的顺流和逆流，有了自己的落潮和涨潮：啊，最高的灵魂如何能没有最恶劣的寄生虫呢？

*

*　　　　*

二十

啊，我的兄弟们啊，难道我是残暴的吗？但我要说：坠落下来的东西，人们也还应当把它推倒！

今天的一切——坠落了，倒塌了；谁意愿保持之？而我——我还意愿把它推倒！

你们知道石头滚入深壑的快乐吗？——这些今天的人类：看看他们吧，他们怎样滚入我的深壑！

啊，我的兄弟们，我是更出色的演奏者的一个前奏！一个样本！照着我的样本做吧！

而且，你们不教谁飞翔，你们就教他——更快地坠落吧！

*

*　　　　*

二十一

我爱勇士们：但这不足以做一个剑客——人们也必须知道对谁使用剑术！

而且更多的勇敢往往在于，某人守持自身并且走了过去：以便他把自己留给更相称的仇敌！

我只该有可憎恨的仇敌，而不该有可蔑视的仇敌。你们必须为自己的仇敌骄傲：我已经一度如是教导过了。

啊，我的兄弟们啊，你们当把自己留给更相称的仇敌：因此之故，你们必须放过许多事——

——尤其是要放过大量的流氓痞子，他们在你们的耳边鼓噪民众和民族。

让你们的眼睛丝毫不沾他们的赞成和反对！那里有许多公道，有许多不公：谁看了都会愤怒。

观入其中，打入其中——在那儿这是一回事：因此快快离开遁入山林，让你们的宝剑安睡吧！

走你们**自己的**路吧！也让民众和民族走他们自己的路！——诚然是黑暗的路，上面再也没有一点希望的微光闪烁！

让商贩们在那里统治吧，在那里，一切依然生辉的——是商贩们的金子！再也不是君王的时代了①：今天自称为民众者，不该有君王了。

看吧，看看这些民族自己现在是怎样像商贩们一般作为的：他们仍然从每一堆垃圾中拾取蝇头小利！

他们相互伏击，他们相互诱骗什么——他们把这叫作“好邻居”。啊，有福的遥远的时代，那时有一个民族说：“我要做诸民族的——**主宰**！”

因为，我的兄弟们啊：最优秀者应当统治，最优秀者也**意愿**统治！而且，凡有与此不同的教导的地方，那里——就**缺乏**最优秀者！

二十二

倘若**他们**——白白得了面包，多么不幸啊！**他们**会叫着要什么呢！他们的生计——就是他们真正的维护；而且他们应该觉得其艰难的。

他们是食肉动物：在他们的“劳动”中——也还有劫掠，在他们的“报酬”中——也还有谋骗！因此应该觉得其艰难的。

于是他们应当成为更好的食肉动物，更精细、更聪明，**更类似于人类**：因为人类是最好的食肉动物。

人类已经掠夺了所有动物的德性：所以在所有动物中人类觉得自己最艰难。

只还有飞鸟超然于人类之上。而且即使人类学会了飞翔，不幸啊！他的劫掠之欲会飞到——**何种高度**！

*

*　　　　*

二十三

我如是希望男人和女人：男人善于战争，女人善于生育，而两

① 参见荷尔德林：《恩培多克勒》第1章，第1449行：“君王时代不再有。”——编注

者皆善于用头和脚跳舞。

而且对我们来说，不跳一次舞的日子已经失去了！每一种没有带来一阵大笑的真理，在我们看来就是虚假的！

*

*　　*

二十四

你们的结婚：留心啊，不要是一种坏的结合！你们结得太快了：个中后果就是——通奸！

而且，通奸还胜于婚姻的扭曲和婚姻的欺骗呢！——一个女人对我如是说："确实我通奸了[①]，但首先是婚姻破坏了——我啊！"

我发现糟糕的配偶往往是最糟糕的有强烈报复欲的人：他们使所有人为他们不再单独走路付出代价。

为此缘故，我愿正派人能相互说："我们相爱：让我们来看看我们怎样保持相爱！抑或我们的诺言当成为一种失误？"

——"给我们一个期限和一段小姻缘吧，好让我们看看我们是否适合于大婚姻！总是成双结对，这可是一件大事！"

我如是奉劝所有正派人；倘若我做了不同的劝告和说法，那么，我对于超人和一切将来之物的爱会是什么啊！

不光要使你们繁殖下去，而且要使你们上升——于此，我的兄弟们啊，婚姻的花园会帮助你们的！

*

*　　*

二十五

谁若变得智慧了，明达于古老的本源，那么，看哪，他最后就将寻求未来的源泉，寻求新的本源。

啊，我的兄弟们，不会太久了，新的民族就将脱颖而出，新的源泉就将奔腾而下，入于新的深渊。

因为地震——掩埋了大量井泉，造成诸多焦渴折磨：但它开启种种内在的力量和隐秘之物。

地震敞开了新的源泉。在古代民族的地震中，新的源泉得以喷发出来。

而且，谁若在那儿叫喊："看哪，这是一口为许多焦渴者而备的井泉，一颗为许多渴望者而设的心灵，一种适合于许多工具

① 德语中"通奸"(Ehebrechen)可按字面直译为"使婚姻破裂"。——译注

的意志”——于是在他周围就聚集起一批民众，这就是：大量试验者。

谁能够命令，谁必须服从——都得在此得到试验！啊，以何等长久的寻求、猜度、失败、学习和重新试验！

人类社会，它是一种试验，我如是教导——一种长久的寻求：但它寻求的却是一个命令者！

——一种试验，啊，我的兄弟们啊！而且不是什么“契约”！为我粉碎吧，粉碎那些好心肠、半心半意的人们的此等辞藻！

*

* *

二十六

啊，我的兄弟们！一切人类之未来的最大危险究竟在哪些人身上呢？难道不是在善人和正义者身上吗？

——那是这样一些人，他们嘴上说，心里也这么感觉：“我们已经知道了什么是善的和正义的，我们也拥有了善和正义；多么不幸啊，那些仍然在此苦苦寻求的人们！”

而且，无论恶人能造成什么样的损害：善人们的损害是最有害的损害！

而且，无论世界之诽谤者能造成什么样的损害：善人们的损害是最有害的损害！

啊，我的兄弟们，有人曾一度看透了善人和正义者的心思，当时他说：“那是些法利赛人。”然而人们没有理解他。①

善人和正义者本身也是不会理解他的：他们的精神已被囚禁于自己的好良心里了。善人们的愚蠢是无比巧妙的。

而这就是真理：善人们必须是法利赛人——他们没有选择！

善人们必须把那个发明了自己的德性的人钉死在十字架上！这就是真理！

而第二个人发现了他们的国度，发现了善人和正义者的国度、心灵和土地。就是那个人，他在那儿问：“他们最仇恨谁呀？”

他们最仇恨那个创造者：那个破坏了牌子和旧价值的人，那个破坏者——他们称之为罪犯。

因为善人们——他们不能够创造：他们永远是终结之开端。

——他们把那个在新牌子上写上新价值的人钉死在十字架上，

① 影射耶稣。——编注

他们为了自己而牺牲了未来——他们把一切人类之未来钉死在十字架上！

善人们——他们永远是终结之开端。

*

*　　　*

二十七

啊，我的兄弟们，你们也理解了这话吗？还有，我曾就“末人”所讲的话？①

一切人类之未来的最大危险在哪些人身上呢？难道不是在善人和正义者身上吗？

为我粉碎吧，粉碎善人和正义者！——啊，我的兄弟们，你们也理解了这话吗？

*

*　　　*

二十八

你们逃离我？你们害怕了？你们因为这话而战栗吗？

啊，我的兄弟们，当我叫你们粉碎善人和善人的牌子时：这时我才用船载着人类航行在大海上。

而且现在人类才临到了大惊恐、大眼界、大疾病、大厌恶、大晕船。

善人们教给你们虚假的海岸和虚假的安全；你们生于善人们的欺骗，② 托庇于善人们的欺骗。一切都彻底地被善人们欺骗和扭曲了。

但谁若发现了“人类”之陆地，他也就发现了“人类之未来”的陆地。现在你们当成为航海者，勇敢而坚忍的航海者！

及时笔挺地走路吧，啊，我的兄弟们，学习笔挺地走路吧！大海波涛汹涌：许多人意愿靠着你们重新振作起来！

大海波涛汹涌：一切都在大海中。好吧！起来吧！你们这些老水手的心灵啊！

什么祖国！我们的舵要转向那里，我们的儿辈之国度③所在的

---

① 参见《查拉图斯特拉如是说》第一部，序言第5节。——编注

② 参见《旧约·诗篇》，第51章第7行。——编注

③ “儿辈之国度”(Kinder-Land)，对应于前句中出现的“祖国”(Vaterland)，后者可直译为“父辈之国度”。——译注

地方！冲向那里，比大海更汹涌，我们伟大的渴望啊！

*

*　　　　*

二十九

“为什么如此坚硬！”——黑炭曾对金刚石说，“难道我们不是近亲吗？”①

为什么如此柔软？啊，我的兄弟们，我这样问你们：难道你们不是——我的兄弟吗？

为什么如此柔软，如此退让和顺从呢？为什么你们心中有如此之多的否认和否定？为什么你们的目光里有如此之少的命运？

而且，如若你们不愿成为命运和不屈不挠者：你们怎能与我一起——获胜？

而且，如若你们的坚硬不想闪光、切割和切碎：你们有朝一日怎能与我一起——创造？

因为创造者是坚硬的。而且，你们必须以为幸福的是，把你们的双手压在千年沧桑之上，犹如压在蜡上。

——你们必须以为幸福的是，在千年意志上书写，犹如在铜板上书写，比铜更坚硬，比铜更高贵。唯最高贵者才是完全坚硬的。

这个新牌，啊，我的兄弟们，我把它悬置于你们之上：变成坚硬的吧！

*

*　　　　*

三十

你，我的意志啊！你，一切困厄的转机，我的必然啊！② 使我免掉一切细小的胜利吧！

你，我灵魂的天命，我称作命运者！你在我之中！你在我之上！为着一种伟大的命运，把我保存和贮存起来吧！

还有，我的意志啊，为了你的最终，把你最终的伟大贮存起来吧，使得你在你的胜利中不屈不挠！啊，谁不曾屈服于自己的胜利呢！

啊，谁的眼睛不曾在这种沉醉的黄昏变得暗淡啊！啊，谁的双

---

① 从元素上讲，“黑炭”与“金刚石”为同素异形体。——译注

② 中译文未能传达此处“困厄的转机”(Wende der Noth)与“必然”(Nothwendigkeit)之间的字面和意义联系。——译注

脚不曾踉跄，不曾忘掉了在胜利中——站立！

——有朝一日，我会在伟大的正午做好准备，变得成熟。有备而成熟，犹如灼烧的矿石、孕育闪电的云层和鼓胀丰满的乳房。

——为我自己和我最隐蔽的意志备好了：犹如一张弓渴望着它的箭，一支箭渴望着它的星星。

——一颗星星在其正午备好了而且成熟了，燃烧着，穿透了，庆幸于毁灭性的太阳之箭。

——一个太阳本身，以及一种不屈不挠的太阳意志，准备好了在胜利中毁灭！

意志啊，一切困厄的转机，你，*我的*必然啊！为一种伟大的胜利，把我贮存起来吧！

查拉图斯特拉如是说。

*

*　　　*

67. 最丑陋的人

——查拉图斯特拉复又徒步穿过群山和森林，眼睛寻寻觅觅，但哪里也看不到他想要看见的人，也就是那个受着大痛苦和大声叫苦的人。不过在路上，他心生欢快，且颇有谢恩之情。“可这一天，”他说道，“倒是赠我何等美好的事物呢，补偿了今天的不妙开端！我找到了何等稀奇的谈话者啊！

现在我要长久地咀嚼他们的话语，犹如咀嚼好谷粒；我的牙齿当把它们碾碎磨细，直到它们如同牛奶一般流入我的灵魂！”

而当这路又绕过一块山岩，风光一下子变了样，查拉图斯特拉进入了死亡的领地。这里高耸着黑色和赤色的巉岩：没有青草，没有树木，没有鸟声。因为这是一个所有动物，甚至连猛兽都要逃离的峡谷；只有一种丑恶的、臃肿的、绿色的蛇，当它们衰老之时来到了这里，要在这儿老死。因此，牧人们把这个峡谷名为：死蛇谷。

然而，查拉图斯特拉却沉浸于一种黑暗的回忆中了，因为他似乎觉得，他曾一度置身这个峡谷里。而且，大量沉重的东西加压于他的心思上：于是他放慢了脚步，且越来越慢，终于停了下来。但当他睁开眼睛时，他却看见了某个坐在路旁的东西，长得似人又非人，是某种无以言表的东西。而且，查拉图斯特拉一下子感到大羞耻，因为他亲眼看到了这样的一个东西：他的白发根部都羞红了，于是掉转了目光，提起了脚，要离开这个糟糕的地方。但这时，死寂的荒野发出了声音：从地里发出咕咕噜噜的声音，有如黑夜里水咕咕噜噜地流过堵塞了的水管；而且最后，它变成一种人的声音和人的话——这话如是说。

“查拉图斯特拉！查拉图斯特拉！猜解我的谜吧！说吧，说吧！什么是对于见证人的报复？

我要把你引诱回来，这里是平滑的冰层！留神，留神，别让你的高傲在这里摔断了腿！

你这高傲的查拉图斯特拉啊，你自以为聪明！那么，倒是猜解我的谜嘛，你这个冷酷的怪人——这个谜就是我！倒是说呀：我是谁？”

——然而当查拉图斯特拉听到了这些话，你们一定会认为他心里发生了什么事吧？同情侵袭了他；而且他一下子跌倒了，就像一棵长久抵抗许多伐木者的橡树，沉重地，突然地，甚至使那些想要使它倒下的人们都大吃一惊。但他立即又从地上站了起来，他的面貌变得冷酷了。

“我是认识你的，”他以响亮的声音说，“你是上帝的谋杀者！让我走吧。

你不能忍受看见你的人，总是看见你而且彻底地看透你的人，你这最丑陋者啊！你报复的是这种证人！”

查拉图斯特拉如是说，就想离开了；可是这个无以言表的人物抓住了他的一个衣角，重新开始咕噜，找话来说。“留下吧！”他终于说——

——留下吧！别走掉了！我猜到是哪把斧头把你砍倒在地上的：祝福你，查拉图斯特拉啊，祝你重又站立起来！

我完全知道，你猜到那个杀死他的人是何种心情——那个上帝的谋杀者。留下吧！坐到我身边来，这并非徒然的。

要不是你，我想要走向谁啊？留下来吧，请坐！可是别盯着我看！也尊重一下——我的丑陋！

他们迫害我：眼下你就是我最后的避难所了。不是用他们的仇恨，不是用他们的差役：啊，我嘲笑这样的迫害，感到骄傲而欢欣！

古往今来，难道所有的成就不都在深受迫害者身上吗？而且深受迫害者容易学会跟随：——如若他一度——落后了！但这正是他们的同情——

——正是他们的同情，是我要逃避的，使我逃向你。查拉图斯特拉啊，保护我，你是我最后的避难所，你是唯一猜透我的人：

——你猜到那个杀死他的人是何种心情。留下吧！如若你一定要走，你这个急躁者：那么，别走我来时走的路。这条路糟透了。

你生我的气吗，因为我结结巴巴地讲了太久？因为我竟劝起你来了？但你要知道，这就是我，最丑陋的人，

——我也有着最大、最重的双脚。我走过的地方，路便糟透了。我踏坏了所有的路，使它们蒙羞。

而你从我身旁走过去，默然无声；你面红耳赤，我看清楚了：我因此把你认作查拉图斯特拉。

别的任何人或许都投我以施舍、同情、眼光和言语。但为此——我还不配当乞丐呢，这是你猜到了的。

——为此我还太过富有，富于伟大，太过可怕，最为丑陋，最不可言表！查拉图斯特拉啊，你的羞耻是对我的尊重！

我艰难地摆脱了同情者的拥挤，使得我能找到一个唯一的人，在今天来传授"同情是强求的"之类——那就是你啊，查拉图斯特拉！

——无论是一个上帝的同情，还是人类的同情：同情总与羞耻背道而驰。而且，不愿救助可能比那种急人所难的德性更高贵。

然而现在，所有微末小人都把这个叫作德性了，也即同情：而对于伟大的不幸，对于伟大的丑陋，对于伟大的失败，他们毫无敬畏之感。

我要超出所有这些而展望出去，就像一条狗越过蜂拥的羊群之背而眺望。这些都是微末的、长着好毛的、善意的、灰色的人们。

如同一只鹭鸶仰着头，以蔑视之态越过浅湖而眺望：我也这样越过灰色的小波浪、意志和灵魂的涌动而展望开去。

太久了，人们一直给予他们权利，给予这些微末小人。所以，人们终于也给予了他们权力——现在他们教导说：'唯有微末小人们说好的才是好的。'

而且，今天所谓'真理'乃是那说教者所讲的话，这说教者本身就来自他们当中，是微末小人们的那种奇怪的圣徒和代言人，他证明自己说'我——就是真理'。①

这个过分苛求者早就使小人们趾高气扬了——当他教导说'我——就是真理'时，他传授的不是小错误。

① 参见《新约·约翰福音》，第14章第6行。——编注

一个过分苛求者曾得到过更礼貌的回答吗?① ——可你，查拉图斯特拉啊，从他身旁走了过去，并且说：'不！不！绝不啊！'

你对他的错误提出警告，你第一个对同情提出警告——不是对所有人，也不是不对任何人，而是对你自己和你的同类。

你羞于那伟大苦难者的羞耻；而且真的，当你说'有一片大乌云来自同情，当心啊，你们人类！'

——当你教导说'一切创造者都是冷酷的，一切伟大的爱皆超越他们的同情'：查拉图斯特拉啊，你在我看来是多么熟习气候！

可是你本人——也得警告你自己提防你的同情！因为许多人正在走向你，许多受苦者、怀疑者、失望者、溺水者、冷冻者——

我也要警告你提防我。你猜解了我最好、最坏的谜，我自己以及我的所作所为。我认识把你伐倒的那把斧头。

然而他——必定要死去：他以看见一切的眼睛观看，他看见了人类的幽深和根基，人类所有隐秘的耻辱和丑陋。

他的同情不知羞耻：他爬进我最肮脏的角落里了。这个最好奇者、过于纠缠者、过于同情者必定要死去。

他总是看着我：我要报复这样一个证人——不然自己就不想活了。

上帝看见一切，上帝也看见了人类：这个上帝必定要死去！人类不能容忍这样一个证人活着。"

最丑陋的人如是说。而查拉图斯特拉却站起身来，准备离开：因为他内心感到不寒而栗。

"你这个不可言表者，"他说，"你警告我别走你的路。为感谢起见，我要向你赞美我的路。看哪，那上面就是查拉图斯特拉的洞穴。

我的洞穴大而深，有许多角落；在那里，最隐晦者都能找到自己的隐藏之处。而且紧挨着洞穴，是各种爬行的、飞翔的、跳跃的动物们的无数藏身窍门。

你这个被驱除者，你是把自己驱除出来了，你不想在人类和人类的同情中居住吗？好吧，那就像我一样做！那么你就向我学习吧；

---

① 参见第 11 卷，25[338]：相传基督教的著名创始人彼拉多说："我就是真理。"罗马人对此的回答是与罗马相称的：作为所有时代里最伟大的文雅之举。彼拉多的回答是："什么是真理呢?"(《新约·约翰福音》，第 18 章第 38 行)但耶稣没有对他说"我就是真理"(就像在《新约·约翰福音》，第 14 章第 6 行中)，而是说"我是为此而生的，也为此来到世间，特为给真理作见证。凡属于真理者就要听我的话"(《新约·约翰福音》，第 18 章第 37 行)。彼拉多的回答也在《敌基督者》第 46 节上做了引用。——编注

唯有行动者才能学习。

而且，首先跟我的动物们谈话吧！最骄傲的动物和最聪明的动物——它们很可能是我们俩的合适顾问！”

查拉图斯特拉如是说，走自己的路，比以前更若有所思，也更缓慢了：因为他问自己许多事，而几乎不知如何回答。

“人类可是多么可怜啊！”他心里想，“是多么丑陋，多么急喘，多么充满了隐蔽的羞耻！

人们对我说，人类是爱自己的：这种自爱必定是多么伟大啊！这种自爱有多少针对自身的蔑视啊！

包括这个人也自爱，有如他蔑视自己一样，在我看，他是一个伟大的爱者，也是一个伟大的蔑视者。

我还没有找到一个更深刻地蔑视自己的人：甚至这一点也是高度。哎呀，这个让我听到其呼叫声的人，莫非是更高等的人吗？

我爱伟大的蔑视者。而人是某种必须被克服的东西。”

*

*　　　*

73. 高等人

一

当我第一次走向人群时，我做了一件隐士做的蠢事，那是一件大蠢事：我置身于市场上了。

而且，当我向所有人讲话时，我是在向空无一人讲话。而在晚上，走绳演员是我的同伴，还有尸体；我自己也几乎是一具尸体了。

但在次日早晨，我却获得了一种全新的真理。其时我学会了说：“市场、群氓、群氓的噪声以及他们的长耳朵，这些与我何干呢！”

你们这些高等人啊，跟我学习这一点吧：在市场上没有人相信高等人。如果你们想在那儿讲话，那好吧！群氓却眨巴着眼睛说：“我们全体都是平等的。”

“你们这些高等人，”群氓眨巴着眼睛说——“没有高等人，我们全体都是平等的，人就是人，在上帝面前——我们全体都是平等的！”

在上帝面前！——可现在这个上帝已经死了。而在群氓面前，我们却不想要平等。你们这些高等人啊，离开市场吧！

*

*　　　*

二

在上帝面前！——可现在这个上帝已经死了！你们这些高等人啊，这个上帝是你们最大的危险。

自从他躺在坟墓里，你们才又复活了。现在才出现伟大的正午，现在高等人才变成——主人！

我的兄弟们啊，你们听懂这话了吗？你们恐惧了：你们的心灵晕眩了吗？深渊在此向你们迸裂了吗？地狱之犬在此对你们狂吠了吗？

好吧！来吧！你们这些高等人啊！现在，人类未来之山才有了阵痛。上帝死了：现在我们想要——超人活着。

*

*　　*

三

最忧心的人们如今会问："人类如何保存下来？"然则查拉图斯特拉作为唯一者和第一人，却问："人类如何被克服？"

超人在我心里，他是我的首要和唯一——而且他并不是人：不是邻人，不是最贫者，不是最苦者，不是最好者。

我的兄弟们啊，人类身上能为我所爱的，在于人类是一种过渡和一种没落。而且即便在你们身上也有许多东西，是令我热爱和希望的。

你们高等人啊，你们有所蔑视，这使我心存希望。因为伟大的蔑视者就是伟大的敬爱者。

你们心生绝望，这是大可尊敬的。因为你们没有学会如何屈服，你们也没有学会要些小聪明。

因为如今小人们变成了主人：他们全都在宣讲屈服、谦卑、聪明、勤奋、顾忌，以及许多诸如此类的细小德性。

具有女人本性的东西，源自奴隶本性的东西，尤其是群氓杂种：现在，这些要成为主宰人类命运的主人了——可恶！可恶！可恶啊！

这些人问了又问，不知疲倦："人类如何能最好、最久、最适意地保存自己？"因此——他们是今天的主人。

我的兄弟们啊，为我克服这些今天的主人吧，这些小人们：他们是超人的最大危险！

你们这些高等人啊，为我克服这些细小的德性，细小的聪明，沙尘般细微的顾忌，蚂蚁般蠕动的琐碎，可怜的安逸，"大多数人的幸福"！

还有，你们宁愿要绝望也不要屈服。而且真的，我之爱你们，乃是因为你们今天不知道如何生活，你们这些高等人啊！因为**你们**如此生活——最佳！

*

*　　*

四

我的兄弟们啊，你们有勇气吗？你们有决心吗？**并非**面对见证人的勇气，而是连上帝也不再能正视的隐士之勇气和苍鹰之勇气？

在我看来，冷酷的灵魂、骡子、盲者和醉汉，是不能叫作有决心的。谁知道恐惧而能**强制**恐惧，谁看见深渊而能以**高傲**应对，那他就是有决心的。

谁看见深渊而带着苍鹰之眼，谁以苍鹰的利爪**抓住**深渊：他就是有勇气的。

五

"人是恶的，"——所有最智慧的人们都这样安慰我。啊，但愿这话今天依然是真的！因为恶是人类的最佳力量。

"人必须变得更善和更恶"——**我**如是教导说。对于超人的至善，至恶是必需的。

对于那个小人们的说教者来说，承受人类的罪恶[①]可能是好事。但我欢欣于大罪恶，以之作为我的大**安慰**。

可此类话语不是说给长耳朵们听的。每一句话也并非都适合于每一张嘴。这些乃是精致而遥远的东西：并不是羊蹄所能攫住的！

六

你们这些高等人啊，你们以为我在这儿是为了弥补你们做坏的事体吗？

抑或，今后我想要把你们受苦者安顿得更舒适些吗？或者要为你们这些不安定者、迷路者、登山迷失者指示一条新的捷径吗？

不！不！绝不啊！你们种类中越来越多、越来越优秀者当归于

---

① 参见《新约·马太福音》，第8章第17行。——编注

毁灭——因为你们会过得越来越恶劣和艰难。唯有这样。

——唯有这样人类才生长到**那个**高处，人类为闪电所打击和摧毁的地方：高到够得着闪电！

我的意识和我的渴望朝向少数、长久和遥远之物：你们细小的、大量的、短暂的困苦与我何干！

在我看来，你们受苦受得还不够呢！因为你们苦于自己，你们还没有苦**于人类**。如若你们有不同说法，那就是在撒谎！你们全都没有受**我**受过的苦。

七

闪电不再损害什么了，这在我是不够的。我并不想把闪电引开：它当学会为**我**——工作。

我的智慧就像一朵云，久已积聚起来，它变得越来越宁静和浓黑了。**终将**孕育闪电的每一种智慧都会这样做。

对于今日之人类，我不愿成为光明，不愿被称为**光明**。**这些人**——我要使他们目眩：我的智慧的闪电啊！戳坏他们的眼睛吧！

八

别想要超乎你们能力的什么东西：在那些意愿超出自己能力的人们那里，有一种恶劣的虚伪。

尤其是当他们意愿伟大事物的时候！因为他们唤醒了对伟大事物的怀疑，这些精巧的伪币制造者和戏子。

——直到他们终于对自己也虚情假意了，也斜着眼，掩盖起来的蛀洞，用强烈的言辞、招牌式的德性、亮丽的赝品来掩饰。

你们在此可要小心啊，你们这些高等人！因为在我看来，如今没有比诚实更珍贵、更稀罕的了。

如今不就是群氓的时代吗？但群氓却不知道什么是伟大的，什么是渺小的，什么是正直和诚实的：群氓是无辜而欺诈的，群氓永远撒谎。

*

*　　　*

九

如今要有一种良好的怀疑态度，你们这些高等人，你们这些果断者！你们这些坦诚者啊！而且要守住你们的理由的秘密！因为如今乃是群氓的时代。

从前群氓学会了毫无理由地信仰的东西，谁能通过种种理由把它——推翻呢？

而且，面相姿态令人信服。但理由却使群氓怀疑。

而且，一旦真理在那儿取得了胜利，那就要以良好的怀疑态度问问你们自己："是何种强大的谬误为真理而战了？"

也要小心提防学者们！他们恨你们：因为他们是不会生育的！他们有着冷酷而干涸的眼睛，在这种眼睛面前，每一只鸟儿都会掉光羽毛。

这种人以不撒谎而自夸：但无能于撒谎还远不是热爱真理。小心提防吧！

摆脱了狂热还远不是知识啊！我不相信冷却的精神才智。不能撒谎者，就不知道什么是真理。

*

*　　　*

十

如果你们想要去往高处，就需要自己的双腿！可别让人把你们扛上去，可别坐在别人的背上和头上！

你可骑上了马？你现在正急速奔向你的目标吗？好吧，我的朋友！但你的跛足也一道骑上了马！

当你达到自己的目标时，当你从马上跳下来时：你这高等人啊，恰恰在你的高处——你将踉跄跌倒！

*

*　　　*

十一

你们这些创造者，你们这些高等人啊！人只怀自己的孩子。

你们可不要听信别人那一套！究竟谁是你们的邻人呢？即便你们"为了邻人"而行动，你们也不是为了他而创造！

你们这些创造者啊，为我忘却这个"为了"吧：你们的德性恰恰意愿你们，不要带着"为了""由于""因为"而做任何一件事。对于这些虚假的小词，你们当充耳不闻。

这个"为了邻人"只不过是小人们的德性：在他们那儿，这就叫"物以类聚""同类互助"：他们无权也无力去干预你们的自私自利！

你们这些创造者啊，在你们的自私自利中，含着孕育者的谨慎和先见！还没有人看见的东西，这种果实：你们全部的爱把它庇护、爱惜和养育。

你们全部的爱之所在，在于你们的孩子们，那也是你们全部的德性之所在！你们的事业、你们的意志就是你们的“邻人”：你们可不要听信任何虚假的价值！

*

*　　　*

十二

你们这些创造者，你们这些高等人啊！谁必须生育，谁就病了；而谁已经生育，谁就是不洁净的。

问问女人们吧：人们生产并不是因为它使人快乐。痛苦使母鸡和诗人咯咯地叫。

你们这些创造者啊，你们身上有许多不洁净的东西。这是因为你们不得不做母亲。

一个新生儿：啊，有多少新的污秽一道来到了世间！去旁边吧！已经生产者当把自己的灵魂洗干净！

*

*　　　*

十三

你们可不要超出自己的力量而成为有德性的！别想要求自己做违背可能性的事！

踏着你们父辈的德性的足迹前行吧！如果你们父辈的意志没有与你们一起上升，你们又如何能高升呢？

但谁若想要成为头生子，那就要留心，不要也成了末胎子！而且，在你们父辈的恶习所在之处，你们就休想在那里做圣徒！

倘若谁的父辈喜爱女人、烈酒和野猪：那么若他要求自己贞洁，又会如何？

那会是一件蠢事！真的，这样一个人，如果他是一个或者二个或者三个女人的丈夫，我以为就更是蠢不可及了。

还有，倘若他建了修道院，在大门上写着“通向圣徒之路”，我倒会说：为何！这是一件新的蠢事嘛！

他为自己建了一座监狱和避难所：请便！请便！但我不相信。

在孤独中也生长着人们带入其中的东西，那内在的牲畜。如此这般，许多人逆反于孤独。

迄今为止，大地上还有比沙漠圣徒更为污秽的东西吗？在他们周围，不光魔鬼闹翻了天——而且猪猡亦然。

*

*　　*

十四

畏惧、羞怯、笨拙，犹如一只跳跃失败的老虎：你们这些高等人啊，我常常看见你们也这样悄悄溜到一边。你们败于一次投掷。

可是，你们这些掷骰子者，这算得了什么啊！你们没有学会游戏和玩耍，如同人们必须游戏和玩耍的那样！难道我们不是永远坐在一张游戏和玩耍的大桌旁吗？

还有，如果你们在大事上失败了，你们自己也因此——失败了吗？还有，如果你们自己失败了，人类也因此——失败了吗？但如果人类失败了：那好吧！那就来吧！

*

*　　*

十五

种类越是高级，一件事就难得成功。你们这些高等人啊，你们不全都——失败了？

鼓起勇气吧，这算得了什么！有多少事依然可能！学会嘲笑自己吧，就像人们必须笑的那样！

你们功败垂成，你们只有半拉子的成功，这又有什么好奇怪的，你们这些半破碎者啊！人类的未来——不是奋力突入到你们心中了吗？

人类的最遥远之物、最深邃之物、星空般崇高之物，人类巨大的力量：难道这些不都在你们的罐中相互激荡，冒出泡来吗？

有些罐破裂了，这又有什么好奇怪的！学会嘲笑自己吧，就像人们必须笑的那样！你们这些高等人啊，有多少事依然可能！

而且真的，有多少事已然成功！这大地多么富于小小的、美好的、完满的事物，多么富于发育良好的事物！

把小小的、美好的、完满的事物置于你们周围吧，你们这些高等人啊！它们金色的成熟能治好心灵。完满之物教人满怀希望。

*

*　　*

十六

这大地上迄今为止最大的罪恶是何种罪恶？这不是那个讲“可悲

啊，在此笑的人们！”的人说的话吗？

他自己没有在大地上找到任何笑的理由吗？那只是他没有好好找。一个小孩都能在此找到笑的理由。

这人——爱得不够：不然他也会爱我们这些欢笑者的！但他憎恨和讥讽我们，他预言我们将号叫和切齿。①

人若不爱，就必定立即诅咒吗？这——我以为是一种坏趣味。但他就这么做了，这个绝对者。他来自群氓。

而且他自己只是爱得不够：要不然，他就不会因为人们不爱他而愤怒了。一切伟大的爱并不意愿爱：它意愿更多。

避开所有这些绝对者吧！这是一个可怜的、病态的族类，一个群氓种类：他们恶意地看这人生，他们恶毒地看这大地。

避开所有这些绝对者吧！他们有沉重的脚和抑郁的心——他们不知道跳舞。他们如何会感到大地的轻盈！

十七

一切美好事物都曲折地接近自己的目标。它们像猫一样弯腰，由于它们临近的幸福而暗自喵喵地叫唤——一切美好事物皆欢笑。

步伐透露出某人是否已经走在他自己的轨道上：那么看我走吧！而接近于自己的目标者就会跳起舞来。

而且真的，我没有变成立式雕像，我也没有站在那儿，僵硬而迟钝，犹如一根石柱；我喜欢急速奔跑。

还有，即使大地上有沼泽和浓重的悲愁：但谁若有轻捷的双脚，就还能越过泥潭而奔跑，犹如在平滑的冰面上跳舞。

我的兄弟们啊，提升你们的心灵吧，高些！更高些！也不要忘记你们的双腿！也提升你们的双腿吧，你们这些优秀的舞蹈者，更好地：你们也倒立起来吧！

十八

这欢笑者的王冠，这玫瑰花冠：我自己戴上了这顶王冠，我自己宣告我的欢笑是神圣的。今天我没有发现任何一个人在这事上足

① 《圣经》说法：可参见《新约·马太福音》，第8章第12行。——编注

够强壮。①

查拉图斯特拉这个舞蹈者，查拉图斯特拉这个轻盈者，他以羽翼招摇，一个准备飞翔者，向所有鸟儿示意，整备停当了，一个福乐而轻率者——

查拉图斯特拉这个预言者，查拉图斯特拉这个真实欢笑者，并非一个不耐烦者，并非一个绝对者，一个喜欢跳跃和出轨的人；我自己戴上了这顶王冠！

*

*　　*

十九

我的兄弟们啊，提升你们的心灵吧，高些！更高些！也不要忘记你们的双腿！也提升你们的双腿吧，你们这些优秀的舞蹈者，更好地：你们也倒立起来吧！

在幸福中也有笨重的动物，从一开始就有笨脚的动物。他们奇怪地费尽心力，就像一头大象努力头脚倒立。

然则因为幸福而愚蠢更佳，胜于因为不幸而愚蠢，笨拙地跳舞更佳，胜于跛足而行。所以倒是学学我的智慧吧：即便最坏的事物也有两个好的反面——

——即便最坏的事物也有跳舞的好腿：所以你们这些高等人啊，倒是学学自己立足于你们合适的双腿上！

那么，忘却悲苦郁闷和一切群氓的悲哀！啊，在我看来，如今群氓小丑依然多么悲哀！而如今却是群氓的时代。

*

*　　*

二十

为我赶上那从山洞中奔突而出的风吧：它要按自己的箭矢跳舞，大海在它的脚下战栗和跳跃。

它给驴子们添上翅膀，它给母狮们挤奶，赞美这美好而不羁的精神吧，它如同一阵风暴袭向全部当今和全体群氓。

——它敌视荆棘丛生的头脑，以及所有凋敝的树叶和野草：赞

---

① 尼采在此想到的是拿破仑的自我加冕，这一点由科利版第10卷，22[5]可得证实：这样一个人总是必定要为自己戴上王冠——他总是发现教士们太过胆怯。在魏希特[译按：尼采解释者]看来，查拉图斯特拉的玫瑰花冠乃是耶稣的荆冠(《新约·马太福音》，第27章第29行)的反面。科利版第11卷，31[64]含有《查拉图斯特拉如是说》第四部最后几个章节的全部主题。——编注

美这粗野的、美好的、自由的风暴精神吧，它在沼泽和悲苦之上跳舞，有如在草地上跳舞！

它仇恨群氓的瘦狗以及一切失败的、阴郁的杂种：赞美这种所有自由精神中的精神吧，这欢笑的风暴，它把灰尘刮进一切悲观者、溃疡病者眼里！

你们这些高等人啊，你们最糟糕的地方在于：你们全都没有学会跳舞，就像人们不得不舞蹈的那样——越过你们自己而舞蹈！你们失败了，这又算得了什么！

有多少事依然可能！所以你们要学会嘲笑自己！提升你们的心灵吧，你们这些优秀的舞蹈者，高些！更高些！也别忘了好好欢笑！

这欢笑者的王冠，这玫瑰花冠：你们，我的兄弟们啊，我要把这顶王冠投给你们！我已宣告这种欢笑是神圣的；你们这些高等人啊，为我学习——欢笑吧！

*

*　　　*

（孙周兴　译）

第二编

道德的自然史[①]

186

现在在欧洲，道德感受是那么精细、老到、多样、敏感和机巧，就如同与之相关的“道德科学”还那么年轻、初级和笨拙——这是一个很吸引人的对立，在某位道德主义者身上，这个对立甚至变得具体可见。“道德科学”一词，考虑到它所标志的东西，本来就是太过于傲慢了，并且有悖于好趣味：好趣味总是人们对较为谦逊的辞令的第一印象。人们应该一丝不苟地向自己坦白。在这里什么是还长久必需的，什么则只是暂时有权利做的。也就是说，收集材料，从概念上把握住一个由细腻的价值感觉和价值区分（它们是活泼泼的，会生长、繁衍和消亡）组成的巨大领域，对它全面地排序，也许，还要尝试使这个活的结晶体那些反复重现的、较为频繁的成形过程可以直观，以此作为对一门道德的类型学说的准备。诚然：人们迄今从未如此谦逊过。哲学家们一旦开始把

① 《善恶的彼岸》第五章，译文选自尼采：《善恶的彼岸·论道德的谱系》，赵千帆译。——译注

道德当作科学来从事，便统统带上一种引人发笑的僵硬的严肃，向自己索要某种太过高蹈、太多要求和太过庄严的东西：他们想要为道德奠基，迄今为止每一位哲学家都曾经相信过，必须为道德奠基；而道德本身却被当作是“给定”的。他们臃肿的自负离那个没人看上眼的、弃于灰尘和腐土中的使命——做一种描述的使命——还差得多远啊，尽管对于这个使命来说，大概最精细的双手和感官都不够精细！恰恰由于，对于道德的 facta[实情]，道德哲学家们只是通过任意的摘选或者随机的简略得到一些粗疏见解，大约把它看作他们自己的周围、所处阶层、所属教会、所处时代精神、气候和地理区域的道德状态，恰恰由于，对于民众、时代、往昔他们的学识太浅陋，甚至没有多少求知欲，所以，他们根本还没有窥见真正的道德问题：真正的道德问题首先是在多种道德的比较中出现的。在迄今所有“道德科学”中还缺失道德问题本身，即使这么说可能很奇怪：缺失着那种觉得“这里大有问题”的狐疑。这些哲学家们用以称呼“道德之奠基”并且向自己索取的东西，从好的方面来看，只是对居统治地位的道德的良好信仰所取的某种学术形式，是此道德的某种新的表达手段，也就是某种特定道德状态内部的事实要件，甚至，究其根底，是一种拒绝方式：不允许把道德持为问题——无论如何，跟对这种信仰所做的某种考验、拆解、置疑、活体解剖正相对立。人们应该来听一下，比如，就是叔本华也还是以怎样几乎值得崇拜的无辜担起他自身的任务，人们应该来对这一门“科学”(它最后的大师还像小孩子和老太婆那样说话)的科学性得出自己的结论：“这个原理，他说道(《道德的基本问题》第 136 页)，这个基本法则，对其内容一切伦理学家其实[①]都是一致的；不要损害任何人；相反，要就你的能力所及，帮助所有的人——这其实是一切礼教师傅们费尽心力要为之奠基的基本法则……是伦理学的真正根基，人们数百年来当作点金石寻找的东西。”——要为上述这条法则奠基，困难固然可能是巨大的——众所周知，叔本华在这一点上也不走运；谁如果透彻体会一下，在一个以权力意志为本质的世界里，这条法则虚假得多么乏味，多么自作多情，他或许就会想起，叔本华虽然是一个悲观主义者，其实——却在吹笛子……每天饭后都吹笛子：对此人们不妨读一下他的传记。顺便问一下：一个悲观主义者，一个否定上帝和世界的人，却在道德面前伫留，对道德说是，并且吹笛子，对

① “其实”，原文为 eigentlich(e)，多表示“真正、确实”；系尼采所标出。——译注

laede-neminem[不伤害任何人]的道德：怎么？他真的是一个悲观主义者吗？

187

"我们心中有一个绝对命令"，且不说这样的论断有何价值，人们总还可以问道：一个这样的论断对于下此论断的人意味着什么呢？有些道德应该让它们的创立者在他人面前得到辩白；另一些道德则应该让他安静，心满意足；用另一些道德，他想把自己钉在十字架上，折辱自己；想用另一些去报仇，用另一些来藏身，再用另一些解释自己，把自己送到外面、送到高处和远处去；这个道德有助于它的创立者遗忘，那个道德使他忘记自己或关于自己的某些事；有些道德主义者想要在人性上施展权力和造物主的情怀；另外一些，也许康德正好也是，用他的道德要人理解："我这里值得尊重的就是，我可以服从，而你们的情况则不应该跟我的不一样。"——简言之，这些道德也只不过是情绪的手势语。

188

每一种道德都与放任自流相对立，都是对"自然"也是对"理性"的专横霸道。但这不是反对道德的借口，因为无论从哪种道德出发，人们本来就一定会反复宣告：所有种类的霸道和非理性都是不允许的。对每种道德来说，有一点是本质性的和无法估量的，即道德是一种长久的强制：要理解斯多亚主义、皇港修道院或者清教教义，人们可以想一想迄今为止使一切语言获得力量和自由的那种强制——韵律的强制，韵脚和格律的霸权。在每一族民众中，诗人和演说家都是多么必不可少啊！——也包括当今少数几位用毫不留情的良心去倾听的散文作者——"这是因为某种愚蠢"，功利主义蠢货们说道，说的时候还自以为聪明呢——"这是在臣服于专断的规则"，无政府主义们这样说道，以为这样很"自由"甚至很有"精神自由"。实际情况却很奇怪，大地上现有和曾有的一切跟自由、精细、胆量、舞蹈及大师才有的沉着相关的东西，不管是在思想自身，在执政时，在演说和游说时，在诸门艺术中还是在诸般德教中，都是因为有"此类专断规则的霸道"才得以发展；最严肃地说，不无可能的是，恰恰这才是"自然"和"自然的"——而不是那种放任自流！每位艺术家都知道，他"最自然的"状态，"灵感"突降时自由地安排、设置、支配和赋形，离那种率意自为的感觉有多远，恰恰在这时，他是多么严格而又精细地服从千变万化的规则，以概念所做的一切表述，恰恰由于其强度和确定性，都在这些规则面前受到嘲笑(反过来看，即使最稳固的概念，也有某些游动、多层次和多意义的地方——)。再说一次，“在天空和大地上”，本质性的显然是：长久地向一个方向服从。这里会产生并且已经长期持续产生出某些东西，大地上的生活正是因为这些东西才值得一过，例如美德、艺术、音乐、舞蹈、理性、精神状态——任何一种润饰的、机巧的、超常的、神性的事物。精神长久的不自由，思维之可传达性(Mittheilbarkeit)令人生疑的制约，思想者自愿接受的培养(局限于某一教会和宫廷的成规之内，或者在亚里士多德的前提之下进行思考)，还有那种持久的精神性意愿(把一切发生的事按照基督教图式来解说，在每一个偶然事件中都重新揭示出基督教上帝并为之辩白的意愿)——所有这些暴力、专断、强硬、恐怖和反理性的东西，都已表明是手段，使欧洲的精神得以养成它的强健，它无所顾虑的好奇和精细的灵活：诚然，此间肯定无可弥补地有许多在力量与精神上被压垮、扼杀和腐蚀了(因为，在此正如在一切地方，“自然”，如其所是地显示出它全部挥霍和淡漠的壮丽，令人愤慨，然而高尚)。数百年来的欧洲思想家都为证实某种东西而思考——今天则反过来，每个“意愿证实某物”的思想家都让我们起疑，猜疑那本该作为他们最严格思考的成果而得出的东西，是早就固定在他们那里的，大约就像早先亚洲的占星术，或者就像今天，对身边的个人性事件从基督教—道德上所做的那种无害的解说，“为了上帝的荣耀”和“为了救治灵魂”：是这种霸道，这种专横，这种严格而堂皇的愚蠢教育了精神；奴役，显然，在粗鲁和精细的意义上，都是精神的培养和培育不可或缺的手段。人们或该由此出发来看待每一种道德：这就是其中的“自然”，它教人憎恶放任自流、过度的自由，它根据限定的视野和最近的任务培植需求——它把视角狭隘化，在特定的意义上也就是把愚蠢当作一项生命和生长的条件来教导。“你应该服从，无论对谁，长久如此：不然你就会毁灭，就失去对自己的起码尊重”——这在我看来就是自然的道德律令，它肯定既不是“绝对的”，像老康德所要求的那样(因此会有“不然”)，也不是面向单个人的(自然跟单个人有什么相干！)，而一定是面向民众、种族、年代和等级的，首先是面向“人”这种十足的动物，面向这种“人类”。

189

那些勤劳的种族发现忍受懒惰是一项巨大的负担：英国的本能

曾有一个杰作，在大众中把星期日神圣化和空虚化，使英格兰人于是不知不觉又渴望起每星期的六天工作日：化为某种聪明地发明出来、聪明地安插进去的斋期，就像在古代世界中也屡屡可见的类似情形(虽然就南国民众的情理而言，可并非出于对工作的考虑)。多种多样的斋期是必需的；凡是强劲的冲动和习性统治之处，立法者不得不留心置入一些调整日①，到时把这样一种冲动拴到链环里，教它再一次饥饿。从一个更高的地方看来，全部的世系和年代，当它们染上无论哪种道德狂热时，都会出现这样一些被安置进来的戒期和斋期，在此期间让某种冲动学习低回和匍匐，但也是在学习让自己纯净和尖锐。对个别哲学流派(比如处在泛希腊文化和它那飘溢着阿芙洛狄特的芬芳而变得淫荡的空气之中的斯多亚派)亦可作如是解。——这里也给出了解释下列悖论的提示：为什么恰恰在欧洲的基督教时期，尤其是在基督教价值判断的压力之下，性冲动才自行升华，直至成为爱(激情之爱)。

190

在柏拉图的道德中有某些东西，它们其实并非属于柏拉图，而只是在他的哲学里被人们找到了，人们可以这样说，跟柏拉图无关：这就是苏格拉底主义，对它而言，柏拉图真是太高尚了。“没有人愿意自己损害自己，所以一切坏事都是不自愿地发生的。坏人在自己害自己：倘若他知道坏事是坏的，便不会去做了。由此看来，坏人之坏只是出于谬误；如果人们向他指出他的谬误，那就必然使他变——好。”——此类推论闻着有群氓的气味，他们眼中只看到坏行为的有害后果，其实是在判断“做坏事是愚蠢的”；同时立刻把“好”与“有用和舒适”当作同一回事。对于每一种道德功利主义，皆可以从一开始猜到这个相同起源上去，跟着那股味道走：很少会走错。——为了把某种精细和高尚的东西阐释到他老师的命题里去，柏拉图无所不为，首先是把自己阐释进去，他，一切阐释者中最鲁莽者，把苏格拉底只是当里巷中的流言或歌谣那样拿来，将之变换到无限之物和不可能之物中去：也就是，变换到他自己的多种面具和花样中去。开玩笑地说，而且也是按荷马的方式说：柏拉图的苏格拉底将为何物，如果不是 πρ ό σθεΠλ ά τωνöπιθ έ ντεΠλάτωνμ έ σσητεΧίμαιρα[头是柏拉图，尾是柏拉图，中间是克迈拉]。

① “调整日”原文 Schalttage，通译“闰日”，此按其字面意思译出。——译注

191

那个关于“信仰”和“知识”——或者说得更明白些，关于本能和理性——的古老的神学问题，也就是这样一个问题，在价值评估方面，比起那种理性状态（想要知道如何按照事情的根据，按照某个“为什么?”，就像按照事物的合目的性和有用性那样，去评估和执行），跟本能相关的事物是否应该享有更大的权威，它依然是那个最初见于苏格拉底这个个人的古老的道德问题，在基督教之前很久，这个问题就已经使精神们[①]分裂了。苏格拉底本人以他天赋的趣味——一个出众的辩证法家的趣味——一开始就装作站在理性这边；其实终其一生，他除了取笑他那些高尚的雅典同胞们（这些本能的人就像一切高尚的人一样，从来不能对他们行为的根据给出足够的说明）的蹩脚无能，还做了些什么呢？虽则如此，最终他却也是在暗中悄悄取笑自己：在他精细的良心和自审面前，他在自己身上发现相同的困境和无能。他劝说自己，凭什么竟要让自己摆脱本能！人们必须协助本能以及理性得到它们应有的权利，人们必须跟从本能，而说服理性在这时给出好根据以帮助本能。这就是那个伟大的、满怀秘密的反讽家的真正的虚假性所在；他促使他的良心满意于某一种自欺：在根本上他已经看穿道德判断中的非理性了。——柏拉图，在这些事情上则比较无辜，没有平民的刁钻，想要费尽全部力量——那迄今为止哲学家所浪费过的最伟大的力量！——证明，理性和本能就其本身是朝向一个目标的，朝向善，朝向“上帝”；而自柏拉图以来，一切神学家和哲学家都走在相同的轨道上，这就是说，在道德事物上，本能，或者依基督徒的称呼，“信仰”，或者依我的称呼，“群盲”，迄今为止都获得了胜利。人们必须把笛卡尔作为例外，这位理性主义之父（因而是革命的祖父），他只把权威授予理性：但理性只是一个工具而已，笛卡尔是肤浅的。

192

谁若追溯了一门具体科学的历史，他就会在其发展过程中找到一个大纲，得以理解所有“知识和认识”[②]中最古老和最普遍的那个过程：到处都一样，首先发展出来的，是种种仓促提出的假说，编

① “精神们”(die Geister)，按尼采在本书中的用法，“精神”也可以指人。——译注

② “认识”(Erkenntniß)与“知识”(Wissen)在尼采这里是有区别的，此区别或据叔本华，后者视知识为“一切升华为抽象意识的认识”。参见原书第211节“认识”注。——译注

撰之辞，善良而愚蠢地求“相信”的意志，以及疑心与耐心的匮乏，我们的感官很迟才学会、而且从来没有完全学会成为忠实谨慎的认识器官。比起把一个印象当作歧生和新生的东西固定在自己这里，从一个给定的诱因出发，重新产生一幅已经较为频繁地产生过的图像，会让我们眼睛更舒坦些：前者需要更多力量，更多的“道德状态”。对于耳朵来说，听到某种新的东西是难受和困难的；对陌生的音乐，我们的听力很糟。我们听另外一种语言时，会不自觉地试图把听到的语音合成听起来更熟悉和亲切的言辞形式：比如，早先德国人从听到的 arcubalista 中自己造出 Armbrust 这个词①。对于新东西，连我们的感官也觉得有抵触，不情愿；说到底，在那些“最简单”的感性过程中，就已经是情绪在统治，如怕、爱、恨，还包括懒惰等消极情绪。——即使今日已少有读者会把某一页上的词(甚或音节)一个个全部照着读出来——他毋宁是从二十个词里随机取出五个，“猜测”在这五个词里大体上包含的意思，同样，我们极少会从树叶、枝杈、颜色和形态等方面准确完整地看到一棵树；去幻想一棵树的概貌对我们要轻松得多。我们甚至会在某些稀奇的体验中也照这样去做：我们编撰出体验中的绝大部分，而且几乎用不着强迫自己就可以不作为“发明者”去观看某个过程。所有这些是想要说：我们是从根本上，自古以来——习惯了说谎。或者，如果表达得更合乎美德和更虚伪一些，简言之就是表达得更让人舒服一些：人们是大大超乎其自身之所知的艺术家。——在某一段生动的对话中，我会频频看跟我谈话的那位人士的脸，每次都按照他所表达的或者是我相信由他引发出的思维去看他的脸，在我面前如此清晰，如此纤毫毕现，那种清晰度竟远远超出我的视觉机能的力量：——其肌肉活动和眼神表达的精细程度，必定是由我自己添补编撰出来的。很可能，那位人士摆出的是一张完全不同的脸，或者根本没有摆出脸。

193

Quidquidlucefuit，tenebrisagit[在黑暗中，它激发起在日间见到过的种种]：但也有颠倒过来的。我们在梦中所体验者(假定我们常

① Arcubalista(弩炮)为中古拉丁语，盖由 arcu(弓)和 balista(投射物)组成，在各语种中皆依词形演化(如英语作 arbalest，法语作 arbleste 或 arbalète)；独于德语中作 Armbrust(弩)，由发音相似的既有德语词 arm(臂)与 brust(胸)拼成，字面义实则不通。——译注

常有此经历)，最终跟无论哪种“现实”体验一样，属于我们灵魂大家园的一员：因为它，我们会更加富有或者更加贫穷，会多少有某种需求，在光线明亮的白昼甚至在我们清醒精神的最明朗时刻，我们最终还是会受到梦境的少许习惯的牵绊。假定一个人在他梦中经常飞行并且一旦入梦，最终便意识到一种飞行的力量和技艺，有如他的特权，亦有如他最属于自己的值得嫉妒的幸福：一个这样的人，他相信以最轻微的冲量能够实现各种弧度和拐角，他认得对某种特定的神性轻盈的感觉，不用绷紧和强制就可以“向上”，不用低俯和降落就可以“向下”——没有重量！有这种梦之经验和梦之习性的人，到最后难道不应该在清醒白昼里也觉得“幸福”这个词有着不同的色泽和定义！难道不应该与众不同地去期望幸福吗？对他来说，“展翅飞翔”——就像诗人所描写的那样——跟那种“飞行”相对比，必定已经太过关乎大地、肌肉和暴力了，已经太过“沉重”了。

194

人之差别不只是显示在其财富表[①]的差别上，即并不显示在他们认为值得求取的财富是各不相同的，他们彼此之间对于价值之多少和公认财富的等级顺序亦有分歧：人之差别更多地显示在，对他而言，现实地拥有和占有一份财富意味着什么。比如在对待女人方面，对一个比较谦逊的人，支配身体和性的享受已经是拥有和占有的充分和足够的标志了；另一个人在渴望占有时则带着更多的狐疑和挑剔，他看到“问号”，看到上面那种拥有只是表面上的，他想要更加精细地验证，首先是要知道，这个女人是否不只是把自己给他，而且还为他放弃她所拥有和喜欢拥有的东西：这样对他而言才算是“被占有”[②]。第三个人的疑心和拥有欲却到此还意犹未尽，他问自己，当这个女人为他放弃一切的时候，是否只是为了他的某个幻影才这样做：他想要彻底地甚至是彻骨地被认得，从而能够从根本上被爱，他冒险让自己受猜测——。唯当她在他的事情上不再自欺，甚至会为了他的魔性和隐藏的贪婪而爱他，一如为了他的善意、耐心和精神状态而爱他，这时，他才感觉到爱人完全在他的占有之下。

---

① “财富表”，原文为 Gütertafel，此系据字面直译；本指对诸种值得追求之善的列表，此做法源自柏拉图《斐列勃篇》(Philebos)，在此语境下可译为“善值表”或“善表”。其中 Güter(财富，所有物)与 gut(“善”)同源。——译注

② “被占有”，原文为 besessen，也有“对之着迷、为之发狂”的意思。——译注

那个是想占有一族民众：为这个目的一切卡里奥斯特罗[①]式和喀提林[②]式的高明把戏对他来说都是正当的。而另一个，带着一种更精细的占有欲，对自己说："想要占有则不许欺瞒。"他会敏感而性急地想象到，是他的某张面具在统率民众的心："那么我必须让自己被认识，并且首先，必须认识我自己！"在乐于助人和乐善好施的人中间，则会几乎常规性地碰到那种笨拙的把戏，它首先编造出那个应该被帮助的人：比如就当他"配得上"帮助，他正好期望他们的帮助，并且将证明他会因为这一切帮助对他们深怀感激、依恋和恭顺，他们用这些想象支配那位困乏者就像支配一笔财产，正如他们说到底是出于对财产的渴望才成为乐于助人和乐善好施的人。如果有人在帮助时跟他们有所重合或者抢了他们的先，就会发现他们在嫉妒。父母则不自觉地把孩子变成某种与他们类似的东西——他们名之为"教育"，没有母亲会从内心深处怀疑，她在孩子身上天生有一份财产，没有父亲会有异议，他有权利让孩子屈服于他的概念和价值评估之下。是的，在早先，父亲按一己之好恶决定新生儿的生死(就像在古德意志人中间那样[③])，还显得很合情理。和父亲一样，现在还有教师、等级代表、教士、王侯们，也在每一个新人那里看到一个不待思索的占有机会。由此推出……

195

犹太人——如塔西佗和整个古代世界所云，乃一族"天生为奴"的民众，如他们自己所云和所信，乃"万民中的选民"——犹太人使价值的颠倒过程中那一幕奇迹得以完成，多亏那个奇迹，地球上的生活又在一两千年里得到一次全新的、危险的刺激：他们的先知把"富有""不信神""邪恶""暴行"和"感性"融为一物，第一次把"世界"这个词铸成一个秽词。犹太民众的意义便在于这样的价值颠倒中(其中亦包括把"贫穷"一词用作"神圣"和"友爱"的同义词)：道德中的奴隶起义就从他们开始。

196

太阳之畔有无数阴暗物体有待开启，我们将永远看不见这些物

① 卡里奥斯特罗：化名，欧洲18世纪有名的伪造者、术士和骗子。——译注

② 喀提林：公元前1世纪罗马政客，以阴谋叛乱闻名。——译注

③ 据古日耳曼风俗，初生儿尚未有灵魂，因而尚不存在，由父亲决定是留下来或送走(即杀死)。——译注

体。我们私下里说说，这是一个比喻；而一个道德心理学家把全部星相(Sternschrift)只当作一门比喻式和记号式的语言来读，许多事物用这种语言让自己沉默。

197

人们彻底误解了食肉动物和枭雄(比如恺撒·博吉亚[①])，只要在热带所生的一切恶兽和株苗中最健康的这一种的根基里面，人们还去寻找某种“病患”，甚至是去寻找某个天然的“地狱”，那么他们就误解了“自然”：就像迄今为止几乎所有道德学家已经做的那样。看起来，在道德学家这里似乎有一种对原始森林和对热带的恨？似乎必须不惜代价败坏“热带人”的名声，说那是人类的病态和蜕变，说那是人类自设的地狱和自找的磨难？究竟是为什么？为了有利于“温带”[②]？有利于适度的人？“有道德”的人？中等人？——此为“作为懦弱的道德”一章而作。

198

所有这些道德，这些面向单个人的、据称是以他们的幸福为目标的道德，还会是什么呢，不就是下面这些吗：根据单个人独自生活的危险性之高低而给出行为建议；在他们有权力意志或者想当主人时，针对他们的激情、他们或优或劣的偏好开出些药方；或小或大的聪明和矫揉造作，附着陈年的居家常备药物和老太婆智慧的那种角落气味；在形式上统统都是巴洛克式的、非理性的——因为这些道德面向“所有人”，因为它们在不允许一般化的地方做一般化，统统都以绝对的口气谈论，以绝对的方式据为己有，统统都不仅是调了一点盐，倒还勉强够味，有时，当他们学习让自己闻起来像是调味调得太重，像是有危险，尤其像是“另一个世界”的时候，甚至还挺有诱惑力：这一切，从知性上衡量，都价值无多，远远谈不上“科学”，遑论“智慧”，而是——再说个三遍吧——聪明，聪明和聪明，混杂着愚蠢、愚蠢和愚蠢，不论是那种淡漠和僵冷，用来对付斯多亚主义者们所劝谏和治疗的那种情绪上的热闹丑态；还是那种

---

① 恺撒·博吉亚：教宗亚历山大六世私生子，出身西班牙贵族世家，15、16世纪之交权倾意大利，马基雅维里在《君主论》中激赏的强权人物。西班牙与意大利同为欧洲最近于热带者。据考夫曼，博吉亚远非尼采之理想，此处举他为例只表示“健康”。——译注

② “温带”原文为gemäßigtenZonen，字面义为“适度的地带”，故下云“适度的人”。——译注

斯宾诺莎式的“不再哭”和“不再笑”，他那种通过对情绪做分析和活体解剖去摧毁情绪的做法颇受到些天真的赞同；或是把情绪调低，调低到一个完善的平常程度，它们只允许在这个程度上被满足，即道德的亚里士多德主义；甚或把道德作为情绪的享受，这时通过艺术象征有意对情绪进行某种稀释和精神化，比如稀释和精神化为音乐，或对上帝的爱和为了上帝之故对人类的爱——因为，激情重新拥有在宗教中的公民权了，前提是……最后甚至是那种献身，迎合地故意向情绪献身，那些情绪教给哈菲兹[①]和歌德的就是这个，那种放下缰绳的无所忌惮，那种见于年老而智慧的怪人和醉汉（他们“不再有多少危险”）的精神—身体上的 licentiamorum［德行放纵］。此亦为“作为懦弱的道德”一章而作。

199

既然在自有人类以来的一切时代，均有人类群盲（宗族、乡社、部落、民众、国家、教会），并且总是有跟为数甚少的命令者相比非常之多的服从者，也就是说，鉴于顺从在人类中间得到迄今最好和最长久的练习和培养，则人们可以合乎情理地假设，现在平均说来每个人生来都有这种需求，它作为一种形式良心在发号施令：“你应该无条件去做某某事，应该无条件不做某某事”，简言之，“你应该”。这个需求会找东西喂饱自己，用某个内容把它的形式填满；在这方面，它根据它强壮、着急和紧张的程度去摄取，不挑三拣四，胃口很宽，只要是命令者——不管是谁，父母、教师、法则、等级成见、公众意见——朝它耳朵里喊的，它都接受。人类发展所受的奇特限制，它的踌躇、漫长、频频倒退和打转，其根源在于：群盲的顺从本能被最大限度地、以牺牲命令的艺术为代价地继承下来。如果设想一下，有一天这种本能逐步完全失去了节制，那么最终干脆就没有足够的命令者和独立者了；或者是他们内心为坏良心所苦，为了能够下命令，竟必须自己先对自己施加某种欺骗，也就是说，假装他们也在服从。今日的欧洲实际上就处于这种状况：我称之为命令者们的道德虚伪。他们不知道还能怎样保护自己免受他们的坏良心之害，只有一味地装出（祖先、宪法、法律、法则甚或上帝所颁布的）更古老或更高级命令的执行者的模样，或者甚至从群盲的思维方式中借用群盲的准则，比如充当“民众的第

① 哈菲兹（Hafes，尼采写作 Hafis）：14 世纪伟大波斯诗人，尼采当是从歌德的《西东胡床集》中读到他的。——译注

一公仆”或者“公共福利的工具”。今日欧洲的群盲亦端起了架子，仿佛他们是唯一得到允许的一种人类，并且把那些使他们得以变得驯顺和容易相处的对群盲很有用的特性，美化成真正的人类美德：亦即公共意识、热心、为人着想、勤奋、适度、谦逊、谅解、同情。而在据信不能摆脱领袖和领头羊的地方，人们今天便一次又一次尝试，用聪明的群盲的总数合计来取代命令者：这是例如一切代议制宪法的渊源。尽管如此，一位绝对命令者的出现，对于这些群盲动物式的欧洲人，是何等的福气，免除一种正变得难以忍受的压力，是何等的解脱，这一点，拿破仑的出现所造成的效应给出了最后的伟大证据：拿破仑效应的历史几乎就是较高级幸福的历史，这整个世纪在它最有价值的人和最有价值的时刻上曾经达到过的那种幸福。

200

人若生于一个分崩离析的、搅得种族混乱不堪的年代，他本人的身体里就是一个驳杂来源所传下的遗产，即诸般相互对立的冲动和价值尺度，经常还不只相互对立，它们还相互争战，少有安宁，这样一个人，处于文化晚期和破碎的光源下的人，一般来说，将是一个较为虚弱的人：他最根本的期望就是，有朝一日结束那场战争，而他就是这场战争；在某种使人安宁的(比如伊壁鸠鲁学派或基督教的)医学和思维方式的协调一致下，幸福似乎首先就是休息、不受打扰、餍足、无限统一性的幸福，用神圣的修辞学家奥古斯丁(他自己就是这样一个人)的话说，就是“安息日的安息”①的幸福。——不过，在这样一种本性里，如果对立和战争像生命之刺激和挠痒那样起更多的作用，如果除了那些强劲而不肯和解的冲动之外，那种在自己跟自己作战方面真正的精通和精细，即对自己施以统治和欺诈，竟也得以继承和养成的话：那么，那些有魔力的不可把握者和出乎意料者，那些预定了要去获胜、去诱惑的谜一般的人，便诞生了，他们最美好的体现就是阿尔喀比亚德和恺撒(我很乐意把那位按我的

① “安息日的安息”：奥古斯丁把源自犹太教的安息日引申为人类的第七个时代、永恒安息时代(《上帝之城》第22章第30行)：“当我们被上帝的幸福和圣洁充满，被造就为新人的时候，我们自己将变成第七日。[……]上帝使我们复原，上帝巨大的恩典使我们成全，我们将永远安静下来，知道他是上帝，当上帝成为一切中的一切时，我们就被上帝充满了。”(参见奥古斯丁：《上帝之城》，王晓朝译，1160页，北京，人民出版社，2006)——译注

趣味讲是第一个欧洲人、霍亨斯陶芬家的腓特烈二世[①]跟他们并列)，在艺术家中也许是列奥纳多·达·芬奇。他们正是出现在那些相同的时代里，那时，那种较为虚弱的类型带着他们对安静的期望走到了前台：两种类型相辅相成，源自那个相同的起因。

201

长久以来，道德价值判断中盛行的有用性仅仅是对于群盲的有用性，长久以来，人们的眼光仅止于关注集体的维持，偏要而且只在貌似危害集体之延续的事物中寻找不道德：同样长久的是，“博爱的道德”还没有存在过。假定那时候也已经小规模地持续练习过为人着想、同情、讲情理、温和、互惠互助等，假定在这种社会状况下，所有那些后来尊称为“美德”且最终跟“道德性”概念几乎合为一体的冲动都还活跃着：那么，它们还根本未曾进入道德价值评估的领域——它们还是道德之外的。比如，在罗马最好的时代，一个同情的行为既非善的亦非恶的，即非道德亦非不道德；即或它得到称许，一旦把它跟不论哪一种有助于整体——res publica[共和国]——之促进的行为相提并论，这称许也是一种不情愿的藐视的最好敷衍。“邻人之爱”[②]终归是次要之事，跟对旁人的恐惧相比，终归带着几分客套，几分随意和假意。就是这种对旁人的恐惧，当社会构架显得在整体上是稳固的、面对外部危险是安全的之后，将再造道德评估的新视角。在此之前，某些特定的强健而危险的冲动，比如创业的雄心、疯狂的胆量、复仇欲、奸猾、劫掠成性、统治欲，在公共利益的意义上不仅必须受尊敬——被合乎情理地冠以跟我上面所选的不同的称号，而且还必须被教育和培育壮大(因为在面对整体之敌人的整体危险中，人们无时不需要这些冲动)，而自此以后，人们感到它们的危险性倍增——现在这些冲动缺乏排泄渠道——并且一步一步地，把它们斥指为不道德，任凭它们受污蔑。现在，是那些相反的冲动和倾向获得道德的荣誉；群盲本能一步接着一步得出它们的推论。现在的道德视角是，在某个意见中，在某种状态和情绪中，在某个意志中，在某个禀赋中，危及公共和平等的东西是多还是少：恐惧在此也又一次成为道德之母。面对那些最高级和最强健的冲动，

① 霍亨斯陶芬家的腓特烈二世：13世纪著名神圣罗马帝国皇帝，德意志血统而生于意大利南部；统治德意志和西西里，曾东征耶路撒冷，究心文教，史家誉其为“第一个现代统治者”。——译注

② “邻人之爱”原文为 LiebezumNächsten，系 Nächstenliebe(博爱)的字面意思。——译注

当它们激烈地迸发出来，冲得单个人远远越出群盲良心的平均和低级范围之外和之上，集体的自身感觉便会崩溃，它对自身的信念，脊梁一般碎裂：于是这些冲动将立刻受到最严重的斥责和污蔑。高远而独立的精神状态、独来独往的意愿、伟大的理性被感知为危险；一切提升单个人超于群盲之上并令旁人恐惧者，从此皆称为恶；而讲情理、谦逊、守秩序和平等待人的态度，中等程度的欲望，便得到道德的称号和荣誉。终于，在一团和气之中，越来越没有机会和迫切性，去把他的感觉教育得严格和强硬；现在任何一种严格，哪怕是公正的，也开始扰乱良心；某种超迈和强硬的高尚风范和自负其责之举，则几近折辱并招惹猜嫌，“羊羔”，甚至是“笨羊”①赢得尊重。在社会的历史中，病态的酥软化和温柔化过程有个关键点，在这个点上社会甚至站到它的损害者、站到罪犯一边，而且是严肃而诚恳地这样做。惩罚：无论在何处，社会皆以为它不合情理，肯定是关于“惩罚”和“应该惩罚”的想象弄疼它、让它恐惧了。“使他不危险不就够了吗？为何要惩罚？惩罚本身就令人恐惧啊！”——群盲道德、懦弱的道德便从这个问题推出它最后的结论。假定人们能够一举消除危险，消除恐惧的根源，那么将会一同消除这种道德：它将不再是必需的，它将不再把自己当作是必需的！——谁要检验今日欧洲人的良心，他将不得不从道德的一千个层次和隐蔽中剥开那条相同的律令，群盲之懦弱的律令：“我们的意愿是，总有一天再也无可恐惧！”总有一天——朝着这一天而去的意愿和道路，在今日的欧洲处处被称为“进步”。

202

现在让我们再说一遍我们已经说过百遍的话：因为对于这些真理——对于我们的真理——今日的听众并不乐意听取。我们早就知道，如果有人既不机灵又不委婉地把人类算作动物，听起来有多么侮辱；而对秉持“现代理念”的人类持续使用“群盲”“群盲本能”及类似的表达，差不多要被算作我们的亏欠②了。这又怎么样呢！我们别无他法：因为我们的新洞见就在这里。我们发现，欧洲，再算上在欧洲影响笼罩下的国家，在所有主要的道德判断上已经同心同德

① “羊羔”在基督教中可作为基督牺牲精神的象征；“笨羊”原文为 Schaf，既指绵羊，亦指温和蠢笨的人。——译注

② “亏欠”(Schuld)：通译“罪责”，此译为体现尼采对此词的特殊考量，参见《道德的谱系》第二篇及标题注。——译注

起来了：显而易见，在欧洲，人们知道苏格拉底以为大家还不知道的东西，那条古老而著名的蛇曾经给出预兆要传授的东西，今日的人们“知道”，善恶是什么。这时如果我们总是一再坚持下面这一点，听起来一定显得强硬而难以入耳。在这里据信已经知道的，在这里用自己做出的褒贬来美化自己、自称为善的，是人类这种群盲动物的本能。这种本能已经发作，对其他本能取得了优势地位和统治地位，并且按照日益增长的生理学上的近似和相似的程度，这种本能发展得越来越好，它就是那种近似和相似的症状。道德今日在欧洲是群盲道德：——也就是说，正如我们对事物的理解，它只是人类道德的一个种类，在它旁边，在它之前，在它之后，可能或本该可能有许多其他道德，尤其是更高级的道德。而这种道德却在尽一切力量反对那样一种“可能”，反对那样一种“本该”：它顽固不化地说，“我就是道德本身，此外没有道德”。——当然，有一个听命于那些最精巧的群盲欲望的宗教的帮助，事情因而到了这样一个地步，在政治和社会的组织机构中，我们甚至看到这种道德越来越露骨的一种表达，民主运动继承了基督教遗产。不过，对于那些更没有耐心的人来说，对于上述本能的病人和上瘾者来说，这运动的速度还太慢太慢，还在磨磨蹭蹭，为此有日益汹涌的叫嚣，有无政府主义野狗们越来越不加掩饰地龇牙咧嘴，现在他们正游荡穿梭于欧洲文化的街巷：表面上，他们跟和平勤劳的民主党人和革命意识形态论者相反，跟蠢笨的冒牌哲学家和痴迷于兄弟情谊者（自称为社会主义者，想要“自由社会”）甚至有更多的相反，其实跟他们一样都从根本上本能地敌视群盲自治之外的其他一切社会形式（直到甚至拒绝“主人”和“奴仆”的概念——有一句社会主义口号就叫“没有上帝，没有主人”）；一样死硬反抗一切特殊的权利主张[1]，反抗一切特殊权利和优先权利（这归根结底就是反对一切权利：因为到这时，人人相同，便没有人再需要“权利”了）；一样不信任惩罚的公正性（仿佛那是对弱者的某种强暴，是对一切早期社会的必然后果的某种不当处置）；而只要有所感觉、有所生活、有所患难，则又全都归于同情的宗教和同感方面（下至动物，上至“上帝”：“与上帝同罹苦难[2]”的泛滥乃民主时代所固有）；一样在同罹苦难时尖叫和无耐心，一样从根本上恨死了苦难，一样简直像女人一样不能在这时保持其为旁观者，

① “权利主张”（Anspruch）系法学用语，指要求对某物或某事的权利得到承认；指其主张已得承认则为“权利”（Recht）。——译注

② “同罹苦难”即“同情”，原文为 Mitleiden，其字面含义本是“共同罹受（苦难）”。——译注

任凭苦难之所至；一样不情愿地阴郁化和温柔化了，在这两者的驱使之下，欧洲看来正遭受一个新佛教的威胁；一样全都信仰共同地同罹苦难的道德，仿佛它就是自在之道德，就是高度，人类已经达到的高度，是未来独一无二的希望，当前之事的安慰药，先前所有亏欠的大清偿：一样全都把共同体当作救世女神①来信仰，也即都信仰群盲，信仰"自己"……

203

我们，怀有另一种信念的我们，认为民主运动不仅仅是政治组织的衰败形式，而且是人类衰败的形式，亦即渺小化的形式，是人类的中等化和价值贬黜：我们必须向哪里抓取我们的希望呢？——向新哲学家们，别无选择；向精神们，强健而原初的、足以发动截然相反的价值评估、足以重估和颠倒"永恒价值"的精神们；向被预先派遣者，向未来的人，他们在当前则维系着那个把数千年的意志束缚在新轨道上的强制和绑索。把人类的未来作为人类的意志、作为依赖于某种人类意志的东西教授给人类，在培养和培育方面为人类准备伟大的冒险和总体的尝试，以此终结那个受着胡闹和偶然的骇人统治的、迄今被称为历史的东西——"最大数量"的胡闹只是这种东西的最后形式：为此，总有一天将迫切需要一个新种类的哲学家和命令者，在他们的肖像前，大地上隐蔽、可怕而乐行好施的精神们所曾秉有的一切，势将显得苍白而形同侏儒。在我们眼前飘过的，就是这样一些领袖的肖像：你们自由的精神们，允许我大声说出来吗？形势，为了他们的诞生必须一边创设出来一边利用起来的那种形势；探测性的道路和考验，在它们的帮助下，一个灵魂得以成长到那样一个高度、壮大成那样一种暴力，去感受那种逼向这些使命的强制；一次价值重估，在它的重压和锤击之下，一个良心将得到锻炼，一段心肠将化为铁石，从而可以忍受这样一份职责的重量；而另一方面，这样一些领袖的必然遭遇，那种恐怖的危险，即他们有可能不出现，或是长坏了，或是蜕变了——以上这些，乃是我们真正的担忧和苦闷，你们可知道，你们自由的精神们啊？是这些沉重遥远的思想和风暴，在掠过我们生命的天空。少有疼痛会这般切肤，当有一天看见了、猜到了、共同感受到了，一个超常的人怎样脱落和蜕变到他的轨道之外：谁若有罕见的眼力看出那个总危

① "救世女神"原文为Erlöserin，是"Erlöser"(拯救者，亦指基督教意义上的救世主)的阴性形式。——译注

险，即“人”本身在蜕变，谁若跟我们一样，认识到那个阴森莫测的偶然性，迄今它还在关系人类未来的事体上玩着它的游戏——一场无人能插手、连“上帝之指”也不能参与的游戏！——谁若猜中那个厄运，那个潜藏在对“现代理念”傻乎乎的不臆不逆和轻信里，更多是潜藏在整个基督教欧洲的道德里的厄运：则他将苦于一种无与伦比的惊恐，他当然一眼就看得出，若有益地积聚提升力量和功课，从人类中还可以培育出什么，他凭着良心的全部所知知道，对那些最伟大的可能性，人类还是尚未穷尽的，人类这个类型已经多少次站在奥妙的决定和崭新的道路边上：凭着最疼痛的回忆他还更清楚地知道，一个最高等级的生成者迄今已经习惯于在那些可怜的事物边上破碎、断裂、湮没和变得可怜。人类的总体蜕变，直到变成今日社会主义蠢货和死脑壳所以为的“未来人”——作为他们的理想！——人类向着完美的群盲动物（或者按他们的说法，向着“自由社会”的人）而去的蜕变和渺小化，人类向着平等地享有和主张权利的侏儒动物而去的动物化，无疑是可能的啊！谁若把这种可能性一下设想到底，就比其余人等多识得一种恶心——也许也就多识得一项新的使命[①]！

（赵千帆译　孙周兴校）

① “使命”（Aufgabe）亦有“认命、放弃”的意思。——译注

我们的美德[1]

214

我们的美德？——很有可能，我们也还拥有我们的美德，虽然已经不是祖辈们率真粗朴的、我们会因之尊敬但也因之疏远他们的那种美德了，这本是合乎情理的。我们这些属于后天(Übermorgen)的欧洲人，我们这些20世纪的初胎儿们，带着我们所有危险的好奇，我们在伪装上的花样和艺术，我们在精神和感官中酥软的、泛着甜味的残忍，倘若我们应该拥有美德，我们估计将只拥有这样一些：它们会学习跟我们最亲熟、最衷心的偏好，跟我们最热烈的需要最好地相处：来吧，让我们到我们的迷宫里找找看吧！——在这个地方，正如人们知道的，好些是找不到了，好些是完全消失了。有什么事比寻找自己的美德更美妙的吗？这岂不是已经近于：信仰自己的美德吗？——从根本上说，这跟人们从前称之为"好良心"者不是同一个东西吗？不就是

① 《善恶的彼岸》第七章，译文选自尼采：《善恶的彼岸·论道德的谱系》，赵千帆译。——译注

那根值得尊敬的、拖得长长的概念辫子吗？我们的祖辈们不就是把它垂在脑后，至为常见的还是垂在他们的理智后面吗？由此看来，尽管我们自以为无论怎样都不算老式了，不像祖父们那样正经了，但是，在总体上我们还是这些祖辈们的称职子孙，我们这些有好良心的最后的欧洲人：我们也还拖着他们的辫子。——嘿！但愿你们知道，很快就会，竟然这么快就会——有所不同了！……

215

正如在星球的王国中，有时是两个太阳规定一颗行星的轨道，正如在特定的情况下，不同颜色的太阳绕着同一颗行星发光，时而是红光，时而是绿光，还会又同时照在上面，泛出斑驳色彩：我们这些现代人也是这样，借助我们"星空"的复杂机械装置——我们受到相异的道德的规定；我们的行为在相异颜色的轮番照耀之下，少有单一的意义，有足够的情形，让我们做出些斑驳的行为。

216

爱他的敌人？我相信，这件事已经学得够好了：今天已经大大小小地发生过千百遍了；甚至偶尔有更高明、更精妙的事——当我们在爱，恰恰在我们最爱的时候，我们学着蔑视：——不过所有这一切都是无意识的，不喧哗，不张扬，带着那种对善意的羞耻和隐藏，以杜绝堂皇的说辞和美德的套话挂在嘴上。以道德为态度——今天对我们来说有悖于趣味。这也是一个进步：正如我们的父辈曾经取得的进步，在他们手上，以宗教为态度，包括反对宗教的敌意和伏尔泰式辛辣(以及此前属于精神自由不羁者专用手势语言的一切事物)，终于也不容于趣味了。所有清教徒连祷①，所有道德布道和乡愿之音都不愿对之奏响的，就是我们良心中的音乐，是我们精神中的舞蹈。

217

有些人很看重别人信任他们能做出道德行动，能做出精细的道德区分，在这些人面前可要注意啊！当他们有时在我们面前出差错(或者甚至在我们身上出差错)的时候，他们从不体谅我们，即使跟我们还是朋友，他们也不可避免地成为我们的本能诽谤者和损害

① 连祷(Litanei)：基督教以一启一应的形式所做的连续性吁求的祈祷。——译注

者。——健忘的人有福了：因为他们还能"对付得了"①他们的愚蠢。

218

法国的心理学家——此外今天哪里还有心理学家吗？——在对那些资产阶级愚蠢辛辣而花样百出的戏弄上，总是不曾尽兴，仿佛如果……尽了兴，他倒暴露出某些东西。比如福楼拜，这位老实的卢昂市民，最终再也不会看到、听到和嗅到什么别的东西：无非是他那个种类的自我折磨和较为精细的残忍。现在我建议沉醉于另一种不同的事物，以供调剂——因为否则会无聊的——这就是那种无意识的狡猾，所有善良厚重老实的中等精神都用它来对待更高级的精神及其使命，那种精细的勾缠着的耶稣会式的狡猾，它比这个中间等级在他们巅峰时刻的知性和趣味——甚至也比他们的牺牲品的知性——要精细一千倍。这又一次证明了，在迄今所发现的一切种类的才智中，"本能"是最有才智的。简言之，你们这些在对"例外"的斗争中研习"常规"哲学的心理学家们：这里你们有一出戏要演，对诸神和神性的恶毒来说，这可是够好的一出戏！或者说得更清楚一些：这里你们要对"善良的人"做活体解剖，对 homo bonaevoluntatis[善良意志的人]②……对你们自己！

219

道德判断和判决的精神狭隘者最喜爱对那些为数较少者的复仇，这也是一种损失补偿，因为他们从自然得到的馈赠很差，现在终于有了一个机会，可以得到精神并且变得精细了——恶意被精神化了。让他们从心底感到痛快的是，有一个尺度，在它面前，即使是那些精神中堆满财富与特权的人，跟他们也是平等的——他们为了"在上帝面前人人平等"而斗争，并且几乎是为此而需要信仰上帝。无神论最有力量的对手就在他们中间。谁若对他们说"一种高级的精神状态，与只剩下道德的人的无论哪一种老实和可敬，都是不可比较的"，那会惹恼他们——我会防止自己这样做。我毋宁要用我的话来恭维他们说：一种高级精神状态本身只是作为诸种道德品质最后生

① "对付得了"原文为(mit)fertig(werden)，兼有"了结"与"对付"之义。——译注

② homo bonaevoluntatis[善良意志的人]，语出《新约·路加福音》第2章第14行："在至高之处荣耀归于上帝！在地上和平归于他的喜悦的人！"尼采使用了正确的拉丁译文(武加大版作：Gloria in altissimisDeo et in terra paxhominibusbonaevoluntatis)，今人考证"他的喜悦的人"(即上帝之"善良意志"所加者)当为"善良意志的人"。——译注

就的怪才才持存下来。它是一个综合，当那些在“只有道德”的人那里广受传颂的状态单个地、经过长期培养和练习、也许是在一连串完整世系中被获得之后，对所有那些状态的一个综合；我还要说，高级的精神状态恰恰是公正的精神化，是那种善意的严格的精神化，那种严格知道自己被授权，在事物本身中——而不仅仅是在人类中，维持世界上的等级秩序。

220

关于当今如此符合民众口味的对“不计利害者”的称赞，人们必须——也许要颇冒一些危险——意识到，民众所指利害究竟为何，普通男人所透彻而深入关心的，究竟是什么事物：包括那些受过教育者，甚至学者，如果并非一切都是假象的话，大概还包括哲学家们。这样事实就会清楚：使更精细和更受娇惯的趣味，使一切更高等本性觉得有利害、有刺激的那些东西，在那种平均人看来，绝大多数是完全“无关利害”的：尽管如此，平均人在这些事物中注意到一种献身，他称之为“不计利害”(déintéressé)，并且惊诧地想知道，这是何以可能的。曾经有过一些哲学家，他们还知道赋予这种民众惊诧以一种诱惑性的、神秘彼岸的表达(——也许因为他们对那种更高等本性并没有出自经验的认识?)，而避免把那种裸露的、平心而论合乎情理的真理摆出来，说什么“不计利害”的行为是一种十分有利并且得利的行为，只要假设……“那爱呢?”——怎么！难道连出于爱的行为也应该是“非利己”的吗？你们可真是些蠢货呀！“那对牺牲的称赞呢?”——可是，谁若真正牺牲过，就会知道，他是为此意愿某种东西并且得到了某种东西，也许是为了某种自己的东西而意愿并且得到了某种自己的东西——他在此处献身，为的是在别处拥有更多，为的是也许从根本上成为更多，或者感觉到自己确实“更多”。不过，这已到了一个提问和回答的领域，一个被娇惯坏了的精神不喜欢在此逗留：到这里，真理已经那么困，不得不强忍住呵欠，如果它必须回答的话。真理终归是一个女人：人们不应该对她施暴。

221

事情是这样的，一位道德主义方面的学究和拘泥细节者说，我尊敬并且推崇一个不自私自利的人：但不是因为他不自私自利，而是因为，他在我看来拥有一种权利，以自己额外的付出而对另一个人有益。够了，他是谁，而那个人又是谁，这还一直是个问题呢。比如说，倘若一个人已经被确定为并且被造就成命令者，则自我否认和退让就不是美德，而是对美德的滥用：在我看来就是这样。每一种自认为绝对的、面向每个人的非利己道德，都不只是有罪于趣味：它们会刺激引发渎职罪，毋宁是仁爱(Menschenfreundlichkeit)面具下的一种诱惑——而且恰恰是对那些高等者、更稀有者、有特权者们的诱惑和损害。人们必须强迫这些道德从一开始就遵从等级顺序，人们必须诫止它们僭越行事，直到它们最后彼此明白，"推己及人"这种话是不道德的。——也就是说，我所说的道德主义学究和老好人：当他那样念叨着那些道德的道德性时，人们笑话他，不亦宜乎？不过，当人们想用笑话把观众争取到自己这边来的时候，不应该太过正确；有一丁点不正确，甚至算得上好趣味呢。

222

在今日人们为同情布道之处——确切说来，现在人们不再为其他宗教布道了——心理学家该竖起他的耳朵了：透过此等布道者(同所有布道者一样)的全部虚荣和全部喧哗，他将听见一阵沙哑而真切的哀鸣，诉说着自身蔑视。自身蔑视属于那个到现在已推进了一个世纪之久的欧洲的阴郁化和丑陋化过程(其第一个征兆已经记载在加里安尼致德·皮奈夫人①的信中了)：如果它不是其原因的话！那种"现代理念"人，那只自负的猿猴，按捺不住地自己对自己不满意：这一点是肯定的。他在受苦：而他的虚荣意愿他只是在"一同受苦"……

223

欧洲混合人——一种丑陋得尚可忍受的平民，总的说来——实在需要一套服饰：历史学作为服饰储藏室于他是必需的。诚然他觉得，这里没有一套合他的身，他换来换去。看看19世纪吧，看看这场风格的化装游行中快速的喜新厌旧吧；再看看那些感到我们"没什么东西站得住脚"的绝望瞬间。In moribus et artibus[在道德和才艺上]显摆自己是浪漫主义的、古典主义的、基督教的、佛罗伦萨式的、巴洛克式的或者"民族的"，都没有用场："不好穿"！不过，即使在这样的绝望中，"精神"，尤其是"历史学精神"，也见出自己的

① 德·皮奈夫人：18世纪法国著名的沙龙女主人。——译注

优点：总是会再来一件史前或异国的新货，被试穿，套上，脱下，包好，尤其是被研习：——我们是第一个在“服饰”上做过 in puncto［相关］①研习的年代，我指的是，为了伟大风格的谢肉狂欢②，为了精神的谢肉节③嬉戏和放情，为了达到胡说八道和阿里斯托芬式世界嘲弄的先验性高度，前所未有地准备好那些道德、信仰纲目、艺术趣味和宗教。也许，我们在此恰恰还揭示出我们的发明领域，在这个领域里，连我们，差不多作为戏仿世界历史的倡优和扮演上帝的笨汉丑角，居然还能是原创性的——也许，就算今日再没有什么东西拥有未来，恰恰是我们的笑还拥有未来！

224

历史感（或者那种能力，对于某个民众、某个社会、某个人所据以生活的诸种价值评估的等级顺序一猜便中的能力，对于这些价值评估之间的联系、对于价值的权威和起作用的力量的权威之间关系的“预知本能”④）：欧洲已经通过等级和种族在民主制下的掺混而跌进半野蛮状态里了，作为这种着魔的狂乱状态的后果而来到我们面前的，就是这个历史感，我们欧洲人把它当作我们的特殊性，要求得到它，直到 19 世纪才认识这种历史感，它是这个世纪的第六感官。借助那样一种混合，那个过去，由一切形式和生活方式、由早先彼此紧密接触和交叠的诸种文化所组成的过去，汹涌而至，涌进我们“现代灵魂”，我们的诸种本能从此以后朝着各个方向回流，我们本身成了一种混沌：精神，如前所言，终于在此看到它的优点。通过我们身体和欲望中的半野蛮状态，我们有了高尚年代从来不曾有过的通往各个方向的秘密通道，尤其是那些通向未完成文化的迷宫和通向一切只在大地上一度存在过的半野蛮状态的通道；只要人类文化中迄今最显著的部分正好是这种半野蛮状态，“历史感”就几

---

① in puncto［相关］：该拉丁短语表示“关于”，然至尼采时在德语中更多是作为对 in punctopunctisexti［关于第六条］的戏谑性简称，表示跟十诫第六条（“不可奸淫”）相关者，即床第之事。——译注

② “谢肉狂欢”原文为 Karneval，通译“狂欢节”或“嘉年华”，原指谢肉节（圣灰星期三），杜登词源辞典以为源于中古拉丁语的 carnelevale［取走肉］或拉丁语的 carne vale［再见，肉］。——译注

③ “谢肉节”，原文 Fasching，指斋前狂欢节（Fastnachtszeit），系复活节四旬斋期前为期数周的狂欢节庆。——译注

④ 此处“预知本能”原文为 divinatorischerInstinkt，特指由神灵附体（Divination）而得的预言能力。——译注

近意味着那种施诸一切事物的感官和本能，施诸一切事物的趣味和舌头：由此它立刻证明自己是一种不高尚[①]的感性。比如，我们一再享受着荷马：也许，我们懂得品味荷马，是我们最幸运的殊胜之处，拥有某种高尚文化的人类(如17世纪的法国人，像圣-爱尔蒙德[②]，他责备这个世纪“性灵太过”，甚至还有他们的殿军伏尔泰)以前或现在都不会那么容易就知道如何精通荷马——他们几乎不允许自己去享受他。他们的腭所做的“是”或者“否”的断然判定，他们那准备随时吐露的恶心，他们在涉及一切异类事物时那犹疑的矜持，他们对缺乏趣味之事(甚至对活泼的好奇心)的羞怯，说到底，一切高尚和自足的文化都有的那种不甘愿，不愿坦白还有一种新的贪婪，不愿坦白对自身的不满意和对陌生事物的钦慕：所有这一切，都使他们毫无益处地跟世界上最好的事物相对立，唱反调，倘若这些事物不归他们所有或者不能为他们所掠取——对这样一些人类来说，恰恰没有比那种历史感及其卑下的平民好奇心更不可理喻的感性了。莎士比亚所处的情形也一样，对这个令人震惊的西班牙-摩尔-撒克逊的趣味综合体，一个古雅典人出于对埃斯库罗斯的情谊，会要么笑个半死，要么气得半死：但是我们——以一种莫名的亲切和由衷，恰恰接受了这种狂野的斑斓，这种最细腻者、最粗俗者与最做作者的相互混杂，我们将之当作专门留给我们的艺术精粹来享受，呛人的烟雾和凑到跟前的英国群氓(莎士比亚的艺术和趣味就活在他们中间)于我们的享受几乎无所干扰，犹如在那不勒斯的基艾亚：这时，我们着了魔一般乖乖跟随自己的所有感官一路走去，不管群氓棚区下水道的气味熏塞四空。我们这些具有“历史感”的人：我们就是这样拥有我们的美德的，毋庸争辩，我们无所希求，无私，谦逊，勇敢，充分地克服自身，充分地献身，非常感激，非常耐心，殷勤迎合：尽管有这一切，但我们也许不是非常“富有趣味”。让我们最终向自己坦白吧：对我们这些具有“历史感”的人来说，最难以把握、感觉、品味、爱慕者，于我们从根本上有偏见且几乎有敌意者，恰恰是任何一种文化和艺术中的完满者和最后成熟者，是作品和人的真正高尚，那海澹风宁、静穆自足的时刻，所有已经完成的事物都会发出的金光与寒气。也许，我们伟大的历史感美德处在一种跟好

---

① “不高尚”，此译意在保持译名一致；“高尚”原文为vornehm，它还有“讲究”的意思。——译注

② 圣-爱尔蒙德：活跃于17世纪，法国文人，他关于宗教的讽刺性作品《奥克坎库尔元帅与加纳耶神父的对话》与帕斯卡的《致外省人信札》齐名。——译注

趣味的必然对立之中，至少跟最好的趣味是对立的，恰恰对于人类生活中那些小的、短暂的、最高程度的欣幸和光华，对于它们怎样有时于某处闪现一下，我们力所能及者，只是拙劣地，只是犹疑地，只是勉强地在自己身上来描摹：那样的瞬间和奇迹，当一股伟大的力在无尺度者和无界限者面前心甘情愿地驻留之际，当人们在那个骤然的驯化和石化过程中、稳稳立定并把自身固定在一块尚且颤动的地面上尽情享受着精微乐趣之际。尺度对我们是陌生的，我们供认不讳；我们的痒就是无限者和无度量者的痒。犹如骑士在吁喘前突的骏马上，我们在无限者面前放下缰绳，我们现代人，我们半野蛮人——唯当我们多半处于——危险中时，我们才处于我们的福祉中。

225

或是享乐主义，或是悲观主义，或是功利主义，或是幸福主义：所有这些根据乐与苦，亦即根据伴随状态和附带之事来衡量事物价值的思想方式，都是前台思维方式，都是天真，每一个于自己身上意识到赋形力量和一种艺术家良心的人，都将不无嘲弄也不无同情地卑视之。同情你们啊！这诚然是跟你们所见的不一样的同情：这不是对社会性"窘迫"、对"社会"及其患病者和不幸者、对一开始即沾染恶习者和支离破碎者、对他们围着我们四周躺倒在地的样子的同情；这更不是对愤懑不平的受压迫而好造反的奴隶阶层（他们争求统治权而称之为"自由"）的同情。我们的同情是一种更高超更有远见的同情：我们看见，人类是如何自行渺小化的，你们是如何将他渺小化的！——而有些时刻，我们恰恰怀着难言的担忧注视着你们的同情，同时抗拒着这种同情，那时我们觉得你们的严肃比无论哪一种轻率都更加危险。你们要尽可能地——再没有比这个更狂乱的"尽可能"了——消除苦难；而我们？——看来恰恰是，我们宁可要比以往任何时候都更高和更严重的苦难！安乐，按你们所理解的那样——可绝不是目标，在我们看来倒是一个终结！是一种使人类迅速变得可笑可鄙的状态——它使人以他的没落为愿望！苦难、伟大苦难的培养——你们不知道吗，唯有这种培养做到了迄今为止对人类的所有提高？灵魂在不幸中的紧张，那种使之养成强健的紧张，它在目睹伟大毁灭时的战栗，它在承受、挺过、阐发、耗用不幸时的善于发明和勇敢，以及那些向来只通过深度、秘密、面具、精神、狡计和伟大而馈赠给它的东西：这些难道不是在苦难之下、在伟大苦难的培养之下被赠予灵魂的吗？在人类中创造与造物者合而为一：在人类中有材料、碎块、富余、粪土、胡闹、混沌；在人类中却也有造物者、教化者、铁锤之强硬、观者之神性和第七日：你们理解这种对立吗？你们理解吗，你们的同情，对人类中的造物者来说，就是必须被塑造、摧折、锻打、撕扯、灼烧、淬火、滤清的东西，就是迫不得已而必须罹受和应该罹受的东西？而我们的同情——你们难道领会不了吗，我们这颠倒了的同情就适用于你们，同时又抗拒你们的同情，就像抗拒一切柔化和弱化中最恶劣者？——也就是反对同情的同情！——不过，再说一次，存在着比一切关于乐与苦、关于同情的问题更高级的问题；每一种只往这些问题上奔跑的哲学，都是一种天真。

226

我们非道德论者！——这个与我们相关的世界，这个我们不得不在其中怕和爱的世界，这个精细地命令又精细地服从的世界，几乎看不见听不到，一个在一切方面都是“几乎”的世界，多钩、窘促、尖利、温柔：对笨拙的旁观者和亲昵的好奇心，它倒是防护得够好的！我们被包裹在一套严密缝制的义务衬衣里了，不能出来，我们就在其中成了“承担义务的人”，那就是我们！间或，说真的，我们也在我们的“链条”里、我们的“剑”丛中跳跳舞；同样不假的是，更多时候我们在里面咔咔作响，对我们命运所有那些隐秘的强硬全不耐烦。但是，我们喜欢做我们所意愿的事：蠢货和视觉假象则反对我们说，“这是些不承担义务的人”——我们总会有反对我们的蠢货和视觉假象！

227

正直，假定它是我们摆脱不掉的美德，我们自由的精神们——那么，让我们带着所有的恶意与爱意躬行之，并且不倦地在我们的、只在我们这里还残存的美德上使自己“完满”：但愿它的光辉，就像一道镀金、发蓝、嘲弄的霞光，曾在这个老迈的文化和它沉闷而阴郁的严肃上停留过一次！而且，即便有一天我们的正直疲倦了，哀叹着伸展肢体，觉得我们太强硬了，想要变得更好、更轻盈、更温柔，就像某种舒适的恶习：我们依然保持着强硬，我们这些最后的斯多亚主义者！我们要把我们身上仅有的魔鬼行径送给它，以为帮助——给它我们对笨拙之物和含混之物的恶心，我们的“nitimur in vetitum[求不当求之事]”，我们的冒险家勇气，我们机巧的、惯坏了的好奇心，我们那最精细、裹得最严实、最精神性的求权力和求征服世界的意志，那贪婪地扫荡和席卷未来的一切国度的意志，让我们带着所有“魔鬼”前去帮助我们的“上帝”吧！人们大概会于此错认和混淆我们：这有什么相干！人们将说：“你们的‘正直’——这是你们的魔鬼行径，根本不是什么别的东西！”这有什么相干！就算人们真的有理由这样说又如何！迄今所有神祇不都是这般被神圣地施洗改名的魔鬼吗？我们对我们自己到底知道些什么呢？引领我们的那位神灵应该叫什么呢？(这是一项跟命名有关的事体。)我们庇护着多少神灵啊？我们的正直，我们自由的精神们，我们关心的是，它不会变成我们的虚荣，我们的饰物和排场，我们的界限，我们的愚蠢！每一种美德都倾向于成为愚蠢，每一种愚蠢亦倾向于成为美德；“愚蠢到神圣的地步”，在俄罗斯人们这样说，我们关心的是，我们会不会从正直出发最终还是成了圣徒和无聊之徒！生命岂不是要长上百倍才够我们——无聊于其中吗？人们必定已经相信了永恒的生命，为了……

228

原谅我做的揭示吧：迄今全部道德哲学都是无聊的，都属于安眠药物——并且，在我眼中，对“美德”损害之大，莫过于它的鼓吹者们的这种无聊；虽然我还是想承认这些鼓吹者的普遍有用性。其原因大半在于，人们对道德是尽可能少去思索的，其原因又很大程度上在于，道德引起的兴趣大概不会超过一天！然而不要担心！这种情形今日一如既往：我在欧洲看不到任何人对下面这一点有过(或者给出过)概念：对道德的思索或许能够被搞得危险、棘手、诱人，厄运有可能就在这里！人们可以观察一下比如那种不知疲倦和不可避免的英国功利主义者，看他们是怎样笨拙而可敬地跟着边沁的足迹绕来绕去(荷马有个比喻说得更清楚)，就像边沁本人跟着可敬的爱尔维修的脚印绕一样(不，这不是一个危险的人，这个爱尔维修！)。不是新思想，不是旧思想细微的权变和褶皱，也从来不是一门关于早先所思考过的东西的真正历史学：整体上只是一部不像样的[①]文献，假如人们不善于带着一点恶意把它腌渍起来的话。因为就是这些道德主义者(万一必须读他们的话，人们无论如何要带着附

① “不像样的”，原文 unmögliche，它最主要的义项是“不可能”。——译注

加意图来读），竟也悄然养成了那种古老的英国恶习，名曰 cant［套话］，是**道德的伪善**，这一次则藏到科学性的新形式之下；即使在这里，也不乏良心愧疚所做的秘密抵抗，一个当年清教徒组成的种族，尽管在对道德做着科学论述，依然合乎情理地苦于这种愧疚。（道德主义者，难道不是清教徒的对照吗？也就是说，作为一个认为道德是值得一问的、值得打上问号的，简言之就是把道德当问题的思考者，难道道德主义者不应该是——非道德的吗？）最终他们全都愿意，**英国式的**道德性占了理：只要它正好被用来服务于全人类，或曰“普遍有用性”，或曰“大多数人的幸福”，不！是服务于**英格兰**的幸福；他们想尽一切力量证明，对**英国式**幸福的追求，我指的是对舒适和时髦（以及在最高阶段对一个国会席位）的追求，同时也是正确的美德小径，乃至要证明，迄今世界上有过的许多美德都已经包含在这样一种追求之中了。在所有这些滞重的、良心不安的群畜（他们的事业是把利己主义之事当作普遍福利之事来经营——）中，没有一个人愿意对下面这些有所知晓或者嗅到点气味：“普遍福利”不是理想，不是目标，不是以任何方式可以把握的概念，而只是一剂催吐药，对一个人来说合乎情理的，绝对还不**能**说对另一个人亦然，提倡唯一一种为一切人的道德，恰恰对高等的人类来说，是损害，简言之，人和人之间是有一种**等级顺序**的，因而在道德和道德之间也有。这是一个谦逊的、全然中等的种类的人，这些功利主义的英格兰人们，而且如前所述：鉴于他们是无聊的，对他们所起的功利，人们怎样评价也不算高。人们应该再**鼓励**他们：这正是下列诗句的部分用意。

埋头苦干的老实人，你们好呀，
一直是“干得越久，越喜欢”呀，
脑袋和膝盖，一直越来越僵呀，
没什么好激动，也没什么好玩耍，
经久耐用的中等货色呀，
不用天赋也不用灵气。

229

在后来那些对人性可以感到自豪的年代里，遗留着这么多的恐惧，这么多出于对“野性而残忍的动物”（人性年代的那种自豪正是来自对这些动物的征服）的恐惧的**迷信**，以至于一些触手可握的真相甚至长达几个世纪一直未被道出，宛如有了约定，因为这些真相貌似会帮助那种野性的、终于灭绝的动物重新活过来。我也许要冒些风险，如果竟让这样一种真相从我这里溜走的话：但愿其他人会重新逮住它，从它那里多多汲取“虔诚心态的乳汁”，直到它僵直地躺在它的古老角落里被人遗忘。——对于残忍，人们应该重新学习，睁开眼睛；最终应该学习不耐烦，别再让这样一些不知客气的肥大谬论（比如在关于悲剧的问题上，新旧哲学家们把这些谬论喂得多肥）在周围合乎美德地肆意晃荡。几乎一切我们称之为“高等文化”的，都基于对残忍的精神化和深刻化——这是我的命题；那种“野生动物”从来没有灭绝过，它活着，它欣欣向荣，它只是——把自己神化了。造就悲剧那种痛楚的欢悦的，就是残忍；所谓的悲剧之怜悯，从根本上说甚至一切崇高事物，直至最高级和最细腻的形而上学战栗，那里面起着舒适作用的，其甜味无非得自掺杂其间的残忍成分。竞技场上的罗马人，迷狂于十字架的基督徒，目睹火刑柴堆或斗牛时的西班牙人，如今争赴悲剧的日本人，如有乡愁一般念念不忘流血革命的巴黎近郊的工人们，那些瓦格纳女信徒们，她们有意张扬地“忍受”特里斯坦和伊索尔德，所有这些人在享受的，他们在充满秘密的发情期中所开怀畅饮的，都是那伟大的喀耳刻[①]之“残忍”所制的调味汁。这里当然要撵走早先那种笨拙的心理学，它只知道教导人们说，残忍是在目睹陌生人罹难场景时产生的：是有一种对本身的苦难、对自作自受的苦难的充分和过分的享受，但凡人类让自己被说服而在宗教意义否认自身，或者如腓尼基人或苦修者那样自残，或者说到底就被说服而去除感性，去除肉身，受愧怍之噬啮，像清教徒那样在忏悔中痉挛，做良心的活体解剖，做帕斯卡尔式的知性的牺牲，则他已暗中为他的残忍所诱，被那种危险的自己反对自己的残忍所引发的战栗逼着向前。最终，人们或该思量，即便是认识者，当他强制他的精神以违背精神之偏好，同时也频频违悖他心灵之愿望的方式——即在他想肯定、想热爱、想礼赞的时候说不——去认识之际，他也是作为残忍的艺术家和增饰光华者在掌管；每一种深刻对待和彻底对待都已是一种强暴，是一种被弄疼的意愿，要被精神（它持续不断地向着显像和表皮意愿着）的基本意志弄疼——每一种认识意愿中都已带有一分残忍。

① 喀耳刻为希腊神话中女神，美艳善歌，曾将魔药拌在甜酒中把奥德修斯的伙伴变成猪；其名在希腊语中（Κίρκη）表示鹰隼，亦属于尼采所言“残忍”的食肉禽兽。奥德修斯是从她这里知道在面对塞壬女妖时要封住耳朵，故下节提到“被封住的奥德修斯之耳”。——译注

230

人们也许一下理解不了，我在这里关于“精神的基本意志”说的是什么：且允许我做一种解释。——有某种下命令者，民众称之为“精神”，它意愿在自身中并围绕自身成为主人，意愿将自己感觉为主人：它有要从多样变为简单的意志，一个要把东西全部收束在一起、要驯化、要寻求统治并且确实有统治气概的意志。在此，它的需求和能力，跟生理学家们就一切活着、生长着和繁衍着的东西所列出的需求和能力，是一回事。精神把陌生者化为自己的力量，显露在一种强健的偏好中，好使新者与旧者相像，好化繁多为单一，好忽略或推开与之全然矛盾者：正如它会专断地对陌生者、对“外部世界”的每个片段勾上特定的笔画与线条，加以强调、突出并且伪造停当。在这里，它的意图趋向于吞并新的经验，把新事物排入旧的序列之中——也就是趋向于生长；更为肯定的是，趋于生长之感觉，力量增多的感觉。服务于那同一个意志的，是精神的一种貌似与此相对立的冲动，一种突然迸发出来的要无知、要断然锁闭的决心，它窗户的一次关闭，对这个或那个事物内在地说一声不，不让事态自行发展，一种针对众多可知之物的防护状态，对昏暗、对闭合的视野的一阵满足，对无知状态的肯定与叫好：以上所有这一切皆为精神所必需，其所需之程度则每每依照精神那化为自己的力量之强弱，形象地说就是它“消化力”之强弱——“精神”实在最像一只胃了。同属此类的，还有精神偶尔有之的要让自己受骗的意志，也许怀着一种不怀好意的揣度，想着事情并非如此这般，人们只不过承认它是如此这般罢了；还有他从一切不安定和多义性中得到的一种乐趣，对蜗居一角的那种专任己意的狭隘和隐秘的一种欣幸的自行享受，享受那些靠得太近、居于前台、被放大、被缩小、被推移和被美化的东西，享受所有这些权力外现的专断状态。最后，属于此类的还有精神那种并非不假思索的随时准备状态，准备去欺骗其他精神，在他们面前装假，那种由一股能创作、能成形和善变化的力量所做的持续的压和挤：精神从中享受着他面具的花样和狡猾，还从中享受着他的安全感，就是由于他这普罗透斯[①]式的艺术，他才得到最好的防护和隐藏！——这种求假象、求简化、求面具、求外套，简言之求表皮——因为每层表皮都是一件外套——的意志，对立于之

① 普罗透斯：希腊神话中海怪，能预言，为躲避回答而变形为动物，见《奥德修纪》4：410以下。——译注

前那种属于认识者(他深刻、多层次、彻底地对待事物，并且意愿这样对待事物)的精巧偏好：那种偏好，作为知性的良心和趣味所生的一种残忍，每一个勇敢的思想者都会在自己身上认可它——假如他依照应当做的那样，自己把自己的眼光足够长久地打磨得硬而尖了，并且习惯于严格的培养，也习惯于严厉的言辞了。他将会说，“在我精神的偏好中有某种残忍的东西”——那些合乎美德、可堪爱戴的人可以去试试看，劝他不要这样说！事实上，要是人们在我们——我们自由、非常自由的精神们——身后所传言、念叨和称美的，不是残忍，而是比如“过分正直”什么的，那听起来或许是会顺耳一些吧：也许有一天我们身后果然会被如此——称美？在这期间——因为到那时还有段时间——我们自己倒真就可能至少有这样的倾向：用诸如此类道德的言辞晶片和穗线装饰自己：可我们迄今为止的整个工作恰恰要扫这个兴，不让这种趣味在我们身上成长。这是些美滋滋、亮晶晶、响当当的喜庆言辞：正直，对真理的热爱，对智慧的热爱，为认识而牺牲，真诚的英雄气概，这里有种东西会让一个人的自负膨胀起来。不过，我们这些隐居者和穴居动物，我们早就在隐居者良心的全部隐秘当中说服自己了：即使上面这般庄重的堂皇说辞，也属于那未被意识到的人类虚荣所敷设的老旧谎言的饰物、废料和金粉；即使对这般谄媚的颜色和敷绘，也必须在底下认出 homo natura[自然人]的骇人底本。也就是说，把人类重新置回自然之中；使之跃居迄今在自然人的永恒底本之上所涂和所绘的诸般多样、虚荣而纷扰的含义和次要意义之上成为主人；使人类今后面对人类时，就像他今天(被科学培养得强硬了)面对那另一个自然那样，以不惊不骇的俄底浦斯之眼和被封住的奥德修斯之耳，对着古老的形而上学捕鸟者的诱招装聋作哑，他们已经向他吹了好久的耳边风了：“你是更多的！你是更高的！你是有不同出身的！”——以上这些可能是一个古怪而疯狂的使命，但它却是一项使命——谁会否认它呢！为什么我们选择它，这项疯狂的使命？或者换一种问法：“认识究竟是为什么呢”——每个人都将向我们追问这个。而我们，被逼到这个地步的我们，已千百次同样自己向自己这么追问过的我们，我们过去和现在都没找到更好的答案……

231

学习使我们变化，学习做的是一切滋养都在做的事，滋养不只是“养活”：生理学家知道这个。然而在我们的根基里，在整个“那下面”①，诚然有某种不可教导者，一块磐石，由精神天命(Fatum)、由预先确定的决断和对预先确定、经过挑选的问题的回答所抟成的磐石。在每一个枢要问题上，都是一个不可变的“这就是我”(das bin ich)在说话；例如，关于男人和女人，一个思想者不能重新学习，而只能完成学业，只能最后揭示出关于这些“固定”在他这里的东西。人们及时找到对问题特定的、正好让我们有了强大信念的解答；也许今后便称之为他们的“信条”。后来——人们在这些解答中只看到通向自我认识的足迹，通向我们所是的那个问题的路标，更确切地说，通向我们所是的那种伟大愚蠢，通向我们的精神天命，通向整个“那下面”的不可教导之事。基于那种充分的乖巧，即我怎样偏偏干出反对自己的事的那种乖巧，也许更应该允许我对“自在之女人”道出一些真理：假定人们此刻已经先行知道，在何等程度上，这些偏偏只是——我的真理。——

232

女人想要自立：为此就开始了男人对“自在女人”(Weib an sich)的启蒙——这属于欧洲普遍的丑陋化进程中最恶劣的步骤。要女人合乎科学和自行裸裎，这些粗笨的尝试是要把什么东西大白于天下啊！女人有那么多的理由感到羞耻；在女人身上，藏着如此多细谨、肤浅、小规矩、小僭越、小放肆和小不逊——人们可以研究一下她们与孩子们的交道！这些迄今为止从根本上都是通过面对男人的恐惧被抑制和驯化的。要是“女人永恒的无聊”——多得很哩！——竟敢放上台面，那是多么不幸啊！假如她开始彻底地从根本上荒废她在优雅、游戏、小心走路的惊怯，让人轻松以及自己轻松行事等方面的聪明和艺术，荒废她趋向舒适欲望的精细伶俐，那是多么不幸啊！现在，女人那些(神圣的阿里斯托芬为证！②)令人惊骇的声音行将变得响亮，女人自始至终对男人所意愿的东西，将受到医学的直白表述的威胁。如果女人如此这般着手去符合科学，岂不是最坏的趣味吗？幸运的是，迄今为止启蒙都是男人的事情和男人的禀赋——这方面大家都是“自己人”；不管女人们关于“女人”都写了些什么，人们最终还是可以保留一种好心的不信任，不信女人意

① “那下面”(da unten)或出自席勒的《潜水者》，其中“那下面真可怕”(Da untenaberistsfürchterlich)一句已成为惯用语，形容深入阴森未知处时的恐惧。——译注

② 当指阿里斯托芬的喜剧《公民大会妇女》(Ecclesiazusae)。——译注

愿——和能够意愿对自己做真正的启蒙……如果一个女人因而不再去为自己寻找一件新饰品——我倒想，修饰自己恐怕也是永恒女性的分内事吧？——那么，这时候，她会激起对自己的恐惧的：她也许会因而意愿统治。不过，她不会意愿真理：女人与真理何干！对女人而言，自始就没有什么比真理更陌生、更悖逆、更敌对的东西了——她的伟大艺术是谎言，她最重要的事务是假象和美。坦然说出来吧，我们男人们。我们于女人所敬和所爱之处，正是这种艺术和这种本能。我们，在这方面有困难、本性喜欢与令我们轻松者为伴的我们，在她们的双手、目光和柔软的愚痴中，我们的严肃、沉重和深刻也近乎一种愚痴了。最后，我提出问题如下：可曾有哪个女人自己承认过，一颗女人头脑会是深刻的，一个女人心灵会是正义的？大致算来，迄今最为女人所轻视者为“女人”，这难道不是真的吗？——我们男人的心愿是，女人不要再继续通过启蒙让自己出丑：这便是男人对女人的照顾，男人对女人的爱护，正如教会所颁布的：muliertaceat in ecclesia[女人应该在教会中沉默]！这样做是为了女人好，就像拿破仑让过于能言善辩的德·斯塔尔夫人理解的那样：muliertaceat in politicis[女人应该在政治方面沉默]！——而我想，一个在今天冲女士们这样喊的人更称得上女性之友：muliertaceat de muliere[女人应该在女人问题上沉默]！

233

如果一个女人偏要引用罗兰夫人或德·斯塔尔夫人或乔治·桑先生，就仿佛由此就证明了某种于“自在女人”有裨益[①]之物似的，那就暴露出本能的腐化——且不说暴露出了坏趣味。在男人们中间，上述几位乃是三个滑稽的自在女人——不过如此！——而且不经意间造成反驳解放和女人关爱自身的最好的反面论证！

234

厨房中的愚蠢；作为厨娘的女人；在照料家庭和家长们的营养时那种可怕的漫不经心！女人不理解：饭菜意味着什么：却想做厨娘！倘若女人是一个会思考的造物，那么，做了几千年厨娘的她，肯定早就发现了那些最大的生理学事实，并且同时掌握了医疗的艺术！因为糟糕的厨娘们——因为在厨房中理性的全然缺失，人类的

① “裨益”(Gunst)，同时亦可解为“宠爱”。——译注

发展受到最为长久的阻滞和最为严重的损害：时至今日情况亦无甚好转。对闺秀们的讲话。

235

精神的一些措辞和脱口之句，一些警句，一小丛话语，会有一整个文化、一整个社会在其中蓦然结晶。朗伯特夫人[①]对她儿子所说的即属此类：“我的朋友，绝不允许自己干傻事，除了那种让你感到极大快乐的傻事”——大约是向来针对儿子所说的最有母性和最聪明的话了。

236

关于女人，但丁和歌德所相信的——前者吟唱的是“她望着上空，我望着她”，后者则把它转写为，“那永恒女性，引领我们向上”——我不怀疑，每个高贵的女人都将反对这样的信念，因为对于永恒男性，她恰恰也相信这样……

237

女性箴言七则

正如最漫长的辰光在流逝！一个男人向我们匍匐而至！

* *

韶光，哦！还有科学，把力量也赐给虚弱的美德。

* *

黑袍和安静——每个女人穿了——都精明。

* *

幸福的我得感激谁？上帝！——和我的女裁缝。

* *

青春：暗室里鲜花簇拥。老迈：一条巨龙爬了出去。

* *

高贵的姓氏，帅气的腿，这就是男人：他不归我归谁啊！

* *

短话长说——母驴儿专走在冰面上[②]！

---

① 朗伯特侯爵夫人，活跃在法国启蒙时期，善辞章，多警句，有《给儿子的信》传世。引文原文为法语。——译注

② 德语中有“蠢驴溜冰”的谚语，讽刺人得意忘形，终吃苦头；“冰面”(Glatteis)且有“陷阱”之义。——译注

237

迄今为止，女人们都是被丈夫们当作鸟儿一般来对待的，她们迷了路，从高处某个地方落到他们这里：被当作某种更精致、更容易受伤、更有野性、更奇异、更甜蜜、灵魂更饱满的东西来对待，但也当作某种必须关起来的东西，这样它就飞不走了。

238

错误地领会“男人和女人”的基本问题，否认其中深不见底的对抗和一种永恒敌对的紧张的必然性，梦想在这里也许有相同的权利、相同的教育、相同的权利主张和义务：这些是头脑浅薄的典型标志，而一位在这个危险立场上证明自己浅薄的思想者——本能方面的浅薄！终究可以被视为有嫌疑的，甚至被视为已经暴露和已经被揭露的：有可能，对于所有跟生命(包括未来的生命)相关的基本疑问，他都“太短”了，不能下到深处。一个与之相反的男人，在其精神方面是有深度的，一如在其欲望中，也有那种乐行好施的深度(这深度擅长于严格性和硬度，并且容易被人混同于这两者)，对于女人他能够总是仅以东方方式思考：他必然把女人当作占有物、可以锁上的财产，当作某种预定要去服侍并且在服侍中完善自身的东西来把握，他在此必定是站在阴森叵测的亚洲理性上，站到亚洲的本能优势一边：从前希腊人已经这样做过了，这些亚洲最好的后裔和学生，众所周知，从荷马直到伯里克利的时代，他们的文化和力量范围越增长，对女人也一步步地越来越严格，简言之，变得越来越东方。这些曾是那样必然，那样合乎逻辑，甚至在人性上是那样可愿望：但愿人们在自己身上思索这一点！

239

从来没有一个年代像我们这个年代这样，那个较弱的性别从男人这边得到如此尊重的对待——这属于民主的偏好和基本趣味，正如对老人的不恭敬：这种尊重即将被再次滥用，这有什么好奇怪的呢？人们想要更多，人们学着提要求，人们最后发现那样一笔尊重税已经几乎是病痛了，人们会宁愿围绕权利进行竞争，甚至是进行真正的战斗：够了，女人正失却羞耻。让我们紧接着加上一点：她也正失却趣味。她荒疏了对男人的恐惧：而这种“荒疏了恐惧”的女人，付出的代价是她那最富女人性的本能。当男人身上能灌输恐惧的东西，让我们说得更确定些吧，当男人内部的男性[①]不再被意愿和培育壮大的时候，女人之敢于上台面，是相当合乎情理的，也是相当可以理解的；而比较难以理解的是，恰恰随之——女人蜕变了。这就发生在今天：我们别在这一点上欺骗自己了！只要是工业的精神对军事的精神和贵族的精神取得胜利的地方，现在女人便在努力争取一个帮工所应有的在经济和法律上的自立："作为帮工的女人"站在一个正在形成的现代社会的山口上。她这样去强夺新的权利，争取当"主人"，并在她的大小旗帜上写下妇女之"进步"，由此便以骇人的直白挑明了那句反话：女人在退化。在欧洲，自法国革命以来，女人的影响变得越来越低微，与她权利和权利主张的增加正成反比；"妇女解放"，只要这是由女士们自己(而不只是由那些男性化的浅薄头脑)所要求和支持的，这种情形本身便表明，这是一个值得注意的症状，兆示着那种最富女人性的本能的日益弱化和钝化。一个长得很好的女人——也总是一个聪明的女人——将从心底为之感到羞耻的，正是这种运动中的愚蠢，一种近乎雄性的愚蠢。那种能嗅出在怎样的地面上最有把握取胜的嗅觉丧失了；忽视练习使用自己真正武器的技艺；在男人面前撒野，也许甚至撒"到书本上"，早先人们是在那上面管教自己、学会精细而狡狯地谦恭的；合乎美德地跟男人的信念——相信在女人中掩藏着一个迥异的理想，相信总有一种永恒和必然的女性——肆意作对；苦口婆心地叨劝男人不要把女人比作一只很温柔、带着奇异野性且通常讨人欢心的宠物，不要以为她就必须被保养、照顾、保护和爱惜；笨手笨脚而愤愤不平地四下搜寻一切关于奴隶和人身依附之事，一切跟女人至今的社会地位曾经和仍然有几分联系的东西(仿佛对每一个更高等文化和文化的每一次提升来说，奴隶制竟然是一个反面论据，而毋宁不是一个条件)：上述所有这一切如果不是意味着女性本能的销蚀，一种去女性化，还能意味着什么呢？诚然，在那些性别为男的博学的驴子中，有够白痴的女性之友和败坏女人者，建议女人这样将自己去女性化，去模仿欧洲的"男人"、那种欧洲式"男子汉"所患的愚蠢病——这些人想要带坏女人，一直带到"普遍教化"里，乃至带到读报纸、搞政治的地步。有时，人们甚至想把女士们造就为自由精神和文人：仿佛对一个深刻而不信神的男人来说，一个不虔诚的女人竟然还不算十足的悖逆或笑料；人们几乎到处在用一切音乐中最最病态和最有危险的种类(我们的德意志新音乐)来腐蚀她的神经，使她成天歇斯

① "男人内部的男性"原文为 der Mann im Manne，如同中文，这里的 Mann[男人]也可表示配偶。——译注

底里，而不能胜任她最初的和最后的天职，就是生育强有力的孩子。人们还想进一步彻底地以“文化”之，并且如他们所说的，把这个“弱者性别”通过文化变得强健：仿佛历史不是已经尽可能急切地教导过，人类之“文化”和弱化——即意志力的弱化、碎裂和消损，总是交替迈进的，世界上最有权势和最有影响的女士们（最后一位是拿破仑的母亲）对男人们的权力和优势正是归功于她们的意志力——而不是归功于那些教书先生！那向女人们灌输敬意、屡屡还灌输恐惧者，是她的本性，那比男人之本性更“本然”的本性，她那当真是食肉动物的狡狯的柔软，她手套下的虎爪，她在利己主义方面的天真，她的不可教育和内在野性，她在欲望和美德方面那不可捕捉、遥远超忽之处……而不管她有多么恐惧，这只危险而美丽的猫“女”惹人怜悯之处在于，比起任何一种动物，她显然要遭受更多苦难、更容易受到伤害、更需要爱和更加注定了要失望。恐惧和怜悯：迄今为止，男人是带着这两种感觉面对女人的，一脚已经踏入了悲剧，那由迷狂而撕裂的悲剧——。怎么？事情就应该这样结束吗？对女人的祛魅正在进行吗？女人的无聊化就是这样来到的吗？哦，欧罗巴！欧罗巴！人们认得那只有角的动物①，那只永远最让你着迷的、你永远被它威胁的动物！你古老的寓言或许能够再一次成为“历史”，再一次，一种巨大的愚蠢或许能够成为你的主人，把你从那里拖走！在它下面没有藏着任何神祇，没有！只有一个“理念”，一个“现代理念”！……

（赵千帆译　孙周兴校）

① 用宙斯化为公牛诱走腓尼斯公主欧罗巴的神话。——译注

“何为高尚?”[①]

257

迄今为止，“人”这个类型的每一次提高都是某个贵族社会的作品——而且永远都将如此：该社会信仰人和人之间有一条等级顺序和价值差距的长长阶梯，并且在无论何种意义上都以奴隶制为必需。倘若没有间距之激昂[②]，没有在融入血肉的等级差别中，经过统治种姓向臣仆和工具的长久眺望和俯瞰，经过对服从与命令、压制与隔离的持久练习而生长起来的那种激昂，那么，也将根本不可能生长出那另外一种更隐秘的激昂，不可能有那种期望，期望灵魂本身内部不断有新的间距之扩张，不可能开成那种越来越高超、稀有、遥远、舒展、广博的状态，简言之，就不可能有“人”这个类型的提升，不可能有——说句超道德意义上的道德套话——持续推进的“人类的

① 《善恶的彼岸》第九章，译文选自尼采：《善恶的彼岸·论道德的谱系》，赵千帆译。——译注

② “间距之激昂”原文为 Pathos der Distanz。Pathos[激昂]源于希腊语，本义是“疼痛、痛切、激动”，在古语所谓“憯怛”与“慷慨”之间；在德语中指面对苦难(Leiden)时庄严激昂的情感状态。“间距”(Distanz)则指“礼主别异”意义上的身份距离。——译注

自身克服”。诚然，关于贵族社会(即“人”这个类型的提高之前提)的产生史，人们不应该听信任何人道的欺骗：真理是强硬的。让我们毫不顾惜地说出来吧，迄今大地上的一切高等文化是怎样开端的！其本性尚且本然的人类，野蛮人(在这个词一切可怕的意义上)，还拥有未被破坏的意志力和权力欲的肉食人，他们扑在更虚弱、更有礼教、更和平，也许在经商或者畜牧的种族之上，或者扑到那些最后的生命力犹在精神与腐烂的光亮烟火中闪烁的老迈而酥脆的文化。高尚的种姓在开端处总是野蛮的种姓：它的优势首先还不在于生理力量，而在于灵魂的力量——那是些更完整的人(此种说法所意谓者，在一切层次上都等同于“更完整的野兽”——)。

258

腐蚀，表达了诸种本能内部正濒临无政府状态，那种被叫作“生命”的基本情绪构造正在坍塌：腐蚀，即当其在某种生命构成上显示出来之际，便是某种根本不同的东西。比如，当一批贵族，像革命伊始的法国贵族那样，带着一种精巧的恶心，丢弃他们的特权，自己使自己成为他们过度的道德感的牺牲品，这样就是腐蚀：其实只是那个世纪的持续腐蚀的完结行动，这个持续腐蚀令他们一步一步地放弃了统治的权柄，把自己贬低为王国的官守[①](最终竟贬低为王国的饰物和宝物)。可是，一种优秀健康的贵族的本质在于，他们并不觉得自己是(无论是王国的还是共同体的)官职，而是觉得自己是它们的意义和最高的正当性守护者，因此，他们心安理得地接受无数人的牺牲，后者因为其自身之故，必须被贬抑和降黜为不完满的人，成为奴隶和工具。他们的基本信仰就必须是这样的：社会不是因为社会之故而存在的，而只是作为下层建筑和脚手架，以供某种被特选出来的造物朝他们更高级的使命、从根本上说是朝着一种更高级的存在攀登上去：可做比附的是爪哇岛上那种向光的攀缘植物——人们称之为斗牛士藤，它们用自己的枝条如此长久而频繁地缠住橡树，直到最终能够既高过它，又靠它支撑，在自由的阳光下展开它们的花冠，炫耀它们的幸福。——

259

相互间禁止伤害、暴力、剥削，将自己的意志跟他人的意志设

---

① “官守”原文为 Funktion，本义为“功能、职能”，盖影指法语词“fonctionnaire”(政府官员)。——译注

为平等：这在某种特定的、粗略的意义上，是能够成为个人之间的好礼教的，如果有条件这样做的话(即他们在力量集合和价值尺度方面事实上的相似性，和单个群体内部的协调)。可是，一旦人们想把这个原理推广开来，在可能的情况下甚至将之作为社会基本原则，那么，它将立刻现出原形：它是否定生命的意志，它是灭绝原则和衰败原则。在这里，人们必须彻底从根本上来思考，抵制一切善感的脆弱：生命本身，在本质上乃是对陌生者和弱者的占有、伤害、制服，是压迫、强硬、胁迫的特有形式，是吞并，至少也是剥削，可为什么人们总是偏偏要这样使用这些自古以来就夹带着中伤之意的言辞呢？那样的群体，如前面假设的那样，其内部的单个部分皆以平等自处——在每一种健康的贵族制中都是这样的——的群体，如果是一个鲜活而非垂死的群体，则它里面单个部分彼此禁止而不为的一切，也必然施诸另一个群体：它必将成为拥有肉身的权力意志，它将意愿生长，进占、抢夺、赢得优势，这不是缘于哪一种道德性或非道德性，而是因为，它活着，因为生命就是求权力的意志。然而，欧洲人的普通意识在任何方面都不像在这一点上那么不愿意接受教训；现在，甚至是在科学的伪装之下，人们到处痴迷于正在到来中的、应该不具有“剥削特征”的社会状况：在我的耳朵听来，这几乎就像是有人许诺发明一种禁止一切有机功能的生命。“剥削”并非某种腐败或者不完美的、原始的社会所专有：剥削，作为有机的基本功能，是有生命者的本质，是真正的权力意志即生命意志的一个后果。——假定上述作为理论是一项革新，作为现实则是所有历史的原事实：人们就应该对自己诚实到这个地步！

260

在一次漫游中，穿越了迄今为止大地上曾经或者还在统治的众多或精细或粗糙的道德，我发现，某些特色是有规律地彼此一起重复出现并且彼此相关联的：到最后有两个基本类型向我显露出来，一种基本差异亦豁然可见。有主人道德和奴隶道德；我立刻补充，在所有较为高等和较为混合的文化中，调停这两种道德的尝试也都很常见，更常见的则是两者的混乱和相互的误解，且往往是紧挨着并存——甚至是并存在同一个人身上，在一个灵魂的内部。道德上的价值区分，或者是产生于一个统治者的种类，他们感觉良好地意识到跟被统治者的区别，或者是产生于那些被统治者，各个等级的奴隶和附庸。在前一种情况下，如果规定“好”这个概念的是统治者，那么，它指的就是那些崇高自豪的、被感知为做出嘉许者和确定等级顺序者的灵魂状态。对于那些体现出这些自豪崇高状态之反面的造物，高尚的人则把自己跟他们分开：他蔑视他们。人们马上注意到，在第一类道德里，“好”与“坏”的对立所意味的，就是“高尚”和“卑鄙”——“善”与“恶”的对立则另有起源。受蔑视的是那些怯懦者，担惊受怕者，小气者，盘算微利者；同样还有那些视线不自由的不信任者，自我贬黜者，任劳任虐的人中犬类，乞求的谄媚者，首先则是撒谎者：一切贵族的基本信念是，普通民众是好撒谎的。“吾等真诚者”——古代希腊的贵胄们如此自称。这是一目了然的：道德上的价值标记在一切地方首先都是指人的，然后才偏离而指行为。因此，道德历史学家把“为什么同情的行为受到赞许”作为开端，是严重失算了。人类的高尚种类感觉到是自己在确定价值，他们并不一定要让自己为人称许，他们的判断是“对我有害者，即本身有害者”，他们知道究竟是自己才使事物值得尊敬，是他们在创造价值。他们尊敬他们在自己身上认识的一切。最显著的，是那种充盈感，想要涌溢的权力感，高度绷紧的幸福，对一笔财富的想要把它赠予和分发的意识：高尚的人也会帮助不幸者，但是不是或几乎不是出于同情，毋宁是出于权力之流溢所产生的某种欲求。高尚的人尊敬自己中间的有权势者，即拥有对自己的权力的人，他既懂得谈论也懂得沉默，乐于对自己施以严格和强硬并且首先敬事那些严格者和强硬者。“在我的胸膛中沃坦[①]放了一颗坚硬的心”，一个古老的斯堪的纳维亚传说唱道：从一个自豪的维京人的灵魂里，是有权吟出这样的诗句的。一个这样种类的人所自豪的恰恰是，他不是为同情而造的：因此，传说中的英雄添上一句警告“谁在年轻时尚没有一颗坚硬的心，他的心就永远不会坚硬了”。这样思考的高尚者和勇士，跟那种恰恰以同情或利他行为或不计利害为有德者之标志的道德，离得最远；自己对自己有信念，自己对自己有自豪，对“无私”怀有某种根本敌意和反讽，对同感和“温暖的心”时则有轻微的贬低和提防，这些都可以肯定地算作高尚的道德。——有权势者是懂得尊敬的人，这是他们的艺术，他们在这方面卓有创见。在年岁和出身前的深深敬畏——这双重的敬畏完全合乎公理——厚古薄今的信念和成见，是有权势者道德的典型；相反，秉持“现代理念”的人类则近乎本能

① 沃坦：北欧神话中的“奥丁”在日耳曼语中的称呼。——译注

地相信"进步"和"未来"，越来越缺乏对年岁的尊重，由此便充分暴露这些"理念"的不高尚出身。对于当前的趣味来说，统治者道德最见陌生和龃龉之处在于这种道德所持的基本法则之严厉，此法则认为，人们只对其同类负有义务，对于更低等造物的级别，对于一切陌生者，则可以自行裁量或者"按照心灵的愿望"行事，而且无论如何都已"处于善恶的彼岸"：对同情及诸如此类者，即当如此对待。有能力且有义务去长存感激和永志复仇(二者皆只限于对同类)，精细不苟地以直相报，对友谊把握得细致入微，拥有敌人亦是一定的必需(仿佛是当作嫉妒好斗狂妄等情绪的宣泄渠道，从根本上讲，则是为了能够好好地友爱)：所有这些，都是高尚道德的典型标识，如前所示，高尚道德不是"现代理念"的道德，因此在今天很难感同身受，也很难发掘和揭示出来。——第二种道德类型，奴隶道德，则是另一种情况。假定那些被强暴者、受压迫者、罹苦受难者、不自由者、于其自身无所知者和疲乏者在讲道德：那么该种类的道德价值评估会变成什么样的呢？大概会表达出一种对于人类的整体境况的悲观的猜忌，也许是对人类连同其境况的一种谴责。奴隶的目光对于有权势者的美德是忌惮的：对于那里所尊敬的一切"好"，他持怀疑论，他有疑虑，他的疑虑亦精细不苟，他想说服自己，即使在那里，幸福也不是真切的。那些有助于使罹苦受难者的此在变得轻松的品性，会以颠倒的方式被抽取出来，投以光线：在这里，同情、亲切的乐于助人的手、温暖的心、耐心、勤勉、谦恭、友善获得了尊敬，因为，在这里这些是有用的品性，几乎是承受此在(Dasein)压力的唯一手段。奴隶道德本质上是有用性的道德。产生那一对著名对立物"善"与"恶"的病灶就在这里：权力和危险，某种特定的可怕、精细和强健，即那些不容蔑视的东西，被放到恶之中来感知。于是，根据奴隶道德，"恶人"激起恐惧；根据主人道德，则恰恰是"善人"在激起和想要激起恐惧，而"坏"人则被看作可蔑视者。这个对立最尖锐地表现在，按照奴隶道德的推论，即使具有这种道德的"善人"也沾着一丝贬低的味道——尽管可能是轻松且好意地贬低，因为，无论如何，在奴隶的思维方式里面，善人必须是没有危险的人：他好脾气，容易骗，也许有点儿蠢，一个老好人①。奴隶道德占据优势的一切地方，语言都展现出一种把"善"这个词和"蠢"相互拉近的倾向。——一个最终的根本区别：对自由的期盼，对幸福的

① "老好人"原文 bonhomme，出于法语，字面义为"善良的人"，在德语中亦见用，而转有"老实敦厚"之意。——译注

本能，自由感觉的精细区分，皆必然属于奴隶道德和奴隶道德性，正如在敬畏和献身方面的艺术与痴迷，是贵族的思维与评价方式的常规特征。——由此马上可以理解，为什么作为激情的爱——这是我们欧洲的特产——肯定有着更加高尚的出身：众所周知，其发明可追溯至普罗旺斯的骑士诗人，那些张扬夸诞深通“乐旨”(gai saber)的人，欧洲有这么多东西要归功于他们，几乎连自身都得归功于他们。——

261

一个高尚的人也许最难以领会的事物当中，就有虚荣：他将试着偏要在另一个种类的人想要伸出双手抓住虚荣的场合去拒绝它。他很难设想，会有些造物试图唤起别人对自己抱有一种他们自己本身并不抱有(因而也不“配”拥有)的好评，随后竟然相信了这个好评。在他看来，这样做一半会显得自己对自己是那么无趣和不敬，另一半则显得那么巴洛克式-非理性，以至于他喜欢把虚荣认作例外，并在大部分人们谈到它的情况下心持怀疑。比如他会说：“我可能弄错我的价值了，而另一方面，我又期望我的价值就是我所设定的这么一回事，也期望被其他人所承认，这可不是虚荣(而是自慊[①]，或在更常见的情况下，是所谓“谦恭”亦称为“谦逊”者)。”抑或：“我可能出于许多理由对他人的好评感到高兴，也许是因为我尊敬和爱他们，乐他们之所乐，也许是因为他们的好评是认同而且鼓励着我对我自身所持好评的信念，也许又是因为，即使没有得到我自己的赞同，他人的好评对我仍然有用，或可以预计是有用的——这一切可都不是虚荣。”高尚的人必然首先有所拘束地，尤其是借助历史学予以申明，从鸿蒙太古以来，在无论哪一种依附性的民众阶层中，普通人都只是他被当作是的东西：他根本不习惯自己设定价值，在主人所量度赋予的之外(创作价值乃是真正的主人权利)，他也不曾为自己量度其他价值。即使现在，常人也还总是首先等待某个对自己的评判，然后本能地自行屈服于它，这一点，可姑且当作一种阴森难测的返祖遗传的结果吧：但这绝不仅限于“好”评，还包括坏的和不合情理的评价(比如，想想女士们从告解神父那里、说到底是笃信的基

① “自慊”原文为Dünkel，通译“骄矜、自大”；唯此处从上下文考虑，尼采当是就此词的渊源而用之：Dünkel源于dünken[思忖、(自)以为]。他亦常常用“鄙意以为”(es dünkt mir)来同时表达合乎礼教的自谦与精神上的自负，且暗示自己思考时的“诚意”。慊读若惬，表示“(自)足”。——译注

督徒从他的教会那里学来的绝大部分自我评估和自我低估)。事实上，那种原本高尚稀有的渴求，即渴求自己根据一个价值对自己做出认定，把自己“想成好的”，随着民主制的事物顺序的逐渐形成(及其原因，主奴混血)，如今相应地越来越受到鼓舞和推广：可是，这种渴求在任何时候都包含着一种更古老、更广泛也被更彻底地归并于其中的反对自身的倾向——在“虚荣”这个现象中，这种较古老的倾向凌驾于较年轻的倾向之上。虚荣者对所听到的关于自己的每一个好评都感到高兴(完全不考虑这个评价的有用性，亦不论其真假)，而对每一个恶评也同样感到难过：因为他屈服于这两者，出于他身上发作的那种最古老的屈服本能，他感觉自己已屈服于它们。——虚荣者在血脉中是“奴隶”，是奴隶刁钻习气的残余——而现在，比如在女人身上，还残留着多少“奴隶”成分啊！这个奴隶会寻求去诱导出对自己的好评；同样，事后立即在这些评价面前跪倒，仿佛自己不曾把它们召唤出来似的，这样的人也是奴隶。——再说一次：虚荣是一种返祖遗传。

262

一个种类产生了，一个在跟诸种本质上相同的不利条件的长期战斗中变得坚固而强健的类型。反过来，人们从培养者的经验中知道，得到太丰足养料的，说到底就是受到过多保护和照料的品种，则很快以最剧烈的方式偏向该类型的变种，盛产奇才和畸形(以及畸变的恶习)。且把一个贵族公共体，比如一个晚期希腊城邦，或威尼斯，看作一次自愿或不自愿地以培育为目标的谋划：正是在那里，意愿奋力显达其种类的人类会互相指教并且依靠自己，大多数是因为，他们必须使自己出人头地，不然就以一种可怕的方式遭受被灭绝的危险。有利于变种的那种厚爱，那种过度，那种保护，在这里是没有的；这个种类亟须自身成为种类，在跟邻邦、跟造反或有造反威胁的被压迫者的持久战斗中，成为某种恰恰因其强硬和严整、因其形式的浑一而使自己得以显达得以赓续的东西。形形色色的经验教导他们，他们，无论诸神或人类如何，居然还在那里，居然总是得胜，这首先要感谢哪些特性：他们把这些特性命名为美德，只把这些美德培育壮大。他们做这些时是强硬的，他们甚至意愿强硬；每一种贵族道德都是峻厉的(unduldsam)，在对青年的教育上，在对女人的支配上，在婚姻礼教方面，在年长者与年少人的关系上，在刑法上(刑法只关注那些异变者)：他们把峻厉本身归为美德，列在

“公正”的名下。一个带有少许然而极强烈特色的类型，一个严厉、善战、守默、团结而木讷的人类品种(并由此而对于社群的魔力和细小层次体认入微)，通过这种方式，超越于世系变迁而稳固下来；如前所述，跟永远一样的**不利**条件的持续战斗，是一个类型变得坚固和强硬的原因。不过，有朝一日终于出现一个太平世道，巨大的紧张消失了；也许邻邦中再无敌手，生活用品甚至是生活享受都过于丰盛了。一朝之间，古老培养的约束和强制一下子开裂了：它感到自己不再是必需的了，不再是人生此在之条件——倘若它要继续存在，就只能作为一种**奢侈**形式、作为拟古的**趣味**而继续存在。变种，或为异变(变为更高等者、更精细者和更稀有者)，或为蜕变和畸形，突然间盛大地云集登场，单个者亦敢于单个存在，与众不同。在这个历史的转折点上将看到，某种壮丽而驳杂的、原始森林般蓬生和涌进的东西，某个在生长竞赛中踏着**热带**节奏的品种，一股趋于末路和自蹈绝境的大潮，相互并列，常常又相互交错纠缠，这又多亏了那些狂野地相互对冲、仿佛要炸裂一般的唯我独尊的行径，它们“为了太阳和光线”而相互搏斗，再也不知道从此前的道德中能举出什么界限、羁绊、顾惜。那种道德本身是在把那股张弓欲射的力量累积得阴森叵测：现在，它是、它被“活过去”①了。那个危险而阴森叵测的时刻来到了，更伟大、更驳杂、更广阔的生命此时越过旧道德**活开去**了；此时“个体”的处境是，被迫做一次自己的立法，被迫使出自己特有的那些保存自己、提高自己、解救自己的技艺与狡诈。崭新的“何为”，崭新的“何以”，再也没有共同的程式，误解和轻视互相结合，衰颓、腐败和那些最高的欲念骇人地勾缠在一起，种族的天才从所有盛满优与劣的丰饶角中漫溢出来，春与秋厄运般地同时出现，充满新的刺激和新的朦胧，专供年轻的、尚未耗竭尚未疲倦的腐败享用。危险再次降临了，这位道德之母，伟大的危险，这一次转而来到个体，来到亲信和朋友，来到小巷，来到各自特有的童年，来到各自特有的心中，来到一切最本己和最隐秘的愿望和意志中：那些应时而生的道德哲学家们，现在会为这些东西做怎样的布道呢？他们，这些尖锐的观察家和徜徉于角落者，发现，这些将很快结束，他们周围的一切都腐败了或者被弄得腐败了，没有东西能挨到后天，除了一个人类品种：无可救药的**中等人**。唯独中等

① “活过去”(überlebt)：通译为“幸存”；“是活过去了”表示其本身之幸存；“被活过去了”表示它已为生活本身或活着的人所越过(即下句所说的“活开去”(hinweg lebt))。——译注

人有前途，可以继续前进，继续繁殖，他们是未来的人类，是唯一活过去的；“跟他们一样吧！变得中等！”今后，那个仅存的尚有意义、尚有人听的道德会这样叫道。——但是，要为它布道很难，这个中等状态的道德！——它甚至从来不允许坦白，它是什么东西，它意愿什么东西！它必要谈论适度、尊严、义务和博爱，它不得不，把反讽藏起来！

263

有一种对等级的本能，它比一切都更是一个高等级的标记；有一种细分敬畏的幽微变化的乐趣，它透露出高尚的出身和习性。当有一种位列第一等级、不过尚未受到权威所引发的那些战栗的保护、还不免遭到唐突和粗俗的冒犯的东西：某种尚未被标记、未被揭示、尝试性的、也许是被随意遮掩和伪装着的东西，像一块活的试金石那样移动，当它从一个灵魂边上经过，此灵魂的精细程度，它的质地和高度，便受到重大的考验。这样一种艺术，如果有谁的使命和练习在于探究灵魂，准会以种种形式去运用它，以确证一个灵魂的最后价值，确证它所从属的那个不可动摇的天生等级顺序：他会根据灵魂的敬畏本能来考验它。差别产生憎恨[①]：无论怎样一种神圣的容器，一件曾密藏于圣匣的重宝，一部载有伟大命运的文字的书，凡当其经过之处，总会有某些本性，其平庸如污水般突然泼出；从另一方面看，则有一阵不由自主的默然，一时目光的屏营，一切手势的肃然止息，它们表明，一个灵魂感觉到最可崇敬者在临近。欧洲迄今为止总体上在圣经面前秉持敬畏的情形，也许是它在礼教之教养和精细化方面最好的一部分，此则归功于基督教：此等包含深度和最终意蕴的书籍，需要某种权威的外来霸权的保护，以赢得穷究和彻悟这些书籍所必需的数千年的赓续。如果大量的群众(一切浅薄褊急的品种)竟养成那种感觉，感到并非一切皆可触碰，感到在有些神圣的体验面前要脱掉鞋子，把不干净的手拿开，这就相当不错了——这就差不多是他们朝向人道的最高进阶了。相反，那些所谓的有教养者、那些“现代理念”的信徒们，他们身上最让人犯恶心的，也许莫过于他们的缺乏羞耻，他们的手和眼的恬然无忌惮，一切都被他们这样碰着、舔着、品尝着；今日，在民众当中，在低等的民众当中，尤其是在农民当中，比起那个读着报纸的精神风月场，比

① 原文为法语 Différence engendre haine，实引自司汤达：《红与黑》上卷第 27 章，于连到贝藏松神学院后对生平遭际的一个总结。——译注

起那些有教养者，倒是越来越多见出相对而言的趣味之高尚与敬畏之得体。

264

一个人的祖先最喜好和最持久地做过的事情，是很难从他的灵魂中被抹掉的：他们或者曾经是某种孜孜不倦的积蓄者，与书桌和钱箱为伴，在欲念方面，他们是谦逊的和资产阶级的，在美德方面也同样谦逊；或者曾经在生活中惯于从早到晚下命令，扛①着粗野的娱乐，同时也许也扛着更加粗野的义务和责任；或者，作为怀有一种无情而细腻的良心(它在一切中介面前脸红)的人类，他们终于在某个时候一举牺牲了出身和财产上的古老特权，为的是朝向他们的整个信仰——他们的“上帝”——而生活。一个人的血肉中没有他父母和祖辈的品质与喜好，是根本不可能的：即使可能与外表印象相反。这是种族问题。假定人们对父母有所认识，那么对子女亦可得出论断：父母若有某种悖逆的不节制，或是某种隐匿的嫉妒，或是某种粗笨的自身辩解——在一切时代，都是这三样共同造就了真正的群氓类型——则同样，这些必将准准地落到子女身上，就像被玷污的血一样；借助于最好的教育和教化也只能达到隐瞒这样一种遗传的地步。——今日的教育和教化还有别的企图吗！在我们这个非常符合民众口味的、可以说是群氓的年代，“教育”和“教化”本质上必须是隐瞒的艺术，隐瞒起源和在身体与灵魂中遗传的群氓。一个教育者，若今日还在对首先是真诚性进行布道，对他的培养对象持续地叫道“要真实！要自然！是个什么样子，就拿出什么样子！”——甚至这样一头颇显美德和心地纯良的笨驴，也会在不久之后就学着抓着贺拉斯②的那柄叉子，要赶跑自然：后果是什么呢？“群氓”总会回来。

265

冒着惹恼无辜听众的危险，我还是要撂下这些话：利己主义乃高尚灵魂的本质，我指的是那种不可移易的信念，相信其他造物从

① “扛”原文为英语 hold。——译注

② 语出《书信集》(第一卷，第十封信，24)。——编注[译按：所引贺拉斯原文作“你可以用一柄叉子把自然赶跑，但它总会回来，而且不知不觉获得胜利，打破人们不恰当的憎恶”。贺拉斯讲的是人对自然环境的整治；叔本华在谈到同性恋爱(叔氏以为亦属自然之本意)时亦曾引用之(《作为意志和表象的世界》第二卷44节附录)。]

本性上必定要臣属于一种“我们这样”的造物，不得不为我们牺牲。高尚的灵魂接受他的利己主义这一事实要件，没有表示任何疑问，也没有给人一种强硬、强制和专断的感觉，毋宁是像接受一种可以在事物的元法则找到根据的东西：若要为此找一个说法，那么他或许会说“这是正义本身”。在有些情况下，他会稍微犹豫一下，坦承有跟他被赋予同等权利者；一旦他对这个等级问题有了认同，他便凭借在羞耻和在细腻的敬畏方面(他在自己与自己的交往中即拥有这些)的同等熟练，在上述那些同类和被赋予同等权利者中间活动——按照一种所有星体都熟谙的天然的天体力学的规律活动。这更多是他的利己主义的一部分，这种跟同类交往中的精细与自律——每个星体都是这样一个利己主义者：他在他们中间、在他向他们所提供的权利中尊敬自己，他不怀疑，对尊敬与权利进行交换，作为一切交往的本质，同样也是事物的合乎自然的状态。出于激烈而敏感的报答本能，这高尚的灵魂照他所收取的给予，他的本能的基础便是报答。“恩典”[①]这个概念，inter pares[于同侪之间]是没有意义的，也没什么好声闻；要让馈赠从上往下仿佛是掉到自己头上的，要一点一滴地去渴求接饮，可能会有精巧的方法能做到：不过，对于这种技艺和姿态，高尚的灵魂毫无灵巧。他的利己主义在这里妨碍着他：他根本不喜欢朝“上”望，而是要么向自己的前方平展舒缓地，要么向下望——他知道自己在高处。

266

“人们只可能真心敬仰那种自己于自己无所寻求的人。”——歌德致施罗塞尔参事[②]。

267

有个母亲从小就教给孩子的习语：小心，“把你的心弄小!”这是晚期文明的真正基本倾向：我不怀疑，一个古代希腊人从我们今日之欧洲人身上也会首先认出这种自行渺小化——在他看来，仅凭这一点我们就“有悖于趣味”了。

---

① “恩典”原文为 Gnade，亦可译为“仁慈”，在基督教中特指人需信靠的上帝的恩典。——译注

② 施罗塞尔：法兰克福人，法学家、作家和史学家，歌德的姐夫/妹夫。——译注

268

说到底，普通①是什么呢？——言辞是概念的音调符号；概念却或多或少是特定的图像符号，以标记经常反复出现和汇聚的诸感知及感知群(Empfindungs-Gruppen)。使用同样的言辞尚不足以达成相互理解：人们必须将同样的言辞也用于同样类别的内在体验，人们最终必须拥有普通经验。因此，单一民众的人之间，比从属于多群不同民众的人之间，相互理解得更好，即使后者运用同一门语言；或更进一步说，当人们在诸种相似的(气候、土壤、危险、需求、劳动)条件下长期共同生活过之后，便会产生一种"自身理解"的东西，一族民众。在所有灵魂中，都有数目相同的经常反复出现的体验占据上风，压倒比较少出现的体验：根据这些体验，人们很快理解自身，并且越来越快——语言史就是一个简缩进程的历史；人们根据这些快速理解相互联系得越来越紧密。危险性越大，快速而方便地就亟须之事达成一致的需求就越大；在危险中不误解，这是人类在交往中绝对不可或缺的。他们现在还在每一段友谊或爱情中做着这种试验呢：人们一旦明白，对于同样的言辞，双方中某一方所感到、认为、嗅出、盼望、恐惧的，与另一方不同，此类情谊即无以为继。(对"永恒的误解"的恐惧：这个热心的守护神，是它让不同性别的人们避免感官和心灵所劝导的仓促联系，而不是什么叔本华说的"种属守护神"!)一个灵魂内部是哪些感知群最快地有所警觉、握住言辞、给出命令，是这一点决定灵魂对诸般价值所排的总体等级顺序，并最终确定它的财富表。一个人的价值评估透露出的是他灵魂的构造(Aufbau)，灵魂正是在这里见出它的生命条件，它真正的迫切需要。现在假定迫切需要向来只是让那样一些能够以相似记号表示出相似需求和相似体验的人们相互接近，那么从整体上就导致了迫切需要的高度可传达性，最终从根本上说也就是，对于仅是平均和普通的体验，必然成为迄今支配人类的一切暴力中的最强暴者。曾经和现在总是最相似、最平常的人类占先，而更精选、更精细、更稀有和更难以理解的人类，则始终容易孤独，因其独来独往而容易受挫于意外事故，难得繁衍。人们必须倾尽全部对抗力量乃能顶住这个自然的、太自然的 progressus in simile[相同者之演进]，顶住人类朝向相似者、平常者、平均者和群盲之

① "普通"原文为 Gemeinheit，另一个义项为"卑鄙"。——译注

物——朝向普通者——的继续成形。

269

一位心理学家——一个天生的、命定做这一行的心理学家和灵魂猜测家，越是转向那些更为特殊的个例和人，他在同情中窒息而死的危险就越大：他比另一种人类更加必需强硬和明朗。高等人、长得更陌生的灵魂，他们的腐败和毁灭乃是规律：一再目睹这样的规律令人恐怖。揭示了这种毁灭的心理学家，率先揭示出并且贯穿整个历史几乎总是在反复揭示高等人这种总体和内在的“无可救药”、揭示这种在一切意义上的永恒的“太迟了”的心理学家，他所遭受的重重磨难，也许有朝一日将成为原因，导致他恼怒地反对他自己的运数(Loos)，并尝试摧毁自己，好让他自己“腐败”。在每一个心理学家跟日常生活中安居乐业的人的交道中，几乎总是可以感到他所暴露出来的一种嗜好和乐趣：这透露出，他总是有待治疗，需要一种逃避和遗忘，逃开和忘掉那种让他去看穿和切入自己的良心、去对他做些“手工活”的事情。这种面对自己记忆的恐惧是他所特有的。在他人的判断面前，他很容易陷入默然：他带着一张不动声色的脸聆听，在他所见之处，崇拜、惊叹、热爱和润饰是怎样发生的，他或者还通过明确同意这种或那种前台意见来掩藏他的静默。也许，他境况之悖谬已到了如此骇人的地步，就在他学习大蔑视以及大同情的地方，群众、有教养者、痴迷者从他们那边学习的是大崇拜——对“伟人”和奇人的崇拜，人们因为这些人物而向祖国、大地、人类尊严和自己致福并敬拜，用他们来指引和教育青少年……而谁又知道，是不是迄今在一切伟大的个例中都发生了全然相同的事情：群众向一个神祷拜，而这个“神”只是一个可怜的牺牲而已！成功总是最大的说谎者，“作品”本身是一种成功；伟大的治国者、征服者、揭示者被装扮包裹进他的诸种创造，直至成为无从认识之物；而“作品”，艺术家的作品，哲学家的作品，首先杜撰出了它们的创作者和被认为的创作者；那些“伟人”们，按照他们所受的崇拜，是事后的小气而低劣的撰述(Dichtungen)；在历史价值的世界里是假货在统治。至如拜伦、缪塞、坡、里奥帕蒂、克莱斯特、果戈理这样的伟大诗人——就像他们现在一度成为，也许必然成为的那样：活在瞬间的人，激动、感性、犯傻，轻率而突然地去信任或不信任；其灵魂，通常总是有某种缺陷有待掩饰；常用他们的作品报复某种内在污点，常在某个过于忠实的记忆面前挥动羽翼寻求遗忘，常迷失而踏上并且几乎爱上泥沼，直到有如沼泽周围的迷火[①]并迷离[②]而为星辰——民众于是多称其为理想主义者，常跟一种长久的恶心战斗，跟一个反复重现的无信仰的幽灵战斗，这幽灵使人发冷而迫使他们苦苦追求 gloria[荣耀]并从微醺的谄媚者手中吞食"信仰自身"：这些伟大的艺术家，这些说到底是高等的人类，对于一举猜中了他们的那个人来说，是怎样的磨难[③]啊！可以理解的是，恰恰从女人——她们在苦难的世界中有尖锐的视力，可惜却又以远远超过她们力量的方式寻求着帮助和拯救——那里，他们那么容易经验到漫无限制的、献身最彻底的同情的那些爆发，对于那些爆发，群众，尤其是崇拜着的群众，是不能理解的，他们是用好奇和取悦自己的解释将它们淹没掉。按照常规，这种同情总是对它的力量虚张声势；女人想要相信，爱使一切可能——这是她们真正的信仰。哈，那个知心者是猜中了，连最好的、最深切的爱，也竟是多么贫乏、愚蠢、无助、虚妄、失察，摧毁它竟比拯救它更容易！——很有可能，在耶稣平生圣迹和伪装之下，藏着一个最令人痛心的个案，牺牲对爱的知道以殉道的个案：牺牲最无辜、最渴盼的心灵以殉道，那种不满足于任何人类之爱的殉道，它要求爱、被爱，此外别无所求，并用强硬，用疯狂，用可怕的爆发来反对那些拒绝给它以爱的人们；一个没被喂饱过也喂不饱的爱之贫乏者，他必将发明地狱，把那些不愿意爱他的送进去，而最终，在对人类的爱有所知道的同时，他必将发明一个上帝，这个上帝完全就是爱，完全就是爱的能力，这个上帝怜悯人类之爱，因为后者是如此贫乏，如此无知！而那个感觉到这一点的，那个以此方式知道了爱的，便去寻求死亡。——不过，为什么要沉湎在这些痛苦的事情里呢？假定此并非所必需者。

270

每个罹受过深重苦难的——能够罹受深重到何等地步的苦难，这差不多确定了人的等级顺序，他在精神上的高傲与恶心，那种把他彻底浸染了的毛骨悚然的确知，确知自己因为苦难而知道更多，多于那些最聪明和最明智者所能知道的，确知自己熟悉许多遥远而恐怖的世界，并且一度以这些"你们一无所知"的世界为"家"……罹受苦

---

① "迷火"(Irrlicht)通译为"鬼火"或"磷火"；字面意义为"错误的光"，与"误入歧途"(verirrt)同根。——译注

② "迷离"原文为 sich verstellen，兼有"佯装"与"(错误地)移置"之意。——译注

③ "磨难"，原文为 Marter，与下文的"殉道"(Martyrium)同根。——译注

难者这种精神上的默默的高傲，经遴选而得认识者、“与闻者”①、近乎被牺牲者的这种自负，认为必须极尽一切伪装的形式，以保护自己，挡开那些纠缠的同情之手，归根到底是挡开所有不像他们那样疼痛的东西。深重的苦难造就高尚；它在区分。伪装形式中最精细的一种，就是伊壁鸠鲁主义和某种趣味上的勇敢，这种后来装模作样的勇敢会轻率地接受苦难而抗拒所有的悲怆和深沉。有些“明朗的人”，他们利用明朗，因为他们将因此受到误解：他们愿意成为受误解者。有些“科学的人”，他们利用科学，因为科学提供一种明朗的外观，因为科学之性质就是要推断出人类是肤浅的：他们意愿诱导人们走向虚假的推论。有些不羁也不忌惮的精神，他们想要隐瞒并否认他们就是破碎、自负、无救的心灵；有时呆傻本身是面具，用来盖住某个不祥的、过于确知的知识。——由此可见，更精细的人道是“在面具前”有敬畏，而不是把心理学和好奇心用到虚假的地方上去。

271

把两个人最深切地区分开来的，是对纯净程度的不同感受和量度。一切老实和互利，一切礼尚往来的善良意愿，又有何用：最终他们依然——“闻不得彼此的味道②!”对纯净的这种最高本能使陷入其中者奇异而危险地块然独处，成为一位圣徒：因为这就是神圣——即对上述本能的最高的精神化。对于沐浴之幸福的无可言喻的充实的每一种知情，把灵魂持续从黑夜驱赶到白昼并从阴沉和“阴惨”③驱赶到明亮、闪耀、深邃与精细中去的每一种发情和饥渴：凡此种种皆同样地彰显为那样一种偏好——高尚的偏好，他也都有所区分。——圣徒的同情是对那些人性、太人性之事的污浊的同情。而在有些量度和高度上，这种同情本身又被圣徒感受为不纯洁和污秽……

272

高尚之标志：从未想到要把我们的义务降低为每个人的义务；

---

① “与闻者”原文为 Eingeweihten，化自动词 eingeweihen，意为“允许其知晓某种秘密的人”，其词根 weih 在古德语中表示“神圣”，故此词亦有“得到祝圣(的人)”的意思。——译注

② “闻不得彼此的味道”原文为 können sich nicht riechen，有二解：“受不了彼此的味道(即讨厌彼此)”或“闻不出彼此的味道(即猜不透彼此)”。——译注

③ “阴惨”(Trübsal)：指久而深的哀伤。——译注

不愿意让渡和分摊出自己特有的职责；将特权及其施行算作他的义务。

273

一个致力成为伟人的人，把途中所遇的每个人，要么是当作手段，要么是当作延误和阻碍——要么是当作暂时的卧榻。唯有当他处于他的高度并且在此高度进行统治的时候，才可能有对于同侪的那种自成一格、着意培养的善意。那种不耐烦和他对自己注定要闹成喜剧才罢休的意识——因为甚至战争也是一出喜剧，隐藏着一出喜剧，就像每一种手段隐藏着目标一样——腐蚀了他的一切交道：这个品种的人认得孤独，认得孤独所具有的最毒的成分。

274

等待者的问题。——必须有运气，有多种不可预期之事，才会有一个高等的、其怀中正沉睡着某个问题的解决之道的人，碰到一个恰当的时间去行为——或许可以说是，去"爆发"。一般说来这不会发生，大地上一切角落中皆坐着等待者，他们几乎不知道要等到什么时候，而更不知道他们是在徒劳地等待。时而，也有唤醒的呼声，也有"允许"行为的偶然事件姗姗来迟，而这时用于行为的最好的青春和力量，早已为静坐所耗尽；正如有的人恰恰在他要"跃起"的时候惊恐地发现，肢体已麻木，精神已过于沉重！"太迟了"——他对自己说，对自己不自信起来，从此一蹶不振。——在天才的王国中，"无手的拉斐尔"(按照最广义的理解)莫非也许不是例外而是常规？——天才也许根本不是那么稀罕：只是五百双手都必须那个χιρός[时机]、"恰当的时间"——去行霸道，去一把抓住那个偶然事件。

275

谁若不愿意看见一个人的高度，就会越来越苛细地注视这个人身上那些低下的、表层的东西——并由此把自己暴露出来。

276

尽管有各种各样的伤害和损害，更低等和更粗糙的灵魂却更优胜，优于较高尚的灵魂：后者的危险必定更大，基于他们生命条件的多样性，遭遇不幸和毁灭的概率甚至高得吓人。——失去脚趾的蜥蜴会重新长出：人类不会。

277

——真够糟糕的！古老的历史又重现了！房子建造完毕之后人们注意到，自己不经意间学会的是那些在——开始——建造之前本来早就必须知道的东西。永远的令人难受的“太迟了”！——一切制造[①]的忧郁！……

278

——漫游者啊，你是谁？我看见你走着你的道路，没有嘲笑，没有爱，唯有猜不透的双眼；我看见你潮湿而悲伤，犹如铅锤，反复探测每一个深度，永不餍足——它在下面找什么呢？唯有不叹息的胸膛，隐忍恶心的双唇，只去缓慢抓握的手：你是谁呢？你在做什么呢？在这里休息吧：在这个好客的地点，恢复一下吧！你还想成为谁呢：现在什么会让你愉悦？什么能帮你恢复？尽管说：我有什么就给你什么！——“恢复？恢复？哦，你这个好奇的人啊，你在说什么哪！但是给我吧，我请求——”是什么？是什么？说出来啊！——“再给我一张面具！第二张面具！”……

279

有着深沉的悲伤的人，在幸福的时候就暴露了自己：他们有一种抓握幸福的方式，仿佛他们出于嫉妒而想要把幸福碾碎和闷死——哈，他们太明白了，幸福是会溜走的！

280

“糟了！糟了！怎么！他不是在——后退吗？”——是的！但你们这样抱怨是对他莫大的误解。他是像每个想要做一次大跳跃的人那样后退的。

281

——“人们会相信我吗？可是我要求他们相信我：就自己、关于自己，我总是思考得很坏，只有在极为罕见的情况下，只是被强制着去思考，我总是没兴趣‘说正事’，就准备着要从‘我’这里偏题，

① “制造”原文为Fertigen，意为“制造、生产”，源于fertig(了结)。——译注

总是不相信体验，多亏了一种从未被制服过的对自身认识之可能性的疑虑，它已经把我引得那么远，甚至在神学家们擅自提出的‘直接认识’这个概念上，我都察觉到一个形容词矛盾：以上这一串事实，差不多是我关于自己所知道的最可靠的东西了。在我这里，一定有某种不情愿，不情愿相信关于自己的某种确定之事。——这里也许藏着一个谜？大概吧；然而幸运的是，我自己是咀嚼不出来的。——也许这个谜透露了我所属的那个物种？——但是没有向我透露：这正合我意。”

282

“你到底遇上什么了呢？”——“我不知道，”他犹豫地说道，“也许是那些哈耳皮埃[①]从我的桌前飞过吧。”——有时会有这样的事，一个温和、适度和谦退的人突然发火，打碎碟碗，掀翻餐桌，大吵大闹，向整个世界叫骂——最后又走到一边去，羞愧，对自己发怒——他要到哪里去呀？要干什么呀？为了走到边上去挨饿吗？为了在他的回忆里窒息吗？——谁若怀有高等而挑剔的灵魂所具有的那种欲望，并且很少觉得自己可以好好吃一顿，那么，他在一切时代都是个很大的危险：不过今天这危险不比往常。被抛进一个嘈杂的群氓年代，无法从这个年代的大碗里分一口饭吃，他很容易因为饥饿和干渴——即或总算有所“分摊”也将因为恶心——而毁灭。——大概，在那些不该我们坐的餐桌边上，我们已经把饭全吃下去了；而恰恰是我们中最精神性、最难被供养的那些人，认识到那种危险的消化不良，它生于对我们的膳食以及同桌共餐者们的某种突然的洞察和失望——那种饭后恶心[②]。

283

假如人们竟想要赞美，那么，始终只在人们不赞同的地方去赞美，这是一种精细的同时也是高尚的自制(Selbstbeherrschung)：在其他情况下人们或许会赞美自己，但这是有悖于好趣味的：诚然，这种自制也为持续地被人误解提供了一种得体的动机和动力。为了允许自己饕餮这种趣味和道德上的真正奢靡，人们必须不在精神蠢货中间生活，而是要活在那些还会因为其精细而被误解和失算给逗

① 哈耳皮埃：希腊神话中会带来风暴的鹰身女妖。——译注

② 饭后恶心：盖有双关意义，既指“生于饭后的恶心”也指“像是饭后甜点的恶心”。——译注

乐的人们中间，要不然必将付出昂贵的代价！——“他赞美我了：所以他认为我是对的”——这种蠢驴推理败坏了我们这些隐修士的一半生活，因为它让蠢驴成了我们的邻居和朋友。

284

以深不可测的和自负的镇定生活着；始终超然于世——。随意发作他的情绪，随意顺从和悖逆，并随时跟着情绪和顺悖而变动：乘着它们，犹如乘马，经常像骑驴：因为人们得知道把他们的愚蠢当他们的火气一样充分利用。保护好他的三百重前景；还有那副黑眼镜：因为在有些情况下，任何人都不许看我们的眼睛，更不许看我们的“基础”。为了社交需要选择那种无赖而明朗的恶习，那种礼貌。始终做他的四种美德的主人，即勇气、洞见、同感、孤独。因为在我们这里，孤独，作为对纯净的一种精妙的偏好与渴求，乃是一种美德，它透露出人与人的接触——在“社会”里——是如何必定不可避免地变得不干不净。无论以何种方式，在何时何地，每个共同体都使人变得——“普通”。

285

最伟大的事件和思想——最伟大的思想就是最伟大的事件——最迟被把握：与之同时的世代体验不到这些事件——他们以此为生而不自知。有如发生在星空中的情形。最遥远的星光最迟才照临到人类；在它未曾来临之前，人类否认那里——有星星。“一种精神被把握需要多少个世纪呢?”——这也是一个标尺，人们由此也创造出一套等级顺序和仪规(Etiquette)，照它们所必需的那样：对于精神和星辰而言。

286

“在这里，眼界自由，精神崇高”。——却有另一种相反种类的人，他们也在高处，眼界也是自由的——不过却在向下望。

287

——什么是高尚的?“高尚”这个词在今天对我们还有何意义?群氓统治伊始，在这片沉重的、命定的天穹之下，一切皆陷于混浊灰暗，在何处会透露，又在何处能认出高尚的人类呢?——证明他的并不是行为，行为总有多种意义，总是不可测度的；也不是“作品”。今日的艺术家和学者中间可以见到足够的此类东西，他们通过作品所透露的是，一种对高尚的深深贪婪在怎样推着他们走：恰恰是这样一种向[①]着高尚的需求，却从根本上有别于高尚灵魂本身的那些需求，简直可以说就是后者之缺乏的确然而危险的标志。不是作品，而是信念在这里起决定作用，在这里稳固树立了等级顺序，从而在一种新的、更深刻的理智中重新采纳一种旧的、宗教性的模式：即某一种根本确知，一个高尚灵魂不会自己在自己身上寻找、发现，也许也不会丧失的根本确知。——高尚的灵魂对自身持有敬畏。

288

有一类人，他们以一种无可避免的方式拥有着精神，就让他们随心所欲地扭转翻腾吧，并用手挡住有所暴露的两眼(——仿佛双手就无所暴露似的——)：最终也总会表明，他们拥有某种他们隐藏的东西，也就是精神。而为了至少尽可能长久地欺骗并且成功地装得比人们更蠢，一个最精细的手段——它在普通生活中就像雨伞那样经常叫人期盼——就是激动[②]：再附加上一些附属之物，比如美德。因为正如肯定知道这一点的加里安尼所说：美德是热烈的[③]。

289

从隐修士的文字中人们总是听出荒野的回响，孤独中的微吟和怯然四顾；在他最强健的言辞中，甚至在他的呼喊中，响起的仍然是一种新的危险的沉默和隐瞒。谁若年复一年，日以继夜，唯独与他的灵魂在私密的纷争和攀谈中对坐，则在他的洞穴——可能是一个迷宫，也可能是金矿井——中，他将变成穴居的熊或者掘宝者或者护宝者和地龙：他的概念本身，最终保持着一层特有的暮光色彩，带有一种既深邃且霉烂的气味，某种不愿传达和不情愿的东西，那种在一切暂时之物上冷冷吹拂的东西。隐修士不相信，一位哲学家——假定哲学家总是首先是一位隐修士——会在书里表达他真正和最后的想法：写书难道不恰恰是为了隐藏人们自己所怀藏的东西

---

① “向”原文为 nach，作为介词同时还有“在……之后”之意。——译注

② “激动”原文为 Begeisterung，与 Geist(精神)同根，字面意思为“被精神贯注”(mit Geist erfüllen)。——译注

③ “美德是热烈的”(vertu est enthousiasme)，引自加里安尼《致德皮纳夫人的信》(Lettres à Madame d’Epinay)2，276。——编注

吗？——是的，他会怀疑，一位哲学家究竟是否能够拥有“最后的和真正的”想法，在他这里，莫非在每一个洞穴后面都是而且必须是一个更深的洞穴——位于某块地表之上的一个更广博、更陌生、更丰富的世界，莫非在每一个基础后面、每一次“奠基”下面，都是而且必须是深渊。——每种哲学都是一种前景哲学——隐修士所做的判断是：“他这里停下，回望，环顾，他在这里放下了铲子，没有再向深处挖，这种情形既有某种随意性，也有某些不可信之处。”每一种哲学也都隐藏着一种哲学；每一个想法也都是一种藏法，每一番言辞也都是一张面具。

290

每一个深刻的思想家都怕被理解甚于怕被误解。被误解，苦的也许是他的虚荣；被理解，苦的则是他的心、他的同感，它要说：“啊，为什么你们也想要跟我一样如此沉重呢？”

291

人，一种多层次、好说谎、造作而混浊的动物，相形于其他动物，人，与其说是因为其力量不如说是因为其狡诈和聪明，显得阴森叵测，他发明了好良心，以享受自己的灵魂之简单；而整个道德都是一次决心已下的漫长伪造，借此伪造，某种注视灵魂时的享受终究得以可能。在此视角之下，“艺术”这一概念中所包括的东西，也许比人们暗中以为的要多一些。

292

一位哲学家：这是一个持续地体验、看、听、猜测、希望和梦想着超常事物的人；他被他自己特有的思想由外部而来，有如从上面和下面而来击中，就像被他那个种类的事件和闪电击中；也许他本人就是一场雷雨，孕育着新的闪电；一个运途多舛的人，周身所及总是轰鸣、炸响、开裂和阴森叵测之状。一位哲学家，啊，一种经常从自己这里逃离、经常对自己有恐惧之心的造物——而又太过好奇，总是止不住一再地“回到自身”……

293

一个男人说，“我喜欢这个，我把它据为己有，我要保护它，在一切人面前保卫它”；一个能够履行一件事情、贯彻一个决定、对一个思想保持忠诚、固守一个女人、惩罚和击倒一个莽汉的男人；一个带着他的愤怒和利剑的男人，弱者、罹受苦难者、困厄者还有动物们皆乐于归附于他，自然地从属于他，简言之，一个天生是主人的男人，如果一个这样的男人怀有同情，那么！这种同情是有价值的！但这跟对那些罹受苦难者的同情有什么相干呢？跟那些简直拿同情布道的人的同情有什么相干呢！今日之欧洲几乎处处有一种病态的对疼痛的易感(Empfindlichkeit)和敏感(Reizbarkeit)，同时又有一种悖逆的在控诉方面的不节制，一种想借宗教和哲学杂碎[①]得到装点拔高的柔化——处处有一种形式上的苦难祭礼。在这样的痴迷者圈子中被命名为"同情"者，给人的第一印象，我以为，总是它的毫无男子气概(Unmännlichkeit)。——人们必须有力地彻底摒弃这个最新种类的坏趣味；针对它，最后我希望，人们要将"乐旨"这个好护身符置于心怀，为了向德意志人说明这一点，所谓"乐旨"就是"快乐的科学"。

294

奥林匹斯的恶习。——为了跟那位哲学家作对，他作为地道的英格兰人，试图在所有会思考的头脑跟前，对笑做一番恶意的中伤，"笑是人类本性的一种丑恶缺陷，每个会思考的头脑都会去努力克服它"(霍布斯)，我甚至不惮于依照哲学家的笑的等级定出他们的等级顺序——居最上位者有能力发出金色的哄笑。而且，有好些推论逼着我假定，诸神亦做哲学，那么，我并不怀疑，他们在这方面也知道以一种超人的、崭新的方式去笑——而且知道挥霍一切严肃事物地笑！诸神乐于嘲弄：好像，甚至在神圣的行为中他们也笑个不休。

295

心灵的天才，正如那个伟大的隐藏者所具有的，那个蛊惑之神和天生的良心捕鼠人，他的声音知道怎么钻入灵魂的下界，他说出的每一句话语，投来的每一次目光，无不包含诱引的顾盼和曲衷，他的高明在于，他懂得装——不是他本身所是，而是对于他的跟随者而言更多是一种强制，强迫那些跟随者越来越接近他，越来越内在和彻底地跟随他：心灵的天才，他使一切叫嚷者和自喜者默然倾听，他整饬粗粝的灵魂，给他们品尝一种新的期望——把他们如一

① "哲学杂碎"连读，与"宗教"并列。——译注

面镜子放平，上面映照出深沉的天空；心灵的天才，他教会笨拙和急躁的手踌躇而温柔地抓握；他从晦暗厚重的冰层下猜测出被隐藏和被遗忘的宝物，猜测出点滴的善意和甜美的精神状态，他是探叉，可以探出长年湮没禁锢在泥沙中的每一粒金晶；心灵的天才，经他触碰之后，每个在继续上路时都会更加富有，而且不是受了恩赐或者震撼，不是像为了意外之财而庆幸或者紧张，而是自己自在地富有了，自己比之前更新鲜了，被打开了，在解冻的风中披离荡漾，也许更不安稳了，更加轻柔、更加脆弱和零碎，但满是希望，那些尚且莫名的希望，满是新的意志和奔流，新的异志①和回流……但是我在干什么呀？我的朋友们？我在跟你们谈着谁呢？难道我如此忘我，竟然还从来没有向你们提过他的名字吗？要不就是，你们还未曾自己猜出来，这个想要得到这般**赞美**的可疑的精灵和神祇是谁。跟任何一个从孩提学步时起就一直在途中和异邦行走的人一样，我在这条路上遇到的，也是一些稀有而不无危险的精灵，而首先是这个我刚刚提到的，我反复碰见的，不错，不是别的神，就是**狄奥尼索斯**神，那个伟大的歧异者和蛊惑之神，我当年，正如你们所知道的，尽一切隐秘和敬畏把我的处女作贡献给他——作为，在我看来，最后一个向他贡献**牺牲**者：因为我没有发现一个人理解我当时所为。从那以来，关于这位神祇的哲学，我又另外学习了许多，简直是太多的东西，而且，正如我说过的那样，是口口相传地学的——我，狄奥尼索斯神最后的弟子和入室传人：或许最终会有一天，我会给你们，我的朋友们，在允许的范围内，品尝一点点这种哲学吧？我照理说得小声一点：因为这里关系到许多隐秘的、新颖的、陌生的、奇异的和阴森叵测的东西。狄奥尼索斯竟是一位哲学家，也就是说，诸神是做哲学的，这在我看来是件不无棘手的新鲜事，也许恰恰是在哲学家中会引起疑虑，在你们这里，我的朋友们，这件事本来就没有那么悖谬，要不就是，它来得太迟，而且来得不是时候：因为，如同我在人旁所揣知的那样，你们今天不喜欢信仰上帝和诸神。也许，我还必须再进一步，比你们那些习气深重的耳朵向来爱听的更加坦率地陈述？十分肯定的是，我所说的那位神在诸如此类的对白中比我走得更远，远得多，向来都领先我好几步……是啊，倘若允许的话，我或须按照人类的习俗，加赠他美丽庄严的盛大头衔和美德的名目，多方赞美他作为研究者和发现者的勇气，无畏的正直、

① “异志”原文为 Unwillens，通译“不满”或“反感”。——译注

真诚和对智慧之爱。但是，一位这样的神祇会不知道拿所有这些华而不实的尊荣来干什么。“收着这些吧，他或将说，给你和你的同类以及其他需要的去用吧！我——没有理由遮盖我的裸体！”——人们猜：也许这一类的神灵和哲学家缺乏羞耻吧？——他有一次这样说道：“有些情况下，我爱人类——这里他暗指当时在场的阿里阿德涅①：对我来说，人是一种可爱、勇敢而善于发明的动物，在大地上无与伦比，他在所有迷宫中都找得到路。我跟他处得很好：我经常考虑，怎样提升他，使他比他所是的更强健、更邪恶和更深刻。”——“更强健、更邪恶和更深刻？”我惊恐地问道。“是的，”他又说了一遍，“更强健，更邪恶也更深刻；也更美”——说着，这位蛊惑之神展开他那阿尔库俄涅般静穆②的笑容，仿佛他刚刚吐出的是一句迷人得体的话。这里人们立刻看到：这位神灵不只是缺乏羞耻；说到底有很充分的理由揣测，在某些小节上，这些神祇可能全都在我们人类这里学习过。我们人类是——更人性的……

296

哈，你们到底是什么呢，我所书写和描画的思想们！这并不是很久以前的事，那时你们还如此斑斓、年轻和险恶，布满棘刺，散发秘香，让我打着喷嚏笑——而现在呢？你们的新鲜已经消退了，你们中有一些，我担心，已然成为真理了：它们看起来已然如此不朽，如此令人心碎的正派，如此乏味！难道不是从来都一样的吗？我们究竟抄写描摹了些什么东西呀，我们这些拿着中国毛笔的官人③们，我们这些使那些让自己被书写的事物得以永恒的人，我们唯一能够描摹的是些什么啊？哈，永远只是那些将欲枯萎、气味渐淡的东西！哈，永远只是消歇殆尽的雷雨和迟暮枯黄的感觉！哈，永远只是倦飞而迷失的、让自己被一手逮住的鸟——被我们的手！我们使之永恒的，是再也不能长生和高飞的东西，只是些疲乏、酥软的事物！此刻只是你们的午后，我书写描画的思想们，唯独为这

---

① 阿里阿德涅：希腊神话中克里特国王的公主，初爱上要进迷宫杀牛怪的忒修斯，助之走出迷宫的线团，后被忒修斯留在纳克索斯岛(Naxos)，委身于酒神。——译注

② 阿尔库俄涅般静穆：希腊神话中，风神之女阿尔库俄涅得知丈夫凯克斯遭遇海难后，投海殉情，双双化为翠鸟，每年冬日孵卵之时，风神会为他们停风七日；作形容词亦表“静穆”。尼采在此或有以她的忠贞与忒修斯的变心对举之意。——译注

③ “官人”原文为 Mandarin，出自梵语，本义为“下命令者、顾问”(见布罗克豪斯百科全书图文 2004 版)，16 世纪西洋人对中国高级官员的称呼，在现代德语和英语中又指“官话”；通译“满大人”，然易误解为与“满清”相关。——译注

个午后我才使用颜色，也许用了许多，许多斑斓的轻柔，五十种黄、灰、绿和红：但是没有人能从我这里猜到，你们在你们的早晨是个什么样子，你们，我的孤独所生的火花和奇迹，我的老情人们——恶劣的思想们！

（赵千帆译　孙周兴校）

“善与恶”，“好与坏”[①]

1

——那些英国心理学家们，人们迄今还不得不感谢他们为道德发生史的建立做了一些独一无二的尝试，他们用他们自身给我们出了不少的谜语；甚至，我得承认，正是由于这一点，即作为生动的谜语，作为先于他们所著之书的某种本质性的东西——他们本身很有趣！这些英国心理学家们——他们究竟想要什么呢？不管是有意还是无意，人们总是在相同的工作上遇到他们，这工作就是，把我们的内部世界的 partiehonteuse[羞处]推到前台，并且恰恰要在人类的理智自负最不愿有所发现之处（比如在习以为常的 vis inertiae[惯性]里，或者在健忘中，或者在盲目偶然的理念构架和理念机械中，或者是在某种纯粹消极的、不自觉的、反射性的、分子组成的、彻底木然的什么东西中）去寻找那种真正起作用的、引领性的、对于发展具有决定性的东西——究竟是

① 《论道德的谱系》第一篇，译文选自尼采：《善恶的彼岸·论道德的谱系》，赵千帆译。——译注

什么东西总是把这些心理学家们偏偏推向这个方向呢？是不是人类渺小化的本能，一种阴森、阴险、平庸、自己也许都不向自己坦白的本能？或者大概是一种悲观的狐疑，一些失望、阴郁、有毒、发青的唯心论者们的那种不信任？或者是一种对基督教义（和柏拉图）的暗地里的、也许从未达到意识阈限的小小敌意和怨气？甚或是一种贪婪的趣味，偏嗜异样之物、刺痛人的悖论和此在之可疑与荒唐？或者最后——所有这些都有一点，一点平庸，一点阴郁化，一点反基督，再加一点瘙痒和对黑椒的需要？……不过，有人对我说，说白了这是些阴冷无聊的老青蛙在人类周围、有时还到人的里面去又爬又跳，仿佛他们在那里适得其所，也就是说，在一团沼泽里。听到这些话，我颇有抵触，甚至不去相信；如果对所未知者可以有所盼望，那么我满心盼望的是，但愿他们的情形正相反，但愿这些灵魂的研究者和微观者，从根本上是勇敢、大气和自负的动物，他们知道如何驾驭他们的心灵以及他们的痛苦，已经把自身教育得可以为了真理牺牲所有愿景，一切真理，甚至是直白、酸涩、丑陋、悖逆、非基督和非道德的真理……因为有这样一些真理。——

2

那么，向那些可能主宰着这帮道德历史学家的好精神致敬吧！可惜事情却肯定是：历史精神本身离开他们了，他们已经被所有历史学的好精神弃之不顾了！他们统统，一如古老的哲学家惯例，都在以本质上非历史的方式思考；这一点不用怀疑。他们的道德谱系学之呆板，从一开始，在着手追查“善”之概念与判断的来源时，就展现出来了。“在原初时——他们宣布说——人们称赞非利己的行为并且称之为善，是从这些行为所施予的那一方，亦即这些行为与之有用的那一方出发的；后来，人们遗忘了这种称赞的起源，仅仅因为那些非利己行为合乎习惯，便总是把它们称赞为善的，亦将之感受为善的——仿佛它们自在地便是某种善。”这里马上可以见出：这第一步推理就已经包含了英国心理学家之特异反应的所有典型征兆——我们被给定“有用性”“遗忘”“习惯”，得出结论为“谬误”，一切都是对一种价值评估的佐证，高等人迄今自负于这种价值评估，犹如自负于人类一般的某种特权。这样一种自负应该受鄙夷，这样一种价值评估的价值应该受贬低：这一点做到了吗？……在我看来，首先一目了然的乃是，这种理论是到一个错误的地点去寻找和设定

"善"的概念的真正发源地："善"之判断并非出自"善意"所施予的那一方！而毋宁说，是那些"善人"自己，也就是说，是那些高尚者、有权势者、站得更高者、识见高远者，是他们自己把自身和自身之所作所为感受和设定为善的，亦即第一等的，以对立于一切低等者、见识浅陋者、平庸者和群氓之辈。从这样一种距离之激昂出发，他们才占有创设价值、铸造价值之名称的权利：有用性跟他们有什么相干！恰恰在这样一种进行着最高级的等级排序和等级对比的价值判断的热烈涌动面前，有用性视角是最为怪异而不适用的：这里，感觉恰恰跟低温（低温是一切计算性的聪明、一切有用性运算的前提）处在一种对立之中——不是一次性地，不是一时之例外，而是持续地对立。高尚与距离生出的激昂，如前所述，一个统治性的高等品种在一个低等品种、一类"下人"的衬托之下所产生那种持续性和主宰性的总体感觉和基本感觉——这才是"好"与"坏"对立的起源。（授予名称的主人权利是如此之广，以至于人们应当敢于把语言起源本身领会为统治者的权力表达：他们说"这是这个和这个"，他们以一次发声来盖章核定每一个事物和事件，由此如同将它们据为己有。）这一起源决定了，"善"这个词从一开始便不是跟"非利己"行为必然联系在一起：那是那些道德谱系学家们的迷信。而毋宁说，在贵族价值判断衰落之时才有这样的事，"利己"与"非利己"的全面对立才越来越被强加于人类良心之上——随之终于开始发言（并且成为诺言）的是，用我自己的话来说，群盲本能。然后还要过很久，这种本能才在群众中成为主人，使道德的价值评估径直盘踞和镶嵌在那种对立里（例如当前的欧洲就是这样的情况：将"道德的""非利己的""不计利害的"视为等价概念的成见，已经靠着某种"偏执理念"和脑肿病①的势力，大行于今日了）。

3

而第二点：且不说上述关于"善"之价值判断的起源假说在历史学上是站不住脚的，假说本身是一个心理学的荒谬。说非利己行为的有用性应该是这种行为受到称赞的起源，而且这个起源应该被遗忘：——这遗忘何以竟又是可能的呢？这类行为的有用性也许在某

① 脑肿病：当指一种传染于家畜群中的疾病，与所谓"群盲"（Heerde，即"畜群"）相应。通常该词指今称牛恶性卡拉热的传染病，1877 年在瑞士被初次观察到，症状之一为头部器官黏膜发炎及肿胀；《皮埃尔辞典》1860 年版则以为指一种鸡瘟，病鸡将头脑肿胀破裂而死，治疗则当以新鲜空气与阳光。——译注

个时候中断了吧？事情正相反：这种有用性毋宁说是一切时代的日常经验，某种总是一再重新被强调的东西；从而，它不是从意识中消失，不是变得易被遗忘，而必定是以越来越清楚的印象印在意识里。相反的，比如由赫伯特·斯宾塞所代表的理论，倒是要更加理性得多(并不因而就更加真实)。这种理论把“善”之概念设为本质上等同于“有用”“合目的”等概念，以至于全人类在“好”和“坏”的判断中恰恰是在合计和认同那些不被遗忘和不易遗忘的经验：这是有用而合目的，那是有害而不合目的。按照这种理论，善就是向来证明为有用者：因此它可以作为“最高价值”“自在价值”宣称有效。这条解释道路，如前所述，也是错误的，但至少这种解释本身在自己这里是理性的，在心理学上站得住脚。

4

——指点我走上正道的是下面这个问题：在不同语言中被铸造出来的“善”之记号在语源学上究竟有什么含义。我发现，那些记号皆可回推到相同的概念变形，所有语言中，在等级意义上的“高尚”“高贵”都是基本概念，从中必然发展出“善”，即在“灵魂高尚的”“灵魂高贵的”“灵魂得到高度培养的”“灵魂有特权的”的意义上的“善”：这个发展总是平行于另一个发展，在那里，“平庸的”“群氓的”“低等的”最终转化为“坏”的概念。这方面最有说服力的例子是“坏”[①]这个德语单词本身：它同于“质朴”——比较一下“简单直截”“简直”——原始意义是质朴、平庸的男人，还不带嫌弃和鄙视，只是表明与高尚相对而已。大约在“三十年战争”的时代，即相当晚近的时候，这个意义才被置入现在所使用的意义中。——在我看来，这是事关道德谱系学的一个本质性洞见；它这么迟才被发现，要怪民主成见在现代世界内部对所有出身问题所产生的抑制影响。此影响一直扩展到表面上最客观的自然科学和生理学领域，对此，我们这里只能略作提示。这种成见——一度释放为憎恨——能对尤其是道德和历史造成怎样的危害，在巴克尔[②]那声名狼藉的例子里可以见到；现代精神那产自英国的平民主义(Plebejismus)，又一次从它故乡的土壤

---

① 这里涉及几个词的原文分别是：“坏”(schlecht)，“直朴”(schlicht)，“简单直截”(schlechtweg)，“简直”(schlechterdings)；它们同源于古高地德语 sleht(平、平直)。——译注

② 巴克尔：19世纪英国史家，以《英格兰文明史》(为其未完成的《文明史》之一部)知名，视历史为严格的科学。——译注

上爆发出来，其剧烈犹如一次泥浆的火山喷发，伴随着那种加盐太多、叫得太响的平庸雄辩，迄今为止的历次喷发都在用这种雄辩说话。

5

就我们的问题而言——有充分的理由可以称之为一个寂静的问题，它只有选择性地对少数的耳朵而发，坚持下面这一点并非无关紧要：在表示“善”的那些词汇和词根中，从多个方面透射出高尚者在把自己干脆感觉为更高等级的人类时所依据的那个基调。固然，在最常见的情况下，他们也许会直接按照他们在权力上的优势来称呼自己(为“有权势者”“主人”“统率者”)，或者按照这个优势的明显标志，比如自称为“富人”“占有者”(这就是 arya① 的意义；在伊朗语和俄语中的相应词语亦然)。但也会按照某种典型性格特征来称呼自己：这一点在此跟我们大有干系。比如他们会自命为“真诚者”：肇始者是希腊的贵族，他们的鼓吹者是麦加拉的诗人蒂奥格尼斯②。那个为此造出的单词ἐσθλός[好的、勇敢的]从词根上看是说一个人，他存在(ist)，有实在性，他是现实的，是真实的；然后在主格用法中，指作为真诚者的真实者：在概念变形的这个阶段，它成为贵族的标志性和提示性用语，并且完完全全地转化为“高贵”的意思，从而跟说谎的平庸男人(蒂奥格尼斯即这样看待和描述后者)划清界限，直到最后，在贵族衰落之后，这个单词遗留下来，表明灵魂的 noblesse[高贵]，仿佛变得成熟、甘甜了。而在 κακός[坏的，丑的]和 δειλός[懦弱的、可怜的](与 ἀγαθός[优秀的、出身好的、勇敢的]相对的平民)这样的词语中，强调的是懦弱：这也许给出一个角度，人们要循着这个方向去寻找有着多层含义的 ἀγαθός[优秀的、出身好的、勇敢的]在词源学上的来历。在拉丁单词 malus[坏](我将 μέλας[黑、暗]与之并列)中，平庸男人可能就被表作黎民，首先是指黑发人(“hic niger est[那人很黑]——”)，正如意大利土地上的前雅利安住民，他们跟成为统治者的金发人、征服他们的雅利安族的最明显对比就在于颜色；至少盖尔语亦给了我一个完全相符合的例子，fin

① 梵文，即“雅利安”(Arier)。参见考夫曼英译本页注。——译注

② 参看迪埃尔编：Ⅰ，57；71；95；189；429；441。亦参见《善恶的彼岸》第 260 节。——编注[译按：麦加拉的诗人蒂奥格尼斯：古希腊诗人，诗中有崇尚贵族思想；尼采早年的古典学训练和成就始自对他的研究。编注所引当为恩斯特·迪埃尔等编的文集(*Theognis*，ed. Ernst Diehl，Douglas Young，Lipsiae：in aedibus B. G. Teubneri，1961)。]

(比如在 Fin-Gal 这样的名字中),这个贵族的标志性词语,后来指的是善人,出身高贵者,纯洁者,本义是金发的头,跟黧黑、黑发的原住民相对。凯尔特人,顺便说一下,是一个纯粹金发的种族;把一群本来是黑发的居民所在的那些地带,那些在德国做得分外仔细的人种学卡片上醒目标出的地带,跟无论哪一种凯尔特起源和混血关联起来,就像菲尔绍[①]所做的那样,这是不对的:在那些地带上毋宁是德意志土地上的前雅利安居民。(这同样适用于几乎全欧洲:基本上,臣服的种族最终在当地重新占得上风,在肤色和头颅长短方面,也许甚至在知性本能和社会本能方面:谁能给我们保证,现代民主,还要更现代一些的无政府主义,尤其是现在欧洲所有社会主义者所共有的那种对于"公社"[②]、对于史前社会形式的偏好,不是主要竟意味着一阵森然的尾音:而征服者种族和主人种族,即雅利安人,即使从生理学上看,也是失败者?……)我相信,拉丁语词 bonus[善者]可以解读为"战士":前提是,我正确地把 bonus[善者]追溯到更古老的 duonus[譱者]上去(试比较 bellum[战]同 duellum[戰]同 duen-lum[作对],我以为其中就带着那个 duonus[譱者])[③]。由此可以把 Bonus[善者]解读为纷争、对阵(duo[作对])的男人,战斗着的男人:可见,在古代罗马,是什么在一个男人身上成就其"善意"。我们德语本身的"善":它的意思莫不该是"神性的男人",属于"神的世系"的男人?而且与哥特人的族名(本义则是贵族之名)相同?[④] 这个猜想的根据在此就不赘述了。——

---

① 菲尔绍:当时德国著名科学家,尤精病理学。1869 年创立"柏林人类学、民族学和史前史协会",曾研究头颅测量学,种族理论与当时的雅利安种族论相左,在 1885 年的人类学大会上指斥"北欧种族神秘论",认为西欧主要种族皆为混血。政治上他是自由派,提倡社会医疗保障和社区自治,亦属于下面尼采所说的偏好"公社"者。——译注

② "公社"(Commune):源于拉丁文 communis(共同,大多数),后由"巴黎公社"(Commune de Paris)而闻名。在德语中它还可指与"乡社"(Gemeinde)近义的自治社区或行政区划。——译注

③ 此处尼采试图点出 bonus[善人,勇士]之古体 duonus 与 bellum[战斗]之古体 duellum(拆为 duen[二]-lum[词尾])的亲缘关系;译者以"善"之古体"譱"与"战"之古体"戰"分表之,难免穿凿,然亦有说也:善、譱皆从羊,古文象羊角,亦表勇武(《周易》每以羊角象君子),而譱从誩(读若竞,竞言也),戰从吅(读若諠,盖"單"之声旁,亦表纷争),义竟相近,皆表"对立而相争",与尼采所指的从 duellum 到 duonus 的"概念变形",若合符节。汉语古文字的造字理据,与尼采的拉丁词源考索工作或不无参证之功,姑拈出以待识者。——译注

④ 德文中的"善"(Gut)、"神(一般)的"(göttlich)和"哥特人"(原文 Gothe,正字法作 Gote)形音相近。——译注

6

如果最高种姓同时也是教士种姓，因而他们的总体称号会首选一个会让人记住种姓之教士功能的称谓，这时，表示政治优先地位的概念便总是融汇到一种表示灵魂优先地位的概念之中：这个规则，眼下还没有例外(尽管有导致例外的动因)。比如，“纯洁”和“不纯洁”最初是作为等级标记而相互对立的；随后，便会有某种不再具有等级意义的“好”和“坏”也在这里发展起来。顺带或许还该提醒一下，不要一开始就把“纯洁”和“不纯洁”这些概念看得太严重、太宽泛，甚或以为是象征性的：较古老人类的一切概念，当其在开端处得到理解时，毋宁说是粗糙、笨拙、浅显、狭隘的，恰恰且尤其是非象征性的，其程度超出我们的设想。“纯洁者”在开始时仅仅是一个清洗自己、禁用会落下皮肤病的特定食品、不跟低贱民众的脏女人睡觉、对血有某种厌恶的人——仅此而已，大体仅此而已！从另一方面看，从本质上是教士的贵族阶层的整个种类中自然就可明白，为什么在这时，恰恰在早期，那些价值对立就可能以一种危险的方式内向化和尖锐化；事实上，那些价值对立最终在人和人之间撕开了裂缝，即使一个精神自由不羁的阿喀琉斯，在越过这些裂缝时也难免发怵。从一开始，在那样一种教士贵族制中，在那些践位统治、不事操作、有几分酝酿筹划亦有几分感情用事的习性中，从一开始就有某种不健康的东西，结果便出现了一切时代的教士几乎都无法摆脱的肠道痼疾和神经衰弱；而他们自己发明出了什么针对他们这种病情的药剂呢？——且不说，这药剂的后遗症最终证明比它所要解治的病情还要危险百倍。全人类甚至现在还患着教士们的这些素朴疗法的后遗症呢！比如，想想一些特定的节食形式(不吃肉)，斋戒，节制性事，遁入“荒野”(魏尔·米切尔[1]式隔绝疗法，当然不算那些后续的增肥疗法和营养加强，已包含治疗苦修理想的所有歇斯底里的最有效的解药)：再想想教士们那种与感官为敌、使人慵懒亦使人机巧的整套形而上学，他们按照苦修者和婆罗门的方式所做的自身催眠——被用作琉璃刹顶和偏执理念的梵[2]——和那种最终的、真是太好理解的普遍餍足，以及根治这餍足的猛药，虚无(或者是神：对某种与神的 unio mystica[神秘合一]的向往，就是佛教徒进入

---

① 魏尔·米切尔：美国医生，首创禁欲节食的隔绝疗法。——译注

② “梵”原文为 Brahman，本梵语，意为“清静”“洁净”“无欲”，佛经亦有译为“梵行”者。——译注

虚无的向往，涅槃——仅此而已!）正是在教士这里，万事才变得格外危险，不只是治疗手段和拯救技术，而且高傲、报复、敏锐、放纵、爱、统治欲、美德、疾病也一样；尽管如此，或许下面这个补充还是不无道理的：正是在这样一种本质上危险的人类此在形式，也就是教士的此在形式所形成的土壤之上，人类一般才成了一种有趣的动物，正是在这块土壤之上，人类灵魂在一种更高的意义上获得深度并且变恶了——这两点，本来就是迄今为止人类对其他生物之优势的两种基本形式！……

7

——人们或许已经猜到，从骑士-贵族阶层的评价方式那里多么容易就分生出教士的评价方式，后者进而再发展成前者的对立面；而每当教士种姓和战士种姓相互嫉恨地对立起来，而彼此谈不拢价钱的时候，又会触发怎样的特殊后果。骑士-贵族阶层的价值判断以为前提的是一副强大的体格，蓬勃、饱满甚至是泡沫翻腾的健康，以及维持它们所需的条件，战争、冒险、狩猎、舞蹈、战斗竞技，归根结底就是所有包含了强健的、自由的和快意的行为的东西。教士贵人们的评价方式则——我们已见过——有着不同的前提：一旦涉及战争，对他们便相当不利！众所周知，教士是最邪恶的敌人——是何缘故呢？因为他们无力。在他们这里，仇恨从这种无力中长成一种庞大森然之物，长成一种最具精神性者和最具毒性者。世界历史上最伟大的仇恨者总是教士，他们也是最富有精神的仇恨者：相对于教士复仇的精神，其余一切精神从根本上都几乎不值一提。倘若没有这种精神，这种从无力之人中进入历史的精神，人类历史就是一件太过愚蠢的事情了：我们马上来举一个最大的例子。大地上对“高尚者”“强暴者”“主人”“掌权者”的所有反对，与犹太人曾经做出的反对相比，皆不足论：犹太人，那群教士民众，知道最终如何通过一种对其敌人和制胜者之价值的彻底重估，也就是通过一种最精神性的复仇动作，令后者做出赔偿。只有这样才正好适合一群教士民众，这个教士之复仇欲被退缩得最深的民众。当年正是犹太人在反对贵族阶层的价值等式（善＝高尚＝权势＝美＝幸福＝神所爱），敢于以一种震慑人心的推理做出颠倒，并且以深渊般仇恨（生自无力的仇恨）的牙齿牢牢咬住这个颠倒，就是说，“只有悲惨者才是善者，只有穷人、无力者、低贱者才是善者，也唯独受苦难者、匮乏者、病人、丑陋者才是虔诚者，才是上帝所赐福者，福祉只为他们而存在，相反，你们，你们这些高尚者和强暴者，你们在全部永恒中都是恶人，是残暴者、贪求者、不知餍足者、不信神者，你们永远是无福者，受唾骂者和受诅咒者!”……人们知道，曾经是谁留下了这份犹太式的价值重估的遗产……关于犹太人用一切宣战中最彻底的这个宣战所开启的阴森叵测、超出一切尺度的充满厄运的最初一击，我回想起在另一个场合(《善恶的彼岸》第118页)已经提到过的那个命题——即，犹太人首创道德的奴隶起义：那场留下两千年历史的起义，今天它不在我们的视线之内只是因为，起义——已经胜利了……

8

——然而，这些是你们所不理解的吧？你们的视线达不到某种需要两个千年才获得胜利的东西吧？……这没什么好奇怪的：一切长久事物皆难以看见，难以俯瞰。而那次事件就是这样：从那棵复仇和仇恨的树干上，犹太式仇根——那个最深沉亦最精巧的，也就是能创造理想和改创价值的仇根，大地上前所未有的仇根——的树干上，长出了某种同样是前所未有的东西，一种新的爱，一切种类的爱中最深沉亦最精巧的爱：它还能从什么别的树干上长出来呢？……人们千万不要以为，它或许是作为对那个复仇渴望的真正拒绝，作为犹太式仇根的对立面生长起来的！不，真相恰恰相反！这种爱就是从那种仇根中生长出来的，长成它的冠冕，在最纯洁的明亮和光芒中越长越大的凯旋的冠冕，当仇根的根迫切地扎入一切有深度和曾经恶的东西中去，越来越透彻和贪婪，这种爱仿佛是在光线和高度的国度里，以同样的迫切沉迷于那个仇根的目标，沉迷于胜利、掠夺、诱惑。这个拿撒勒的耶稣，作为爱的肉身福音，这个把福祉与胜利带给贫穷者、患病者和有罪者的“救世主”——他难道不就是以最阴险和最难以抵抗的形式所施予的诱惑，不就是恰好引向那些犹太式的价值和理想革新的诱拐和歧途吗？不就是在这个“救世主”、以色列人表面上的敌对者和分裂者所开出的歧途上，以色列人达到它精巧复仇欲的最后目标吗？以色列人自己必须在全世界面前，把他们真正的复仇工具当作一个死敌那样否认掉，钉在十字架上，从而让“全世界”，也就是以色列的全部对手能不假思索地一口咬上这个诱饵，这难道不算一种真正的复仇(一种长远处着眼、暗地里着手、徐徐图之、预先算计的复仇)大政治所施展的隐秘的黑色艺术吗？从另一个方面，从精神的一切机巧里，难道还有人自忖设想得出一个比这更险的诱饵吗？设想得出某种东西，在引诱、昏眩、麻痹和腐蚀的力量上竟比得上那个“神圣十字架”的象征，那个述及一位“十字架上的神”的骇人悖论，那种讲述一种不可思议的终极残暴、说神是为救治人类而把自己钉在十字架上的神秘教义？……至少可以肯定的是，迄今为止，sub hoc signo[匍匐于此符记之下]，以色列以它对一切价值的复仇和重估，一再超出其他所有理想，所有更高尚的理想，胜利而归。

9

——“可是，您还说什么更高尚的理想呢！让我们顺应事实吧：民众胜利了——或者说‘奴隶’，或‘群氓’，或‘群盲’，或您爱怎么说就怎么说——这些已经通过犹太人发生了，那就干吧！还从来没有一群民众有这样一个世界历史的布道使命呢！‘主人’被干掉了；平庸男人的道德胜利了。人们可以同时把这次胜利看作一次血液毒化[①](它使种族相互掺杂)——我没有异议；然而这次中毒无疑是成功的。对人类世系的救赎(即从‘主人’那里救赎出来)正走在最好的道路上；一切都在眼睁睁地犹太化、基督化或者群氓化(用哪个词有什么关系呢!)。这次贯穿全人类整个肉身的毒化进程，看起来是无法停止的，其节奏和步伐从现在起甚至可以放得越来越缓慢、精细、悄无声息、审慎周详——人们有的是时间……在这个图谋里，今日的教会还负有什么必然的使命，从根本上说还有什么存在的理由吗？Quaeritur[有此一问]。看来，教会倒是在阻碍和抑制那个进程，而不是加快推进它？如今倒是这个才可能是它的用处……当然了，反抗一种更加细致的知性，一种真正现代的趣味，这简直有些粗鲁而土气。教会难道不应该至少机灵一些吗？……它今天太疏远了，以至于不能诱拐了……倘若没有教会的话，我们中有谁还要当自由思想者呢？对抗我们的是教会，而不是它的毒……不考虑教会的话，我们还是喜爱这种毒的……”——这些是一个“自由思想者”对我的谈话所做的收场白，一只实诚的动物，正如他充分暴露的那样，此外是一个民主党人；他直到现在一直在我边上聆听，听到我沉默，他就受不了。也就是说，对我而言，在这个地方有太多东西可以沉默。——

---

① 血液毒化(Blutvergiftung)：现代医学通称“败血症”。——译注

10

道德中的奴隶起义开始于怨恨本身变得有创造力并表现出价值之时：这样一些造物们的怨恨，他们不被允许有真正的反应，即有所作为的反应，而只有通过某种想象的复仇来保护自己不受伤害。所有高尚的道德都是从一声欢呼胜利的“肯定”中成长为自身，而奴隶道德则从一开始就对着某个“外面”说不，对着某个“别处”或者某个“非自身”说不：这一声“不”就是他们的创造行动。对设定价值的目光的这样一种颠倒——这样一种不是回到自身却根据外部而进行的迫不得已的指向——恰恰就是怨恨：奴隶道德，总是首先需要一个对立和外部的世界，才得以产生，从生理学上讲，它需要外面的刺激才能有所动作——它的动作从根本上说是反应。高尚的评价方式则是另一种情况：它自发地动作和生长，它找出其对立面只是为了更得力地而快活地说“是的”——它所用的否定性概念如“低贱”“平庸”“坏”，只是后出的苍白对比图案，好跟肯定性的、浸透了生命和激情的那些基本概念相比较，“我们高尚者，我们善人，我们美好的人，我们幸运儿！”如果这种高尚的评价方式搞错了，对于现实情况严重误判，那么，这是发生在他们认识得尚不充分的领域，他们甚至会有些执拗地抵制对它的现实认知：在这种评价方式所鄙视的领域，即平庸男人、下等民众的领域，它有时会误认；另外，即令假定鄙视、俯视、居高而视的情绪伪造了被鄙视者的形象，也应该考虑到，这无论如何还远不如人们把退缩的仇恨、把无力者的复仇施于其对手——当然，是通过象刑①——时所用的那种伪造。事实上，鄙视之中混杂着太多的疏忽，太多的不在乎，太多的不注意和不耐烦，甚至是太多的欢快，仿佛真的能够把被鄙视的对象变形为怪样和丑物。人们或许确实不该忽略那些几乎是善意的在辞色方面的精微闪烁，比如希腊贵族在每一句话里都会用上这样的辞色闪烁，他们以此使自己迥然区别于下等民众；一直夹杂着一种遗憾、顾虑、谅解，弄得微微发甜，到了最后，在说到平庸男人时，所有话语便只剩下“不幸”“令人遗憾”的表达（试比较一下 δειλός[懦弱的]，δειλαιος[无价值的]，πονηρός[卑贱辛苦的]，μοχθμρός[苦不聊生的]，最后两个词其实表示劳动奴隶和驮载牲口）——而从另一角度来看，对希腊人的耳朵来说，“坏”“低贱”“不幸”从来都回响着同一

① “象刑”原文 in effigie，字面义为“在形象中”，指欧洲历史上一种象征性刑罚——焚烧或绞碎罪犯之肖像，中国古称“象刑”。——译注

个言外之意，带着同一种音色，主要的意思是“不幸”：这便是古老高贵的贵族阶层评价方式的遗韵，这种评价方式即使在蔑视时也不假以辞色（语文学家们在这里或许会想起，οἴζυρός［叫苦连天］，ἄνολβος［运势不佳］，τλήμων［苦命］，δυς τυχεῖν［命运不济］，ξυμφορά［不走运］这些词在什么样的意义上被使用过）。“出身良好者”感觉自己就是“幸运儿”；他们用不着通过瞥一眼他们的敌人，才做作地构造出他们的“幸运”，用不着在某些时候说服甚至是骗取（就像一切怨恨之人所习惯的那样）人们相信他们的“幸运”；同样，作为饱满的、洋溢着力量从而必然能动的人，他们知道，行为与幸运不可分离，在他们这里，有作为必然地被归入幸运（εὖ πράττειν［顺遂］①即源于此）——所有这些，皆与无力者、被压迫者、因为怨毒和敌意而起溃疡者所在的水平之上的那种幸运截然相反，在这些人这里，幸运本质上是作为麻醉、迷醉、宁静、和平、“安息日”、放松心情和舒展肢体，简言之，是被动地出现的。当高尚的人自信开朗地自己面对自己而生活的时候（γενναῖος，“贵胄”即有强调“率直”的精微之意，抑或有“天真”之意），怨恨之人却既不率直，也不天真，自己对自己也不开诚布公。他的灵魂是歪的；他的精神喜爱蛰藏的暗角，潜逃的暗道和后门，一切隐匿之物都让他满心感到，这是他的世界，他的安全，他的乐土所在。他擅长沉默，不忘怀，等待，暂时将自己渺小化，暂时地侮辱自己，这样一个怨恨之人的种族最终必然比无论哪一个高尚种族都更聪明，他们也将在一个完全不同的程度上推崇这种聪明：即推崇为一个头等的生存条件，而在高尚的人这里，聪明却很容易散发出奢华和机巧的精细味道——正是在他们这里，聪明远非那么本质性的，它是使调节性的无意识本能得以充分发挥的保障，甚至是一种特定的不聪明，是那种冲向危险或冲向敌人的勇往直前，或者是那种由愤怒、爱、敬畏、感激与复仇所引起的突发痴狂。高尚的人本身亦有怨恨，当其发生之时，就在一次立即反应中充分地发作出来、消散开去，而无所毒害：在无数个例子中，在弱者和无力者会不可避免地发生怨恨的情况下，高尚的人却根本无所怨恨。甚至对他的敌人、他所遭受的事故和胡作非为也不长久地耿耿于怀，能做到这个——是强健饱满的天性的标志，在这样的天性洋溢着塑造、模仿、痊愈的力量，并且也是造就遗忘的力量（现

① εὖ πράττειν 本义为“干得好”，但同时有“运气好”之义。——译注

代世界的一个好例子就是米拉波①，此人对施加于他的凌辱和下作毫无记性，他之所以不能原谅只是因为他——忘记了)。在其他人那里会掘穴潜匿的那许多蠕虫，一个这样的人一抖就把它们从身上抖掉了；唯独在这里，才有可能存在着，假定大地上到底还是可能存在——真正的“对自己敌人的爱”。一个高尚的人在他的敌人面前，竟已怀着多少敬畏啊！——而一种这样的敬畏，竟已是一座通向爱的桥梁……他确实在为自己而渴望敌人，以之为自己的标记，他确实只瞧得上一个这样的、不可蔑视而大可敬畏的敌人！与此相反，有的人却在想象“敌人”，那种怨恨之人就在这样构想——而他的行为，他的创造也就在于此：他构想出了“邪恶的敌人”“恶人”，并且是构想为基本概念，由此出发，他又设想出一个“善人”作为残像和对立方，也就是——他自己！……

11

也就是说，在高尚者那里情况正好颠倒过来，他会预先自发地，亦即从自身出发去构想出“好”这个基本概念，由此才为自己造出一个关于“坏”的表象！这样一种起源很高尚的“坏”，和那种从没喂饱的仇恨的烧锅中酿出来的“恶”——前者乃是一个附带创造，一个顺便，一道互补色，后者则相反，是本原，是开端，是构想一种奴隶道德的真正行为②——“坏”和“恶”，这两个与貌似是同一个概念的“善”之反义词，是多么的不同啊！但那并不是同一个“善”的概念。人们或者毋宁该自问，在怨恨道德的意义上，“恶”的到底是谁。十分严格的回答是：就是另一种道德里的“善人”，就是高尚者、有权势者、统治者，只不过是通过怨恨的毒眼被染了色，转了义，变了模样。在这里，我们至少想拒绝一点：谁若只把那些“善人”当作敌人来认识，他所认识的也无非是些恶魔，而这样一些是恶魔的人们，他们是那么严格地受限于礼教、崇拜、习气、感激，更多地还是受限于相互的警惕、同侪争胜的嫉妒，而在彼此相处的行为方式中，在顾虑、自制、体贴、忠诚、自豪和友谊方面他们又显得如此花样百出——他们是冲着外部去的，冲着接壤于陌生之物和陌生之地的地方而去，与出柙的食肉动物相去无多。他们在那里享受着摆脱了一切社会强制的自由，他们在荒野中保护自己不受共同体中的紧张

① 米拉波：法国革命时期温和派代表，有意调和皇室与民众而未果。——译注

② “行为”原文为 That，在德语中本义为“作为”，亦有“罪行”的意思。——译注

的伤害，那种紧张在共同体的和平中造成长久的封闭与隔阂，他们返回到食肉动物良心的无辜里，成为欢欣鼓舞的巨怪，也许在一连串丑恶的凶杀、焚烧、亵渎、拷掠之后，能够带着一种骄恣与灵魂的平衡悠然离去，仿佛只是要够了一场学生闹事，还确信诗人们现在又有了可以长期吟唱传颂的东西了。所有这些高尚种族，根性里错不了都是食肉动物，都是堂皇地垂涎尾随于猎物和胜利果实之后的金毛野兽；而这个暗藏着的根性时时需要释放，动物一定要再出来，一定要再回到荒野——罗马、阿拉伯、日耳曼和日本的贵胄们，荷马时代的英雄们，斯堪的纳维亚的维京人们——这样一种需要，他们全都是一样的。高尚种族，就是其所过之处皆可见到“野蛮”概念的种族；即使在他们最高等的文化中，仍然会流露出这方面的一种意识，一种自负(比如伯里克利在那篇著名的墓前演讲中对他的雅典同胞们说，“我们的果敢开出了通向一切邦国和海洋的道路，无论好歹，随处立起了不朽的碑石”)。高尚种族的这样一种果敢，如其所展露的，如狂如痴，突如其来，这种甚至于他们的功业不可预测、未必可成的东西——伯里克利特加表彰了雅典人的 ῥαθυμία[轻松]，他们对安全、身体、生命、舒适的漠然和不屑，他们在所有毁灭中、在战胜后的所有淫乐和残忍中所得乐趣的那种令人骇然的明朗和深湛——所有这一切，在为这些罹受苦难的人们那里，皆归入“野蛮人”和“恶魔”的形象中去，比如“哥特人”和“汪达尔人”的形象。德意志人一旦掌有权力便会激起的那种深深的冷冷的不信任(现在又是这样)——一直都还是那次不可磨灭的惊骇的余音，曾经有几个世纪之久，欧洲带着那种惊骇观看过金毛的日耳曼野兽们的暴烈(虽然，在古日耳曼人和我们德意志人之间，几乎没有任何概念上的亲缘关系，更不用说血缘了)。有一次我曾经提醒人们注意赫西俄德在构思黄金、白银、青铜的文化年代顺序时的尴尬：荷马那个如此壮丽却又同样如此骇人听闻、如此残暴的世界给了他一个矛盾，他不知道如何去消除，只有把一个年代做成两个，使之前后相继——一个是特洛伊和忒拜的那些英雄和半神的年代，那些高尚的世系在记忆中所保留的世界就是这样，他们自家先王就源于彼；然后是青铜年代，在那些被践踏者、被掠夺者、被虐待者、被拖曳者、被买卖者的后代们看来，那个世界就是这样：一个由青铜铸成的年代，如前所述，坚硬、冷酷、残忍，没有情感与良心，一切皆磨为齑粉，抹以鲜血。假定，倘若现在被信为“真理”的东西不论如何竟是真的，全部文化的意义恰恰就是，从“人类”这种食肉动物中培养出一种驯顺的文明动物，一种家养动物，那么毫无疑问，所有那些帮助羞辱和强暴高尚世系的反应本能与怨恨本能，必将被看作真正的文化工具；但这可不是说，那些本能的托载者们本身同时亦对文化有所表现。而毋宁说，相反的情形倒还差不多——不！今天已经是有目共睹了！这些托载着诸种低贱拂逆和复仇若渴的本能的东西，欧洲和非欧洲的所有奴隶阶层，尤其是所有前雅利安人住民的后代们——他们表现的是人类的退步！这些“文化工具”是人类的一个耻辱，更确切地说，是一个让人从根本上猜疑和反对“文化”的论据！人们消除不了对一切高尚种族根子里的那只金毛野兽的恐惧，对它分外提防，这完全是对的：不过，相对于不恐惧却又在不恐惧的同时摆脱不了那些长坏了的、渺小化的、枯萎了的和受了毒害的东西的恶心景象，谁不是百倍地宁愿要那种同时尚允许有所惊叹的恐惧啊？而那景象不正是我们的厄运吗？是什么造成今日我们对于“人类”的反感呢？——因为我们罹受着人类，这一点毋庸置疑。——不是恐惧；而毋宁说，对于人类我们再也没有什么好恐惧的了；而毋宁说，“人”这种蠕虫已经爬上并且是蠢蠢簇集于前台了；而毋宁说，“驯化人”、中等得无可救药的人和令人不快的人本身已经学会觉得自己就是目标和顶峰，是历史的意义，是“高等人类”；当然，只要他觉得自己与那些长坏了的、患病的、疲惫的、生命消耗殆尽的到处涌出的人们(今日之欧洲已经开始闻得出这种臭味了)还保持着距离，他就有一定的理由这样去觉得自己，从而觉得自己是至少相对长得算好的、至少还有生命力的、至少还对生命说着“是”的人……

12

——在此，我禁不住一声叹息，忍不住冒出一个确信的念头。那个恰恰让我完全不能忍受的东西是什么呢？是那个我唯一对付不了的、令我窒息而饥渴欲死的东西？是恶浊的空气！恶浊的空气！是某种长坏了的东西在凑近我；是我必须嗅进某种长坏了的灵魂的内脏气味！……除了这个之外，对困窘、匮乏、坏天气、久病、劳累、孤独又有什么不能忍受的呢？从根本上说，如果生来就要过一种潜行于地下的拼搏生活，那么就对付得了恶浊空气以外的一切东西；人们总会反复地来到光明之中，将反复地体验他们胜利的黄金时刻，到那时，他们会像生来就是的那样过着，不可摧毁，紧张，为新的、更沉重的、更遥远的东西做着准备，将如同一张弓，一切困窘都只不过把他们绷得更结实一些。——而时不时地，我竟幸而蒙受了——假定在善恶的彼岸是天上的女恩主们(himmliche Gönnerinnen)——一道目光，一道只投在某种完满的、最终长好了的、幸运的、强大的、凯旋的，还有某些地方令人恐惧的东西之上的目光，竟投在我身上了！投到一个为此人类辩白的人身上，投到人类的一个补偿性和救赎性的幸运事件上了，因为这个事件，人们可以巩固对人类的信念了！……因为，现在情况是这样的：欧洲人的渺小化和平衡化中藏着我们的最大危险，因为这幅景象令人疲倦……今日我们看见的是虚无，它想要变得更大，我们预感到，它还要一直向下，向下落去，落到更单薄、更和善、更聪明、更惬意、更中庸、更无所谓、更中国式和更基督教式的东西中去——人类，无疑将变得越来越"好"……欧洲的厄运就在这里——带着对人类的恐惧，我们也失却了对他们的爱，对他们的敬畏，对他们的希望，当然也失却了要成为他们的那个意志。人类的景象今后是令人疲倦的——今日，虚无主义不是这个，还会是什么呢？……我们对人类厌倦了……

13

——但还是让我们回过头来：回到关于"善"的另一种起源的问题，关于善人的问题，怨恨之人是如何设想出这种人的，这个问题亟待论定。——羊羔们对大型食肉猛禽怀恨在心，这并不奇怪：没有道理的却是，去责怪大型食肉猛禽叼走小羊羔。如果羊羔们私底下说道："这些食肉猛禽是恶的；谁若尽可能地比猛禽差，最好是它的对立面，是一只羊羔，那么，难道它不就是善的吗？"像这样去树立一个理想，是无可指摘的，甚至那些食肉猛禽们对此也将略带嘲笑地瞥上一眼，也许它们将对自己说："我们对它们毫不怀恨，这些好羊羔们，我们甚至爱它们哩：没有比一只温柔小羊羔更美味的东西了。"——指望强势不把自己表现为强势，指望它不是一个制服意愿，一个压倒意愿，一个成为主人的意愿，一个寻求敌手、抵抗和凯旋的渴望，这恰恰跟指望弱势表现为强势那样，是悖谬的。一个分量的力就是一个这般分量的冲动、意志、作用——毋宁说，不折不扣地，它就是这样一份同等的冲动、意愿、作用本身，只是在语言(以及理性那僵化在语言中的基本谬误)的诱导下，才显得好像不是这样；语言的诱导把一切作用理解和误解为受着某个作用者、由某个“主体”①的制约。也就是说，正如民众把闪电和它的照耀分开而把照耀当作行为(*Thun*)，当作一个叫作闪电的主体的作用，与此完全相同的是，民众道德也把强势和强势之表现区分开来，仿佛在强势后面还有一个置身局外的基底，任由它随意表现出或者不表现出强势。可是没有这样一个基底；在行为、作用、生成后面没有“存在”；“行为者”仅仅是因为那个行为才被追加撰述出来的——行为是一切。民众根本是把行为双重化了，如果说闪电照耀了，那就是做行之行为：同一个事件，一下被设为原因，一下又被设为其作用。那些自然研究者也好不了多少，他们说“力推动了，力作为原因导致”，而同样，我们的整个科学，尽管它是那样的冷静，那样地不受情绪干扰，却也处在语言的诱导下，没有摆脱那群被调了包的怪婴②，那些“主体”③(比如，原子就是一个这样的怪婴，跟它相同的还有康德的“自在之物”)：如果那些消退了、暗中闪烁的复仇和憎恨情绪为自己利用了这些信念，并且从根本上甚至比对一切信念都更加炙热地秉持那个信念，即任由强者随意，成为弱的，成为让食肉猛禽自由支配的羔羊，这有什么好奇怪的——它们倒确实由此在自己这里赢得权利，要食肉猛禽为它们是食肉猛禽而负责……如果被镇压者，被践踏者，被强暴者，从无力却渴望复仇的狡诈出发，劝自己说：“让我们不同于那些恶人吧，也就是说，成为善的！而善人即每个不施强暴、不伤害任何人、不去攻击的人，每个不报复而将复仇托付给上帝的人，每个像我们一样把自己隐藏起来、为一切恶让开道路、对生命所望至微的人，每个跟我们这些有耐心者、谦卑者和公正者相像的人。”——冷静而不带成见地听来，这其实无非是在说：“我们弱者就是这样弱；如果我们不去做我们未足以强健得可以做的那些事，就是好的。”——可是，这种酸涩的实情，最低等级的这种聪明(甚至连昆虫都有这种聪明，它们在遇到重大危险为了不做得“太多”而装死)，已经借助无力状态下的那种造假和自身丧失，把自己包裹在那种放弃的、阒寂的、观望的美德衣饰之中，仿佛弱者的弱势本身——亦即他的本质，他的作用，他整个唯一的、不可

① “主体”(Subjekt)在其拉丁字源中义为“置于……之下”，与下句的“基底”(Substrat)近义。——译注

② 原文作“Wechselbälge”，字面义即“被调包的宝宝”，原指民间传说中被恶灵调包后产下的丑恶畸形的婴儿。——译注

③ “主体”原文为复数，它同时还有“臣民”“受命者”之义，在科学中又指“科目”“(研究)主题”，在经济法律领域指“作用发生者”，就“误导”的语言而言，它还指“主语”。——译注

避免和无法去除的现实性——可以是一项自愿的成就，是某种由他所意愿、所选择的东西，一次行为，一番功业。这个种类的人出于某种自保自是的本能，迫切需要那种中立可选的“主体”，每个谎言都惯于在那主体中把自己神圣化。也许主体（或者，说得更流行一些，灵魂）之所以是到现在为止大地上最好的信条，是因为他使一切种类的终有一死者、弱者和被镇压者中的绝大多数，可以玩那种微妙的自欺，把弱势本身解读为自由，把他们如此这般的存在解读为他们的功业。

14

——有人想要稍微俯视一下那个秘密，看看人们怎样在大地上制作[①]理想吗？谁有这样的勇气？……来吧！这里对着这个昏暗作坊的视野很开阔。再稍等片刻，我的狂徒先生和莽汉先生：你们的眼睛先要习惯这种闪烁着的虚假光线……好了！可以了！您现在说吧！下面发生了什么事呀？您，有着最危险的好奇心的男人，说出您看到的东西吧——现在，我来当听众。

——“我什么也看不见，听到越来越多的东西。是从各个角落里汇成的一阵悄然潜匿的低沉的窃窃私语。听上去是有人在撒谎；每个声响都黏着一点甜甜的和气。弱势应该被谎称为功业，毫无疑问——看来事情就像您说的那样。”

——接着说！

——“而无所报复的无力，被谎称为‘好意’；胆怯的卑微，被谎称为‘谦恭’；在为人所憎恨者面前的屈服，被谎称为‘顺从’（也就是顺从一个据他们说在命令着这个屈服的他，他们称之为上帝）。弱者的无所冒犯，他所富有的卑怯（Feigheit）本身，他的侍立门外，他不可避免的恭候义务，在这里有了好名称，被谎称为‘耐心’，也完全可以被叫作唯一的（die）美德；不能复仇被叫作不愿复仇，也许甚至被叫作谅解（‘因为他们所做的，他们不知道——他们所做的，唯有我们才知道！’）。还谈到‘对敌人的爱’——谈得流汗。”

——接着说！

——“他们是悲惨的，毫无疑问，所有这些窃窃私语者和角落里的伪币制造者，不管他们蹲在一起是不是就暖和了——不过他们对我说，他们的悲惨是上帝的一个选择和一个嘉奖，人们只揍自己最

① “制作”原文 fabriziert，专指在作坊或工厂中进行的生产制作。——译注

喜欢的狗；也许这个悲惨也是一次准备，一次考验，一次训练，也许还不止如此——是某种将来会还清并且是利息高得吓人的以金钱，不！以幸福偿付的东西。他们称之为'福祉'①。"

——接着说！

——"现在他们要我明白，他们比那些有权势者、大地的主人们、他们要舔其口水(可不是由于恐惧，完全不是由于恐惧！而是因为上帝吩咐，要尊敬一切居高位者)的那帮人不仅更好——他们不仅仅更好，而且也'更命好'，不管怎样总有一天会更命好。可是够了！够了！我再也受不了了。空气很差！空气很差！这些人们制作理想的作坊呀——据我之见，撒谎撒得发臭了。"

——不！慢着！您还没有说到这些黑术士们的杰作呢，他们从每一样黑中生产白、奶和无辜：您没有注意到，他们精巧地完成的是什么东西，他们那最大胆、最精细、最机灵、最富于谎言的艺人的手腕？请您注意！这些满怀仇恨和憎恨的流浪动物们——他们从仇恨和憎恨中弄出来的可都是什么东西啊？您可曾听过这些话？只要信了他们的话，您哪会想得到，您是处在十足的怨恨之人当中呢？……

——"我懂了，我再竖起耳朵听一次吧(呸！呸！呸！鼻子可得捂住)。现在我才听见，他们说了这么多是在说些什么：'我们好人——我们是正义者！'——他们所期望的，他们不称为报复，而是称为'正义的凯旋'；他们所憎恨的，不是他们的敌人，不！他们憎恨'不正义''不信上帝'；他们所信仰和希望的，不是复仇之希望，复仇的甜蜜沉醉(荷马就已经把复仇称为'比蜂蜜还甘甜'了)，而是上帝的胜利，正义的上帝对不信上帝者的胜利；大地上剩给他们所爱的，不是他们的憎恨中的兄弟，而是他们'爱中的兄弟'，照他们的说法是，大地上所有好人和正义者们。"

——而他们又是怎么称呼那个用作抵御生命所有苦难的慰藉之物——他们那个前定的未来至福的幻术？

——"怎么？我没听错吧？他们把它叫作'末日审判'，他们的国度，'上帝之国'的到来——他们不过是暂且生活'在信仰中''在爱中''在希望中'。"

——够了！够了！

---

① "福祉"原文为 Seligkeit，和合本圣经或译为"救恩"，《新约·提摩太后书》第 2 章第 10 行："所以，我为了选民事事忍耐，为使他们也能得到那在基督耶稣里的救恩和永远的荣耀。"——译注

15

是在对什么的信仰中？在对什么的爱中？在对什么的希望中？——这些弱者们——也就是说，他们也想有朝一日成为强者，他们的“国度”在有朝一日的某个时候到来——在他们那里，如上所述，就直接把它叫作“上帝的国度”：真是处处谦恭！就是为了体验这个国度，必须活得长久，超过死亡，不错，人们必须有永恒的生命，由此也就能够在“上帝的国度”中为那段“在信仰中，在爱中，在希望中”的尘世生活挽回损失。为什么要挽回损失？怎么样挽回损失？……但丁，据我之见，是犯了一个严重的错误，当他以令人骇异的坦荡在那扇通往他那个地狱的门上写下那句铭文的时候，“永恒的爱也创造了我”：在那扇基督天堂及其“永恒至福”的门上，无论如何可以有更好理由题上这样的铭文，“永恒的恨也创造了我”——假定在通往谎言的门上可以题上真理的话？……我们也许已经猜中了；不过更好的是确凿地引用一位在这些事物上不可低估的权威，托马斯·阿奎纳，伟大的学者和圣徒。“Beati in regnocoelesti[那些得享天国之福者]，”他说，柔弱得像只羊羔，“videbuntpoenasdamnatorum，utbeatitudoillismagiscomplaceat[将看见受诅咒者所受的惩罚，这样他们的福乐就更让他们高兴]。”或者，如果人们想在一种更强大的调式下听到这个，比如从一位欢呼凯旋的教父口中，他把他的基督徒们劝离那些残忍的淫乐——为什么呢？“信仰确实给了我们更多东西，”——他说(《论观剧》，第29章及以下)，“——强大得多的东西；借助救赎，会有完全不同的诸般快乐供我们享用；替代竞技者的，有我们的殉道者；如果我们意愿血，现在，我们有了基督的血……然而只有当他归来和凯旋的那一天，我们会有何等的东西可以期待啊——”然后这位出神的天眼通(Visionär)继续说道，“是的，还有其他的景象：末日审判，那些民族所意想不到的日子，他们所嘲弄的论点，当世界随着年岁而老迈，它所有的造物都将消融在一场大火之中！那时涌入眼中将是一场多么宏伟的景观啊！那里激发起我的赞美的，会是什么啊！又是什么会惹出我的嘲弄？怎样的景象会让我欢乐？会振发起我的狂欢？——当我看见那么多杰出的君主，曾经宣示众人将会进入天堂的，现在却跟大神朱庇特他自己一起，在最深的黑暗中呻吟，而那些曾经见证其狂欢的人们也一样；追查过基督徒名册的官长们(行省总督们)也一样，呻吟在比他们当初夸耀着向基督的追随者们放出的那些大火更加猛烈的火里。此外，还有怎样一些世界的智者，就是那些哲学家们，事实上，他们曾经教导门人说，神对月下世界的一切了不关心，他们惯于叫人确信，要么他们没有灵魂，要么他们再不会回到死亡时所离开的那些身体上，现在他们都在那些可怜的被蛊惑者们面前被羞耻所笼罩，当火焰吞噬他们的时候！还有诗人，不是在拉达曼提斯或迈诺斯[①]的判席前，而是在未曾意料到的基督的判席前颤抖！到那时，我该有更好的机会听见那些悲剧家在他们自己的惨祸中大喊大叫(声音越美，叫得越凄厉)；看见那些戏剧演员们，在荡平一切的烈焰中再'荡'一些[②]；观看那些赛车手，在他们的烈焰战车里通体烤红；注视那些摔跤手们，不是在他们的操练场上，而是在滚滚热浪中翻腾；除非就是到那个时候，我都不会关注这样一些犯罪的祸首们，在我的热切愿望里，我宁愿盯着那些向我主叫嚣泄愤的人们，百看不厌。'这，'我要说，'这就是那个匠人或卖身者的儿子(从这里开始，下文皆然，尤其是这一段传自《塔木德》的对耶稣母亲的称呼，德尔图良意在向犹太人说话)，那个不守安息日者，那个撒马利亚人和附罪者，你们从犹大那里买到的是他！你们用棒和拳抽打、轻侮地甩过耳光、吐上尖酸毒辣的言辞的，就是他！就是他，你们说是被他的门徒们悄悄偷走，这样就可以说他又复生了，或者骗开了警卫，这样他的莴苣[③]就可以不受朝圣人群的伤害！'什么样的官员或祭司们会慷慨地赏给你们这样一些景象，让你们在这样一些事情上狂欢呢？而甚至就在现在，我们在一定程度上已经因着信在精神想象中享有这些了。但是那些眼睛所未曾见到、耳朵所未曾听到、人心甚至未曾朦胧想见的，会是些何等的情形啊？(《哥林多前书》第 2 章第 9 行)无论是什么，那些，我相信，比竞技场、那两种戏剧(第一或第四等级，或者照其他人的看法，悲剧和喜剧的舞台)和一切赛马节目更加高贵。"——Per fidem[因着信][④]：就写下了这些。

16

我们可以下结论了。"好和坏""善和恶"这两对相互对立的价值，在大地上打了一场可怕的、长达数千年的战斗；尽管后面这一方价

---

① 拉达曼提斯、迈诺斯(克利特岛国王)皆列冥府三判官。——译注

② "荡"原文为 solutiores，考夫曼注："另一种译法是'肢体更加柔软'。"——译注

③ "莴苣"(lactucae)所指未详，疑喻指耶稣的尸体。——译注

④ 《新约·罗马书》第 3 章第 28 行，"所以我们认定，人称义是因着信(justificari hominem per fidem)，不在于律法的行为"。——译注

值肯定很久以来就处于优势，但直到现在，战斗还在某些方面不分胜负地继续进行。甚至有人可以这样说，这场战斗在此期间已打得越来越高明，并同样打得越来越深刻，越来越精神性了：以至于在今日，“更高等的天性”、更精神性的天性的最具决定性的标志也许就是，它在那样一种意义上是分裂的，它对那样一种对立来说其实就是一个战场。一篇历经全部人类历史而迄今仍然可以读懂的文字记载了这场战争的象征，叫作“罗马对犹大[①]，犹大对罗马”：迄今最伟大的事件莫过于这一场战斗，这一个质问，这一对至死相敌的矛盾。罗马在犹太人中看到某种东西，有如反自然本身，仿佛是跟他们处于相反一极的畸形(Monstrum)；在罗马，犹太人被公认“罪在对整个人类世系的憎恨”：这是有理由的，因为人们有理由把人类世系的救治和未来系于贵族价值，即罗马价值的绝对统治。相反地，犹太人对罗马有什么感受呢？有千般迹象可以揣知；但只要再回顾一下约翰启示录就够了，回顾一下在一切形诸文字的向良心复仇的发作中最狂暴的那次发作。(顺便说一下，基督教本能地用爱的使徒的名字为这本书冠名，并把那部为人所钟爱而痴迷的福音归于这同一位使徒，可别低估这种本能在深处的逻辑连贯性：这里隐藏着一块真理，无论曾有多少文献出于这样的目的被伪造出来。)罗马人确实是强健和高尚的，比他们更强健和更高尚的，迄今大地上从来未曾有过，甚至从来未曾想见过；跟他们有关的每件遗物、每段铭文皆令人迷醉，假定人们猜得到上面写的是什么。犹太人则倒过来，是怨恨的教士民众中的最优秀者，具有一种无与伦比的民众性和道德性之天分：人们只要把有着相似禀赋的民众，比如中国人或德意志人跟犹太人比较一下，就可以体会，什么是第一流的，什么是第五流的。他们中哪一方是暂时胜利了呢，罗马还是犹大？而无可置疑的是：人们该考虑一下，在今日罗马本土，他们是在谁跟前、把它当作一切最高价值的总体而向它躬躬呢——不只是在罗马，而是几乎在一半的大地上，在所有人类已经或者愿意变得驯顺之处，是在三个犹太男人跟前，众所周知，和一个女犹太人(拿撒勒的耶稣、渔夫彼得和织毯工保罗和前所称耶稣者之母、名为玛丽亚者)。这是相当值得注意的：无可置疑，罗马被压倒了。固然，在文艺复兴中，古典理想、对万事万物的高尚评价方式又光芒万丈地重新生长了一

---

① 犹大(Judäa)，或译为“犹太地”“朱迪亚”，指南巴勒斯坦由犹大支派建立的王国，基督教之发源地，耶稣时属罗马帝国的叙利亚行省；亦可表示建立此王国的犹大部族。——译注

次：在那个新的、在它上面建立起来的犹大化了的新罗马的推动下，罗马本身像一个被重新唤醒的假死者一样动着，这个新罗马呈现出一个普世犹太教会堂[①]的面貌，叫作“教会”：但是很快，借助那场彻头彻尾群氓性的（德意志和英格兰的）怨恨运动，人们称之为改革的那场运动，再加上必然由此导致的教会的重生——亦是古典罗马墓前的死寂的重生，犹大又一次获胜了。通过法国大革命，在一种甚至比当时更加决定性和更加深刻的意义上，犹大又一次战胜了古典理想：欧洲尚存的最后的政治高尚，在第十七和第十八的法兰西世纪中，崩溃于民众所喜欢的怨恨本能之下，大地上从未听到过比这次更为盛大的欢庆和更为喧哗的激动！虽然，其中发生了最阴森叵测、最不可逆料之事：古典理想本身有血有肉地以闻所未闻的壮丽走到人类的眼睛和良心跟前，又一次，面对怨恨所发那句古老的谎言口号，大多数优先，面对要降低、贬低、取平衡的意愿，面对着让人类下落、落向黄昏的意愿，比以往更强健、更单纯、更迫切地奏响了那句可怕的、令人痴迷的反对口号，最少数人优先！犹如朝着那另一条道路的最后一次指示，拿破仑出现了，那个比任何人都更加孤单而晚生的人，和那个在他身上具成肉身的关于自在的高尚理想的问题——人们真该考虑一下，这是怎样一个问题：拿破仑，这个非人和超人的综合体！

17

事情就这样过去了吗？所有对立之理想中最伟大的那一对，就这样终讫了吗？或者只是延迟了，长久地延迟了？……难道，那场古老的烈焰，不会必定不知何时又一次突然燃烧起来，烧得更加严重得多和长久得多吗？而且：会不会是这个，才值得用尽一切力量去盼望呢？甚至是去意愿？甚至是去支持？……谁在这个地方开始，像我的读者们那样，跟着和接着去思考，都很难对此一下做个了断，我则有充分的理由自己来做个了断，前提是，我所意愿者，我用那句危险的口号恰恰想要的那个东西，已经彻底澄清了，这口号专为我最后一本书而作：《善恶的彼岸》……这当然不是说“好和坏的彼岸”。

① “普世犹太教会堂”中“普世”(ökumenischen，本指作为一个整体的全世界基督徒及其组织)，与“犹太教会堂”(Synagoge，指特定犹太社区及其教堂)构成形容词矛盾的修辞。——译注

附注：我感到，这第一篇给了我机会，得以对一个迄今我只是在与学者的随机谈话中有所表述的愿望，做出公开和正式的表达：但愿有某家哲学系用系列学院有奖征文来奖掖推进这种道德历史学的研究吧：这本书也许正是在这个方向上助了强劲的一臂之力。鉴于此种可能性，下面这个问题可纳入建议：这个问题理应受到语文学家和历史学家们，以及已树立志业的真正哲学学者们的注意。

"对于道德诸概念的发展历史，语言科学，特别是词源学研究提供了何种指示?"

——当然同样也必须争取生理学家和医学家对这个问题(关于迄今为止那些价值评估的价值)的参与：在这一点，在专业哲学家成功地把哲学、生理学和医学之间那种在起源上如此乖张和可疑的关系在极友好和极富成果的交流中重新塑造过之后，就可以委任他们，在这种个别的情况下也充当代言人和中介人。事实上，历史或人种学研究所知的一切财富表、一切"你应该"，首先需要的无论如何不是心理学方面，而毋宁说是生理学方面的启发和阐述；一切皆有待从医学科学方面做出批判。这个问题：这样或那样的财富表和"道德"有何价值？应该放到尽量歧异的视角下来看；尤其是，人们可能没有足够精细地把"对什么有价值?"这个问题剥离开来。比如，某种对于某种族尽可能赓续的能力(或是对于提升某种族对某种特定气候的适应力，或是对于维持最大数量)会有明显价值的东西，在事关培养出一个更强健类型的情况下，或许就完全不具有同等的价值。最大多数人的福利和最少数人的福利是相对立的价值视点：自在地以为前者有着更高的价值，且留待英国生物学家们的质朴吧……从今而后，所有科学都不得不为哲学家的将来使命做预先的准备工作：对这个使命我是理解到这个程度的：哲学家不得不去解决价值问题，他不得不去确定价值的等级顺序。

(赵千帆译　孙周兴校)

“亏欠”“坏良心”及与此相关者①

1

教养一种可以去许诺的动物——就人类而言，这不正是自然加诸自身的悖谬使命吗？这不是真正的属于人类的问题吗？……谁若越是知道充分估量相反的作用力量，即健忘的力量，便越会觉得惊讶，此问题竟在一个很高的程度上得到了解决。健忘并非如肤浅者以为的那样，纯然是 vis inertiae[惯性]，而毋宁说是一种积极的和肯定(在这个词最严格的意义上)的阻挡机能，亏得这个阻挡机能，只要是被我们体验、经验和吸收了的东西，就处在消化状态(可以称之为“化入灵魂”)，很少进入我们的意识，跟我们身体摄食(就是所谓的“化入肉身”)时所进行的那一整个千回百转的进程一样。意识的门窗时不时地闭合；我们热心服务的器官们在地下世界彼此相反或相成地工作时的喧哗与争斗，始终不曾被照亮；从而，意识的一小段寂静，一小块白板，一再为新来者，尤其

① 《论道德的谱系》第二篇，译文选自尼采：《善恶的彼岸·论道德的谱系》，赵千帆译。——译注

是为更高尚的功能和职能，为治理、预见、谋划(因为我们的有机体是安排成寡头制的)腾出地方——如前所述，这乃是积极健忘的用处，它仿佛一位守门人，灵魂秩序、安宁和礼节的一位维护者：由此立刻可以想见，在何种程度上，没有健忘便可能没有幸福，没有明朗，没有希望，没有自豪，没有当前。身上这种阻挡器损坏和中断了的人，可以和一个消化不良者相比较(而且不只是比较——)他什么都对付不"了"……恰恰是这种必然健忘的动物，在它们身上，健忘表现出一种力量，强健的健康状况的一种形式，然后它养成了一种相反机能，一种记忆，借助此记忆健忘会在特定的情况下被叫停，也就是在应该被许诺的情况下：这因而绝不是对某个一度刻下的印象的消极的不能放下，不仅仅是对一度被应许却没有得到了结的诺言的郁积不化，而是一种积极的不愿放下，是对一度意愿过的东西的某种再接再厉的意愿，是一种真正的意志记忆：以至于一个由新颖陌生的事物、形势乃至意志行动所组成的世界，竟可以不待思索地被嵌放到那个原初的"我意愿""我将做"和意志的真正释放即意志之行动当中去，而同时意志的这条长长锁链却没有崩断。而这个又要有怎样的前提啊！为了在这样一种程度上占有未来，人类首先必须怎样地学习啊，学习区分必然的和偶然的事件，按因果律思考，把久远视为当前，并预先设立何为目的、何为达到此目的之手段，从根本上说就是必须能够计算和估算，为此，为了最终能够照某位许诺者所做的那样，把自己当作未来加以担保，人类自身必须怎样预先变成会算计的、合规则的、必然的啊！

2

这正是关于责任之来源的久远故事。那种任务，即教养一种可以许诺的动物的任务，正如我们已经领会到的那样，包括了那个作为条件和预备的较切近的任务，即首先把人弄得必然、形式单一、在同类中相同、合乎规则，达到一定程度，从而弄得可以估算。那项与我称之为"礼俗德教"者(参见《曙光》第 7、13、16 页)有关的阴森叵测的工作——在人类世系最漫长的时间段中人类自己对自己所做的真正工作，他的全部史前工作，其意义，其伟大的正当性，皆在于此，无论其中包含了多少强硬、霸道、麻木和胡言乱语：人类在礼俗德教和那些社会缧绁(Zwangsjacke)的帮助下，被弄得确实可以估算了。面对这种情况，如果我们站到这个阴森叵测的进程的终点，站到这棵树最终结出果实的枝端，在社群及其礼俗德教最终崭露之处(社会只是到达这一步的手段)：那么，我们就会发现在社群之树上最成熟的果实是全权自主的个体，他自成一类，重又逸出礼俗德教之外(因为“自治”和“礼教”是相互排斥的)，简言之，就是有自己独立而长久的意志的人，可以许诺的人——其中有一种自豪的、在所有肌肉中颤动的意识，对那个于此最终赢得的、在自己内部化为肉身的东西的意识，一种真正的权力意识和自由意识，一种根本上的人类的完满感。这个变得自由的人，这个真正可以许诺的人，这位意志自由的主人，这位全权自主者——他应该还不知道吧，他因此会以一种怎样的优势，遥遥领先于一切不足以许诺者、不足以为自己担保者，他唤醒了多少信任，多少畏惧，多少敬畏——此三者皆为他所“应得”——而且随着这种对自身的统治，那种对形势的统治，对自然和所有意志短浅者以及不可信赖的生物的统治，也将怎样必然被放到他的手中啊？这种“自由”的人，一个长久的、未被摧毁的意志的秉有者，正是在此秉有中有其价值尺度：他从自己这里向其他人望去，或是尊敬，或是蔑视；对于那些与他同类者，对于那些强健者和可信赖者(他们可以许诺)，也就是每个像一个全权自主者那样去许诺的男人，许诺得沉重、稀少、缓慢，吝惜自己的信任，他的信任便是表彰，把自己的诺言当作某种可以信托的东西给出，因为他知道自己强健得足以在即使面对事故、“面对命运”时也信守这些诺言：对每个这样的男人，他必定尊敬，正如对那些羸弱轻夸、其人不足以许诺而许诺之辈，他必定随时准备着踹上一脚，给那些话尚未出口已为其所食的撒谎者，他必随时准备好戒尺。这种自负的对于责任特权的知晓，对于这样一种稀有的自由、这样一种对自身及命途所负权力的意识，在他这里，已经潜到最深的底层，已经成为本能，统治性的本能：他会怎样称呼它，称呼这种统治性本能呢，假定他不得不在自己这里对此给出一个说法？毋庸置疑：这位自主之人会称之为他的良心[①]……

3

他的良心？……可以料到，我们在这里所遭遇的那个处在其最高的、几乎是陌生的扩张形态中的“良心”概念，其背后早有一段很长的历史和形式嬗变。可以为自己担保，而且为之自豪，也就是对自己可以说是——如前所述，这是一颗成熟的果实，不过也是晚熟

① “良心”(Gewissen)的字面义是“已然知晓之事”，对应上文所说的对责任之特权的“知晓”和对自由、权力的“意识”。——译注

的果实——这颗果实必须粗粝生涩地在树上挂多久啊！而且还有一段更加长久得多的时间，是从这样一颗果实上看不出来的，哪怕可以确定，树上一切都已经准备好，都只为这颗果实而生长，也没有人可以就此做许诺——“怎样给人类动物搞出一个好记性？怎样给这种半是迟钝半是轻躁的瞬间知性（Augenblick-Verstande），这种肉身的健忘状态铸进什么东西，使它始终记得？”……这个亘古的问题，可以想见，不是以温柔的答案和手段得到解决的；也许，人类的全部史前史之可怕和阴森叵测者，莫过于人的记忆术。“人们烙进某些东西，让它留在记忆里：只有那些疼痛不止的，才留在记忆里”——这是从大地上最最古老（不幸也是最最长久）的心理学中得到的一个基本法则。甚至得说，现在大地上人类和民众的生活中，凡是尚有庄敬、严肃、奥秘、幽暗色彩的地方，皆是某种与恐怖相关的东西的后续作用，早先，大地上的许诺、担当和赞扬到处都是以这种恐怖被给出的：当我们变得“严肃”时，便是那个过去，那个最长、最深、最硬的过去，在向我们呵气，在我们内部鼓胀。如果人类认为有必要给自己造成某种记忆，则从来没有不流血、不受折磨、不做牺牲就可以过关的；那些最令人毛骨悚然的牺牲和当品（第一批牺牲即属此类），那些最令人反胃的残害（比如阉割），所有宗教祭礼最残忍的仪式（宗教最底下的根子里无不是残忍的体系）——这一切的根源都在于那样一种本能，那本能猜到，提高记忆术的最强手段即在疼痛之中。在某种意义上，全部苦修皆可归结于此：一些理念应该被弄得不可磨灭，随时记得，应该被牢牢“执”住，目的是通过这些“偏执理念”对整个神经和智力系统进行催眠——而那些苦修的程序和生活形式是手段，为的是使那些理念从跟所有其余理念的竞争中脱颖而出，使之“不可忘却”。人类越做不到“记忆清楚”，他们习俗的这个方面就越是可怕；刑法的强硬特别提供了一个标准，表明人类付出了何等辛劳以战胜健忘，使这些情绪和欲念的瞬间奴隶们能将社会性共同生活的一些原始要求铭记于当前。我们德意志人肯定不会自认为是一群特别残忍和硬心肠的民众，更加不会自认为是一群特别轻率、过一天算一天的民众；可只要看一看我们的刑罚条款便可明白，要在大地上教养出一群“思想者民众”（我想说：是唯一从中还能找到最大限度的信赖、严肃、不讲趣味和实事求是的欧洲民众，凭这些特性，这群民众有资格去教养所有种类的欧洲官人）需要多少辛劳。这些德国人以可怕的手段使自己有了记忆，从而驾驭于自己群氓的基本本能和粗暴的笨拙之上：想想古德意志惩罚吧，比如石刑(——传说中就有磨盘落在有罪者的头上)，轮刑(在惩罚领域的德意志天才的最本色的发明和特产!)，以尖木桩投刺，用牲口撕扯或踩踏(“四分刑”)，把罪犯放到油或者酒里煮(在 14 世纪和 15 世纪还有)，还有很受青睐的剥皮(“剪皮带”)，从胸口把肉切下；当然还有这样的做法，把做坏事的人涂上蜜，烈日下扔给苍蝇。在这些情形和过程的帮助下，人们最终在记忆中留住五六样“我不会”，他给出了对这些“不会”的**许诺**，以在社会的成见中生活下去，而且，下面这点可是真的！在这样一种记忆的帮助下，人们最终会“达到理性”！——哈，理性，严肃，对于诸般情绪的驾驭，这整个阴暗的事情，被叫作思索，人类的所有这些特权和瑰宝：它们昂贵的卖价多么合算哪！在所有“好事物”的根底里有多少血和战栗啊！……

4

而其他那些“阴暗的事情”，对罪负的意识，那整个“坏良心”，又是怎么来到世界上的呢？——在此我们回到我们的道德谱系学上来吧。再说一次——还是我根本还没说到这一点？——它们毫无用处。自己那一截五拃长的纯然“现代”的经验；没有对过去的知识和求知欲；更没有历史学的本能、一面在这里恰恰必需的“第二张脸”——却还要去搞道德史：其结论最终跟真相处于一种颇为别扭的关系，便是情理之中的事了。这些迄今为止的道德谱系学家们可曾哪怕是遥遥梦见过如下这些说法，比如说，把“罪负”这个基本道德概念的起源追溯到那个非常物质化的“负债”概念上去？或者，惩罚，作为一种**报复**(Vergeltung)，竟是独立于一切自由或不自由的意志而发展完善的？后面这一点还考虑到这样一个程度，即这里毋宁总是首先需要一个**高等**的人类化阶段，“人”这种动物在这个阶段上才会开始做出那些原始得多的差别如“故意”“过失”“偶然”“有责任能力”以及这些差别的对立，并且在措置惩罚时将这些考虑在内。那个现在如此廉价、表面上如此自然、如此不可避免的思想(它曾经必定是被用来解释正义感到底是如何在大地上出现的)，以为“罪犯应受惩罚，**因为**他本来可以不这样做的”，其实是人类判断和推理的一个相当迟才达到的且确实颇为机巧的形式；谁把这个形式错放到那些开端上，就粗疏地误解了更古老人类的心理状态。人类历史上那段最长的时期，自始至终从**未**有过惩罚，**因为**人们让那些始作恶者为他的行为负了责，也就是说，并不基于罚当其罪这一前提——而毋宁说是，就像现在父母在惩罚他们的孩子时还是的那样，只是把对某个所遭受损害的怒气发泄在损害者身上，而这种怒气因为如下这种观念而受到限制和调和：任何一种损害都在某个方面有其等价物，确实能够被偿还，哪怕是通过损害者的某种疼痛。这样一个远古的、根深蒂固的、也许现在再也不可消除的观念，损害与疼痛相等的观念，其力量来自何处呢？我已经猜到了：来自**债权人**和**债务人**之间的契约关系，这关系跟自古的“权利主体”一样**古老**，其本身则可以追溯到买、卖、交换、通商贸易这些基本形式。

5

然而，根据一开始所做的说明就可以想见，对这样一种契约关系的回想，唤起的却是针对那种创设或者认可这一关系的更古老人类的种种蔑视和反对。就是在这里有**许诺**了；就是在这里，重要的是要给那个许诺者**弄出**一个记忆；就是在这里，可以这样猜测，首次发现了强硬、残忍、苛细。欠债者，为了给他偿还的诺言注入信任，为了给他诺言的严肃与神圣提供一个保证，为了在自己这里把偿还作为义务和职责向良心反复叮咛，便借助一份契约的力量，把自己尚且“占有”、尚可处置的某种东西，给予债权人，作为对不还债的情况下的担保，比如他的身体，或是他的女人，或是他的自由，或是他的生命(或者在特定的宗教设定下，甚至是他的至福、他灵魂的得救，最后甚至是他在墓中的安息：在埃及就是这样，债务人的尸身即使在墓中对债权人也不得安息——当然也正是在埃及人这里，这样一种安息是颇为重要的)。尤其是，债权人可以对欠债者的身体施以一切种类的侮辱和折磨，比如从其身上割下跟所欠债务显得大小相当的东西：早先，从这样一个视点出发，到处都有对各个肢体和身体部位的确切的、有时惊人地精细化了的估价，**公正**的估价。当罗马的十二铜表法规定，在某种此类案例中，债权人割下的是多还是少并无干系，“si plus minusvesecuerunt，ne fraudeesto”[如果他们割下的多了或少了，亦不为罪]，我把它当作进步，当作更自由、计算得更远大、**更具罗马特性**的法律立义的证据。让我们搞清楚这整个补偿形式的逻辑吧：它可是够怪异的。等值物是这样给出的：承认债权人可以某种**快感**(Wohlgefühl)作为偿付和补偿，以代替某种直接与损害相抵的得利(即代替某种以钱、土地、财产所做的任何一种补偿)，这种可以肆意施加其权力于某个失去权力者之上的快感，这种“为了作恶的快乐而作恶”的淫乐，这种在强暴中的享受：债权人在社会秩序扎根越深，级别越低，这种享乐就受到越高的评价，可能很容易被他认为是最美妙的品尝，没准以为是对某个更高等级的预先品味。借助对欠债者的惩罚，债权人分享了某种主人权利：最终他也达到一次高升的感觉，可以把一个活物当成一个"自己下面的"来蔑视和虐待——或者至少，在真正的刑事暴力、惩罚实施已经被让渡给"当局"的情况下，可以轻蔑和施虐地观看。也就是说，补偿就在某项对残忍的许可令和权利状中。

6

道德的概念世界，"亏欠""良心""义务""义务之神圣"，其发源地就在这个领域，即在债法中，它的开端，正如大地上一切伟大事物的开端一样，是用血彻底而长久地浇灌出来的。是不是可以不用再补充说，那个世界的根底上从来就没有完全断过血和刑具的气味？(甚至在老康德那里也没有：范畴律令闻着就很残忍……)同样是在这里，那个阴森难测的、也许已变得最无法分离的理念连环锁(Ideen-Verhäkelung)"亏欠与苦难"首先勾连在一起。再问一次：苦难在什么时候会是一种对"亏欠"的补偿？在造成苦难带来快感的时候，在被损害者用一种超乎寻常的还施彼身来交换损失(包括损失造成的不快)的时候：造成苦难——是一种真正的节庆，如前所述，这种事跟债权人的等级和社会地位越是相悖，价格就越高。这些是猜测之言：因为这种台面下的事物很难放到台面上来看，且不说它很难堪；谁把"复仇"这个概念笨拙地扔到中间来，则与其说使这个见识更容易懂，不如说把它变得隐蔽和朦胧起来(——复仇本身恰恰是回到了那个相同的问题："造成苦难何以能是一种满足呢？")。尽全力地让自己对之设身处地想象，直到那残忍造就古老人类的伟大节日欢乐的程度，宛如几乎他们的每种欢乐成分都搅拌进去了，在我看来，这跟驯顺的家养动物(我想说的是现代人类，是我们)的细谨，更跟他们的那种伪善相违背；另外，他们对残忍的需要在出现之时，又是多么质朴，多么无辜，那种"无动于衷的恶意"(或者用斯宾诺莎的话说，那种 sympathiamalevolens[恶意同情][①])是从多么根本上被他们设定为人类的正常特性：从而设定为某种良心发自内心地对之说是的东西！在一双更为深沉的眼睛看来，对这样一种最古老而又最彻底的节庆欢乐，也许到了现在还有足够的感受；在《善恶的彼岸》第 117 页以下(更早是在《曙光》第 17、68、102 页)，我已经谨慎

① 据克拉克-斯文森，当出自斯宾诺莎：《伦理学》第三部分命题 32，"假如我们想象着，只有一个人能够单独占有之物，为某人所享受，则我们将尽力使他不能占有那物"。

地指出过那种持续发展的残忍的精神化和“神化”，此二者贯穿了(并且在某种重大的意义上说，甚至是造就了)较高等文化的整个历史。无论如何，还不是很久以前，人们还不能设想，恢宏的王侯婚礼或民众节庆上会没有处决、拷打或者比如一次异端审判，同理，没有一个高贵的家族会没有能供人们肆意发泄恶意和残忍嘲讽的东西(——可以回忆一下比如公爵夫人宫廷中的堂吉诃德：今天我们是带着舌头上的苦味、几乎有些受罪地阅读整本《堂吉诃德》，而对它的作者及其同时代人来说，这是非常奇怪、非常阴暗的，他们是良心十足安宁地读的，认为是最开朗的书，他们对着它简直是笑得要死)。观看苦难有快感，造成苦难更有快感——这是一条强硬的法则，却是一条更古老、更强大、更加人性—太人性的基本法则，顺便说一下，它也许也在猴子那里已经被认可了：因为据说，它们对多般诡异的残忍的设计，已经是对人类丰富的预告，仿佛是在“预演”了。无残忍则无节庆：最古老、最长久的人类历史如此教导——且在惩罚上亦有如许多的可欢庆者！

7

以这些思想，顺带说一句，我绝不是想要帮助我们的悲观主义者们，在他们那个刺耳的、吱吱作响的生命之厌烦的磨盘上浇上新水；相反，这些思想应该已经确切证明，当时，当人类尚不以其残忍为耻之时，大地上生命比悲观主义者所在的今日更加明朗。当人类在人类面前滋生出羞耻之时，人类头顶上天空与日俱增地越见阴郁。那疲惫的悲观主义目光，那对生命之谜的不信任，对生命之恶心所吐出的冰冷的不——这些不是人类世系的那些最邪恶年代的标志：而毋宁说，当它们所属的那个沼泽形成的时候，它们才作为沼泽植物，出现于白昼光线之中，沼泽指的是那种病态的柔弱化和道德化，“人”这种畜生因此最终学会耻于他的一切本能。在朝着“天使”(这是为了不使用一个更强硬的词)的路上，人类喂养着那个腐烂的胃和那个长苔的舌，通过这样的胃与舌，不但是动物的欢乐和无辜变得令他反胃，而且生命本身也变得没有味道了：以至于他有时自己对着自己捂住鼻子，跟英诺森三世一起，反感地列出一份令自己作呕之物的目录(“不洁净的生育，子宫中令人恶心的滋养，人体成形于其中的恶劣材质，令人作呕的恶臭，唾液、尿液、粪便等排出物”)。到了现在，在反对此在的论证中，苦难必定总是列于第一排，作为论证最严重的问号，这时回忆一下那些时代是有益的，当时人们做出了相反的判断，因为造成苦难对他们是不可或缺的，他们从中看到一种至高的魔力，一种引他们趋向生命的真正诱饵。也许当时——这么说是为了安慰那些柔弱者——疼痛还不似今天那么痛；至少一位治疗过黑人(且把他们当作史前人类的代表——)的医生可能会得出这样的结论，会令最有组织性的欧洲人几近绝望的严重内部炎症——在黑人身上却不致如此。[事实上，一旦经历了拥有超级文化(Übercultur)的上等阶层或上等族群之后，人类疼痛能力曲线便呈现超常的、突然的下降；我个人并不怀疑，迄今为止所有为了获取科学答案而接受尖刀的提问的动物，它们的疼痛全部加起来，跟某个独身的歇斯底里的有教养小女人的一夜疼痛相比，简直算不了什么。]也许甚至可以容许有这样的可能性，其实毋庸断绝对残忍的乐趣：它只需要某种跟今日疼痛增长之情形成比例的崇高化和精微化，尤其是，在出现时要已经转译为形象性和灵魂性的东西，并且名字要根本不让人多想，即使假装虔诚的最细腻的良心从中也无所置疑(“悲剧之怜悯”就是一个这样的名字；另一个是“缅怀十字架”①)。真正与苦难相抵牾的，不是苦难本身，而是苦难的无意义：不过，无论是曾经把一套完整隐秘的治疗机械装置安装到苦难之中以解释之的基督徒，还是更古老的年代善于从观看者或造成苦难者的角度出发去解读苦难的质朴人类，都不认为这样一种无意义苦难竟终究存在。为了使这种隐蔽的、未被揭示的、没有见证的苦难可能从这个世界被创作出来并且被诚实地否定掉，当时人们几乎是被迫去发明诸神，发明高处与深处的中间物(Zwischenwesen)，简言之就是发明某种东西，它们也飘浮在隐蔽物之中，也在黑暗中观看，不会轻易错过一场有趣的痛苦演出。而也就是在这样一些发明的帮助下，当时生命擅长要把戏，它向来擅长以把戏来为自己辩白，为它的“过恶”辩白；现在，也许为此它需要其他的辅助发明(比如把生命当作谜，把生命当作认识问题)。“每种有一个神祇怡然于其景象的过恶皆已得到了辩白”：史前的感觉逻辑听起来就是这样的——而且真的只是史前逻辑是这样的吗？把诸神设想为残忍演出的同伙——哈，这样一种远古想象甚至已经多么深入地嵌在我们欧洲人的人化过程之中！关于这一点，可以思量一下加尔文和路德②。无

① “缅怀十字架”原文为法语 les nostalgies de la croix，其中 nostalgies[缅怀]指对过去事物的怀旧。——译注

② 路德有名言曰：“为避大恶，须承小过。”(Um größereÜbelzuvermeiden，muß man kleinere auf sichnehmen.)——译注

论如何可以肯定，希腊人不知道为了他们的幸福还有什么比残忍的欢乐更加美味的配飨可以献给他们的诸神。你们以为，荷马让他的诸神用怎样的眼睛来看待人类的命运？特洛伊战争及类似悲剧性的恐怖在根本上有什么最终的意义呢？根本没什么好怀疑的，在诸神看来他们就是节庆之游戏：而且，就其中诗人被造就得比其他人更有“神性”而言，在诗人看来他们大概也被认为是节庆之游戏……并无不同地，后来希腊的道德哲学家也认为神的眼睛还在俯视着道德上的搏斗，注视着英雄业绩和有美德者的自我折磨：那个“义务的赫拉克勒斯”[①]站在一个舞台上的，他也知道自己在舞台上；没有见证的美德对这群演员民众来说根本无法设想。那个如此鲁莽、如此灾难性的哲学发明，当时对欧洲来说第一次被弄出来的关于“自由意志”和人在善与恶中之绝对自发性的发明，难道首先不应该是为了自己创立一种想象的权利，想象诸神对人类、对人类之品德的兴趣从来不会耗尽？在这个大地舞台上，应该从来不乏真正的新事物，不乏真正闻所未闻的紧张、纽结、灾难：一个被设想为是完满的、决定论的世界对于诸神来说会是可预测的，从而简单地说也会令他们倦然，哲学家们，这些诸神之友们，有足够的理由不用这样一个决定论世界来苛求他们的诸神！整个古代人类，作为一个本质上是公开的、本质上一目了然的世界，没有演出和节庆则不知幸福为何物的世界，始终饱含对“观看者”无微不至的照顾。——而且正如已经说过的那样，伟大的惩罚也有可庆祝之事！

8

重新接上我们的研究进程，负罪感、个人义务感，如我们所见，其起源就在那种曾经有过的最古老、最本源的个人关系中，在买者与卖者、债权人与债务人之间的关系中：在这里，个人第一次反对个人，个人第一次以个人来衡量自身。找不出一个低等文明，其中会没有某些与这样一种关系相关的值得我们注意。制定价格，估量价值，设想等价物，交换——这些先行占据了人类最初的思维，先行到这样一个程度，乃至某种特定意义上这就是唯一的(das)思维：这里培养出最古老的那种敏锐，或许可以猜测，那种人类的自豪，他在考虑其他畜生时的那种优越感，其最初的发端也恰恰在这里。

① 当指著名的寓言“赫拉克勒斯的抉择”，赫拉克勒斯最终选择美德女神之路，即辛勤工作的道路；希腊神话中，赫拉克勒斯的不少业绩可视为以劳役的形式对义务的履行。——译注

也许我们说的“人”(末那识)这个词正好表达了某种跟这种自身感觉相关的东西：人把自身标识为那种对价值进行衡量、评价再衡量的造物，“自在估价的动物”。买和卖，连同其心理学的附属物，甚至比任何一个社会组织形式或者社会联系都更为古老：从个人权利的最初等形式起，关于交换、契约、债、权利、义务、偿还的萌芽感觉毋宁是首先转移到那些最粗糙和最初级的共同体复合物(处在跟相类似复合物的关系当中)上去，同时伴随着用权力对权力进行比较、衡量和估算的习惯。眼睛于是一下调整到这样一个视角：通过那样一种粗俗的推论，较古老的人类那缓慢运动却是无情地朝着同一方向行进的思考所特有的那种推论，人们立即在大范围的概括中得出“物物皆有其价格；一切皆可被偿付”——得出关于正义的最古老和最质朴的道德圭臬，大地上所有“好心肠”、所有“合情理”、所有“善良意愿”、所有“客观性”的开端。处在这个第一阶段上的正义，乃是权势大致相等者之间相互报偿、通过某种偿还而彼此重新“达成一致”的善良意愿——以及，对于权势较小者，则强迫他们彼此间做出某种偿还的善良意愿。

9

若一直用远古的尺度来衡量(顺便说一下，这个远古时代在一切时代都存在或者有可能重新存在)：公共体与其局部也处在那种重要的基本关系，即债权人与债务人的关系之中。人们生活在一个公共体中，人们享受一个公共体的利益(哦，是怎样的利益啊！我们今日会时不时地低估了这个)，人们受保护、受照顾地居住在和平和信任中，不用为特定的损害和敌对担忧，而外面的人即“被褫夺权利者”则暴露于这些损害和敌对之下——一个德意志人会理解，“困顿”，即 êlend 的本义，正如人们恰恰是鉴于这些损害和敌意而把自己抵押给集体，为其负义务。如若不然，会怎么样呢？共同体，失望的债权人，会尽其所能自行寻求支付的，这是可以计算的。这里至少要包括损害者所造成的直接损失：除此之外，那罪犯首先还是一个“破坏者”，一个反对全体而打破契约和诺言的人，直到那时为止，就共同体生活的一切好处和便利来说，他是拥有过这个全体的一份的。这个罪犯是一个债务人，不但没有偿还已供给他的那些收益和预付款项，甚至还要侵夺他的债权人：所以，从此刻起，合乎情理地，他不但丧失所有这些好处和收益，现在他更会意识到，这些好处意味着什么。受损害债权人即公共体的怒火把他赶回到那种蛮荒的被放逐状态，直到那时为止他是一直受到保护不致落入其中的：它把他推开，现在种种敌意皆可朝他倾泻。在开化（Gesittung）的这个阶段，“惩罚”简直就是那个受人憎恶、被去除了防护、被打倒在地的敌人所反衬出来的合规范行止的反像，负值（*Minus*），他不但要倒扣掉一切权利和保护，还要倒扣掉一切恩典；也就是那种 vaevictis［被征服者是该死的］[①]极尽无情与残忍的战时权利和胜利庆祝：从中也表明，战争本身（包括战时的杀牲祭礼）提供了历史上惩罚所借以出现的所有形式。

10

权力增强时，一个公共体不再认为单个人的违法行为有多么重要，因为对它来说，这些行为对全体不会再具有早先那种程度的危险性和颠覆作用了：为恶者不再被“褫夺权力”和驱逐，普遍的怒气不再可以像早先那样无节制地倾泻于他身上，从现在起毋宁是，在这种怒气特别是在那些直接受害者跟前，为恶者要受到全体这方面的谨慎防护。对恶行之首先牵涉者的怒气做出妥协；付出某种努力，将案件限于局部，避免某种扩大甚至是普遍的参与和搅乱；尝试去找出等价物，调停整个交易（赎刑）；尤其是那种越来越明确地出现的意志，要把每件违法行为当作在无论哪种意义上可偿付的，也就是至少可以在某种特定的程度上把罪犯和他的罪行分隔开，这些是在刑法的进一步发展中越来越清楚地烙上的特征。如果一个公共体的权力和自身意识增长了，则刑法亦越发温和；而每逢虚弱或较深重的危局，则刑法的较强硬形式便再度显著。“债权人”越富有，便总是在相应的程度上变得越人性；最后，衡量他财富的尺度甚至是他可以承受多少损害而不以之为苦。社会有一种权力意识或许并非不可想象，以此意识，社会可许以它所有的最高尚的奢侈，凭由损害社会的人不受惩罚。“我的寄生虫其奈我何？”它那时可以这样说。“且让它们活命和壮大：对付这些我还足够强健！”……正义，起于“一切皆可偿付，一切必须偿付”，讫于对无支付能力者宽以释之，如同大地上的每件好事物一样，它扬弃自身而终止。正义的这种自身扬弃：人们知道它以何种美名自命——恩典；不言自明，它始终是最有权势者的特权，或不如说是最有权势者超然于法律之彼岸的特权。

---

① 公元前390年，高卢围罗马城，罗马以黄金乞降，受降之日罗马人抗议料量不公，敌酋布伦努遂掷剑于秤上，说出这句话。参见李维：《罗马史》第五卷第48章。——译注

11

——跟新近出现的一些尝试不同，这里有一种对立的说法，要到一个完全不同的地基上去寻找正义的起源——到怨恨那里去找。这是冲着那些心理学家们的耳朵说的，假定他们还有兴趣切近钻研一下怨恨本身：这种植物今时在无政府主义者和反闪族主义者们中间开得最美丽，顺便说一下，跟它们向来开花时那样，是开在隐蔽处的，像紫罗兰一样，当然气味有所不同。正如从同类中永远必然只会产生同类，不足为奇，恰恰是从这些圈子里能看到有一些尝试在出现，正如它们多次存在过的那样——参见上文第30页，在正义之名下将复仇神圣化——仿佛正义从根本上不过是受伤害的感觉的某种进一步发展似的，并且随着复仇，把那种一般反应性情绪全面地在事后加以尊崇。对于后者本身我最不会排斥：我以为，从整个生物学问题(与此问题相关，那些情绪的价值迄今皆被低估了)的角度来看，它甚至是有功劳的。独令我注意的是这种情况，即正是从怨恨精神本身中，生出了科学之公允的新变调(有利于憎恨、嫉妒、忌惮、狐疑、怨气、复仇)。这种“科学之公允”，一旦事关另一个情绪群，便立即停步不前，腾出地方让抵死的敌意和先入之见落下重音(E. 杜林：《生命之价值》；《哲学教程》；其实处处可见)，这另一个情绪群，依我之见，比那些反应性情绪有着高得多的生物学价值，因而它们才首先当之无愧值得从科学上受到估量和高估：即真正的主动性情绪，如统治欲、占有欲及类似者。针对这个普遍的趋势就说这么多，不过关于杜林的个别命题，即要到反应性感觉的地基上去寻找正义的发源地，人们必须，为真理之故，以生硬的颠倒，用下面这个命题来反对：最不堪为正义精神所占据的，就是反应性感觉的地基！如果真的有这样的事，即正义的人甚至在反对其损害者之时，亦保持正义(而且不只是冷漠、有节制、陌生、无动于衷地这样做：正义总是肯定性的行止)，如果那双正义的、正视的眼睛的客观性，那种高明而清晰、深沉又温和地注视着的客观性，即使受到个人之伤害、嘲弄、嫌弃的冲击，仍然没有阴霾，那么，这乃是大地上的一份完满和最高的化境，甚至是某种人们聪明的话在这里就不会期待的东西，某种人们无论如何都不应该轻易相信的东西。肯定，平均而言，即使是对最正派的人士来说，一份小剂量的攻击、恶意、猜忌也已经足以把血驱到他们的双眼里，而把公允挤出视线。具有主动性、攻击性、侵犯性的人，总是比反应性的人离正义更近一百步；他恰恰不需要以反应性的人所做的那种方式去做，去虚假和先入为主地评价他的对象。因此事实上在任何时代，侵略性的人，作为更强健者、更勇猛者、更高尚者，在他那一方面总是有更自由的眼光，更好的良心：人们已经猜到，相反地，那个昧了良心地发明“坏良心”的到底是谁——怨恨之人！最后可以回顾一下历史：看看迄今为止大地上到底在哪块地盘上，对法的全盘操控、对法的真正需求是家传的本行？是在反应性的人类那里吗？完全不是：毋宁是在行动者、强健者、自发者、侵略者们的地盘上。从历史学的角度看，大地上的法——说起来真是扫了上面提到的那位煽动家的兴（他本人有一次关于自己的坦白，“复仇学说，作为正义的红线，贯穿了我的一切工作和辛劳”）——恰恰是在进行对抗那些反应性感情的斗争，站在行动性、侵略性的权力一边对它们进行战争，这些权力把它们的强力部分地用于禁止和节制这种过分的反应性的感情用事，对之做出强行的调解。凡是正义被实施和树立之处，人们总是看到，一个跟屈居其下的弱者相对而言更为强健的权力（可以是群体或者个人）在寻求手段以结束怨恨那无意义的暴怒，有时是把怨恨的对象拉出复仇之手，有时是在自己这边发动针对和平与秩序的敌人的战斗以取代复仇，有时是发起、建议、有时是强迫偿还，有时是把某些特定的损害等价物提升为规矩，一锤定音，让怨恨今后据此施行。针对那些对立性和后遗性的感情，最高暴力所实行和贯彻的最具决定性的举动——它一旦强得足够这么做便会这么做——是法律的建立，对于在它眼中究竟何者须视为允许与合法、何者为禁止与非法所做的律令性解释：法律建立之后，它把个人或整个群体的触犯和专断行动当作对法律的亵渎，当作对最高暴力的抗命不遵来处置，由此，它将它的属民的感情从此类亵渎所造成的直接损害那里引开，积以时日，就走到所有只从受害者视角去看待、只让受害者视角起作用的复仇心意的反面：从现在起，将使眼睛熟悉于对罪行做一种越来越非个人的评价，即使是受害者本人的眼睛也是如此（当然，如之前点出的，这是最后一步）。——与此相应，自法律建立始（而并非如杜林所想的，自伤害的行动始）乃有“法”与“非法”。本质上，亦即就它的基本功能而言，生命发挥着伤害、强暴、剥削、消灭的功能，没有这种特征生命不可设想，就此而言，谈论法和非法本身缺乏任何意义，某种伤害、强暴、剥削、消灭，其本身当然可能并无“非法”之处。甚至还必须承认某种更加值得思虑的事：从最高的生物学立场出发，合法状态只可以是例外状态，作为对追逐权力的真正生命意志的部分约束，而且作为单个手段从属于整体目的之下，也就是说作为创建更大的权力统一体的手段。把某种法律秩序想成是绝对主导和普遍的，不是把它当作诸种权力复合物的斗争手段，而是当作根本上反对一切斗争的手段，比如按照杜林那种共产主义模板，一定要把每个意志都等同起来，则是一条与生命相敌对的原则，是人类的毁坏者和消融者，是对人类未来的一次谋杀，是疲惫的一个信号，是折向虚无的一条密道。

12

这里对惩罚的起源还要说一句——有两个分开或应该分开的问题：可惜人们习惯把它们扯在一起。在上述问题上，迄今为止的道德谱系学家们搞得究竟怎么样呢？一如既往地天真：他们随便从惩罚中找出某个目的，比如复仇或恐吓，然后不多想，把这个目的设到开端，当作刑罚的 causa fiendi[始发原因]，然后——就完了。可是，“法之目的”却是最不该用来解释法的发生史的：而毋宁说，对于一切种类的历史学来说最重要的莫过于如下这番花费如许辛劳赢得而其实也应该是赢了的法则，即一件事物的起因、它最终的有用性、它事实上被置于一个体系中的使用和分类，迥然有别于目的；某种现有的、不管以哪种方式臻于完成的东西，总是一再被一个对其占优势的权力重新看待，重新收归已有，为了某种重新使用而接受改造和扭转；有机世界中的每个事件，都是一次征服，是某物成为主人，而所有征服和成为主人则都又是一次重新阐释和编造，此时，之前的那个“意义”和“目的”必然要被掩盖甚至抹杀。对于不管哪种生理器官（或者是一个法律机构，一种社会礼教，一种政治惯例，艺术或者宗教仪式方面的一种形式），如果还照这样去深入把握它的有用性，那么，人们在其发生问题上就一无所获：不管那些老耳朵们听到这个有多么不舒坦、不痛快，——因为自古以来人们已经相信，要到某件事物、某种形式、某个机制的可证明的目的和它的有用性中去把握它发生的根据，把眼睛当作是为了看而造出的，手是为了拿而造出的。所以，人们也把惩罚想象为为了惩罚而发明的。可是，一切目的，一切有用性都只是标记，表明的是，一个权力意志压倒某个权势较小者则成为主人了，从自己出发把关乎某种功能的意义烙在后者身上；照此方式，一个“事物”、一个器官、一种惯例的全部历史可以是由不断更新的阐释和编造相继组成的记号链条，它们的诸种原因本身毋庸彼此有所关联，毋宁仅仅是时或偶然地彼此先后跟进和交替。与此相应，一个事物、一种惯例、一个器官的“发展”绝不是它朝向某个目标的 progressus[进步]，更不是一次合乎逻辑的、最便捷的、耗费最少的力量和代价达到的进步，而是由多个在它这里进行的征服进程组成的前后序列，这些进程的深入程度不同，彼此或多或少是独立的，然后还包括每次耗去的相反的抵抗，出于防卫和反应的目的所尝试的诸种形式变换(Form-Verwandlungen)，以及成功的对应行动的诸种后果。形式是流动的，“意义”更是流动的……即使在每个单个器官内部也无不同：随着整体的每次本质性生长，单个器官的“意义”也在滑动，有时，它一步步地臻于完成，它在数量上的减少(比如通过肢节的消失)可能是生长力和完满性的一个标志。我愿意说：一步步变得无用，枯萎和蜕变，意义和合目的性的丧失，简言之即死亡，乃是真正进步的条件。进步总是以一个朝向更大权力的意志和道路的形态表现出来，总是以大量较小权力为代价得以达成。一次“进步”之伟大，甚至是以所有必须为之牺牲者为尺度来度量的；把全人类(Menscheit)当作某个单一的更强健物种的壮大的尺度而牺牲掉——这或可为一个进步……我高举历史学方法论的这一首要观点，尤其是当它从根本上背离于时下盛行的那种本能和时代趣味，后者更乐于忍受所有事件的绝对偶然性，也就是机械论的无意义性，而非接受论述一个在所有事件中自行演进的权力意志的理论。那种民主式的、反对一切统治和意愿统治者的特异反应，那种现代的厌治主义①(对一件坏事得造个坏词)已经逐渐地移置并伪装到精神性、最精神性之物中去了，并到了这样一个程度，使它今日已然一步一步地渗入、可以渗入到最严格的、貌似最客观的科学中去了；是的，在我看来，它已经主宰了整个心理学和生命学说，不用说是在损害着它们，念着咒语，让一个基础概念、真正主动性的概念从它们这里消失了。在那样一种特异反应的压力之下，人们大肆宣扬与之相反的“适应”，即一种第二等的主动性，一种纯然的反应性，人们确实把生命本身定义为一种对外在形势越来越合目的的内在适应(赫尔伯特·斯宾塞)。生命的本质，生命的权力意志，却由此被误解；那些自发的、进攻性的、侵犯性的，做出新解读、指向新方向和塑造新形态的力量(随着这些

① “厌治主义”原文为 Misarchismus，盖由意为“mis-”(希腊语中意为“憎恨”)与“archi-”(希腊语中意为“政府、统治”)结合，再加通常译为“主义”的“-smus”，直译可为“厌恶政府主义”；它或是由较常见的“Misanthrophie”(厌恶人类、愤世、厌世)和“Anarchismus”(无政府主义)而造。——译注

力量的作用而来才有了那个“适应”)所具有的原则上的优势，由此被忽略；有机体中最高职能(生命意志就行动性地、赋形性地表现于这些职能中)的统治性角色，由此被否认。人们回想起赫胥黎给斯宾塞们提供的母题，他的“行政虚无主义”：不过，这里涉及的可不只是“行政”……

13

——回到正题，我们在惩罚上要区分两样东西：一方面是惩罚这件事上相对有延续性之处，惯例、行动、“排演”、某一套特定严格的程序步骤，另一方面是它流动不居之处，即此类程序的履行所关系到的意义、目的、期望。在这里且直接假定，根据刚才演绎出的那条历史学方法论的首要观点，per analogiam[依此类推]，比起程序在惩罚方面的应用，程序本身是某种更古老、更早的东西，那种应用最初是被增加到、深文周纳到(早就存在的、只不过是在另一种意义上很常见的)程序中去的，简言之，事情并不像我们那些天真的道德谱系学家和法律谱系家们迄今所以为的那样，他们统统认为，程序是出于惩罚的目的而发明的，犹如早先是出于抓握的目的而发明了手似的。至于惩罚的另外因素，其流动不居之处，它的“意义”，在一个相当晚期的文化状况(比如在今日之欧洲)中，“惩罚”概念其实不再是给出一种意义，却是对诸种“意义”的一个完整的化合物：迄今为止的一般惩罚历史，为各种不同目的而极尽利用惩罚之能事的历史，最终结晶成某种统一体，难以溶解，难以分析，还必须强调的是，完全不可定义。(今日不可能确切地说，到底为什么受惩罚：所有借以从症候学方面①对一次完整诉讼程序做出总结的概念，皆无从定义；可定义的只是那种无历史之物。)在一个早先的阶段则与此相反，那种“意义”化合物似乎还是比较容易分解，也更容易滑动；人们还可以体会到，在各种个别情况下化合物中元素的化合价是怎样改变并相应地重组的，从而使得时而这种、时而那种元素会以其他元素为代价而占据上风和主导，有时甚而一种元素(如恐吓的目的)似乎会抵销其他元素的所有余值。至少可以想象一下，惩罚的“意义”是怎样不确定的、事后的和临时的，同样一套程序可能怎样

① “从症候学方面”原文为 semiotisch，盖指“能概括所有刑罚现象的(概念)”。Semiotik[症候学]今日最常用义为“符号学”或“记号学”，在尼采当时则主要从医学上解(虽有经院哲学及洛克提到过“记号学”，其义于此则难通)，指对某类疾病所有症状的系统研究：症候本为疾病之后果，不可倒以为因。——译注

依据根本不同的意图而被运用、读解和编造：因此这里是有成规的，在我看来，甚至是基于某种照比例来看甚是微小和偶然的佐证而定出的成规。惩罚作为对损害的消除，作为对进一步损害的阻止。惩罚作为对受害者所受损害的偿还，不管是以什么形式(即使是以一种情绪代偿的形式)。惩罚作为为了防止干扰的进一步蔓延而采取的平衡性干扰。惩罚作为对决定和执行惩罚者之恐惧的灌输。惩罚作为罪犯此前所享有好处的偿还(比如把他作为矿山奴工来加以利用)。惩罚作为对某种蜕变成分的排除(有时是排除一整个分支，就像按照中国的法律那样：由此惩罚作为使种族保持纯洁的手段或者把某种社会类型固定下来的手段)。惩罚作为节庆，也就是作为对一个终于被打倒的敌人的强暴和嘲弄。惩罚作为一种记忆之制造，或是给那个遭受惩罚者——即所谓的“改善”，或是给那些执行时的见证者长记性。惩罚作为保护作恶者免受过度报复的权力一方要索取的某种酬谢。惩罚作为对复仇之自然状况的折中，只要这种自然状况还为掌权的世系所维持并收为特权。惩罚作为对某个和平之敌、法律之敌、秩序之敌、当权者之敌的宣战和战争处分(Kriegsmaassregel)，这些敌人据信危及了公共体，就契约的前提来看破坏了契约，是作乱者、叛变者与和平破坏者，惩罚之手段则就是战争所赐予的那些手段。——

14

上面这份清单当然是不完整的；惩罚显然过多承载了各种各样的有用性。尤其可以从它上面扣除一种人们以为的有用性，即便流行意识认为这是惩罚最本质性之处，今日出于许多原因已经动摇了的对惩罚的信念，恰恰是在这一点上，还找到一个最强有力的支撑。惩罚应该有能唤起债务人亏欠感的价值，在惩罚中人们寻找那种被称为“良心不安”“良心有愧”①的灵魂反应的真正工具。而由于这一点，时至今日，人们自己还在强行摆弄现实，摆弄心理学：而在人类最长久的历史上，在他的史前史上，他们所强行摆弄还要多得多呢！恰恰在罪犯和刑犯中，真正的良心有愧是最最少见的东西，囚徒、监犯不是这个咬虫类物种所偏爱滋生的菌室：对此所有有良心的观察者都会同意，他们在许多情况下会相当不乐意和违背最本真

① “良心有愧”原文作Gewissenbiß，字面义为“良心之啮”，与下文的“咬虫”(Nagewurm)相应；康德曾用这个德语词翻译下节出现的拉丁词morsusconscientiae(《康德文集》第四卷，《道德哲学讲稿》)。——译注

愿望地给出这样一种判断。从大处来看，惩罚是锻打和淬冷；它使人专注；它磨尖了疏离感；它强化了抵抗力。如果出现这样的情况，即惩罚摧毁了能量，导致一种可怜的虚脱和自身贬屈，则这样一种结果肯定比惩罚的平均作用要更加不舒服：那种平均作用的特点本是一种干枯阴沉的严肃。不过，且想想在人类史前的那些个千年吧，我们就可以不假思索地断言，亏欠感的发展恰恰通过惩罚被最强有力地中止了，至少对于惩罚之暴力所加诸的那些牺牲者们来说是这样。也就是说我们不要低估，在何种程度上恰恰是法庭上和执行中的诉讼程序本身，阻止罪犯把他的罪行、他的行为种类本身感受为应当谴责的：因为他清楚地看见，相同种类的行为为了服务于正义而被犯下，而且是受到称许、心安理得地被犯下：刺探、使诈、行贿、设陷阱，那整套取巧钻营的警察和检察技巧，然后又清楚地看见，正如在各种不同的惩罚中展露出来的那样，那种最基本的，甚至不曾用一时激动来谅解的剥夺、压制、辱骂、逮捕、拷打、杀害，由此他清楚地看见一切没有被他的法官们就其本身，而只是基于某个特定的考虑和利益指向才加以谴责和判决的事情。“坏良心”，我们的地球植被中这株最隐秘和最有趣的植物，不是在这片土壤里生长的，事实上，在那些审判者、惩罚者本身的意识里，在最长的时间里并没有什么表达，说人们跟某种“亏欠”有关。有关的是某个造成损害者，某件不负责任的祸事。而那个随后惩罚也会像一件祸事落到他头上的那个人自己，在那时，除了当某种未曾逆料之物、一次恐怖的自然事件、一块猛然砸落的石头突然来到时造成的之外，是不会有什么其他“内在痛苦”的，面对那块石头，他是不会再有任何抗争的机会了。

15

这一点曾一度让斯宾诺莎相当尴尬（说句让他的解释者们不高兴的话，他们，比如库诺·费舍尔，全力以赴要在这个地方误解他），在一个下午，谁知道呢，他在不知哪一块回忆上蹭痒痒，沉浸在这个问题里：对他自己来说，在那个有名的 morsusconscientiae［良心有愧］中剩下的到底是些什么——他把善和恶降格为人类的想象，愤然反对那些渎神者，捍卫他那个“自由的”上帝的荣耀，那些渎神者主张：上帝 sub rationeboni［出于善的理由］作用于万物（“今谓神为受命运支配，则关于神的看法实没有比这更不通的了”——）。对斯宾诺莎来说，世界又退回到它在坏良心被发明之前就摆在里面的那个无辜之中去了：这个 morsusconscientiae[良心有愧]会变成什么东西呢？“gaudium[欣慰]的对立面，他最后说，一种悲伤，伴随着对过去一件违背所有期望落空的事物的表象。”(《伦理学》第三部分命题十八附释一、二。)数千年来，那些受惩罚的作恶者们对他们的“过失”[①]的感受，无非就跟斯宾诺莎一样：“没想到这次居然失手了”，而不是：“我本来不该这样做的”，他们屈服于惩罚，就像人们屈服于疾病、灾祸或者死亡一样，带着那种由衷的宿命论，毫不反抗，凭着这种宿命论，比如今日的俄国人，在操控生命方面比我们西方人还占有优势。如果当时曾有过对罪行的批评，做出批评的也是那种聪明：对聪明的某种强化，对记忆的某种延长，某种决定今后干活要干得更谨慎、多留个心眼和更加隐秘的意志，对人们太过虚弱而经不起许多一劳永逸之事的洞见，以某种自我评判所做的改善，无疑，我们必须在这些方面去寻找惩罚的真正作用。对人和动物而言，通过惩罚大体能够达到者，是恐惧的增长，聪明的强化，欲望的臻于纯熟：惩罚以此驯化人类，不过也不是使之“改善”——人们倒有更多理由做相反的主张。(民众说，“吃亏使人聪明”：凡吃亏使人聪明之处，也使人变坏。幸运的是，它相当常见地使人变蠢。)

16

到这里，为了帮我自己关于“坏良心”起源的假说给出一个初步的、暂时的表达，再也不必绕什么弯子了：这个假说不容易呈现给听众，它要长久地考虑、省察和梦思。我把坏良心当作深重的病患，人类在他们所曾体验的一切变化中最彻底的变化的压力下，必然为它所腐蚀，那种变化就是，他们发现自己最终处在社会与和平的制约之中。这些最适应荒野、战争、游荡、冒险的半兽人所处的境况，无非就跟水生动物一样，它们必定被迫要么变为陆生动物，要么毁灭，它们所有的本能一下子都失去价值，被“搁置”了。在此之前它们为水所负载，今后则应该用脚行走，“自己承载自己”：一份要命的重量压到它们身上。要做最简单的事务，他们都感到自己不听使唤，对于这个新的未知世界，他们不再拥有那些古老的向导，不再具有那些给出规则的、无意识的安全指引的冲动——那些冲动被还原为思考、推理、计算以及原因和作用的联结，被还原为这些不幸的家伙的“意识”，他们那最贫乏、最抓不住东西的器官！我相信，

① “过失”原文为 Vergehen，有两层意思，既指违法行为，也有“消逝、过去”的意思。——译注

大地上从未有过这样一种艰难的感觉，这样一种累赘的别扭，而同时，那些古老的本能从来没有停止提出它们的要求！只不过，很难、很少有可能遂它们的愿：它们最主要的事必定是为自己寻找些新的、如在暗中的满足。所有没有释放到外部去的本能，都转向内部——这被我称为人类的内向化(Verinnerlichung)：由此才从人类上面长出后来人们称为“灵魂”者。这整个内在世界，起初单薄得就像夹在两层皮肤之间，会依照人类向外释放时所受阻厄的程度，发散开来，蔓延开来，成其深度、广度和高度。国家组织借以保护自己不受那些古老的自由本能(Instinkte der Freiheit)之害的诸般恐怖壁垒——其中首推惩罚——导致那个野蛮、自由、游荡的人类的所有那些本能向后，转而反对人类自身。敌意、残忍，对追踪、袭击、更替、摧毁的乐趣——所有这一切都转而反对这些本能的拥有者自身：这是“坏良心”的起源。人类，这个因为缺乏外部的敌人和抵抗而被挤到一个逼仄的角落里，挤到礼教的合规则性里，不耐烦地撕扯、追逐、啃咬、惊扰、虐待自己的人类，这个人们想要“驯服”的、在自己的笼栅上撞伤的动物，他若有所失、被对荒野的怀乡病弄得憔悴，他必须从自己这里造出一段冒险，一间刑讯室，一片不安稳的、危险的荒野——这个小丑，这个有所向往而又绝望的囚徒，成了“坏良心”的发明者。由坏良心却引起了那个最重大、最阴森难测的病患，全人类直至今日仍未痊愈的病患，人类于人类、在其自身所罹受的病：作为跟动物性过去的一次猛然分离的后果，一次似乎进到新的境况和此在条件中来的跳跃和突进的后果，一次向他的力量、乐趣和恐怖迄今所依以为据的那些古老本能宣战的后果。让我们马上补充下面这一点：另外，伴随着一种自己转而反对自身、自己跟自身作对的动物灵魂这一事实，大地上竟有了某种如此新颖、深沉、前所未闻的谜一样的东西，充满矛盾和充满未来的东西，以至于，大地上的视线方位(Aspekt)已经随之而本质性地转变了。事实上，要评判这出由此开幕、其结局全然尚未可知的演出，需要神性的观者，一出太过精妙、太多奇迹、太过悖谬的演出，在某个可笑星球上亦不可能毫无意义、不受瞩目地演过！自那时起，人类是和那些最出乎意料、最激动人心的博彩算在一起了，赫拉克利特所说的那个“大孩子”——无论他叫宙斯还是叫偶然——所玩的那些博戏——他为自己唤醒了一点兴趣，一分紧张，一个希望，近乎一种确定性，仿佛有种东西随着他而预告要到来，某种东西在准备着，仿佛人类不是目标，而只是一条道路，一次意外事件，一座桥梁，一个伟大的许诺……

17

这个关于坏良心起源的假说的前提首先包括，上述那样一种转变并非缓慢和自愿的，并没有表现为一次融入新条件中去的有机的生长，而一个断裂，一次跳跃，一阵强制，一场不容拒绝的厄运，没有反对这场厄运的战斗，甚至连怨恨也没有。其次则是，一群到那时为止未受羁绊、未曾有形式的居民被嵌进一个固定的形式中去，正如他们通过一次暴力行动创得开端，亦只有通过纯粹的暴力行动而得其结局，与此相应，最古老的“国家”作为一种可怕的霸权、一架毫无顾惜的碎压性机器登场并且持续运转，直到这样一团民众和半兽人的原材料最终不但是被揉搓透彻，柔软顺从，而且还被赋予形式。我用的是“国家”这个词：指的是谁，不言自明——一伙金毛食肉动物，一个劫掠者和主人的种族，他们以战争的方式组织起来，以组织的力量毫不迟疑地把他们可怕的爪子搭在某个在数量上也许远远超出却还没有形态、还在游荡的居民之上。“国家”确实是以此方式在大地上开始的：我想，那种以为它是从一个“契约”开始的迷狂已被破除了。谁若能够下命令，若天性即为“主人”，若以暴力行事而成其作品和姿态，他要用契约来干什么呢！人们没有料到有这些家伙，他们像命运一样到来，没有来由、理性、顾虑、借口，他们到了就像闪电到了，太可怕，太突然，太有说服力，太“另类”，乃至于还没被憎恨。他们的作品就是一种本能的形式创设，形式嵌压，这是所曾有过的最非自愿、最无意识的艺术家：简言之，当他们出现，即有某种新东西，某种活着的统治构形，其中诸部分与诸功能被划分好并关联起来，凡是在其中有什么位置的，无不首先根据它与整体的关系而被赋予某种“意义”。他们不知道，什么是亏欠，什么是负责任，什么是顾虑，这些天生的组织者们；在他们中，是那种可怕的艺术家式的利己主义在掌管，这种利己主义犹如青铜般闪着光，知道自己在“作品”中，就像母亲在她的孩子们中那样，已经永远先行有了理由。“坏良心”可不是在他们身上生长起来的，这从一开始就很清楚，不过，倘若没有他们它也不会生长起来，这丑恶的株苗，倘若不是在他们的锤打、他们那艺术家式强暴的压力之下有一块巨大分量的自由从世界中，至少是从可见层面中被创设出来并且仿佛是被潜伏着搞出来，是不会有它的。这个被强暴地潜伏着搞出来的自由之本能——我们已经领会过它了——这个被抑制回去的、屏退回去的、被关到内部并且最终只是自己在向着自己释放和发泄的自由本能：坏良心在其开端处就是这个，只是这个。

18

要提防，切莫因为这整个奇观从一开始便丑恶而难堪便不去多想它。在根本上，确实就是那一股行动的力量，那股在那些暴力艺术家和组织者们中相较而言是壮观地投入作品中去并建立国家的力量，在这里，在内部，相较而言是微小地，小气地，向着后方，用歌德的话说，在“胸中的迷宫”里，造出坏良心，建立否定的理想，那股力量恰恰就是自由本能(用我的话来说，即权力意志)：只不过在这里，那股力量的造型和强暴本性所朝之释放的那个材料，就是人自身，是他整个动物性的古老的自身——而并非，像在那种相较而言伟大和显著的奇观中那样，是另一种人类，另一些人类。这种隐秘的自身强暴，这种艺术家式的残忍，这种自己把自己当作一个沉重的、抵抗着的、承受着苦难的材料而赋予某种形式，烙上某种意志、批判、矛盾、蔑视、否定的做法，这项出自一个甘愿自己与自身相分裂的灵魂——它出于对制造苦难的兴趣而让自己罹受苦难——的阴森难测、兴致高得骇人的工作，这一整个主动性的“坏良心”，最终——人们已经猜到了——作为孕育理想的和想象的事件的真正子宫，它也昭示出一份充足的新颖陌生的美和肯定，也许首先是昭示了美本身(dieSchönheit)……倘若首先不是矛盾自己来到意识这里，倘若首先不是丑陋者自己对自己说“我是丑的”，什么又是“美”的呢？……至少从这个角度看来，只要在矛盾性的概念——如自身丧失、自身拒绝、自身牺牲等——中能够阐发出一个理想、一种美，那个谜语就不再那么像谜一样了；我毫不怀疑，自此之后，人人皆认同一件事——即自身丧失者、自身拒绝者、自身牺牲者所感到的那个乐趣，在一开始时是怎么回事：乐趣是残忍之事。——关于作为一种道德价值的“非利己”的来源，和对这种价值所生长的那块地面的勘界，暂时就说这么多：首先是坏良心，首先是求自身虐待的意志为非利己的价值提供了前提。

19

这是一种病，坏良心，这一点不容置疑，不过其为一种疾病，正如怀孕之为一种疾病一样。且来探寻一下，这种疾病是在怎样的条件下达到其最可怕和最精巧的极致：我们将看到，那个随之才来到这个世界上的，到底是什么东西。不过，这需要长久地坚持不懈，首先人们还必须再次回到一个早先的视点上去。之前已经谈到的债务人和债权人之间的私法关系，已经又一次，而且是以一种在历史学上极值得注意和疑虑的方式，被阐释到一种对我们现代人来说也许是最难以理解的关系里去：阐释到当前之人与其祖先的关系。在原初的同一世系成员内部——我们说的是原始时代，活着的世代在面对更早的，尤其是最早的开创世系的那个世代时，总会承认某种法律义务(而绝非纯粹一种感情束缚：对于这后者，在人类世系的最长一段时期，人们甚至或许可以不无理由地从根本上予以否认)。这里是如下信念在主导：世系从根本上只因祖先的牺牲和业绩才得以赓续，人们要以牺牲和业绩回报祖先之所作所为。人们由此承认亏欠，这个亏欠还在持续增长，因为先人们作为有权势的神灵，在其持续的实存中，并未停止从他们的力量出发，为世系提供和预先提供新的福泽。大约是不计回报的吧？可是，对于那个粗野而“灵魂贫乏”的年代来说，没有什么是“不计回报”的。人们能向祖先回赠什么呢？牺牲(起先是为了最粗略意义上的供养)、节庆、颂祷、尊荣，而首先是顺从——因为一切风俗(Bräuche)，作为祖先的作品，亦是他们的法令：对他们的回赠可曾足够？这份猜度始终留存，而且还在增长：它一次又一次迫使举行一次通盘的大偿还，付给“债权人”一份巨大无比的报偿(比如，臭名昭著的头生之献①，无论如何总是血，人的血)。照此逻辑，在先王及其权力面前的恐惧，对之有亏欠的意识，必然恰恰要随着世系本身之权力所增长的程度，随着世系本身已越来越常胜、独立、受敬信、受恐惧的程度而增长。而绝不是相反！世系凋零的每个步骤，一切悲惨的偶然事件，蜕变和濒于瓦解的一切标志，毋宁总是减少了对世系创建者之神灵的恐惧，总是越来越削弱对于此神灵的聪明、远见和当场生效的权力的想象。且设想，这种粗野逻辑推到最后的结果：经过不断增长的恐惧的幻想，终于，那些权势最大的世系的先王们甚至长成为巨大无匹的怪物，被推回到某种神一般的阴森叵测和无可想象的昏暗之中：先王最后必然变身为一个神祇。也许这就是诸神的起源，也就是说，一个出自恐惧的起源！……谁若似乎觉得还有必要，可以对他加上一句：由此看来，“不过也是出自虔敬呢！”云云，对于人类世系那段最

① “头生之献”(Erstlingsopfer)，泛指初民把大地初熟之谷物或头生牲畜献祭神灵，亦有献出第一胎婴儿者。《圣经·出埃及记》载，上帝与摩西约定，他把以色列人带出埃及后，“以色列中凡头生的，无论是人是牲畜，都是我的”。——译注

长的时期，对于人类的原始时期来说，或许很难站得住脚。对于那段中间时期来说，即高尚世系形成的那段时期，就更是如此了——其实就是在这些世系，人们把一切品质连本带利回赠给了他们的创始者，回赠给先王(英雄、诸神)，这些品质是此间在他们自己身上彰显出来的，这些高尚的品质。后面我们还将对诸神之贵族化和高贵化(当然绝不是"神圣化")的过程略作窥探：现在，让我们把这整个亏欠意识发展的进程暂且结束掉吧。

20

这种于神祇有所亏欠的意识，正如历史所教导的，在"共同体"的血缘组织形式衰落之后，亦未中止；人类从贵族世系那里继承"好"与"坏"等概念(连同他们设立等级顺序的基本心理倾向)，以相同的方式，通过世系和部族神祇的传承，他们还额外继承跟未偿之债的压力和偿还此债的期望有关的概念。(那些广大的奴隶居民和从属居民则导致演变，他们或是通过强制，或是通过臣服和模仿，适应了他们主人的神祇崇拜：这份遗产于是从他们那里朝各个方面泛滥开来)。好几千年以来，对神祇的亏欠感没有停止增长，而且是按照神的概念和对神的感觉在大地上增长并被引向高处的比例而增长。(族群的战争、胜利、自行和解、自行融合的全部历史，每一次伟大的种族综合中所有民众元素的最终等级顺序确立之前所发生的一切，就反映在他们的诸神的谱系纷杂之中，反映在关于诸神的战斗、胜利与和解之中；朝向一个帝国的进程始终也是朝向神祇的进程，而专制及其对独立贵族的驾驭，亦始终是在为某种一神论开出道路。)所以，基督教之神，作为迄今所达到的最大级的神，其兴起亦使得大地上出现了亏欠感的最大值。假定我们总算进入了相反的运动，那么，根据对基督教上帝的信仰的无可阻挡的衰落，要推断说现在也已经有了一次人类亏欠意识的显著衰落，却是一点可能性也没有的；以为无神论完全而彻底的胜利可能把全人类从这样一整个亏欠感觉——即他们对他们的开端、对他们的 causa prima[第一因]有所亏欠——中赎换出来，这个指望断乎得不到证实。无神论和某种第二次无辜[①]是相辅相成的。——

① "第二次无辜"(zweiterUnschuld)，此处"无辜"(Unschuld)又可作"清白、贞洁"解，此盖讽刺"无神论者"想通过抹除已发生之事(道德史)以赢得"第二次清白"。——译注

21

对“亏欠”“义务”概念和诸宗教前提之间的关联，姑且简短粗略地说这么多：我是故意一直到现在都撇开这些概念真正的道德化过程(即这些概念反推到良心的过程，更确切地说，是坏良心跟上帝概念之间的纠结)不谈，在上一节的结论中甚至说，这个道德化是怎样仿佛从来没有存在过，从而，在那些概念的前提，对我们的“债权人”、对上帝的信仰失落之后，那些概念是怎样从今以后仿佛必然不中用了。实际形势以一种可怕的方式偏离于我的说法。随着亏欠和义务概念的道德化，随着它们被反推到坏良心上去，人们其实就在进行尝试，去倒转上面描述的那个发展方向，至少是要制止它：现在，恰恰是对一次一劳永逸的最终偿还的指望，应该悲观地闭合了，现在，这个目光应该毫无慰藉地从一个刚硬的不可能性上弹开、弹回来，现在，“亏欠”“义务”这些概念应该向后转——对着谁呢？无可置疑：首先是转向“债务人”，从今而后，坏良心在他这里在相当的程度上扎根、侵蚀、扩散，朝着一切的广度和深度息肉般地生长，直到最后，随着亏欠之不可偿还，忏悔之不可偿还，即忏悔之无法支付(关于“永罚”)的想法，亦被构造出来；然而最后甚至还会转向“债权人”，人们大概会在这里想到人类的 causa prima[第一因]，人类世系的开端，他们那些此后被诅咒缠身的先王(“亚当”“原罪”“意志的不自由”)，或者想到人类从其怀抱中诞生、此后邪恶的原理被灌入其中的自然(“自然的妖魔化”)，或者想到那个作为无价值者自在地剩余着的此在一般(以虚无主义的方式抛弃这个此在而向往虚无，或者其“对立面”，某种有所不同者，佛教或诸如其类者)——直到我们突然一下站在了那条悖谬而骇人的出路面前，饱受折磨的人类在这里找到了一丝片刻的轻松，基督教义的那记神来之笔：上帝自己为人类的亏欠而牺牲自己，上帝自己给自己偿付，作为唯一者的上帝，唯有他能把对于人类本身已变得无法偿还的东西从人类这里还掉——债权人为他的债务人牺牲自己，出于爱(人们应该相信吗?)，出于对他的债务人的爱！……

22

随着所有这一切，在所有这一切底下其实都发生了些什么，人们大概已经猜到了吧：那种求自虐的意愿，从内部造就的、喝令自己回到自身中去的、为驯化的目的而被关进“国家”里去的动物人的那种退缩的残忍，他发明了坏良心，为的是把自己弄痛，这时，这种疼痛意愿的更为自然的出路已经被阻断，这种坏良心的人类猛然揪住宗教假设，为的是把他的自身折磨的强硬和尖锐推到最令人毛骨悚然的程度。一个对上帝的亏欠：这个想法对他成了刑具。他在“上帝”中抓到了他对自己真正的、无可摆脱的动物本能所能够找到的最后的对立物，他把这个动物本能本身读解为对上帝的亏欠（读解为对那些“主人”、那些“父亲”，对世界之始祖和开端的敌意、反抗和叛乱），他把自己绷在“上帝”和“魔鬼”这对矛盾之间，他把一切的“不”，他对自己，对自然、自然状态、实际状态所说的那声“不”，当作一声“是”从自己这里喊出去，当作存在着的、有生命的、现实的，当作上帝、上帝之神圣、上帝之审判、上帝的刽子手，当作彼岸，当作永恒，当作无止境的折磨，当作地狱，当作惩罚与亏欠之不相抵。这是灵魂残忍中的一种意愿错乱，绝对无与伦比：人类这种觉得自己有亏欠、应受谴责以至于觉得自己不可饶恕的意志，他这种要设想自己受罚且此惩罚永不能抵罪的意志，要用惩罚与亏欠的问题侵染和毒害事物最底层的根据，从而把逃出“偏执理念”的迷宫的退路永久性地一举切断的意志，要树立一个理想——“神圣上帝”的理想——从而参照此理想对自己绝对的无价值性了然于胸的意志。哦，关于人这只错乱悲伤的野兽啊！当它稍微受点阻碍不能成为有作为的野兽的时候，它生出了怎样的念头，爆发出怎样的反自然，怎样的疯狂之发作，怎样的理念之兽性啊！……所有这一切，有趣得不得了，但也有一种黑色、阴暗、令神经枯竭的悲伤，以至于人们必须强行禁止过于长久地朝这个深渊张望。这里是疾病，这是没有疑问的，人类体内迄今肆虐的最可怕的病：而谁若还能够听得见（人类今天可再没有听进这个的耳朵了！）那爱的叫喊，那最被向往的迷狂的叫喊，在爱中得救赎的叫喊，是怎样响在这个折磨和悖乱的夜晚，他将躲开去，被一阵不可忍受的战栗攫住……在人类之中，有这么多骇人之事！……许久以来大地已是一个疯人院了！……

23

关于“神圣上帝”的来历，以上这些该是一劳永逸的足够了。——关于诸神的构想本身并非必然导致这种幻想——这种我们片刻难停地要让其如在眼前的幻想——变得低劣，比起欧洲在最近几千年中这种让人类自己将自己钉上十字架和自身戕害的纯熟技艺，曾经有过更加高尚的方法，去运用对神祇的编撰——这些，每当我们把目光投向希腊诸神，投到更高尚和更自为其主的人类的这些映像上时，便可幸运地见到，在这些映像中，人之中的那个动物感到自己成了神，不是自己把自己撕碎，不是自己对自己嘶吼！长久以来，那些希腊人运用着他们的诸神，为的恰恰是把那个"坏良心"挡在身外，为的是可以让他们的灵魂自由欢快地保持下去，也就是说，以一种跟基督教用其上帝所做的相反的理解。他们在这方面走得非常之远，这些壮丽的、狮子般勇敢的小子们；他们处处懂得，没有比荷马笔下的宙斯的权威更渺小的权威了，他们太看不起他了。"真奇怪！"有一次他说道——讲的是埃癸斯托斯①的事情，一件非常坏的事情——

"真奇怪，终有一死者们竟这样控诉诸神！
恶只是从我们这里来的，他们以为；可是他们自己
因为不理智，又和命运作对，造成了灾难"。

人们在这里马上听到和看到，这位奥林匹斯的观看者和法官远不会因此而为他们难过，把他们想得很坏："他们有多蠢啊！"在终有死者的罪行跟前他是这样想的，而"愚蠢""不理智"，一点"头脑犯迷糊"，希腊人在其最强大和最勇敢的时代甚至也会这样大度地在自己这里容忍自己作为许多坏事和滔天大祸的根据：愚蠢，不是罪！你们理解这个吗？……不过，甚至是这种头脑犯迷糊也是一个问题——"是啊，怎么可能会这样呢？到底能从哪里来的这个迷糊，来到我们这般拥有的头脑里，我们这种出身高贵、幸运、发育良好、有着最好的社会、具备高尚和美德的人类？"——数千年之久，高尚的希腊人每当遇及他们的某个同类所沾染上的他们无法理解的残暴与污秽之事时，都这样问自己。"肯定是某位神祇使他犯了傻。"他最后这样摇头对自己说道……这条出口对希腊人来说是典型的……以此方式，诸神在当时对人类的服务是，使他们在坏事中也得到相当程度的辩白，他们充当了恶的原因——当时，他们可不是给自己加惩罚，而是，更加高尚地，给自己加上了亏欠……

24

——人们看清楚了，我以三个问号结束。"这里到底是在树立还是打破一个理想呢？"人们也许会这样问我……不过，你们可曾充分

① 埃癸斯托斯：《奥德修纪》中阿伽门农妻子的情夫。——译注

地问过自己，大地上每一个理想的树立要有多么昂贵的付出呢？每次为此总要有多少现实被诽谤和误解，有多少谎言被神圣化，有多少良心被扰乱，有多少“神”被牺牲？为了一座圣殿树立起来，必须有一座圣殿被摧毁：这是法则——人们请指给我看看，它在何处未曾贯彻！……我们现代人，我们是数千年来对良心施以活体解剖和对自身施以动物虐待的继承人：这方面，我们有我们最长久的训练，也许有我们的技艺，无论如何都有我们的机巧，有我们在趣味上的沉溺。太长久了，人类用“邪恶目光”看待他那些自然的偏好，以至于，在他身上这些偏好最终跟坏良心结合。一个相反的尝试本身或许是可能的——可谁强壮得足够这样做呢？——也就是说，让那些反自然的偏好，所有那些朝向彼岸的雄心，悖于感性者，悖于本能者，悖于自然者，悖于动物者，简言之迄今为止那些全都在与生命为敌的理想，那些世界诽谤者之理想，让这些去跟坏良心结合。今日，这样的希望和要求有助于谁呢？……人们或将因而恰恰要反对那些善良的人；此外，合乎情理的，要反对那些舒适的人、和解了的人、虚荣的人、痴迷的人、疲惫的人……对他们来说，最深的侮辱，最彻底的揆隔，莫过于提示一些人们用以处置自身的严格和高峻之事！而反之——一旦我们像世人那样行事，像世人那样让自己“率意而为”，世人则显得多么殷勤周到、爱意盈盈哦！……为了那样一个目标，需要某种跟这个年代大概拥有的正好不同的精神：通过战争和胜利而得到力量的精神们，对它们来说，劫掠、冒险、危险、痛苦甚至已成为需要；为此要习惯高处尖锐的空气，冬日的漫游，习惯一切意义上的冰雪和高山，为此要有一种高妙的邪恶本身，伟大健康所具有的一种最后的、最心知肚明的有所认识的故意，说得足够简单和难听的话，需要的正是这种伟大的健康！……这个，恰恰在今天，究竟是不是可能呢？……不过无论何时，在某个比这个腐烂而自疑的当前更加强健的时代，他却必定会到来，那个有着伟大的爱和蔑视的解脱[①]之人，那个创造性的精神，他逼迫的力量一再把他推离一切别处和彼岸，他的孤独将受到民众的误解，仿佛那是在现实面前的一种逃避——那孤独只是他朝现实中去的沉浸、埋没、深入，从此之后，当他再次现身之时，可以从中带回对这个现实的解脱：把现实从迄今为止的那个理想将它置于的那种逃避中解脱出来。这个未来人类，他将使我们解脱出来，从迄今为止的那

① “解脱”原文 erlösende，即基督教的“救赎”，然而此处尼采特用其“摆脱负担”之本义，而无关乎“赎罪”。亦见《善恶的彼岸》第 26 节。——译注

个理想，也从那些必然从中生长出来的东西那里，从巨大的恶心、求虚无的意志、虚无主义那里，把我们解脱出来，这一记伟大决断的正午钟声，重新使意志自由，他把大地的目标回赠给大地，把人类的希望回赠给人类，这个反基督者和反虚无者，这个胜过了上帝和虚无的胜者——他必将到来……

25

——可是我这都谈了些什么啊！够了！在这里，只有一点与我相宜，那就是沉默：不然我就会糟蹋那些交由他——一个比我更年轻者——一个更拥有未来者，一个更强健者——去处置的事体，那些交由查拉图斯特拉、无神者查拉图斯特拉去处置的事体。

（赵千帆译　孙周兴校）

违反自然的道德[①]

1

所有激情都有这样一个时期，那时它们仅仅是致命性的，它们靠愚蠢的重力把其受害者压服，在以后、很久很久以后的一个时期，它们与精神联姻了，得到了“升华”。以前，人们因为激情中的愚蠢而向激情本身开战：人们阴谋根除它们——所有古老的道德巨怪对此都是一致的，“应该消灭激情”(ilfauttuer les passions)。其最著名的公式存在于《新约》中，存在于基督的登山宝训[②]之中。顺便说一下，在那里，完全不是从高处看待事物的。例如，那里在涉及性的问题时教训道：“如果你的眼睛逗弄你，那么，就把它挖出来。”幸亏没有基督徒照此行事。根除激情和欲望，仅仅是为了预防它们的愚蠢以及愚蠢的不快后果，在我们今天看来，这本身就是一种极端形式的愚

① 《偶像的黄昏》，译文选自尼采：《瓦格纳事件·偶像的黄昏·敌基督者》，孙周兴、李超杰、余明锋译。——译注

② 登山宝训：指《圣经·马太福音》第五章到第七章里，由耶稣基督在山上所说的话。宝训当中最著名的是“八种福气”，这一段话被认为是基督教徒言行的准则。——译注

蠢。我们不再钦佩这样的牙医：为了使牙不再疼，他们干脆把牙拔掉……另外，公平地说，在基督教赖以生长的土壤上，“激情升华”的概念是根本不可设想的。众所周知，最初的教会曾经为了捍卫“精神的贫乏”而反对“有理智者”，人们怎么会期待他们进行一场针对激情的理智战争呢？——教会用下述意义上的根除反对激情：它的手法、它的“治疗”就是阉割。它从来不问：“人们如何使一种欲望得到升华、美化和神化？”——它始终把惩戒的重点放在灭绝上（灭绝感性、灭绝骄傲、灭绝权势欲、灭绝占有欲、灭绝复仇欲）。——但是，从根儿上攻击激情，就意味着从根儿上攻击生命：教会的实践是敌视生命的……

2

在与欲望的斗争中，同样的手段即根除和灭绝本能地被那些人所选用，他们的意志过于薄弱，他们过于衰退，以至于不能确立自己的尺度；被那样的天性所选用，他们需要苦修会（la Trappe），用比喻来说（其实不是比喻），需要某种最终的敌对声明，需要在他们自己和激情之间设立一道鸿沟。只有对于衰退者来说，极端的手段才是必要的；意志薄弱，确切地说，没有能力不对一个刺激做出反应，这本身仅仅是另一种形式的衰退。对感性的极端仇视和敌视是一个值得深思的征兆：人们可以据此推测出这样一个过激者的整体状况。——此外，只有当这些天性甚至不再足够坚定地进行这种极端的治疗、戒除他们的“魔鬼”时，那种仇视和仇恨才达到顶点。人们可以纵观教士、哲学家包括艺术家的全部历史：反对感官的最恶毒的言论不是由阳痿者说出的，也不是由禁欲主义者说出的，而是由那些想禁欲而做不到的人说出的，是由那些需要成为禁欲主义者的人说出的……

3

感性的升华叫作爱：它是对基督教的伟大胜利。另一种胜利是我们对仇恨的升华。这种升华表现在：人们深刻地领会到拥有敌人的价值，简言之，人们的行为和判断与先前的行为和判断截然相反。教会历来都想根除它的敌人：我们这些非道德主义者和反基督教者却在教会存在这一事实中看到了我们的利益……现在，政治领域的仇恨也得到了升华——明智得多，慎重得多，宽容得多了。几乎每个党派都是这样理解其自我保存的需求的：反对党不能失去力量；

这同样适用于大政治。特别是一个新的创造物，例如新帝国，更需要的是敌人，而不是朋友：在对立中它才感到自己的必要性，在对立中它才成为必要的……对于“内心的敌人”，我们的态度亦然：在这里，我们也使仇恨升华了；在这里，我们也领悟了其价值。只有付出这样的代价即富含对立面，人们才会有所收获；只有精神不松懈、不追求平和，人们才能青春永驻……没有什么比从前那种“心灵平和”的愿望即基督徒式的愿望对我们更加陌生的了；没有什么比道德的母牛和问心无愧的洪福更不让我们羡慕的了。倘若人们放弃了战争，那么，他们就放弃了伟大的生活……当然，在很多情况下，“心灵的平和”仅仅是一种误解罢了——它是某种别的东西，只是不知道更加诚实地为自己命名。我们可以不兜圈子、不带偏见地给出若干情形。譬如，“心灵的平和”可能是一种十足的动物性向道德(或宗教领域)领域的温和的辐射。或者是疲倦的开始，是黄昏、任何一种黄昏投下的第一道阴影。或者是空气潮湿、南风来临的一个征兆。或者是无意间对于顺畅的消化的感激之情(有时被称为“博爱”)。或者是久病初愈之人所达到的平静，他重新体验万物，有所期待……或者是我们身上居支配地位的激情得到强烈满足之后出现的一种状态，即一种罕见的满足所带来的快感。或者是我们的意志、我们的愿望、我们的恶习的衰老。或者是懒惰在虚荣的劝说下用道德粉饰自己。或者是在经受了不确定性的长久压力和折磨之后，进入一种确定性之中，纵然是可怕的确定性。或者是行动、创造、活动和意志中成熟和熟练的表现，是沉静的呼吸，是已达到的“意志的自由”……偶像的黄昏：谁知道呢？或许同样仅仅是一种“心灵的平和”……

4

——我制订一条原则。道德中的每一种自然主义，就是说每一种健康的道德都是受一种生命本能支配的，任何一种生命需求都是通过某种确定的“应当”和“不应当”的准则加以实现的，生命道路上的任何一种阻碍和敌对行为都是借此加以清除的。相反，违反自然的道德，就是说迄今受到尊敬、爱戴和吹捧的几乎每一种道德，却恰恰是针对生命本能的——它们是对这种本能所进行的时而隐蔽、时而公开和公然的谴责。当它们说“上帝洞察人心”[①]时，它们就否

① 《路加福音》，第16章，第13行。——编注

定了生命中最高和最低的各种需求，并且把上帝视为生命的敌人……供上帝消遣的圣人是理想的阉人……“上帝的地盘儿”开始之地，就是生命结束之时……

5

假如人们领悟了这样一种反抗生命——这种反抗在基督教道德中几乎成了神圣不可侵犯的东西——的亵渎行为，那么，人们也就会幸运地领悟某种别的东西：这样一种反抗是无用的、虚假的、荒谬的和骗人的。活着的人对生命进行判决，最终只是一种特定类型的生命的征兆：至于这些人是否有理由进行这种判决的问题则根本没有就此提出。人们必须一方面置身于生命之外，另一方面却能像已经经历过生命的一个人、许多人、所有人那样充分地认识生命，只有这样才可以触及生命价值①的问题。我们有足够的理由明白这样一点：对我们来说，这个问题是一个遥不可及的问题。当我们谈论价值的时候，我们是在生命的激励之下、通过生命的镜头谈论的：生命迫使我们制定价值；当我们制定价值的时候，是生命本身通过我们进行评价……由此可见，那种违反自然的道德——它把上帝视为反生命的概念、视为对生命的判决——也不过是生命的一种价值判断——什么生命？何种生命？——我已经给出了答案：是衰退的、衰弱的、疲惫的、被判决的生命。迄今人们所理解的、不久前还被叔本华表述为“生命意志的否定”的道德，是自行制定律令的颓废本能本身，它说：“毁灭！”——它是被判决的人做出的判决……

6

最后，让我们再考虑一下，说“人应当是如何如何的”是多么幼稚！现实向我们显示了令人神往的丰富类型、丰盛得近乎浪费的形式游戏和形式变化：某位可怜的、游手好闲的道德家却说：“不！人应当是别样的”？……这个可怜虫和伪君子，他甚至知道人应当是什么样子；他把自己画到墙上，说道：“瞧，这个人！”(ecce，homo)②……但即使这位道德家仅仅针对一个人说，“你应当是如何如何的！”，他

① 参看《人性的，太人性的》草稿，特别是科利版第8卷，9[1]中从杜林[译按：Karl Eugen Duehring，1833—1921年，德国哲学家，著有《生命价值》等]同名著作的节录。——编注

② 彼拉多的名言(《约翰福音》，第19章，第5行)，1882年，尼采在《快乐的科学》中将其用作一首诗的标题；这也是其自传的标题。——编注

仍然会受到嘲笑。单个人是继往开来的命运(fatum)的一个片段，更是已经存在和即将存在的一切事物的法则和必然性。对他说，“改变你自己”，就意味着要求一切事物都改变，甚至已经过去的事物也要改变……确有一些执着的道德家，他们要人成为别样的东西，即成为有德性的，他们要人以他们为楷模，即成为假仁假义之辈：为此，他们否定了世界！不要有丝毫的疯狂！不要有丝毫的傲慢！……只要道德是从自身出发，而不是着眼于生命、顾及生命、为了生命进行判决，那么，它就是一种人们不应报以同情的特别错误，是一种已经造成无穷损害的衰退的特性！……与此相反，我们这些另类的人，我们这些非道德主义者对各种理解、领悟和同意报以广泛的同情。我们不轻易否定，我们以做肯定者为荣。我们对那种经济学看得越来越清，它需要并且知道充分利用被教士的神圣荒唐、被教士身上的病态理性所鄙弃的一切；我们对生活法则中的那种经济学看得越来越清，它甚至从伪君子、教士和有德者的丑类那里获取其利益——什么利益？——而我们自己，我们这些非道德主义者在此即是答案……

（李超杰　译）

四大谬误①

1

混淆原因与结果的谬误。——没有比把结果误认为原因更危险的谬误了：我把这种谬误称为理性的真正堕落。尽管如此，这种谬误却属于人类最根深蒂固的习惯：它甚至在我们中间被神圣化了，它拥有"宗教"和"道德"的美名。宗教和道德所制定的每一条原理都包含着这种谬误；教士和道德的制定者是这种理性堕落的主谋。——我举一个例子。每个人都知道著名的科尔纳罗的那本书，他在书中把他的节食作为长寿和幸福生活——以及有德性的生活——的诀窍加以推荐。很少有书被如此广泛地阅读过，到现在英国每年仍要印行若干千册。我不怀疑，几乎没有一本书（低劣的《圣经》除外）像这个善意的怪物这样造成如此多的不幸、缩短了如此多的生命。原因是：他把结果误认为原因了。这个正直的意大利人把他的节食看成他长寿的原因：而长寿的先决条件

① 《偶像的黄昏》，译文选自尼采：《瓦格纳事件·偶像的黄昏·敌基督者》，孙周兴、李超杰、余明锋译。——译注

即异常缓慢的新陈代谢和微小的消耗，才是他节食的原因。少吃还是多吃，对他来说并不是随意的，他的节俭不是一种“自由意志”：如果他多吃，他就会生病。但只要不是一条鲤鱼，那么，吃足就不仅是明智的，而且是必需的。我们这个时代的一个学者，由于神经力量的迅速消耗，会被科尔纳罗的食谱(régime)毁掉。请你们相信我(credeexperto)。

2

每一种宗教和道德的基础都是这样一个最普遍的公式：“做这个，别做那个——这样，你就会幸福！否则……”每一种道德，每一种宗教都是这种律令，我将之称为理性的巨大原罪，永恒的无理性。在我口中，这个公式变成了它的反面——我的“重估一切价值”的第一个例证：一个发育良好的人，一个“幸运儿”，必定会采取某些行动，而对其他的行动表现出本能的惧怕；他把他在生理上表现出来的秩序带到他与人和事物的关系之中。简言之，他的美德是其幸福的结果……长寿、多子多孙不是对美德的奖赏，毋宁说，美德本身即是新陈代谢的放慢，而这种放慢导致了长寿和多子多孙，简言之，导致了科尔纳罗主义。——教会和道德说：“一个家族，一个民族被恶习和奢侈所毁灭。”我的被重建的理性则说：当一个民族走向毁灭、在生理上开始退化时，才会有恶习和奢侈这样的结果(就是说，需要越来越强烈、越来越频繁的刺激，任何一个衰竭的人都深知这一点)。这个年轻人过早地苍白、憔悴。他的朋友们说：这是由某种疾病造成的。我却说：他生病，他不能抵抗疾病，这已经是一种贫乏的生命、一种遗传性枯竭的结果。报纸读者说：这个政党因这种错误而毁灭。我的更高的政治学却说：一个犯这种错误的政党已经穷途末路——它不再具有其本能的安全。任何意义上的任何一种错误都是本能退化和意志瓦解的结果：人们几乎就是这样定义恶的。凡善皆本能——因而，都是轻快的、必然的和自由的。艰难是一种抗议，神明显不同于英雄(用我的话说：轻快的足是神性的首要特征)。

3

一种虚假因果关系的谬误。——人们历来相信他们知道原因为何物，但是，我们是从何处获得这种知识的呢？更确切地说，我们是从何处获得我们知道原因的信念的呢？从著名的“内在事实”的领域，迄今为止，在这些“事实”中，还没有一个表明是真实的。我们相信自己在意志行为中是作为原因出现的；我们以为至少在此当场抓住了因果关系。人们也不怀疑，一个行为的全部前件(antecedentia)，它的原因，可以到意识中去寻找，只要人们去寻找，就可以在那里重新找到——作为“动机”：否则，人们对该行为就不是自由的，也不能对之承担责任。最后，谁会否认一个思想是被引起的，而且是我引起了那个思想？……在似乎担保了因果关系的这三个“内在事实”中，首要的也是最令人信服的一个事实是意志即原因；而意识(“精神”)即原因的观念以及更晚的我(“主体”)即原因的观念则仅仅是后来才出生的，即在因果关系被意志确定为所与，确定为经验之后……在此期间，我们已经醒悟了。我们今天不再相信所有这些话了。“内在世界”充满了幻象和鬼火，意志就是其中之一。意志不再推动任何东西，因而也不再说明任何东西——它仅仅伴随着事件，它也可以不在场。所谓的“动机”是另一个谬误。它仅仅是意识的一个表面现象，是行为的一个附属物。与其说它表现了一个行为的前件(antecedentia)，不如说它遮蔽了这个前件。自我也是如此！它变成了寓言、虚构和文字游戏：它完全停止了思考、感觉和意愿！……由此得出的结论是什么？根本不存在什么精神的原因！关于这种原因的全部所谓经验均已消失殆尽！这就是结论！——我们彬彬有礼地滥用了那种“经验”，于是，我们创造了作为原因世界、意志世界和精神世界的世界。其中起作用的是那种最古老、最久远的心理学，其作为仅限于：所有事件在它看来都是一个行为，所有行为都是一个意志的结果，世界对它来说变成了众多的行为者，所有事件都被塞入了一个行为者(一个“主体”)。人从自身中投射出了他最确信无疑的三个“内在事实”，即意志、精神和自我，他首先从自我概念引出了存在概念，他按照他的形象，按照他那作为原因的自我概念，设置了作为存在者的“物”。之后，他在物中总是仅仅重新找到他已经放置于其中的东西，这有什么奇怪的呢？——物本身，再说一遍，物的概念仅仅是自我即原因这个信念的反映……甚至你们的原子，我的机械论者和物理学家先生们，有多少谬误、多少发育不全的心理学残存于你们的原子之中啊！——“物自体”以及形而上学家的可耻可怕的东西(horrendum pudendum)就更不用说了！精神即原因的谬误被误认为实在！被视为实在的尺度！被称为上帝！

4

虚构原因的谬误。——从梦开始：一个特定的感觉——比如，由于远处的炮击而引起的感觉——事后被偷偷塞入一个原因(通常是一整部微型长篇小说，其中的主角恰恰是做梦者)。在此期间，该感觉一直以一种回响的方式延续着：仿佛它一直在等待，直到原因冲动允许它步入前景，此后，不再作为偶然事件，而是作为“意义”。炮击以一种因果的方式、在虚构的时间逆转中出现。后来的东西，动机说明首先被体验到，而且常常伴有数以百计的像闪电般闪现的细节，然后才是炮击……出了什么问题？某一种身体感觉所唤起的想象被误认为这种感觉的原因。——实际上，我们在清醒状态也是这样做的。我们大部分的普通感觉——感觉器官作用与反作用中的每一种抑制、压力、紧张和爆发，特别是交感神经(nervussympathicus)的状况——都激起我们的原因冲动：我们希望我们如此这般的感觉都有一个理由，无论是感觉好，还是感觉不好。我们从来不满足于仅仅确定这样的事实，即我们有如此这般的感觉。只有当我们为之给出了一种动机说明，我们才会承认这个事实——意识到它。在这种情况下，记忆会不知不觉地发生作用，唤起先前的同类状况及其为数众多的因果解释——不是其因果关系。毫无疑问，把观念及其与之相伴的意识过程视为原因，这样的信念也是由记忆一起带来的。某种原因解释就是这样产生的，这种解释实际上妨碍甚至排除了对于原因的研究。

5

对上述谬误的心理学说明。——把某种未知的东西归结为某种已知的东西令人放松、平静、宽慰，此外，还可以给人以一种力量感。面对未知的东西，人们会感到危险、不安和忧虑——第一个本能就是要消除这些痛苦的状况。第一条原则：随便什么解释都比没有解释好。因为从根本上说就是要摆脱压抑的观念，所以，人们并不特别严格地看待消除这些观念的手段。人们用以把未知物解释为已知物的第一个观念做得如此之好，以至于人们将其“视为真理”。喜悦(“力量”)的证明被看作是真理的标准。——可见，原因冲动是由恐惧感引起的。只要可能，“为什么”的问题就不应仅仅为了原因而给出原因，而是要给出一定种类的原因——一种令人平静、宽慰和放松的原因。某种已知的东西、经历过的东西、被写入记忆中的东西被用作原因，这是这种需求的第一个后果。新的东西、未经历过的东西、陌生的东西则被排斥在原因之外。——因此，作为原因被寻求的不仅仅是一种解释，而且是一种仔细挑选出来的、受偏爱的解释，借助这种解释，陌生感、新奇感和未曾经历之感被最快速、最频繁地加以清除——最寻常的解释。——结果：一种原因设置越来越占据优势，汇集成体系，最终取得支配地位，就是说，其他的原因和解释干脆被排除在外。——银行家马上想到“生意”，基督徒马上想到“罪恶”，少女马上想到她的爱情。

6

整个道德和宗教的领域均属于虚构原因的范畴。——对令人不快的一般感觉的“解释”。它们是由与我们相敌对的存在物造成的(邪恶的幽灵：最著名的事例——把歇斯底里患者误认作女巫)。它们是由不被允许的行为造成的(把“罪恶”感、“罪孽”感强加于一种生理上的不快——人们总是能够找到对自己不满意的理由)。它们是作为对某种我们不该做、不该是的东西的惩罚和偿还被引起的(叔本华以无耻的方式将之概括为一个命题，按照这个命题，似乎道德的本性就在于，它是生命之真正的投毒者和诽谤者：“每一种巨大的痛苦，无论是身体上的，还是精神上的，都证明是我们应得的：因为如果不是我们应得的，那么，它就不可能降临到我们头上。”(《作为意志和表象的世界》，第二卷，第666页)它们是作为轻率的、最终是邪恶的行为的后果被引起的(——内心冲动和意向被确定为原因，被确定为“有过失的”；借助其他紧张状况的生理上的紧张状况被解释为“应得的”)。——对令人愉快的一般感觉的“解释”。它们是由信神引起的。它们是由善行的意识引起的(所谓的“问心无愧”，一种有时看上去类似于甚至混同于消化良好的生理状况)。它们是由事业的成功引起的(——朴素的错误推论：一项事业的成功绝不能使一个恐病患者或一个帕斯卡尔[①]式的人产生愉快的一般感觉)。它们是由信仰、爱和希望——基督教的美德——引起的。——实际上，所有这些臆想的解释都是后续状态，仿佛是把喜悦和不快的感觉翻译成了一种错误的方言。人们处在希望的状态，因为生理上的基本感觉又变得强烈而丰富；人们信仰上帝，因为充实和强大的感觉令人平静。——道德和宗教彻头彻尾属于错误的心理学：在每一种情况下原因和结

① 帕斯卡尔：法国17世纪著名的思想家，同时又是一位成果卓著的科学家和散文大师，著有《思想录》等。一生体弱多病，只活了39岁。——译注

果都被混淆了；或者真理被混同于信以为真的东西的结果；或者一种意识状态被混同于这种状态的因果关系。①

7

自由意志的谬误。——今天，我们不再对“自由意志”概念抱有任何同情，我们对它是什么货色再清楚不过了——最声名狼藉的神学家的伎俩，其目的在于使人类按照他们的意图“承担责任”，就是说，使人类依赖于他们……在此，我只是给出一切要人承担责任的做法的心理学。——无论何处，只要被寻求的是责任，那么，在那里寻求的往往是惩罚欲和判决欲的本能。如果任何一个如此这般的存在都被追溯到意志、意图和责任行为，那么，人就失去了其清白的生成的可能性：从本质上说，意志学说是为了惩罚，就是说为了发现有罪的愿望被发明的。整个古老的心理学，即意志心理学的前提是：它的创立者即处于社会上层的僧侣试图为自己谋取一种实施惩罚的权利——或者说，为上帝谋取此项权利……为了能够被判决、被惩罚——为了能够成为有罪的，人被设想为“自由的”：因此，每一个行为必须被设想为自愿的，每一个行为的策源地必须被设想为存在于意识中(心理学中这种最基本的伪币制造借此被奉为心理学原理本身……)。今天，当我们投入相反的运动的时候，特别是当我们这些非道德主义者试图竭尽全力重新从世上清除罪责概念和惩罚概念，使心理学、历史、自然、社会组织和制裁摆脱它们的时候，在我们看来没有比神学家的敌视更激烈的敌视了，他们借助“道德的世界秩序”概念继续用“惩罚”和“罪责”玷污生成的清白。基督教是一种刽子手的形而上学……

8

然而，我们的学说会是什么样呢？没有人把人的特性给予他，无论是上帝、社会、他的父母和祖先，还是他自己(在此最后遭到否定的这种毫无意义的观念被康德，或许也已经被柏拉图作为“理智的自由”加以教导过)。没有人对下述事实负责：他竟然存在于此，他具有如此这般的性质，他存在于这种境况、这种环境中。其生存的厄运不能脱离古往今来的一切事物的厄运。他不是一个本己的意图、

① 笔记本 WⅡ7，第 37 页：一项事业的美满结局并不会使忧郁症患者感到快乐；一个重大的损失也不会为切利尼[译按：切利尼，意大利雕塑家、金银工艺师、作家]式奔放的喜悦心情蒙上阴影。——编注

一个意志、一个目的的结果，不是用以实现一种“人的理想”、一种“幸福理想”或一种“道德理想”的试验品——想把他的本性转嫁到任何一种目的之上是极为荒谬的。我们发明了“目的”概念：实际上没有目的……人是必然的，人是命运的一部分，人从属于整体，人在整体之中，没有任何东西可以判决、衡量、比较和谴责我们的存在，因为这意味着判决、衡量、比较和谴责整体……而在整体之外别无他物！——没有人再被要求承担责任，存在的方式不应被追溯到一个第一因(causa prima)，世界既不是一个意识统一体，也不是一个“精神”统一体，这才是伟大的解放……这样，生成的清白才能得以恢复……迄今为止，“上帝”概念是对生存的最大抗议……我们否认上帝，我们否认源于上帝的责任：这样我们才能拯救世界。——

（李超杰　译）

人类的"改善者"[①]

1

人们清楚我对哲学家们的要求：站在善恶的彼岸[②]——超越道德判断的错觉。这种要求源于由我首次加以表述的[③]一种观点：根本没有什么道德事实。道德判断与宗教判断有下述共同之处：它们都相信虚假的实在。道德仅仅是对某种现象的一种解释，更明确地说，是一种误解。和宗教判断一样，道德判断属于一个愚昧的阶段，在此阶段甚至连实在的概念、实在与幻想的区分还尚不存在：所以，在这样的阶段，"真理"所表示的纯粹是我们今天称为"幻想"的那些东西。迄今为止，道德判断从未被严格地对待过：就此而言，它所包含的始终仅仅是荒谬。但作为症候学，它依然十分宝贵：至少对于有识之士来说，它揭示了最有价值的文化和精神生活的实在，而这种实

① 《偶像的黄昏》，译文选自尼采：《瓦格纳事件·偶像的黄昏·敌基督者》，孙周兴、李超杰、余明锋译。——译注

② 暗指尼采的著作《善恶的彼岸》(1886 年)。——译注

③ 在《道德的谱系》中。——编注

在过去是不太懂得“理解”自己的。道德纯粹是符号语言，纯粹是症候学：人们必须首先知道道德是怎么回事儿，才能从道德中受益。

2

先举出第一个例子。人们一直想“改善”人类：首先这就叫作道德。但在相同的字眼下却隐藏着极为不同的倾向。对野兽的驯化和对特定人种的培育都被叫作“改善”：这些动物学术语（termini）才道出了实情，而典型的“改善者”即教士却对这些实情一无所知——情愿一无所知……把对一个动物的驯化叫作对它的“改善”，这在我们听来几乎是一个玩笑。凡熟悉动物园情况的人，都会对下述一点表示怀疑：野兽在那里得到了“改善”。它们被削弱了，它们被整治得不那么有害了，压抑的恐惧情绪、疼痛、创伤和饥饿使它们变成了病态的野兽。经教士“改善”过的驯化的人情况亦然。在中世纪早期，教会实际上首先是一个动物园，人们到处捕获最漂亮的“金发野兽”的标本——例如，人们“改善”了高贵的日耳曼人。然而，这样一个经过“改善”的、被引进修道院的日耳曼人后来看上去如何呢？如同一幅人的漫画，如同一个畸胎：他变成了一个“罪人”，他待在笼子里，人们把他监禁在各种十分可怕的观念之中……他病弱地躺在那儿，对自己怀有敌意；他对生命冲动充满了仇恨，对一切尚且强健和快乐的东西充满了怀疑。简而言之，变成了一个“基督徒”……从生理学角度来说：在与野兽的斗争中，使其生病可能是削弱它的唯一手段。教会深知这一点：它使人堕落，它使人虚弱，而它却声称“改善”了他……

3

现在我们举出所谓道德的另一种情形，即对一个特定种姓和种类的培育。这方面的杰出例证是作为《摩奴法典》而具有宗教效力的印度道德。它的任务是同时培育出不少于四个种姓：僧侣、武士、农商和仆役即首陀罗。显然，在此我们已不再属于驯兽者之列：只有百倍温和和理性的人才能草拟出这样一种培育方案。从基督教那病态的、牢狱般的空气中，进入这个更为健康、更为高远的世界，人们不禁会深深地吸口气。与摩奴相比，《新约》是何等的可怜！味道是何等的难闻！然而，这种体制同样必须是可怕的，这一次不是和野兽斗，而是和与之相对的概念斗，即不可培育的人，杂种人，贱民。而且，除了使其生病之外，这种体制也没有其他手段使其变得无害和虚弱——这是与“大多数”的斗争。也许没有比印度道德的这些防护措施更与我们的情感相矛盾的了。例如，考虑到圣书禁止向他们提供谷物或含有谷物的水果，以及水或火，第三条“关于不洁的蔬菜”规定：贱民可以吃的唯一食物应当是大蒜和洋葱。此条还规定：他们所需要的水，既不能从河流中提取，也不能从泉水或池塘中提取，只能从沼泽的入口处和由动物的脚印形成的水洼中提取。同时，禁止他们洗衣和洗澡，因为恩赐给他们的水只能被用于解渴。最后，禁止首陀罗妇女帮助贱民妇女分娩，也禁止贱民妇女分娩时互相帮助……这样一种保健警察机制成效卓著：可怕的瘟疫，严重的性病，于是又规定了“阉割法”，即男孩儿割除包皮，女孩儿切除小阴唇。——摩奴甚至说：“贱民是通奸、乱伦和犯罪的结果(这是培育概念的必然后果)。他们必须仅以裹尸布为衣，用破罐吃饭，靠废铁装饰，拜恶魔为神；他们必须无休止地四处流浪。他们不能从左到右书写，也不能用右手书写：使用右手和从左到右完全是为有美德的人、为有种姓的人保留的权利。”

4

这些规定是非常富有教益的：我们从中获得了至为纯粹、至为原始的雅利安人的人性——我们懂得了“纯粹血统”概念是无害概念的对立面。此外，下面一点也变得显而易见：对于这种“人性”的仇恨即贱民的仇恨在哪个民族身上刻上了烙印，变成了宗教，变成了天赋……从这种观点看来，《福音书》是一流的证书；《以诺书》尤其如此。——基督教有其犹太根源，并且只有作为这块土壤上的植物才能得以理解，它意味着对于任何一种培育的道德、种姓道德和特权道德的反动。——它是卓越的(par excellence)反雅利安宗教：基督教是对一切雅利安价值的重估，是贱民价值的胜利，是面向穷人和卑贱者的福音，是一切被践踏者、可怜虫、失败者和失意者对于“种姓”的总暴动，作为爱的宗教，它是永恒的贱民的报复……

5

就实现自身的手段而言，培育的道德和驯化的道德可谓旗鼓相当。我们可以提出下述最高原理：为了确立道德，人们必须具有追求其反面的绝对意志。人类“改善者”的心理学，这是我探究得最为长久的重大而令人不安的问题。一个很小而且总的说来很朴素的事实，即神圣的欺骗(pia fraus)的事实使我首次看清了这个问题：神圣的欺骗，这是一切改善过人类的哲学家和教士的遗产。无论是摩奴、柏拉图、孔子，还是犹太教和基督教的导师都未曾怀疑过他们撒谎的权利。他们未曾怀疑过所有其他的权利……如果用公式加以表达，人们可以说：迄今为止，用来使人类变得道德的一切手段，从根本上说都是不道德的。

（李超杰　译）

敌基督者[1]

序言

这本书属于极少数人。也许，他们当中甚至还没人活在世上。他们可能是那些能够理解我的查拉图斯特拉的人：我怎么可以把自己与那些如今已经有耳朵来聆听他们的人混为一谈？——只有后天才是属于我的。有些人死后方生。

在何种条件下，人们才能理解我，进而必定得理解我，对此，我知道得再清楚不过了。人们必须在精神事务上诚实到严厉的地步，只为能够忍受我的严肃和我的激情。人们必须习于在高山上生活——俯视政治和民族利己主义的可怜废话。人们必须变得漠然，从不问真理是否有用，是否会给一个人招致厄运……偏爱面对问题的力量，这些问题，当今无人有勇气去追问；直面禁区的勇气；通往迷宫的宿命。源于七重孤独的体验。聆听新音乐的新耳朵。观看最遥远之物的新眼睛。对于迄今为止保持缄默的真理具有新的良心。还有求

① 对基督教的诅咒，译文选自尼采：《瓦格纳事件·偶像的黄昏·敌基督者》，孙周兴、李超杰、余明锋译。——译注

伟大风格之经济学的意志(Wille zur Ökonomie grossen Stils)：同时保有它的力量和热情……对自己的敬畏；对自身的爱；面对自己的无限制的自由……

好啦！只有这些人才是我的读者，我真正的读者，我注定的读者：其他人有什么关系呢？其他人只是人类罢了。——必须通过力量、通过灵魂的高度超越于人类之上——通过藐视……

弗里德里希·尼采

1

——让我们正视自己。我们是极北净土之人①——我们非常清楚，我们生活在多么遥远的地方。“无论是陆路还是水路，你都找不到通往极北净土之人的道路”：我们的这个特点，品达早已明白。北方、冰雪和死亡的彼岸——我们的生活，我们的幸福……我们已经发现了幸福，我们认识路，我们发现了整个数千年迷宫的出口。还有谁发现了它？——莫非是现代人吗？“我不知如何是好，所有不知如何是好的东西即是我”——现代人如是叹息……这种现代性——懒惰的和平、胆怯的妥协、现代人的肯定与否定在道德上全部的不洁净——曾让我们患病。这种心灵的容忍和宽阔(largeur)——“原谅”一切，因为它“理解了”一切——于我们而言，是西罗科风②。与其在现代德性和其他南方暖风之下，不如在冰雪之中生活！……我们曾经足够勇敢，我们既不顾惜自己也不顾惜他人：但是许久以来，我们不知道该借着我们的勇气向何处去。我们变得郁郁寡欢，被人们称为宿命论者。我们的命运——它曾是力量的充盈、丰满和积聚。我们曾经渴望雷电和行动，我们与弱者的幸福、与“顺从”保持着最远的距离……我们的空气中曾有暴风雨，我们的天性日渐阴郁——因为那时我们没有道路。我们的幸福公式：一种肯定，一种否定，一条直线，一个目标……

---

① 原文 Hyperboreer 源自希腊语 Ὑπερβόρε(ι)οι，即传说中居住于 Hyperborea(希腊文为 Ὑπερβορέα)的人，Hyper 即“超越”，Borea 是北风之神，Hyperborea 就是“超越北方的地方”或“北方的彼岸”。那里的人不受疾病与死亡的困扰，和平宁静地生活着，因此我们把那地方译为“极北净土”，并把那里的人 Hyperboreer 译为“极北净土之人”。——译注

② 西罗科风(Scirocco)是地中海温暖的南风，与前述“极北净土”构成相对立的两极。——译注

2

什么是好？——一切提高人类的权力感、权力意志、权力本身的东西。

什么是坏？——一切源于软弱的东西。

什么是幸福？——感到权力在增长，感到一种阻力被克服。

不是满足，而是更多的权力；根本不是和平，而是战争；不是德性，而是卓越(Tüchtigkeit)(文艺复兴风格的德性，virtù[①]，非道德的德性[②])。

柔弱者和失败者当灭亡：我们的人类之爱的第一原则。为此还当助他们一臂之力。

比任何一种恶习都更有害的是什么？——行为上对于所有失败者和柔弱者的同情——基督教……

3

我在此所提的问题，并不是什么东西会在生物序列中替代人类(——人是一个终点——)：而是何种类型的人应该作为更有价值、更当生存、更有前途的人而被驯养[③]和被意愿。

这种具有更高价值的类型已经足够经常地存在过，但只是作为幸运的偶然，作为一种例外，从来都没有被意愿过。它反而恰恰最遭惧怕，它几乎是迄今为止真正的可怕之物；并且因为惧怕，相反的类型被意愿、培育和获取：家畜、群畜、患病的动物——基督徒那样的人……

---

① 意大利语，政治哲学家马基雅维利的核心概念。这个概念在尼采的著作中仅出现两次，另一次在《瞧，这个人》，“我为什么如此聪明”章第1节(科利版第6卷，第279页)；在1885年之后的遗稿中，却出现了13次之多。——译注

② 此处“非道德的德性”(moralinfreieTugend)一词系尼采所生造，或可译为“没有道德伪饰的德性”，因为Moralin意为“伪善、虚伪”。据研究者索默所说，反犹主义者拉加德有das judainfreieJudentum[没有犹太因素的犹太教]的说法，尼采的说法系仿此而造。(参索默：《尼采的〈敌基督者〉：哲学与历史学评注》，第98—99页，巴塞尔，2000。)另外，尼采还在本书第六节和《瞧，这个人》“我为什么如此聪明”章第1节使用了这个词(分别参看科利版第6卷，第172页和第279页)。还可参看科利版第13卷，11[43]，11[110]等。——译注

③ 通常来说，人接受教育(Erziehung)，动物才被驯养(Züchtung)，此两者不容混淆。尼采却试图“将人回置到动物中去”(参第14节)，因此有意选用了züchten这个极为惹眼的词。——译注

4

人类并不以今人所相信的方式表现为一种向更好、更强或更高之物的发展。“进步”只是一个现代观念，而这意味着，是一个错误的观念。今日的欧洲人在价值上始终是远远低于文艺复兴时期的欧洲人的；继续发展绝不必然导向提高、扩大和增强。

可在另一种意义上，确有个别情形取得了持续的成功，它们出现在地球上极为不同的角落、来自极为不同的文化，事实上，一种更高的类型随之显现：这种类型相对于全部人类而言是一种超人。这种取得伟大成就的幸运情况在过去总是可能的，在将来或许也总还是可能的。甚至整个家族、部落和民族有时也能有如此的幸运。

5

我们不可美化和装扮基督教：它向这些更高类型的人发动了生死之战，它摒弃了这类人所有的基本本能①，并从这些本能中提取出了恶和恶人的概念——强者被视为典型的卑鄙之流、“道德败坏的人”。基督教站在所有软弱者、卑贱者和失败者一边，它与强大生命的保存本能正相抵触，并从中树立了一种理想；即便精神上最强大的本性也被它败坏了理性，其途径是教人把最高的精神价值感受为有罪的、误导性的，感受为诱惑。最可悲的例证——帕斯卡尔的败坏，帕斯卡尔以为他的理性被原罪所败坏，岂不知败坏理性的只是他的基督教！

6

展现在我眼前的是一幕令人痛心而又可怕的景象：我扯下了遮挡住人类之败坏状态的幕帘。这字眼从我嘴中说出，至少是免于一种怀疑的：它包含了一种对于人类的道德谴责。它是——我要再次强调——在非道德意义上来使用的：非道德化的程度可见于此——即恰恰在人们迄今为止最有意识地欲求“德性”和“神性”的地方，我最强烈地感到了那种败坏。你们已经猜到，我是在颓

① 尼采强调本能(Instinkt)，这与他将人回置到动物或者说回置到自然中去的努力是相应的，本能仿佛人身上的自然或本性(Natur)，因而也可译为“天性”。——译注

废(décadence)[①]的意义上来理解败坏的：我的断言是，所有总结了当今人类之最高期望的价值，都是颓废的价值。

当一个动物、一个种类、一个个体失去了它的本能的时候，当它选择了、当它更喜欢对它有害的事物的时候，我就称之为败坏。一个"高等情感""人类理想"的历史——我有可能不得不讲讲这段历史——这或许几乎是对人类何以如此败坏的解释了。

在我看来，生命本身就是求生长、延续、力量积聚和权力的本能：凡是缺乏权力意志的地方就有没落。我以为，人类所有的最高价值都缺乏这种意志——没落的价值、虚无主义的价值以最神圣之名在施行统治。

7

基督教被称为同情的宗教。——同情与滋补性情感相反：后者提高生命感受的能量，前者则是压抑性的。一个人在同情的时候会失去力量。痛苦本身已经给生命带来了力量的损失，同情则进一步加剧了这种损失。同情将痛苦本身变得富有传染性；有时它还会带来生命和生命能量的整体损失，而这与起因的分量又极不相称(——比如，"拿撒勒人之死"这个病例[②])。这是第一个观点；可还有一个更重要的观点。假如人们按其通常所激起的反响的价值来衡量同情，其危害生命的特征也就愈益明显了。同情完全悖逆了发展的法则，发展的法则即选择的法则。同情保存适于没落者，它保护自身以利于被剥夺了权利的和被谴责的生命，它将失败者固着于生命，让各式各样的失败者蔓延滋长，由此给生命本身带来了一个阴暗可疑的

---

① 颓废(décadence)是后期尼采的基本词语之一。尼采在读了法国文化批评家和作家保罗·布尔热出版于1883年的著作《当代心理学文集》(Essais de psychologiecontemporaine)之后，从中借用了"颓废"(décadence)这个概念，并从1883/1884年冬季开始使用。这个概念最初为孟德斯鸠和吉本等使用，用来批判性地称呼罗马帝国的衰亡，后被波德莱尔等法国作家赋予了积极的美学含义。尼采也主要在批判的意义来使用这个概念(虽然布尔热这本书的论题之一就是波德莱尔)，他最早用这个词来批判瓦格纳，后也用于批判苏格拉底、基督教和现代性等，成为后期文本中的基本词语，颓废(décadence)是权力意志的堕落及其文化后果。尼采也把自己称为颓废者(décadent)，只是他认为自己克服了颓废(décadence)。参看《偶像的黄昏》，"苏格拉底问题"一章第11节；《瓦格纳事件》前言；《瞧，这个人》，《我为什么如此智慧》章第二节第一句话。后文中凡出现 décadence 均译为"颓废"，décadent 译为"颓废者"，不再标注原文。——译注

② 原文为 der Fall vomTode des Nazareners，这里的Fall也可译为案例或事件，鉴于尼采在这一段中通篇运用医学、生理学隐喻，权译为"病例"。另，"拿撒勒人"即耶稣。——译注

层面。人们竟敢将同情奉为德性(——在每个高贵的道德中，它都被视为软弱——)；人们越行越远，把同情弄成了德性本身，弄成了一切德性的基础和根源——只不过，终须谨记，这是从一种虚无主义的、以否定生命为标签的哲学的观点出发的。叔本华在这一点上不无道理：同情否定了生命，把生命变得更当否定——同情是虚无主义的实践。再说一遍：这种压抑的和易传染的本能违逆了那源于生命之保存与价值提升的本能：无论是作为忧伤的传播者，还是作为一切忧伤的保管者，它都是颓废向上攀升的主要工具——同情劝人向无(Nichts)！……人们嘴上说的不是"无"：而是"彼岸"，或者"上帝"，或者"真实的生命"，或者"涅槃""救赎"和"极乐"……如果人们理解了，崇高的词语底下所包裹着的是怎样的倾向，那么，这些源于宗教—道德之特异体质王国的无辜修辞就立刻显得很不无辜了：敌视生命的倾向。叔本华是敌视生命的：故而同情在他看来是德性……众所周知，亚里士多德将同情视为一种罹病的、危险的状态，间或加以催泻不无益处：他把悲剧看作催泻剂。人们确实应该从生命的本能出发寻求手段，为这样一种病态而危险的同情之累积——如其在叔本华的病例中(惜哉！尚有我们从圣彼得堡直至巴黎、从托尔斯泰直至瓦格纳的全部文学和艺术上的颓废)所表现的那样——施以一刺：让它爆裂……在我们不健康的现代性中，没有什么比基督教的同情更不健康的了。在此行医，在此铁面无私，在此动刀子——这是我们的分内事，这是我们爱人类的方式，我们因此而是哲学家，我们极北净土之人！

8

有必要指出，我们把谁视为我们的对立面——就是神学家和体内含有神学家血液的一切——我们整个哲学……我们必须切近地看到危险，更好的情况是，必须亲身体验到危险，必须几乎为之丧身，才不会把它视为儿戏(我们的自然研究者和生理学家们那套自由精神玩意儿[①]在我看来是一种儿戏，他们对这些事物缺乏激情，不会为之而痛苦。[②])那毒害的范围比人们所以为的要广泛得多：我处处重又发现了傲慢的神学家本能，在人们今日自以为是"理想主义者"的地方，在人们借助一种更高的渊源而要求超越于现实之上、对之投

① 原文为Freigeisterei，含贬义，区别于真正的"自由精神"(der freie Geist)，故译为"自由精神玩意儿"。——译注

② 在德文中，痛苦(Leiden)是激情(Leidenschaft)的词根。——译注

以陌生眼光的地方……理想主义者和教士①完全一样，手中握着所有的大概念(并且不只是在手中!)，以一种优越感藐视“理智”“感官”“荣誉”“幸福生活”和“科学”，他俯视着此类事物，仿佛它们是有害的和惑人的力量，另有纯然自足的“精神”飘浮其上：仿佛谦卑、贞洁、贫穷和(概言之)神圣，迄今为止并没有比任何一种灾难和恶习给生命带来了多得多的损害……纯粹精神是纯粹的谎言……只要教士——这种以毁灭、侮辱和毒害生命为业的人——还被视为一种更高的人，对于什么是真理的问题就尚无答案。当虚无和否定的宣扬者被视为“真理”的代表的时候，真理就已经被颠倒了……

9

我向这种神学家本能宣战：我到处发现了它的痕迹。体内含有神学家血液的人从一开始就歪曲地、不诚实地面对所有的事物。从中发展出的激情自命为信仰：永远闭眼不看自己，为了不致因为看到无可救药的虚假而痛苦。人们从这种虚假的视角中弄出一套道德、一种德性和一种神圣，为虚假的观看系上好的良心——在将自己的视角以“上帝”“拯救”和“永恒”之名宣称为圣之后，人们要求，任何其他的视角都不该再具有价值。我还能处处发掘神学家本能：它是地上的虚假中传播得最广的一种，是真正藏于地下的虚假形式。神学家持以为真的必定是假的：几乎可以将此作为真理的一条标准。不准实在在任何一点上享有荣誉，甚至不准它被说出来，这是神学家最深的自我保存的本能。凡是神学家的影响波及之处，价值判断就都被歪曲了，“真”与“假”概念必定被颠倒了：最危害生命的被称为“真”，提高生命、增强生命、肯定生命、为生命辩护、使之凯旋的反倒被称为“假”……当神学家通过君王(或者民众——)的“良心”而向权力伸出手掌的时候，我们不会怀疑，每次都是什么在根本上发作：求终结的意志、虚无主义的意志想要掌权……

10

当我跟德国人说，哲学被神学家的血液给败坏了，他们立刻就能明白这话的意思。新教牧师是德国哲学的祖父，新教本身是它的

① Priester在犹太教、希腊罗马异教等古代宗教中为“祭司”，在天主教中为“神父”，在基督新教中则为“牧师”，可以说是神职人员的总称。鉴于尼采在谈到所有宗教时都用Priester一词，并且Priester对于尼采来说是一种至关重要的心理学类型，所以文中采用了“教士”这样一个较为中性的译法，来统称Priester。——译注

peccatum originale[根本罪、原罪]。新教的定义：半身瘫痪的基督教和——半身瘫痪的理性……只要提及“图宾根神学院”[①]，人们就能明白德国哲学在根本上是什么了——一种阴险的神学……施瓦本人是德国最杰出的说谎者，他们说起谎来一脸无辜……缘何康德的出现迎来了德国学者阶层(他们当中有四分之三是牧师和教师的儿子)的一片欢呼，缘何德国人相信康德开启了一种向改善的转向，即便在今天也还可以找到这种信念的回声？德国学者们的神学家本能已然猜到，从此以后，什么重又变得可能了……一次狡黠的怀疑，开启了通往古老理想的隐秘小路，使得“真实的世界”和“道德”这两个概念(——这两个曾经有过的最邪恶的错误！)现在重又作为世界的本质，变得即便不可证明，也无可反驳了……理性、理性的权利够不到这么远……人们从实在中弄出了一个“假象”；把一个完全虚构的世界，存在者的世界，弄成了实在……康德的成就只是一个神学家的成就：与路德、莱布尼茨一样，康德是用来制止本身不稳当的德意志诚实的另一个止轮器——

11

再说句话来反对作为道德学家的康德。德性必须是我们的发明，是我们最私人的紧急自卫和生活必需：在别的任何一种意义上，它都只是一种危险。凡不成为我们的生命条件的，就会危害生命：像康德所要的那样，只是出于一种对“德性”概念的敬畏之心而弄出一套德性，是有害的。“德性”“义务”“善本身”，非个人性的和普遍的善——这都是些幻象，没落、生命最后的衰退、柯尼斯堡[②]的中国精神(Chinesenthum)在其中得到了表达。最深处的保存和生长法则要求相反的东西：每个人为自己发明自己的德性、自己的绝对命令。一个民族如果完全混淆了自己的义务和义务概念，就会灭亡。没有什么会比每条“非个人性的”义务、每次向抽象之神(Moloch der Abstraktion)的献祭带来更深、更内在的损害了。——人们居然没有感到康德的绝对命令是危害生命的！……只有神学家本能为他辩护！——生命本能所强制的行为在快感中证明自己是一个正确的行为：那个心怀基督教教条的虚无主义者却将快感视为反驳。工作、思考和感受，却没有内在的必然性、没有极为个人的选择、没有快感，成了“义务”机器，还有什么比这毁灭得更快呢？这恰是开给颓

① 黑格尔、谢林和荷尔德林曾在此学习。——编注

② 柯尼斯堡为康德的家乡。——译注

废，甚至是开给白痴的药方……康德成了白痴。——他居然是歌德的同时代人！这个毒蜘蛛过去被视为首要的德国哲学家——现在还是如此！……我不想直说我对德国人的看法……康德难道不是在法国大革命中看到了国家形式从无机到有机的过渡吗？他难道没有自问：是否有一件事，除了用人类的道德禀赋之外，根本无法用别的方式去解释，这样一来，“人类向善的倾向”就一举被证明了？康德的回答是：“这就是革命。”在所有事情上面都犯错的本能，反自然之为本能，德意志的颓废（décadence）之为哲学——这就是康德！

12

为数不多的怀疑论者是哲学史中的诚实类型，我将之另列一旁：而其他人则对知性真诚的起码要求都一无所知。他们统统像妇人一样，将“美好的情感”视为论证、将“高昂的胸怀”视为神性的风箱、将确信视为真理的一个标准，所有这些大幻想家和庞然怪物概莫能外。最后，康德还要带着“德意志的”天真无邪，试图用“实践理性”这个概念来对这种形式的腐败、这种知性良心的缺乏进行科学化论证：他特意为此捏造了一种理性，在这种理性中，即当道德、当崇高的“汝当”响起的时候，人们便不再需要顾及理性了。几乎在所有民族中，哲学家都只是教士这种类型的继续发展，想到这一点，则此类教士遗风、自我伪造就不再令人惊讶了。当一个人具有诸如改善、拯救、救赎人类这样的神圣使命的时候，当一个人胸怀神圣、为彼岸命令代言的时候，他就因为这样一种使命而已经站在所有单纯理智的价值之外了——他已经被这样一种使命圣化了，他已经属于一个更高的秩序了！……科学与教士何干！教士站得太高了！——可迄今为止都是教士在统治！他规定了什么是“真”与“不真”！……

13

我们切勿低估了这一点：我们自身、我们这些“自由精神”已经是一种“重估一切价值”，已经是活生生地在向所有关于“真”和“不真”的古老概念宣战。最富价值的洞见总是在最后被发现；而最富价值的洞见乃是方法。几千年来，一切方法、我们今日科学活动的一切前设都对自己有着极深的藐视，一旦与它沾上关系，就被排除在了“正人君子”的交往范围以外——被视为“上帝的敌人”、真理的藐视者、

“中了邪的人”。具有科学品质的人是旃陀罗(Tschandala)[①]……人类的全部情感，他们关于真理该是什么、该有何效用的观念，都曾与我们为敌：迄今为止的每一个“汝当”都是冲着我们来的……我们的对象，我们的行为方式(Praktiken)，我们平和、谨慎、不轻信的样子——在他们看来，这一切完全都是不体面的、可鄙的。——最后，我们或可不无道理地自问，其实难道不正是一种美学趣味使人类如此长久地耽于蒙蔽：他们要求真理具备如画的效果，他们还要求求知者去强烈地影响感官。我们的谦卑倒他们的胃口，并且倒得最久……哦，他们猜得多准，这些上帝的火鸡。

14

我们革新了观念。我们在各方面都变得更加谦逊。我们不再从“精神”“神性”寻求人类的根源，而是将人回置到动物中去。我们视其为最强大的动物，因为它是最狡猾的：结果之一就是他的精神性。另外，我们提防一种即便在此也想再次发出声音的虚荣：仿佛人已是动物发展伟大的隐秘意图。人绝非创造的顶点，他周围的每一个生命都处于相同的完满等级……这话还是说得太过了：相对而言，人是动物之中最失败、最为病态、最危险地偏离了本能的一种——当然，也因为所有这些而成为最有趣的一种！——关于动物，笛卡尔第一次敢于以令人敬佩的勇气将它理解为machina[机器]：我们全部的生理学都在努力地证明这个原理。人也不例外，也被我们合乎逻辑地置于此列，这与笛卡尔的做法没有两样：今天对人的全部理解正止于此，即将人理解为机器。从前，人们将“自由意志”作为一个源自更高秩序的嫁妆归于人类：如今则不再能够将意志理解为一种能力，在此意义上，我们甚至把意志都从人类那儿剥离了。“意志”这个古老的词语只被用来标识一种合量、一种形式的个体反应，一定数量相反相成的刺激必然会带来这种反应：意志不再“作用”、不再“推动”……过去，人们在人类的意识、在“精神”中看到了其神性、其更高来源的证明；要完善人类，就要教他学乌龟的样子，收起感官、中断与地上事物的联系、褪去可朽的外壳：然后剩下“纯粹的精神”这个要务。我们对此也有了更好的想法：有意识、“精神”恰

① 比四种姓(婆罗门、刹帝利、吠舍和首陀罗)中地位最低的首陀罗还要低贱的贱民阶级，只能从事非常卑贱的行业。《摩奴法论》称其为“人中最低贱者”，并认为旃陀罗来源于首陀罗和婆罗门姑娘之间的“逆婚”。参见《摩奴法论》，蒋忠新译，第203页，北京，中国社会科学出版社，1986。——译注

被我们看作有机体相对不够完美的表征，看作一种尝试、摸索、失策、一种辛苦劳烦，许多精力都没有必要地浪费于此——我们否认某物能够被完善，只要还能让它具有意识。“纯粹精神”是一种纯粹的愚昧：如果我们不把神经系统和感官这些“可朽的外壳”计算在内，我们就算错了——如此而已！……

15

在基督教中，无论道德还是宗教都没有在任何一点上触及现实。纯然想象出来的原因（“上帝”“灵魂”“自我”“精神”“自由意志”——或者还有“不自由的意志”）；纯然想象出来的结果（“罪”“救赎”“恩典”“惩罚”“恕罪”）。一种想象出来的存在者（“上帝”“精神”和“灵魂”）之间的交往；一种想象出来的自然科学（人类中心论的；完全缺少自然原因的概念）；一种想象出来的心理学（纯粹的自我误解，借助宗教一道德特异体质的符号语言——如“懊悔”“良心谴责”“魔鬼的试探”“上帝的临近”——来解释诸如 nervus sympathicus［交感神经］状况这种舒适或不快的一般感受）；一种想象出来的目的论（“上帝国”“末日审判”“永生”）。——这个纯然虚构的世界与梦境非常不同，并且相形见绌，因为后者反映了现实，而它却要扭曲、贬低、否定现实。一旦“自然”概念被虚构为“上帝”的反概念，“自然的”就必定意味着“卑贱的”——这整个虚构的世界都根源于对自然之物（现实！）的仇恨，都表达了一种对于现实之物深深的厌恶……但是一切都这样被解释了。唯独谁有动机去编造谎言来逃离现实？那些对现实感到痛苦的人。可对现实感到痛苦，这就是一种变得不幸的现实……不快对于快乐的优势是那虚构的道德和宗教的原因：这样一种优势也正是颓废的公式……

16

要得出这样的结论，必须对基督教的上帝概念做一番批判。——尚且自信的民族也还有它自己的上帝。它在其中敬拜自己上升的条件、自己的德性，它在一个可以对之表示感恩的事物中投射了它对自身的快感及其力量感。富有的人想要给予；一个高傲的民族需要一个上帝来献祭……如此条件下的宗教是一种感恩的形式。人对自己心存感激：为此需要一位上帝。——这样一位上帝必须能有助益也能够损害，能做朋友也能做敌人——无论好坏，人们都赞赏它。此时，对一位上帝进行违逆自然的阉割、把他阉割成一个纯然善良的上帝的做法，是毫无吸引力的。邪恶的上帝和善良的上帝同样是必需的：人们并不那么将自己的生存归功于宽容和博爱。……一个不知愤怒、报复、嫉妒、嘲讽、诡计和暴力的神有什么重要可言？一个或许不曾了解胜利与毁灭之醉人火焰(ardeurs)的上帝有什么重要可言？这样一位上帝会让人无法理解：我们要它何用？——不过：当一个民族行将灭亡；当它最终感到失去了对于未来的信(Glauben)、对于自由的望(Hoffnung)的时候；当它将屈服视为最有用、将屈服的德性视为生存条件的时候，它的上帝也必须自行改变。现在，上帝变得胆小如鼠、怯懦而谦卑，它鼓吹"灵魂的安宁"、不再仇恨、鼓吹容忍、鼓吹不分敌友的"爱"(Liebe)。上帝不断地道德化，在每种私人德性的洞穴里爬行，上帝成了每个人的上帝，成了私人，成了世界主义者……从前，上帝表现了一个民族、一个民族的强壮、一个民族灵魂中所有的进攻性和权力欲：如今它只还是一个善良的上帝……事实上，对于诸神而言，没有别的选择：它们要么是权力意志——如果这样，它们将保持为民族诸神——要么就是对于权力的无能(Ohnmacht zur Macht)——而后必定变得善良……

17

凡是权力意志以任何一种形式衰退之处，都会出现一种生理退化、一种颓废。颓废的神被切下了其最男性化的德性和欲望，此后，它必定变成了生理退化者、弱者的神。可是弱者并不把自己称为弱者，而是称为"善人"……毋须提示就能明白，一个善良的和一个邪恶的上帝的双元虚构在历史中的哪个时刻才是可能的。屈服者凭其本能将他们的上帝下降为"善本身"，他们也凭借同一种本能将好的品质从其征服者的上帝中删去了；他们通过将其上帝妖魔化来报复他们的主人。——善良的上帝和魔鬼一样：两者都是颓废的产物。——人们今天怎么还能对基督教神学家的幼稚做这么大的让步，来与他们一道宣称，从"以色列的上帝"、从民族上帝到基督教上帝、到一切善好的完美化身，上帝概念的这种发展是一种进步？——可就连勒南[①]也这么做。仿佛勒南有权利幼稚似的！跃入眼帘的倒是相反的情形。如果生命上升的条件，如果一切强大、勇敢、英勇、骄傲都从上帝概念中被清除出去，如果它渐渐变成了一种象征，象

---

① 约瑟夫·埃内斯特·勒南，法国宗教史学家和东方学家，其代表作《耶稣传》强调耶稣的人性，被罗马教廷列为禁书。——译注

征着一根为疲惫者而准备的棍棒、一块为所有溺水者而沉落的拯救之锚，如果它变成了卓越的“穷人的上帝”“罪人的上帝”“病人的上帝”，并且只余下“救世主”“拯救者”这样的称谓，仿佛它们就是全部的神性称谓：这样一种变化、这样一种对神性之物的简化告诉我们什么？——当然，“上帝的国”由此而变大了。之前上帝只有他的人民，他的“选”民。而今，一如他的人民本身，他开始进入异乡、开始流浪，从此之后，他不再静坐于一处：直到他最后四处为家，成为世界主义者——直到他赢得“大多数人”和半个地球。但是尽管如此，这位“大多数人的上帝”，这位诸神中的民主主义者，没有成为骄傲的异教神：他还是犹太的，他还是角落里的神，还是所有黑暗之隅、阴暗之地的神，还是全世界所有不健康的寄居之所的神！……他的世界帝国和以前一样是地下王国，一个医院，一个地下室，一个犹太人居住区……他自己也是那么苍白、那么柔弱、那么颓废……即便苍白中之最苍白者，即形而上学家、概念白化病患者，还要在他之上成为主人。他们在他周围编织了那么久的网，直至他被他们的运动催眠，自己也成了蜘蛛，自己也成了 Metaphysicus[形而上学家]。现在他重又开始从自身出发编织世界——sub specie Spinozae[从斯宾诺莎的观点来看]——从此以后，他变成了愈益阴暗、苍白之物，变为“理念”“纯粹精神”“绝对”“物自体”……一位上帝的没落：上帝变成了“物自体”……

18

基督教的上帝概念——上帝之为病人的上帝，之为蜘蛛和精神——是这个世界上所达到的最腐朽的上帝概念之一；它也许本身就标志着诸神类型退化的顶点。上帝退化为对生命的异议，而没有成为对生命的神化和永恒肯定！在上帝中预告了对生命、自然和生命意志的敌意！上帝成了每一种对“此岸”进行侮辱、每一种“彼岸”谎言的公式！在上帝中，虚无被神化了，“求虚无的意志”被封圣了！……

19

强壮的北欧民族没有拒绝基督教的上帝，这有辱他们的宗教天赋，更不要说品位了。他们本来必须和这个病态、老弱的颓废产物了断关系。可是他们没有做到，这给他们带来了诅咒：他们将疾病、老年和悖谬都带进了他们所有的本能——从此以后，他们没有再造出新的上帝！几近两千年，没有哪怕一位新的上帝！这个基督教单一神论（Monotono-Theismus）的可怜的上帝，仿佛人类的 creator spiritus［造物精神］和造神力量的 ultimatum［最后之点］和 maximum［最高之点］，一直存在着并且好像有权这样似的！这个由空无、概念和悖谬杂交而成的衰败产物，一切颓废本能、一切灵魂的怯懦和疲劳都在其中被认可了！

20

在谴责基督教的同时，我不想对一个相近的宗教不公，这个宗教就信徒人数而言甚至还强过基督教，它就是佛教。两者共同属于虚无主义的宗教——它们都是颓废的宗教（décadence-Religion），两者之间又以一种最值得注意的方式分道扬镳。现在能够对这两者加以比较，基督教的批判者真要为此而深深地感谢印度学者。——佛教要比基督教现实百倍，它体内含有客观、冷静地提出问题的基因，它诞生自延续了数百年之久的哲学运动之后，当它诞生的时候，“上帝”概念已经被废除了。佛教是历史向我们展示的唯一一个真正的实证主义宗教，它的知识论也是如此（一种严格的现象主义——），它不再说“反对罪的斗争”，而是完全给予事实以权利，说“反对痛苦的斗争”。它已经将道德概念的自我欺骗抛在脑后——用我的话来说，它已经处于善恶的彼岸——这使得它与基督教有着深刻的区别。佛教所看见、所根据的是两个生理学事实：首先，一种过度的感官敏感，这表现为精微的痛苦感受力；其次，一种过度的精神化，过于长久地生活在概念和逻辑过程之中，这种生活损害了人格本能（Person-Instinkt）来助长“非人格之物”（——在我的读者当中，至少有一些人，一些像我自己一样的“客观人”，将会从经验中了解这两种情况。）这些生理学前提导致了一种抑郁：佛陀就是来治疗这种抑郁的。他的办法是：露营，漫游，节制，挑选膳食；慎酒；同时谨慎面对一切产生胆汁、加热血液的情感；既不为自己也不为别人操心。他倡导那些要么给人平静、要么带来快乐的想法——他发明手段来戒除他人。他将善良和友好视为有益健康的。排除了祷告，也排除了禁欲苦行；没有绝对命令；没有任何强制，甚至在寺院里面也没有（——进去之后，还可以出来——）一切仿佛只是方便法门，用来增强那种过度的敏感。正因为如此，他也不要求铲除异己；他的学说所要抵制的无非就是报复、厌恶和怨恨的感受（“冤冤相报何时了”[①]：整个佛教中动人的口头禅……）。这是有道理的：从营养学的主要目的来看，这些情感恰恰是完全不健康的。他用一种严格的回归（Zurückführung）和对人格（Person）最精神化的兴趣来反抗他所感到的和在一种过度的“客观性”（即个体兴趣［Individual-Interesse］的弱化、重点的丧失、“利己主义”的丧失）中表现出来的精神疲劳。在佛陀的教义中，利己主义成了义务：“唯一紧要之事”[②]，“你如何摆脱痛苦”调整和限定了全部精神食谱（——人们也许可以联想起那个雅典人，他同样起而发动反对纯“科学性”的战争，这个人就是苏格拉底，他也将人格利己主义（Personal-Egoismus）在诸多问题的领域中提升为道德）。

21

佛教的前提是非常温和的气候，风俗中高度的温顺和自由，没有军事活动；高等阶层甚至学者阶层是运动的发起者。人们将快乐、宁静和无欲无求视为最高目标，并且达到了他们的目标。佛教不是一种人们在其中单单寻求完满性（Vollkommenheit）的宗教：完满是常态。——

在基督教中，被降伏、被压迫者的本能处于显著地位：在基督教中寻求救治的是最低的等级。在这里，人们忙于诡辩罪恶、批判自我和审查良心，以此来消除无聊；在这里，对一个被称为“上帝”的强大者的情感（通过祷告）不断得到维护；在这里，最高之物被视为不可达到的，被视为馈赠、“恩典”。这里也缺少公共空间；藏匿处和暗室是基督徒的品质。在这里，身体被藐视，卫生保健被作为感官生活而拒斥；教会甚至反对洁净（——在赶走摩尔人[③]之后，所颁布的第一条基督教规章就是关闭公共浴池，单单科尔多瓦就有270家）。基督教具有某种意义上对自己和对别人的残忍；仇恨异己；想要迫害。引人注意的是各种阴暗的和激动人心的观念；最向往的、用最高的名词来称呼的状态是羊痫风一般的；所选的食物利于病态现象，会过度刺激神经。基督教是地上的主人们和“高贵者们”的死

① 参看奥登伯格（H·Oldenberg）：《佛陀》，柏林，1897年，第337页。——编注

② 《路加福音》，第10章第42行。——编注［译按：和合本的译法是“不可少的只有一件”。译者根据这里的语境做了调整］

③ 西北非洲一民族，原为当地黑人和柏柏尔人的后裔，后又与阿拉伯人融合。8世纪皈依伊斯兰教。8—15世纪在伊比利亚半岛大部分地区及西北非洲建立过长期统治，并有繁荣的文化。1492年被基督教军队征服。——译注

敌——同时秘密进行着一场隐匿的竞赛(——把“身体”让给他们，我们只要“精神”……)基督教是对精神、骄傲、勇气、自由、精神自由的仇恨；基督教是对感官、感官快乐和一切快乐的仇恨。

22

当基督教失去了最初的基础(古代世界最低的等级、下等世界)的时候，当基督教开始在野蛮的民族中寻求权力，它的前提不再是疲惫的人，而是内在野蛮的、毁坏自身的人——强壮但是不成功的人。与佛教徒过度的敏感和痛苦感受力不同甚至相反，对自己的不满和痛苦在这里更多的是一种对于制造痛苦、对于将内在的紧张释放到敌意行为和观念中去的过度欲求。基督教要成为蛮族的主人，就需要野蛮的概念和价值：献祭头生子、晚宴饮血、对精神和文化的藐视；一切形式的(感官的和非感官的)酷刑；礼拜活动的豪华场面。佛教是晚期人类的宗教，是善良、温顺、变得过于精神化的种族的宗教，他们太容易感到痛苦(——对佛教而言，欧洲还远远不够成熟——)：佛教把这些人带回到和平与欢乐、回到精神食谱、回到某种身体上的磨炼。基督教要成为食肉动物的主人；它的办法是把它们弄病了——弱化是基督教导向驯化、“文明”的药方。而佛教是一种针对文明的结束与疲倦的宗教，基督教还未遇到过文明——它或许在为文明奠基。

23

再说一遍，佛教要冷静、真实、客观百倍。它不再需要通过对罪的解释来把自己的痛苦和感受痛苦的能力装扮得体，它只是说出自己的想法：“我痛苦”。相反，对于野蛮人来说，痛苦本身不是什么体面的东西：他首先需要一个解释，才能承认他痛苦(他的本能毋宁教他否认痛苦、平静地承受痛苦)。于是，“魔鬼”这个词语在当时是一件善举：人们有了一个过于强大的、可怕的敌人——因为这样一个敌人而痛苦，人们无须为此而感羞愧。

基督教在根本上具有一些东方式的精巧。首先，它知道，某些东西是否真实，这本身是完全无关紧要的，但至关重要的是，它被信以为真。真理和相信某些东西是真理：这是两个界限分明的兴趣世界，两个几乎对立的世界。通往两个世界的道路是截然不同的。在东方，认识到这一点几乎足以让人成为智者：婆罗门这么认为，柏拉图这么认为，每一个隐微智慧学派(Schüler esoterischer

Weisheit)都这么认为。比如，如果幸福取决于相信自己从罪中获得拯救，那么要紧的条件不在于人是否有罪，而在于他感到自己是有罪的。如果信仰在根本上是最紧要的，那么就必须败坏理性、知识和钻研的声誉：通往真理的道路变成了禁路。——强烈的盼望是比任何单个真实发生的幸福远为强大的生命兴奋剂。人们必须用盼望来维系痛苦者的生存，这种盼望是不能被任何一种现实所反驳的——这种盼望也不能被一种实现所取消：这就是一种对彼岸的盼望。(正是因为盼望具有这种拖住不幸者的能力，希腊人将盼望视为灾祸中的灾祸，视为真正阴险的灾祸：它留在了灾祸之盒里面。)——要使爱成为可能，上帝就必须具有人格；要让最深的本能能够响应，上帝必须是年轻的。人们为妇人的热情准备了一个英俊的圣者，为男人的热情准备了一个玛利亚。这样做的前提是，基督教想要成为主人的这片土地，它的崇拜概念已经被阿芙洛狄特或阿多尼斯崇拜①所规定了。贞洁的要求强化了宗教本能的强烈与内在程度——它将崇拜变得更加热情、更加狂热和更富有精神。——爱是这样一种状态，人对事物的看法往往与事物本身不相符。幻想的力量在此繁盛，同样还有美化和神化的力量。在爱中，人们能够承受得更多，人们容忍一切。关键在于发明一种能够让人们去爱的宗教：人们由此而超越生活中最糟糕的事情——人们根本不再看见它了。——关于基督教三德性(信、爱、望)就谈这么多：我称之为基督教三巧智②。——佛教太老成、太实证了，无法再以这种方式来施巧智。——

24

我在此涉及的只是基督教的起源问题。解答这个问题的第一原理是：只能从其成长的土壤来理解基督教——它不是一种反对犹太本能的反向运动，而是其合乎逻辑的发展，是其令人恐惧的逻辑的进一步推论。用救世主的公式来说："救恩来自犹太人。"第二原理：加利利人的心理学类型仍然可以辨认，但只有在他完全的蜕变(即同时被陌生的特征所歪曲和充斥——)中，他才能为人们所用，即用作人类的一个救世主类型。——

犹太人是世界历史上最奇特的民族，在面对存在与不存在的问

① 在希腊神话中，阿芙洛狄特是爱和美的女神，阿多尼斯是一位美少年。——译注

② "巧智"原文为 Klugkeit，常译为"聪明"，尼采的用法中含有一种狡猾、伪装、善应变的意思，故试译为"巧智"。——译注

题之时，他们以一种极其可怕的意识不顾一切地选择了存在：代价是极端地歪曲了一切自然、一切自然性、一切实在以及全部的内在和外在世界。他们与迄今为止任何一个民族能够生存、可以生存的条件划清界限，他们从自身出发创造了一个与自然的条件相反的概念——他们以一种无可救药的方式依次将宗教、祭祀、道德、历史和心理学颠倒为自然价值的反面。相同的现象，我们还要以极其放大的比例再遇到一次，尽管如此，也只是一个复制品——与"圣者的民族"相比，基督教教会不能声称具有任何原创性。犹太人也正因此而是世界历史上最为灾难性的民族：他们的影响如此地扭曲了人类，以至于直到今天，基督徒仍然可以以为自己是反犹太的，却不知道自己恰是犹太因素的最终后果。

在我的著作《道德的谱系》中，我首次以心理学方式引入了一对相反的概念，即高贵的道德和怨恨的道德(ressentiment-Moral)，后者源于对前者的否定：它完完全全的是犹太-基督教道德。要能够否定这世上诸如上升的生命运动、良好处境、权力、美和自我肯定所代表的一切，已然成为天才的怨恨本能必须在此为自己虚构另一个世界，从这个世界来看，那种对生命的肯定是邪恶的，是本就可耻的。以心理学的方式来推算，犹太民族是一个有着最坚强的生命力的民族，他们身陷绝境，出于最深的自我保存的巧智，自愿地采取了所有颓废本能的立场，并不是因为他们为这种本能所支配了，而是因为他们在这种本能中发现了一种权力，借助这种权力，他们得以胜过"世界"。犹太人是一切颓废者的反面：他们必须将其表现到幻象的程度，他们知道如何凭着一种不可超越的表演天赋登上所有颓废运动的最高峰(作为保罗的基督教)，从而创造出比任何一种肯定生命的立场更强大的东西。颓废对于在犹太教和基督教当中渴求权力的那种类型的人、一种教士类型来说，只是手段：这种人的生命兴趣在于，把人类弄成病态，并且在一种危害生命、侮辱世界的意义上颠倒"善""恶""真""假"。

25①

作为一切自然价值之去自然化的历史典型，以色列历史的价值是不可估量的：我略谈其中五点。起初，特别是在列王时期，以色

① 这一段和下面一段，以及尼采对以色列历史的全部论述，都来源于尤利乌斯·威尔豪森的《以色列史导论》，柏林，1883年，尼采藏书。尼采的藏本中带有许多的旁注、勾画和圈点等；参看科利版第13卷，11[377]的摘抄。——编注

列也与一切事物处于正确的即自然的关系之中。它的雅威①是权力意识，是对于自身的快乐和盼望的表达：人们在其中期待胜利与救治，人们相信自然会给予人们所急需之物——首先是降雨。雅威是以色列的上帝，因此是正义的上帝：这是任何一个拥有权力并且对此怀有好良心的民族所共有的逻辑。节日祭祀表达了一个民族之自我肯定的两个方面：他们为自己的上升而感谢伟大的命运，他们为四季轮转、为畜牧耕作中的所有幸运而心存感激。——这种事物状态在很长时间以来都保持为理想，即便当它以一种可悲的方式被放弃的时候：内有无政府状态、外有亚述人。但是人民坚持把这样一种国王形象视为最高的理想，即一个好的战士和一个严厉的法官：特别是那个典型的先知(所谓先知，即对当下进行批判和嘲讽的人)约书亚。——但是任何盼望都没能实现。年老的上帝已经无能于他以前所能之事了。人们本该让他逝去。可是发生了什么呢？人们改变了自己的概念——人们将其概念去自然化了：人们不计代价地持守它。——"正义"之神雅威，不再与以色列一体，不再是民族自身感受的一种表达：只还是一个有条件的上帝……这个概念成了宗教鼓吹者手中的工具，这些人从现在开始将一切幸福都解释为奖赏，将一切不幸都解释为不服从上帝所招致的惩罚，解释为"罪"：所谓"道德的世界秩序"的最虚假的解释方式，"原因"和"结果"这样自然的概念随之被永远地颠倒了。只有当人们用奖赏和惩罚将自然因果性从世界中清除的时候，才需要一种反自然的因果性：全部其他的非自然性就随之产生了。一个提要求的上帝——取代了一个提供帮助的上帝、给予建议的上帝、在根本上表达了勇气和自信的每一种幸运灵感的上帝。……道德，不再是一个民族的生命和成长条件的表达，不再是其最深刻的生命本能，而是变得抽象、变得反生命了，道德之为想象力在根本上的恶化，作为看一切事物的"毒眼"。什么是犹太人的道德？什么是基督教的道德？偶然被剥夺了清白；不幸被"罪"这个概念所玷污；幸福被视为危险和"试探"；生理不适被"良心蠕虫"所毒害……

26

伪造了上帝概念，伪造了道德概念——犹太教士们并未就此停住脚步。全部以色列的历史都无法征用：扔掉它吧！——这些教士

① 雅威又作"耶和华"。——译注

们创造了伪造的奇迹，我们手中的《圣经》有一大部分都证明了这一点：他们以一种对于每个传统、每个历史事实无与伦比的嘲讽，把自己的民族历史翻译成了宗教事务，即从中弄出了一套愚蠢的救赎机制，这套机制关乎在雅威和惩罚面前的罪责、在雅威和报偿面前的虔敬。如果数千年来教会的历史解释没有把我们对于历史诚实的要求弄得几近麻木的话，这种最可耻的伪造历史的行径会让我们远为痛心。并且哲学家充当了教会的帮凶：甚至现代哲学的全部发展都被“道德的世界秩序”这样的谎言贯穿。何谓“道德的世界秩序”？有一个上帝的意志永远地规定了人该做什么、不该做什么；一个民族或个人的价值取决于在何种程度上服从上帝的意志；上帝的意志作为统治者——也就是根据顺从的程度进行惩罚和奖赏的力量——在一个民族或个人的命运中得到证明；这个可悲的谎言背后的事实是：一种寄生的人，一种只能通过损害一切健康的生命教化而兴旺的人，也就是教士，滥用了上帝之名：他把教士在其中规定了事物价值的事物状态称为“上帝之国”；他把这样一种状态得以建立或保持所需要的手段称为“上帝的意志”；他带着一种冷血的犬儒主义，根据对于教士优势的损益来评判民族、时代和个人。且看看他们的作为吧：在犹太教士的手下，以色列历史上的伟大时代变成了一个堕落的时代；流亡，这长久的不幸变成了一种对于这个伟大时代的永久惩罚——在这个时代，教士尚且不值一提……以色列历史上强有力的、非常自由的形象被他们各按所需地弄成了可怜的胆小鬼、伪君子或“不信上帝的人”，每个伟大事件的心理学均被他们简化为一个愚蠢的公式：“顺从或者不顺从上帝”。——再进一步，“上帝的意志”，也就是教士权力的保存条件，必须为人知晓——为此需要一种“启示”。更直白地说：急需一场大的文学伪造，一本《圣经》被发现了——它在僧侣的排场、赎罪日和对于长久“罪恶”的号啕大哭中问世。“上帝的意志”长久以来就确定了：全部的灾难都因为人们背离了《圣经》……“上帝的意志”已经启示给摩西……发生了什么呢？教士已经带着严谨、迂腐永久地说出了他想要什么，“上帝的意志是什么”，这种严谨和迂腐细致到人们必须支付的大大小小的税(——别忘了最可口的肉：因为教士爱吃牛排)……从现在开始，所有生活事物都被如此安排，以至于无处可以缺少教士；在所有自然的生活事件中都可以见到神圣寄生虫，出生、婚庆、疾病、死亡，更不用说祭祀(“一日三餐”)了，他将这些事件去自然化。用他的语言来说，就是“圣化”……必须理解的是：每一种自然习俗、自然机构(国家、司法机构、婚姻、疾病和社会福利）、每一种源于生命本能的要求，简言之，一切在自身中有其价值的事物，都被教士的寄生生活（或“道德的世界秩序”）弄成在根本上没有价值、反价值的了：然后，还需要一种制裁——急需一种赋予价值的权力，这种权力正是在它否定自然的地方才创造了一种价值……教士让自然失去了价值和神圣性：他就是为此而存在的。——对上帝的不顺从，也就是对教士和“律法”的不顺从，现在被称为“罪”；多么糟糕啊，“与上帝重新和解”的办法只是更彻底地保障了教士的统治：只有教士能够“拯救”……从心理学上来看，在每个由教士来组织的社会中，“罪”都是必不可少的：它是真正的权柄，教士靠罪谋生，他需要人们“蒙罪”……最高的原理：“上帝宽恕忏悔者”——更直白地说：上帝宽恕那些服从于教士的人。——

27

基督教，这个迄今尚未被战胜的反对实在的死敌，就生长在这样一个错误的基础之上——每一种自然、每一种自然价值、每一种实在都与统治阶级最内在的本能相违背。给一切事物都只保留了教士价值和教士话语的“神圣民族”，以一种令人恐惧的逻辑推理，将地上本来还有权力的一切都视为“不神圣的”“世俗的”和“有罪的”，并与它们脱离干系——这个民族为自己的本能带来了最后一个表达形式，它合乎逻辑地导向自我否定：作为基督教，它否定了最后仅存的实在，即“神圣民族”、“选民”、犹太性（jüdische Realität）本身。这是一件具有头等重要性的事情：以拿撒勒人耶稣命名的小起义是犹太本能的再一次发作，换言之，教士本能不再能够忍受教士的实在性；捏造了一种更抽象的此在形式，一种更不实在的世界幻象，胜过一个教会机构所规定的那样。基督教否定教会……

我看不出，将耶稣理解或误解为发起人的这场起义，除了反对犹太教会——正是在我们今天就这个词所理解的意义上的教会——之外还有什么别的意图。这是一场反对“善人义士”、反对“以色列的圣者”、反对社会等级制的起义——不是反对社会腐败，而是反对等级、特权、秩序和形式；它是对“高等人”的不信任（Unglaube），是对所有曾经的教士和神学家们说不。然而，由此被怀疑（即便只是一瞬间）的等级制，是置身“洪流”之中的犹太民族竟然还能存在下去的木桩建筑，是费尽力气抓住的保留自身的最后可能性，是其特殊的政治存在的残余：对它的攻击是对最深的民族本能、对世界上存在过的最坚韧的民族生命意志的攻击。这个——(如果福音书可信的话)用一种在今天也还可能被流放到西伯利亚去的语言——唤起低等民众、被开除者、“罪人”和旃陀罗来反对统治秩序的、神圣的无政府主义者是一个政治犯——只就政治犯在一个极度非政治的团体中是可能的而言。这把他送上了十字架：十字架上的铭文可以为证。他为自己的罪责而死，没有任何证据表明，他是为别人的罪责而死的，无论人们多么经常地这么断言。

28

一个完全不同的问题是：他是否真的意识到这样的对立？——难道他不是单单被感受为这一对立？我这才触及救世主心理学的问题。——我承认，我很少读过像《福音书》这么难解的书。这种困难不同于德意志精神博学的好奇心所证明的那种困难，这种证明是他们所庆祝过的最难忘的胜利。我也曾经像所有年轻的学者一样，用精微的语文学家的聪明的慢速，尽情享受无与伦比的施特劳斯①的著作，可这已经是遥远的事情了。那时我 20 岁：现在，我已经太严肃而不能再读这本书了。“传统”的矛盾与我何干？怎么竟然能够把圣人传说称为“传统”！圣人故事是世上最模棱两可的文献：在没有其他证据的情况下，就用科学方法来处理它，在我看来，这从一开始就注定了是要失败的——纯粹是学者在浪费时间……

29

我所关心的是救世主的心理学类型。这或许能够在福音书中找到，尽管福音书总遭窜改或者被赋予不相干的特征：就像阿西西的方济各②的传说尽管具有传说性质，却仍包含了他的心理类型一样。问题不在于事实上他做了什么、说了什么、怎么死的，而在于他的类型究竟是否还可以被设想，他是否被“流传下来”了。——从《福音书》中甚至读出一个“灵魂”的历史，我所知道的这种努力，在我看来是一种可恶的心理学草率的证明。勒南先生，这个 psychologicis[心理学]上的小丑，在解释耶稣的类型的时候，引入了两个能就此给出

① 1864 年尼采读过他的《耶稣传》。——编注[译按：大卫·弗里德里希·施特劳斯，1835 年发表《耶稣传》，否定福音传说的历史可靠性，认为《福音书》不是历史，而是神话。引起论战，导致黑格尔派的分裂，成为青年黑格尔派最早的代表人物之一。]

② 阿西西的方济各：天主教方济各会创始人。托钵乞食，苦修布道，曾远游法国、西班牙、埃及等地，宣称清贫、悔改、弟兄相爱及和平的福音。相传他向鸟兽说教时，称燕子为“我的燕姊”、称树木为“我的树兄”。——译注

的最不合适的概念：天才和英雄（“héros”）。但如果有某种东西是非福音的，那就是英雄概念。一切搏斗、一切战斗感的反面恰恰在这里成了本能：无能于反抗在此成为道德（“不抗恶”是《福音书》中最深刻的话，在某种意义上是《福音书》的钥匙），成为和平、温顺及不能与人为敌中的极乐。何谓“福音”？真的生命、永生被发现了——不需要预言，它就在这里，就在你们当中：活在爱中，在没有例外、没有距离的爱中。每个人都是上帝的孩子——耶稣完全没有单为自己要求什么——作为上帝的孩子，每个人都是平等的……把耶稣弄成一个英雄！——“天才”这个词又是何等的误解啊！我们对于“精神”的全部概念、“精神”这个我们的文化概念，在耶稣所生活的世界中根本就没有意义。在严格的心理学意义上来说，不如用一个完全不同的词语来得更恰当：白痴（Idiot）。……我们知道，有这样一种触觉敏感病，一旦碰到或者摸到一个固定的对象，就会吓得往后退。且将这种生理 habitus[气质]推到它的逻辑极端——对每一种实在的源于本能的仇恨，逃入“不可思议”“不可理解”之物，对一切形式、一切时空概念、一切坚固的东西、一切习俗、机构、教会都感厌恶，安居在一个任何实在性都不再能触及的世界，一个只还是“内在”的世界，一个“真实的”世界，一个“永恒的”世界……“上帝之国就在你们当中”……

30

对实在源于本能的仇恨：因为一种对痛苦和刺激的极端感受力，不愿再被“触碰”，因为觉得任何一种触碰都太强烈了。

对感觉中的一切喜好、敌意、边界和距离源于本能的排斥：因为一种对于痛苦和刺激的极端感受力，已然将一切反抗和反抗的必要性感受为无可承受的不快（也就是说感受为有害的、与自我保存的本能相抵触的），并且只把不再抵抗任何人视为永福（快乐），无论是灾祸还是罪恶，都不予抵抗——爱是唯一的、最后的生存可能……

这就是救赎教义所源出并赖以生长的两个生理学事实。我称之为享乐主义在一个完全病态的基础之上崇高的继续发展。伊壁鸠鲁主义（异教的救赎学说）与之最为相近，即便要多出很多的希腊生命力和神经力。伊壁鸠鲁是个典型的颓废者：这是我首先发现的。——对于痛苦，哪怕是极其微小的痛苦都感到恐惧——这只能终结于一种爱的宗教……

31

我预先给出了自己对于问题的回答。这个答案的前提是，留给我们的只是一个被严重歪曲的救世主类型。这种歪曲本身有着极大的可能性：因为许多原因，这样一种类型无法保持纯洁、完整、毫无添加。不但这个陌生形象所活动于其中的 milieu[环境]必定给他留下了痕迹，而且原始基督教团体的历史、命运更是如此：反过来，这个类型因此而充满了许多只有出于战争和宣传目的才能被理解的特征。福音书把我们带入的那个罕见、病态的世界——这个世界仿佛源自俄国小说，社会的渣滓、神经病患者和“幼稚的”白痴仿佛在其中碰到了一起——必定把这个类型给弄得粗糙了：特别是第一批门徒们，他们首先将一个充满了象征的、不可理解的存在翻译成自己的粗话，这样才能从中理解一点什么，对于他们来说，这个类型只有在被归于更熟悉的形式之后，才是存在的……先知、弥赛亚、未来的审判者、道德教师、奇迹创造者、施洗约翰等——恰有这么多的机会来误解这个类型……最后，我们不能低估所有大的崇拜即教派崇拜的 proprium[特征]：崇拜磨灭了被崇拜者身上原本的、通常极为陌生的特征和特异体质——甚至看不见这些特征。没有一个像陀思妥耶夫斯基那样的人(我的意思是，一个能够感受崇高、病态和幼稚的这样一种混合之动人魅力的人)在这个最有趣的颓废者之旁生活过，人们本该为此而感遗憾。最后一个观点：作为颓废类型，这个类型其实是可以包含一种本己的多样性和悖谬性的，这样一种可能性不能完全被排除。然而，一切都在反对这个观点：如果是这样的话，传统就恰得忠诚和客观到令人奇怪的程度了。就此，我们有理由采纳相反的假定。一面是山上、海上和草地上的布道者，他的出现仿佛一位佛陀现身一块极少印度因素的土壤，一面是那个攻击狂，那个神学家和教士的死敌，勒南不怀好意地将其颂扬为“伟大的反讽大师”(le grand maßtre en ironie)，这两方面分裂而成了一对矛盾。我自己并不怀疑，基督教宣传之激动人心的状态才将许多恶毒(甚至 esprit[精神]恶毒)充满了夫子的类型(Typus des Meisters)：一切教派主义者都毫无顾忌地借他们的夫子来编织自己的辩解，对此我们是熟知的。当初始教团急需一个审判、抱怨、发怒、故意挑剔的神学家来反对神学家的时候，他们就根据自己的需要来创造他们的“上帝”：就像他们毫不犹豫地让他说出那些他们当时不能或缺但是完全非福音的概念一样，如“再临”(Wiederkunft)、“末日审判”、所有形式的时间性期待和预言。

32

再说一遍，我反对人们把狂热信仰者算到救世主类型中去：单单勒南所使用的“专横独断的”(impérieux)这个词已经使这个类型无效了。“福音”说的正是不再有对立了；天国属于孩子；在此所表达的信仰不是经过努力获得的，它就在这儿，从一开始就存在，仿佛一种返回到精神中去的单纯。至少生理学家们知道，作为衰退的表现，被延误的、在机体上未发育的青春期是怎样一种情况。——这样一种信仰不发怒、不谴责、不反抗：它没有佩“剑”，它完全没有意识到，它有一天能够怎样地分离、切割。它也不证明自己，既不靠奇迹，也不靠奖赏和预言，更不靠“典籍”：它自己在每一刻都是它的奇迹、它的奖赏、它的证明、它的“上帝之国”。这种信仰也阐明自己——它活着，它反对公式。当然，环境、语言和事先教育中的偶然性决定了某种概念圈子：最初的基督教只使用犹太-闪米特人的概念(晚餐中的饮食也在此列，像所有犹太之物一样，这个概念也被教会滥用了)。可是得小心，不要在一种象征性的言说、符号学和比喻之外看到更多的东西。没有一个词语是从字面上被理解的，恰恰这一点是这个反实在主义者竟然还能说话的条件。要是在印度的话，他会使用数论派(Sânkhyam)的概念，要是在中国的话，他会使用老子的概念——并且不会觉得有什么不同。——要是在用语上放宽一点的话，人们可以把耶稣称为一个“自由精神”——一切稳固的东西对他而言都是无所谓的：词语杀人，一切稳固的东西都杀人。只有他才那样理解的“生命”概念和经验，在他看来，与一切形式的词语、公式、律法、信仰、教义相违背。他只说最内在之物：“生命”“真理”或“光”是他用来言说最内在之物的词语，其他的一切、全部实在、整个自然乃至语言本身，对他来说，只有一种符号、比喻的价值。——在这一点上，千万不能理解错了，无论基督教的(我愿意说教会的)成见多么有诱惑力：这样一种杰出的象征手法位于一切宗教、文化概念、历史、自然科学、世界经验、知识、政治、心理学、书籍和艺术之外——他的“知识”正是对于这回事(即存在着这些东西)的纯然无知。对于文化，他从未有过耳闻，他无须与之作战——他并不否定它……这也适用于国家、全部的市民秩序、社会、劳动和战争——他绝无理由去否定“世界”，他从未想到过教会的“世界”概念……否定恰是他完全不可能做的。——同样也没有辩证法，没有这样一种观念，即认为一种信仰、一个“真理”能够通过理由来证明(——他的证明是内心的“光”，内在的快乐和自我肯定，纯然“力量的证明”——)。这样一种学说也不能被反驳，它根本就不知道还有其他学说的存在，还有其他学说能够存在，它根本不能想象一个相反的判断……如果它遇到了，它会出于最内在的同情为“盲目”而悲伤，因为它看见了“光”，但不会提出异议……

33

在全部“福音书”心理学中，都没有罪责(Schuld)与惩罚(Strafe)的概念；同样也没有奖赏的概念。“罪”(Sünde)，任何一种上帝和人之间的距离关系，都被废除了——这正是“福音”。永福不被预告、不受缚于条件：它是唯一的实在——其余的都是用于言说它的符号……

这种状态的结果反映在一种新的行为方式上，即真正福音的行为方式。使基督徒与众不同的不是一种“信仰”：基督徒行动，他通过另一种行为来区别于其他人。他既不通过言语，也不在心中对抗那向他行恶的人。他不在陌生人和熟人、犹太人和非犹太人之间做区分(“邻人”原本是有共同信仰的人，犹太人)。他不对任何人动怒、不藐视任何人。他既不上法庭告发别人，也不让自己被告发(“不起誓”)。他绝不休妻，即便妻子的不忠被证实。——一切在根本上只是同一个原理，一切都是同一种本能的结果——

救世主的生活无非就是这种行为方式，他的死也是如此……他不再需要形式、仪式来与上帝沟通——甚至无须祷告。他抛弃了全部犹太教的忏悔、和解教义；他知道如何只通过生活方式(die Praktik des Lebens)，就让人觉得是“神圣的”“有福的”“得着福音的”，觉得自己任何时候都是“上帝的孩子”。通往上帝的道路不是“忏悔”、不是“祈求宽恕的祷告”：只有福音的行为方式能够通往上帝，它就是“上帝”。——《福音书》废除了“罪”“恕罪”“信仰”“通过信仰得救”这些概念构成的犹太教——犹太教全部的教会论都在“福音”中被否定了。

当人们在另外任何一种行为中都完全没有“感到在天上”的时候，人如何生活，才能感到自己“在天上”，觉得自己是“永恒的”：只有为此所需的深层本能才是“救赎”的心理学实在。——一次新的变革，而非一种新的信仰……

34

如果我对这个伟大的象征主义者有所理解的话，那就是这一点，即他只把内心的实在视为实在和“真理”，其余的东西，一切自然、时间、空间、历史之物都只被理解为符号和比喻手段。“人子”概念不是历史中一个具体的人，不是任何一个个人、一个唯一的人，而是一种“永恒的”事实性，一个超脱于时间概念的心理学象征。这也适用于，并且是在最高的意义上适用于，这个典型的象征主义者的上帝、“上帝之国”、“天国”、“上帝的子女”等。没有什么比教会粗暴地将上帝理解为人格、将“上帝之国”视为将要到来的、将“天国”视为彼岸的、将“上帝的儿子”视为三位一体中的第二位格，更加非基督了。所有这些都是与福音的马嘴(怎样的一张马嘴!)不相匹配的驴唇(请原谅我的这个说法)①；一种世界历史的犬儒主义在嘲笑象征……可是，“父”“子”这样的符号指的是什么，是很显然的——我承认，并非对于所有人都是显然的：“子”所表达的是向万物的总体圣化感(das Gesammt-Verklärungs-Gefühl)的进入(永福)，“父”所表达的是这种感受本身，是永恒、完满的感受。——回想起教会对这种象征主义的所作所为真是让我感到可耻：教会难道没有在基督“信仰”的门槛上放了一个安菲特律翁的故事②吗？还要加上一个“童贞受孕”的教条？③ ……然而，教会恰由此而玷污了受孕——

“天国”是一种心灵状态——而非某种悬于“大地之上”或者“死后”降临的东西。在福音中找不到任何有关自然死亡的概念：死亡不是桥梁、不是过渡，死亡缺席，因为它属于另一个完全虚假的、只是作为符号才有用的世界。“死亡的时刻”不是基督的概念——“时刻”、时间、物理的生命及其危机，于“福音”教师而言，是完全不存在的……“上帝之国”不是任何一种被期待之物；它没有昨天和后天，

---

① 原文 Faust auf demAuge 源于德语词组 etwaspasstzujemandemwie die Faust aufsAuge，意为某物与某人不相匹配。德文的字面义是“拳头”不对“眼睛”，即我们所谓的驴唇不对马嘴。尼采在用词组义的同时也戏用字面义，这给翻译带来了困难，不得已，只有以“驴唇马嘴”代“拳头眼睛”。“怎样的一双眼睛”也改译为“怎样的一张马嘴”。——译注

② 希腊神话中的底比斯王。阿尔克墨涅在嫁给安菲特律翁之前，要求他为自己的兄弟报仇。可就在他离家征战的时候，宙斯爱上了她，在他回师之前，宙斯扮作她的未婚夫来访，与她生下了赫拉克勒斯。——译注

③ “童贞受孕”的教条(1884 年 12 月 8 日)并非指向(尼采看似这样认为)基督，而是指向马利亚的出生，也就是说马利亚是她的母亲没有“原罪”而怀上的。——编注

它不在“千禧年”到来——它是一颗心灵的一种体验；它无处不在，它又不在任何地方……

35

这个“福音大使”的死亡如同他的生活、他的教诲——不是为了“拯救人类”，而是为了告诉人们必须怎样生活。他遗留给人类的是一套行为方式：他在审判者、追捕者、控告者和所有形式的侮辱、嘲笑面前的行为举止——他在十字架上的行为举止。他不反抗，不为自己的权利辩护，他不移动哪怕一步来避开最坏的事情，他甚至要求最坏的事情……他祈求，他受苦，那些对他行恶的人，他的爱与他们同在、在他们当中……对同钉十字架上的罪犯所说的话包含了全部福音。罪犯说：“这真是一个神性的人，一个‘上帝的孩子’。”救世主回答说：“如果你这么想，那么你也在天国，连你也是上帝的孩子……”不保护自己，不发怒，不让别人负责……甚至也不对抗恶人——而是爱他……

36

只有我们，我们变得自由的精神，才具备条件去理解 19 个世纪以来遭受误解的东西——这条件就是那种化为本能与激情的真诚(Rechtschaffenheit)，这种真诚与“神圣的谎言”交战，甚过与其他任何一种谎言交战……人们曾无比远离我们所热爱和珍视的不偏不倚，远离那种精神素养，只有具备这些才可能猜出如此陌生、如此细腻的事物：人们出于一种不知廉耻的利己主义，在每个时代都只要他们自己的好处，人们背离福音建立了教会……

谁要是搜寻迹象，来证明在巨大的世界游戏背后有一个反讽之神(eine ironische Göttlichkeit)在操纵，那么他会在名为基督教的巨大问号中找到不少依据。人类向之屈膝下跪的恰与福音的根源、意义和权利相反对，他们在“教会”这个概念中奉为神圣的恰是“福音大使”踩在脚下、抛在身后的东西——我们找不到比这更大的世界历史反讽了——

37

——我们的时代为自己的历史意识而感骄傲：它以为，立于基督教开端处的是行奇迹者和拯救者这种粗糙的寓言故事，所有精神性的和象征性的东西都是后来的发展，它是如何能够让人相信这个胡说的呢？其实恰恰相反：基督教历史——并且从十字架上的死亡开始——是一个原本的象征体系逐步被误解而且误解不断变得更加粗糙的历史。每当基督教传播到更广泛、更粗俗的大众，越来越偏离基督教所产生的条件，就越是有必要把基督教粗俗化、野蛮化——它具有所有罗马帝国地下崇拜的教义和仪式，吸收了所有形式的病态理性的胡说八道。基督教信仰本身必定要变得这么病态、这么低俗，因为它所要满足的需要是病态和低俗的，基督教的命运就在于这种必然性。病态的野蛮最终在教会中取得了权力，教会是每一种真诚、每一种灵魂高度、每一种精神教养、每一种正直和善良的人性的死敌形式。——基督教的——和高贵的价值：我们变得自由的精神，我们才恢复了这个所有价值对立中最大的对立！

38

——行文至此，我不禁要哀叹了。有些时候，一种比最黑暗的忧郁还要黑暗的感受向我袭来——对人类的鄙视。我毫不怀疑我鄙视的是什么、是谁：正是当今的人类，我不幸与之同时代的人们。当今的人类——他们污浊的气息让我感到窒息……与所有求知者一样，我对过去总是抱有极大的宽容，即宽容地克制自己：我带着灰暗的谨慎穿越整个千年的疯人院世界，无论称之为“基督教”“基督信仰”，还是“基督教会”——我避免让人类为其精神疾病负责。但是，一旦我走进现代、走进我们自己的时代，我的感受就突然转变，爆发出来。我们的时代是追求知识的(wissend)……同样一件事，在过去只是疾病，在今天却是不正派——在今天，做一个基督徒是不正派的。我的恶心从这里开始。——我环顾四周：过去称之为“真理”的东西已经只字无存，即便教士只是提到“真理”这个词，我们也不再能够忍受了。即便对于真诚只有最低的要求，我们今天也必定知道，一位神学家、教士和教皇所说的每一句话都不只是错误的，而且是在说谎——已不能听凭他“无辜”“无知”地说谎了。教士和所有人一样清楚地知道，“上帝”已经不再存在，也不存在“罪人”和“救世主”——“自由意志”“道德的世界秩序”都是谎言：严肃的态度、精神之深刻的自我克服已经不再允许任何人对此茫然无知了……所有教会的概念都被认出了本来面目，都被看作迄今最邪恶的伪造，用以废黜自然、自然价值的价值；教士自己也被认出了本来面目，被视为最危险的寄生虫和真正的生命毒蜘蛛……如今，我们知道，我们的良心知道——教士和教会的那些可怕的发明究竟有什么用，目的是什么，人类用这些发明来自我损害，来让人对他们的面容感到恶心——即发明“彼岸”“末日审判”“灵魂不死”，还有“灵魂”这些概念；它们是酷刑工具，是残酷的体系，教士借此来成为并保持为主人……这是人所共知的：可是一切照旧。如果我们的政治家[①]（他们通常是极不拘束于成见的人，在行为上是完全的敌基督者）如今还要自称为基督徒，还要出席圣餐，哪里还有一点点礼节，还有对自己的尊重呢？……一个年轻的君王，位于其政权的顶端，堂皇地作为其人民的自私和自负的表达，却毫无廉耻地承认自己是基督徒！……基督教所否定的究竟是哪些人？什么是它所谓的“俗世”（Welt）？就是战士、法官和爱国者；就是保卫自己的人；就是保持自己的荣誉的人；就是要求自身利益的人；就是骄傲的人……今天，每时每刻的每种行为方式，每种本能，每个在行为中被贯彻的价值评价都是敌基督的：现代人必得是怎样一个虚伪的怪胎，才能让他尽管如此还毫不知耻地自称为基督徒！

39

——我回到正题，我开始讲述基督教真正的历史。——“基督教”一词本身就已经是一种误解，根本来说，只有一个基督，并且已经死在十字架上。“福音”死于十字架。从这一刻开始，被称为“福音”的，已经与他所践履的恰相反对：是一个“坏消息”[②]，一个厄音（Dysangelium）[③]。把一个“信仰”（即相信可以通过基督而得救）看作基督徒的标志，这是错误的，甚至是一种胡说：只有基督的行为方式，只有像死于十字架上的耶稣所生活过的那样去生活，才是基督性的……这样一种生活在今天也还是可能的，对于某些人来说，甚至是必要的：真正的、原本的基督教在任何时代都是可能存在的……不是一种信仰，而是一种行为，首先是许多事情上的无为，是另一种存在……意识状态，比如任何一种信仰、一种持以为真——每个心理学家都知道——与本能的价值相比，是完全无关紧要的，只具有第五位的价值：严格来说，精神因果性的所有概念都是错的。将基督

① 影射俾斯麦。——编注

② “福音”在德文中有两个表达方式：Evangelium 和 die froheBotschaft，前者仍用希腊文词根，是对希腊词的拉丁化转写，后者是解释性的翻译（“福音”即“好消息”）。尼采在文中常用“好消息”做字面游戏，比如这里的“坏消息”（schlimmeBotschaft）和 35 节的“福音大使”（froherBotschafter）。——译注

③ 尼采这是在用表示福音的另一个词 Evangelium 做文字游戏，用 Dys[坏的、不良的]代替 Ev[好的]做前缀。Dysangelium 与 schlimmeBotschaft 其实同义。——译注

存在、基督性化约为一种持以为真、一种纯粹的意识现象，这意味着否定基督性。事实上根本就不存在基督徒。2000年以来被称为基督徒的“基督徒”是一种纯粹的心理学上的自我误解。仔细看来，不管什么“信仰”，在其中起支配作用的只是本能——这是怎样的本能啊！——“信仰”在任何时候，比如在路德那里，都只是一件外套，一个借口，一张帘幕，背后是本能在玩它的游戏，这是对某种本能统治狡猾的茫然无视……“信仰”——我已将之称为真正的基督教巧智，人们嘴上说的总是“信仰”，却永远只是从本能出发来行动……基督徒的观念世界中没有什么哪怕和现实有点关系的东西：相反，我们发现，对任何一种现实性的仇恨本能是位于基督教根本处的驱动因素、唯一的驱动因素。这意味着什么呢？即便在 psychologicis [心理学]中，错误也是根本的（radikal），即规定本质的，也就是实体。去掉一个概念，仅仅代之以一个实在——全部基督教就化为乌有了！——从高处往下看，一种不只是被错误所规定，而且只在有害的、只在毒害生命和心灵的错误上有创造性，甚至有天赋的宗教，这一切事实中最奇特的事实，只不过是为诸神而演出的一幕戏剧，这些神灵同时也是哲学家，比如在那些著名的纳克索斯岛（Naxos）对话中我所遇见的就是这些神灵。当厌恶从他们那儿（也从我们这儿！）淡去的时候，他们会感谢基督徒的表演：被称为地球的可怜的小小星球，或许只因这件奇怪可笑的事情而博得一线神性的目光，博得神灵的同情（Antheilnahme）……因此，我们切莫低估了基督教：错认以至于无辜的基督徒比猿猴要高出许多——就基督徒而言，一种著名的起源理论成了纯粹的恭维……

40①

——福音的厄运系于死亡，悬于“十字架”之上……只有死亡，这种出乎意料的、可耻的死亡，只有通常只留给坏蛋的十字架，只有这个最骇人听闻的悖论，才把门徒带向真正的谜语：“这是谁？这是什么？”——震惊的、在最深处被侮辱的感受，怀疑这样一种死亡反驳了他们的事业，以及可怕的疑问：“为什么会是这样？”——如此种种并不难于理解。在此，一切都得是必然的，得具有意义、理性、最高的理性；门徒的爱不容许偶然。鸿沟至此才显现出来：“谁杀了他？谁是他的天敌？”——这个问题像闪电一样蹦出来。答案：居统

① 参看科利版第13卷，11[378]。——编注

治地位的犹太教，其最高的阶层。在这一刻，人们感到是在反叛秩序，人们随后把耶稣理解为对秩序的反叛。在此之前，这种战斗的、言语和行为上否定的特征在他的形象中一直是缺席的；他的形象甚至与之相反。显然，小教团恰恰没有抓住要害：以这种方式去死所具有的典范意义、超越于任何一种 resentiment[怨恨]的自由和优越：这表明他们对于耶稣根本上只有多么少的理解！耶稣无非是要用自己的死亡，公开地给他的教诲以最强的检验和证明。……然而，他的门徒们却远未能够宽恕这次死亡——宽恕，本可以是最高意义上的福音；甚或，也让自己怀着温柔、可爱的宁静以相同的方式死去……重又兴起的恰恰是报复，是这种与福音最相反对的感受。这次死亡所导致的事情不可能有个完结：人们需要"复仇"和"审判"（还有什么比"复仇""惩罚""审判"与福音精神更加相悖的呢！）。对于弥赛亚的流俗期待再一次兴起；眼中浮现一个历史时刻："上帝之国"降临，审判他的敌人……但是，一切都由此而被误解了："上帝之国"被视为终结行动、视为预言！可福音恰恰已是这个"国度"的此在、实现和现实性。这样一种死亡恰恰已是这个"上帝之国"……现在，人们才把对于法利赛人和神学家的全部藐视和愤恨注入夫子的类型——人们由此而把他弄成一个法利赛人和神学家！另一方面，这些灵魂完全陷入混乱，他们变得粗野的崇拜不再能够忍受人人具有同等的福音权利，去成为上帝的孩子，而这是耶稣所教导的：他们的报复是，以一种无度的方式把耶稣向上提升、与自身相脱离：这与犹太人的做法完全相同，犹太人出于对其敌人的报复而将他们的上帝与自己分离并提升至高处。一个上帝和一个上帝的儿子：两者都是 ressentiment[怨恨]的作品……

41

——从现在开始，一个荒谬的问题出现了："上帝怎么能够让这样的事情发生！"小教团错乱的理性为此找到一个简直荒谬得可怕的答案：上帝把他的儿子作为牺牲来赦罪。福音是怎样被一笔勾销的！赎罪祭（Schuldopfer），并且是其最令人反感的、最野蛮的形式，即为有罪责者的罪责而牺牲清白无辜的人！多么可怕的异教！——耶稣自己却废除了"罪责"的概念，他否定了人神之间的任何一道鸿沟，他将人神一体（Einheit vom Gott als Mensch）作为他的"好消息"来生活……而不是作为特权！——从现在开始，我们逐渐进入了救世主类型：审判和再来的教义、死亡之为一种献祭的教义、复活的教义，这时，“永福”的全部概念、福音全部和唯一的实在都像变戏法一样在弹指之间无影无踪了——为了一种死后的状态！……保罗以那种体现他全部人格的拉比式的狂妄将这种理解、这种淫乱的理解逻辑化了：“基督若是没有从死里复活，我们的信仰就是徒然的。”——福音一次性地变成了所有无法实现的诺言中最可鄙视的一种，变成了关于个人不死的无耻教义……保罗自己还把这作为奖赏来教导！……

42

我们看到，什么随着十字架上的死亡而终结了：一种新的、完全本源的萌芽，它本可以通向一种佛教的和平运动、一种现实的而非只是被允诺的地上幸福。因为这始终是——我已经强调过——两种颓废宗教的根本区别：佛教不许诺，而是履行，基督教许诺了所有，却什么都不履行。——跟着“好消息”而来的是最坏的消息：保罗的消息。与“好消息”相对立的类型体现在保罗身上，在仇恨、仇恨幻景、无情的仇恨逻辑上，保罗是个天才。这个厄音传播者(Dysangelist)向仇恨献上的祭品都是什么！首先是救世主：他把救世主钉上了自己的十字架。全部福音的生命、例证、教诲、死亡、意义和权利。——当这个出于仇恨而进行伪造的伪造者，明白了唯有什么他可以使用的时候，就没有什么继续存在了。实在不存在了，历史真理不存在了！……犹太人的教士本能再一次对历史犯下了同样巨大的罪行——他将基督教的昨天和前天简单地一笔勾销，他自己捏造了一个原初基督教的历史。此外，他再一次歪曲了以色列历史，从而让它看起来像他的行为的前史：所有的先知都论及他的“救世主”……后来，教会甚至将人类历史歪曲为基督教的史前史……救世主的类型，他的教义，他的行为方式，他的死亡，及其死亡的意义，甚至死后的事——无不被触及，没有什么哪怕还与现实有点相像。保罗简单地将那整个此在的重点转移到这个此在之后——移到耶稣“死后复活”的谎言中去了。他在根本上完全不需要救世主的生活——他所必需的是十字架上的死亡以及一些其他的东西……如果当保罗——他的家乡是斯多亚启蒙运动的中心——从一种幻觉出发来证明救世主仍然活着，我们就把这当真，或者只是相信他说他有这种幻觉，在一个心理学家看来，这都是一种名副其实的愚昧(niaiserie)：保罗想要达到目的，于是他也需要手段……他自己所不相信的东西，他向其撒播自己的教义的那些白痴却深信不疑。——他所需要的是权力；教士想要借着保罗再次取得权力，他只能使用概念、教义和象征来对大众实行僭政，来教化牧群。——后来的穆罕默德从基督教中吸收的只是什么？保罗的发明，他用来实行教士僭政、牧群教化的手段，对于不朽的信仰——即关于“审判”的教义……

43

当人们不把生命的重心放在生命上面，而是将其转移到“彼岸”——移入虚无，那么人们就完全夺取了生命的重心。个人不死的大谎言摧毁了本能中所有的理性和自然，本能中所有对人有好处的、促进生命的、保障未来的东西从现在开始都引起怀疑了。生命没有意义，像这样去生活，现在这成了生命的“意义”……还要什么共同体精神，还要什么对于出身和先辈的感恩，还要什么共同劳动、信赖、促进和关心任何一种整体福利？……同样多的“诱惑”，同样多的东西把我们从“正路”上引开——“不可少的只有一件”①……每个人作为“不死的灵魂”都与其他人处于相同的等级，每个个体的“拯救”在全部存在者整体中都可以要求永恒的重要性，每个小人物和脑残者都可以想象，自然法则为了他们而不断地被打破——每种形式的利己主义都这样夸大到无限、无耻之境，对此，无论带着怎样的鄙视严厉谴责，都不为过。不过，基督教的胜利倒要感谢对于个人虚荣心（Personal-Eitelkeit）的这种可怜的谄媚，恰是所有不幸的人、想要暴动的人、误入歧途的人、所有人类的渣滓由此而说服自己接受基督教。“灵魂的拯救”——用大白话来说：“世界围绕着我打转”……“人人权利平等”学说的剧毒——基督教在根底上为其播下了种子；基督教从恶劣本能至为隐秘的角落出发，向人与人之间的每一种敬畏和距离感宣布生死之战，而这种敬畏和距离感是每一种文化提高和成长的前提，它用大众的怨恨打造其主要装备，来攻击我们，攻击地上所有高贵、快乐、心胸宽广的人，攻击我们在地上的幸福……承认每一位彼得和保罗的“不朽”，这是迄今为止对高贵人性最大、最恶毒的谋杀。——并且，我们切莫低估基督教给政治悄悄带来的危害！今天没有人还有勇气要求特权、统治权以及对自己和对其同类的敬畏之心，要求距离的激情（Pathos der Distanz）……我们的政治因为缺少勇气而害病！——思想观念上

① 《路加福音》，第10章第42行。上文第20节尼采也引用了这句话。——译注

的贵族主义(Aristokratismus der Gesinnung)被灵魂平等的谎言挖去了最深的根基；当对于“大多数人的优先权”的信仰，掀起、将要掀起革命的时候，无须怀疑，每场革命只不过把基督教、基督教的价值判断转变成了鲜血和犯罪！基督教是一场所有在地上爬行的人反对有高度之物的暴动：“低等人”的福音降低事物……

44

——作为原初教团内部已无可避免的腐败的见证，福音书的价值无可估量。后来保罗所做的，无非是凭着一个拉比的逻辑犬儒主义(Logiker-Cynismus eines Rabbiners)完成随着救世主的死亡就已经开始的衰败过程。——我们在读这些福音书的时候，无论怎样小心谨慎都不为过；在每一个词语的背后都隐藏着困难。我承认，于我而言，人们可说这是桩好事，因为它们恰恰因此而成为一位心理学家最高的享受，与一切肤浅幼稚的腐败相反，它们有着极为精巧的诡计，它们是心理学腐败中的艺术品。福音书自足圆满。全本《圣经》无与伦比。为了不至于完全摸不着线索，首先要注意的是，我们处于犹太人当中。在此，人们伪装成“圣徒”，这种近乎天才的自我伪装在其他的书籍和人类中均无可企及，他们伪造词语和姿态，这种伪造艺术不是任何一种个别天赋、特殊本性的偶然为之。它是一个种族的事业。全部犹太教、犹太人几百年来最严肃的预备练习和技术，在作为神圣谎言艺术的基督教中登峰造极。基督徒，这种最后的谎言手段(ultima ratio der Lüge)，是两倍甚至三倍的犹太人……只愿意运用那些在教士实践中被证明了的概念、象征和姿态，拒绝任何另外一种实践、任何另外一种价值和效用视角，这种根本的意愿和源于本能的拒绝——不只是传统，而是遗传：只有作为遗传，它才会像自然一样起作用。所有人，甚至最优秀时代中最优秀的头脑——(一人除外，他或许不是人)都被欺骗了。人们把福音书作为无辜之书来读……一个不小的提示，告诉我们，这里的表演是多么出神入化。——然而：如果我们看到，即便只是瞥见，所有这些奇特的伪君子和伪造的圣徒(Kunst-Heiligen)，那就完蛋了，正是因如此，因为我在每一句话后面都看到了一种姿态，我就和他们玩完了……我无法忍受他们睁开双眼的某种方式。——幸好，对于绝大多数人来说，书籍只是文艺读物(Litteratur)。——千万别被蒙骗了：他们说“不要论断[1]人!”，可凡是挡他们道路的人都被他们送往地狱了。在让上帝审判的时候，事实上是他们自己在审判；颂扬上帝的时候，他们事实上是在颂扬自己；在提倡他们自己恰好具有的(甚至于，他们为了居于上位必须要有的)德性的时候，他们制造了巨大的假象，仿佛他们在为德性而奋斗，为德性的统治而战斗。“我们为善(——“真理”“光”“上帝之国”)而生、而死、而牺牲自我”：事实上，他们所做的是他们不得不做的事。他们像胆小的老鼠一样挤压自己，在角落里坐着，在阴影里阴暗地混日子，并从中弄出一套义务：作为一种义务，他们的生活显得谦卑，而谦卑是虔诚的又一个证据……啊，这种谦卑、贞洁、慈悲的欺骗！“德性本身该为我们作见证”……要把福音书读作道德诱惑之书：这些小人占有了道德——他们知道何谓道德！人类最容易被道德愚弄！——事实上，最清醒的被选中的自负在此故作谦虚：他们把自己、“教团”、“善人义士”永远地放在了一边，放在了“真理”一边——把其余的人，把“世界”放在了另一边……这是世上有过的最为灾难性的自大狂：伪君子和说谎者卑贱的怪胎开始要求使用“上帝”“真理”“光”“精神”“爱”“智慧”“生命”这些概念，仿佛是他们的同义词，从而将“世界”与自身隔离；这些卑微的高级犹太人(Superlativ-Juden)，足够送进任何一所疯人院，他们完全将价值朝向自身倒转，仿佛只有基督徒是意义、是盐、是尺度、是对于其他一切的最后审判……这全部的灾难之所以可能，全在于已经有一种相近的、种族类似的自大狂在世界上存在，即犹太人的自大狂：一旦犹太人和犹太基督徒之间的裂隙被撕开，后者除了将犹太本能所推荐的同一种自我保存程序反过来施诸犹太人之外别无选择，犹太人迄今为止却只将这道程序拿来对付所有非犹太之物。基督徒只是一个拥有“更自由的”信仰(Bekenntnis)的犹太人。——

45

——以下，我将举出几例[2]，来看看这些小人们头脑中所充斥，并让他们的夫子挂在嘴边的是什么：绝对是“美好灵魂”的信仰自白。

“何处的人不接待你们，不听你们，你们离开那里的时候，就把脚上的尘土跺下去，对他们作见证。我实在告诉你们，当审判的日子，所多玛和蛾摩拉所受的，比那城还容易受呢!”(《马可福音》，第

---

① “论断”是圣经和合本的译法，richten，也可译为“审判”。——译注

② 凡圣经引文，均参照和合本。——译注

6 章第 11 行)——多么好的消息啊！……

“凡使这信我的一个小子跌倒的，倒不如把大磨石拴在这人的颈项上，扔在海里。”(《马可福音》，第 9 章第 42 行)——多么好的消息啊！……

“倘若你一只眼叫你跌倒，就去掉他；你只有一只眼进入神的国，强如有两只眼被丢在地狱里。在那里，虫是不死的，火是不灭的。”(《马可福音》，第 9 章第 47 行)——所指的未必是眼睛……

“我实在告诉你们，站在这里的，有人在没尝死味以前，必要看见神的国大有能力临到。”(《马可福音》，第 9 章第 1 行)——漂亮的谎言，你这狮子①……

“若有人要跟从我，就当舍己，背起他的十字架，来跟从我。因为……”(一位心理学家的注释。基督教道德被它的“因为”驳倒了：被它的“理由”驳倒了——这就是基督性)(《马可福音》，第 8 章第 34 行)

“你们不要论断别人，免得你们被论断。你们用什么量器量给人，也必用什么量器量给你们。”(《马太福音》，第 7 章第 1 行)——这是怎样一种正义概念啊！怎样一个“正义的”法官！……

“你们若单爱那爱你们的人，有什么赏赐呢？就是税吏不也是这样行吗？你们若单请弟兄的安，比人有什么长处呢？就是税吏不也是这样行吗？”(《马太福音》，第 5 章第 46 行)——“基督教的爱”的原则：它要在最后得到好的报偿……

“因为，就像你们不饶恕人的过犯，你们在天上的父也必不饶恕你们。”(《马太福音》，第 6 章第 15 行)——对于所谓的“天父”而言是件很丢脸的事情……

“你们要先求神的国和他的义，这些东西都要加给你们了。”(《马太福音》，第 6 章第 33 行)“这些东西”：指的是吃、穿等所有生活必需品。谦虚地说，这是一个错误……上帝看起来立刻成了裁缝，至少在某些情况下……

“当那日，你们要欢喜跳跃，因为你们在天上的赏赐是大的；他们的祖宗待先知也是这样。”(《路加福音》，第 6 章第 23 行)无耻的流氓！已经在和先知相比较了……

“岂不知你们是神的殿，神的灵住在你们里头吗？若有人毁坏神的殿，神必要毁坏那人；因为神的殿是圣的，这殿就是你们。”(保罗

① 根据莎士比亚：《仲夏夜之梦》。——编注

书信，《哥林多前书》，第 3 章第 16 行)——这样的话，无论怎么鄙视都不为过……

“岂不知圣徒要审判世界吗？若世界为你们所审，难道你们不配审判这最小的事吗？”(保罗书信，《哥林多前书》，第 6 章第 2 行)可惜不是一个精神病患者说的话……这个可怕的谎言家接着还说：“岂不知我们要审判天使吗？何况今生的事呢！”……

“神岂不是叫这世上的智慧变成愚拙吗？世人凭自己的智慧，既不认识神，神就乐意用人所当作愚拙的道理拯救那些信的人；这就是神的智慧了。可见你们蒙召的，按着肉体有智慧的不多，有能力的不多，有尊贵的也不多。神却拣选了世上愚拙的，叫有智慧的羞愧；又拣选了世上软弱的，叫那强壮的羞愧。神也拣选了世上卑贱的，被人厌恶的，以及那无有的，为要废掉那有的；使一切有血气的，在神面前一个也不能自夸。”(保罗书信，《哥林多前书》，第 1 章第 20 行以下)——这段话是一切旃陀罗道德心理学的最佳见证，要理解这段话，请诸君阅读我的《道德的谱系》第一篇：在其中，一种高贵的道德和一种源于怨恨和无能于报复的旃陀罗道德之间的对立，第一次被提出来了。保罗是所有报复使徒(Apostel der Rache)中最大的一个……

46

——结论是什么呢？读《新约》的时候戴上手套是对的。甚至几乎是必要的，因为要靠近这么多不纯净的东西。我们不会选择与“最初的基督徒”交往，正如不会选择波兰的犹太人一样：不是因为必须提出哪怕一条异议来反驳他们……而是因为这两种人身上都有异味。——我徒劳地在《新约》中搜寻哪怕一个令人喜爱的特征；一切自由良善、坦率正直都付诸阙如。这里尚且没有人性最初的萌芽——尚缺乏洁净的本能……在《新约》中只有恶劣的本能，即便对于这个恶劣的本能也没有勇气。里面尽是懦弱、尽是闭上眼睛和自我欺骗。刚读了《新约》之后，随便哪本书都是纯净的，比如，我刚读完保罗，就带着狂喜的心情阅读那个恣意汪洋的嘲讽者佩特洛尼乌斯[①]，我们或许可以用薄伽丘在致信帕尔马大公时关于切萨雷·

① 佩特洛尼乌斯：古罗马文人，放浪形骸且精于享乐之道。他是尼禄的顾问，后被尼禄赐死。据说他切断脉管，装作“轻松”的样子结束了自己的生命。在《善恶的彼岸》第 28 节，尼采曾盛赞佩特洛尼乌斯的文风。尼采将佩氏称为胜于迄今任何一位伟大音乐家的急板大师。——译注

博尔贾[1]所说的话来形容佩特洛尼乌斯："他是一个耀眼的节日"(é tutto festo)"——极健康、极快活、极好……因此，这些小蚊虫在主要事情上弄错了。他们抨击事物，可所有被他们抨击的东西都因此而被表彰。一个"最初的基督徒"所抨击的人并没有因此而被玷污……相反：被"最初的基督徒"所反对倒是一种荣誉。在读《新约》的时候，我对其中遭践踏的东西不无一种偏爱，更不用说"此岸的智慧"了，一个狂妄的吹牛客试图"通过愚蠢的布道"让这种智慧丧失声誉，却只是徒劳……然而，即便法利赛人和文士也在这样一种敌对关系中享有优势：他们必定具有某种价值，才能以一种如此猥琐的方式被仇恨。虚伪——这或许是"最初的基督徒"能够提出的一项谴责！——最后，他们是特权阶层：这已经够了，旃陀罗的仇恨不需要更多的理由。"最初的基督徒"——恐怕还有我或许还会经历到的"最后的基督徒"——是出于至深本能而反对所有特权阶层的造反者，他总是为了"平等的权利"而生活、而战斗……仔细看来，他并无别的选择。一个人要成为"上帝的选民"——或者"上帝的殿""天使的法官"——那么，所有其他的选取原则，诸如诚实、精神、男性气概和骄傲、美丽和心灵的自由等，都只是"世俗的"，本身是恶的……寓意："最初的基督徒"口中的每一句话都是一个谎言，他的每一个行为都是对本能的一种扭曲，他所有的价值、所有的目标都是有害的，然而，他所仇视的人和事却具有价值……基督徒，尤其是基督教教士，是一种价值标准——我还有必要说，在全部《新约》中只有唯一的一个人物形象是必得尊敬的吗？罗马总督比拉多。严肃地对待犹太人之间的一桩争执——他无法说服自己去干这事。多一个还是少一个犹太人——这有什么要紧的呢？……一个罗马人看到"真理"这个词被无耻地滥用，发出了高贵的嘲讽，这为《新约》添加了唯一一句有价值的话——这是对它的批评甚至毁灭："什么是真理！"……

47

——把我们从人群中分离出来的，并不是我们无论在历史、自然还是自然的背后都不再找到上帝，而是我们并不将那被作为上帝来尊崇的东西感受为"神圣"，在我们看来，它们倒是可悲、荒谬和有害的，它们不只是错误，而是对生命犯罪……我们否认上帝之为

① 切萨雷·博尔贾：意大利野心勃勃的政治家、军人，教皇亚历山大六世的私生子，一生惯用谋杀、欺诈等手段达到政治目的，马基雅维利在《君主论》中对其赞赏有加。——译注

上帝……如果有人要向我们证明这个基督徒的上帝，我们会更不相信他。——公式：deus，qualem Paulus creavit，die negatio[保罗所创造的上帝是对上帝的否定]。——像基督教这样的一种没有在任何一点触及现实的宗教，一旦现实在一点上得到公正对待，就会立刻崩解，所以它必定恰如其分地成为了“俗世智慧”甚至可以说是成为科学的死敌——精神教养、精神良心上的正直和严格、精神中高贵的冷静和自由，凡是能够用来毒害和污蔑这些东西、能够使它们声名狼藉的手段，它都加以称赞。作为绝对命令的“信仰”是对科学的否决——in praxi[实际上]是不计代价的谎言……保罗明白，“谎言”——“信仰”是必要的；后来，教会又明白了保罗。——保罗为自己所捏造的那个上帝，那个让“俗世智慧”(更确切地说，是一切迷信的两个大敌：语文学和医学)“丢尽颜面”的上帝，事实上只是保罗自己坚定的决心：将他自己的意志称为“上帝”，thora[律法]，这是原始的犹太性(urjüdisch)。保罗要让“俗世智慧”丧尽颜面：他的敌人是受过亚历山大里亚式训练的优秀的语文学家和医生，他向他们宣战。事实上，没有人可以是语文学家和医生，如果不同时是敌基督者的话。因为，身为语文学家可以看到“圣书”的底里，身为医生可以看到一个典型的基督徒的生理学堕落的底里。医生说“无药可救”，语文学家说“欺骗”……

48

——人们真的理解了《圣经》开头处那个著名的故事吗？——它说的是上帝对科学的极度恐惧……人们没有理解。这本最杰出的教士之书恰如其分地从教士巨大的内在困难开始：他只有一个巨大的危险，于是“上帝”也只有一个巨大的危险。——

年老的上帝，这全然的“精神”、全然的大教士、全然的完满，在他的园中悠闲地漫步：只是觉得无聊。即便诸神也在徒劳地与无聊交战。他做了什么？他创造了人，人可供消遣……可是看哪，人也觉得无聊了。无聊是天堂唯一的问题，并且是所有天堂都会有的，上帝对此的怜悯漫无边际：他于是立即创造了其他动物。上帝的第一个败笔：人发现动物很无趣，他统治动物，他甚至不想做“动物”。——于是上帝创造了女人。这确实给无聊画上了句号——但也给别的东西画上了句号！女人是上帝的第二个败笔。——“女人在本质上是蛇，Heva[夏娃]”——每个教士都明白这一点；“女人把所有的灾难带到世界”——每个教士也都知道这一点。“女人进而也带来了科学[①]”……通过女人，人才学会了享用知识之树上面的果实。——然后怎样了呢？年老的上帝感到了一种极度的恐惧。人本身成了他最大的败笔，他为自己创造了一个对手，科学使人如神一般(gottgleich)，如果人掌握了科学，那么教士和诸神就都完蛋了！——寓意：科学是被禁止之物本身(das Verbotene an sich)——只有它是被禁止的。科学是第一宗罪，是所有罪的根源，是原罪。只有这是道德。——“你不该认识”：余者从之。极度的恐惧并没有妨害上帝的才智。如何防范科学呢？这是长久以来他的主要问题。答案：将人类逐出伊甸园！幸福和悠闲让人去思想——所有的思想都是坏思想……人不该思想。——“教士自身”[②]发明了困苦、死亡、有生命危险的怀孕、所有形式的不幸，老年、艰辛，而且首先是疾病，全是与科学作战的手段！困苦不让人类去思想……可是尽管如此！多么惊人啊！知识的成果越堆越高，冲上云霄，直逼诸神，该怎么办！老上帝发明了战争，他将人类分成各个民族，让他们互相毁灭(教士总是必须要有战争……)战争——是科学的重要扰乱者之一！——不可思议啊！知识(从教士解放出来)即便在战争中也在增长。——老上帝最后下定决心：“人已经掌握了科学——别无他法，必须将他淹死！”……

49

——你们理解我了。圣经的开头包含了全部教士心理学。——教士只知道一个巨大的危险：这就是科学——关于原因和结果的健康概念。但是，总体上来说，科学只在好的条件下才能兴盛——人们得有多余的时间和精神，才能去“认识”……“所以，得把人搞得不幸”——任何时候这都是教士的逻辑。——你们已经猜到，根据这个逻辑，什么首先由此而来到世界：“罪”……罪责与惩罚的概念，以及整个“道德的世界秩序”是被发明出来用于反对科学的，反对人从教士脱离出来……人不该向外看，他应该看自己的内心；他不该作为学习者聪明、谨慎地洞察事物，他根本就不该看：他该痛苦……

① 德语的Wissenschaft比英语的science和现代汉语的“科学”含义更加广泛，它不仅包括实证的自然科学和形式的逻辑学、数学，而且几乎涵盖了文化、历史、艺术、宗教、哲学等一切知识领域。它的词根就是“知识”(Wissen)。不过，尼采在这里对于这个词的使用，所指的主要不是各门科学领域，而是一种怀疑和求知的生活方式或生活态度。——译注

② 此处“教士自身”(Priester an sich)仿康德“物自体”(Dinge an sich)的说法，这里指的就是上帝。——译注

他应该如此地痛苦，以至于总是需要教士。——不要医生！人们所迫切需要的是一个救主。罪责与惩罚的概念，包括“恩典”“拯救”和“赦罪”学说——完全是谎言，没有一点儿心理学实在——被发明出来，用来摧毁人对于原因的感受(Ursachen-Sinn)：它们是对于因果概念的谋杀！——不是用拳头、刀剑和真诚的爱恨来谋杀！而是出于最怯懦、最阴险、最低微的本能！一种教士的谋杀！一种寄生虫的谋杀！苍白的地下吸血鬼在吸人膏血！……如果一个行为的自然次序不再被“自然地”思考，而是在思考的时候受迷信的概念幽灵、受“上帝”“精神”和“灵魂”所影响，被视为单纯的“道德”结果，视为奖赏、惩罚、暗示、试炼的话，那么知识的条件就被摧毁了，这样就对人类犯下了最大的罪行。——再说一遍，罪，这个人类最卓越的自我亵渎形式，被发明出来，是用来使科学、文化、人类的任何一种提升和高贵变得不可能的：教士通过发明罪来实行统治。

50

——我不能在这里略而不谈一种“信仰”或“信徒”心理学，并且这恰恰是为“信徒们”着想。如果今天还有人不知道，“有信仰”在何种程度上是不正派的——或者是颓废、是受挫折的生命意志的一个标志，明天他们就知道了。即便听觉迟钝的人也能听见我的声音。——如果我没听错的话，在基督徒当中看似存在着一种形式的真理标准，人们称之为“力量的证明”。“信仰使人得永福：它因此是真的。”——对此首先可以反驳的是，使人得永福恰恰没有被证明，而只是被承诺了：永福维系于“信仰”的条件，一个人该得永福，因为他信仰……但是，教士就那个无可检验的“彼岸”向信徒许诺的东西究竟能否实现，这又如何证明呢？因此，所谓“力量的证明”在根本上又只是一种信仰，即相信人们就信仰而许诺的结果不会不发生。用公式来表达：“我相信，信仰使人得永福——所以它是真的。”——然而，我们由此走到了尽头。这个作为真理标准的“所以”或许本身是荒谬的。——我们且做一些让步，假定信仰使人得永福被证明了——不只是被希望，不只是在一个教士可鄙的嘴中被许诺的东西：可是，永福——用技术性语言来说，快感何曾是真理的证明？这是如此地不可能，以至于如果快感在“什么是真”的问题上发言，那么就几乎是一种反驳，无论如何它会带来对“真理”极大的怀疑。“快感”是对“快感”的证明，此外无他；世上的一切事物中，什么能够断定，真的判断恰恰比假的带来更多的快乐，并且根据一种预定的和谐，必定带有快乐的感受？——一切严格、深刻的精神的经验所教导的恰恰相反。在真理的道路上，人们必须经过争夺才能前行一步，人们几乎必须放弃与此相违背的一切，而我们的心灵、爱和对生活的信任却都维系于这些东西。为此需要伟大的灵魂：服务于真理是最艰难的服务。——在精神事物上的诚实究竟何谓？人们需要严厉地对待自己的心灵，要藐视“美好的情感”，要从每一个肯定和否定中获得一种良心！——信仰使人得永福：所以，他在说谎……

51

信仰在某些情况下使人得永福，永福尚未能把一个坚定的理念变成一个真实的理念，信仰没有移山，而可能是在没有山的地方设置了一座山①：匆匆走过一家疯人院就足以说明这一点。不过，对象不能是一个教士：因为他出于本能否认疾病之为疾病、疯人院之为疯人院。基督教必需疾病，大约和希腊人必需一种过度的健康类似——使人害病是教会全部拯救程序系统的真实意图。并且教会本身——它的最后理想难道不是天主教疯人院吗？——把整个地球搞成疯人院？——教会所要的宗教人(der religöse Mensch)是一个典型的颓废者；每当一场宗教危机统治了一个民族的时候，神经传染病都是它的特征；宗教人的“内心世界”与过度兴奋者、精疲力竭者的内心世界极为相似；基督教在人类之上所悬置的最有价值的“最高”状态是一种羊痫风——教会只把疯子或大骗子以 majorem dei honorem[上帝更高的荣誉]宣称为圣……我一度允许自己把全部基督教的忏悔和拯救训练(今天在英格兰可以受到最好的训练)标识为一种在一个已经备好的，也就是说在根本已经腐烂的地基之上、按部就班制造出来的 folie circulaire[极度压抑]。没有人可以随意地成为基督徒：无法让人“皈依”基督教，必须要足够病态才行……我们另一种人，有勇气健康也有勇气去藐视的人，我们能够如何藐视这样一个宗教啊，它教导人们去误解身体！它不愿脱离灵魂迷信！它从营养不良中弄出一项“功绩”！它把健康作为一种敌人、魔鬼和诱惑来斗争！它让自己相信，一个“完美的灵魂”可以嫁接在一具死尸一般的身体上，为此需要一个新的“完美”概念，一个苍白、病态、愚蠢而狂热的人，这就是所谓的“神圣”——神圣本身只是一个贫乏的、麻木的、败坏到无可救药的身体的一系列标志！……作为一种欧洲

① 《哥林多前书》，第13章第2行。——译注

运动的基督教运动从一开始就是所有废物、垃圾因素的总运动：这些因素想要和基督教一道夺取权力。它表现的不是一个族类的没落，而是所有颓废形式从四面八方而来、相互寻找、相互聚集，并构成了一个集合。并不是像人们所以为的那样，古代、高贵的古代本身的腐败为基督教提供了可能：对于那些今天还持有这种观点的白痴学者们，无论怎样尖刻的反驳都不为过。当病态的、败坏的旃陀罗阶层在整个帝国都接受基督教的时候，相反的类型，即高贵也恰恰达到了它最美、最成熟的形态。大多数人成了主人；基督教本能中的民主主义得胜了……基督教不是"国家的"、不以种族为界——它面向所有被剥夺了生命继承权的人，它处处都有同盟。基督教的根底中有病人的积怨、有反对健康人、反对健康的本能。所有的良好教养、骄傲、放纵，尤其是美，传到它的耳朵和眼睛，就会让它感到痛苦。我又一次想起保罗那句异常珍贵的话。"上帝所选中的是世上柔弱、愚蠢、不高贵、被鄙视的人"①：正是这个公式，颓废 in hoc signo[在这个标志中]取得了胜利。——十字架上的上帝——你们还没有理解这个象征中的可怕的隐秘念头吗？——一切痛苦的、一切挂在十字架上的都是神圣的……我们所有人都上十字架，于是我们都是神圣的……只有我们是神圣的……基督教是一场胜利，一种更高贵的价值观随之灭亡——基督教是人类迄今为止最大的不幸。

52

基督教也与一切精神上的良好教养相反，它只能将病态的理性用作基督教的理性，它站在所有愚蠢的东西一边，它诅咒"精神"，诅咒健康精神的 superbia[骄傲]。因为疾病属于基督教的本质，所以"信仰"这种典型的基督教状态必定也是一种疾病形式，所有通往知识的笔直、正直和科学的道路必定被教会作为被禁止的道路而拒绝。怀疑已是一种罪……教士身上完全缺乏心理学的纯洁——可以通过眼神看出——这是颓废的伴随现象，可以观察患神经质的女人和患佝偻病的小孩，看看本能中的虚伪、为说谎而说谎的快乐、无能于正直的观看和行走是如何规律地表达了颓废。"信仰"即不愿知道实情。无论何种性别，虔信者和教士都是虚伪的，因为他是病态的：他的本能要求真理在任何一点上都不能得到公正的对待。"让人患病的是善的；源于丰盈、满溢和权力的则是恶的"：信徒是这么想

① 《哥林多前书》，第1章第27行。——编注

的。不由自主地说谎——我由此来识别每个天生的神学家。——神学家的另一个标志是无能于语文学。在此，语文学当在非常一般的意义上来理解，理解为好的阅读技艺——能够读出事实，不会通过解释来歪曲它，不会在寻求理解的过程中失去谨慎、耐心和精细。语文学是在解释中 Ephexis[悬搁判断]：无论是解释书籍、新闻、命运还是天气，更不用说“灵魂的拯救”了……无论是在柏林还是在罗马，一个神学家解释一节“经文”或一种体验（如在大卫诗篇的荣光下来解释祖国军队的胜利）的方式总是那么肆无忌惮，以至于一个语文学家都会被逼疯了。并且，如果虔信者和来自施瓦本地区的其他母牛借助“上帝的手指”来将他们可怜的日常生活和狭小居室的烟雾变成了“恩典”“天意”和“经历拯救”的奇迹，那么语文学家该从何着手呢！花费极少的一点精神（更不用说礼貌了），定会让这些解释者发现，对神圣的灵巧手指的这样一种误用，是完全幼稚的和不体面的。一个适时治愈感冒，或者一个暴雨倾盆之时让我们坐上马车的上帝，只要我们身上哪怕还有一点敬虔之心，都该觉得这是一个如此荒谬的上帝，以至于即便他存在的话，我们也该将他废除。一个充当仆人、信使和历法官的上帝，根本上是一个用以称呼所有偶然中最愚蠢的形式的词语……今天，在“有教养的德国”，大约尚有三分之一的人还相信“神圣的天意”，这仿佛是对于上帝的一项异议，好似无法设想他可以更加强大。无论如何，这是对德国人的一项异议！……

53

——殉道者极少能够证明一件事情的真理性，这让我想要否认任何一个殉道者根本上与真理有何关联。一个殉道者将他的持以为真投向世界的时候发出的声音，已经表达了如此低等的知性真诚和对真理问题的一种麻木不仁，以至于根本就不需要反驳他。真理不是某种一个人有、另一个人没有的东西：充其量只有农民或者像路德那样的农民使徒才能有这样的真理观。我们可以确信，在精神事物上，谦虚和节制总是随着良心的程度而增长。在五件事情上有知识，并轻轻地摇手拒绝知道其他所有的事情……每个先知、宗派主义者、开明思想者（Freigeist）、社会主义者、教会人士对“真理”这个词的理解，充分地证明了：那种要发现任何一个细小、无论多么细小的真理都必需的精神训练和自我克服训练尚未开始。——殉道（顺便说说）是历史上巨大的不幸：它把人诱入歧途……所有白痴（包括女人和民众）的结论是：一件事必定包含了某种东西，某人才会为它而丧命(甚至像早期基督教一样导致了寻死传染病)，这一结论极大地阻碍了审查，阻碍了检查和谨慎的精神。殉道者损害了真理……即便在今天，还只需要一种残酷的迫害，就能使一个本身无论怎么无关紧要的教派赢得可敬的名声。——怎么？某人为一件事情献出了生命就能改变这件事的价值？——一个变得可敬的错误是一个拥有更大吸引力的错误：神学家先生们，你们难道以为我们会给你们机会，去为自己的谎言而殉道吗？——我们小心翼翼地把一件事搁置起来，由此来反驳它——我们也用这个方法来反驳神学家……所有迫害者的世界历史性愚蠢恰恰在于，他们给予了所反对的事物以可敬的外表，他们赋予了它殉道的魅力……女人今天还跪倒在一个错误面前，因为有人告诉她，某人为此而死在了十字架上。十字架真的是论据吗？——然而，关于所有这些事情，只有一个人说了数千年以来人们本该急需的话——查拉图斯特拉。

他们把血的标记写在他们走过的路上，而且他们的愚蠢教人要以鲜血来证明真理。

然则鲜血却是真理最坏的证人；鲜血还将最纯粹的学说毒化成了心灵的妄念和仇恨。

而当有人为自己的学说赴汤蹈火时，这证明了什么啊！从自己的火焰中得出自己的学说，这才更加真实。

54

千万别搞错了：伟大的精神是怀疑者。查拉图斯特拉是个怀疑者。源于精神力量和精神力量之过度的强大和自由，通过怀疑来证明自身。在谈论所有关乎价值和无价值的根本问题时，根本无须虑及有信念的人。信念是监牢。信念看得不够远，它没有往下看：然而要有资格对价值和无价值发言，就得看到五百种确信在自己的脚下——在自己的背后……一个精神，如果要欲求伟大、欲求达至伟大的手段，必定得是怀疑者。不受任何一种信念所束缚，能够自由地观看，这是一种强大……巨大的热情及其存在的根据和权力，比他自己还要更加开明、更加专制地要求他全部的智识来服务；它使人勇往直前；它甚至给他勇气去使用不神圣的手段；它在某种情况下赐予他信念。信念之为手段：很多事情人们只有借助一种信念才能做成。巨大的热情使用、耗用信念，它不臣服于信念之下——它知道自己是主人。——相反：对于信仰、对于任何一种绝对的肯定和否定、对于卡莱尔主义(如果人们原谅我使用这个词的话)的需求，是一种弱者的需求。有信仰的人，任何形式的“信徒”，都必定是一个依赖性的人——他不把自己作为目标，他根本无法从自身出发来设定目标。“信徒”不属于自己，他只能作为手段，他必须被耗用，他必定需要某个人来耗用他。他的本能给予一种舍己(Entselbstung)的道德以最高的荣誉：他的聪明、经验和虚荣，他的一切都说服他接受这种道德。每一种信仰本身就是舍己和自我异化(Selbst-Entfremdung)的表现……想一下，规则对于大多数人而言是多么必要，规则像束缚一样从外面将他们捆绑、固定在一起，奴隶制在一种更高的意义上是意志软弱的人(特别是妇女)繁荣兴旺的唯一和最后的条件：信念、“信仰”也当作此理解。对于有信念的人来说，信念是他的命根子。看不见许多事物，在任何一点上都怀有偏见，对什么都持有立场，在一切价值上都有严格的和必要的视角——只有这些使得这样一种人在根本上能够存在。但这种人由此而成了真实之物——真理的敌人……信徒不能在真假问题上有一点良心：在这些地方，诚实会让他立即衰亡。其视角在病理学上的局限性把确信者变成了狂热之徒——萨沃纳罗拉①、路德、卢梭、罗伯斯庇尔和圣西门——与强大的、变得自由的精神相反的类型。但是这些病态的精神、这些概念癫痫症患者的伟大态度影响了大众，狂热之徒悦人耳目，人类喜欢看表演甚过听理由……

55

——再进一步谈谈信念(Überzeugung)和“信仰”(Glauben)的心理学。我很久以来就在想，对于真理而言，信念是否是比谎言更加危险的敌人(《人性的，太人性的》，第331页)。这次我想提出一个决定性的问题：谎言和信念之间根本上有对立关系吗？——全世界都相信它们之间是对立的；但有什么是全世界不相信的呢！——每一种信念都有其历史、前身、试探和错误：在长期不是信念之后，在长期几乎不是信念之后，它成了信念。怎么？难道谎言不也在信念的这些胚胎形式之中吗？——这里需要的只是一种位格转换(Person-Wechsel)：在父亲那儿尚且只是谎言的东西，在儿子这里成了信念。——不愿看见所看到的东西，不愿像所看到的那样去看它，我把这称为谎言：至于是否有人见证或无人见证谎言，则不在考虑

① 萨沃纳罗拉：多明我会修士，佛罗伦萨宗教改革家。他以反对文艺复兴艺术和哲学，焚烧艺术品和非宗教类书籍，毁灭被他认为不道德的奢侈品，以及严厉的布道著称。他的布道往往直接针对当时的教皇亚历山大六世以及美第奇家族。——译注

之列。最常见的谎言是自我欺骗；相对而言，被别人骗是例外情况。——这种不愿看见所见之物，这种不愿如此去看，几乎是所有任何一种意义上的偏见（Partei）的条件：有偏见的人（Parteimensch）必定是谎言家。比如，德国的历史书写中有这样一种信念，即罗马是专制主义的，日耳曼人则将自由的精神带入了世界：这种信念和一种谎言有什么区别呢？当所有偏见之人（包括德国历史学家）出于本能而把伟大的道德词汇挂在嘴边的时候，我们怎么还能为此感到惊讶——道德几乎是由于每一种有偏见的人每时每刻都必需它而继续存在着？"这是我们的信念：我们在全世界面前坦白，我们为它而生而死——尊敬一切保有信念的东西！"——我甚至从反犹主义者口中听到了这样的话。我的先生们，恰恰相反！一个反犹主义者完全不会因为他在根本上说谎而变得更加令人尊敬。……在这些事情上，教士们有着更加精细的感觉，他们很明白一种信念概念（这意味着一种根本的——因为服务于某种目的——谎言）会遭受怎样的异议，犹太人给他们遗传了巧智，他们学会了在这里插入"上帝""上帝的意志""上帝的启示"等概念。康德和他的绝对命令也在相同的道路上：他的理性在此变成实践的了。——在有些问题上人类无权断定真假；所有最重要的问题，所有最高的价值问题都处于人类理性的彼岸……理解理性的界限——这才是真正的哲学……上帝为什么要给人类以启示呢？上帝难道会做多余的事情吗？人类自己无法知道，什么是善、什么是恶，因此上帝把他的意志教给他……寓意：教士没有说谎——在教士所谈论的事物上，"真"与"假"的问题根本就不允许说谎。因为要说谎，人们得能断定在此什么是真的。然而，人恰恰无能于此；因此教士只是上帝的代言人。——这样一种教士三段论根本不只是犹太的和基督教的：说谎的权利和"启示"的巧智属于教士这种类型，既属于颓废教士，也属于异教教士（——异教徒是所有肯定生命的人，他们的"上帝"表达的是对所有事物的伟大肯定）——"律法""上帝的意志""圣经""灵感"——所有这些词语表达的都是教士在其之下获得权力、随之保持权力的条件，这些概念可见于所有教士机构、所有教士的或哲学教士的支配性构成物（Herrschafts-Gebilde）。"神圣的谎言"——这是孔子、摩奴法典①、穆罕默德、基督教会的共同之

① 据说根据原文，当译作"法论"。参见《摩奴法论》，蒋忠新译，第5页，北京，中国社会科学出版社，1986。欧洲人根据自身的文化经验将其误译为"法典"，以讹传讹，尼采也用Gesetzbuch来称呼之。译者"将错就错"，在翻译中仍保留这个或许错误的译法，以合乎尼采本人的读法。——译注

处：在柏拉图那里也不缺少。“真理在此”：这意味着，只要听见这句话，教士就在说谎……

56

——最后取决于出于什么目的而说谎。在基督教中缺乏“神圣的”目的，这是我对其手段的异议。只有恶劣的目的：毒害、侮辱、否定生命、鄙视身体、人通过罪的概念来降格和自我损害，所以，它的手段也是恶劣的。——我怀着相反的心情读《摩奴法典》，一本无比精神化、无比优越的作品，把它和《圣经》相提并论就已经是反精神的罪行了。你们立刻猜到：在它里面、在它后面有一种真正的哲学，不是只有一种难闻的犹太拉比主义和迷信，即便最挑剔的心理学家也能从中尝到一点什么。可别忘了要害，它与各种形式的圣经的根本区别在于：高贵的阶层，哲学家和战士，用它来掌控民众；处处可见高贵的价值，一种完满的感受，一种对生命的肯定，一种对于自己和生命的凯旋的感受——太阳照耀着全书。——所有为基督教所不齿的事物，比如生育、女人和婚姻，在此都得到严肃的对待，并且怀着敬畏、爱和信任。一本含有那么下流言辞的书，怎么能够交到孩子和妇人手中：“为了不致淫乱，每个男人都有他的女人，每个女人都有她的男人，与其忍受发情之苦，不如结婚”？只要immaculata conceptio[童贞受孕]的概念将人类的起源基督教化，也就是说污染了，一个人怎么可以是基督徒呢？……像《摩奴法典》这样对女人说了那么多温柔亲切的言辞的书，我还从未读到过；这些胡子花白的老圣者对女人献殷勤的方式，恐怕无人能及。有一处说道：“女人的嘴、少女的胸、孩子的祷告和祭品的熏烟总是纯洁的。”另一处：“没有什么比太阳的光辉、母牛的身影、空气、水、火和少女的呼吸更纯洁的东西了。”最后一处——或许也是一个神圣的谎言：“裸露肚脐以上都是纯洁的，肚脐以下都是不纯洁的。只有少女，全身是纯洁的。”

57

如果把基督教的目的和《摩奴法典》的目的比较一下，如果把这两个最为对立的目的置于强光之下，就可以立即见出基督教手段的非神圣性。它使得基督教的批评者不得不贬低基督教。——像《摩奴法典》这样一部法典，它的诞生和每一部好的法典一样：它总结了几千年之久的经验、巧智和实验道德(Experimental-Moral)，它画上了句号，它不再创造什么。这种法典的编纂以这样一个洞见为前提：为一个耗费许多时间和代价才获得的真理，其树立权威所需要的手段，根本不同于证明它所需要的手段。一部法典从不会讲述一条律法背后的用处、根据和疑点：如果这样恰恰就会损害它的命令口吻，“汝当”是服从的前提。而问题恰在于此。——在一个民族的某一个发展时刻，这个民族最审慎的(最为瞻前顾后的)阶层将应当(也即能够)把依此生活的经验宣告为完成。其目标在于，从实验阶段和糟糕经验中尽可能丰富和完备地将收获带回家。因此，现在首先需要防范的是，仍然继续实验，价值流动的延续，对价值的检验、筛选和批判持续 in infinitum[直至无限]。人们为此而设立了双重防护墙：首先是天启(Offenbarung)，即声称律法并非源于人类的理性，并不是慢慢地从错误中寻找并找到的，而只是作为神性渊源、完全、完满、无历史的、像一个礼物、像一个奇迹一样被传达……其次是传统(Tradition)，即声称律法自古以来早就存在，要怀疑它就是不虔诚的、就是对先人的冒犯。律法的权威奠基于这两个命题：它是上帝所赐，它是先人的生活。——这样一种程序的更高的道理在于这样一个目的，即将意识逐渐地从被视为正确的(即被无数的、严格筛选过的经验证明了的)生活中排挤出去：如此使得本能得到完全的自主发展，而这是达到任何一种精熟、完美的生活艺术的条件。以摩奴的方式编纂一部法典，这意味着从此以后承认一个民族，能够成为大师、变得完满——具有达到最高生活艺术的抱负。为此必须把它变成无意识的：这是所有神圣谎言的目的。——等级秩序，这最高的、支配性的法则，只是一种自然秩序、第一位的自然法则的裁决，任何的专断、任何的“现代观念”都没有权力来裁决。在任何一个健康的社会中，三种生理学上重心各异的类型彼此区分而又相互规定，其中每一种类型都有它自己的保健方式、自己的工作领域、自己感受完美和达至精熟的方式。将特别精神性的人、肌肉和性情特别强壮的人、两方面都不突出的第三种人(即常人)区分开来的，是自然，而非摩奴，最后一种人是大多数，第一种人是优选品种。最高的阶层——我称之为极少数人——作为完美的阶层也具有极少数人的特权：包括表现地上的福、美、善。只有最富精神的人才有通往美、通往美好事物的资格：只有在他们那里，善好不是软弱。Pulchrum est paucorum hominum[美是少数人的]：善好是一种特权。另外，没有什么比丑陋的姿态、悲观的目光、丑化事物的眼睛，甚或对事物整全的愤愤不平更让他们难以忍受了。愤愤不平是旃陀罗的特权；悲观主义也是如此。“世界是完满的——最富精神的本能、肯定的本能如是说：不完美、各种低于我们的事物、距离、对于距离的激情、旃陀罗本身都属于这种完美性。”最富精神的人是最强大的人，他们在其他人会毁灭的地方发现自己的幸福：在迷宫中，在对自己和他人的严厉中，在尝试中；自我征服是他们的快乐：禁欲对他们而言是自然、需要和本能。在他们看来，艰难的使命是特权，与重负嬉戏是一种休憩，这重负却会压死别人……知识——禁欲的一种形式。他们是最值得尊敬的人：这并不排除，他们是最开朗、最可爱的人。他们统治，并非他们想要统治，而是因为他们是天生的统治者，他们无法成为第二等人。第二等人：他们是法(Recht)的守卫、秩序和安全的看护者，他们是最高贵的战士，其中首要的是国王，作为战士、法官和律法维护者的最高典范。第二等人是最富精神者的执行机构，是从属者中和他们离得最近的人，是为他们承担了统治工作中所有粗俗部分的人——他们的随从，他们的左膀右臂，他们最好的弟子。——再说一遍，在所有这些事情上，没有什么是任意的、没有什么是“人为的”；其他的样子才是人为的，自然随之而被损害……等级秩序、等级制(Rangordnung)只不过表达了生活本身的最高法则，三种类型的区分对于社会的保存、对于更高的和最高的类型的可能性而言是必需的，权利的不平等才是根本还有权利存在的条件。——权利是特权。每个人在他的存在方式中都有自己的特权。切莫低估了常人的特权。越是向上，生活越是艰难，越来越寒冷，责任越来越重大。一个高等文化是一个金字塔：它只能立于一个宽阔的基础之上，它首先得有一种强大而健康地巩固起来的平庸作为前提。手工劳动、贸易、农耕、科学、绝大部分的艺术，一言以蔽之，全部的职业活动，都只与常人的能力和欲望相适应：对于例外者而言，这些都是不合适的，与之相应的本能既与贵族主义又与无政府主义相悖。一个人成为一种公共的用处、一个齿轮、一种功能，这其中有一种自然规定性：将他们组成聪明的机器，这不是社会、不是绝大多数人单纯能有的幸福所能办到的。对于常人而言，平庸是一种幸福；精熟于一方面，天生的专家。如果一个更深刻的精神在平庸本身中已经看到一种异议，那么这对他而言完全是有失体面的。平庸甚至是例外能够存在的首要的必需之物：它是一个高级文化的条件。如果例外者(der Ausnahme-Mensch)恰恰用温柔的手指来操纵平庸者，仿佛是在操纵自己和自己的同类，那么这并不只是内心的谦恭，这其实是他的义务……当今的流氓中，我最恨的是谁？是社会主义流氓，这些旃陀罗使徒，他们毁坏了劳动者的本能、乐趣以及对于其渺小存在的满足感——他们激起了劳动者的嫉妒心、教他报复……不公正绝不存在于不平等的权利，而存在于对“平等”权利的诉求……什么是坏？我其实已经说过了：源于软弱、嫉妒和报复的一切。——无政府主义者和基督徒同根同源……

58

事实上，为了什么目的而说谎，这当中有一种分别：借此得以保存还是毁灭。在基督徒和无政府主义者之间完全可以画上等号：他们的目的和本能都只指向毁灭。对于这句话的证明，只要翻开历史就能读到：里面有极为确凿的证据。我们刚刚了解了一种宗教立法，它的目的是要将生命在其中得以繁盛的最高条件，即一种伟大的社会组织“永恒化”，而基督教的使命正在于，要终结这样一种组织，因为生命在其中得以繁盛。前者要使从长期实验和不确定中获得的理性达至最长久的益处，并且要将果实尽可能大、尽可能丰富和完备地带回家；后者却相反，它在一夜之间毒害了果实……那 aere perennius[像铜一样持久][①]的存在者，imperium Romanum[罗马帝国]，是迄今为止在艰难的条件下所达到的最伟大的组织形式，与之相比，一切先前的和往后的组织形式都是残篇断简、劣质品和半吊子，那些神圣的无政府主义者们还为自己从中搞出了一种“虔诚”，即将“世界”(也就是 imperium Romanum[罗马帝国])摧毁，直至片甲不留，直至日耳曼人和其他野蛮人能够成为它的主人……基督徒和无政府主义者：此两者都是颓废者，他们除了给他者带来解体、毒害、枯萎、吸血的影响之外，别无所能，他们对于一切存在者、一切伟大的存在者、持续者、为生命承诺未来的事物有着源于本能的致命仇恨……基督教是 imperium Romanum[罗马帝国]的吸血鬼，它在一夜之间毁灭了罗马人为一个前途光明的伟大文化赢得地基的壮举。——你们总还是没有理解这一点吗？我们所认识的 imperium Romanum[罗马帝国]，罗马行省的历史让我们认识得越来越清楚的 imperium Romanum[罗马帝国]，这最可惊叹的具有伟大风格的艺术作品，只是一个开端，它在建造的时候所设想的是要用千万年来证明自己，迄今为止从未有过这样的建筑，甚至从未有过梦想，在相同的程度上 sub specie aeterni[以永恒的眼光]来建造。——这种组

---

① 参见贺拉斯：《颂歌集》，第三卷，30，1。——编注

织坚实稳固，足以经受糟糕的皇帝：在此类事物中，人的偶然性不该起任何作用，一切伟大建筑的首要原则。然而，它却没有坚固到足以抵抗一切腐败中最腐败的一种，抵抗基督徒……这隐秘的蛀虫在黑夜、烟雾和模棱两可中悄然爬向所有的个体，从每个人身上吸掉了对于真实事物的认真态度、对于实在的全部本能，这帮阴险、女气而又像糖一样甜蜜的家伙逐渐使得这庞大的建筑丧失了灵魂，丧失了那富有价值的、那男性高贵的本性，这本性将罗马的事业视为它自己的事业、它自己的严肃、它自己的骄傲。虚伪的马屁精、秘密的教团集会、阴暗的概念(比如地狱、无辜者的牺牲、饮血结成的 unio mystica[神秘统一])，尤其是被慢慢煽动起来的报复之火、旃陀罗的报复之火——这成了罗马之主，伊壁鸠鲁已经在其预先形式中向这同一种宗教开战了。读读卢克莱修，就能理解，伊壁鸠鲁与什么作战，不是异教，而是“基督教”，即通过罪责、惩罚、不朽概念而实现的灵魂败坏。——他与地下崇拜、整个潜在的基督教作战，那时，否认不朽已是一个现实可行的解决办法。——而且，伊壁鸠鲁本来是能够获胜的，那时，罗马帝国境内任何一个值得重视的人物都是伊壁鸠鲁主义者：这时，保罗登场了……保罗，已经化作肉身和天才的针对罗马、针对“世界”的旃陀罗仇恨，犹太人，永恒的杰出犹太人……他所猜中的，是如何能够借助犹太教之外小小的、教派的基督徒运动来点燃一场“世界大火”，如何能够通过“十字架上的上帝”这样一个象征来将帝国中所有下层之物、所有隐秘谋反的因素、全部无政府主义阴谋的遗产总结成为一股惊人的权力。“救恩来自犹太人。”——基督教之为公式，用来超越并且总结所有形式的地下崇拜，比如奥西里斯崇拜①、伟大母亲崇拜②和密特拉崇拜③：保罗的天才在于这种洞见。在这方面，他的本能是如此确凿，以至于他可以带着对真理无情的暴力，将那些旃陀罗宗教为之欣喜

① 奥西里斯：古埃及神谱中最重要的神灵之一。原是一个传说中的国王，后被兄弟赛特害死。他的妻子设法与死去的奥西里斯结合并怀孕、生下何露斯。何露斯后来打败了赛特，并将奥西里斯复活。从此之后，死而复活的奥西里斯成了佑护植物丰收和一切再生力量的神灵。——译注

② 母亲崇拜：指大地之母库柏乐，是罗马人引进的第一位亚洲神灵。这种崇拜具有狂欢性质，狂欢达到高潮时，新入教者就割下生殖器，作为供品献给女神，仪式非常血腥。——译注

③ 密特拉是一位伊朗神灵，密特拉教是公元 3 世纪时盛行于罗马的一种秘密宗教。密特拉是各种秘仪中唯一没有经历死亡的神，密特拉教也没有狂欢的或可怕的仪式。而且，在各种秘仪中，也只有密特拉教不接受女性，它几乎是士兵的秘密宗教。——译注

若狂的观念，挂在他所创造的“救世主”嘴边，并且不只是挂在嘴边——以至于他可以从救世主中弄出一些一位密特拉教士也能够理解的东西……这就是他的大马士革时刻：他明白了，要贬低“世界”的价值，他就迫切需要对于不朽的信仰；他明白了，“地狱”概念还将统治罗马——他明白了，用“彼岸”来谋杀生命……虚无主义者和基督徒：他们是同道中人①，他们不仅仅是同道中人……

59

古代世界的全部工作都白费了：我找不到词语来形容我对如此惊人之事的感受。——并且，如果考虑到他们的工作只是一种准备，考虑到他们怀抱着坚固的自我意识只是为一项千万年的工作奠定了基础，那么，古代世界的全部意义就都付诸东流了！……希腊人为了什么？罗马人为了什么？——一个有教养的文化的所有条件、一切科学的方法都已经具备了，人们已经确立了善于阅读的伟大艺术、无与伦比的艺术——这是通往文化传统、通往科学统一的前提；自然科学与数学和力学一起，位于最好的轨道上——事实感(Thatsachen-Sinn)，这最后、最有价值的感受，已经有了它的流派，已经有了数百年的古老传统！人们理解这一点了吗？要投入工作所需的一切本质性的东西都已经被发现了：方法，我必须一再强调，是本质性的东西，也是最难的东西，也是遭受了习惯和惰性最长久的抵触的东西。我们如今通过难言的自我克制才重新夺回的东西(因为，无论如何，我们身上全都具有恶劣的本能、基督教的本能)：自由地面对实在的眼光、小心谨慎的手、耐心、在极其细微之处的严肃认真、全部的知识真诚——它们已经在那了！2000多年前已经在那儿了！并且还要加上良好而细腻的分寸和品位！不是作为精神驯兽！不是作为粗野的“德意志”教化！而是作为身体、作为举止、作为本能而存在——一言以蔽之，作为实在……一切都白费了！一夜之间只剩下一点回忆！——希腊人！罗马人！本能和品位的高贵，方法性的研究，组织和管理的天才，信仰，欲求人类未来的意志，对一切事物的伟大肯定化身为 imperium Romanum[罗马帝国]、让一切感官都能察觉，伟大的风格不再只是艺术，而是变成了实在、真理和生命……一夜之间全都崩溃了，并且不是因为自然灾害！不是被日耳曼人和其他乡巴佬所践踏！而是被狡诈的、隐秘的、不可见的、贫

① 原文 reimtsich 的本义是“押韵”，虚无主义者(Nihilist)和基督徒(Christ)在德语中的韵脚都是 ist，因此尼采此话一语双关，这两者作为语词押韵，作为人是同道。——译注

血的吸血鬼所损害！不是被战胜，而是被吸干了！……隐蔽的报复欲、小小的嫉妒心成了主人！所有可怜之物、所有为自身而感痛苦者、所有被恶劣感受所侵袭者、灵魂的全部犹太世界(Ghetto-Welt)一跃而升至高处！——只要读一读任何一位基督教的鼓吹者，比如神圣的奥古斯丁，就能理解，就能闻出，何种不洁净的家伙由此而升至高位了。如果人们假定基督教运动的领导者在理智上有任何一种缺陷，那会是一种十足的自我欺骗：哦，这些教父先生们，他们是聪明的，聪明以至于神圣！他们所缺乏的是某种完全不同的东西。自然忽视了他们，它忘了给他们一点儿可敬的、正直的和纯粹的本能做嫁妆……在我们当中，从未有过男人……如果伊斯兰教要藐视基督教的话，它有千万重理由这么干：伊斯兰教以男人做前提……

60

基督教从我们手中夺去了古代文化的果实，后来又从我们手中夺去了伊斯兰文化的果实。西班牙摩尔人奇异的文化世界根本上比罗马和希腊离我们更近、更契合我们的感官与品位，它被践踏了——我说的不是被怎样的双脚所践踏——为什么？因为它是高贵的，因为它的起源归功于男人的本能，因为它尽管具有摩尔人生活中稀少、精细的高贵品质却仍然肯定了生命！……十字军骑士后来与之战斗的东西，于他们而言，更合适的做法是在它面前自行倒入尘埃，与这种文化相比，即便我们的 19 世纪也该显得极为贫乏、极为“晚熟”。——然而，他们想掠得战利品：那时，东方是富有的……摆脱偏见吧！十字军东征——高级海盗，此外无他！——德意志贵族，根底上的维京贵族①，其本质由此得到揭示：如何拥有德意志贵族，对此，教会知道得再清楚不过了……德意志贵族，永远是教会的“侍从”，永远服务于教会所有恶劣的本能，但是报酬丰厚……教会恰恰借助德意志战刀、德意志鲜血和勇气来进行反对地上一切高贵之物的殊死战斗！这里有着许多令人痛心的问题。在高级文化的历史中，几乎没有德意志贵族：理由一猜即中……基督教，酒精——这两个巨大的腐化手段……就伊斯兰教和基督教来看，这本身该没有选择可言，就像在一个阿拉伯人和一个犹太人之间没有选择可言一样。决定已经做出，没有人还能在此做选择。要么是一个旃陀罗，要么不是……“与罗马动刀开战！与伊斯兰结成和平、友

① 此处“维京贵族“原文为 Wikinger-Adel。“维京人”(Wikinger)原为野蛮的海盗，后改信基督教。——译注

好”：那个伟大的开明思想者(Freigeist)，德国皇帝中的天才，弗里德里希二世是这样感受的，也是这样做的。怎么？一个德国人首先必得是天才、首先必得是开明思想者，才能诚实地感受吗？——我不理解，一个德国人怎么可能曾经以基督徒的方式去感受……

61

在此必须提及一个对于德国人而言还要痛苦百倍的回忆。德国人从欧洲手中夺去了它本来还能带回家的最后一个伟大的文化果实——文艺复兴的果实。什么是文艺复兴，你们最终理解了吗，你们想要理解吗？重估基督教价值，试图集结一切手段、一切本能和一切天才为相反的价值、高贵的价值赢得胜利的努力……迄今为止只有这是伟大的战争，迄今为止没有比文艺复兴的问题提法更具决定性的了，我的问题就是它的问题：也从未有过一种更根本、更直接、更严厉地在整条战线并向中心迸发的进攻形式了！向关键位置，甚至向基督教的驻地发起进攻，让高贵的价值在这里登基，也即往在位者的本能、往其最为基础的需要和欲望中注入高贵的价值……我在眼前看到了一种可能性，其中有完全超越尘世的魔力和色彩诱惑：它仿佛在一切精美的震颤中闪闪发光，仿佛其中有一种艺术，是如此神圣、如此魔鬼般的神圣，以至于人们千百年来徒劳地搜寻了第二个这样的可能性；我看到一幕戏，它是那么意味深长，同时又那么惊人地荒谬，奥林匹斯山上的众神该当因此而有理由发出一声不朽的大笑了——切萨雷·博尔贾之为教皇……你们明白我的意思了吗？……好吧，这本该是那场如今只有我才渴望的胜利：基督教随之被废除了！——发生了什么呢？一个德国僧侣，路德，来到了罗马。这个僧侣，身怀一位遭遇不幸的教士的全部复仇本能，在罗马向文艺复兴发怒……本该怀着最深的感激去理解所发生的惊人之事：在基督教的驻地克服了基督教，他的仇恨却只知道从这幕戏中吸取自己的营养。一个宗教性的人只想着自己。——路德看到了教皇统治的腐败，而其反面恰恰显而易见：古老的腐败、peccatum originale[根本罪]、基督教不再居于教皇的宝座！取而代之的是生命！是生命的凯旋！是对于一切高等、美好、大胆之物的伟大肯定！……路德重又建立了教会：他攻击教会……文艺复兴——一个没有意义的事件，一个巨大的徒劳！——啊，这些德国人，他们已经让我们付出了什么样的代价！徒劳无功——这总是德国人干的事。——宗教改革；莱布尼茨；康德和所谓的德国哲学；自由战争；帝国——每次都使得某种已经存在的东西、某种不可再生之物付诸东流……我承认，这些德国人，他们是我的敌人：我藐视他们每一种概念和价值上的不洁净，藐视他们对于每一种诚实的是与否的胆怯。将近1000年以来，凡是他们用手指触碰过的东西，都被弄得纠结不清、混乱一气，他们为所有的不彻底性而感到愧疚——八分之三主义！——欧洲因这种不彻底性而患病，他们还为存在过的最不洁净的基督教形式，最无可救药的、最无可辩驳的形式，即新教，而感到愧疚……如果人们无法与基督教了断关系，那么德国人将为此而负有罪责……

62

——我就此打住，现在我要说出我的判决。我谴责基督教，我要向基督教教会提出有史以来一个控告者所能说出的最可怕的控告。在我看来，它是所有可以想象的腐败中最严重的一种，它有过求最后的、只要还可能的腐败的意志。基督教教会的败坏无所不及，它从每一种价值中搞出一种无价值，从每一个真理中搞出一个谎言，从每一种诚实中搞出一种灵魂上的卑鄙无耻。谁还胆敢向我提及它的“人道主义”祝福！消除任何一种困境都违反它最内在的利益——它靠困境为生，它创造了困境，来使自己永存……比如，罪(Sünde)这条蠕虫：凭借这个困境，教会才丰富了人类！——“上帝面前，灵魂平等”，这个谬误，这个遮挡了所有思想低劣者之仇恨的帘幕，这个概念炸药，它最终变成了革命、现代观念和全部社会秩序的没落原则——是一个基督教的烈性炸药……基督教的“人道主义”祝福！从人道当中培育出一种自我矛盾、一种自我损害的艺术、一种不计代价地求谎言的意志、一种厌恶、一种对所有良好的和诚实的本能的鄙视！——在我看来，这才是基督教的祝福！——寄生是教会唯一的实践；用它贫血的“神圣”理念吸干了每一滴血、每一种爱和对于生命的每一个盼望；彼岸之为要否定每一种现实的意志；十字架是一个暗号，用来标识曾有过的最为隐秘的谋反——反对健康、美、良好的教养、勇敢、精神和灵魂之善，反对生命本身……

只要有墙，我就会写上对基督教的这个永恒的控诉，我拥有即便盲人也能看见的字母……我称基督教为一个巨大的诅咒、一个巨大的内在腐败、一个巨大的复仇本能，对于这种本能而言，没有什么手段是足够有毒、足够隐蔽、足够秘密、足够小人的，我称基督教为一个抹不掉的人类污点……

人们根据 dies nefastus[不幸的日子](灾祸从此开始)来计算时

间，从基督教的第一天开始算！——为什么不从它的最后一天开始算呢？——从今天开始？——重估一切价值！……①

*　　　*　　　*

反基督教的律法

在拯救的日子，在第一年的第一天(——即错误纪年的 1888 年 9 月 30 日)颁布

反对恶习②的殊死之战：这恶习就是基督教

第一条——任何一种形式的违逆自然(Widernatur)都是可恶的。教士是最可恶的一种人：他教导人们违逆自然。用来反对教士的不是理由，而是监狱。

第二条——每参加一次礼拜都是对公共道德(die öffentliche Sittlichkeit)的一次谋杀。要比反对天主教徒更加严厉地反对新教徒，要比反对笃信的新教徒更加严厉地反对自由派的新教徒。当基督徒靠近科学的时候，他身上的犯罪因素增加了。因此，哲学家是罪犯中的罪犯。

第三条——那该诅咒的地方(基督教在上面孵养了它的怪蛇蛋)该被夷为平地，并且该作为地上的可耻之处让后世永感恐惧。该在上面驯养毒蛇。

第四条——宣扬贞洁是公开鼓动人们去违逆自然。通过“不洁”这个概念，对性生活所进行的每一种藐视、每一种玷污都是真正的罪，它违逆生命的神圣精神。

第五条——与一个教士同桌进餐要遭驱逐：一个人因此而把自己逐出了诚实的社会。教士是我们的旃陀罗——该排斥他，让他挨饿，把他赶到随便哪一种沙漠里去。

第六条——该把“神圣的”历史称为该诅咒的历史，这是它该有的名称；该把“上帝”“救主”“拯救者”“圣者”这些词用作脏话、用作罪犯的标志。

第七条——余者由之得出。

敌基督者

(余明锋译　孙周兴校)

---

① 紧接着是被尼采划掉的给排字工人的提示，上面是一张白纸，纸上只有这样几个字：反基督教的律法。——编注

② 恶习(Laster)是德性(Tugend)的反面，lasterhaft 相应地译为“可恶的”。——译注

第三编

重估一切价值的尝试(一)[①]

[34，1885年4月至6月]

34[11]

我们时代靠早先时代的道德过活。

34[36]

真正说来，“信仰”问题就是：本能是否比推理更有价值？以及为什么。

在关于“知识与信仰”的诸多争执当中，功〈利主义〉和直觉主义隐瞒了这个估价问题。

苏格拉底幼稚地拥护理性而反对本能。（但从根本上说，他却是服从一切道德本能的，只不过带着一种错误的动机说明：仿佛动机是出于理性的。柏拉图之类亦然。）

柏拉图不由自主地寻求一点，即理性与本能意愿的是同一个东西。直到今天的康德、叔本华和英格兰人也是如此。

在信仰中，对最高权威的服从之本能被置于

① 《权力意志》时期笔记节选一，译文选自尼采：《尼采著作全集》，第11卷；中译本参看尼采：《权力意志》，孙周兴译，上海，上海人民出版社，2018。——译注

优先地位，也就是一种本能。绝对命令乃是所想望的一种本能，在其中这种本能与理性是一回事。

34[48]

注意！某种清醒的大脑和某种善良的意志：由于趣味的原因，人们再也不能坚持“为供奉上帝”而正确地解说自己的体验，我的意思是说，到处都可以看到上帝关怀、警告、惩罚、教育的痕迹。正如一位出色的语文学家（一般地就是每一个经过语文学训练的学者）会讨厌错误的文本解说（例如那些站在布道台上的新教说教者的解说——因此博学的阶层再也不去教〈堂〉了——），正是如此，而不是由于伟大的“德性”“正直”等，关于一切体验的宗教阐释的伪币铸造才让人倒了胃口。——

34[92]

人们感谢基督教会，盖有两条：

(1)一种对暴行的神灵化：与罗马圆形竞技场那种壮观的但近乎愚蠢的屠杀相比，地狱观、刑讯和异教徒法庭、火刑之类，还算是一大进步。这种暴行中还包含了许多精神、许多隐含的想法。——它发明了许多乐趣——

(2)它借助自己的“不容异说或不宽容”，把欧洲人的精神弄得精细而灵活。人们马上就会看到，在我们这个拥有新闻出版自由的民主时代里，思想是如何变得蠢笨不堪的。大家注意听啊——是德国人发明了这种炸药。但他们又与这种炸药断绝了关系：他们发明了新闻出版业。古代城邦正是这样来计划的。相反地，罗马帝国在信与不信的问题上给予人们很大的自由，比当今任何一个国家的自由度都要大得多：后果立即就有了，就是精神的巨大蜕化、蠢笨化和粗糙化。——莱布尼兹、阿伯拉尔①、蒙田、笛卡尔和帕斯卡尔，他们看起来多棒啊！看到这些人物灵活的大胆鲁莽，乃是一种享受，为此我们得感谢教会。——教会对知识分子的压制本质上是不屈不挠的、严苛的，拜这种压制所赐，概念和价值评估就被处理为固定的、aeternae[永恒的]。但丁由此赋予我们一种独一无二的享受：人们绝不需要受一种绝对统治的限制。如果存在着限制，那么，这些限制已经被拉伸至一个巨大的空间范围，感谢柏拉图！而且人们可以在其中十分自由地活动，有如巴赫之于对位形式。——如果人们

① 阿伯拉尔：法国哲学家、神学家。人称高卢的苏格拉底。哲学上采取概念论，既反对极端实在论又反对极端唯名论。著有《神学导论》《自我认识》等。——译注

彻底学会了享受这样一种“法律之下的自由”，那么，培根和莎士比亚就几乎要令人作呕了。与巴赫和亨德尔相对照的当代音乐亦然。

34[108]

我把民主运动看作某种不可避免的东西：但它并非不可阻挡，而是可以延缓的。然而大体上，群畜之本能和群畜之评价的统治地位、伊壁鸠鲁主义和彼此的善意将日益增强：人将变得虚弱，但良善而和气。

34[121]

我对一个人的估价或评判还没有给予其他任何人做出同样的估价或评判的权利：除非他与我立场相同，属于同一等级。与之相反的思维方式乃是报纸的思维方式：对人或物的估价乃是某个“自在”的东西，每个人都可以像抓住自己的财物那样抓住它。而这儿恰恰包含着一个前提，即人人皆属于同一等级。——保持真诚乃是一种表彰。

34[142]

注意！我从来都不认为，全部德性都是从利己主义“推导”出来的。我想首先得到证明的，是“德性”而不只是某些群盲和集体暂时的保存本能。

34[174]

善乃恶的预备阶段；一份温和的恶——

34[241]

注意！已经有多少关于事物的错误解说啊！人们得考量一下，关于原因与结果的联系，所有人必定会设想什么，哪些人要祷告：因为没有人会说服我们，从祷告中抹去“请求”要素以及这样一种信仰，即相信请求是有意义的和能够“被满足”的。抑或另一种解说，在其中，一个人的命运已经“被遣送”给他了，要他去改善、告诫、处罚、警告；再或者是第三种解说，说的是，事物本身的过程就包含着正义和公正，在所有因果性事件背后还有一种犯罪侦查式的隐含意义(Hinter-Sinn)。——因此，全部对我们行为的道德〈的〉解说或许也只能是一种巨大的误解：正如对一切自然事件的道德〈的〉解说，十分明显地是一种误解。

34[253]

真理乃是某种谬误，而若没有这种谬误，某种生命体就无法生存。最终决定性的是生命的价值。十分平庸和有德性的人〈类〉——

[35，1885年5月至7月]

35[2]5

历史感：就是对一个民族、一个社会、一个人赖以生活的价值评估等级制进行快速猜测的能力，这种价值评估与生命条件的联系，价值权威与起作用的力的权威的关系(这种假定的关系多半比现实的关系更为丰富)：能够在自身中仿制这一切，就造成了历史感。

35[5]

道德乃是关于人类等级制的学说，因而也是关于人类行为和功业对于这种等级制的意义的学说：因而就是与全部人性相关的人类价值评估的学说。多数道德哲学家只描绘当代主流的等级制；一方面是缺乏历史感，另一方面他们本身也被一种道德所掌控，这种道德把当代的东西当作永恒有效的东西来传授。绝对的重要性，盲目的自私自利(这是每一种道德都要处理的)，都意愿世上不可能存在许多种道德，不想要比较，也不想要批判：而是要无条件的信仰本身。可见它本质上是反科学的——而且完全的道德论者因此必定就是非道德的，超善恶的。——但这样的话，科学还是可能的吗？如果不是某种道德的东西，那么对真理、真诚、正直的寻求是什么呢？而且，要是没有这种价值评估及其相应的行为，则科学是如何可能的？知识中的良知逃之夭夭——则科学何往？就对道德要求的至高的精细化在此恰恰是主动的而言，对道德的怀疑不是一个矛盾吗？一旦怀疑论者不再把这种精细的价值评估感受为具有标杆作用的，那么他再也没有理由去怀疑和研究了：除了真诚性，求知识的意志必定还有一个完全不同的根源。

35[17]

不论处于何种境况，人都需要一种价值评估，借助于后者，人才能面对自身尤其是面对环境为自己的行为、意图和状态做出辩护，也即把自己美化。任何一种天然的道德都是某个种类的人对于自己的满足状态的表达：如果说人们必须有赞扬，那么人们也就必须有一种协调一致的价值榜，在其中，我们最能胜任的、我们真正的力得以表达出来的行动，得到了最高的评价。我们的力所在的地方，我们也意愿借此得到重视和尊敬。

35[18]

人们是不是有权把一切伟大的人都看作恶人呢？这一点并非总

是可以用个案来说明的。伟人们经常有可能玩一种高超的捉迷藏游戏，以至于他们的举止和仪表表现出伟大的德性。他们经常严肃地崇尚德性，以一种强烈的冷酷对待自己，但却是出于一种残暴——远远地看来，诸如此类的情况是迷惑人的。有些人误解了自己，当他们——[1]并非稀罕的，伟大的使命常向伟大的品质挑战，例如正义感。重要的是：伟人也许也具有伟大的德性，但紧接着还是伟大德性的对立面。我相信，正是由于对立面的存在，也正是由于对立面的感受，才产生了伟人——这把绷紧的弓。

35[19]

人们必须摆脱这样的问题：什么是善的？什么是有同情心的？——而是要追问："什么是这个好人、这个同情者？"

35[20]

迄今为止，一种道德首先都是那种力求驯化某个相同种类的保守意志的表达，用这样一个命令："应当预防一切变异；只应留下对种类的享受。"在这里，一部分特性长期被固定和养大，另一些则被牺牲掉了；所有此类道德都是冷酷的(在教育中，在女子选择中，一般地针对青年们的权利)，结果是人有了少数几种但十分鲜明和总是相同的特征。这些特征联系于那样一些基础，而此类群体正是在这些基础上才得以实现自己，才可能反对敌人而守住自己。

这样一种培育的纽带和强制力一下子撕裂了(——偶尔不再有任何敌人——)：个体不再有这种限制，它野性地展示出来，一种惊人的毁灭与一种壮丽的、多样的、原始森林般的生长并存。对于如今把殊为不同的东西继承下来的现代人来说，就产生了一种强制性的要求，要使自身成为一种个体性的立法，这种要求对于现代人特殊的条件和危险是合适的。道德哲学家们出现了，他们通常以某种方式描绘出一个较常见的类型，并且以他们自己的 disciplina[纪律、风纪]为某个种类的人带来好处。

35[68]

关于环中之环。

注意！自行变化和始终如一的力，包含着一种一个内面(Innenseite)，一种普洛托斯[2]-狄奥尼索斯的特征，把自己伪装起来，在变化中享乐。把"人格"(Person)把握为错觉：事实上遗传是主要

---

① 原文如此。——译注

② 普洛托斯：希腊神话中变化无常的海神。——译注

的抗辩，因为不计其数的塑造力从早得多的时代里取得了它们持续不断的存在：实际上它们在其中斗争，被统治和被驯服——有一种权力意志贯穿人格，它必须把视角缩小，必须有这种“利己主义”，以之作为暂时的实存条件；它从每一个等级向更高的等级巡视。

把起作用的原理缩小为“人格”、个体。

［36，1885年6月至7月］

36［7］

我的“同情”。——这是一种情感，对我来说，没有一个名称可以完全表达之：当我看到一种对于宝贵能力的挥霍时，例如看到路德的情况时，我就感到这种情感：这是何种力量以及什么样的无聊乏味的乡巴佬问题啊（在那个时代，在法国已经可能有蒙田那种勇敢而愉悦的怀疑）！或者当我通过一种随机然性胡闹的影响，看到有人落后于他可能已经形成的东西时。又或者想到人类的奖赏，就像我带着畏惧和蔑视，冷眼旁观今天欧洲的政治，后者在任何情况下也都致力于编织关于全部人类未来的谎言。是的，“人”可能会变成什么呀，如果——![1] 这就是我的“同情”；是否已经没有与我同甘共苦的受苦之人了？

36［8］

道德

自古以来，人类在对自己的身体的深度无知中生活，满足于若干能传达自己状况的公式，同样地，关于人类及其行为的价值的判断也是如此：人们靠自己抓住某些表面的和次要的符号，没有感觉到，我们对自己是多么无知和陌生。就关于其他人的判断而言：这个最谨慎和最公道的人在此还是多么快速而“肯定地”做了判断啊！

36［10］

我靠自己努力证明那种完美的生成之无辜，这已经过去多久了啊！同时我已经走过了哪些奇怪的道路啊！有一回我觉得这就是正确的答案了，当时我宣布：“作为具有某种艺术作品特性的东西，此在（Dasein）根本不受道德的 jurisdictio［管辖］；而毋宁说，道德本身属于现象领域。”另一回我说：在客观上，所有罪责概念都是完全无价值的，而在主观上，全部生命都必然是不公正的和不合逻辑的。

① 原文如此。——译注

第三回我得以否定了所有目的，感到因果联系是不可认识的。而这一切都是为了什么呀？难道不是为了为自己谋得一种完全不负责任的感觉吗？——难道不是为了把自己放到任何赞扬和谴责之外，使自己独立于一切古今之争吗？难道不是为了以自己的方式追随自己的目标吗？

36[21]

弱者渴望成为强者，乃出于营养困难；它想要躲避起来，尽可能与强者成为一体的。相反地，强者则要防备自己，他不想以这种方式走向毁灭；而毋宁说，他分裂为二，甚至分裂为更多。求统一的欲望越大，人们就越是可能导致虚弱；求变异、差异、内在蜕变的欲望越多，那里就越有力量。

在无机世界和有机世界里，相互接近的本能——与拒斥某物的本能，乃是一个纽带。全部区分都是一种偏见。

在任何力量组合中的权力意志，在反抗强者，冲向弱者之际，是真正的权力意志。注意：作为“本质”(Wesen)的过程。

[37，1885年6月至7月]

37[4]

道德与生理学。——恰恰人类的意识如此长期地被视为有机体进化的最高阶段，一切尘世事物中最可惊讶的东西，可以说就是一切尘世事物的全盛期和目标；我们认为这种看法是草率的。最可惊讶的东西毋宁说是身体(Leib)：我们可以没完没了地赞叹，人类的身体是如何变得可能的。生命体的这样一种惊人的联合(每个生命体都是依赖性的和恭顺的，但在某种意义上又是命令性的、出于自己的意志而行动的)如何可能作为整体而生活、生长并且在某个时期长期地持存——这显然不是通过意识而发生的！对于这种“奇迹中的奇迹”，意识只不过是一个“工具”，没有更多的了——意思就好比说，胃是这样一个工具。殊为多样的生命的壮丽联结，高高低低的活动的安排和排列，多种多样的服从(它不是盲目的服从，更不是机械的服从，而是一种选择性的、聪明的、考虑周到的、本身反抗性的服从)——这整个“身体”现象，按理智的尺度来衡量，优越于我们的意识、我们的“精神”、我们的有意识的思维、情感、意愿，就如同代数学优越于两数乘法表。“神经系统和大脑系统”并不是为了把思维、情感、意愿提供出来才如此精细和“神性地”得到构造的：我倒是以为，恰恰为此，为了思维、情感、意愿，本身还根本不需要什么“系统”，相反，唯有这一点才是“事情本身”(die Sache selbst)。毋宁说，这样一个生命体与智力的惊人综合(它被叫作“人类”)之所以能够生活下来，是有前提的，其前提就是：那个精细的联结系统和中介系统，以及由此而来，所有这些高高低低的生物的一种闪电般飞快的相互理解被创造出来了——而且是通过全然活生生的中介：但这是一个道德的问题，而不是一个机械论的问题！空谈“统一性”“心灵”“人格”，是我们今天不准自己做的：以这样的假设，人们加剧了问题的难度，就此而言是冷酷的。即便那些构成我们的身体的极渺小的生命体(更正确的说法：关于它们的共同作用，我们所谓的“身体”乃是最佳的比喻——)，在我们看来也不是心灵-原子(Seelen-Atome)，而倒是某种生长着的、斗争着的、自我繁殖着而又渐渐死去的东西：以至于它们的数量变化不定，而我们的生命与任何生命一样也是一种持续不断的赴死。所以在人类身上有多少构成其身体的生命体，就有多少“意识”——在其生命此在(Dasein)的每一个瞬间。通常被视为独一无二的“意识”即理智的突出标志恰恰在于，它被保护和锁闭起来，免受在这许多种意识的体验中的无数多样性之害，而且作为一种更高等的意识，作为一种支配性的众多和最高阶层，只获得了一种对体验的选择，其中包括全然被简化的、被弄得一目了然和可理解的，也即被伪造的体验，以便它本身在这种简化和明晰化中(也即伪造中)继续进行，并且为人们通常所谓的“意志”做准备——每一种这样的意志行为可以说是以一种独裁者的任命为前提的。可是，为我们的理智提供这种选择的，事先已经对体验做了简化、同化和解释的，无论如何都不是这种理智：这种理智同样也不是执行意志的东西，把一种苍白的、单薄的和极为惊人的价值观和力量观接受下去并且把它转化为活生生的力和准确的价值尺度的东西。而且，恰恰在这里发生的这同一种工作程序，必定会在所有更深的层面，在所有这些高高低低的生物的相互行为中持续不断地发生：这同一种对体验的选择和展示，这种概括和共思，这种意愿，这种把始终不确定的意愿转译为确定行为的做法。如前所述，以身体为引线，我们学会了一点，即通过许多不等价的理智行为的共同作用，也就是说，只有通过一种持续的、各种各样的服从和命令——用道德上的说法，通过许多德性的不间断的训练——我们的生活才是可能的。人们怎能停止用道德方式说话啊！——如此喋喋不休地空谈，我曾毫无保留地献身于自己的教学活动，因为我曾有幸碰到某个受得了听我讲话的人。然则恰恰在这个地方，阿里阿德涅再也受不了了——因为在我头一次在纳克索斯岛①逗留时发生了这个故事："但先生啊，"她说，"您讲的是猪的德语啊！"——"德语，"我愉快地答道，"只是德语呀！请您把猪拿掉，我的女神！您低估了用德语讲精美事物的困难！"——"精美事物！"阿里阿德涅惊恐地叫起来，"但那只是实证主义！大鼻子哲学！来自上百种哲学的概念大杂烩和概念垃圾！这是什么意思嘛！"——她同时不耐烦地玩弄着那根著名的红线，这红线曾引导她的忒修斯穿越迷宫。——于是见出分晓，原来阿里阿德涅因其哲学训练而落后，落后了约两个世纪。

37[8]

无可拒绝、迟疑、可怕如同命运，一个伟大的使命和问题临近了：应当如何来掌管作为整体的地球？还有，应当为何来培育和教育作为整体的"人类"——而不再是一个民族、一个种族？

立法的道德乃是一个主要手段，靠着它，人们可以从人类身上塑造出一种创造性的和深度的意志所欢迎的东西，其前提是：这样一种最高等级的艺术家意志手上掌握了暴力，能够以立法、宗教和伦理为形态，长时期地贯彻它的创造性意志。这样一种具有伟大创造力的人类，这种真正伟大的人类，以我的理解，在今天很可能是人们还长期无法追随的，因为他们付诸阙如；直到最后，在经历了种种失望之后，人们一定会开始理解，为什么他们会付诸阙如，他们的出现和发育，除了现在在欧洲径直被命名为"道德"的东西之外，在今天以及长期地都没有任何更具敌意的东西挡在路上：仿佛不存在也不允许存在其他道德了——就是我们刚刚描绘过的群盲道德，后者竭尽全力追求地球上普遍的、绿色的牧场幸福，也即生活的安全、无危险、舒适、轻松，终于，"如果一切顺利"，就希望自己也还能摆脱一切种类的牧人和带头羊。他们的两个最多被传布的学说叫作："权利平等"与"同甘共苦"——而且苦难本身被他们当作某种绝对必须废除掉的东西。这样的"理念"始终还可能成为时髦，这一点给出一个令人厌恶的关于——②的概念。但谁若彻底地思考了，迄今为止人这种植物在哪里以及如何得到了最有力的生长，他就必定会以为，这是在相反的条件下发生的：此外，人的处境的危险性急剧增长，人的发明力和伪装力在长期的压力和强制下顽强抗争，人的生命意志必须被提升为一种无条件的权力意志和强大优势，危

① 纳克索斯岛：希腊基克拉迪群岛中的最大岛，位于爱琴海南部。——译注

② 原文如此。——译注

险、冷酷、暴力、胡同里(如同心脏里)的危险、权利不平等、隐蔽、斯多亚主义、引诱者艺术、任何暴虐行径，质言之就是一切群盲愿望的对立面，都必然地要提高人这个类型。一种带有此等相反意图的道德(它要培育人，使人提高而不是使人进入舒适和平庸状态)，一种意在培育统治阶层的道德——未来的地球主人，为了能够得到传授，就必须把自己引入与现存伦理准则的联系之中，并且隶属于现存伦理准则的话语和假象；但为此必须发明出许多过渡手段和欺骗手段，还有，因为着眼于如此漫长的使命和意图的实现，一个人的寿命几乎无关紧要，所以首先必须培育一个新的种类，在其中，许多世代保证了同一种意志、同一种本能的延续：一个新的主人种类和主人阶层——后者同样很好地把自己理解为这种思想的漫长的和不易表达的“如此等等”(Und-so-weiter)。为某个特定的具有最高精神性和意志力的人的强大种类准备一种价值颠倒，为此目的，慢慢地和小心地把他们身上大量被羁绊和被诽谤的本能释放出来：谁来思考这一点，他就属于我们行列，属于“自由精神”——当然可能属于比以往更新的“自由精神”种类：因为以往的“自由精神”想望的差不多是相反的东西。在我看来，后者主要包括欧洲悲观主义者，一种愤怒的唯心主义的诗人和思想家们，因为他们对总体此在的不满至少在逻辑上迫使他们也不满于当代人；同样还有某些贪婪的和虚荣的艺术家，他们毫不迟疑地和无条件地反对“群盲”，为高等人的特殊权利而斗争，并且用挑选出来的人物那里的艺术的引诱手段来麻醉所有群盲之本能和群盲之谨慎；最后，就是所有那些批评家和历史学家，他们大胆地继续推进幸运地开始的对旧世界的发现——新的哥伦布的作品、德国精神的作品(——因为我们始终还处于这种征服的开端中)。因为在旧世界中，占上风的实际上是一种不同于今日的道德，一种更华丽的道德；古代人，为其道德教育魔力所吸引，是一种比今日人类更强大和更深刻的人——他是迄今为止唯一的“发育完好的人”。但那种引诱，那种从古代出发施加给发育完好的也即强壮的和行动的心灵的引诱，即便在今天也还是所有反民主的和反基督教的引诱中最精致的和最有效的一种：正如它已经在文艺复兴时期出现的那样。

[38，1885年6月至7月]

38[1]

 思想在其出现的形态中乃是一个多义而模糊的符号，这符号需要解释，更准确地讲，需要一种专横的浓缩和限制，直到它终于变得清晰起来。它在我心中冒出来——从哪里来？通过什么？我不知道。它到来，无赖于我的意志，通常被一种情感、欲望、厌恶的扰攘包围和遮蔽，也被其他思想包围和遮蔽，往往难以与一种“意愿”或“情感”区别开来。人们把它从这种扰攘中拉出来，把它净化，从根本上安置它，人们看到它如何站立，如何运行，一切都以一种惊人的急板(presto)，但完全没有匆忙之感：谁做了这一切，我不知道，我无疑更多是这个过程的旁观者而不是发起者。人们进而对它进行审判，问道：“它意味着什么？它可能意味着什么？它是对头的还是不对头的？”——人们求助于其他思想，对它们进行比较。如此这般，思想就差不多证明自己是一种公正训练和公正行为，其中有一个法官，一个反方，甚至也有证人传讯，对之我可以听一点点——但只是一点点，大多数内容似乎被我忽略了。——每一种思想起先都是多义而模糊地出现的，本身只是阐释尝试或者专横规定的动因；在所有思想行为中似乎还加入了人格的多样性：这些不是太难观察到的，根本上我们受到了相反的训练，就是在思想时并不想到思想。思想的起源依然蔽而不显；这方面的可能性很大，思想只是一种广大的状态的表征；诸如恰恰这种思想出现而不是其他思想，恰恰它以这样一种或大或小的清晰性出现，间或可靠而有命令作用，间或虚弱而需要一种支撑，总体说来总归是激动人心的、追问性的——因为对于意识来说，每一种思想都像一种兴奋剂那样起作用——在所有这一切中，我们的总体状态的某个东西以符号形式表达出来。——每一种情感的情况亦然，它本身并不意味着什么；当它到来时，它首先被我们阐释，而且往往多么奇怪地被阐释！人们可以想想几乎不为我们“所意识的”内脏困厄，想想下身的血压紧张，想想 nervus sympathicus[交感神经]的病态状态：我们通过 sensorium commune[皮质感觉中枢]几乎不能对之有丝毫意识的东西有多少啊！——在这种不确定的不快感中，只有受解剖学训练的人才能猜测原因的正确种类和区域；而其他所有人(总的来说也就是有人类以来的几乎所有人)在这样一种痛苦情况下所寻求的，并不是一种生理上的说明，而是一种心理和道德上的说明，并且把一种虚假的论证硬推给事实上的身体走调和不适，他们的做法是：在他们不适的经验和恐惧范围内获取一个理由，说明为何感觉如此糟糕。在刑讯折磨下几乎人人都会承认有罪；在遭受不知道生理原因的痛苦时，受折磨者会久久地甚至盘根究底地问自己，直到他发现自己或者他人是有过错的——举例说来，就像清教徒的所作所为，他们对一种带有非理性生活方式的古怪脾气做了一种习惯上的道德解释，也即把它解释为自己良心的责备。

38[13]

我年轻时曾忧心于这样一个问题：究竟一个哲学家是什么。因为我当时以为自己领会到与那些著名哲学家相对立的特征。最后我明白了，存在着两个不同种类的哲学家，第一类哲学家必须以某种方式抓住大量的价值评估，也即从前的价值评估和价值创造（逻辑的或者道德的），而第二类哲学家本身就是价值评估的立法者。前者力求掌握现成的或者过去的世界，其做法是通过符号来概括和简化这个世界。这些研究者致力于把所有以往发生的事和以往所做的评估搞成可综观的、可思考的、可把握的、便于使用的，致力于征服过去，把一切久长的东西即时间本身缩减——委实是一项伟大而神奇的任务。然而，真正的哲学家却是命令者和立法者，他们说：理当如此！他们首先规定人类的何往和何为，同时支配着那些哲学工作者（那些征服过去的人）的准备工作。这第二类哲学家天生稀罕；而且实际上，他们的处境和危险是阴森可怕的。他们多么经常地有意紧闭自己的眼睛，只为了不必看到那种把他们与深渊和悬崖分离开来的细微边缘：例如柏拉图，当他说服自己相信他要的善并不是他柏拉图的善，而是善本身，是永恒的珍宝，只不过一个叫柏拉图的人在路上找到了它！这同一种盲目意志以粗糙得多的形式在那些宗教创始人那里起支配作用：他们的“你应当”（du sollst）在他们的耳朵听起来完全不像“我要”（ich will），只是他们胆敢把遵守上帝的命令当作自己的使命，只是作为“灵感”（Eingebung），他们的价值立法乃是一种忍受得了的、使他们的良心不至于破灭的重负。——一旦那两个安慰剂，即柏拉图和穆罕默德，已经失效，再也没有一个思想家能够靠“上帝”或者“永恒价值”的假设来缓解自己的良心，则新价值之立法者的要求就上升到一种新的、尚未达到的恐怖状态。现在，那些特选民（在他们面前，关于这样一种义务的猜度开始变得明朗了）将做出试验，是否他们想通过某种荒唐行为还“适时地”从这种义务中溜走（仿佛把它当作自己的最大的危险）：例如他们说服自己，让自己相信任务已经解决，或者任务是不可解决的，或者他们负担不起这等重负，或者他们已经负担了其他更进一步的任务，或者连这种新的遥远的义务也是一种引诱和诱惑，一种对全部义务的拒绝，一种疾病，一种疯狂。实际上可能有些人已经成功地逃避：贯穿整个历史，布满了此类逃避者及其坏良心的痕迹。但这种厄运之人多半会获得那拯救时刻，那成熟的秋季时分，当其时也，他们一定会得到他们都不敢“想望”的东西——而他们向来多半惧怕的行为，轻易而无意地从树上掉落到他们身上，作为一种毫不任性的行动，几乎作为赠礼。

[39，1885年8月至9月]

39[17]

人们可以希望人变得如此崇高，以往至高之物，例如以往的上帝信仰，在人看来都显得那么幼稚可笑，那么动人，是的，人有对待所有神话的办法，再一次做了这事，也就是把〈以往至高之物〉转变为儿童故事和童话了。

[40，1885年8月至9月]

40[44]

假如世界是虚假的，生活唯以幻想为基础，总是笼罩在幻想之下，唯以幻想为引线才能得到理解：那么，“依照自然而生活”意味着什么呢？生活的戒律不会就是“做一个骗子吧”？甚至于，人们如何能预防欺骗？我们把自己弄错了，对我们来说难以置信的是：何以我们对“邻人”来说更多的就是骗子！但邻人相信自己没有被我们欺骗——而且所有与双方权利和义务的交流都依据于此。——欺骗并非出于我的意图，这是得到承认的！但更细致地看：我也没有额外做什么，向我的邻人说明他们并没有误会我。我并没有阻止他们的错误，我并没有克服这种错误，我听任这种错误发生——就此而言，我说到底就是有意的骗子。然而我恰恰也这样来对付我自己：自知之明并不是责任感中的一种；尽管我力求认识自己，但这事的发生乃由于功利或者一种更敏锐的好奇心，而并非出于真诚之意志。——在人类大家庭中，真诚者比说谎者更有价值，这话始终还是有待证明的。迄今为止，那些十分伟大和强大者都是骗子：他们的使命就是希望自己做骗子。假设已经表明，生活和进展只有在一种一贯的和长期的受骗上当中才是可能的，那么，这个一贯的骗子就可能获得最高的敬意，成为生活的规定者和促进者。人们由于不讲真话而伤害他人，这是幼稚者的信仰，是一种青蛙式的道德视角。如果生活和生活的价值乃依据于完全被信仰的谬误，那么，恰恰讲真话者、想要真理者可能就是伤害者（作为拆穿幻觉的人）。

40[61]

关于计划。

我们的理智，我们的意志，我们的感觉也一样，都依赖于我们的价值评估：这种价值评估符合我们的欲望及其实存条件。我们的欲望可以还原为权力意志。

权力意志乃是我们所要达到的终极事实。

我们的智慧是一种工具。

｜我们的意志

{我们的不快感{都已然依赖于价值评估

｜我们的感觉{

40[69]

我们的精神连同"情感"和感觉乃是一个工具，它是为一个多头的和多样的主人效力的：这个主人就是我们的价值评估。但我们的价值评估显露出构成我们的生命条件的某些东西(最小的部分是个体条件，进一步是"人"这个种类的条件，最大最广的部分是一般的使生命成为可能的那些条件)。

[41，1885年8月至9月]

41[7]

当希腊的身体和希腊的心灵"繁荣昌盛"之时(而绝不是在病态的过度热情和癫狂的状态中)，产生了迄今为止地球上达到的最高的世界之肯定和此在之美化①的那种神秘象征。这里出现了一个尺度，以此来衡量，从那时起生长起来的一切，都被认为太短小、太贫乏、太狭隘了：面对近代最好的名字和事物，比如面对歌德或者贝多芬，面对莎士比亚或者拉斐尔，人们只要说出"狄奥尼索斯"一词：而且一下子，我们感到我们最佳的事物和瞬间受到了审判。狄奥尼索斯就是一位法官！——你们理解我的意思了吗？——毫无疑问，关于"灵魂之命运"的最后秘密，关于他们知道的教育和修炼，尤其是人与人之间亘古不变的等级制和价值不平等，希腊人试图根据自己的狄奥尼索斯经验来加以解释：对于一切希腊元素来说，这就是伟大的深度，伟大的沉默，只要这里隐蔽的地下通道依然被掩埋着，人

① 此处"世界肯定"和"此在美化"原文为Welt-Bejahung和Daseins-Verklärung。我们也把其中的"此在"(Dasein)译为"人生此在"，在尼采那里其实也等同于"生命"(Leben)。——译注

们就不认识希腊人。尽管为了挖掘希腊文化还不得不动用学者们的博学，但纠缠不休的学者目光从未看到这些事物中的什么东西：即便像歌德和温克尔曼这样的古典之友，他们高贵的热情恰恰在这里也有某种不正经，也有某种过分的苛求。等待和准备；等待新的源泉开始喷涌，在孤寂中准备迎接陌生的面貌和声音；从这个时代的集市的尘埃和喧闹中把自己的灵魂洗得越来越干净；通过一种超基督教的东西克服一切基督教的东西，而不光是简单了结之——因为基督教学说是反对狄奥尼索斯学说的；内心重新发现南方，让南方明朗的闪闪发光的神秘天空笼罩在自己头上；重新占有南方的健康和心灵的隐蔽强力；一步步变得更广大，更超越国家，更欧洲化，更超越欧洲，更东方化，最终变得更希腊的——因为希腊乃是全部东方元素的第一次伟大的联结和综合，恰恰因此也是欧洲灵魂的开端，是我们的"新世界"的发现：谁能在上面这样一些命令中生活？谁知道自己有一天能碰到什么？也许就是——新的一天！

[44，1885年秋]

44[6]

这样一种基督徒"反对自然"的斗争究竟是什么呢？我们可不能受骗上当，迷惑于它的说辞和解释！这是自然逆反自然本身所是的某个东西。众人身上的恐惧，一些人身上的厌恶，其他人身上的某种灵性，对一种没有肉身和欲望的理想的爱，对至高者那里的"自然之移居"的爱——此类意愿与他们的理想并驾齐驱。显而易见，屈辱取代自身感，对欲望的恐惧谨慎，对习惯性义务的摆脱(由此又创造了一种更高的等级感)，一种围绕巨大之物的持续斗争的激发，情感喷发的习惯——这一切组成一个类型：在其中占优势的一种萎缩身体的敏感性，但神经质及其灵感却得到不同的阐释。这种人物的趣味一度朝向(1)吹毛求疵，(2)华丽辞藻，(3)极端情感。——自然的癖好确实满足于自身，但却服从另一种阐释形式，例如被阐释为"上帝面前的辩护""恩典中的拯救感"(每一种不容拒绝的快感都是这样得到阐释的！)骄傲、快乐等。——普遍的问题：诋毁自然性、实际上否定和荒废自然性的人会变成什么呀？事实上，基督被证明为自我克制的夸张形式：为了抑制自己的欲望，他似乎必须消灭或者重罚欲望。——

伊壁鸠鲁式的基督徒与斯多亚式的基督徒——弗朗索瓦·德·

撒肋[1]属于前者，而帕斯卡尔属于后者。

伊壁鸠鲁的胜利——但恰恰这种人难以被理解，必定难以被理解。斯多亚种类(它十分有必要斗争，因而过分地看重斗争者的价值——)总是诽谤“伊壁鸠鲁”!

44[7]

希腊-罗马的古代必须有一种专横的和夸张的反-自然-道德；日耳曼亦然，在另一个角度。

真正说来，我们现在人的种类缺乏培育和严格的风纪；这方面的危险并不大，因为这个人的种类比从前更虚弱，另一方面是因为无意识的培育大师(诸如勤勉、前进的虚荣心、市民的尊敬)起着强烈的阻碍和控制作用。——然而，帕斯卡尔时代的人类必定以何种方式被束缚在一起啊!

多余的基督教：那里再也不需要什么极端的手段了！那里一切都是虚假的，每句话，每个基督教的视角，都是一种伪善和谄媚。

(孙周兴　译)

① 弗朗索瓦·德·撒肋：一译“圣方济各·撒勒”，日内瓦主教。著有《虔敬生活导论》《论神爱》等。——译注

重估一切价值的尝试(二)[①]

[1. 1885年秋至1886年春]

1[7]

——道德感首先是与人(尤其是等级)相关而发展起来的，到后来才转移到行动和性格上。间离的激情处于那种道德感的最内在根基中。

1[10]

——“罚”是在极其狭隘的空间里发展起来的，它是强权者、家长的反应，是强权者、家长因为自己的命令和禁令遭到蔑视而表达出来的愤怒。——在习俗的德行(其准则要求“一切传统习惯都应当受到尊重”)之前，还有统治者的德行(其准则要求“唯有命令者才受到尊重”)。间距的激情、等级差异感，包含在所有道德的最终基础之中。

1[22]

——被我们当作“道德感”来感受的东西是何

① 《权力意志》时期笔记节选二，译文选自尼采：《尼采著作全集》第12卷，孙周兴译。——译注

其多样：其中有尊重、畏惧、感动，诸如为某种神圣的和隐秘的东西所感动，其中有某个命令者在说话，某个把自己看得比我们更为重要的东西；某个使人振奋、激动或者使人安静和深沉的东西。我们的道德感乃是曾经在我们祖先的历史中起过支配作用的所有华丽的和恭顺的情感的一个综合、一种同时鸣响。

1[25]

——“好人统统是软弱的：他们之所以是好人，是因为他们没有强大到变恶的地步。”拉图卡部族首领科莫罗对贝克[①]说。

1[33]

——人类最可怕的和最彻底的要求，人类追求权力的欲望，人们称这种欲望为“自由”——必须最长久地被限制起来。因此，伦理学以其无意识的教育本能和驯化本能，一直以来都旨在限制权力欲望：它诋毁专横的个体，并且以其对集体忧心和祖国之爱的颂扬来强调群盲的权力本能。

1[44]

——人们对于“意志不自由”学说的反感在于：表面看来，仿佛它主张“你并非自愿地做你的事，而是不自愿的，也就是不得不做你的事”。现在人人都知道，当一个人不自愿地做某事时他要有多大的勇气。似乎那个学说也就是要教导我们：你所做的一切是你不自愿地做的，也就是不乐意地、“违背自己的意志”做的——而且这一点是人们不承认的，因为人们乐意做诸多事体，恰恰也包括许多“道德的事”。可见，人们是把“不自由的意志”理解为“为一种陌生的意志所强迫”：仿佛就是主张：“你所做的一切是你受一种陌生的意志的强迫而做的”。服从自己的意志，人们是不会称之为强迫的：因为那是一种乐趣。你能对自己下命令，这就是“意志自由”。

1[46]

宗教存活了极长时间，而未曾与道德结合起来：道德中立。人们要考量一下，每一种宗教到底想要什么——的确，人们在今天还能轻松地理解：人们通过宗教所要求的，不光是摆脱困厄，且首先是摆脱对于困厄的惧怕。一切困厄都被视为恶的、仇恨的神灵运作的结果：人们遭受的一切困厄虽然不是“应得的”，但它们会唤起一

① 塞缪尔·怀特·贝克，英国殖民探险家。著有《阿伯特湖》《阿比西尼亚的尼罗河支流》等。——译注

个思想，由之可能激起一个神灵对我们发怒；人在未知的四处游荡的魔鬼面前战栗不已，想使它们变得可亲可爱。人在此要来检验自己的行为：而如果竟有某种手段，使他认识的某些精灵变得对自己友好，那他就要问自己，他是否真的已经做了自己能够为此做的一切。当一位朝臣在王侯身上感到一种不耐烦的情绪时，他是怎样来检验自己对王侯的态度的：他会寻求一种放弃或搁置(Unterlassung)，等等。"罪"原本就是这样一个东西，无论哪个神灵都可能因之受到大大的冒犯，无论哪一种放弃，哪一种：在这里，人们必须重新使某物变好。——只要一个神灵、一个神祇明确地也把某些道德戒律说成是令他喜欢和为他效力的手段，那么，也就有道德的评价进入"罪"之中了：或者毋宁说，这时候，人们才能把一种对道德戒律的违背当作"罪"来感受，也就是某种与上帝相分离的东西，它冒犯上帝，而且也从上帝这边引起危险和困厄之后果。

1[47]

聪明、谨慎和预先操心(与冷淡、与当下生活相对照)——现在，当人们举出这个动机时，人们差不多是指一种侮辱行为。不过，把这些特性培育起来，使之发展壮大，那是付出了何种代价啊！视聪明为德性——这还是希腊式的看法呢！

那时候，清醒和"审慎"同样如此，它们与出于暴力冲动的行为相对立，与行为的"幼稚"相对立。

1[53]

下面是几项分开来的任务：

(1)要把握和确定当前(以及在一个限定的文化领域里)占上风的关于人和行为的道德评估方式。

(2)一个时代的总体道德习俗(Moral-Codex)乃是一个征兆，例如作为自我赞赏或者不满或者伪善的手段，也就是说，除了确定当前的道德特征之外，还必须对这种特征做出解说和解释。因为道德本身乃是多义的。

(3)要说明这种恰恰现在占上风的判断方式的形成过程。

(4)要对这种判断方式做出批判，或者说，要追问：它有多么强大？它会对什么产生作用？处于它的魔力之下的人类(或者欧洲)会变成什么样子？它会促进哪些力量，又会压制哪些力量？它是不是使人变得更健康、更病态、更大胆、更精细、更需要艺术？如此等等。

这里已经假定了，不存在永恒的道德：这一点可以被认为是已经得到证明的。同样也不存在一种永恒的关于营养的判断方式。但有一种批判、一个问题是全新的："好的"真的是"好的"吗？[1] 还有，兴许现在被歧视和被辱骂的东西也有何种好处？我们得把时代间距考虑在内。

1[55]

基本问题：德性有多深刻？它只属于经过训练的人们吗？它是一种表达方式吗？

所有比较深刻的人都一致认为——这是路德、奥古斯丁和保罗意识到了的，我们的道德及其事件并不与我们有意识的意志相符合——质言之，根据目的—意图所做的说明是不够的。

1[58]

从我们每一种基本欲望出发，都存在着一种对所有事件和体验的不同的、透视性的估价。这些欲望中的每一种都感到自己受到其他所有欲望的阻碍，或者是受到促进、宠爱，每一种欲望都有自己的发展规律（它的升与降、它的速度，等等）——还有，如若此种欲望上升起来，彼种欲望就枯萎下去。

人作为大量之"权力意志"：每个人都有大量的表达手段和形式。个别的所谓"激情"（例如人是残暴的）只不过是虚构的单元，因为从不同的基本欲望而来作为同类进入意识之中的东西，被一道构造而综合为一种"本质"（Wesen）或者"能力"（Vermögen），一种激情。也就是说，情形就如同"心灵"本身乃是一切意识现象的一个表达：然而我们却把这种表达解释为此类现象的原因（"自身意识"乃是虚构的！）。

1[72]

人这只猫总是一再归咎于它自己的四条腿，我愿说，总是一再归咎于它的一条腿，即"自我"（Ich），这一事实只不过是它生理上的"统一性"——更正确地讲，"统一过程"——的一个征兆：并不是信仰一种"心灵统一性"的根据。

1[73]

道德乃是情绪学说的一部分：情绪达到此在（Dasein）之心脏有多深远呢？

---

[1] 此句中"好的"（gut）也可译为"善的"。——译注

1[76]

对于一个行动，谁若根据它赖以发生的意图来衡量它的价值，那就是指有意识的意图了：但在所有行动中，往往存在着无意识的意图；而且，作为“意志”和“目的”凸显出来的东西，是可以做多重解释的，本身只是一个征兆而已。“一个未曾表达的、不可表达的意图”乃是一种解释，一种可能错误的阐释；此外就是任意的简化和伪造，等等。

1[81]

我们愈少祈祷，愈少把双手伸向上方，我们有朝一日将愈加没有必要诽谤和诋毁，把我们身上的某些欲望当作敌人来对待；还有，我们的权力，那种迫使我们去摧毁人类和制度的权力，同样也可能这样做，而我们本身并没有就此陷入愤怒和厌恶的情绪之中：以神性的眼睛，不受干扰地进行消灭！消灭那些自我感觉良好的人，干吧！此乃 experimentum crucis[决定性的实验]。

1[83]

宗教的解释被克服了。

道德属于情绪学说，只不过是驯服情绪的一个手段，而其他东西应当得到培育而壮大。

1[97]

关于原因与征兆的混淆

快乐与不快乃是一切价值判断的最古老征兆：而不是价值判断的原因！

也就是说：与道德判断和审美判断一样，快乐与不快也归属于同一个范畴。

1[116]

恐惧已经被进一步培养为荣誉感了，妒忌成了合理公道（“公平待人”，乃至于“权利平等”），孤独者和受危害者的纠缠不休成了忠诚——

1[117]

精神的笨拙（在它一度陷入其中的地方得以自我确定），不思改变的舒适懒散，对某种权力和服务乐趣的甘心屈服，对思想、愿望的湿热孵化——这一切都是德国式的——忠诚和虔信的起源。

1[157]

道德判断，只要它用概念来表达自己，就会显得狭隘、笨拙、可怜、几近可笑，与之相比的是这种判断的精致，只要它是在行动、选择、拒绝、战栗、爱情、犹豫、怀疑中表达自己，在人与人的各种接触中表达自己。

1[223]

请注意！最后的德性。

我们是德性的挥霍者，这些德性是我们的祖先们积累起来的，而且——多亏了他们——就他们长久的严格和节约来看(尽管这是很久以前的事了)，我们却〈装出〉富有而傲慢的后代的样子。

1[247]

人类如何患了上帝病，与这个人疏远了。

[2. 1885年秋至1886年秋]

2[13]

这是我心中一再重现出来的怀疑，是我心中永不平息的忧虑，是我的无人听懂或者无人能听懂的问题，是我的不只濒临一个深渊的斯芬克司①：我认为，我们今天错估了我们欧洲人最爱的事物，而且有一个残酷无情的(或者甚至不是残酷无情的，而只是漠然而幼稚的)精灵玩弄我们的心灵和激情，正如它也许已经玩弄过通常存活过和热爱过的一切：我认为，我们今天在欧洲习惯于当作“人道”、“道德”、“人性”、“同情”、公正来尊重的一切东西，虽然作为对某些危险而强大的基本本能的弱化和缓和，可能具有某种凸显的价值，但长远看却无异于对“人”这整个类型的缩小——如果人们愿意宽恕我在一个绝望的事情上说一番绝望的话，那就是对这整个类型的最终的平庸化了；我相信，对于一个伊壁鸠鲁派的旁观之神(Zuschauer-Gott)来说，这种commedia umana[人间戏剧]必定在于：人借助于他们不断增长的道德，以全部的清白和纯真，误以为自己从动物层面上升到了“诸神”档次和超凡的规定性层面，但实际上却是下降了，也就是说，通过所有美德的培养(而群盲正是借助于这些美德而成长起来的)，并且通过对其他不同的和对立的种类的压制(而正是这些种类使一个全新的更高更强的支配性种类得以起源)，恰恰只是发展了人类中的群盲动物，而且也许借此把“人”这种动物固定起来了——因为迄今为止，人都是“未固定的动物”；我认为，声势浩大

---

① 斯芬克司：希腊神话中带翼狮身女怪，凡是过路行人猜不出她的谜语的就要被杀死。——译注

的不断推进的并且不可抑制的欧洲民主运动——它被称为“进步”——以及同样地，这种运动的准备及其道德征兆，即基督教——根本上仅仅意味着群盲巨大的本能上的总谋反，即针对牧人、食肉动物、隐居者和恺撒式的领袖人物的总谋反，为的是保存和提升所有弱者、被压迫者、失势者、平庸者、半拉子的坏种，那是一种被拖延了的，首先只是隐秘的，进而越来越自信的奴隶起义，反抗任何主人种类，说到底还反抗“主人”概念的奴隶起义，是一场生死之战，反对任何道德，后者起源于一种更高更强的、如前面所讲的支配性的人之种类的怀抱和意识，这样一个人之种类需要以某种形式并且以某个名称的奴隶制作为自己的基础和条件；我认为，迄今为止，任何一种对人之类型的提高都是某个贵族社会的事业，贵族社会相信人与人之间的等级制和价值差异的一个长长阶梯，并且需要奴隶制：确实，要是没有间距的激情，正如它从深入骨髓的等级差别中，从具有支配作用的特权阶层对臣民和工具的持续展望和俯视中，以及从其同样持续不断在命令、遏制和排斥方面的训练过程中成长起来的那样，那么，也就根本不可能形成那另一种更为神秘的激情，不可能形成那种对心灵本身范围内的常新的间距扩展的要求，不可能形成总是越来越高级、越来越稀罕、越来越疏远、越来越广大、越来越大规模的状态，质言之，不可能形成“人的自我克服”[①]，从而得以采取一种超道德意义上的道德公式。有一个问题一再在我心中出现，也许是一个诱惑性的和糟糕的问题：假如把它告诉那些有权关心此类值得追问的问题的人们，当今最强大的那些心灵，也是最好地驾驭了自身的人们，那么，难道这不会是一个好机会，在“群居动物”类型现在在欧洲越来越发达的时候，试一试一种对相反类型及其美德的基本的、人为的、有意识的培育吗？而且，倘若出现了某个人，他利用了民主运动，由于那个更高级的恺撒式的统治人物的种类，最终会加入民主运动对奴隶制的全新的和高雅的扩展过程中（欧洲民主的完成终将成为这样一种奴隶制），而这个更高级的种类现在也必需这种新的奴隶制，那么，对民主运动来说，这本身不就是一种目标、解救和辩护吗？不就达到了新的、迄今为止都不可能的阶段，达到了民主运动的远景？达到了它的使命吗？

① 原文为 Selbst-Überwindung des Menschen，或可译为“人的自制”。——译注

2[14]

我们的四种基本美德：勇敢、同情、明智和孤独——倘若它们不与一种欢快喜悦而又极端卑鄙的恶习结义，即所谓的"礼貌"，那么它们本身就会成为不可忍受的。——

2[20]

"山雕直冲云霄。"心灵的高贵绝不能从它借以进攻——"径直地"——的华丽而骄傲的愚蠢行径中得到认识。

2[21]

也存在着一种对我们的激情和欲望的挥霍，亦即在我们用来满足自己的激情和欲望的简朴而小资的方式方面：这就是败坏趣味的东西，但更多是对我们自身的畏惧和恐惧。短时的禁欲主义乃是堵住这种东西的手段，是赋予这种东西以危险性和伟大风格的手段——

2[24]

——再说一遍：我们心中的猛兽愿意受骗上当，道德乃是必需的谎言(Nothlüge)。

2[77]

空虚与充实、紧固与松弛、静与动、像与不像的假象。

(绝对空间)　　　　　　　　　　这个最古老的假象

(实体)　　　　　　　　　　　　被弄成形而上学了

这些就是其中的人类—动物的安全价值尺度。

我们的概念是受我们的需要激发的。

对立面的树立符合于惰性(一种满足营养、安全等的区分被视为"真实的")。

simplex veritas[真理的简单性][①]！——惰性思想。

我们的价值已经通过解释被置入事物之中了。

竟有一种自在(An-sich)的意义吗？

难道意义就必然不是关系意义和透视角度吗？

一切意义都是权力意志(一切关系意义都可以化为权力意志)。

一个事物＝它的特性：而这对该事物身上与我们相关涉的一切来说都是相同的。一个统一体，一个我们赖以概括在我们考虑范围

① simplex veritas[真理的简单性]影射叔本华的格言"simplex sigillum veri"[简单性乃真理之标志]。——编注

内的种种联系的统一体。根本上就是在我们身上被感知的变化(——忽略了我们没有感知到的变化，例如它的导电性)。总而言之：客体乃是被经验的已经为我们所意识的阻碍之总和。也就是说，一个特性总是表现出某种对我们而言的“有益”或者“有害”。例如颜色——每一种颜色都合乎某种快乐或不快程度，每一种快乐和不快程度都是关于“有益”或“无益”的评价的结果。——厌恶。

2[83]

(7)

人自以为是原因，是行动者——

一切发生之事都与无论哪个主体相对峙，构成一种谓语性关系。

每一个判断中都隐藏着整个完全而深刻的对主语与谓语或者原因与结果的信仰；而后一种信仰(即断言每一种结果都是行动，每一种行动都是以行动者为前提的)甚至是前一种信仰的个案，以至于前一种信仰就作为基本信仰剩了下来，那就是：有主语①。

我发现某个东西，并且为之寻找一个原因：这原本就意味着，我在其中寻找一个意图，而且首先是寻找带有意图的某个人，即某个主体，某个行动者——从前，人们在所有发生事件中都看出了意图，所有发生事件都是行动。这乃是我们最古老的习惯。动物也有意图吗？作为生命体，动物不也信赖那种根据自身的解释吗？——“为什么？”的问题始终就是关于 causa finalis[目的因、终极因]的问题，关于某个“何为？”的问题。对于某个“causa efficiens[效果因]的意义”，我们一无所知：在这里，休谟是对的，习惯(但不只是个体的习惯!)使我们指望一个经常被观察到的过程跟随着另一个过程，此外一无所有！异常坚固的因果性信仰给予我们的，并不是有关各个过程前后相继的伟大习惯，而是我们的无能，除了根据意图来解释某个发生之事，我们不能对之做不同的解释。这乃是对作为唯一作用者的生命体和思维者的信仰——对意志、意图的信仰——即相信：一切发生事件都是一种行动，一切行动都是以一个行动者为前提的。这就是对“主语”的信仰。难道这样一种对主语和谓语概念的信仰不是一种愚〈蠢〉吗？

问题：意图是一个发生事件的原因吗？或者也是幻想吗？意图不是这个发生事件本身吗？

纯粹机械论意义上的“吸引”和“排斥”乃是完全的虚构：只是一

① 此处“主语”(Subjekt)自然也可译为“主体”。——译注

个词语而已。若没有意图，我们不能设想一种“吸引”。——夺取某个事物或者抵御和击退其权力的意志——这是“我们懂得的”：这或许是我们所需要的一种解释。

质言之：对因果性信仰的心理学上的强制是由于一个无意图的发生事件的不可表象性(Unvorstellbarkeit)。自然，这个说法并没有说出什么真理或者非真理(这样一种信仰的合法性)。对 causae[原因]的信仰与对 τiλη[目的]的信仰是一起发生的(驳斯宾诺莎及其因果论)。

2[93]

(34)

何以辩证法和对理性的信仰仍然是以道德偏见为基础的。在柏拉图那里，我们作为一个可知解的善的世界的昔日居民，仍然占有那个时代的遗赠：神性的辩证法作为来自善的辩证法通向一切善(——也可以说“回到”——)。甚至笛卡尔也有一个概念，即认为在一种相信善的上帝是造物主的基督教道德的基本思想方式中，唯上帝的真实性才能保证我们的感觉判断。离开宗教对我们的感觉和理性的认可和保证——我们该从哪里获得对此在的信念的权利呢！说思想就是现实的尺度，说不能被思想的就不存在，这是一种道德主义的轻信(Vertrauens-seligkeit)的一个无耻 non plus ultra[极点、绝顶](对于事物根基中含有一个本质性真理原则的信念)，本身就是一个与我们任何时候的经验相矛盾的糟糕主张。我们简直不能设想，它在何种意义上存在……

2[106]

德国哲学的意义(黑格尔)：臆想出一种泛神论，而在其中，恶、谬误和痛苦并没有被认作反对神性的论据。这种了不起的首创性已经被各种现存权力(国家等)滥用了，就仿佛这样一来当下统治者的合理性就得到了认可。

与之相反，叔本华却表现为一个顽固的道德家，为了坚持自己的道〈德〉估价，他最后变成了世界之否定者。最后成了“神秘主义者”。

我自己尝试了一种美学的辩护：世界之丑陋是如何可能的？——我把求美的意志、求相同形式的意志视为一种暂时的保存手段和医疗手段：在我看来，作为必然要永远进行毁灭的东西，永恒创造者根本上是与痛苦联系在一起的。丑陋性乃是有关事物的观察形式，服从于要把一种意义、一种全新意义投放于变得无意义的东西之中的意志：是积蓄起来的力量迫使创造者把以往的事物感受为不牢靠的、失败的、值得否定的、丑陋的吗?

阿波罗的欺瞒:美好形式的永恒性;贵族式的立法"应当永远如此!"。

狄奥尼索斯:感性和残暴。易逝性或许可以被解释为生产性的和毁灭性的力量的享受,被解释为持久的创造。

2[107]

请注意!宗教毁灭于那种对道德的信仰:基督教道德的上帝是靠不住的:因此有了"无神论"——就仿佛不可能有任何其他种类的神似的。

同样地,文化也将毁灭于对道德的信仰:因为如果文化得以形成的那些必要条件已经被发现,人们就再也不想要文化了:佛教。

2[114]

艺术作品,在没有艺术家的情况下出现的艺术作品,譬如作为肉体、作为组织(普鲁士军官团、耶稣教团)等。何以艺术家只是一个初步阶段。这个"主体"意味着什么?

世界乃是一件自我生殖的艺术作品——

艺术是那种对现实的不满的结果吗?抑或是对已享受到的幸福的感恩的一个表达吗?前一种情况是浪漫主义,后一种情况则是光环和赞歌(简言之,就是神化之艺术):连拉斐尔也属此列,只不过他犯了把基督教的世界解释之假象神化的错误。在此在(Dasein)并没有以特别基督教的方式显示自身的地方,他对此在心怀感恩。

随着各种道〈德的〉解释,世界变得不堪忍受了。基督教乃是这样一种尝试,它借此来克服世界,也就是否定世界。实际上,这样一种癫狂之谋杀——人面对世界的一种癫狂的自戕——结果〈就是〉对人的阴暗化、渺小化、贫困化:最平庸和最无害的人的种类,即群盲种类,唯在这里才获得满足,找到支持,如果人们愿意……

荷马乃是神化之艺术家;还有鲁本斯。音乐还没有这样一个艺术家。

把伟大的亵渎神灵者理想化(对亵渎神灵者之伟大性的感受),这是希腊式的;而对罪人的污辱、诽谤、蔑视,这是犹太—基督教式的。

2[127]

(2)

虚无主义站在门口了:我们这位所有客人中最阴森可怕的客人

来自何方呢？

1. 起点：指出“社会困境”或者“生理蜕化”甚或腐化堕落是虚无主义的原因，这是一种谬误。对于这种种现象，始终还可以有各种完全不同的解释。虚无主义倒是隐藏在一种完全确定的解释之中，在基督教—道〈德的〉解释之中。这是一个极其正直、极富同情的时代。困厄，心灵上的、肉体上的和精神上的困厄，本身是完全不能带来虚无主义的，即对价值、意义和愿望的彻底拒绝。

2. 基督教的没落——缘于其道德（它是不可取代的——）。这种道德反对基督教的上帝（基督教高度发展了真诚感，这种真诚感对一切基督教的世界解释和历史解释的虚假性和欺骗性深表厌恶。“上帝就是真理”倒退为“一切皆虚假”的狂热信仰。行动的佛教……

3. 对道德的怀疑是决定性的。道〈德的〉世界解释在尝试遁入彼岸之后再也得不到认可了，于是就没落了：它终结于“一切皆无意义”的虚无主义（人们为这种世界解释奉献了巨大的精力，但它却是不可贯彻的——这就唤起了一种怀疑，是不是所有世界解释都是虚假的——）。佛教的特征，对虚无的渴望。（印度佛教没有经历过一种基本道德的发展，因此表现在它那里，虚无主义中只有未被克服的道德：把此在（Dasein）作为惩罚、作为谬误来推理，也就是把谬误作为惩罚来推理——一种道德的价值评估）。试图克服“道德上帝”的哲学尝试（黑格尔、泛神论）。对大众理想的克服：智者。圣徒。诗人。“真”“善”“美”的对抗——

4. 一方面反对“无意义状态”，另一方面反对道德的价值判断：何以迄今为止一切科学和哲学都屈从于道德判断呢？还有，人们是否一道忍受着科学的敌视呢？抑或是反科学？斯宾诺莎主义批判。基督教的价值判断往往残留于社会主义和实证主义体系中。一种对基督教道德的批判付诸阙如。

5. 当今自然科学的虚无主义后果（连同它企图溜入彼岸的尝试）。最后，从其忙碌运作中产生出一种自我瓦解、一种自我反对、一种反科学性。——自哥白尼以后，人就从中心滚到未知的X中了。

6. 政治学和国民经济学思维方式的虚无主义后果，在那里，简直一切“原则”都是演戏：平庸、卑鄙、不老实等的气味。民族主义、无政府主义等。惩罚。具有拯救作用的阶层和人物，即辩护士付诸阙如——

7. 历史学和“实践历史学家”即浪漫主义者的虚无主义后果。艺术的地位：它在现代世界中的绝对非原创性。它的阴暗化。歌德所谓的奥林匹亚状态(Olympier-thum)。

8. 艺术和虚无主义的准备。浪漫主义(瓦格纳的《尼伯龙族的指环》结尾)。

2[128]

Ⅰ. 文明和人类提高方面的基本矛盾。这是伟大的正午时分，是最可怕的**澄清**的时候：**我的**悲观主义种类：伟大的起点。

Ⅱ. 道德〈的〉价值评估乃是为一种权力意志(群盲的意志)效力的谎言和诽谤术的历史，这种权力意志反对更强大的人。

Ⅲ. 每一种文化提高(使一种以人群为代价的筛选成为可能)的条件乃是一切增长的条件。

Ⅳ. 世界的多义性作为力的问题，后者以事物的增长为视角来观察一切事物。道德的基督教价值判断作为奴隶起义和奴隶谎言(反对古代世界的贵族价值)。

艺术深入到力之本质有多远?

2[131]

第一本书的提纲。

我们所敬重的世界与我们所经历、我们所是的世界之间的对立渐渐明朗起来。剩下的事情是，要么取消我们的尊重，要么取消我们本身。而后者就是虚无主义。

1. 正在临近的虚无主义，理论的和实践的。对它的错误推导。

(悲观主义，它的种类：虚无主义的前奏，尽管不是必然的。)

北方对南方的优势。

2. 基督教正毁灭于它自己的道德。“上帝就是真理”“上帝就是爱”“公正的上帝”。——最大的事件“上帝死了”——已经模糊地被感受到了。把基〈督教〉转变为一种神秘直觉(Gnosis)，这种德国式的尝试的结果是最深刻的怀疑：在其中“非真实的东西”最强烈地被感觉到了(例如针对谢林)。

3. 道德，现在没有了约束力，它知道再也守不住自己了。人们终于抛弃了道德解释——(情感中处处还充满着基督教价值判断的余音——)。

4. 但以往的价值，特别是哲学的价值，都是以道德判断为依据的！(“求真意志”的价值——)

“智者”“先知”“圣徒”之类的大众理想跌落了。

5. 自然科学中的虚无主义特征。(“无意义状态”——)因果论，机械论。“规律性”是一种过渡行为，一种残余！

6. 在政治中亦然：缺乏对自己的权利、清白的信仰，充斥着谎言、一时的卑躬屈膝。

7. 在国民经济中亦然：对奴隶制的废除，缺乏一个具有解救作用的等级，一个辩护者——无政府主义的临近。“教育”？

8. 在历史中亦然：宿命论，达尔文主义，对理性与神性做穿凿附会的解释的最后尝试失败了。对过去多愁善感；人们受不了任何传记！——(在此也有现象主义：性格作为面具，没有什么事实)。

9. 在艺术中亦然：浪漫主义及其反击(对浪漫主义理想和谎言的反感)，纯粹的艺术家(对内容漠不关心)，后者是道德的，作为更大的真诚性的官能，但却是悲观主义的。

(告解神父的心理学与清教徒的心理学，心理学浪漫主义的两种形式：但也还有它们的反击，纯粹艺术地对待“人”的尝试，甚至在这里，也还没有大胆冒险，做出颠倒的价值评估！)

10. 整个欧洲的人类事业体系感到自己有时是无意义的，有时已经是“非道德的”。一种新佛教的极大可能性。最高的危险。“真诚性、爱、公正与现实世界的关系如何？”根本没有！

标志

欧洲虚无主义。

它的原因：以往价值的贬黜。

“悲观主义”这个模糊词语：感觉不妙的人们和感觉太好的人们——两者都曾是悲〈观主义〉。

虚无主义、浪漫主义与实证主义的关系(后者乃是对浪漫主义的一个反击，失望的浪漫主义者的作品)。

“回归自然”，1. 它的发展阶段：背景是基督教的轻信(差不多就是斯宾诺莎的“deus sive natura”[神或者自然]！)。

卢梭，浪漫主义唯心论之后的科学。

斯宾诺莎主义极富影响：(1)试图满足于如其所是的世界。

(2)幸福与认识被幼稚地置于依赖关系中(是一种力求乐观主义的意志的表达，从这种乐观主义中暴露出一个深刻的受难者——)。

(3)摆脱道德的世界秩序的尝试，旨在把“上帝”、一个在**理性**面前持存的世界保留下来……

“如果人不再认为自己是恶的，那他就会停止存在——”善与恶只不过是解释，根本不是事实情况，不是一种自在。人们能够探明这种解释的起源；人们能够做出尝试，以便慢慢地摆脱那种根深蒂固的强制性，即要求进行道德解释的强制性。

关于第二本书。

道德价值评估的形成和批判。两者并不像人们轻信的那样是相合的。(这种信仰已经是一种道德评估“某个如此这般形成的东西以其非道德的起源而没有什么价值”的一个结果)

道德评价的价值据以得到规定的那个尺度:“改良、完善、提高”之类话语的批判。

被忽略的基本事实:人这个类型“变得更道德”与这个类型的提高和强化之间的矛盾。

自然人(Homo natura)。“权力意志”。

关于第三本书。

权力意志。

实施这种重估本身的人必得具有何种性质。

等级制作为权力制:战争与危险乃是前提,即一个等级要抓住它的条件。伟大的典范:自然中的人,最软弱最聪明的生物把自己变成主人,较愚蠢的力量征服自己。

关于第四本书。

最伟大的斗争:为此需要有一种新武器。

锤子:唤起一种可怕的决定,使欧洲面对这样一个后果,即它的意志是否“意愿”没落防止中等化。更愿意没落!

2[144]

(40)

即便假定不能举出对基督教信仰的反证,着眼于一种可怕的可能性(即这种信仰有可能是真实的),帕斯卡尔也把成为基督徒看作最聪明的做法。在今天,作为表示基督教已经丧失了恐惧特性的一个标志,人们找到了另一种为这种信仰辩护的尝试,即使它是一种谬误,人们在有生之年都会得到这个谬误的大好处和大乐趣,也就是说,看起来恰恰为了这种信仰的抚慰作用之故,也该把这种信仰维持下去,也就是说,并非出于对一种咄咄逼人的可能性的恐惧,而毋宁说是出于对一种缺乏刺激的生命的恐惧。这样一种享乐主义的说法,即来自快乐的证据,乃是一种衰落的征兆:它取代了来自力量的证据,即来自那种基督教理念中震动性的东西的证据,来自恐惧的证据。事实上,在这种重新解释中,基督教近乎衰竭了:人们满足于一种鸦片般的基督教,因为人们既没有力量去寻求、抗争、冒险、特立独行,也没有力量走向帕斯卡尔主义,走向这种苦思冥想的自我轻蔑,走向对人类的无体面状态(Unwürdigkeit)的信仰,走向“可能受谴责者”的畏惧。然而，一种基督教，一种主要要抚慰病态神经的基督教，根本就不需要一个“十字架上的上帝”那种可怕的解决办法：因此，在寂然无声中，佛教正在欧洲各处取得进展。

2[153]

请注意！根据我们所熟悉的世界是证明不了仁慈的上帝的：人们今天只能强制和驱使你们到这个程度：但你们从中能得出什么结论呢？对我们来说，上帝是不可证明的：认识的怀疑论。而你们所有人都害怕这个结论：“根据我们所熟悉的世界或许可证明一个完全不同的上帝，一个至少并不仁慈的上帝”——而且，长话短说，你们抓住你们的上帝不放，并且为他虚构了一个我们所不熟悉的世界。

2[165]

(41)

关于《曙光》序言。

试图思考道德，而不受道德魔法的摆布，怀疑道德那美好的举止和目光的施计谋骗。

我们能尊重的一个世界，一个合乎我们的膜拜欲望的世界——它不断地证明着自身——通过个别与一般的引导：这是基督教的观点，而我们全都起源于此。

通过敏锐性、怀疑、科学性方面的一种增长(也通过一种有更高取向的真实性之本能，亦即重新受基督教的影响)，已经越来越不允许我们做这样一种解释了。

最漂亮的出路：康德的批判哲学。理智既否认自己有权做那种意义上的阐释，也否认自己有权拒绝那种意义上的阐释。人们满足于用一种更多的依赖和信仰，用一种对自己的信仰的所有可证明性的放弃，用一种不可理解的和优越的“理想”(上帝)去填补空白。

黑格尔的出路，以柏拉图为依据，属浪漫主义和反动势力的一部分，同时也是历史感的征兆，一种新力量的征兆：“精神”本身乃是揭示自身和实现自身的理想，在“进程”中，在“生成”中，启示出我们所信仰的这种理想的越来越大的丰富性，也就是说，理想实现自身，信仰指向未来，而在未来，信仰能够按自己的高尚需要来膜拜。简言之。

(1)上帝对我们来说是不可知的和不可证明的——认识论运动的隐含意义。

(2)上帝是可证明的，但却作为某种生成的东西，而我们就属于这种东西，恰恰以我们对理想的渴望——历史化运动的隐含意义。

然而，这同一种历史感，越界进入自然之中，却具有——

人们看到：这种批判从未触及理想本身，而仅仅触及这样一个问题：与理想的矛盾从何而来，为什么理想还没有达到，或者，为什么理想在所有人那里都是不可证明的。

迄今为止智者的理想在何种意义上是合乎基本道德的？

这构成最大的区别：人们是否从激情出发，从某种要求出发，把这种危急状态感受为危急状态，抑或人们是否借助于思想的高度以及历史想象的某种力量，恰恰还把这种危急状态当作一个问题来获得……

远离了宗教-哲学的考察，我们就能发现这同一种现象：功利主义（社会主义、民主主义）对道德估价的起源做出批判，但它却与基督徒一样相信道德估价。（幼稚性，就仿佛没有了实施制裁的上帝还会剩下道德似的。如果要维护对道德的信仰，“彼岸”是绝对必要的。）

基本问题：信仰的这种万能从何而来？这种对道德的信仰？

（——这种信仰同样也显露于以下事实：甚至生命的基本条件也为庇护道德的缘故而得到错误的解释：尽管有了对动物界和植物界的知识。

“自我保存”：着眼于调解利他主义原则与利己主义原则的达尔文主义观点。

（对利己主义的批判，例如拉罗什福科[1]）

我的尝试，把道德判断理解为征兆和手势语，其中透露出生理上的兴盛或者衰败的过程，同样也透露出有关保存和增长之条件的意识：一种关于占星术价值的阐释方式。本能所提示的偏见（关于种族、教区，关于不同阶层，诸如青年或衰老等）。

应用到基督教欧洲特有的道德上：我们的道德判断乃是衰亡的标志，对于生命毫无信仰的标志，是悲观主义的一个准备。

说我们穿凿附会地通过阐释把一种矛盾置入生命之中，这是什么意思呢？——决定性的重大事件：在所有其他估价背后，都隐藏着那种发号施令的道德估价。假如这种道德估价消亡了，那么，这时我们根据什么来衡量呢？还有，认识等之类还有什么价值???[2]

我的基本原理：不存在什么道德现象，而只有一种对这些现象的道德〈的〉阐释。这种阐释本身具有非道德的起源。

---

① 拉罗什福科：法国作家。著有《箴言集》《随笔集》等。——译注

② 原文即有三个问号。——译注

2[171]

(43)

良心的谴责如同一切怨恨，在具有一种力的伟大丰富性时便付诸阙如(米拉波，切利尼，卡尔达诺)[①]。

2[178]

在一种确定的、狭隘的、市民的意义上来看待“正义”“非正义”等，这是对的，犹如所谓“行事公正，无所畏惧”：亦即说，依照某个特定的粗略模式(一个共同体就在其中存在)来履行自身的职责。

2[182]

(10)

为了使某个东西能持存，使某个比个体更长久的东西能持存，也就是说，为了使一个作品、一个也许由某个个体创造出来的作品持存下来，为此就必须强加给这个个体一切可能的限制、片面性等。用何种手段呢？对创造了这个作品的人物的热爱、尊敬和感恩乃是一种缓解：或者我们的祖先为之奋斗过，或者我的后人只有在我保证了那种作品(例如 πñλις[城邦])时才得到了保证。道德本质上是一种手段，是超越个体或者毋宁说通过一种对个体的奴役而使某物持存下来的手段。显而易见，自下而上的透视角度会给出与自上而下的透视角度完全不同的表达。

一个权力复合体：它将如何被保存下来呢？通过许多种族为之奉献自己，也就是说——

2[189]

关于我们的估价和财富表的来源的问题，根本不像通常所认为的那样，是与对它们的批判同时发生的：甚至对无论哪一种 pudenda origo[可耻的起源]的认识，对于情感来说无疑也会导致一种对如此这般形成的事物的价值减弱，并且备下一种针对这同一事物的批判情调和态度。

2[190]

(47)

我们的价值评估和道德价目表本身又有什么价值呢？在它们的

① 米拉波，18世纪法国资产阶级革命时期立宪派领袖之一，著有《论专制》；切利尼，意大利雕塑家，著有《自传》《论雕塑》等；卡尔达诺：意大利数学家、医师，著有《事物的微妙之处》《我的生活》等。——译注

支配地位中能得出什么结果呢？为谁呢？与何相关？——答曰：为生命。但什么是生命呢？在这里就必须对“生命”概念做一种新的更确定的把握。对此，我的公式是：生命就是权力意志。

价值评估本身意味着什么呢？它会返回或者下降到另一个形而上学世界吗？就像康德还相信的那样（他站在伟大的历史运动面前）。质言之：它是在哪里“形成”的？或者它并没有“形成”？答曰：道德的价值评估乃是一种解释，一种阐释方式。这种解释本身乃是特定生理状态的征兆，同样也是流行判断的某个特定精神水准的征兆。谁来解释呢？——我们的情绪。

2[191]

我的主张：人们必须使道德的价值评估本身经受一种批判。人们必须用“为何之故”的问题来制止道德的感情冲动。这种对于一个“为何之故”的要求，对于一种道德批判的要求，正是我们今天的道德心本身的形式，乃是一种高贵的正直感。我们的正直，我们的意志，必须证明自己并不欺骗我们：“为什么不？”——向哪个法庭来证明呢？——不让自己〈去〉欺骗的意志乃有另一种起源，是一种对征服、剥削的小心提防，生命的一种正当自卫的本能。

这些就是我对你们的要求——它们可能使你们不堪听闻：你们应当使道德的价值评估本身经受一种批判。你们应当用“为何之故屈服”的问题来制止道德的感情冲动，那种在这里要求屈服而不要求批判的感情冲动。你们恰恰应当把这种对于“为何之故”的要求，对于一种道德批判的要求，视为你们今天的道德心本身的形式，一种极其高贵的正直性，它将为你们和你们的时代带来荣光。

2[197]

不虔信者和不信神者，是的！——但没有从无信仰中编造出一种信仰、一个目的、经常是一种殉道的挣脱者的那种苦难和激情：我们已经熬干了，已经漠然处之了，因为我们看到，世界上的事情根本不是神性地发生的，更不是按照理性的、慈悲的、人性的尺度发生的；我们知道，我们所生活的世界是非道德的、非神性的、非人性的——我们已经太久地本着敬仰对它做了阐释。这个世界并不值得我们信仰；而且，最后由叔本华编织起来的安慰蜘蛛网，也已经被我们撕破了。整个历史的意义恰恰在于：它识破自己的无意义状态，并且对自身感到厌倦了。这种对此在的厌烦（Am-Dasein-Müde-werden），这种求不再意愿的意志，对本己意志、本己福利、主体〈的〉粉碎（作为这种颠倒了的意志的表达）——正是这一点，而不是别的，是叔本华要以至高的崇敬来加以尊重的：他称之为道德，他扬言，一切无私行为——他相信自己保障了艺术的价值，因为他想在艺术创造出来的冷漠状态中认出为那些完全的解脱和厌恶的满足所作的准备。

——可是，着眼于一个非道德的世界景象，我们真的是悲观主义者吗？不是的，因为我们并不相信道德——我们相信，慈悲、正义、同情、合法性大大地被高估了，它们的反面受到了诽谤，在两者当中，在夸张与诽谤中，在道德〈的〉理想和尺度的铺设过程中，隐含着一种对人类的巨大危害。我们也不要忘记好收成：有关解释、道〈德〉解剖、良心谴责方面的完美无缺已经把人类的虚假性提高到了极致，使人变得有修养了。

一种宗教本来是与道德毫不相干的：不过，犹太〈宗教〉的两个后裔却是两个本质上具有道德性的宗教，它们制订人们应当如何生活的规章，并且用赏与罚使人们服从它们的要求。

2[200]

同样，我们不再是基督徒：我们已经长大，不再需要基督教了，原因并不在于我们离它太远，而是因为我们住得离它太近，更因为我们是从它那里生长出来的——这是我们更严格也更高要求的虔诚，它在今天禁止我们继续做基督徒——

2[203]

即便在今天，也还有一些哲学家不自觉地给出极其强硬的证据，要证明这种道德权威的势力范围有多大。用的是他们所有求独立的意志，他们的怀疑习惯或原理，甚至用他们的矛盾恶习、不惜一切代价的创新恶习、傲视任何高度的自大恶习——一旦他们思索“你应当”和“你不应当”，会有什么结果呢？世上很快就不会有什么更简朴的东西了：道德这个妖精对他们吹了妖气，施了魔法！所有这些骄傲者和独步者啊！——现在，他们一下子成了无辜的羔羊，现在，他们意愿成为群盲。首先，他们全都意愿与每个人共享他们的“你应当”和“你不应当”——这是放弃了的独立性的第一个标志。还有，他们的一种道德规章的标准是什么？所有人在这一点上都是一致的：它的普遍有效性，它对个体的无视。这就是我所谓的“群盲”。当然在这方面他们是有分歧的：因为人人都意愿以自己最佳的力量为道〈德〉效劳。他们中的大多数人想到“对道德的证明”，正如人们所讲的，就是把道德与理性联姻，把两者统一起来，尽可能使两者成为一个统一体；精细一些的人反过来在道德的不可证明性中发现了道德地位的征兆和优先性，道德优越于理性的地位的征兆和优先性；其他人则意愿以历史学方式对道德进行推导（诸如与达尔文主义者一道，后者已经为糟糕的历史学家们发明了家庭常备药品，“首先是有用和强制，然后是习惯，最后是本能，甚至娱乐”），还有另一些人驳斥这种推导，并且完全否定道德的任何历史学上的可推导性，而且这同样是为了尊重道德的地位，道德的更高级样式以及规定性：然而，所有这些人基本上都一致同意“道德是存在的，道德是被给定的”，他们全体都真诚地、无意识地、不屈不挠地相信他们所谓的道德的价值，这也就意味着，他们都服从道德的权威。是啊！道德的价值！难道人们会允许某人在这里发言直接怀疑这种价值吗？——哪怕后者仅仅从这个方面去关心道德的推导、可推导性、心理学上的可能性和不可能性。

2[205]

根本就没有什么利己主义，守住自己不敢越雷池一步的利己主义——因而也根本没有你们讲的那种“被允许的”“道德上不计较的”的利〈己主义〉。

“人们总是要以他人为代价来推进自己的自我”；“生活总是以他人的生活为代价的”。——谁不理解这一点，就还没有开始诚实地对待自己。

2[206]

(48)

就像我们解放了的精神一样去感受，感受我们并没有被夹入一个“目的”体系之中——这种做法含有何种自由感啊！同样地，此在(Dasein)的本质中也没有了“赏”与“罚”等概念的位置！同样地，善的和恶的行为也不能自在地被称为善的和恶的，而只有在某些人类共同体种类的保存倾向的透视角度下才能被称为善的和恶的！同样地，我们对快乐和痛苦的清算决不具有宇宙学的意义，更遑论形而上学的意义了！——那种悲观主义，那种自告奋勇去衡量此在本身之快乐与不快的悲观主义，那种任意地把自己禁锢于前哥白尼的图圄和视野中的悲观主义，如果它不只是柏林人的蹩脚笑料的话（爱〈德华〉·冯·哈特曼[①]的悲〈观主义〉），就会〈成为〉某种落后之物和旧病复发

① 爱德华·冯·哈特曼：德国哲学家。试图融黑格尔、谢林、叔本华诸家为一体。著有《无意识的哲学》《哲学体系概论》等。——译注

2[207]

开端

结尾。

何以道德的这种自我毁灭依然是它自身的力量的一部分。我们欧洲人身上流淌着那些为自己的信仰而死的人们的血液；我们曾把道德看作可怕的，我们曾严肃对待过道德，而这绝不是说我们不曾以某种方式为道德做过牺牲。另外，我们精神上的精致文雅，本质上是通过良心解剖而获得的。在我们如此这般摆脱我们古老的根基之后，我们受到驱动而走向某个目标，而我们还不知道这个目标何在。然而，这个根基本身为我们培育了力量，这种力量现在驱使我们奔向远方，使我们进入冒险，〈通过这种冒险，我们〉被推入无边无岸、未曾试验、未被发现之地，既然我们再也没有我们所亲熟的、我们想"保存"的土地，我们就别无选择了，我们必定成为征服者。不，我的朋友们啊，你们会更好地知道这一点！你们心中隐而不显的肯定，比你们与自己的时代一起沾染上的所有否定和犹豫更为强大；还有，如果你们必须驶向大海，你们这些流亡者，那么，迫使你们启程的是一种信仰……

[3. 1886 年年初至 1886 年春]

3[13]

如果我们要为人类的宗教组织讲话，那么，这样一种孤独就是我们要守护的：而且，也许没有什么东西能如此确定地把我们与所谓的群畜和平等信徒胡乱滥用的"自由精神"区分开来——他们或许统统不可能承受孤独。宗教被看作对那种政治基本学说的推进和深化，后者始终是关于不平等权利、关于一个由高级和低级、由统治者和服从者组成的社会的学说：对我们来说，宗教意味着关于心灵的等级差异、关于以牺牲低级心灵为代价的对高级心灵的培育和造就的学说。

[4. 1886 年年初至 1886 年春]

4[7]

——"疾病使人变善"：这个著名的断言，是人们在任何时代都可以见到的，而且既出于智者之口，同样也出于民众之口，令人深思。我们不妨就此断言的有效性来追问一下：道德与疾病之间可能存在着一条因果纽带吗？大而观之，“人的改善”，例如上个世纪发生的对欧洲人的不可否认的温和化、人性化、好心肠化——难道竟是一种长期的隐蔽或者不隐蔽的苦难、失败、匮乏、萎靡的结果吗？是“疾病”使欧洲人“变善”了？或者换种问法：我们的道德心——我们现代欧洲温柔的道德性，人们可以拿它与中国人的道德心做一比较——是一种生理衰退的表现吗？……因为人们不能否认，历史上的每个点，当“人”以特别华美和强大的类型表现出来时，立即就会具有一种突发的、危险的、火爆的特征，有了这种特征，人性就会恶化；但也许，在那些可能表面看来不同的情形下，恰恰只缺乏勇气或者精细，去把心理学推向深处，并且即便在那里也还抽取出一个普遍的定律：“一个人感觉自己愈健康、愈强壮、愈充沛、愈有成就、愈有进取心，〈他〉也就愈是变得‘不道德’。”一个令人难堪的想法！我们完全不该沉湎于这个想法！然而，假如我们怀着这个想法向前再走一小步，我们就会多么惊讶地看到未来！我们竭尽全力要求推进的事情——人性化、“改善”、不断增长的人类“文明”——难道世上还会有比这更为昂贵的代价吗？没有比德性更为昂贵的了：因为有了德性，人们最后就会把大地当作医院：而所谓“人人都是大家的护士”，或许就是智慧的最后结论。当然，这样的话，人们或许就有了那种孜孜以求的“世界和平”！但同样也就少有“相互欢喜”了！少有美、纵情、冒险、危险了！少有使人们还值得在大地上生活的“功业”了！呵！根本就不再有“作为”了！一切伟大的功业和作为，一切依然持存、没有为时间的波涛所冲走的伟大功业和作为——难道它们不都是最深意义上的伟大的非道德性吗？……

4[8]

一种信仰的单纯力量，根本还不能在其真理性方面保证什么，甚至可能从最理智的东西中慢慢地、慢慢地制作出一种极度的愚蠢：这就是我们关于欧洲人的真正洞见，有了这种洞见，无论在哪个地方，似乎吃了许多亏之后，我们变得富有经验、备受煎熬、已经学乖了、变得智慧了……“信仰带来福乐”：好吧！至少偶尔如此吧！但无论如何，信仰都使人愚蠢，尽管在比较少见的情形下，它不是愚蠢，它自始就是一种聪明的信仰。每一种长久的信仰最终都会变得愚蠢，意思是说，以我们现代心理学家的清晰性来表达，它的根基沉入“无意识”之中，消失于其中了——此后它不再有自己的根基，而是依据于情绪了（也就是说，在急需帮助的情况下，它让情绪为自己而斗争，而不再让根基为自己而斗争）。假定人们可以弄清楚何者是人间存在的最受人相信的、最长久的、最无争议的信仰，那么，人们就很有可能猜测，它同时也是最深刻的、最愚蠢的、“最无意识的”、最好地抵御了根基的、最长久地离弃了根基的信仰。——

姑且承认这一点吧；但这种信仰是何种信仰呢？——哦，你们这些好奇的人啊！不过，一旦我投身于对谜语的破解，我就要做得合乎人情，就要快快给出谜底，人们是不会如此轻易地预先把它告诉我的。

人首先是一种有判断能力的动物；而在判断中，隐藏着我们最古老和最持久的信仰，在一切判断中都有一种根本性的持以为真和断言，一种确信，确信某物如此而非别样，确信人在这里真的已经“认识到”：在每个判断中被无意识地信以为真的东西是什么？——我们有权在主语与谓语、原因与结果之间做出区分——这是我们最强大的信仰；其实从根本上讲，甚至对原因与结果、conditio[制约]与conditionatum[被制约]的信仰，也只不过是前一种普遍信仰的一个个案，即我们对主语与谓语的原始信仰的一个个案（也就是作为这样一个断言：每一个结果都是一种活动，每一个有条件制约的东西都以一个起制约作用的条件为前提，每一种活动都是以一个行动者，简言之即一个主体为前提的）。难道这样一种对于主语和谓语概念的信仰不是〈一大愚蠢吗？〉

[5. 1886年夏至1887年秋]

5[39]

——我讲的是民众道德家们和“圣人们”的语言，而且毫无拘束地，原本地，既兴奋又快乐地讲着这种语言，但同时在这方面也有一种杂耍演员的享受，后者离嘲讽不太远了——也就是关于下面这一点，即现代思想最精巧的形式在这里不断被回译成这种幼稚的语言——也就是说，伴随着一种隐秘的胜利，对于被克服的困难以及这样一种冒险行为的表面不可能性的胜利。

5[58]

道德作为种属的幻想，为的是驱使个体为未来牺牲自己：表面上承认他本身具有一种无限的价值，使得他以这种自身意识去压制、遏制自己的天性的其他方面，难以对自身感到满足。

对道德迄今为止所完成的东西的深深感恩：然而现在只还有一种压力，或许会变成灾难！这种感恩本身作为诚实性迫使人们去否定道德。

5[61]

一个时刻，人有充裕的力量为自己效劳的时刻：科学旨在引发这种自然奴隶制。

于是人就能获得闲情逸致：造就自身，成为某种新的更高级的东西。**新的贵族统治**。

于是就有大量德性**存活**下来，它们现在成了生存条件。

不再需要特性，因而就失去它们。

我们不再**需要**德性：因而我们就失去它们。无论是关于"统一必不可少"的道德，关于灵魂得救的道德，还是关于不朽的道德：都是一种手段，一种使人有可能达到巨大的自我抑制的手段(通过一种巨大的恐惧情绪：：：①

形形色色的困厄，人是通过它们的培育而成形的：困厄教人劳动、思考、克制自己

生理净化和强化。

新的贵族统治需要一个对立面，需要斗争对手：它必须具有一种可怕的紧迫性，自我保存的紧迫性。

人类的两种未来：

(1)平庸化的结果

(2)有意识的突出、自我塑造

一种制造鸿沟的学说：它保存最高等的和最低等的种类(它摧毁中等种类)。

以往的贵族统治，宗教的和世俗的，都丝毫没有表现出对一种新贵族统治的必然性的反对。

关于**支配性构成物**的理论，代替：**社会学**

5[63]

人们不应该虚构虚假的人物，例如，不该说"自然是残酷无情的"。要直接认识到：并不存在这样一种负有责任的中心人物，**放轻松些吧！**

人性的发展。A. 赢获凌驾于自然的权力，而且**为此**也要赢获凌驾于自身的某种权力。为了在与自然和"野兽"的斗争中使人得以实现，道德是必需的。

B. 如果已经争得了凌驾于自然的权力，那么人们就能利用这种权力，以便自由地进一步培养自己：强力意志作为自我提高和强化。

① 原文即有三个冒号。——译注

5[67]

必需的并不是对人类的“道德教育”，而是关于谬误的强制训练，因为“真理”令人厌恶，生命令人扫兴，假如人还没有无可逃地被推入自己的轨道之中，并且以一种悲剧性的骄傲承担起他诚实可靠的见识。

5[71][①]

欧洲虚无主义。

伦策海德[②] 1887年6月10日

一

基督教的道德假设提供了何种优势？

(1)它赋予人一种绝对的价值，与他在生成和消逝之流中的渺小和偶然相对立。

(2)它效力于上帝的律师，因为它留给这个世界(尽管有痛苦和祸害)完满性的特征，包括那种“自由”——祸害显现为完全的意义。

3)它确定一种关于人身上的绝对价值的知识，并且因此赋予他恰恰对最重要之物来说适当的认识。

它防止人把自己当作人来鄙弃，防止人袒护生命，防止人怀疑认识：它是一种保存手段；总而言之：道德乃是反对实践的和理论的虚无主义的一大手段。

二

可是，在把道德培养起来的各种力量中，有一种叫真诚性：这种真诚性最终会反对道德，揭示道德的目的论，道德的利害观——人们对这种长期的根深蒂固的欺骗感到绝望，怀疑自己能否摆脱之；而现在，对这种欺骗的认识正在起着兴奋剂的作用。有关虚无主义。眼下我们要查明我们身上的需求，它们是由长期的道德解释培植起来的，现在作为对非真实性的需求向我们表现出来。而它们似乎正是维系价值的东西，我们就是为了它们而经受生活的。这样一种对抗性，即对我们认识的东西不能估价和重视，而对我们想要欺骗自己的东西再也不允许估价和重视：得出一个消解过程。

---

① 这个重要的残篇在《权力意志》第二版中被分解了(而且是以第4、5、114、55条的序列)。《权力意志》第一版则将之完整发表，虽然未标出日期。——编注

② 伦策海德：瑞士地名。——译注

三

事实上，我们不再需要反对第一种虚无主义的手段了：在我们欧洲，生命不再是那样不确定、偶然、荒唐。这样一种对人的价值、对祸害的价值等的巨大增扩，现在不是多么需要了，我们忍受着对这种价值的巨大减低，我们可以承认大量荒唐和偶然：人已经取得的权力现在允许一种对培育手段的削减，而其中，道德的阐释曾是最强大的培育手段。“上帝”是一个太过极端的假说。

四

不过，极端的立场并没有被缓和的立场所取代，而倒是又被极端的但颠倒了的立场取而代之了。而且这样一来，如果我们不再能坚持对上帝的以及一种本质上道德性的秩序的信仰，那么，对自然的绝对非道德性的信仰、对无目的状态和无意义状态的信仰，就成了心理学上必然的情绪。虚无主义现在表现出来，并不是因为此在的痛苦比以前更大了，而是因为人们根本上对包含在祸端中，实即在此在中的一种“意义”采取了不信任的态度。一种阐释崩溃了；但因为它被视为这样一种阐释，所以看起来，仿佛此在中根本就没有什么意义，仿佛一切都是徒劳的。

五

说这种“徒劳！”乃是我们当代虚无主义的特征，这一点还有待证明。对我们早先的价值评估的怀疑一直上升到这样一个问题：“难道所有‘价值’不是一个诱饵，一个使喜剧得以拖延下去而又根本接近不了答案的诱饵吗？”这种延续，带有一种“徒劳”、没有目标和目的的延续，乃是最令人麻痹的想法，尤其是当人们理解下面这一点，即人们受到愚弄，但又没有力量不让自己受愚弄。

六

让我们来思量一下这个想法的最可怕形式：此在，如其所是的此在，没有意义和目标，但无可避免地轮回着，没有一个直抵虚无的结局：“永恒轮回”。

此乃虚无主义的最极端形式：虚无（“无意义”）永恒！

佛教的欧洲形式：知识和力量的能量迫使人们达到这样一种信仰。这是一切可能假设中最科学的假设。我们否定最终目标：倘若此在有一个最终目标，则它必定是已经达到了的。

七

于是人们就理解了，这里所追求的是一个泛神论的对立面：因为说“一切都是完美的、神性的、永恒的”，这同样也会迫使人们达到一种对“永恒轮回”的信仰。问题是：随着道德的出现，连这样一种对万物的泛神论的肯定态度是不是也变得不可能了？从根本上讲，确实只有道德的上帝被克服了。设想一个“超越善恶的”上帝，这有意义吗？这种意义上的泛神论是可能的吗？莫非我们取消了过程中的目的观念，而仍然对这个过程做了肯定？——倘若在那个过程的每个因素中都取得了某个东西，而且始终是相同的东西，那么就会是这样的情形。

斯宾诺莎赢获了这样一种肯定态度，因为每个因素都具有一种逻辑的必然性：而且，他以自己的逻辑基本本能战胜了这样一种世界性质。

八

但他的情况只是一个个案。每一种基本特征，作为一切事件之基础、在任何事件中表现出来的每一种基本特征，倘若它被某个个体当作自己的基本特征来接受，那就一定会促使这个个体欢欣鼓舞地去赞同普遍此在(Dasein)的每一个瞬间。关键或许就在于：人们要带着欢悦把自身的这种基本特征当作好的、富有价值的。

九

现在，道德保护了生命，使之免于在这些被人强制和压迫的人们和阶层那里陷入绝望，跃入虚无：因为对人的昏聩无能——而不是对自然的昏聩无能——会产生出对生命的最绝望的愤世嫉俗。道德把掌权者、残暴者、一般而言的“主人”当作敌人来对待，普通〈人〉必须得到保护而免受这些敌人的侵犯，也就是说，普通人必须首先得到激励和强化。因此，道德已经教人最深刻地仇恨和蔑视统治者的基本特征，即他们的权力意志。要废除、否定、瓦解这种道德：这或许就是给最令人痛恨的本能配备了一种相反的感觉和估价。倘若受苦受难者、受压迫者失去了信仰，即相信自己具有一种蔑视权力意志的权利，那么，他们就会进入毫无希望的绝望阶段。倘若这个特征对生命来说是本质性的，倘若即便在那种“求道德的意志”中也只有这种“权力意志”伪装起来了，甚至那种仇恨和蔑视也还是一种权力意志，那就会是上面所讲的情形了。受压迫者或许已经看到，他们与压迫者是站在同一个地面上的，压迫者在受压迫者面前并没有任何特权，并没有任何更高的地位。

十

倒是相反！生命中没有什么东西是有价值的，除了权力等级——假定生命本身就是权力意志的话。道德保护了失败者，使之免于虚无主义，因为道德赋予每个人一种无限的价值，一种形而上学的价值，并且把它列入一种与世俗权力和等级制度不相配的秩序之中：道德教人顺从、谦恭等。假如对于这种道德的信仰趋于毁灭了，那么，失败者就再也不会有自己的慰藉了——而且就会归于毁灭。

十一

这种归于毁灭表现为一种自取灭亡，一种对必须摧毁的东西的本能选择。失败者的这样一种自我摧毁的征兆就是：自我解剖、中毒、迷醉、浪漫主义，尤其是本能性的强制行动，人们正是以这种行动把强大者变成死敌(——仿佛要把自己培育为自己的刽子手)，求摧毁的意志，后者乃是一种更深刻的本能的意志，自我摧毁的本能的意志，力求进入虚无之中的意志。

十二

虚无主义，乃是失败者不再有任何慰藉的征兆：他们为了被摧毁而去摧毁，他们在解除道德之后，就不再有什么理由“屈从听命”了——他们把自身置于对立原则的地基上，并且也在自己的角度意愿取得权力，因为他们迫使强大者成为自己的刽子手。既然一切此在都已经丧失了“意义”，那么，这就是佛教的欧洲形式了，即无为。

十三

这种“困厄”绝没有变得更大些：相反！“上帝、道德、屈从”成了救药，处于可怕的、深度的困苦层面上：积极的虚无主义出现在相对来讲十分有利地构成的情况中。感到道德已经被克服了，这一点已然是以一种相当程度的精神文化为前提的；而这种精神文化又是一种相当富足的生活。通过哲学见解的长期争执，直到对哲学的无望怀疑，造成了某种精神上的困乏，而这同样也表明那些虚无主义者在等级上绝不是更为低下的。人们可以想想佛陀出世时的处境。永恒轮回的学说或许有着高深莫测的前提（正如佛陀〈的〉学说具有此类前提，例如因果概念等）。

十四

现在，什么叫“失败”呢？主要在生理上，而不再在政治上。在欧洲（在所有阶层中），最不健康的人的种类就是这种虚无主义的基础：他们会把对永恒轮回的信仰感受为一种诅咒，受了这种诅咒，人们就不再对什么行为畏畏缩缩了：不是被动地消除，而是要把在此程度上无意义和无目标的一切东西都消除掉，尽管这只是一种痉挛，一种盲目的暴怒，因为人们已经认识到，一切都永恒地存在了——也包括这种虚无主义和摧毁欲的要素。——这样一种危机的价值就在于，它能净化，它能把相近的元素集中在一起，并且使它们相互腐败，它能把共同的使命分派给思维方式相互对立的人们——也把这些人中间比较虚弱、比较不可靠的人们揭露出来，因而从健康的观点出发，发起一种力量等级制：把命令者认作命令者，把服从者认作服从者。当然，撇开了一切现存的社会制度。

十五

谁将证明自己是其中的最强大者？是最平凡的人，是这样一些人，他们不需要任何极端的信条，他们不仅承认而且也热爱相当一部分偶然、荒唐，他们可能大大降低人类的价值，以此来设想人类，而并没有因此变得渺小和虚弱：健康方面的最富有者，足以对付大多数倒霉事，因此并不怎么怕倒霉——这些人，他们确信自己的权力，并且以有意识的骄傲来表现人类已经获得的力量。

十六

这样一种人怎么会想到永恒轮回呢？

5[82]

唯在有契约处才会有法律；但为了能让契约存在，必须有某种权力平衡状态。如果没有这种权力平衡，如果两个太过不同的权力相互冲突起来，那么，强者就会侵犯弱者，使后者不断弱化，直到最后出现屈服、适应、顺从、吞并，也就是说，到最后，两者合而为一了。为了使两者保持为两者，如前所述，就必须有一种平衡状态：而且因此所有的法律都要归结于一种先行的权衡。所以，如果人们用手上一把天平来表示公正(正确的比喻或许是，把公正放在一把天平上面，从而公正就使两个秤盘保持着平衡状态)，那就不是什么好想法了——因为这会让人误入歧途的。可是，人们却错误地表达了公〈正〉：人们也对公正说了错话。公正并不表示“各得其所”，而始终只是说“你怎样对我，我亦怎样对你”。两个相互发生关系的权力为毫无顾忌的权力意志配上一副笼头，不仅相互成为相同的，而且也意愿成为相同的，这就是世间一切“善良意志”的开端。因为一个契约不仅包含着对于一个持存的权力量的单纯肯定，而且同时也包含着一种意志，要把这样一种两个方面的量作为某种持续的东西肯定下来，因而也在某个程度上维护自身：如前所述，其中就隐含着所有“善良意志”的萌芽。

5[89]

反对那个大错误，仿佛我们的时代(欧洲)表现出人类的最高类型似的。而毋宁说：文艺复兴时期的人类是更高级的，希腊人亦然；确实，也许我们处于相当深的部位：“理解”(Verstehen)并不是最高力量的标志，而是一种极度疲乏的标志；道德化本身乃是一种“颓废”。

5[98][①]

一

如何才能把人类提升到他最伟大的壮丽和强大境界呢？思考这个问题的人首先要理解，他必须置身于道德之外——因为道德本质上是与此背道而驰的，凡在那种壮丽的发展出现之处，道德就要阻碍或者毁灭之。原因在于，这样一种发展实际上要利用和消耗数量巨大的人群，以至于一种相反的运动实在是太过自然了：相对虚弱、柔嫩、平庸的人们不得不结成同党，反对那种生命和力量的光辉，而且，他们为此就必须对自身取得一种新的估价，借着这样一种估价，他们便能谴责这种极为丰盈的生命，甚至可能摧毁这种生命。因此，就道德意在征服生命类型而言，它具有一种与生命为敌的倾向。

5[105]

良知所肯定的行动就是善的！仿佛一件作品之所以是美的，仅

① 也许关于5[96]。——编注

仅是因为它完全使艺术家感到满意！“**价值**”信赖于行为者的伴随性快感！（——在这里谁能算清楚传统要素中的虚荣、宁静等！）

另外，所有决定性的和富有价值的行动，都是在没有那种可靠性的情况下完成的……

人们必须注意按照客观价值进行判断。共同体的“好处”是这样一种好处吗？是的：只不过它通常又与共同体的“快感”混为一谈了。一种“糟糕的行动”对共同体起兴奋剂的作用，并且首先会激起十分不舒服的感觉，就此而言，它或许是一种富有价值的行动。

[6. 1886年夏至1887年春]

6[18]

人们不再从道德中进食；因此人们也不再根据道德“做好事”了。

[7. 1886年年底至1887年春]

7[3]

求真理的意志

阐释

何以世界解释乃是一种支配性欲望的征兆

艺术世界观：直面生命。但在这里没有对审美直观的分析，把审美直观还原为残暴、安全感、裁决感、局外感等。人们必须对付艺术家本身及其心理学(对游戏欲望的批判，作为力的释放、有关变化的乐趣、有关对自己的灵魂的挤压的乐趣，艺术家的绝对利己主义，等等)。他把哪些欲望纯化了？

科学世界观：批判那种对于科学的心理需要。意愿使事物变得可理解；意愿使事物变得实际、有用、可利用：在何种意义上是反美学的。唯有价值能够得到计算。在何种意义上一个平均种类的人想要在此取得优势。如果历史竟以这种方式被占有，那是可怕的——优越者、裁决者的王国。他把哪些欲望纯化了？

宗教世界观：对宗教人的批判。未必是道德的人，而是获得强大提升和深度萎靡的人，他用感恩或者怀疑来阐释前者，而不是从自身来推导前者(——后者也没有——)。本质上是感到自己“不自由”的人，他把自己的状态、屈从本能纯化了。

道德世界观。社会等级感被置入宇宙之中：不可动摇、规律、有序和同等，此类东西因为受到最高评价而在最高位置上被寻求，在宇宙大全之上或者在大全背后，同样的——

什么是**共同的**：支配性的欲望可以被视为最高的价值审判机关，其实可以被视为创造性的和统治性的力量。不言自明，此类欲望要么相互敌对，要么相互制服（综合地讲也可能结合起来），要么在统治中变化。但它们的深度对抗是如此之大，以至于在它们要得到全部满足时，就必须设想一个深度平庸的人。

7[4]

什么是道德行为的标准呢？（1）它的无私性；（2）它的普遍有效性；等等。但这是军营的道德观念（Stuben-Moralistik）。人们必须研究一下民众，来看看每一次都是什么标准，其中表达出什么。一种信仰："这样一种行为属于我们第一性的生存条件。"所谓非道德的，意思就是"带来灭亡的"。现在，所有这些群体（在其中已经发现了上述诸定律）都已经毁灭了。此类定律中个别总是重新得到强调，因为每一个新构成的群体都需要它们，诸如"不可偷盗"之类的定律。在社会共通感（例如 imperium romanum[罗马帝国]）未能被要求的时代里，欲望就投身于"灵魂得救"（在宗教上讲）：或者"最大的幸福"（在哲学上讲）。因为甚至希腊的道德哲学家们也不再对自己的 πῆλις[城邦]有感觉了。

7[5]

教士有时就是上帝本身，至少是上帝的代表

就本身来说，禁欲的习惯和训练还远不能透露出一种反自然的和敌视此在的信念：蜕化和病态亦然。

自我克制，带着严厉而可怕的捏造：一种拥有和要求对自身的敬畏的手段：禁欲之为权力的手段。

7[6]

善人

谦逊的危险。——在无论是我们的力量还是我们的目标都没有决定性地进入我们的意识的时候，就过早地去适应一个环境，适应由偶然性把我们置入其中的任务、社会、日常秩序和劳动秩序；由此争得的过早的良心安全感、舒适感、共同感，这种过早的谦逊，作为对内外骚动的摆脱，它讨好、纵容情感，并且以最危险的方式压制情感；按照"与自己同类"的方式学会尊重，就仿佛我们自己心中没有了设定价值的尺度和公理似的，对趣味（它也是一种良心）的内在声音做出同样估价的努力，成为一种可怕的、精致的羁束：如果爱和道德的一切纽带的突然崩裂最终并没有引发大爆炸，那么，这样一种精神也就会萎靡、缩减，变得阴阳怪气、精打细算。——对立的东西已经够糟的了，但始终还好些：苦于它的周遭环境，苦于这种环境的赞扬以及拒斥，从中受到伤害，开始溃烂，而又没有透露出来；以无意的怀疑态度来抵御这种环境的爱，学会沉默，也许人们是通过讲话来隐藏这种沉默，为了一时的喘息、流泪、高雅地慰藉而创造一个隐匿之所和猜测不到的孤独——直到人们终于变得足够强壮，能够说："我与你们又有何干系啊?"①并且走他自己的路。

德性作为恶习是如此危险，因为人们从外部让它们作为权威和法律横行于世，并且并没有从自身而来把它们生产出来，就像权利那样，后者作为极其个人的正当防卫和急需品，作为恰恰属于我们自己的此在和善行的条件，是我们所认识和承认的，至于其他人是否与我们一道在相同的或者不同的条件下成长，那是无关紧要的了。这样一个关于非个人的被理解的、客观的德性的危险性的条例，也适合于谦逊：许多出类拔萃的人物就毁于谦逊。

有一些心灵在变得强硬的时候才有意义。对于此类心灵来说，谦逊的道德性乃是最恶劣的软化。

7[15]

伦理学或者"关于愿望的哲学"。"这本应是别样的"，这应当成为别样的：也即不满乃是伦理学的萌芽。

人们或许可以自救，首先是在人们没有情感的地方进行挑选；其次是理解狂妄和胡闹：因为要求某物与原样不同，意思就是要求一切都不同，这包含着一种对整体的拒斥性批判——就此而言是……但生命本身就是这样一种要求啊！

确定什么存在、如何存在，看起来比任何一种"本应如此存在"都要高尚、严肃得多：因为后者作为人类的批判和狂妄，似乎从一开始就注定了是可笑的。其中表达出一种需要，要求世界的设置与我们人的幸福相吻合；也表达出那种要尽可能多地根据这项任务来行动的意志。另一方面，只有"本应如此存在"这样一种〈要〉求才引发了另一种对什么存在的要求：因为关于什么存在的〈知〉识，已经是诸如"如何？这是可能的吗？为什么恰恰如此?"之类的问题的结果。关于我们的愿望与世事不符的惊奇，结果导致了对世事的认识。也许事情还是别个样子的：也许就是那种"本应如此存在"，我们征

① 参见《约翰福音》，第2章，第4行。——编注

服世界的愿望——

7[24]

道德所赞扬的全部欲望和权力对我来说是本质性的，就如同道德所诽谤和拒斥的东西，例如作为权力意志的公正，作为权力意志的求真意志。

7[46]

我就是这种人的喉舌：

不是为未实现的理想所苦，而是为已实现的理想所害！也就是说，所苦的是：对于我们所描绘的并且大肆宣扬的理想，我们以一种轻率的鄙视来加以对待——

一种危险的怀乡，怀念从前心灵的“荒野”，怀念成就伟大的条件，差不多是暴虐行径的条件——

我们享受着我们更混乱、更野蛮、更疯狂的瞬间，我们或许能够犯一种罪行，只是为了看看一种良心谴责到底是什么意思——

我们自命不凡，反感于“善人”的日常诱惑、善的社〈会〉制度的日常诱惑、正派的博学多才的日常诱惑——

我们并没有患“腐败”病，我们完全不同于卢梭，并不渴求“善的自然人”——

我们对善感到厌烦，而不是对苦难感到厌烦：我们再也不会十分严肃地对待疾病、不幸、衰老、死亡了，至少是以佛教徒的严肃态度，仿佛是要做出对生命的种种抗辩似的。

7[62]

只有极少数人弄得清楚，那种关乎愿望的立场，即任何一种“应当如此而其实没有”甚或“本来就应当如此”，包含着什么：一种对事物整个进程的判决。因为在其中没有什么孤立的东西：最细微的东西承载着整体，在你渺小的过失上矗立起未来的整个大厦，在每一次针对最细微的东西的批判中，整体一道受到判决。现在，假如道德规范(连康德也这样认为)从来没有得到完全实现，而且作为一种彼岸之物悬于现实之上，而在任何时候都没有落入现实之中：那么，道德或许就包含着一种对整体的判断。不过对于这个整体，还不妨问一问：道德是从哪里取得这种权利的？这个部分何以在这里充当了对于整体的法官呢？——而且，倘若这实际上是一种无法根除的本能，是这样一种道德〈的〉判断和对现实的不满(正如人们所断言的那样)，那么，这种本能也许就并没有一同归属于那些无法根除的愚蠢，包括我们的种类的不满足状态？——然而，我们说了这番话，我们就做了我们所谴责的事情；愿望的立场、未被授权的法官游戏的立场，也属于事物之进程的特征，任何不公正和不完美状态亦然——这就是我们实现不了的关于“完美性”的概念。任何想要得到满足的欲望都表现出它对事物现状的不满：如何呢？也许是由完全不满足的、满脑子都是愿望的各个部分组成了整体？难道“事物之进程”就是“离开这里！离开现实！”，就是永远的不满足本身吗？莫非愿望就是驱动力本身？就是——deus[上帝]吗？

在我看来重要的是摆脱大全(das All)、统一性，某一种力、某个无条件之物；人们或许只好把它视为最高的机关，把它命名为上帝。人们必〈须〉把大全粉碎掉；忘掉对大全的尊重；为着最切近的东西、属于我们的东西，取回我们已经赋予未知之物〈和〉整体的东西。例如康德说：“有两个事物永远值得敬仰。”——今天或许我们更愿意说：“消化更值得尊重。”大全总是带来老问题：“祸害何以可能？”等。也就是说：没〈有〉大全，没有伟大的感知能力或者发明能力或者力量仓库：在其中[+++]

[8. 1887年夏]

8[3]

关于“homines religiosi”[“宗教徒”]

禁欲理想意味着什么？

依然新鲜的沉思默想的生活方式的预备形式，极端地，为的是获得尊敬并且取得对自身的尊敬(反对非活动性的“坏良心”)这种非活动性的条件是有待寻求的。

一种对心灵之干净的感觉，用巴洛克方式来表达。

一种囚徒状态(为自己准备大量精美食品)，作为对一种超级野蛮的贪欲状态的补救(这种贪欲要避开各种“引诱”)——作为对感官的仇恨，生命表达自己。

一种生命的赤贫化，一种对冷漠、安宁的需要。苦行僧的窍门。“老年”。

一种病态的脆弱性，敏感性，某种老处女般的东西，回避生活：间或有一种错误的被引导的性爱和“爱情”的歇斯底里。

对谦恭(“绝对服从”)的批判，间或是对权力本能的批判，即寻求绝对“工具”或者作为工具而获得最多的权力本能。这方面的聪明，懒惰(恰如在贫困和贞洁中)。

对**贫困**的批判(虚假的弃权和竞争，作为达到统治地位的聪明手段)。

对**贞洁**的批判。**有用性**：它给予时间、独立性——理智〈的〉娇生惯养，这在女人们中间是不堪经受的——家庭是一个喋喋不休的大窝。〈它〉蕴含着力量，防止某些疾病。女人和小孩的自由避开大量诱惑(奢侈、对权力的奴性、编排)。

一个人，在他身上自然的神秘多样性和丰富性在发生作用，可怕之物与令人陶醉之物的一个综合，某种允诺，某种更丰富的知识，某种更丰富的能力。禁欲理想始终表达出一种失败，一种匮乏，一种生理冲突。令人深思的是，真正说来，只有教士这个禁欲主义者种类才依然为当代人所熟悉：此乃人类蜕化和失败的表达。——而且正如我们关于浪漫主义艺术家所讲的那样，人们也可以说，真正说来，只有**浪漫主义的教士**才为我们所熟悉——**古典主义的**教士本来是可能的，他很可能也在此存在过。以一个古〈典主义〉〈教士〉的这样一种可能性，人们来设想一下 museo Borbonico Neapels[那不勒斯波旁博物馆]中的柏拉图：这是不是一个有胡子的狄奥尼索斯，考古学家们没有把握。这对我们来说应该是无关紧要的：而确定无疑的是，人们在这里假定了一个教士类型，**并不是**一个禁欲类型……

基督教的教士代表着反自然，代表着智慧和善的权力，但却是反自然的权力和反自然的智慧，反自然的善：敌视权力、认识以及——

权力作为奇迹权力。

智慧作为反理性。

爱情作为反性欲。

对于尘世间强大者的仇恨，以及一种隐藏的根本性的竞赛和竞争——人们想要的是心灵，人们把身体让给心灵——

对精神、骄傲、勇气、自由、精神之放纵的仇恨

对感官、感官之乐、一般快乐的仇恨，以及一种对感性和性欲的不共戴天的仇恨

基督教教士做错了这件事——诽谤的和可耻的导致误解的意志，对起源处出现的狂热崇拜和神秘仪式中的性意志的误解……

基督教教士自始就是感性的死敌：人们不能设想一种比纯洁的充满预感而又庄严的态度更大的对立了。例如，在雅典最值得尊敬的女性崇拜中，性象征的当前呈现就是以这样一种态度〈而被感受到的〉。生育行为乃是一切非禁欲宗教中固有的奥秘：一种关于完善和

神秘意图的象征，关于未来的象征(再生、不朽)。

8[7]

说谎的乐趣乃是艺术之母，恐惧和淫荡乃是宗教之母，Nitimur in vetitum[竭力禁止]和好奇乃是科学之母，残暴乃是非利己主义道德之母，悔恨乃是社会平等运动的源头，权力意志乃是公正的源头，战争乃是真诚(善的良知和喜悦)之父，男权乃是家庭的源头；怀疑乃是公正和沉思的根源。

[9. 1887 年秋]

9[22]

(17)

历史中的大**谎言**：

仿佛曾经有异教的堕落，它为基督教开辟了道路！而实际上那是古代人的衰落和道德化！把自然本能重新解释为恶习，这是早就发生的事啊！

——仿佛教会的堕落乃是宗教改革的原因；那只不过是借口，是宗教改革的煽动者的自我欺骗——其实当时有的是种种强烈的需求，它们的残酷性急需一种精神上的掩饰。

9[23]

(18)

对垂死者的言语、举止和状态的欺骗性解释：例如，把对死亡的恐惧与对“死后”的恐惧彻底混为一谈……

9[27]

(20)

用力求达到我们目标的意志，因而也就是力求达到其手段的意志来**替代**道德。

用自然命令替代绝对命令。

不想得到任何赞扬：人们所作所为乃是对他有用的，或者使他愉快的，或者他必须做的事。

9[35]

(27)

1. 虚无主义乃是一种**常**态

虚无主义：没有目标；没有对“为何之故?”的回答。虚无主义意味着什么呢？——最高价值的自行贬黜。

它是**两义的**：

(A)虚无主义作为提高了的精神权力的象征：作为**积极的虚无主义**。

它可以是强者的标志：精神力量可能如此这般地增长，以至于以往的目标("信念"、信条)已经与之不相适应了。

——因为一种信仰一般而言表达的是生存条件的强制性，一种对某个人物借以发育、生长、获得权力的各种关系的权威的屈服……

另外，它也可能是不充分的强者的标志，目的是创造性地重又设定一个目标、一个为何之故、一种信仰。

作为强暴性的**破坏**力量，它达到它的相对力量的**极大值**：作为积极的虚无主义。它的对立面或许是疲乏的虚无主义，后者不再进攻，其最著名的形式就是佛教：作为消极的虚无主义。

虚无主义表现为一种病态的中间状态(巨大惊人的概括、对根本无意义的推论就是病态的)：要么生产性的力量还不够强大；要么颓废还在犹豫不决，还没有找到它的辅助手段。

(B)虚无主义作为精神权力的下降和没落：**消极的虚无主义**。

作为一种弱者的象征：精神力量可能已经困倦、已经衰竭，以至于以往的目标和价值不适合了，再也找不到信仰——

价值和目标的综合(每一种强大的文化都以此为基础)自行消解，结果是各种价值相互冲突：导致瓦解。

一切令人振作、有疗救作用、提供慰藉、令人麻醉的东西纷纷出笼了，披着形形色色的伪装，宗教的，或者道德的，或者政治的，或者美学的，等等。

2. 上述假设的前提

没有真理；没有事物的绝对性质，没有"自在之物"。

——这本身就是一种虚无主义，而且是极端的虚无主义。它径直把事物的价值设入其中，而没有也不曾有一种实在与此价值相适应，相反，只有一种价值设定者方面的力量的标志，一种对于生命目的的简化。

9[38]

(28)

"我相信事情是这样的"，这一价值评估乃是"真理"的**本质**。

在价值评估中表达出保存和增长的条件。

我们一切认识器官和感官只是着眼于保存条件和增长的条件而发展起来的。

对理性及其范畴的信赖，对辩证法的信赖，也就是逻辑学的价值评估，只是证明由经验证明的这些东西对于生命的有用性，而并没有证明它们的“真理性”。

必须有大量信仰存在，人们可以做出判断，没有对所有本质性价值的怀疑：

这乃是一切生命体及其生命的前提条件。因此，必须把某物看作真实的，这一点是必然的，而不是：某物是真实的。

“真实的世界与虚假的世界”——我把这个对立归结于价值关系。

我们已经把我们的保存条件投射为一般存在之谓词。

为了繁荣发达起来，我们必须固守于我们的信仰——由此我们已经得出：“真实的”世界并不是可变的和生成的世界，而是一个存在着的世界。

9[39]

(29)

价值及其变化与价值设定者的权力增长相关。

得到容许的“精神自由”的非信仰之尺度，乃是权力增长的表达。

“虚无主义”乃是精神的至高权力的理想，最充沛的生命的理想：既是破坏性的又是嘲讽性的。

9[41]

(31)

一种信仰是什么？它是如何形成的？一切信仰都是一种持以为真(Für-wahr-halten)。

虚无主义的极端形式或许是：一切信仰，一切持以为真，都必然是错误的，因为压根儿就没有一个**真实的世界**。也就是说，这是一个透视主义的假象，其起源就在我们心中(因为我们不断地迫切需要一个狭隘的、压缩的、简化的世界)。

——**力量的尺度**就在于：为了不致毁灭，我们就只好承认虚假性、谎言的必要性。

就此而言，作为对一个真实世界的**否定**，对一种存在的**否定**，虚无主义可能是一种神性的思想方式——

9[42]

(32)

快到1876年时，我理解了通过瓦格纳能谋求什么，我于是害怕看到我以往的整个意愿都烟消云散：而且通过需要方面的深刻统一性的全部纽带，通过一种感激之情，通过浮现在我眼前的无可替代性和完全的相互惦记，我当时受到瓦格纳的牢牢束缚。

差不多与此同时，我觉得自己难分难解地被禁囿于我的语文学和教学活动中了——被禁囿于我生命的一个偶然事件和权宜之计中了：我再也不知道该如何脱身，我已经精疲力竭，被耗尽了。

在这个时候我理解了，我的本能所谋求的东西乃是与叔本华相反的，那就是要为生命辩护，即使在生命最可怕、最模糊、最具欺骗性的现象中：对于后者，我已掌握了“狄奥尼索斯”公式。

有人认为“物之自在”必然是善的、福乐的、真实的、统一的；与之相反，叔本华对作为意志的“自在”的解释则是一个本质性的步骤：只不过他并不理解这种力求神性化的意志，因为他耽于道德基督教的理想中。

叔本华依然如此深远地受制于基督教价值，以至于现在，在自在之物在他看来不再是“上帝”之后，它就不得不成为恶劣的、愚蠢的、卑下的了。他理解不了，可能有不同存在之可能性的无限多种方式，甚至是上帝存在之可能性的无限多种方式。

诅咒那种目光短浅的二分[①]：善与恶。

9[44]

（关于第三篇文章）

（34）

主要观点：人们并没有认为高等种类的使命在于对低等种类的引导（诸如孔德所做的那样），而是把低等种类视为一个更高的种类赖以实现它自己的使命的基础，它只有在这个基础上才能够立身。

强大而高尚的种类赖以保存自身（在精神培育方面）的条件，是与斯宾塞之类小贩们的“工业大众”的条件相反的。

凡一味听任最强大的和最丰硕的人物而使此类人物的生存成为可能的东西——悠闲、冒险、无信仰、放荡不羁本身，倘若它听任中等人物的支配，那就必然会毁掉后者——而且它实际上也这样做了。在这里相适合的是勤劳、规矩、适度、固定的“信念”，质言之就是群盲道德：有了这种道德，这个中等种类将趋于完满。

虚无主义的原因：

（1）高等种类的缺乏，也就是缺乏这样的种类，它们取之不尽的成果和权力维护着那种对人类的信仰。（人们想到拿破仑的功劳：几

---

① 《权力意志》第二版第1005条中误为“自由”（Freiheit）。——编注

乎本世纪所有的高级希望)

(2)低等种类“群盲”“大众”“社会”荒疏了谦恭的态度，并且夸张它们对宇宙价值和形而上学价值的需求。这样就把整个此在(Dasein)庸俗化了：因为只要大众占了上风，他们就会对特立独行者实行暴政，使之丧失自信而成为虚无主义者。

构想高级类型的一切尝试都是失败的(“浪漫派”、艺术家、哲学家、反对卡莱尔把最高道德强加给他们的企图)。

反抗高等类型，此乃结果。

一切高等类型的没落和不稳固；反对天才的斗争(“大众诗歌”等)。把对低等者和受苦者的同情当作心灵之崇高的标准。

缺乏哲学家，行为的阐明者，不光是改写者。

9[66]

(49)

价值重估——这是什么意思呢？必须是那些自发的运动全都在场，新的未来的、更强大的运动：只不过它们还带着错误的名称，受到错误的估价，而且还没有意识到自身。

一种对已经达到的东西的勇敢意识和肯定。

一种对陈旧估价的老套惯例的摆脱，这些陈旧估价在我们已经达到的最美好和最强大的东西中使我们蒙受耻辱。

9[77]

(56)

所有学说都是多余的，对它们来说，并非一切都已然取决于积蓄起来的力量和爆炸材料。唯当那些为旧价值所折磨而又没有意识到的新需要、新需求的张力已经出现时，才能达到一种对价值的重估——

9[79]

(58)

什么是赞扬？

在五谷丰登、风调雨顺、胜利、婚礼、和平时的赞扬和感谢——凡节日都需要一个作为情感发泄对象的主体。人们意愿把一切好事都归于某人，人们意愿行为者。在一件艺术作品面前的情形亦然：人们并不满足于艺术作品；人们赞扬创作者。——那么，什么是赞扬呢？那是一种关于所接受的善行的平衡，一种归还，一种对我们的权力的证明——因为赞扬者做出肯定、判断、估量、校正：

他给予自己能够肯定的权利，能够分配荣誉的权利……提高了的幸福和生命感也是一种提高了的权力感：由此出发人们进行赞扬（人们由此出发去发现和寻求一个行为者，一个“主体”）。

感谢作为善意的报复：平等和骄傲应当同时得到维持的地方，报复得到最佳实施的地方，感激就最严格地得到要求和实施。

9[84]

（59）

伟大的虚无主义的伪币铸造，通过对道德价值的聪明滥用：

（a）爱之为非人格化；同情亦然。

（b）唯有非人格化了的理智（“哲学家”）才认识真理，“事物的真实存在和本质”。

（c）天才、伟人之所以伟大，是因为他们不去寻求自身和自己的事情：人的价值增长与他对自身的否定成正比。叔本华，第 2 卷 440 ss。

（d）艺术乃是“纯粹的、摆脱意志的主体”的功业，对“客观性”的误解。

（e）幸福之为生命的目的；德性之为达到目的的手段。

叔本华对生命的悲观主义判决，乃是一种道德上的转移，即把群盲标准转移到形而上学中去。

“个体”是无意义的；因此赋予个体一种在“自在”中的起源（而且“个体”此在的意义乃是迷误）；双亲只是“偶然原因”而已。

造成的恶果是，科学理解不了个体：这是迄今为止都在一条线上的整个生命，而**不是**生命的结果。

9[86]

（61）

道德主义的自然论：把表面上不受束缚的、超自然的道德价值归结为它的“自然”：也即归结为自然的非道德性，归结为自然的“功利性”等。

我可以把此类考察的倾向称为道德〈主义的〉自〈然论〉：我的任务在于，把表面上不受束缚的和变得非自然的道德价值置回到它们的“自然”之中——亦即置回到它们的自然的“非道德性”之中。

请注意！与犹太教的“神圣性”及**其自然基础**的比较：与专制地被制订出来的道德法则一样，脱离了自己的自然（直至与自然的对立）。

“道德的非自然化过程”（所谓“理想化”）的步骤。

作为通向个体幸福的道路，

作为认识的后果，

作为绝〈对〉命令，摆脱了——

作为通向神圣化的道路，

作为对生命意志的否定，

道德对生命的逐步敌视。

9[122]

(80[a])

论基督教的系谱学

——胆怯者的狂热，他们一旦离开自己的国度之后就不敢返回去了，直到他们由于恐惧和恐惧的折磨，到了要毁灭自己的国度的地步。

——更大的勇气和性格的强壮意味着：停住或者甚至于回头，以此作为继续行进。毫不胆怯地回头比毫不胆怯地继续行进更艰难。

9[123]

(81)

关于虚无主义者的起源

人们有了直面自己真正知道的东西的勇气，只是为时晚矣。从根本上讲，我一直是一个虚无主义者，不久前我才承认了这一点：我作为虚无主义者赖以前进的活力、冷漠，在这个基本事实上欺骗了我。如果人们迎向一个目标，那似乎就不可能说："无目标性本身"是我们的信仰准则。

9[138]

(92)

请注意！要个别地、逐步地、试探性地使用一切可怕之物：文化的使命就是要做到这一点；然而，在文化壮大到足以担当此使命之前，它还必须控制一切可怕之物，调节之，掩盖之，甚至于诅咒之……

——凡在一种文化开始作恶的地方，它都会借此表现出一种恐惧姿态，也就是一种虚弱……

论题：一切善都是被利用的从前的恶。

准则：一个时代、一个民族、一个个人所允许的激情越是可怕、越是巨大(因为它能够把激情当作手段来使用)，则它的文化的地位就越高级。(——恶的王国变得越来越小……)

——一个人越是平庸、软弱、屈从、怯懦，他就越多地作为恶人来作恶：在他那里，恶的王国是最广大的，最低级的人将处处都看到恶的王国(即禁止他、对他有敌意的王国)。

9[139]

(89)

总而言之：要驾驭激情，而不是削弱或者根除激情！

意志的主人力量越大，激情就会获得越多的自由，多得多的自由。

“伟人”之伟大，是由于他的欲望的自由空间，是由于更大的权力，后者善于使用这些宏伟的猛兽。

——文明的每个阶段上的“善人”都是既无危险又大有用场的人：一种中心；一种共同意识的表达，就是关于人们用不着害怕，但尽管如此却不可蔑视的人的意识……

教育：本质上是为了维护规则而用一种转移、引诱、病变而毁掉特殊者的手段。

这是冷酷的：但从经济角度看，却是完全合理的。至少在那个漫长时代里——

教化：本质上是维护平庸者而建立反对特殊者的趣味的手段。

一种具有特例、试验、危险、差别的文化，乃是一种伟大的力量财富的结果：任何贵族文化皆倾向于此。

唯当一种文化必须控制住一种力量的过剩时，在它的土地上才可能有一座奢侈文化的温室——

9[140]

(93)

我的尝试，试图把握社会判断和价值评估的绝对合理性：当然摆脱了那种要在此计算出道德结果的意志。

心理学的谬误和模糊的程度，目的是要为那些对保存和提高权力来说本质性的情绪辩护(为情绪创造好良心)。

愚蠢的程度，为的是使一种共同的调节和估价保持可能(为此就有教育、对教育环节的监督、管教)。

审讯、怀疑和不宽容的程度，目的是要把特立独行者当作罪犯来处理和压制，为的是赋予他们本身以坏良心，使得他们内在地也患上特立独行的病。

道德本质上作为防御，作为防御手段：就此而言乃是未充分发育的人的一个标志，第123页

无动于衷；斯多亚的；

充分发育的人首先拥有武器，他是进攻性的

战争工具转变为和平工具了(由鳞皮和平板、羽毛和毛发做成的

工具)

总而言之：道德恰恰是如此"不道德"，如同世上的任何其他事物一样；道德性本身乃是非道德的一种形式。

上述见解带来的大解放，对立远离了事物，一切事件的一致性得到了挽救——

9[147]

(100)

德性以何种手段获得权力？

恰恰就是用政治党派的手段：对已经占有权力的对立德性的诽谤、怀疑、暗中损害，把它们的名字改掉，对它们进行系统的迫害和盘问，也就是说，通过纯粹的"非道德性"。

一种欲望要拿自己怎么办，才能成为德性呢？——改名换姓；对自身意图的原则性否定；练习自我误解；与现行公认的德性结盟；公开敌视自己的对手。尽可能换取奉若神明的权力的庇护；陶醉、激动、理想主义的伪善；赢得一个党派，要么与之一起发达，要么趋于毁灭……，成为无意识的、天真质朴的……

9[152]

道德偏见把一种精神深深地置入等级制中，由此精神就失去了特权、a parte[分离]的本能，创造性人物的自由感，"上帝之子"(或者魔鬼之子——)的自由感。至于这种精神是否宣讲现行道德，或者用自己的理想来批判现行道德，那是无关紧要的：他因此就是群盲中的一员——哪怕他是作为群盲至高的必需品，作为"牧人"……

9[153]

(105)

未来之强者。

有时部分必需、部分偶然所达到的东西，乃是产生一个更强大的种类的条件：现在我们能够理解，也有意识地愿意理解这一点了。我们能够创造使这样一种提高成为可能的条件。

直到现在，"教育"才想到了社会功用：并不是未来的可能功用，而是对恰好现存的社会的功用。人们想要的是为现存社会服务的"工具"。假如力量的丰富性越来越大，那就要想到一种**力量的排放**，后者的目标或许并不涉及社会功用，而涉及一种未来的功用——

人们越多地理解了何以当代社会形式处于一种激烈的变化之中，以至于有朝一日再也不能为它自身之故而存在，而只还作为手段落在某个更强大的种族手里，那么，或许就得提出上面这样一项任务了。

人的日益缩小恰恰是一种推动力，促使人们想到一个更强大种族的培育：后者的过剩或许恰好在于，被缩小的种类(species)虚弱化了(意志、责任、自信、为自己设定目标的能力)。

手段或许就是历史所传授的手段：相反地保存兴趣所造成的孤立化在今天乃是通常的情况；练熟相反的价值评估；作为激情的间距；自由的良知在今天最受低估、最受禁止。

欧洲人的均衡乃是一个不可阻挡的伟大进程：人们本应进一步加速这个进程。

一种撕裂、间距、等级制的必然性因此已经出现了：而不是延缓上述进程的必然性。

这个取得均衡的种类一旦获得就需要一种辩护：它效力于一个更高的、自主的种类，后者高踞于前者之上，并且只有高居于前者之上才够得着自己的任务。

以统治执政为己任的不光是一个主人种族；而是一个具有自己的生命领域、具有一种力之过剩(对于美、勇敢、文化、风度乃至于最精神性的东西而言的力)的种族；一个肯定性种族，它可以给予自己任何大奢侈……强大得足以不需要德性命令之暴行，富有得足以不需要节俭和拘泥，处于善恶的彼岸；一座适合于挑选出来的特殊植物的温室。

9[155]

(107)

在今天，德性再也得不到信仰了，它的吸引力消失了；想必会有人，比如作为一种非同寻常的冒险和放纵形式，懂得重新把这种德性投到市场上去。它要求自己的信徒有太多的放肆和偏颇，以至于它现在没有了直面自身的良心。不过，对无良心者和完全无所用心者来说，这也许正是它的新魔力——它现在成了它以往从来不曾充当过的东西，即一种恶习。

9[156]

(108)

心理学的伪造

心理学的重大罪行：

(1)一切不快、一切不幸，都是因为不公(罪责)而被伪造出来的(人们使痛苦失去了无辜)。

(2)一切强大的快感(纵情、肉欲、胜利、骄傲、放肆、认识、自信和自在幸福)都被打上了有罪、诱惑、可疑的烙印。

(3)虚弱感、最内在的怯懦、缺乏直面自身的勇气，都被戴上了神圣化的名称，被当作最值得想望的东西来传授。

(4)人身上的一切伟大特性，都被曲解为非自身化了，被曲解为为了某个他者、他人而牺牲自己；即使在认识者那里，即使在艺术家身上，非人格化(Entpersönlichung)也被假装为他们最高的认识和能力的原因。

(5)爱情被伪装为献身(以及利他主义)，而实际上，爱情是一种额外取得(Hinzu-Nehmen)，或者说是一种由于人格的充盈而做出的交付(Abgeben)。唯有最完全人格的人才能爱；非人格化者、“客观化的人”是最恶劣的情人(——人们不妨去问一问女人们!)。对上帝的爱、对祖国的爱，也是同样的情形：人们必须牢牢地守住自己。

利己主义作为自我化，利他主义作为他者化。

(6)生命作为惩罚，幸福作为诱惑；激情是恶魔般的，对自身的信赖是邪恶的请注意！这整个心理学是一种**阻碍**心理学，一种出自恐惧的围城(*Vermauerung*)；一方面，乌合之众(失败者和平庸者)想以此来抵御强者(——并且摧毁发展中的强者……)，另一方面，所有人都把他们自己借以最佳地成长的那些欲望神圣化，并且懂得只对它们保持尊重。试比较犹太教士。

9[162]

(113)

悲观主义升起的原因

(1)迄今为止，最强大的和最有前途的生命欲望都遭受了诽谤，以至于生命开始诅咒自身。

(2)人不断增长的勇敢、正直和大胆的怀疑，把握住上述生命本能的不可替代性，并且直面生命。

(3)唯有对那种冲突毫无感觉的极平庸者才兴旺发达，比较高级的种类却归于失败，并且作为蜕变的产物而反感自己，而另一方面，平庸者却以目标和意义自许，显得咄咄逼人(再也没有人能回答一个“何为何往?”的问题了)。

(4)缩小、痛苦、不安、急促和拥挤持续地增长，对这整个繁忙活动以及所谓的“文明”的当前化变得越来越轻松了，个体面对这种硕大无朋的机构会变得沮丧和屈从。

9[165]

(115)

现代精神的放荡

由于形形色色的道〈德〉装饰：

华丽话语有：

宽容(对于“肯定和否定之无能”)。

同情的宽度[①]＝三分之一冷漠，三分之一好奇，三分之一病态的激动性。

客观性＝没有人格，没有意志，无能于“爱”。

反对常规的“自由”(浪漫主义)。

反对伪造和谎言的“真理”(自然主义)。

“科学性”[“人性证明”(document humain)]，用德语来讲，就是廉价小说和加法取代了结构和布局。

“激情”取代了无序和无度。

“深度”取代了混乱、符号纷乱。

关于“现代性”

(a)精神的放荡

(b)演戏

(c)病态的烦躁(作为“事实”的环境)

(d)五光十色

(e)劳累过度

对“现代性”的最好抑制和补救办法

1. 普遍服役义务，要有停止一切娱乐的真正战争。

2. 民族狭隘性(简化、集中，但在这当中也由于过度劳累受到挤压和耗竭)。

3. 改善了的营养(肉类)。

4. 住所不断提高的洁净和健康程度。

5. 生理学对于神学、道德学、经济学和政治学的优势地位。

6. 在其“职责”的要求和履行方面的军事严格性(人们不再夸奖……)。

9[166]

(116)

美学。

① 原文为法文：la largeur de sympathie。——译注

为了成为经典作家，人们

必须具备所有强大的、表面看来充满矛盾的天赋和欲望：但这样一来，这些天赋和欲望就会在同一枷锁下结伴而行。

必须来得正是时候，才能把某个文学或艺术或政治的属类推到其高峰和极顶(：而不是在这件事已经发生之后……)。

必须反映一种总体状况(无论是民众还是一种文化)的最深刻和最内在的核心，时间要在它还存在着，还没有因为对外来之物的模仿而变了本色的时候(或者说还是依赖性的……)。

不是一种反作用的精神，而是一种推论性的和向前指引的精神，在任何情形下都表示肯定，即使带着它的仇恨。

“这难道不是就包含着最高的人格价值吗?”……也许我们必须考量一下，这里是不是有道德〈的〉偏见在起作用，还有，伟大的道德高度是不是本身就构成一种与经典的矛盾呢?……

把音乐“地中海化”：这就是我的口号……

道德怪胎是不是在言行上都势必成为浪漫主义者呢?……一个特性压倒其他特性(就像在道〈德〉怪胎那里)，这样一种优势正好与经典权力处于敌对之中，旗鼓相当。假如人们拥有这种高度，而依然成为经典作家，那么，甚至就可以大胆地得出结论：人们也拥有同样高度的非道德性。这也许就是莎士比亚的情形(假如他真的是培根勋爵的话)。

9[173]

(123)

种族和等级估价上的道德

鉴于在任何种族和任何等级那里，情绪和基本欲望都对它们的生存条件有所表达(——至少是它们得以最长期地实现自己的那些条件：)

这就要求它们是“有德性的”：它们得改变自己的性格，发起怒来，抹掉自己的过去。

这就意味着，它们应当不再相互区别开来。

这就意味着，它们应当在需要和要求方面相互接近——更清晰地讲：它们应当归于毁灭……

因此，追求一种道德的意志就证明自己是那个种类对其他种类的专制统治，这一种道德就是为这个种类特制的：此乃有利于统治种类的消灭或者划一(或者是为了不再对统治种类感到恐怖，或者是为了自己为统治种类充分利用)。

“消除奴隶制”——所谓对“人的尊严”的赞许，实际上是消灭一个根本不同的种类(——埋葬后者的价值和幸福——)。

一个敌对种族或者一个敌对等级的强大力量的根基，被解释为它最凶恶、最恶劣的东西：因为它会借此伤害我们(——它的“德性”受到诽谤，改掉了名目)。

如果它伤害我们，那就被视为一种对人类和民众的反动：但从它的观点出发，我们就是它所欢迎的，因为我们是一些使他人能够从我们身上得益的人。

“人化”的要求(它十分天真地以为自己拥有了“什么是人性的?”这个公式)乃是一种伪善，借着这种伪善，一种完全确定的人的种类力求取得统治地位：更准确地讲，一种完全确定的本能，即群盲本能。

“人人平等”：这一点隐蔽于那种越来越多地把人与人等量齐观的倾向中。

着眼于通俗道德的“兴趣”(窍门：把伟大的渴望、统治欲和占有欲变成德性的保护者)。

何以对一切必须赊欠和要求借贷的东西，各色商人和贪婪者都必须坚持要求相同的品质和相同的价值观念：所有世界贸易和交换可以说都在强求和收买德性。

国家亦然，官员和士兵的一切统治欲也是如此；科学亦然，为了以信赖和节约力气的态度来工作。

教士亦然。

——也就是说，在这里就在强求一种通俗道德，因为借此能争得一种优势；而且为了使这种道德取得胜利，就要对非道德性实施战争和暴力——根据何种“权利”呢？根本不是根据什么权利：而是依照自我保存的本能。相同的阶级在非道德性对它们有用场的地方就利用非道德性。

[10. 1887年秋]

10[2]

(137)

我的五个“否定”

1. 我反对罪责感以及把惩罚概念搅拌到物理世界和形而上学世界中去，同样也搅拌到心理学、历史解释中去的做法。洞见到以往所有哲学和价值评估中的道德化。

2. 我对传统理想、基督教理想的重新认识和抽取，即便是在人们因对基督教的教条形式经营不善而致破产的地方。基督教理想的危险性隐藏在它的价值感中，隐藏在那个可能缺乏抽象表达的东西中：我反对潜伏的基督教(例如在音乐中，在社会主义中)。

3. 我反对卢梭的18世纪，反对他的“自然”，反对他的“善人”，反对他对情感的统治地位的信仰——反对人的娇弱化、虚弱化、道德化：一种理想，它产生于那种对贵族文化的仇恨，实际上就是那种放纵无度的怨恨感的支配地位，被虚构为斗争的标准。

——基督教徒的罪感道德

怨恨道德(一种贱民态度)

4. 我反对浪漫主义，其中既有基督教理想又有卢梭的理想，而同时又带有一种对教士-贵族文化的古时代的思慕，〈对〉德性(virtù)、对“强大的人”的思慕——某种极度杂交的东西；一种虚假的和仿效的更强大的人类，它看重的是极端状态，并且在其中看到了强大的标志(“激情崇拜”)。

——对更强大的人、极端状态的要求

对最具表现力的形式、具有表现力的狂乱(furore espressivo)①的模仿并非来自丰富性，而是来自匮乏。

(在诗人中间，例如斯蒂夫特和凯勒②，是更强大、内心健康的标志，作为——)

5. 我反对群盲本能的优势地位，在科学与群盲本能串通一气之后；反对人们对一切等级制和间距的内心仇恨。

——在19世纪，相对地从丰富性中产生出来的东西，惬意地……

技巧、喜悦的音乐等	
伟大的技巧与创造性	19世纪的强大、
自然科学	自信的相对产物
历史学(?)	

10[7]

(142)

想一想：何以对神性天命的危险信仰还一直延续下来——它是

① 原文为意大利文。——译注

② 斯蒂夫特：奥地利小说家。著有长篇小说《晚来的夏天》《维第科》等。戈特弗里德·凯勒：瑞士德语作家。著有长篇小说《绿衣亨利》《诗歌集》等。——译注

历史上存在过的对人和理性来说最有麻痹作用的信仰了；何以在“自然”“进步”“完美化”“达尔文主义”的公式的影响下，在关于幸福与道德、不幸与罪责的某种一体性关系的迷信的影响下，基督教的预设和阐释还一直香火不断。那种对事物运动、“生命”、“生命本能”的荒谬信赖，那种庸人的听天由命，也就是相信人人都只需履行自己的义务，一切就能良好运作——诸如此类的东西要有某种意义，就只有假定事物是 sub specie boni[由善的方式]引导的。即便是宿命论，我们今天的哲学感受性形式，也是那种关于神性命定的最长久信仰的一个结果，一个不自觉的结果：就仿佛万物如何运作恰恰与我们无关(——仿佛我们可以听任万物运行：每个个体本身都只是绝对实在性的一种模式——)。

人们把下述各项归诸基督教：

把罪责和惩罚概念搅拌到一切概念中。

对道德的胆怯。

对事物运动(向“更好”运动)的愚蠢信赖。

对自身的心理欺诈。

10[8]

(143)

社会内部的一种情绪**分工**：结果是个体和阶层都去培养那种不完整的但恰恰因此更有用的心灵种类。何以在社会内部的每一个类型那里，某些情绪几乎退化了(根据另一种情绪的更强大发展来看)。

关于对道德的辩护：

经济学的辩护(目的是尽可能利用个体之力量，反对对一切特殊例外的东西的浪费)。

美学的辩护(提高坚固的类型连同对本己类型的快感)。

政治的辩护作为经受住不同权力等级之间的沉重张力关系的艺术——

生理学的辩护为了支持失败者和平庸者而作的那种估价的虚构优势——旨在保存弱者。

10[9]

(144)

每一种理想都是以**爱与恨**、**尊重与蔑视**为前提的。primum mobile[第一推动力]要么是积极的情感，要么是消极的情感。譬如，在所有怨恨理想中，仇恨和蔑视都是 primum mobile[第一推动力]。

10[10]

(145)

对以往理想的经济学估价

立法者(或者社会本能)挑选一部分状态和情绪，通过它们的活动，一种调节功能得到了保证(一种机械论，作为那些情绪和状态的有规则的需要的结果)。

假如这些状态和情绪带有令人痛苦的成分，那么，就必须找到一个手段，通过一种价值观来克服这种痛苦，使人感到痛苦是有价值的，也就是在更高意义上快乐的。用公式来表述："某种不快如何变成愉快?"例如，当它能够充当力量、权力、自制的证据时，或者当我们对法律的服从、适应得到尊重的时候。同样也作为集体精神、同胞意识、祖国意识的证据，我们的"人道化""利他主义""英雄主义"的证据。

人们乐于做不快之事——理想的意图所在。

10[11]

(146)

我尝试一种对德性的经济学辩护。——这项任务就是要尽可能地〈去〉利用人，并且尽可能地使得人接近准确无误的机器：为此目的，人就必须用机器之德性装备起来(——人必须学会把他机器般有用地劳作的状态感受为最高价值的状态：为此就亟须尽可能地使他对其他人失去兴趣，尽可能使他变得危险和臭名昭著……)。

在这里，第一块绊脚石就是所有机械活动所造成的无聊、单调。学会忍受这种无聊、单调，而且不光是忍受，也要学会看到这种无聊为某种更高的刺激所围绕：这就是迄今为止所有高等教育事业的任务。学会某种与我们毫不相干的东西；而且就在其中，在这种"客观的"活动中感受自己的"义务"；学会把欲望与义务相互区分开来加以估价——这就是高等教育事业不可估量的使命和成就。因此，迄今为止的语文学家自在地都是教育家，因为他的活动本身就是一种迈向卓越的单调活动的典范：以他为旗帜，青少年学会了"死记硬背"，这乃是他们将来机械地、优异地完成义务的第一个先决条件(作为国家官员、丈夫、办公文秘、报纸读者和战士)。这样一种生存也许比任何其他类型更需要一种哲学上的辩护和美化：从某个可靠的主管机关出发，适意的情感根本上必须被贬降为低贱的等级；"自在的义务"，也许甚至就是着眼于一切不适意之物的敬畏的激情——以及这样一种超越所有功利性、愉悦性、目的性的要求，乃是雄辩的、命令式的……机械的生存形式乃是最高的、最值得尊敬的生存形式，是自我崇拜的。（——类型：康德乃是“你应当”这个形式概念的狂热信仰者）。

10[17]

（150）

必须证明的必然性：一种对人和人类的越来越经济的消耗、一种关于利益和功效的越来越坚固的相互缠绕在一起的“机构”，包含着一种对立运动。我把这种对立运动称为对人类的一种奢侈和过剩的离析(Ausscheidung)：在其中应当出现一个更强大的种类，一个更高级的类型，后者具有不同于普通人的形成条件和保持条件。众所周知，对于这个类型，我的概念、我的比喻就是“超人”(Übermensch)一词。

在上述第一条道路上（它现在完全可以一览无余了），会出现适应、平坦化、更高的中国特性(Chinesenthum)①、本能的谦逊、对人之缩小过程的满足——人之水准的一种停滞状态。如果我们首先具有那种必然即将来临的全球经济总体管理，那么，人类作为机器就可能在为之效力过程中找到自己的最佳意义：作为一个由总是越来越细小、越来越精微地“适应”的齿轮组成的巨大齿轮体系；作为一个越来越使所有居支配地位的和发号施令的元素成为多余的过程；作为由巨大的力组成的整体，其个别的要素就是最小力、最小价值。与这样一种使人缩小并且使人适应一种专门化功用的过程相对立，需要有相反的运动——即生产综合性的、累积性的、辩护性的人，对这种人来说，那种人类的机械化就是此在(Dasein)的一个先决条件，作为他赖以为自己发现更高存在形式的一个基座……

他同样也需要人群、“平庸者”的敌对态度，与后者相比的距离感；他特别喜欢他们，以他们为生。这种更高形式的贵族制度就是未来的形式。——从道德上来说，上面讲的那个总体机械，即所有齿轮的团结合作，乃是对人类的剥削的极致：但它是以使这样一种剥削具有意义的人们为前提的。要不然，它事实上就只是对人这个类型的总体缩减，价值缩减——这是一种最大的衰退现象。

——人们看到，我所反抗的乃是一种经济学乐观主义：仿佛随着所有人不断增长的开支，所有人的利益也必然会增长。然而在我

① 尼采在此似乎意指人类（作为管理机器中的一个齿轮）的一种适应服从的和千篇一律的存在方式。——译注

看来情形恰恰相反，所有人的开支将累积成一种总体损失：人将变得更渺小——结果是人们再也不知道这个巨大的进程到底是为何服务的。一个为何？一个新的“目的”吗？——这正是人类所必需的……

10[18]

(151)

以营养和消化为比喻来说明“现代性”。

感受性，非常地敏感(在道德主义的盛装下作为同情的增强)，互相矛盾的印象前所未有地丰富：膳食、文学、报纸、形式、趣味甚至风景等的世界主义。

这种涌入的速度是一种最急板的速度；印象被抹掉了；人们本能地拒绝接纳、深化某个东西，拒绝“消化”某个东西。

——其结果是消化能力的削弱。于是就会出现一种适应，对这样一种印象堆积的适应：人荒疏了动作；**他只会**从外部对刺激**做出反应**。他分发自己的力量，部分用在占有上，部分用在防御上，部分用在反击上。

自发性的深度削弱：——历史学家、批评家、分析者、阐释者、观察者、收集者、读者——全体都是反应的天才：全体皆科学！

把自己的本性人为地装扮为“镜子”；有趣，但可以说只是表皮的有趣；一种根本的冷漠，一种均衡，靠近薄薄的表层下面的一种固定的低温，而在这个表层上面有温暖、运动、“风暴”、波浪的嬉戏。

外部的灵活性与某种深深的沉重和疲乏的对立。

10[21]

(154)

宗教

在原始人内在的心灵家当(Seelen-Haushalt)中，对恶的恐惧占着优势。什么是恶呢？概有三件：偶然、不确定、突发。原始人是怎样与恶做斗争的呢？——他把恶设想为理性、权力、人格。由此他就赢得了与上述三者达成一种合约并且先行对它们施加影响的可能性——先发制人。

——另一种解救办法就是，断言这些恶事和害处只是表面的、虚假的：人们把偶然、不确定、突发事件的结果解释为善意的、有意义的……

——首要的，人们把坏事阐释为“应得的”：人们把恶当作惩罚来辩护……

——总而言之：人们屈服于恶。整个道德的和宗教的阐释都只是一种对恶的屈服形式。

——相信恶中有善意，这种信仰就意味着放弃与恶做斗争。

现在，整个文化史都表现为那种对偶然、不确定、突发事件的恐惧心理的减退。所谓文化就是让人学会算计，学会因果思维，学会先发制人，学会对必然性的信仰。随着文化的增长，那种原始的对祸恶的屈服形式(被称为宗教或者道德)、那种“对祸恶的辩护”，对人类来说就变得多余了。如今，人类发动了对“祸恶”的战争——他要取消之。是的，一种充满安全感、对于规律和可预见性的信仰的状态是有可能的，在其中它就作为厌倦进入意识之中，对偶然、对不确定和突发事件的乐趣作为痒痒的刺激凸显出来……

让我们在这个最高文化的征兆那里停留片刻——我称之为强者的悲观主义。

人类现在再也不需要一种“对祸恶的辩护”了，他径直反对这种“辩护”：他要完全彻底地(pur，cru)享受祸恶，他发现毫无意义的祸恶是最有趣的东西。如果说人类从前不得不有一个上帝，那么，现在令他欣喜的则是一个没有上帝的无序世界，一个偶然世界，其中充斥着恐怖、模糊、诱惑的世界……

在这样一个状态中，需要一种“辩护”的恰恰是善，也就是说，善必须有一个凶恶的和危险的根基，或者说，必定在自身中包含着一种大愚蠢：于是就还讨人喜欢。

现在，动物性不再激起残暴了；一种富有才智的和幸运的傲慢自负有利于人中禽兽，在这样的时代就是精神的最得意扬扬的形式。

现在，人类变得十分强大，足以对一种上帝信仰感到羞愧了：现在人类可以重新扮演 advocatus diaboli[魔鬼律师]的角色了。

如果人类实际上是赞成对德性的维护的，那么，他之所以这样做，就是为了那样一些原因，也即在德性中让人看出一种精巧、狡诈、利欲形式和权力欲形式的那些原因。

甚至连这样一种强者的悲观主义，最后也不免终结于一种神义论(Theodicee)，亦即一种对世界的绝对肯定，但为的是人们从前借以否定世界的那些原因：而且就如此这般地构想了这个世界，即事实上已经达到的最大可能的理想……

10[23]

(156)

总体认识：我们现代世界的模棱两可的特征，正是这类征兆可能指向没落和强大。而且强大、努力争得的成熟状态的标志，可能由于传承下来的(落后的)情感贬值而**被误解**为虚弱。质言之，情感作为价值感并不处于时代巅峰。

推而广之：价值感始终是**落后的**，它表达的是一个很早时代的保存—增长条件：它与新的此在条件做斗争，它并不是从这些条件中成长起来的，并且必然误解了这些条件，教人们要怀疑地看待这些条件，等等：它阻碍新事物，唤起对新事物的怀疑……

例子：

10[31]

大革命使拿破仑成为可能：这就是对大革命的合法性辩护。以一个类似的代价，人们一定会期望我们整个文明的无政府主义式的倒塌。拿破仑使民族主义成为可能：这就是对民族主义的限制①。

多么陈腐啊，撇开道德性和非道德性不谈：因为凭此类概念，我们甚至还不能触及一个人的价值。

人们开始——

一个人的价值并不在于他的有用性：因为即使他对任何人都没有用处，他也会存在下去。还有，为什么恰恰这个散发出极其有害作用的人就不可能成为整个人类的顶峰：如此崇高，如此优越，以至于万物由于嫉妒而毁灭在他身上。

10[43]

(173)

完全的虚无主义者——虚〈无主义者〉的眼睛，它把事物理想化而使之丑陋不堪，对自己的记忆背信弃义——它使自己的记忆失落、凋零；它无法防止记忆褪色，变得死尸般苍白无力，犹如记忆把虚弱泼在遥远和过去之物上；而且，虚无主义者也不会把没有对自己干的事加诸人〈类〉的整个过去——他使记忆失落。

10[45]

(175)

人们应当逐步地缩小和界定道德王国；既然本能极长时期里都被冠以虚伪的德性美名，人们就应当澄清真正的在此运作的本能，并且对本能表示敬意；人们应当出于对自己越来越专横地宣扬的“正派性”的羞耻心而忘却那种想否认和毁损自然本能的羞耻。这乃是力

① 《权力意志》第二版误为“辩解”(Einschuldigung)。——编注

量的尺度，可以衡量人们能够在何种程度上放弃德性；而且，或许要设想一个高度，在此高度上，对“德性”概念的感受会完全改变，以至它听起来就像德性(virtù)，文艺复兴时期的德性，摆脱伪善的德性。可是暂时的——我们离这个理想还多么遥远啊！

道德领域的缩小：此乃道德进步的一个标志。凡在人们还不能进行因果思考的地方，人们就以道德方式进行思考。

10[50]

(179)

犯罪归于以下概念“反抗社会制度的起义”。人们并不“惩罚”一个起义者：人们压迫他。一个起义者可能是一个可怜可鄙的人：就本身而言，一种起义是无可蔑视的——而且，就我们的社会种类来说，起义本来还不至于贬低一个人的价值。在某些情形下，人们或者得尊重这样一个起义者，因为他感到我们社会中某种必须用战争来对付的东西：这时候，他把我们从瞌睡中唤醒。

罪犯对某个个体干了件个别的事，这一点并不能反驳以下事实，即他的整个本能在战争状态下都是反对整个制度的：作为单纯征兆的行为。

人们应当把惩罚概念归结为如下概念：对起义的镇压、针对被镇压者的安全措施(完全监禁或者半监禁)。但是，人们不应当用惩罚来表示轻蔑：无论如何，罪犯也是一个人，一个拿自己的生命、荣誉、自由冒险的人——是一个有勇气的人。同样地，人们也不应当把惩罚看作赎罪；或者把它看作一种清算，就仿佛在罪与罚之间存在着某种交换关系似的——惩罚并不净化什么，因为犯罪并没有弄脏什么。

人们不应当封死罪犯与社会和解的可能性：假如他并不隶属于罪犯种族。如果他隶属于罪犯种族，那么，人们就应当在他有敌对行为之前就对他作战(一旦把他制服，就先行手术：把他阉割拉倒)。

人们不应当把罪犯的恶劣举止算作他的缺陷，更不应把他低下的智力状态算作他的缺陷。罪犯误解自己，此乃最寻常不过的事情了：尤其是他的反叛本能、失势的积恨(rancune des déclassé)，往往是他不能自觉意识到的，往往要导致误读(faute de lecture)；他受恐惧、失败的压力而诽谤和蔑视自己的行为：还完全不考虑那些个情形，其时——从心理学上来看，罪犯屈服于一种未被理解的欲望，并且通过一个次要情节把某个虚假动机强加在自己的行为之上(诸如通过一种抢劫，结果沾了血腥……)。

人们可要小心，不能根据个别行为来看待一个人的价值。拿破仑就对此提出过警告。那些浮皮潦草的行为尤其是完全无关紧要的。如果我们当中有人对于任何犯罪(比如谋杀)全不在意——那又是何故呢？原因在于：我们缺乏一些相应的有利环境。倘若我们干了这种勾当，那么，这说明了我们价值中的什么呢？倘若我们干了一些犯罪勾当，我们的价值会缩减吗？相反：并不是人人都能干一些犯罪勾当的。倘若人们不相信我们有力量，有时会杀死一个人，那么，人们本身就是在蔑视我们。几乎在所有犯罪中，同时都表现出一个男子汉不可或缺的特质①。陀思妥耶夫斯基说到那些在西伯利亚教养所里的囚犯，说他们构成了俄罗斯民族中最坚强和最可宝贵的部分，这不是没有道理的。如果说在我们这里罪犯是一种营养不良、枯萎不堪的植物，那么，这就使我们的社会关系蒙受了耻辱；在文艺复兴时期，罪犯发迹了，而且获得了其独特的德性，诚然是文艺复兴时期的德性，是 virtù，即摆脱了道德的德性。

人们只能把这样一些无法蔑视的人往高处〈去〉提升；道德的蔑视乃是一种比任何犯罪都更伟大的侮辱和危害。

10[53]

(182)

19 世纪人类的自然化过程

(——18 世纪是优雅、精致、宽宏[généreux sentiments]的世纪)

不是“回归自然”：因为当时还根本没有一种自然的人性。具有非自然和反自然价值的经院哲学乃是常规，是开端；人在长期斗争后走向自然——人绝不会“回归”……自然：也即敢于成为像自然一样非道德的。

我们对宽宏感采取了粗暴的、直接的、完全的讥讽态度，尽管我们屈从于这种宽宏感。

更为自然的乃是我们的上流社会，富人、有闲者的社会：人们相互捕猎，性爱是一种使婚姻在其中充当一种障碍和一种刺激的运动；人们消遣，为享乐之故而生活；人们首先重视的是身体的优先性，人们好奇而大胆。

更为自然的乃是我们对认识的态度：我们具有最纯洁无邪的精

① 之后划掉以下文字：假如人们不是根据其他(愿望)理论家胆怯的女性尺度来衡量男子气概。——编注

神放荡(libertinage)，我们仇视庄严而肃穆的样式，我们对最受禁止的东西感到赏心悦目，倘若我们在通向认识的道路上感到无聊，那么，我们就几乎不晓得认识的兴趣了。

更为自然的乃是我们对道德的态度。原则成为可笑的；毫无讽刺地，再也没有人敢于谈论自己的"义务"了。不过，人们却重视一个有益的、善意的信念(人们在本能中看到了道德，贬斥其余)。此外还有几个荣誉概念。

更为自然的乃是我们的政治态度：我们看到权力问题，一定量的权力反对另一个一定量的权力的问题。我们不相信一种不以权力为基础的权利能够得到实现：我们认为所有的权利都是征服。

更为自然的乃是我们对伟大的人和事的重视：我们把激情看作一种特权，凡没有包含大犯罪的地方，我们根本不会感到什么伟大；我们把一切伟大存在都设想为一种置身于道德关联之外的行为。

更为自然的乃是我们对自然的态度：我们再也不是为了"清白""理性""美"的缘故而热爱自然，我们巧妙地把自然"妖魔化"和"愚蠢化"。可是，我们并没有因此而蔑视自然，倒是感到自己从此以后在自然中更为亲切和熟稔了。自然并不谋求德性：我们因此敬重自然。

更为自然的乃是我们对艺术的态度：我们并不要求艺术制造美丽的虚假谎言等；时下占上风的是粗暴的不动声色地下断言的实证主义。

总而言之：有迹象表明，19 世纪的欧洲人较少对自己的本能感到羞愧；他们已经迈出了一大步，可望有朝一日承认自己无条件的自然性，即自己的非道德性，毫无怨恨：相反地，他们强壮到足以独自经受这一景象。

在某些人听来，这就仿佛是腐化的推进：而且确实地，人类并没有接近卢梭所讲的"自然"，而是在他断然拒斥的文明方面〈迈进了〉一大步。我们强化了自身：我们又接近于 17 世纪了，尤其是 17 世纪末的趣味(当古、勒萨热、勒尼亚尔)①。

10[54]

(183)

新教，那种精神上不纯的和无聊的颓废形式，迄今为止，基督教就是以这种形式在平庸的北方懂得了保存自己：作为某种半拉子

① 弗洛朗·嘉当·当古：法国戏剧家。阿林·勒内·勒萨热：法国讽刺作家。让-弗朗西斯·勒尼亚尔：法国喜剧大师。——译注

的和复合的东西，它对于认识来说是富有价值的，因为它把关于不同制度和起源的经验集于那些相同的脑袋中。

复合构成物的价值、心灵马赛克的价值甚至无序而荒废的理智预算的价值。

采用顺势疗法的基督教，新教乡村牧师的基督教。

不谦逊的新教，宫廷教士①和反犹太主义投机者的新教。

10[68]

(193)

不要使人变得“更善”，不要根据某种道德跟人讲话，好像真的有“自在的道德性”或者一种理想的人似的：而是要创造必须有**强壮的人**的状态，这种人本身将需要因而将拥有一种使人变得强壮的道德(更清晰地讲：一种身体—精神的纪律)！

不能为蓝蓝的眼睛或者丰满的胸脯所诱惑：灵魂的伟大性质丝毫不具有浪漫主义的东西。而且很遗憾，甚至也毫无可爱之处！

10[76]

婚姻的价值恰恰与缔结婚约者的价值一样多，也就是说，婚姻通常是少有价值的；“婚姻本身”甚至根本没有什么价值——恰如其他所有的制度。

10[83]

(203)

首先，有德性的先生们啊，你们在我们面前没有任何优越性可言，我们想要你们把谦逊牢牢记在心上：劝导你们德性的乃是一种可怜的自利和聪明。而且，倘若你们身上有更多的力量和勇气，或许你们就不会如此这般地把自己贬降到德性的零度了。你们尽自己所能：一方面是你们不得不做的——你们的情况迫使你们去做，另一方面这事使你们愉快，又一方面这事看起来对你们有利。但是，如果你们所做的仅仅是合乎你们爱好的事，或者是你们的必需品对你们的要求，或者是对你们有益的事情，那么在这方面，你们就既不可夸奖自己，也不应受到别人的夸奖！……如果人们仅仅是有德性的，那他就是一个彻底渺小的人：这一点可是骗不了人的啊！在无论哪个方面得到注意的人，都还绝不是此类德性蠢驴：他们最内在的本能，即他们的权力量的本能，在此并没有得到清算：而你们

① 影射反犹太主义宫廷教士阿道夫·施托克(Adolf Stöcker)。——编注

最低限度的权力丝毫都没有表现出比德性更智慧的东西。然而，你们有你们的数量：而且只要你们施暴，我们就要跟你们战斗……

10[84]

(204)

虚伪的假象，它粉饰了所有的市民秩序，就仿佛后者是道德的畸形怪胎似的……例如婚姻、劳动、职业、祖国、家庭、秩序、权利。然而，由于它们全都是为着最平庸的人的种类建立起来的，为的是预防特立独行者和特立独行的需求，所以，如果在此出现了许多谎言，人们也必定感到是合理的。

10[85]

(205)

一个有德性的人之所以属于一个较低贱的种类，乃是因为他并非“有格之人”(Person)，而倒是依照一个一劳永逸地确立的人的模式存在的，由此获得自己的价值。他并没有自己独立的价值：他能够得到比较，他有自己的同类，他不应该是单个的……

如果来算算善人的特性，它们为什么使我们感到舒适呢？因为我们不需要战争，因为善人并没有把怀疑、谨慎、专心和严厉强加给我们：我们的惰性、好心肠、轻率过上了好日子。这就是我们的舒适感了，我们从自身而来把它投射出来，并且把它当作特性、价值而归于善人。

10[86]

(208)

我根本就不喜欢那个拿撒勒的耶稣或者他的使徒保罗，他们给小人物们灌输了如此之多的东西，仿佛他们那可怜的德性真有什么意思似的。人们不得不为此付出了太高的代价：因为他们使德性和人身上更宝贵的品质声名狼藉了，他们把坏良心与高贵心灵的自我感觉相互对立起来了，他们误导了坚强心灵勇敢的、慷慨的、大胆的、无节制的倾向，直到它自我毁灭……

感人的、天真的、无私的、女子般热恋的和胆怯的；年轻女子般狂热的前性感(Vorsinnlichkeit)的魅力——因为贞洁只不过是性感的〈一种〉形式(——性感的先在形式)。

10[89]

(209)

迄今为止，道德价值都是最高价值：谁能怀疑这一点呢？……

如果把道德价值的那个地位去除掉，我们就改变了全部价值：于是，迄今为止道德价值等级制的原则也就被推翻了……

10[90]

(210)

让我们把至高的善从上帝概念中排除出去吧：善是配不上上帝的。同样地，也让我们排除最高的智慧吧：那是哲学家们的虚荣，它酿成了一个智慧怪物关于上帝的这样一种癫狂：上帝应当尽可能对他们一视同仁。不！上帝乃至高的权力——这就够了！一切都来自这个至高权力，从中产生了——"世界"！为了有一个识别标志，可以用符号来标示。

D. O. [万能的上帝][①] omnipotens[万能的]

10[91]

(211)

基督教作为解放了的犹太教(其方式犹如一种受地域和种族限制的高贵性，最终要从这些条件中解放出来，并且开始寻求那些有亲缘关系的因素……)

(1)作为以国家为基础的教会(教区)，作为非政治产物。

(2)作为生命、培育、实践、生活艺术。

(3)作为罪之宗教(罪是对上帝的违犯，作为唯一的违犯方式，作为一切苦难的唯一原因)，具有赎罪的万能工具。唯在上帝那里有罪孽；至于什么对人类犯了过错，人不应该妄下断语，也不应该要求对它做出说明，除非是以上帝的名义。一切戒律(爱)也是这样，一切都系于上帝，而且人的所作所为都是为上帝的缘故。这当中隐藏着一种高超的聪明才智(十分艰难的生活，就像在爱斯基摩人那里，唯拥有极温和、极宽厚的信念时才是可忍受的：犹太—基督教教义为了"罪人"的利益而反对罪)。

10[94]

(214)

欧洲的王公们真应该好生想一想，他们是否能够没有我们的支持。我们非道德论者——在今天，我们是为了取胜而不需要任何盟友的唯一力量：因此，我们乃是强者中的强者。我们根本就无须说谎：有不说谎的势力吗?！一种强大的诱惑为我们而战，这也许是世

① 此处 D. O. 即 Deus omnipotens[万能的上帝]。——译注

间最强大的诱惑了——真理的诱惑……真理吗？是谁把这个词塞进了我的喉咙里？但我又把它吐了出来；不过，我算是羞辱了这高傲的字眼：不，我们也不需要它，没有真理，我们照样会获得权力，走向胜利。为我们而战的魔术师，会使我们的敌人晕头转向的维纳斯的媚眼，这乃是最高的魔法了，是无所不用其极的诱惑：我们非道德论者——我们是极端的人……

10[96]

(215)

基督教-犹太教的生活：在这里，怨恨并不占上风。唯有大肆迫害才能煽起此类激情——尽管爱的火焰也即仇恨的火焰。

当人们看到为自己的信仰而牺牲了自己的最爱时，人们就会成为攻击性的；人们把基督教的胜利归于它的迫害。

请注意！基督教的禁欲主义并不是特有的：叔本华误解了这一点。只不过，禁欲主义长到基督教里去了：所到之处，在没有基督教的地方也都有了禁欲主义。

请注意！忧郁症的基督教，良知的动物式折磨和拷问，同样仅仅归属于某一片土壤，即基督教价值赖以植根的土壤：它并非基督教本身。基督教容纳了这片腐朽土壤的全部病态：人们或许唯一地可以谴责基督教的是，它不善于抵抗任何传染病。不过，恰恰这一点是它的本质：基督教乃是一个颓废类型。

在有高贵遗风的古代世界里，人们曾以深深的蔑视来对待基督徒。这种深深的蔑视与人们今天对犹太人的本能反感同出一辙：那是自由和自觉的等级对那些人的仇恨，即那些压制自己并且把胆怯的笨拙姿态与一种荒唐的自我感觉联系在一起的人们。

《新约全书》乃是一个完全非高贵的人的种类的福音；他们对于更多价值的诉求，实即对于所有价值的诉求，实际上具有某种令人气愤的性质——至今依然。

10[105]

(223)

关于19世纪的强大，

我们比18世纪**更中世纪**；不只是对异己之物和稀罕之物更好奇或者更敏感。我们造了革命的反……

我们已经从对理性(raison)的畏惧这个18世纪的幽灵中解放出来了：我们又敢于抒情、荒谬和天真地生活了……一句话“我们是音乐家”。

——我们不怕荒谬，同样也不怕可笑。

——魔鬼得到上帝的宽容和恩宠：更有甚者，魔鬼有一种兴趣，作为自古以来被误认、被诽谤者——我们是魔鬼的名誉救星。

——我们不再把伟大与恐怖分离开来。

——我们把美好的事物与最恶劣的事物合在一起来考虑：我们已经克服了从前的荒谬无稽的“愿望”(它只求善的增长，而不要恶的增〈长〉——)。

——对文艺复兴理想的怯懦已经松弛了——我们敢于为达到文艺复兴的风俗本身而努力——

——对教士和教会的不宽容同时也告终结：“信仰上帝是非道德的。”但在我们看来，恰恰这一点就是这种信仰的最佳辩护形式。

尽管如此，我们赋予自身一种权利。我们不怕“美好事物”的反面(我们正在寻求这一面……我们对此有足够的勇气和好奇心)，例如在希腊文化中，在道德上，在理性那里，在好趣味那里(我们推算人们用所有这些宝贝搞出来的损害：有了这样一种宝贝，人们把自己弄得几乎赤贫了)。同样地，我们也不隐瞒恶劣事物的反面……

10[108]

〈(225)〉

反对懊悔。我不喜欢这种对自己行为的胆怯；在不期而至的耻辱和窘困的冲击之下，人们不应该自暴自弃。在此，一种极端的骄傲是更加合适的。说到底，自暴自弃又有何益！绝没有一个行为是因为将来要懊悔而被取消掉的；同样地，也不会因为它将被“宽恕”或者“将获得抵偿”而取消掉。为了信仰一种偿还罪责的权力，人们不得不成为神学家：我们这些非道德论者是宁愿不相信“罪责”的。我们认为，所有行动从根子上讲都是价值同一的，同样地，那些反对我们的行动，从经济学上来看，恰恰因此也总还可能是有益的、普遍可想望的行动。——在个别情形下我会承认，一种行为对我们来讲或许是可以不去干的，只不过事态促使我们去干了。——莫非我们当中有谁不曾受事态促动，干过一系列犯罪的勾当吗？……因此，人们绝不能说“你本不应该做这事那事的”，而始终只能说：“这事我不曾做过上百次，多么稀奇啊！”——最后，唯绝少数的行动是典型的行动，而且真正是某个有格之人的缩略；而鉴于大多数人不是有格之人，也就少有人是可以通过某个个别行为来刻画其特性的。受制于事态的行为，作为随某种刺激而产生的触发，纯然是表皮的，纯然是反映性的：在我们存在的深度受之触动、得到追问之前。一种愤怒、一个动作、刺上一刀：这与有格之人又有何干系啊！——行为经常引起一种目光呆滞和不自由状态：以至于行为者通过自己的记忆就像着了魔似的，而且感到自己只不过是这种回忆的附属物。这样一种精神干扰，一种催眠形式，是人们首先要与之斗争的：某个个别行为，不论它是何种行为，其实与人们所做的一切相比都等于零，是可以忽略不计的，并不会使计算变得错误。社会可能具有某种低劣的兴趣，也即仅仅从某一个方向上来推算我们整个生存情况，就仿佛我们生存的意义就在于引发某个个别行为似的；这种兴趣不该传染给行为者本身：遗憾的是，这种事几乎是不断发生着的。原因系于以下事实：任何具有非常后果的行为都伴随某种精神干扰，甚至这种后果是好是坏都是无关紧要的。我们不妨来看看一个分享某种诺言的恋人；也不妨来看看一位在剧场里获得满堂喝彩的诗人：至于 torpor intellectualis[理智的麻木]，他们与突然被人们抄了家的无政府主义者没有什么分别。——有失我们体面的行动是存在的：那些被视为典型的行动或许会把我们贬入某个低等种类。在这里，人们只得避免这种错误，即要避免把它们视为典型的。不配我们去做的相反的行动种类也是存在的：从某种特别充沛的幸福和健康中诞生的高人，由一阵狂飙、一种偶然一度掀起的我们至高的心潮：此种行动和“作品”——并不是典型的。人们决不能以其作品为尺度来衡量一个艺术家。

10[109]

(226)

人们应当反对德性说教者来捍卫德性：德性说教者乃是德性最坏的敌人。因为他们把德性当作所有人的理想来教导；如此一来，他们就剥夺了德性所具有的那种稀罕、独特、特例、超凡的魅力——德性的高贵魔力。同样地，人们也应当反对那些冥顽不化的理想主义者，他们热心地敲打所有的锅盆，听到空洞的声音时才感到满意：要求伟大的和稀罕的东西，并以愤怒和轻蔑来断定这种东西不在场，这是何种幼稚啊！——譬如，显而易见，一种婚姻的价值限于缔约双方，这就是说，一种婚姻总的来说会成为某种可鄙而失礼的东西：任何一位牧师、任何一位市长都不可能从中弄出别的花样来。

德性具有平庸之人反对自己的全部本能：它是无益的、不明智的，它具有隔绝作用，它与激情相近而难于为理性所通达；它败坏性格、头脑、感官——总是以不好不坏的中等人为尺度来衡量的；它发起对秩序的敌视，对隐藏在每一种秩序、制度、现实之中的谎言的敌视，假如人们根据它对他者的作用的危害性来评判它，那它就是最糟糕的恶习了。

——我从下述几点上看出了德性：1)它并不要求为人们所认识；2)它并非处处都以德性为前提，而恰恰是以某个其他东西为前提；3)它并不苦于德性之缺席，而是相反地，把这一点视为间距关系，根据这种关系，某物才能因德性而受尊重。它并不公布自己；4)它不做宣传煽动……5)它不允许任何人充当法官，因为它始终是一种自为的德性；6)它恰恰要做所有通常受禁止的事。以我的理解，德性就是所有群盲立法范围内的真正 vetitum[禁条、被禁之物]；7)质言之，它是文艺复兴式的德性，即 virtù，非伪善的德性……

10[112]

(229)

任何一个社会都有此倾向，即把它的敌人贬为漫画，而且可以说绝其食粮逼其投降——至少是在其观念上。例如，我们的“罪犯”就是这样一幅漫画。在罗马—贵族政体的价值制度中间，犹太人被还原为漫画。在艺术家中间，“庸人和市民”成为漫画；在虔信者中间，不信神者成为漫画；在贵族中间，民众成为漫画。在非道德论者中间，道德家成为漫画：例如，在我这里，柏拉图就成了漫画。

10[119]

(235)

我们“客观者”。——

为我们开启通向那些最遥远和最生疏的存在和文化种类之大门的，并不是“同情”；而倒是我们的平易近人和毫无偏见，后者恰恰并不“同情”，相反地，是对人们从前忍受的无数事物[①](发怒或者感动，或者充满敌意地冷眼相看——)感到赏心悦目。现在，具有种种细微差别的痛苦对我们来说是有趣的：这样一来，我们诚然不是更具同情心者，尽管痛苦的景象彻底使我们震动，使我们泪流满面——我们绝对不是因此有了更乐于助人的心情。

在这样一种自愿的直面种种困苦和消逝的意愿中，我们变得更强大和更有力量了，胜过 18 世纪；此乃一个证据，证明我们在力量方面的增长(——我们已经接近于 17 世纪和 16 世纪了……)。然而，把我们的“浪漫主义”理解为我们“美化了的心灵”的证据，这乃是一

---

① 此处中译文未能显明德语动词“忍受”(leiden)与动词“同情”(mit leiden)和名词“同情”(Mitleid)之间的字面和意义联系。——译注

种深刻的误解……

我们意愿强大的感觉(sensations)，就像所有较野蛮的时代和民众阶层所意愿的那样……也许人们必须把这一点与神经衰弱者和颓废者的需要区分开来：后者需要胡椒粉，甚至需要残暴……

我们所有人都在寻找一些状态，在其中，市民道德不再有发言权，更不用说教士道德了(——读每一本散发着某种牧师和神学家气息的书，我们都会有一种值得同情的痴呆和贫困的印象……)。“善的社会”乃是这样一个社会，根本上，人们在其中感兴趣的无非是市民社会中受禁的和名声不好的东西：书籍、音乐、政治、女人品评的情形亦然。

10[118]

(234)

叔本华把高等的理智解释为对意志的解脱；他不愿意看到对道德偏见的摆脱(这种摆脱就在于激发伟大的精神)，不愿意看到天才的典型的非道德性；他人为地把只有自己尊重的东西，即“非自身化”(Entselbstung)的道德价值，也设定为最具精神性的活动的条件，即“客观”观察的条件。意志抽离之后，“真理”就显露出来，甚至也在艺术中……

纵观一切道德〈的〉特异反应性，我看到一种根本不同的估价：这样一种在“天才”与道德和非道德的意志世界之间的荒谬分离，是我所不晓得的。道德的人乃是一个比不道德的人更低等的种类，一个更虚弱的种类；的确——按照道〈德〉来讲，他是一个类型，只不过并非他自己的类型；一个复制品，无论如何是一个好的复制品，其价值的尺度在他自身之外。我是根据其意志的权力和丰富性的量来估价人的：而不是根据其意志的削弱和消解；我把那种传授意志之否定的哲学视为一种毁坏和诽谤的学说……

——我根据意志对于抵抗、痛苦和折磨的忍受程度以及善于把自己转变为优势的程度来估价一种意志的权力；根据这种尺度，我必定不会把此在(Dasein)的凶恶和痛苦特性当作对此在的谴责，相反地，〈我〉把握住一种希望，即希望生命有朝一日变得比过去更凶恶和更痛苦……

叔本华所设想的精神的极点，就是要达到如下认识：一切都没有意义；简言之，就是要认识：善人本能地就要做什么……他否认可能有更高级的理智种类——他把自己的洞见视为一个 non plus ultra[极点、绝顶]……在这里，精神性被远远地排列在善之下；精神性的最高价值(例如作为艺术)或许就是劝告、准备道德皈依：道德价值的绝对统治。

除了叔本华，我还要刻画一下康德的特征（歌德关于彻底之恶的段落）：毫无希腊性，彻底反历史的（关于法国大革命的段落）以及道德狂热分子。在他那里也隐含着神圣性……

我需要一种对圣徒的批判……

黑格尔的价值"激情"。

斯宾塞先生的小商贩哲学：除了庸人理想，完全没有什么理想。

一切哲学家、历史学家和心理学家的**本能原理**：必须证明人身上富有价值的一切，艺术、历史、科学、宗教、技术等，在目标、手段和结果上，都是道德上富有价值的、受道德制约的。要着眼于最高价值来理解一切：例如，卢梭关于文明的问题"文明使人变得更善吗?"——一个滑稽的问题，因为其对立面是显而易见的，恰恰就是有利于文明所讲的话。

10[122]

(237)

人们怎能使平庸者失去对自己的平庸性的兴趣呢！正如人们所见，我所做的是相反的事：因为离开这种平庸性的每一个步骤——以我的说法——都通向非道德性……

10[124]

(239)

关于最普遍之物的思索总不免是落后的：例如，有关人类的终极"愿望"，哲学家们从来就没有真正地把它当作问题来对待过。他们全体天真地着手对人的"改善"，就仿佛我们通过某种直觉就会超脱这样的问题：为何之故就要"改善"呢？人变得更有德性，或者更聪明，或者更幸福，这何以是可想望的呢？假如人们根本就不知道人的"为何之故?"(Warum?)，那么，任何这样的意图就都是毫无意义的；而如果有人想要这一个，天晓得，也许他就不可以要另一个了？……德性的增长与聪明和见识的增长是同步一致的吗？Dubito[我怀疑]：我自会有太多的机会来做出相反的证明。难道严格意义上作为目标的德性事实上不是一直就与幸福处于矛盾之中吗？而难道德性就不需要不幸、匮乏和自虐，以之为必要的手段吗？而且，倘若至高的见识就是目标所在，那么，莫非人们恰恰因此不必拒绝幸福之提升吗？并且因此不必选择危险、冒险、怀疑、诱惑，以之作为通向见识的道路？……

还有，如果人们想要幸福，那么，人们也许就不得不与"精神的贫者”为伍了。

10[126]

(241)

从虚弱中产生的一切，从心灵的自我怀疑和虚弱多病中产生的一切，是毫无用处的：而且是当它在对全部家当的最大浪费中表现出来之际。因为举个例子来说，它毒化了生命……一位教士的目光，他的苍白越位对生命造成的伤害甚于他全部的奉献所带来的益处：此种越位中伤生命……

10[127]

(242)

专注于自身及其“永恒福乐”①，并非一种丰富而自信的人物的表现：因为，这种人物会向魔鬼探问自己是不是会成就极乐，这种人物对于无论何种形态的幸福毫无兴趣，他是力量、作为、欲望——它把事物烙印在自己身上，他对事物施暴……基督教乃是那些根基不稳者的一种浪漫主义疑心病。——凡在享乐主义观点占上风的地方，人们不可能推断出痛苦以及某种败坏。

10[128]

(243)

何以在禁欲主义的非自身化道德的压力下，恰恰是爱、善、同情，甚至于公正、慷慨、英雄气概之类的情绪，必定会受到误解：**主要篇章**。

正是人格的富有、自身丰富性、充溢和分发、本能的安康以及对自身的肯定，它们构成伟大的牺牲和伟大的爱：这些情绪是从强大的和神性的自身性(Selbstigkeit)中生长出来的，就如同成为主人的意愿、僭越、内在可靠性、要求拥有一切的权利一样地确凿。那些在通常的理解看来相互对抗的信念毋宁说只是一种信念；而且，如果人们没有坚定而勇敢地守住自身，那他就不能分发任何东西，就不能援臂相助，就不能成为庇护和支撑……

人们怎么能够这样来曲解此类本能，认为人是把与其自身相接近的东西感受为有价值的？要是人把他的自身委诸另一个自身呢！

啊，关于心理学上的卑鄙和谎言，它们迄今为止都在教会和患了教会病的哲学中说着大话！

---

① 德语原文为 das ewige Heile，或译“永恒的解脱”“永生”。——译注

如果人是有罪的，彻头彻尾地，那他就只好恨自己。根本上，他或许也不会以另一种感觉去对待他的同类，有别于对待他自己；人类之爱需要一种辩护，其要义在于：上帝对之下了命令。——由此得出的结论是，人的所有自然本能(爱的本能等)在人看来似乎本身都是不允许的，而且唯有在否定了它们之后，依据一种对上帝的顺从，才能得到应有的重视……帕斯卡尔，这位值得赞赏的基督教逻辑学家，他走得多么远啊！人们不妨来考量一下他与自己妹妹的关系，第 162 页①："不让自己爱"，这在他看来就是基督教的。

10[134]

(246)

有关道德贬值及其"利"与"弊"的市侩褊狭和乡俚看法亦有其好的意义；那是社会的必然视角，它所能综览的只不过是着眼于结果来看切近的和最切近的东西。——国家和政治家就必须有一种更多的超道德的思想方式：因为国家和政治家必须算计宏大得多的效应综合体。同样地，一种世界经济或许是可能的，它具有如此长远的视角，以至于一时间，它所有个别的要求都会显得是非正义的和任意专横的。

10[135]

(247)

基督教作为最私人的此在形式是有可能的；它以一种狭隘的、抽象的、完全非政治的社会为前提——它属于秘密结社。与此相反，一个"基督教国家"，一种"基督教政治"——它们只不过是那些有理由做出感恩和祈祷之辞的人们嘴里的感恩和祈祷之辞而已。这些人也把一个"乌合之众的上帝"当作总参谋长来谈论：他们并没有以此欺骗什么人。实际上，连基督教大主教也在从事马基雅维利的政治：前提是他并没有从事恶劣的政治。

10[137]

(249)

一种客观的价值设定的必然性

鉴于相互作用的巨大性和多样性，正如每个有机体的整个生命所表现出来的那样，其由情感、意图和估价所组成的有意识的世界乃是一个小小的片段。这个意识片段就是目的、缘故吗？我们没有

① 引文据帕斯卡尔：《思想、残篇与书信集》，莱比锡，1865 年，尼采藏书。——编注

任何权利为那个生命总体现象设定目的：显然，意识只不过是一个手段而已，更多的在生命的展开和权力扩张过程中的手段。所以，把快乐或者精神性，或者德性，或者无论何种个别意识领域，设定为最高价值，而且也许就根据这些个别领域来为"世界"做出辩护，这种做法乃是一种幼稚病。——这是我的基本抗辩，对于所有哲学的—道德〈的〉宇宙论和神义论(Kosmo-und Theodiceen)、对于以往哲学和宗教哲学中所有缘故(Warum)和最高价值的基本抗辩。一种手段被误解为目的了：而生命及其权力提高反而被贬抑为手段了。

倘若我们想要把某个生命目的设定得足够广大深远，那么，这个目的或许就不可能与任何有意识生命的范畴相合；而毋宁说，它甚至不得不把任何范畴都解释为达到自身的手段……

"生命之否定"作为生命的目标、进化的目标，此在(Dasein)作为大蠢事：这样一种错乱的阐释只不过是一种用意识要素(快乐与痛苦、善与恶)来衡量生命的做法的畸形产物而已。在这里，手段是针对目的而提出来的；"非神圣的"、荒谬的、首要地令人厌恶的手段——使用这样一种手段的目的能有什么用处啊！可是，错误就在于，我们没有去寻求能说明这种手段的必然性的目的，而是自始就预设了一个恰恰排除这种手段的目的：这就是说，我们把一种关于某种手段(即适意的、合理的、有德性的手段)的愿望当成了规范，我们据此才设定何种总目的是值得想望的……

基本错误始终在于，我们不是把意识设定为总体生命的工具和个别性，而是把它设定为标准、生命的最高价值状态：质言之，是关于 a parte ad totum[从部分到整体]的错误视角。何以所有哲学〈家〉都本能地致力于设想一种总体意识，一种关于一切发生事件的有意识的共同经历和共同意愿，一种"精神""上帝"。可是我们必须对他们说：恰恰这样一来，此在(Dasein)就成为怪物了；一个"上帝"和总感觉(Gesammtsensorium)或许确实是某种必定使此在遭受谴责的东西……我们要说的正是：我们已经消除了设定目的和设定手段的总意识：这是我们的一大宽解，这样，我们就不必成为悲观主义者了……我们对此在的最大谴责就是上帝之实存(Existenz Gottes)……

10[145]

(254)

我的价值观点：要看是出于充盈还是出于要求……要看人们是观望还是助一臂之力……或者视而不见，袖手旁观……要看是出于积聚的力而“自发地”，还是单纯反应性地受激发、受刺激……要看直接地出于少量因素，还是出于对于大量因素的强制统治，以至于当这种统治需要时就可利用这些因素……要看人们是问题还是答案……要看是在任务轻微时显得完美，还是在目标特殊时显得不完美……要看人们是真实的，还是仅仅是戏子，人们作为戏子是真实的，还是只不过是一个模仿的戏子，人们是“代表”，还是被代表者本身——要看是“人格”，还是仅仅是各种人格的一个聚合(Rendez-vous)……要看是因疾病而病态，还是由于过于健康而病态……要看人们是作为牧人而前进，还是作为“特立独行者”(第三种类：作为逃遁者)而前进……要看人们是需要尊严——还是需要“小丑”？要看人们是寻求抵抗，还是回避抵抗？要看人们是由于“太早”而不完美，还是由于“太迟”而不完美……要看人们是出于天性而肯定或否定，还是一把五彩缤纷的孔雀羽毛做的拂尘？要看人们是否足够自豪，不为自己的虚荣而害羞？要看人们是否还能应对良心的谴责(这种种类将日趋稀罕：从前良心咬人过多[①]。现在看起来它再也没有足够坚实的牙齿了)？要看人们是否还能胜任一种“义务”？(——有这样一种人，倘若他们被剥夺了“义务”，他们就会剥夺自己其余的生命快乐……尤其是女人们、天生恭顺者……)

10[154]

(260)

我的意图，是要表明一切事件的绝对同质性，并且要表明对道德〈上的〉区分的应用只是有限的，是受视角限定的；是要表明，在道德上受到赞扬的一切，与所有非道德之物本质上是相同的，并且就如同任何道德的发展，只有以非道德性的手段以及为了非道德的目的才是有可能的……反过来讲，从经济学角度来看，一切因为非道德而声名狼藉的东西，乃是更高级的和更原则性的东西，而且一种向生命的更大丰富性的发展必然地决定着非道德性的进步……“真理性”程度，乃是我们允许自己洞见这种事实的程度……

10[165]

〈(268)〉

教会的滥用败坏了什么

(1)禁欲：人们几乎还没有勇气，去揭露为意志教育效力的禁欲

① 此处中译文未能充分显示动词“咬(人)”(beißen)与“良心的谴责”(Gewissensbisse)之间的字面联系。——译注

的自然功利性，它的不可或缺性。我们荒唐的教育界(呈现在它眼前的乃是作为规整模式的“可用的国家公仆”)相信有了“课程”、有了脑力训练就足够了；他们甚至理解不了，首先必须有另一种东西——意志力的教育；人们要通过所有的考试，唯独不要这门主课：人们是否能够意愿，人们是否可以许诺：年轻人甚至连对自己的本性这样一个最高价值难题的疑问和好奇都没有产生，就要完成学业了。

(2)斋戒：在任何意义上，甚至作为手段，用来维持对一切美好事物的精细享受能力(例如，暂时〈地〉不读书；再也不听音乐；不再和蔼可亲；人们也必须为自己的德性拥有斋戒日)。

(3)“僧侣”，暂时离群索居，例如严拒通信；一种最深刻的自我沉思和自我重新发现，它并不想避开“诱惑”，而是想避开“义务”：摆脱环境的循环舞蹈(Cirkeltanz)，摆脱那些容易腐败的细小习惯和法则的专横统治；一场针对在单纯反应中浪费我们力量的做法的斗争；一种给予我们的力量以时间的尝试，使之积聚起来，重新成为自发的。仔细看看我们的学者们吧：他们只还消极地思考，也就是说，他们必须通过读书才能思考。

(4)节日。为了不至于把基督教徒和基督教价值的现时在场感受为一种压力(在此压力下，任何真正的节日气氛都见鬼去了)，人们就必须是十分粗鄙的。在节日里包含着：自豪、忘情、放纵；对各色各样的严肃性和市侩气的嘲弄；一种出于动物般的充沛和完美而达到的对自身的神性肯定——纯然是一些耶稣基督不能坦白地表示肯定的状态。

节日乃是地道的异教。

(5)面对自己的**天性**毫无勇气：装扮成“道德性”——

为了赞成自己身上的某种情绪，人们无须任何道德公式。

衡量人们能够在何种程度上肯定自己的天性的尺度，人们必须在多大或者多小程度上求助于道德……

(6)死亡。

10[176]

(273)

如今，社会上蔓延着大量的顾忌，礼貌和照顾，在异己权利面前甚至在异己要求面前的自愿地止步不前；更有甚者，通行着一般人类价值的某种善意本能，它表现在每一种认识方式的信赖和信誉中；对于人的尊重，而且根本上不只是对于有德性之人的尊重——也许是使我们得以最鲜明地与一种基督教估价区分开来的要素。如果我们竟还要聆听道德说教，我们就很有些反讽味道了；在我们眼里，如若人们要说教道德，人们就是在贬低自己，而且变得搞笑了。

这种道德论上的自由性乃是我们时代的最佳标志之一。如果我们要寻找明确缺乏这种自由性的个案，那就会使我们感到身患疾病(英国的卡莱尔个案、挪威的易卜生个案、全欧洲的叔本华悲观主义个案)。如果有某个东西要与我们时代和解，那就是大量的非道德性，它允许自己而又没有因此看轻了自己。倒是相反！——相对于无文化的粗野，文化的优越性究竟构成什么？例如文艺复兴相对于中世纪？——始终只有一点：大量的受承认的非道德性。由此得出的结果必然就是，人类进化的所有高度必定呈现在道德狂热者眼前：作为腐败的 non plus ultra[极点、绝顶]。(——人们不妨想想柏拉图关于伯里克利[①]的雅典所做的评判，萨伏那洛拉[②]关于佛罗伦萨的评判，路德关于罗马的评判，卢梭关于伏尔泰的社会的评判，德国人针对歌德的评判。)

10[181][③]

(278)

基督教赖以构造自己的那种实在性，乃是少数派教徒的小小犹太家族，带有其温暖和柔情，带有其在整个罗马帝国前所未闻的而且也许不曾被理解的乐于助人、相互担保，带有其隐蔽的和蒙上谦恭外衣的“特选民”的骄傲，带有其毫无嫉妒的对占上风的、拥有荣耀和权力的一切东西的最内在的否定。把这一点认作权力，把这种心灵〈的〉状态认作感染性的、诱惑性的、对于异教徒来说也有传染力的——此乃保罗的天才：充分利用潜在的能量宝藏，利用明智的幸福宝藏，用于一个“具有更自由的信仰的犹太教会”，充分利用处于外来统治之下的教区自我保存方面的全部犹太教经验和高超技巧，也包括犹太教的煽动手段——他猜想这就是自己的使命了。他所发现的恰恰是那个绝对非政治的、被撇在一旁的小人物种类：他们的自我维护和自我实现的艺术，在一部分德性中得到培育之后，表现了德性的唯一意义(“某个特定种类的人的保存和提高的手段”)。

从小小的犹太教区里出现了爱的原则：那是一颗更加狂热的灵

---

① 伯里克利：古雅典民主派领导人、政治家，曾积极推进雅典的民主政治。——译注

② 萨伏那洛拉：中世纪后期意大利宗教改革家，多明我会会士。以异端罪被判火刑处死。——译注

③ 1888年夏修订。——编注

魂，它在这里，在谦恭和贫穷的灰烬中燃烧。所以它既不是希腊的，也不是印度的，更不是日耳曼的。保罗所创作的爱之赞歌不是什么基督教的东西，而是闪族式的永恒火焰的一种犹太式的熊熊燃烧。如果说基督教在心理学方面做了某种重要的事，就是在当时那些占上风的相当冷漠和相当高贵的种族那里提高了灵魂的温度；那就是发现了，通过一种温度的提高，最不幸的生命也能够变得丰富而异常珍贵……

显而易见，从统治阶层来说，是不可能发生这样一种转渡的：当时犹太教徒和基督教徒对自身采取了恶劣的态度，而且，在恶劣态度下的灵魂的强壮和狂热，往往令人讨厌，几乎会激起厌恶之感。(——当我读《新约全书》时，就看到了这样一种恶劣态度。)为了感受富有魅力的东西，人们就必须通过卑贱和窘困之态与这里所讲的低等民族类型相投合……这是一种考验，可检验人们体内是否具有某种古典趣味，人们是如何对待《新约全书》的(参看塔西佗[①])：谁若没有反抗，谁若没有诚实而透彻地从中感受到 *foeda* superstitio[卑鄙的迷信]的某种真相，人们为了不至于弄脏自己而撒手抛弃的某种东西，那么，他就弄不明白什么是古典的。人们必须像歌德那样去感受"苦难"——

10[191]

(285)

我把基督教视为迄今为止存在过的最灾难性的诱惑欺骗，巨大的非神圣谎言：尽管有种种通常的伪装，我仍旧要从理想中提取基督教的后裔和萌芽，我要防止所有对基督教的半拉子的和似是而非的立场，我不得不与基督教作战。

小人道德(Kleine-Leute-Moralität)成了事物的尺度：此乃文化迄今为止所具有的最令人恶心的蜕化。而这种作为"上帝"的理想岂能永远压在人类头上!!

10[192]

(286)

关于计划

激进的虚无主义，如果〈关乎〉人们赞赏的最高价值，那就是这样一种信念：此在(Dasein)是绝对无法忍受的；还要加上这样一种

① 塔西佗：古罗马历史学家、政治家、文学家。主要著作有《编年史》《历史》《日耳曼尼亚志》等。——译注

认识：我们丝毫无权来设定一个彼岸或者一种事物的自在，说后者是“神性的”，是真正的道德。

这种认识乃是已经培养起来的“真诚性”(Wahrhaftigkeit)的结果：因而本身就是道德信仰的结果。

此乃二律背反：只消我们相信道德，我们就要谴责此在。

悲观主义的逻辑臻于最后的**虚无主义**：在此是什么在推动？——关于无价值状态、无意义状态的概念：何以道德的评价隐藏在其他高级价值背后？

——结论：道德的价值判断就是判决、否定，道德乃是对于求此在的意志的背弃……

问题：但什么是**道德**呢？

10[193]

(287)

异教的—基督教的

异教的，就是对自然的肯定，对于自然的清白无邪感，“自然性”。

基督教的，就是对自然的否定，对于自然的无尊严感，反自然性。

例如，彼得罗尼乌斯是“清白无邪的”；与这位幸运者相比，一个基督徒已经永远地失去了这种清白无邪。

可是，因为说到底，连基督教的地位也必定仅仅是一种自然状态，而又不能理解自己，所以，所谓“基督教的”，就意味着一种被提升为原则的心理〈学〉解释的伪币铸造……

10[194]

(288)

“为道德而道德”——道德的非自然化过程的重要一步：道德本身表现为最终价值。在这个阶段上，道德本身弥漫了宗教：比如在犹太教中。同样也有这样一个阶段，这时候，道德又自行脱离宗教，而且对道德来说，任何一个上帝都是不够“道德的”：于是，道德就偏爱非人格的理想……此即现在的情形。

“为艺术而艺术”——这是一个同样危险的原则：人们借此把一个虚假的对立面带入事物之中，结果就是一种对实在的诽谤(“理想化”而至于丑恶)。如果人们把一种理想与现实分离开来，那人们就会排斥现实，使之贫困化，对之进行诋毁。“为美而美”“为真而真”“为善而善”——此乃对于现实事物的恶的看法的三种形式。

——艺术、认识、道德都是**手段**：人们并没有认识到其中含有提高生命的意图，而是把它们联系于一种生命的对立面，联系于“上帝”——仿佛是一个更高级的世界的启示，这个世界间或为此类启示所洞穿……

——“美和丑”“真和假”“善与恶”——这些区分和对抗显露出此在之条件和提高之条件，并非一般人类的此在条件和提高条件，而是无论何种坚固而持久的、与自己的对手相排斥的复合体的此在条件和提高条件。由此引发的战争乃是根本所在：作为强化孤立状态的隔离手段……

10[204]

(298)

尽管人们对理〈智的〉清洁性的要求还是十分微薄的，但人们仍阻止不了在接触《新约全书》时感到某种无法言传的厌恶：因为最无资格者要求参与决定大问题，他们这种肮脏而放纵的狂妄，其实就是他们对此类大事的裁决要求，超出了任何尺度。《新约全书》以无耻的轻佻态度来谈论那些难以达到的问题，诸如生命、世界、上帝、生命的目的，仿佛它们并不是什么问题，而干脆就是这些小小的伪君子都知道的事情。

（孙周兴　译）

重估一切价值的尝试(三)[①]

[11. 1887年11月至1888年3月]

11[37]

谁的本能追求等级秩序，谁就憎恨中间事物和中间人物：一切中等之物都是他的敌人。

11[38]

(315)

出于丰富充盈之压力，出于我们心中那些不断生长的、尚不知道如何发泄的力量造成的张力，产生出一种山雨欲来的状态：我们的天性变得阴沉了。这也是悲观主义……这是一种学说，一种结束了这样一个状态的学说，因为它对无论什么东西都发布命令，一种对价值的重估，借以为积聚起来的力量指明一条道路、一个方向，使之得以爆发出来，成为闪电和行动——它完全用不着成为幸福学说：它引发了那种已经压缩和积聚为痛苦的力量，从而带来了幸福。

① 《权力意志》时期笔记节选三，译文选自尼采：《尼采著作全集》第13卷，孙周兴译。——译注

11[55]

(321)

人们绝不该原谅基督教，它毁灭了帕斯卡尔这样的人。人们绝不该停止与基督教的斗争，因为它有意要摧毁的正是最强大和最高贵的心灵。只要这一点还没有彻底地消灭掉，即基督教发明的人的理想还没有彻底地消灭掉，人们就绝不该讲和。基督教谎言、概念蛛网和神学的整个荒唐残余物，与我们毫不相干；它可能要荒唐千百倍，而我们或许不会对它动一根指头。然而，我们要与那种理想做斗争，它以其病态的美色和女性诱惑力、以其隐秘的诽谤者辞令来说服厌倦于所有怯懦和虚荣的心灵——最强大者也有厌倦的时候，仿佛在此类状态下显得最有用和最可想望的一切东西，信任、善意、简朴、忍耐、对同类的爱、忠诚、献身于上帝，一种对其整个自我的摈弃和解除，甚至本身就是最有用和最可想望的东西；仿佛渺小微薄的心灵怪胎，规规矩矩的庸人和随大流的群盲，不仅优越于更强大的、更凶恶的、更贪婪的、更顽强的、更挥霍的、恰恰因此备受残害的人的种类，而且简直是为一般人类确立了理想、目标、尺度、最高愿望。迄今为止，这种理想的树立乃是人所遭受到的最阴森可怕的诱惑：因为随着这种理想，人类中发育得更强大的特立独行者和幸运儿就面临没落之险，而人这整个类型的求权力和求增长的意志，正是在这些特例身上获得进步的；以这种理想的价值，那些更丰富之人的增长就会被连根葬送掉，这些人因为他们更高的要求和使命的缘故而情愿忍受一种甚至更为危险的生活（用经济学的讲法：企业成本的提高就等于不可能成功获利）。我们反对基督教什么？那就是：基督教想要摧毁强者，它想要使强者丧失勇气，想要充分利用强者的不幸和困乏，想要把强者自豪的可靠性颠倒为不安和内心矛盾；基督教善于毒化高贵的本能，使之变得病态，直到他们的力量、他们的权力意志转向后退，去反对自身，直到强者毁灭于自我鄙视和自我虐待的过度放纵：那种骇人听闻的毁灭，其最著名的例子就是帕斯卡尔。

11[71]

(329)

痛苦和快乐是可以设想的最愚蠢的判断表达方式。当然这并不是说，以此方式表现出来的判断一定是愚蠢的。摈弃一切论证和逻辑性，在向一种热烈的占有欲或者排斥进行还原过程中的肯定或否定，一种命令性的、具有明显功利性的缩简：此乃快乐和痛苦。它们的起源在于理智的总领域；它们的前提乃是一种无限加速的感知、规整、概括、推算和推论：快乐和痛苦始终都是结局现象，而非“原因”……

快乐和痛苦能激起什么呢？关于这一点的裁定取决于权力的程度：就微弱量的权力来说，作为危险和要求迅速防御的强制力表现出来的同一个东西，在一种对于权力丰富性的更大意识中，可能产生一种肉欲的刺激，一种快感。

所有快感和不快感已然以一种根据总有益性、总有害性所作的衡量为前提了：也就是一个领域，在其中发生了对一个目标(状态)的意愿以及对相关手段的选择。快乐和痛苦绝不是“原始的事实”。

快感和不快感乃是意志的反应(情绪)，在其中，理智〈的〉中心把某些已经出现了的变化的价值固定为总价值，同时也作为反作用的开始。

11[72][①]

(330)

倘若世界运动有一个目标状态，那么它必定是已经达到了的。但唯一的基本事实却是，世界运动根本没有什么目标状态：而且，任何主张必然有这样一个目标状态的哲学或者科学上的假设(比如机械论)，都已经被这个基本事实所反驳了……我在寻求一个能正确对待这个事实的世界方案：生成应当得到说明，而不能乞灵于此类最终意图：生成必须理由充足地显现于每个瞬间(或者说不可贬值地：结果是一个)；绝对不可因为某个未来之物的缘故而为当前之物辩护，或者因为当前之物的缘故而为过去之物辩护。“必然性”并不以一种统摄万物、支配万物的总体权力为形态，也不以一种第一推动力为形态；更不是为了限定某种有价值之物的必然性。为了不至于把发生事件置于一种同感、共知而又无所意愿的存在物的观点之下，就有必要否定一种关于生成的总意识、一个“上帝”：如果“上帝”并不意愿什么，那它就是无用的，而另一方面，由此也就设定了一种对快乐和非逻辑(Unlogik)的累积，后者或许会贬低“生成”的总价值：幸亏恰好没有出现这样一种累积性的权力(一个受苦受难的和综观万物的上帝，一种“总意识”和“普遍精神”——或许是针对存在的最大异议)。

更严格地：人们根本上就不能允许什么存在者，因为要不然，

① 1888年夏修订；与爱德华·冯·哈特曼的“哲学悲观主义”的争辩。——编注

生成就会丧失其价值，并且径直表现为无意义的和多余的。

因此我们要问：关于存在者的幻想是如何可能(必定)形成的？

同样地：所有以有存在者这样一个假设为依据的价值判断是如何被废掉的。

但这样一来，人们却认识到，这个关于存在者的假设乃是一切谤世说的源泉。

“更善的世界、真实的世界、‘彼岸的’世界、自在之物”。

(1)生成没有目标状态，并不汇入一种“存在”中。

(2)生成不是假象状态；也许存在世界才是一种假象。

(3)生成在每个瞬间都是等值的：生成的价值总额保持相同。换言之：生成根本就没有价值，因为找不到某个东西，可以用来衡量生成的价值，并且使“价值”一词具〈有〉相关的意义。

世界的总价值是不可贬值的，因此哲学上的悲观主义不逮于宇宙万物。

11[73]

(331)

“价值”的观点就是鉴于生成范围内生命之相对延续的复合构成物的保存—提高之条件的观点：

——没有什么经久不变的最终的统一体，没有原子，没有单子：即使在这里，“存在者”也只是我们置入其中的(出于实际的、功利的透视主义原因)。

——“支配性构成物”：支配者的范围持续地增大或者阶段性地增减；或者，在状态(营养)的有利和不利条件下。

——“价值”本质上是此类支配性中心的增扩或缩减的观点(无论如何，此类支配性中心都是“杂多”，而“统一体”在生成之自然中是根本不存在的)。

——一定量的权力，一种生成，只要其中丝毫没有“存在”之特征；只要

——语言的表达手段无法表达生成：不断地设定一个比较粗糙的持存〈者〉、“事物”等的世界，这乃是我们不可替代的保存需要。相对地，我们可以谈论原子和单子；而确定无疑的是，最微小的世界从延续来说是最经久不变的世界……

没有什么意志：有的是不断地增加或者丧失掉自己权力的意志草案(Willens-Punktationen)。

11[74]

(332)

——因为根本就没有一个总过程(它被看作体系——)，所以在“整体过程”中并没有考虑到人类的劳动：

——没有什么“整体”，人类此在的所有贬值、人类目标的所有贬值，不可能着眼于某种根本就不实存的东西而发生……

——必然性、因果性、合目的性乃是有用的虚假性。

——意识的增强并非目标所在，目标乃是权力的提高，其中包括意识的功利性，对于快乐与不快也同样如此。

——人们不能把手段当作最高价值尺度(也就是说，不能把意识的状态，诸如快乐和痛苦，当作最高价值尺度，如果意识本身是一种手段的话——)；

——世界根本不是一个有机体，而是一团混沌：“精神性”的发育乃是使机体组织得以相对延续的一个手段……

——有关存在的总体特征，一切“愿望”都毫无意义。

11[75][①]

(333)

意志的满足并不是快乐的原因：我特别要与这种极端肤浅的理论做斗争。那是对最切近事物所做的荒谬的心理学上的伪币制造……

相反，意志意愿前行，总是要一再制服阻挡它前进的障碍。快乐感恰恰在于意志的不满足，在于意志如果限制和抵抗就得不到充分满足……

“幸福者”：群氓理想。

11[76]

(334)

我们的欲望(例如饥饿、性欲、运动欲)的常规不满，本身根本就不包含任何令人沮丧的东西；而毋宁说，这种不满会对生命感产生刺激作用，就像小小的痛苦刺激的每个节律都会强化生命感，尽管这也是悲〈观主义者〉向我们唠叨不已的：这种不满不是使生命索然无味，而是生命的伟大兴奋剂(*Stimulans*)。

——也许人们可以把一般快乐称为微小的痛苦刺激的节律……

---

① 针对 E. 哈特曼：《无意识哲学》，第 2 部分，第 3 章，情感中的无意识，特别是其中关于快乐与意志的关系的阐述。——编注

11[78]

(336)

最智慧的人，假定他们是最勇敢的，也最能体验最痛苦的悲剧。但他们之所以尊重生命，是因为生命构成他们最大的敌人……

11[83]

〈(339)〉

人们所谓善的行为，乃是一种纯然的误解；此种行为根本上是不可能的。

“自私自利”如同“忘我无私”一样，乃一种流行的虚构；个体、心灵亦然。

在一个有机体内无比多样的发生事件中，我们所意识到的那个部分只不过是一个角落而已：而且，从其余的总事件而来，“德性”“无私”这点东西以及类似的虚构，以一种完全彻底的方式被证明是撒谎。好的做法是去研究我们机体的完全的非道德性……

确实，从原则上讲，动物性功能比一切美好状态和意识高度要重要百万倍：后者乃是一种过剩，只要它们不必成为那种动物性功能的工具。

整个有意识的生命，精神连同灵魂、心灵、善、德性：它究竟是为什么服务的呢？服务于动物性功能之手段(营养和提高手段)的最大可能的完美化：首要的是生命提高的手段。

这原因在绝大程度上毋宁就在于人们所谓的“身体”和“肉体”：其余只是一个小小的附属物。使命是要继续编织整个生命线条，而且要使之变得越来越强大——这就是使命。但现在人们要来看看，心灵、灵魂、德性、精神如何正式密谋颠倒这一原则性使命：仿佛它们就是目标似的……生命的蜕化本质上是由意识的制造谬误的特殊能力决定的：至少意识是受本能控制的，而且因此最持久和最彻底地犯错。

根据这种意识的舒适感或者不舒适感来衡量此在(Dasein)是否有价值：人们还能设想一种更漂亮的对虚荣心的放纵吗？这确实只不过是一种手段：而且舒适感或者不舒适感其实也只是手段而已！——那么，价值客观地根据什么来衡量自身呢？唯根据提高了的和组织好的权力的量，根据在一切事件中发生的东西，即一种力求丰富的意志……

11[89]

(343)

人类总是误解了爱情：人类相信，他们在爱情中是无私的，因为他们想要为另一个人带来好处，经常有违于自己的利益：但为此，他们就要占有那另一个人……在其他情形下，爱情乃是一种更精巧的寄生状态，是一个心灵危险而放肆地到另一个心灵里筑巢扎根——有时甚至是到肉体里筑巢扎根……而代价正是那个"主人"啊！

人牺牲了多少好处，人又是多么"无私"啊！人的一切情绪和激情都想要获得自己的权利——而且，情绪是多么远离于对自私自利的聪明利用啊！

人们不想要自己的"幸福"；为了能相信人总是寻求自己的利益的，人们就必须成为英国人；我们的欲望以一种持久的激情意欲侵占事物——其聚积起来的力量寻求抵抗的阻力。

11[95]

(347)

众所周知，有人在伏尔泰临终时刻还对他进行纠缠。"您信神灵基督吗?"本堂神甫问他。而伏尔泰对神甫说明，他想要安宁。这神甫心生不满，又重复了他的问题。这时候，这位垂死者爆发出他最后的愤怒：他大为恼火，狠狠地把这位僭越的提问者顶了回去。"见鬼!"——他冲着神甫喊道——"别跟我谈那个人!"①——不朽的遗嘱，高度概括了这位极其勇敢的思想家所作的斗争。

伏尔泰下了判决："在这位拿撒勒的犹太人身上，是毫无神性可言的"。他身上的古典趣味就是这样下判断的。

古典趣味与基督教趣味设定了根本不同的"神性"概念；谁身上有古典趣味，他就只能认〈为〉，基督教是 foeda〈superstitio〉[卑鄙的〈迷信〉]，基督教的理想是一种对神性的讽刺和贬低。

11[96]

(348)

在人们把行为者抽象地从行为中抽离了出来，并且因此使行为变得空虚之后，人们现在就要重新把行为者纳入行为中；

在人们把做某事(Etwas-thun)、"目标"、"意图"、"目的"人为地从行为中抽离了出来之后，人们现在就要把它重又置回行为中。

① 原文为法文。——译注

所有“目的”“目标”“意义”都只是某种寓于一切事件之中的意志即权力意志的表达方式和变形；对目的、目标、意图的拥有和意愿，根本上无异于要求变得强壮的意愿，要求增长的意愿，也包括要求与此相关的手段的意愿；

所有行为和意愿中最普遍和最底层的本能之所以还是完全未知的和最隐蔽的本能，恰恰是因为实际上，我们总是遵循它的律令，我们就是这种律令……一切评价都只不过是为这样一种意志效力的各种结果和狭隘视角：评价本身就只是这种权力意志；从此类价值中的无论哪一种价值出发所作的存在批评(Kritik des Seins)，乃是某种悖谬的和令人误解的东西；假如其中开始了一种没落过程，那么，这个过程仍旧是为这种意志服务的……

对存在本身的评价：但这种评价本身仍然是这种存在：而且，由于我们说不，我们始终还是在做我们本身所是……人们必须看清这种以此在(Dasein)为指向的神性的荒谬性；然后还必须力求猜度，由此到底发生了什么事。这是症候性的。

11[99]

(351)虚无主义批判——①

一

作为心理状态的虚无主义必将登场，首先，当我们在一切事件中寻找一种本来就不在其中的“意义”时，它就会登场——因为寻找者最终会失去勇气。于是，虚无主义就是对于长久的精力挥霍的意识，就是“徒劳”的痛苦，就是不安全感，就是缺乏以某种方式休养生息和借以自慰的机会——那是对自身的羞愧，仿佛人们过于长久地欺骗了自己……那种意义或许曾经是：在一切事件中一种最高的道德规范的“履行”，道德的世界秩序；或者，社会交往中爱与和谐的增长；或者，对一种普遍幸福状态的接近；或者，甚至走向一种普遍的虚无状态——一个目标总还是某种意义。所有这些观念种类的共性是：应当有某个东西通过过程本身而被达到。——而现在，人们理解了，通过生成根本就获得不了什么，达不到什么……因此，对于一个所谓生成目的(Zweck des Werdens)的失望便成为虚无主义的原因：无论是着眼于某个完全确定的目的，还是一般地讲来对以往一切关于整个“进化”的目的假设(Zweck-Hypothesen)的不充分性的洞察(人不再是合作者，更遑论生成的中心了)。

① 在施莱施塔版中，标题为：论宇宙学价值的沦丧。——译注

其次，作为心理状态的虚无主义就登场了——当人们假定了在一切事件中间有一个整体性、一种系统化，甚至一种组织化，以至于渴望赞赏和崇敬的心灵会沉迷于关于最高的支配和统治形式的总体观念中(——如果那是一位逻辑学家的心灵，那么，绝对的合逻辑性和实在辩证法就足以使之与一切和解……)。一种统一性，某种"一元论"形式：而且由于这样一种信念，人就处于对某个无限地优越于他的整体的深刻联系感和依赖感中，那就是神性的样式……"普遍的幸福要求个体的投身"……但是看哪，根本就没有这样一种普遍！根本上，人已经失去了对他自身价值的信仰，如果没有一个无限宝贵的整体通过人而起作用的话；这就是说，人构想了这样一个整体，为的是能够相信他自身的价值。

作为心理状态的虚无主义还具备第三种也是最后一种形式。有了上述两个洞见，也就是已经认识到：通过生成是得不到什么的，在一切生成中并没有一种伟大的统一性可供个体完全藏身，犹如藏身于最高价值的某个要素中——于是，也就只剩下一条出路了，那就是把这整个生成世界判为一种欺骗，并且构想出一个在此世之彼岸的世界，以之为真实的世界。然而，一旦人发现，臆造这个世界只是出于心理需要，人根本没有权利这样做，那就出现了虚无主义的最后形式，它本身包含着对一个形而上学世界的不信——它不允许自己去相信一个真实的世界。站在这个立场上，人们就会承认生成的实在性就是唯一的实在性，就会摒弃任何一条通向隐秘世界和虚假神性的秘密路径——但人们不能忍受这个世界，虽然人们并不就要否定它。

——究竟发生了什么事情呢？当人们明白了，无论是用"目的"概念，还是用"统一性"概念，或者"真理"概念，都不能解释此在的总体特征[①]，这时候，人们就获得了无价值状态的感觉。用上述概念得不到什么，达不到什么；事件的多样性中没有普全的统一性：此在的特征不是"真实"，而是"虚假"……人们根本就没有理由相信一个真实的世界……质言之：我们借以把某种价值嵌入世界之中的那些范畴，诸如"目的""统一性""存在"等，又被我们抽离掉了——现在，世界看起来是无价值的……

① 此处"此在"原文为Dasein。汉语学界对Dasein的译法较为混乱，有"存在、定在"等多种译法；在海德格尔那里还有"亲在、缘在"等译名。我们从陈嘉映教授统一按字面译为"此在"。——译注

二

假如我们已经认识到，何以我们不再能根据上述三个范畴来解释世界，而且按照这种洞察，世界对我们来说开始变得毫无价值了，那么，我们就必须追问：我们对这三个范畴的信仰来自何处。——让我们来试试看，是不是可能解除对它们的信仰！如果我们贬黜了这三个范畴，那么，对于它们不能应用到宇宙大全上这一点的证明，就不再是对宇宙大全的价值贬黜的理由了。

* * *

结果：对理性范畴的信仰乃是虚无主义的原因——我们是根据与一个纯粹虚构的世界相联系的范畴来衡量世界的价值的。

* * *

——最后结果：一切价值，直到现在我们试图用来首先使世界变得能够为我们所估价，而且恰恰因此(在它们被证明为不适用之后)最后使世界贬值的所有这些价值，从心理学上来推算，都是旨在保存和提高人的支配性构成物的特定功利性视角的结果；而且，它们只是错误地被投射到事物的本质之中的。把自身〈设定〉为事物的意义和价值尺度，这始终还是人的夸张的幼稚性(hyperbolische Naivität)。

11[100]

(352)

人的生活应当为之效力的那些最高价值，尤其是它们对人的支配十分艰难而昂贵时：为了强调这些社会价值，仿佛它们就是上帝的指令似的，人们已经把它们构造为凌驾于人类的“实在性”“真实的”世界、希望和未来的世界了。现在，当这些价值的平庸来源得到澄清之际，在我们看来宇宙大全就因此被贬值了，成为“无意义的”了……但这只不过是一种过渡状态而已。

11[103]

(354)

人们终于又会巧妙地把人类价值置回某个角落里，一个唯它们才有权待着的角落：作为墙角站立者的价值(Eckensteher-Werthe)。已经有大量动物种类消失了；假如连人类也会消失掉，那么，世界也毫无损失。人们不得不充分地成为哲学家，方足以赞赏这种虚无(Nil admirari[无动于衷、万事不心惊][1])

① 贺拉斯(Hor.)：《书信》(Epist.)，第Ⅰ卷，6，1。——编注

11[104]

(355)

如果人们弄清楚了自己的生命的“为何之故”，那就会把生命的“方式”问题轻松打发掉。如果快乐和痛苦的价值受到了重视，而享乐主义-悲观主义的学说有了市场，那么，这本身就已经是一个标志，标明人们不相信缘故、目的和意义，标明一种意志匮乏。弃念断想、听天由命、德性、“客观性”，可能至少已经标明：缺乏主题的时代开始了。

人们善于为自己设定目标——

11[108]

一个哲学家的休养方式和场所有所不同：例如，他在虚无主义中得到休养。相信根本就没有什么真理，此乃虚无主义者的信仰。对一个作为认识的斗士不懈地与完全丑陋的真理做斗争的人来说，这种信仰乃是一次大大的四肢舒展。因为真理是丑陋的。

11[110]

我们也相信德性：但那是文艺复兴式的德性，virtù，毫不虚伪的德性。

11[114]

“意愿”不是“渴望”、追求、要求：它通过命令情绪而与后者区分开来。

没有什么“意愿”，而只有一种对某物的意愿(Etwas-wollen)：人们不必从状态中剔除目标：就像那些认识论者所做的那样。正如他们所理解的，“意愿”与“思维”一样并不出现：乃是一种纯粹的虚构。

某物被命令，这一点属于意愿(这当然不是说，意志“得到履行”……)

那种普遍的张力状态，一种力借此力求释放——并不是一种“意愿”。

11[116]

(360)

有这样一些人，他们要探求在哪里某物是非道德的：如果他们判断说：“这是不公的”，那么，他们是相信，人们必须把它废除和改变掉。相反地，只要我还没有弄清楚某个事情的非道德性，我就会不得安宁。如果我明白了这种非道德性，我就重又恢复了平衡。

11[118]

我们北极乐土居民

(361)

我的结论是：比起迄今为止具有无论何种理想的“愿望的”人，现实的人的价值具有高得多的价值；一切有关人的“愿望”都是荒唐而危险的放纵，某个个别种类的人正是想以此放纵把自己的保存和增长条件当作法则强加给人类；直到现在，任何一个具有此种起源、获得了统治地位的“愿望”，都贬低了人的价值、人的力量以及人对未来的确信；人的贫乏和隐秘理智得到了最大程度的暴露，即便在今天亦然，如果人还在意愿的话；迄今为止，人设定价值的能力发展得过于低下，不足以公正地对待事实的(而不只是“愿望的”)人的价值；直到现在，理想都是真正地诽谤世界和人类的力量，是笼罩在实在性上面的瘴气，是使人走向虚无的大诱惑……

11[119]

(362)

序言

我描述的是即将到来的东西：虚无主义的来临。我之所以能在此描述，是因为在这里发生的是某种必然的事情——有关征兆处处可见，只是还缺乏观察这些征兆的眼睛而已。对于虚无主义即将到来这一事实，我在这里不加褒贬。我相信将有一次极大的危机，将有一个人类进行最深刻的自我沉思的瞬间：人类是否能从中恢复过来，人类是否能制服这次危机，这是一个关乎人类的力量的问题：这是可能的……

现代人试验性地一会儿相信这种价值，一会儿相信那种价值，然后又把它取消了：过时的和被取消的价值的范围变得越来越丰富；价值的空虚和贫困越来越明显可感；这场运动是不可遏制的——尽管有过大规模的拖延企图——

现代人终于敢于批判一般价值了；他认识到价值的起源；他认识得够了，不再相信任何价值；激情已在那里，新的战栗……

我叙述的是今后2个世纪的历史……

11[122]

(365)

——无论在历史中，还是在自然中，还是在自然背后，我们都没有重新找到上帝，这一点并没有使我们从中分离出来；使我们从中分离出来的是，我们没有把受到敬仰的上帝感受为“神性的”，而是把它看作神圣的假面、愚笨(Moutonnerie)、荒谬而可怜的蠢货(Niaiserie)，看作诽谤世界和人类的原则：质言之，我们否定上帝之为上帝。人类的心理欺骗的顶峰就在于：〈按照〉他自己关于那种恰恰在他看来显得善良、智慧、强大、富有价值的东西的褊狭尺度，把自己视作一个作为开端和“自在”(An-sich)的动物——而同时撇开使无论何种善、无论何种智慧、无论何种权力得以持存和获得价值的整个因果性。简言之，就是把那些具有最后和最受限制之起源的因素设定为并非形成的，而是“自在的”，甚至竟是一切形成过程的原因……如果我们从经验出发，从一个人明显地超出了人类尺度这样一种情形出发，那么我们就会看到，任何一种高度的权力本身都包含着摆脱善和恶的自由，同样也包含着摆脱“真”和“假”的自由，而且对于善所要求的东西，是不能给予考虑的：我们又一次把这同一个东西理解为一切高度的智慧——善与真实性、公正、德性以及其他的民众微弱估价一样，都在智慧中被扬弃了。最后是所有高度的善本身：善已然以一种精神上的近视和粗俗为前提，这难道不是显而易见的吗？难道善不是同样地也以一种无能为前提，即人类无能于着眼长远来区分真与假、利与弊吗？更不待说一种高度的权力为最高的善所控制就会带来最有害的后果(即“对祸害的废除”)？——实际上，人们只要来看看，“爱之上帝”对自己的信徒们灌输了什么样的倾向：他们要为“善”而毁灭人类。——事实上，鉴于世界的现实性质，这同一个上帝已经证明自己是极其近视的、邪恶的和昏聩无能的上帝：由此可见上帝的构想有多少价值。

确实，知识和智慧本身是没有任何价值的；善同样也是没有价值的：人们总是首先还必须有一个使此类特性获得价值或者非价值的目标——可能存在着一个目标，由之出发，一种极端的知识表现出一种高度的非价值(Unwerth)诸如当极端的欺蒙成为生命提高的前提之一时；同样地，当善仿佛使伟大欲望的弹簧疲软而乏力时……

既然给定了我们人类生命的本相，基督教式的所有“真理”、所有“善”、所有“神圣”、所有“神性”，直到现在都表明自己一直是巨大的危险——时至今日，人类依然处于危险当中，大有可能因一种悖逆生命的理想性而招致毁灭。

11[123]

(366)

虚无主义的临近

虚无主义不仅是一种关于"徒然!"(Umsonst!)的考察，而且也不仅是相信一切都值得毁灭掉：人们援手相助，人们要毁灭……如果人们愿意，就可以说这是不合逻辑的：可是虚无主义者并不相信合逻辑的强制〈性〉……此乃强大精神和意志的状态：而且对于强大精神和意志来说，是不可能滞留在"判断"之否定上的——行为的否定(Nein der That)起于它们的天性。动手造成的虚无化协助了由判断造成的否定化。①

11[127]

(370)

请注意！反对公正性……反对约翰·斯图亚特·穆勒：我坚决拒斥他的卑劣行径，竟然说"要一视同仁；己所不欲，勿施于人"；他想把整个人类的交往都建立在功效的互惠性基础上，以至于任何一种行动都表现为一种对我们所受之物的偿还。个中前提乃是极其**卑鄙的**：在这里，我与你的行动的价值等值性被设为前提；在这里，某个行动的最个人化的价值被简单地宣布为无效(它不可能通过什么东西来补偿和偿还——)。"互惠性"是一大卑鄙；我所做的某事不允许也不可能由某个他人来做，不允许有什么补偿——除非是在"我的同类"的特选领域里，inter pares[在同类中间]；在一种更深层意义上，人们绝不能交还什么，因为人们是某种唯一的东西，也只做唯一的事——恰恰这个基本信念包含着要**把贵族与大众隔离开来**的原因，因为大众相信"平等"，因而也相信可补偿性和"互惠性"。

11[132]

——人应当怎样：这话在我们听来就像"一棵树应当怎样"一样乏味。

11[138]

(372)

理想的来源。探究理想产生的土壤。

① 此处"动手造成的虚无化"德语原文为Ver-Nichtung durch die Hand，"由判断造成的否定化"原文为Ver-Nichtsung durch das Urtheil。其中"虚无化"(Ver-Nichtung)与"否定化"(Ver-Nichtsung)均为尼采所生造，在德语字面上仅有一个字母之差，其含义也难以明确区分。——译注

A. 从“审美”状态出发，在那里世界被看得更丰富、更圆满、更完美——

异教的理想：在其中，从歌剧丑角开始，自我肯定占了上风。

——最高类型：古典的理想——作为一个具有所有主要本能的成功者的表现。

——其中又有最高风格：伟大的风格乃“权力意志”本身的表现(最为人所恐惧的本能敢于自我坦白)

——人们要付出——

B. 从那些状态出发，在那里世界被看得更空洞、更苍白、更稀薄，在那里“精神化”和非感性占据了完美者地位；在那里残酷性、动物般的直接性、切近性在最大程度上被避免了：“智者”“天使”(教士的＝贞洁的＝无知的)此种“理想主义者”的心理特性……

贫血的理想：有时候可能是那些人物的理想，即那些表现了第一种理想即异教理想的人物的理想(因此歌德在斯宾诺莎身上看到了自己的“圣徒”)。

——人们要算计，人们要选择——

C. 从那些状态出发，在那里我们感到世界更荒唐、更恶劣、更贫乏、更虚假，甚于我们所能猜测或者希望的关于理想的理想：把理想投射到反自然性、反事实性、反逻辑性之中。做出此种判断的人的状态(——世界的“贫困化”作为苦难的结果：人们要索取，人们不再给予——)，

反自然的理想

——人们要否定，人们要毁灭——

(基督教理想乃是介于第二种理想与第三种理想之间的一个过渡产物，时而偏于前者，时而偏于后者。)

三种理想

A. 要么是强化 |
(异教的) |
B. 要么是稀释 | 生命
(贫血的) |
C. 要么是否定 |
(反自然的) |

“神化”的感觉或者在最高的充盈中
或者在最精细的选择中
或者在对生命的摧毁和蔑视中。

11[146]

一个强大种类赖以自我保存的手段。

给予自己一种特殊行动的权利；作为自我克服和自由的尝试。

进入那些状态中，在那里自己不得不成为野蛮人。

通过每一种禁欲方式谋得一种意志强度方面的优势和确信。

不说心里话；沉默；小心提防优雅。

学会服从，以此来检验自己的自我维护能力。把关于荣誉点的决疑论[①]推向精致之最。

绝不做出结论说“要一视同仁”——而是相反！

把报复、可以回报当作特权来对待，当作表彰来承认——

不觊觎他人的德性。

11[148]

我们做了两千年之久的基督徒，现在，我们必须为此付出代价的时候到了：我们将失去我们赖以生活的重量——有一段时间，我们会不知道何去何从。我们突兀冲入那些相反的估价之中，用的是我们做基督徒时采用的相同的能量尺度——我们曾以此做了荒唐的夸张，对基督教的——[②]

1)“灵魂不朽”；“位格”(Person)的永恒价值——

2)“彼岸”的答案、方向、估价——

3)作为最高价值的道德价值，作为基本利益的“灵魂得救”——

4)“罪恶”“尘世的”“肉身”“欲望”——作为“世俗”而受尽耻辱。

现在，一切都完完全全是虚假的，只是“话语”，混乱、虚弱或夸张

a)人们尝试一种尘世的解决办法，但同样地也是在真理、爱、公正的最后胜利意义上：社会主义，“人格平等”

b)人们同样地试图抓住道德理想(以非利己主义、自我否定、意志否定的优先性)

c)人们甚至试图抓住“彼岸”：尽管那只不过是一个反逻辑的未知x：但人们立即加以铺垫，说可以从中引出一种老式的形而上学慰藉

d)人们努力从发生事物中解读出老式的神性指导，具有酬报、惩罚、教育、引人向善的作用的事物秩序

---

① 决疑论(Casuistik)：又译“殊案决疑论”“决疑法”，指道德和法律对个人特殊案例的处理。伦理学上的决疑论强调对案例个别的道德判断比一般道德原则更重要。——译注

② 原文为断句。——译注

e)人们像从前一样相信善和恶：以至于人们把善的胜利和恶的消灭当作自己的使命(——这是英国式的，典型个案是约翰·斯图亚特·穆勒这个庸人)

f)对“自然性”、欲望、自我的蔑视：甚至试图把最高的精神和艺术理解为一种非个性化的结果和一种大公无私(désintéressement)

g)人们允许教会始终还对个人生活的所有重要体验和关键事务横加干预，为的是赋予它们庄严感、更高的意义：我们也拥有一个“基督教国家”、基督教“婚姻”——

11[153]

有恶习的和放荡不羁的人们：他们对于欲望之价值的令人沮丧的影响。正是可怕的野蛮风俗，尤其是在中世纪，迫使人们形成一种真正的“德性联盟”——连同对构成人类价值的东西的种种可怕夸张。斗争着的“文明”(即驯化)需要形形色色的镣铐和刑罚，旨在反抗恐怖和野兽天性而维护自己。

这里有一种混淆是很自然的，尽管是有恶劣影响的：具有权力和意志的人类能够对自身提出的要求，也为他们可以给予自己的东西立了一个标准。此种人物乃是有恶习者和放荡不羁者的对立面：尽管他们有时候也会做一些事情，而一个微不足道的小人或许就是因为这些事情而被证明为有恶习的和毫无节制的。

在这里，“在上帝面前人人都有平等价值”这样一个概念是特别有害的：人们禁止了那些本身属于强者特权的行动和信念，仿佛强者本身有失人的身份似的。人们把最虚弱者(甚至包括那些对自身最虚弱无力者)的防护措施树立为价值规范，由此使强大之人的整个倾向声名狼藉。

这种混淆深入到这样一个地步，以至于人们径直为生命的高超大师(他们的专横与有恶习者和“放荡不羁者”恰成鲜明对照)烙上了极其耻辱的名声。即便现在，人们依然相信必须指责切扎雷·博尔吉亚[①]：这简直是可笑啊！教会根据德国皇帝的恶习把他们革出教会：仿佛一个僧侣或者教士可以一起来议论腓特烈二世[②]可能对自

① 切扎雷·博尔吉亚：教皇亚历山大六世的私生子，巴伦西亚大主教、枢机主教。有座右铭“要么做恺撒，要么一事无成”。一般认为马基雅维利《君主论》即以切扎雷·博尔吉亚为“新时代君主”之楷模。——译注

② 腓特烈二世：又译“弗里德里希二世”，德意志国王，神圣罗马帝国皇帝。在位时曾率第六次十字军东侵，占领耶路撒冷。其见解高度独立而现代，遭教皇反对，数被废黜和开除教籍。——译注

身提出来的要求。唐璜被发落到地狱中：这是十分幼稚的。难道人们没有注意到，天国里没有任何有趣的人吗？……只有一个给女人的暗示，暗示她们在哪里最能找到自己的福乐……如果人们稍作前后一贯的思索，此外还带着一种对于一个“伟大之人”是什么的最深刻洞察，那么，毫无疑问，教会是会把所有“伟大之人”都打入地狱的，教会反对所有“人之伟大”……

11[154]

“荣誉概念”：依据于对于“好社会”的信仰，对于骑士般的主要品质的信仰，对于那种持续地表现自己的义务的信仰。本质上：人们并不看重自己的生命；人们无条件地重视毕恭毕敬的仪态，从人们为之感动的所有人方面(至少，就他们并不属于“我们”而言)；人们既不是亲密的，也不是好心肠的，也不是快乐的，也不是谦逊的，除非 inter pares[在同类中间]；人们总是在表现自己……

11[157]

对于平等权利的意图，说到底是对于平等需求的意图，我们这种商业和政治选票等值性的文明类型的一个几乎不可避免的结果，导致一种更高等的、更危险的、更奇特的，总而言之更新的人类的出局和缓慢消逝：试验仿佛终止了，达到了某种停滞状态。

11[226]

一

人类必须完成一项总任务，人类作为整体要走向某一个目标，这种十分模糊而任意的想法还是十分年轻的。也许在它变成一个“固定观念”之前，人们又把它抛弃了……人类其实不是一个整体：它是一个由种种上升和下降的生命过程组成的无法分解的多样性——它并没有一个青年时代，也没有接着的壮年时代和最后的老年时代。也就是说，诸层次是混杂重叠在一起的——而且在几千年后，可能始终还有比我们今天能够证实的更为年轻的人的类型。而另一方面，颓废也属于人类的所有时代：到处都有渣滓和衰败材料，这就是生命过程本身，没落产物和残渣产物的排泄。

二

在基督教偏见的强力压迫之下，根本就不存在上述问题了：要旨在于个体灵魂的拯救；人类延续方面的多或少则不在考察之列。最佳的基督徒们曾希望这事尽可能快地有一了断：对于个体所急需的东西，没有任何怀疑……现在，已经为每个个体提出了任务，正如在无论哪个将来也将为某个未来者提出来一样：价值、意义、价值领域是固定的、无条件的、永恒的、与上帝一致的……与这个永恒类型相偏离的东西则是有罪的、邪恶的、受谴责的……

对于每个灵魂来说，价值的重点就在于自身：得救或者诅咒！永恒灵魂的得救！自身化(Verselbstung)的极端形式……对每个灵魂来说，都只有一种完美化；都只有一个理想；都只有一条通向拯救的道路……平等权利的极端形式，联系于一种对本己重要性的极度荒唐的视觉放大……灵魂的重要性纯属荒唐，它以一种可怕的畏惧围着自己打转……

三

现在，再也没有人相信这种荒唐的妄自尊大了：而且，我们已经用一把蔑视的筛子筛选了我们的智慧。尽管如此，那种通过接近一个理想的人来寻找人的价值的视觉习惯，依然未受动摇：根本上，人们既要维护自身化视角，又要维护在理想面前的平等权利。总而言之，人们以为知道：着眼于理想的人，什么是终极愿望……

但这种信仰只不过是一种由基督教理想造成的巨大娇惯纵容的后果：在每一种对“理想类型”的慎重检验中，人们都会立即把这种基督教理想搬出来。人们相信，其一，知道向一个类型的接近是可想望的；其二，知道这个类型具有何种特性；其三，知道任何对这个类型的偏离都是一种倒退，一种阻碍，都是人类的一种力量和权力损失……梦想这种完美的人能为自己赢得绝对多数票：连我们的社会主义者，甚至功利主义者先生们，都不曾达到这种状态。——这样一来，似乎就有一个目标进入人类的发展过程之中了：无论如何，对于一种向着理想的进步的信仰，乃是今天用来设想人类历史上的一种目标的唯一形式。总而言之：人们已经把“上帝之国”的到达置入未来，置于尘世，置入人性之中，但人们却从根本上坚持了对旧理想的信仰……

11[227]

要理解：

所有种类的沉沦和病态都持续地参与了总体价值判断：在已经占了上风的价值判断当中，颓废甚至达到了优势地位：我们不仅必须反对当前所有由于蜕化引起的作为后果的贫困状态，而且也必须反对迄今为止所有残留的也即依然存活的颓废。人类对其基本本能的这样一种总体偏离，价值判断的这样一种总体颓废，乃是一个地地道道的问题，是“人”这个动物交给哲学家的真正谜团——

11[251]

一生当中，我一刻都没有成为过基督徒：我把自己目睹的一切都视为基督教，视为一种可鄙的话语歧义性，一种对于所有通常起统治作用的权力的真正胆怯……

基督徒拥有普遍义务兵役制、议会选举权、报章文化，并且处身于所有谈论着“罪恶”“拯救”“彼岸”以及十字架上的死亡之类的[①]——：人们如何可能受得了这样一种乱七八糟啊！

11[279]

耶稣把一种真正的生命、一种真实的生命与那种通常的生活加以对照：离他最远的莫过于一个“被永恒化了的彼得”[②]、一个永恒的人格延续之类的愚蠢的胡说八道。他所反对的正是“人格”的妄自尊大：他怎么可能想要把“人格”永恒化呢？

同样地，他也反对教区内的等级制：他从未许诺过什么按功行赏。他又怎么可能认为彼岸有赏与罚呢！

11[282]

请注意！佛教和平运动的一个幼稚发端，来自满怀怨恨的真正群盲……但却通过保罗转变为一种异教的神秘学说了，后者终于学会了与整个国家组织协调一致……并且发动战争、审判、刑讯、发誓、仇恨。

保罗是从具有宗教热情的大众的神秘需要出发的。他寻求一个牺牲者，一种借助各种隐秘崇拜形象坚持斗争的血腥幻术：十字架上的上帝、饮血、与“牺牲者”的 unio mystica[神秘合一]

他寻求把那种持续实存（Fortexistenz）（个体灵魂的福乐的、已经洗尽罪恶的持续实存）当作复活而与那个牺牲者发生因果关系（按照狄奥尼索斯、米什拉[③]、奥西里斯[④]的类型）

他急需使罪责和罪恶概念凸显，不是一种新的实践（就像耶稣本身所指明和教导的那样），而是一种全新的崇拜，一种全新的信仰，对一种类似于奇迹的转变的信仰（因信得“救”）

他理解了异教世界的伟大需要，并且从基督的生死事实中弄出

① 此句为断句。——译注

② 彼得：一译伯多禄，耶稣十二门徒之首。相传“彼得”之名为耶稣所取，意为“磐石”。天主教会认为他是第一代教皇。据史料推断，彼得于罗马皇帝尼禄统治时期被捕，被钉十字架而死。——译注

③ 米什拉：古波斯琐罗亚斯教中的善神、光明之神。——译注

④ 奥西里斯：古埃及神话中的太阳神，后为冥神。——译注

一种完全任意的选择，重新强调一切，处处设置重点……他已经从原则上宣布了原始基督教的无效……

对教士和神学家的谋杀，由于保罗而归结于一种新的教士团体和神学——一个统治阶层，也是一个教会

对"人格"的过度妄自尊大的谋杀，归结于对"永恒人格"的信仰(即对"永恒救恩"的忧心……)，归结于对个人利己主义的最悖谬的夸张。

人们看到，随着十字架上的死发生了什么。保罗显现为不祥的反福音①的恶魔……

11[300]

哲学家的"客观性"：对自身的道德〈上的〉漠然，对好的和坏的后果的盲目：毫无疑虑地使用危险的手段；把性格的反常和多样当作优势来猜测和充分利用——

我对自身的深刻冷漠：我不想从自己的认识中获得任何好处，也并不回避自己的认识带来的坏处——这里也包括人们可能会称之为性格之败坏的东西；这种视角位于外部：我运用我的性格，但我既没想到去理解它，也没想到去改变它——我一刻也没想过对德性的个人 calcul[计算]。在我看来，一旦人们对自己的个人事务发生兴趣——或者甚至于对自己的灵魂"得救"发生兴趣，那么，人们就对自己关闭了认识的大门！……人们不能过于看重自己的道德性，也不能放弃一种对道德性之反面的微薄权利……

在这里，也许有一种道德性遗产被设为前提了：人们察觉到，人们可以大量挥霍和抛弃掉这种道德性遗产，而不会由此变得特别贫困。决不能想试着去赞赏"美好灵魂"。要善于始终保持对于美好灵魂的优越感。要带着一种内在的嘲讽去直面德性巨人；明智地对待德性②——隐秘的愉快。

要围着自身转；没有变得"更善些"或者一般的只是变得"不同"的愿望；过于关注，不能把任何一种道德性的触手和网络投向事物——

11[310]

关于激情地位的整个观念：就仿佛受理性指导就是正当的和正

① 此处"反福音"(Dysangelium)为尼采的一个生造词语，与德文"福音"(Evangelium)一词相关。——译注

② 原文为法文。——译注

常的——而激情则是不正常的、危险的、半兽性的东西，此外，就其目标来看，激情无非是快乐欲望……

激情受到了侮辱：1)就仿佛它只是不应有的方式，而且并非必然的和始终变动不居的；2)因为激情预计需要某种没有崇高价值的东西，一种愉快……

对激情和理性的错误认识，就仿佛理性是一个自为的本质，而不是各种不同激情和愿望的关系状态；就仿佛并不是每一种激情都内含着一定量的理性成分……

11[354]

基督教的误解

跟基督一起钉在十字架上的罪犯：——当这位要忍受痛苦死刑的罪犯本身断言："就像这位耶稣，毫不反抗、毫无敌意、善良而顺从地受难和赴死，只有这样方可称义"。那么这个罪犯就肯定了福音，并且因此升了天堂……

天国乃是一种心灵状态(圣经里说到孩子们，"因为天国属于他们")；而不是"超出尘世"的什么东西。

上帝之国不是按照编年史、不是根据日历"到来"的，不是有一天突然出现而此前并不存在的某个东西：而不如说，它是一种"个人观念变化"，是某种随时都会到来而在任何时候都尚未存在的东西……

道德：基督教的创建者不得不为此赎罪，即他乞灵于犹太社会和知识界的最底层……

——这个最底层按照自己理解的精神构想了基督教的创建者……

——根据一种否定所有人格因素和历史因素具有实在性的学说，编造出一种救恩史，一个人格的上帝，一个人格的救世主，一种人格的不朽，并且保留了"人格"和"历史"的整个狭隘心胸，这真是岂有此理啊……

救恩传说代替了象征性的现世和永世、此地和四处，奇迹代替了心理象征

11[365]

没有"神圣性"这个古怪的概念——

"上帝"与"人"并非相互分离的

没有"奇迹"——根本就不存在那个领域……

——唯一要考虑的是作为颓废的"宗教的"(也即象征—心理的)

领域："伊壁鸠鲁主义"的配对物……按古希腊的概念，天堂也是一个"伊壁鸠鲁花园"

这样一种生活缺乏使命

它无所意愿……

"伊壁鸠鲁的诸神"的一个形式——

没有任何理由去继续设定目标：生儿育女……一切都已经达到了……

基督教在任何时候都还是可能的……基督教与那些用它的名字来美化自己的无耻教义中的任何一条都是没有关系的：它既不需要关于位格上帝的学说，也不需要关于罪恶、不朽、拯救、信仰的学说，它绝对不需要任何形而上学，更不需要禁欲主义，更不需要一种基督教的"自然科学"……

现在，如果有人说"我不愿当兵"，"我不关心审判"，"我不想当警察"——那他就是基督徒……"我不想做任何破坏我内心安宁的事情：而且，如果我不得不受此痛苦，那就没有比受苦受难更能保持这种安宁的了"……

关于人们应当信仰什么的整个基督教学说，整个基督教的"真理"，纯属欺骗：而且恰恰就是使基督教运动得以发端的那个东西的反面……

恰恰教会意义上的基督教因素自始就是反基督教的东西：纯属事务和人物而非象征，纯属历史而非永恒的事实，纯属套话、仪式、教条而非一种生命实践……对于教义、崇拜、教会、神学的完全冷漠态度才是基督教的。

基督教的实践不是什么幻想，佛〈教〉的实践也不是幻想：它是幸福生活的一个手段……

11[374]

我们的优先地位：我们生活在一个比较时代，我们能够推算从未被推算的情况。我们就是一般历史的自我意识……

我们不同地享受，我们不同地受苦：对一个十分多样的东西的比较是我们最本能的活动……

我们理解一切，我们经历一切，我们再也没有敌对的情感了……无论我们在这方面是否失意，我们热情的、几乎深情的欲望都会大胆奔向最危险的事物……

"一切皆善"——要否定之，是颇费我们力气的……

如果我们一度变得如此不明智，结党反对什么，那我们就会受苦受难……

根本上，我们这些学者们今天正在最好地实现基督的学说——

11[375]

对希腊哲学的批判

自苏格拉底以来希腊哲学〈家〉的出现，乃是颓废的征兆；反希腊的本能流行起来……

“智者”还是完全希腊的——包括阿那克萨哥拉、德谟克利特、伟大的伊奥尼亚学派——

不过是作为过渡形式：希腊城邦丧失了它对自己的文化独〈特〉性的信仰，丧失了它对所有其他城邦的主宰权……

人们交流文化，亦即“诸神”，人们同时就失去了对 deus autochthonus[本地神祇]的特权的信仰……

不同来源的善和恶混合在一起：善与恶之间的界线模糊起来……

这就是“智者”——

与之相反，“哲学家”则是反动派：他要的是陈旧的道德……

——他在制度的衰落中看到了〈衰落〉的原因，他要恢复旧制度——

——他所见的衰落在于权威的衰落：他寻求新的权威(去国外漫游、接触外来文学和异国宗教……)

——在“城邦”(Polis)概念已经过时之后，他却想要理想的城邦(类似于犹太人，他们在沦为奴仆之后坚守为一个“民族”)

犹太人对所有暴君都感兴趣：他们企图借助于威力(force majeure)来重建道德——

——渐渐地，一切反希腊的东西就要对这种衰落负责(恰如犹太先知们对大卫和扫罗[①]毫无感激之情，柏拉图对于荷马、古希腊悲剧、修辞学、伯里克利亦然。)

——古希腊的衰落被理解为对古希腊文化基础的反对：此乃哲学家们的根本错误——

结论：古希腊世界毁灭了。原因：荷马、神话、古代德行等。

哲学家们的价值判断的反希腊进程：

埃及因素(“死后的生命”作为审判……)

① 大卫：传说中公元前10世纪犹太国王。扫罗：传说为以色列人的第一代君王。——译注

闪米特因素（“智者的尊严”“酋长”①）——

毕达哥拉斯学派，阴间崇拜、缄默、彼岸之恐怖；数学：宗教的估价，一种与宇宙大全的交流。

教士式的、禁欲主义的、超验的因素——

辩证法——我想，那就是柏拉图那里已经出现的一种迂腐而可恶的死扣概念的咬文嚼字？

良好的精神趣味没落了：人们再也不能感受到一切直接辩证法的丑陋和饶舌了。

下列两种颓废运动和两个极端并行不悖：

(a)享乐的、可爱而恶毒的、喜欢奢华和热爱艺术的颓废。

(b)宗教和道德激情的阴暗化、斯多亚派的自虐、柏拉图对感官的否定，这些都为基督教的产生备好了土壤……

11[407]

国家，抑或组织化的非道德性……

内部：作为警察、刑法、等级、商业、家庭。

外部：作为权力意志、战争意志、征服意志、复仇意志。

它何以能使大众去做个人或许绝不会同意的事情呢？

——通过分散责任。

——分开命令与执行。

——通过置入服从、义务、祖国之爱和王侯之爱等德性。

维护自豪、严厉、强壮、仇恨、复仇，简言之，维护所有与群盲类型相冲突的典型特性……

各种窍门，为的是使行动、规则、情绪成为可能，从个体角度来衡量，它们不再是“允许的”，也不再是“美味可口的”——

——“使我们对它们发生兴趣的”艺术，它使我们进入此类“异化了的”世界里。

——历史学家表明它们的正当性和理性种类；旅行；异国情调；心理学；刑法；疯人院；罪犯；社会学。

——“非个人性”：使得我们作为某个集体的工具，允许自己有此类情绪和行动（法庭律师、陪审团、市民、士兵、部长、王侯、社团、“批评家”）……使我们产生感觉，仿佛我们做出了一种牺牲……

从人的最高类型、强壮类型的角度，无论是接受还是坚守伟大的传统，对军事国家的维护都是最后的手段。而且，使各国家的敌

① 酋长：阿拉伯称呼，又音译为“谢赫”，意为长老、酋长、族长等。——译注

意和地位差异变得持久的所有概念，正是在这个方面显得已经得到了认可……

例如，民族主义、保护关税——

强壮类型作为决定价值的类型而得到维护……

[14. 1888年春]

14[5]

宗教。颓废

基督教的危险性

尽管基督教重视关于无私和爱的学说，但它真正的历史作用仍在于对利己主义的提高，即把个体利己主义提高到它的极致——这个极致就是对一种个体不朽的信仰。个人变得如此重要，以至于人们再也不能把它牺牲掉了：在上帝面前“灵魂”平等。而这就意味着要以最危险的方式来置疑种类的生活：受优待的生活是一种与种类利益相对立的实践。基督教的利他主义乃是一种致命的设想：把所有人都视为相同……

这样一来，自然的发〈展〉进程……以及一切自然价值就都被推翻了。如果病人应当具有健康人同样的价值(或者按帕斯卡尔的看法，甚至有更多的价值)。

这种普遍的人类之爱[①]，实际上是对一切受难者、失败者和病人的偏爱优待。

事实上削弱了那种把人类牺牲掉的力量：它想把责任缩减到自我牺牲的地步——不过，从培育的立场出发，恰恰这种荒谬的个人的利他主义是毫无价值的。倘若我们指望许多人为了保存种类而牺牲自己，那我们就受骗上当了……

所有大规模的运动、战争等，都使人类自我牺牲：强者们正是以此方式不断地降低自己的数量……

与之相反，弱者们具有一种可怕的本能，能够保护自己、保存自己、相互支持……

这样一种“相互保存”居然可以成为德性，至少是成为人类之爱！……典型一例：他们要求得到国家的保护，他们以为这是“国家的至高义务！”

在对“利他主义”的普遍赞扬中，隐藏着这样一种本能：如果所

① 原文为 Menschenliebe，或译“博爱”。——译注

有人都相互关心，个人就得到了最佳保护……此乃弱者的利己主义，它对利他主义做了独一无二的赞扬……

基督教的危险的反自然性：

——它取消了淘汰——

(1)它发明了一种幻想的人格价值，那么无稽而煞有介事，主张人人都有同样的价值。

(2)它把弱者中间的保护—自我保存本能视为最高的价值尺度，它所敌视的无非是自然对待弱者和失败者的方式：损害、利用、毁灭……

(3)它否认人的最高类型是发育良好者和幸运者……它是对一切自然评价的诽谤、毒害、粉碎。

14[9]

虚无主义

没有什么东西比一种一贯的行为虚无主义更有用场和更需要推动了。

正如我所理解的基督教、悲观主义的一切现象，它们是这样来表达的："我们已经有条件不存在了；对我们来说，不存在是合理性的。"

在此情形中，这样一种"理性"的语言或许也就是淘汰性的自然(*selektive Natur*)的语言。

关于与之相反的一切概念，我们要谴责的就是一种宗教的暧昧而胆怯的不彻底性，诸如基督教的不彻底性：更清晰地讲，是教会的不彻底性。教会并不是鼓励所有失败者和病人走向死亡和自我毁灭，而是保护他们，使他们自我繁殖——

问题是：要采取什么样的手段才能获得伟大的、传染性的虚无主义的一种严格形式呢？这样一种虚无主义形式以科学的认真劲头教导和实行自愿的死亡……(而不是那种以虚假来世为着眼点的软弱的苟延残喘——)

人们不能充分地谴责基督教，因为通过关于不朽的个人人格的观念，同样地通过复活希望，简言之，总是通过一种对虚无主义行动即自杀的阻碍，基督教就使这样一种具有净化作用的伟大虚无主义运动的价值贬了值。……它取代了慢性自杀；渐渐地出现了一种卑微可怜但又持久的生活；一种十分寻常的平庸市民生活也逐渐出现了；如此等等。

14[29]

道德价值的起源

利己主义与利己主义者具有同样的生理学价值。

每个个人依然都是一条完整的发展线(并不像道德对个人的〈理解〉那样仅仅是某个与生俱来的东西)：如果他体现了人的路线的上升，那么他的价值实际上就是不寻常的；而且他对于如何保存和促进自身增长，可能有着极端的担忧。(这就是对在他身上得到预兆的未来的担忧，这种未来赋予成功的个体以一种十分超常的利己主义特权。)如果他表现为一条下降线，表现为没落、慢性病，那他就没有什么价值了；第一个公平合理性是：他尽可能不去夺取成功者的位置、力量和阳光。在此情形下，社会要以遏制利己主义为己任(——利己主义有时表现为荒谬的、病态的、叛乱性的——)：事关个体或者全部颓废萎靡的民众阶层。一种鼓吹"爱"、鼓吹遏制自我肯定的学说和宗教，一种鼓吹忍辱负重、助人为乐、言行上的互惠的学说和宗教，在这些民众阶层内部可能具有最高的价值，即使以统治者的目光来看也是如此，因为它遏制对抗感、复仇感、嫉妒感，那些失败者的过于自然的情感——它以谦卑和驯服为理想，把失败者身上的奴性、受统治、贫困、疾病和低贱品质神化了。这就说明了为什么每个时代占统治地位的阶级或种族和个人都要维护舍己为人的崇拜、低等人的福音、"十字架上的上帝"。

一种利他主义的评价方式的优势地位乃是失败者本能的结果。最底层的价值判断在这里说的是"我没有多少价值"。这只是一种生理学上的价值判断，更清晰地讲，就是昏聩无能感，缺乏伟大的肯定性的权力感(在肌肉、神经和运动中枢中)。这种价值判断每每按照这些阶层的文化而转化为一种道德的或者宗教的判断(——道德和宗教判断的统治地位始终是低等文化的标志)：它试图根据那个使"价值"概念得以为人所熟知的领域来论证自己。基督教罪人相信可以用来理解自己的那种解释，乃是一种尝试，一种要为权力和自信的缺失寻找合法性的尝试：他宁愿自认有罪，而不愿徒然自感恶劣不妙。竟然需要此类解释，这本身就是沦落的征兆。在其他情况下，失败者并没有在"罪过"中(诸如基督徒)寻找个中理由，而是在社会中寻找理由。社会主义者、无政府主义者和虚无主义者，由于他们认为自己的此在应该由某人承担罪责，所以始终还是基督徒的近亲；基督徒也认为，如果他找到了对此承担责任的某人，那他就能更好地忍受失意和失败了。复仇和怨恨的本能在两种情形下都表现为承受失败的工具，表现为自我保存的本能：恰如对利他主义的理论和实践的偏爱。对利己主义的仇恨，无论对自己的利己主义的仇恨(像基督徒那样)还是对他人的利己主义的仇恨(像社会主义者那样)，都如此这般地表现为复仇占统治地位时的价值判断；另外又表现为一种自我保存的聪明劲，即受苦受难者通过提高自己的互惠感和团结感来保存自己的聪明劲……最后，如前所述，即便是在对利己主义(自己的或者他人的)的审判、谴责和惩罚中发泄怨恨，也还是失败者的一种自我保存的本能。总之，利他主义崇拜乃是利己主义的一种特殊形式，后者在一定的生理学前提下是经常会出现的。

14[31]

价值……

“无耻行为”这个概念使我们感到棘手：根本就不可能有自在的无耻的东西。一切发生之物当中，没有任何东西可能是自在的无耻的：因为人们不会想要摆脱一切发生之物。因为每个事物都是与大全相连在一起的，以至于排除某个东西也就意味着排除大全。一种无耻行为：根本上意味着一个堕落的世界……

即使这样也还有一点：在一个堕落的世界里，甚至摒弃或许也是可耻的①……而且，一种摒弃一切的思想方式的结果或许就是一种肯定一切的实践……如果生成是一个巨大的圆环，那么，每个事物就都是同样价值的、永恒的、必然的……

在肯定与否定、偏爱与拒斥、爱与恨的一切相互关系中，仅仅传达出特定生命类型的一个视角、一种兴趣：一切存在着的事物都自在地肯定。

14[37]

关于现代性。

是什么为我们带来荣光

如果说有某个东西为我们带来荣光的话，那就是：我们已经把重点转移到别处去了，我们开始重视为所有时代所蔑视和所摒弃的低等事物——相反，我们认为“美好的情感”是廉价的……

还有比对肉体的蔑视更危险的迷误吗？就仿佛有了这种蔑视，整个精神不会注定变得病态，变成“理想主义”的脾气似的！

基督徒和理想主义者所臆想的一切都是毫无根据的：我们更加

① 此处译文未传达出德文“摒弃”(Verwerfen)、“无耻的”(verwerflich)、“堕落的”(verworfen)之间的字面和意义联系。——译注

激进。我们已经发现，“最渺小的世界”乃是普遍决定性的东西：我们以一种危险的方式进入这个——

街上石子路、室内好空气、未毒化的住所、有营养价值的饮食，我们认真对待此在(Dasein)的所有必需品，蔑视一切“美好的灵魂”，视其为一种“轻率和轻佻”。

以往被蔑视的东西受到了高度重视。

我还要添上一种非道德性：道德性只不过是非道德性的一种形式，后者着眼于某个特定种类所具有的优越性——

14[38]

“耶稣”类型……

耶稣是天才的对立面：他是一个白痴。人们来感受一下耶稣的无能，他无能于理解一种实在性：他围绕着五六个概念打转，那是他从前听来的，并且逐渐理解了，实即错误地理解了的几个概念——其中含着他的经验、他的世界、他的真理——其余的东西对他来说都是陌生的。他讲的是人人都需要的话语——但他并不像大家一样理解它们，他只理解自己那五六个模糊的概念。真正的男人本能——不仅是性本能，而且是斗争、自豪、英雄主义的本能——从未在他身上觉醒过，他是发育不全的，依然停留在青春少年的性成熟期上：这一切都属于某种癫痫神经官能征类型。

在其最深层的本能上，耶稣是毫无英雄气概的：他从不斗争：谁若从耶稣身上看到某种英雄之类的东西(诸如勒南)，那就把耶稣这个类型庸俗化了，使之无法辨认了。

人们也可以来感受一下耶稣在理解精神领域方面的无能：“精神”一词在他嘴里成了误解！连科学、趣味、精神风纪、逻辑的极其微弱的气息都不曾向这位神圣的白痴吹拂：同样地，生活也不曾感动过他。——自然呢？自然规律呢？——没有人向他透露过有一种自然。他只识得道德的效应：那是最低级和最荒谬的文化的标志。人们必须抓住一点：耶稣乃是一个十分聪明的民族当中的白痴……只不过，他的门徒们并不是白痴——保罗就根本不是一个白痴！——基督教的历史取决于这一点。

14[76]

曾经有人这样说过任何一种道德：“你们应当根据其各个结果来认识道德。”我对所有道德的说法则是：道德是一个结果，从这个结果中我认识到它的生长基础。

14[86]

论“颓废”概念——

1. 怀疑论乃是颓废的后果：精神的放荡亦然。

2. 习俗的堕落是颓废的后果：意志薄弱、需要强烈的兴奋剂……

3. 心理、道德疗法改变不了颓废的进程，它们抑制不了颓废，在生理上它们都是无效的。

洞察到此类僭越的“反应”的巨大无效性。

它们是对某些后果严重的伴生现象的麻醉形式，它们并不能根除病态要素。

它们经常只是消除颓废者、把颓废者的危害性降至低限的英雄努力。

4. 虚无主义并不是颓废的原因，而只是颓废的逻辑。

5.“好人”与“坏人”只是颓废的两个类型：在所有基本现象中，它们都是相互支持的。

6. **社会**问题是颓废的后果。

7. 各种疾病，特别是精神病和脑病，是一种标志，表明人们缺乏强者的抵抗力；烦躁症也恰恰说明了这一点，以至于快乐与痛苦成了凸显的难题。

14[89]

反运动：宗教

两个类型：

狄奥尼索斯与被钉十字架的耶稣。

须要确定：典型的宗教人——是否一种颓废形式？

伟大的革新者无一例外地是病态的，患癫痫病的。

但我们在此能放过某个宗教人类型，即异教类型吗？异教崇拜不是一种对生命的感恩和肯定形式吗？它的最高代表不就是一种对生命的辩护和神化吗？

一种发育完全和欣喜而充盈的精神类型……

是一种接纳此在（Dasein）的种种矛盾和疑惑、**具有解救作用的**类型吗？

——至此我提出希腊人的狄奥尼索斯：

对生命的宗教肯定，对完整的、未被否定、未被二分的生命的宗教肯定。

典型：性行为唤起深度、神秘、敬畏感。

狄奥尼索斯反对“被钉十字架的耶稣”：在此你们有了对照。那并不是一种在殉道方面的差异——只不过同一个东西具有不同的意义。生命本身、它永远的丰硕成果和轮回，限定着痛苦、摧毁、求毁灭的意志……

在另一情形下则是苦难，是“无辜地被钉十字架的耶稣”，被视为对这种生命的抗辩，谴责生命的公式。

人们会猜度：问题在于苦难的意义，它是不是一种基督教的意义，是不是一种悲剧的意义……在前一种情形下应该是通向一种极乐存在的道路，而在后一种情形下存在被视为十分极乐的，不必为一种巨大的苦难辩护了。

悲剧的人仍然肯定极难忍受的苦难：他强大、丰盈、具有神化能力，足以承受此种苦难。

基督教的人甚至否定尘世间最有福的命运：他羸弱、赤贫、一无所有，不足以承受任何生命的苦难……

“十字架上的上帝”是对生命的诅咒，是一种暗示，要人们解脱生命。

受到肢解的狄奥尼索斯则是生命的福兆：生命将永远再生，从毁灭中返乡。

14[91]

作为颓废的宗教

佛祖反对“被钉十字架的耶稣”

在虚无主义运动内部，人们始终还可以把基督教运动与佛教运动鲜明地区分开来。

佛教运动表达出一个美好的黄昏，一种完全的甜蜜和温柔——这也包括了对过去的一切的感恩，没有苦涩、失望、仇恨。

最终，它经历了崇高的精神之爱、生理冲突的精美，也从中得到休息：但从这种冲突中，它还获得了自己的精神光芒和余晖。（起源于最高的种姓。）

基督教运动则是一种起于形形色色的渣滓和废物因素的退化运动：它并不表现某个种族的没落，它从一开始就是一种聚众滋事，是由挤在一起、寻寻觅觅的病态产物构成的……它因此不是民族性的，不是受种族制约的：它朝向处处被剥夺了继承权的人们。

它从根子上仇恨一切发育良好者和支配者，它需要一种能表现对发育良好者和支配者的诅咒的象征……

它也与一切精神运动、一切哲学相对立：它袒护白痴，表达出一种对精神的诅咒。对富有天赋者、学者、精神独立者的仇恨：它从这些人身上猜出了发育良好者、支配者。

14[101]

颓废一般

如果快乐和不快与权力感相关，那么，生命就必定表现为一种权力的增长，结果，“增长”的差异就会进入意识之中……一种权力水平被确定下来。莫非快乐必须仅仅以权力水平的降低、以不快状态为标准，而不是以快乐状态为标准吗？……求增长的意志包含于快乐的本质中：权力增长，差异进入意识之中……

从某个点开始，在颓废中，相反的差异进入意识之中，那是一种减弱：对从前强大时刻的回忆压抑着当前的快乐感，这种比较削弱了现在的快乐……

14[105]

我们的认识越是能够应用数字和量度，就越是变得科学了……

或许得做一种试验，看看一种科学的价值秩序是否能够直接建立在一种力的数字和量度刻度盘上……

——所有其他“价值”都是偏见、幼稚、误解……

——它们往往都可以还原到那个力的数字和量度刻度盘上。

——在这个刻度盘上，上升意味着每一种价值的增加：

在这个刻度盘上，下降意味着价值的减少。

在这里，人们排斥假象和偏见。

一种道德，一种通过长期的经验和检验而得到考验、证明的生活方式，最终作为占支配地位的规律而得到了意识……

而且这样一来，所有类似的价值和状态就进入这种道德中了：道德成为令人崇敬的、不可侵犯的、神圣的、真实的。

道德之发展过程也包括一点：它的起源被遗忘了……这是一个标志，标明它已经成为主宰了……

*　　*　　*

理性的范畴可能也发生了同样的事情：经过大量的摸索，这些范畴可能已经通过相对的功利性而经受了考验……终于出现了一个时刻，人们把理性诸范畴概括起来，把它们当作一个整体来意识，而且这时候，人们命令它们……也就是说，它们这时起着命令的作用……

从现在起，理性范畴就被视为 a priori［先天的］……，超越经验的，不容拒绝的……

而实际上，理性诸范畴也许无非表达了一种确定的种和属的合目的性，只不过它们的功利性乃是它们的"真理"——

关于理性的起源——

A

迄今为止最高的价值乃是道德价值。

B

道德价值批判。

C

——

14[111]

作为颓废的哲学

一切道德教育当中的伟大理性始终都在于，人们在此力求达到一种本能的安全感：从而使得无论是善的意图还是善的手段本身，都不能首先进入意识之中。正如士兵要操练，人也应当学会行动。实际上，这样一种无意识属于任何一种完美性：甚至数学家也是无意识地运用他的组合或推论的……

那么，苏格拉底的反动意味着什么呢？他把辩证法推举为通向德性之路；如果道德不能合逻辑地自我辩护，他就对之大加取笑……可是，道德恰恰属于辩证法的品质……没有道德，辩证法就毫无用场！……引起羞耻感乃是完人的一个必要标志！……

当人们把可证明性当作个人优异德性的前提而置于首要地位时，就完全意味着对希腊本能的消解。从事这样一种消解的类型，就是所有那些伟大的"美德家"和空谈家……

实际上，这就意味着：道德判断原是从其制约条件中生长起来的，唯在其制约条件中才有其意义，而现在，人们把道德判断从其制约条件中、从其希腊的和希腊政治的土壤根基中拔了出来，并且在高尚化的外衣下把它们**非自然化**了。"善""正义"之类的宏大概念脱离了它们所属的前提：并且作为已经变得自由的"理念"，成了辩证法的对象。人们试图在这些概念背后寻求一种真理，人们把它们视为实体或者实体的标志：人们虚构了一个世界，那是这些概念的家园，这些概念的发源地……

总而言之：这种胡闹在柏拉图那里已经登峰造极了……而这时，人们也就必须虚构出一个抽象的—完美的人

善、正义、智慧、辩证法家——简言之就是这位古代哲学家的稻草人。

一棵失去了任何根基的植物；一种毫无确定的、规整的本能的人性；一种用各种理由“证明”自己的德性。

完全荒谬的自在“个体”！最高的非自然(Unnatur)……

简言之，对道德价值的非自然化，结果是创造了一种蜕化的人之类型——“善人”“有福者”“智者”。

苏格拉底是人类历史上最深刻的反常(Perversität)因素。

14[120]

爱

人们想要那种最惊人的证据，以表明陶醉的变形力量达到何种程度吗？“爱”就是这样一种证据，也就是在世上所有语言和喑哑无声中被叫作爱的东西。在这里，这种陶醉以某种方式对付得了实在性，即在爱者的意识中原因消失了，似乎有某个他者取而代之了——那是妖精的全部魔镜的一种抖动和闪光……在这里，人与动物毫无区别；更不消说精神、善良、诚实了……如果人们是高雅的，他就会被高雅地愚弄；而如果人们是粗俗的，他就会被粗俗地愚弄：可是爱，甚至于对上帝之爱，“得救灵魂”的圣徒之爱，在根源上讲依然是一体的：作为一种〈有〉理由自我变形的狂热，一种善于自欺的陶醉……而且无论如何，如果人们爱着，人们就在自欺欺人：人们似乎自我变形了，变得更强壮、更丰富、更完美了，人们是更完美的了……在这里，我们发现了作为器官功能的艺术：我们发现艺术已经被嵌入最具天使性质的生命本能之中了。我们发现艺术是生命的最大兴奋剂，因此，艺术即便在撒谎之际也还是高雅的、合目的的……不过我们或许会迷路，滞留于艺术的撒谎力量中：艺术所作所为超出了单纯的想象，艺术甚至改变着价值。而且，艺术不只是改变着价值感……爱者是更有价值的、更强壮的。在动物那里，这种状态激发出新的物质、色素、颜色和形式：尤其是新的动作、新的节奏、新的引诱之声和诱惑力量。人的情形也并无不同。爱者的全部家当比任何时候都更为丰富，比不爱者更强大、更完整。爱者会成为挥霍者：其富有足供他挥霍了。他现在大胆冒险，成为冒险家，因为慷慨和天真而成为一头蠢驴；他重又相信上帝，相信德性，因为相信了爱情：而这个幸运的白痴生出了翅膀和新的技能，甚至于通向艺术之门也向他开启。如果从由声调和词语组成的抒情诗中扣除那种肠内狂热产生的影响：抒情诗和音乐还剩下什么呢？……也许只有为艺术而艺术了：沼泽地里绝望的青蛙精湛的聒噪……这整个剩余物就是爱所创造的……

14[123]

反运动

反达尔文

综观人类的伟大命运，最让我吃惊的事情乃是，总是目睹与今天达尔文及其学派所看到的或者愿意看到的东西相反的情况：与有利于强者和成功者的选择、物种进步相反的情况。显而易见的恰恰是其反面：幸运者横遭剔除，高等类型毫无用处，中等的甚至低等的类型无可避免地成了主人。假如人们没有向我们表明理由，说明为什么人类是所有造物中的特例，那么，我就倾向于如下先入之见：达尔文学派处处在自欺欺人。我从权力意志中又认识到一切变化的终极原因和特征。这种权力意志为我们提供了手段，去说明为什么恰恰没有出现有利于特立独行者和幸运者的选择：当最强者和最幸运者面对被组织起来的群盲本能，面对大量弱者的可怕情状时，他们就是虚弱不堪的。我关于价值世界的总观点是要表明：在今天高悬于人类之上的最高价值中，幸运者、优选类型并不〈占〉上风：占上风的倒是颓废类型——也许在这个世界上，再没有比这出违人心愿的戏剧更有趣的东西了……

听来多么稀奇啊：人们总是要使强者对抗弱者，使幸运者对抗不幸者，使健康者对抗腐败者和遗传病患者。如果人们愿意对实在做道德的表述，那么，这种道德就是：平庸者比特立独行者更有价值，颓废产物比平庸者更有价值，求虚无的意志胜过求生命的意志——而且总目标就是。

眼下用基督教、佛教、叔本华的说法：

不存在比存在更佳①。

对于这种把实在表述为道德的做法，我是反对的：因此我怀着一种刻骨仇恨断然拒绝基督教，因为基督教创造了一些高雅的话语和神态，旨在为一种可怕的现实披上合法、德性、神性的外衣……

我看到所有哲学家和科学都臣服于实在，而实在却是与达尔文学派所传授的生存竞争相颠倒的——因为所到之处，占上风的和留存下来的，往往是那些使生命、生命的价值大出洋相的人。——对我来说，达尔文学派的谬误成了如下难题：人们如何可能盲目地恰恰在此看错了？……认为物种表现出一种进化，这是最不明智的世界主张：物种只能暂时表现出一种水平——

---

① 此句德语原文为：besser *nicht* sein als sein。——译注

认为高级的有机体是从低级有机体进化而来的，这种观点迄今为止绝对没有得到过证实——

我认为低等有机体是通过数量、聪明、计谋而占据优势的——我没有看到偶然的变异怎样产生出某种优势，至少是不会产生长期的优势的。这一点或〈许〉又是一个新的动因，促使我们去说明为〈什么〉一种偶然的变异变得如此强烈——

——我在另一个地方发现了人们常说的“自然的残酷无情”：自然对它的幸运儿是残酷无情的，自然爱护、保护、宠爱的是卑贱者——恰如——

* * *

总而言之：某个物种的权力的增长，与其说是由其幸运儿、强者的优势来保证的，还不如说是由中等和低等类型的优势来保证的……后者肥沃多产，具有持久性；而与前者相伴生的却是危险、快速毁灭、数目锐减。

* * *

14[124]

反运动

论宗教的起源

如今，无教养的人们依然相信，愤怒是生气的原因，精神是思维的原因，灵魂是情感的原因，简言之，就如同人们现在也还毫无疑虑地设定了一大堆据说是原因的心理实体：以此方式，人们在一种更幼稚的层次上，借助心理上的人格实体来说明这些相同的现象。人们把那些在自己看来陌生的、有魅力的、动人心魄的状态编造为受某种人格权力影响的困扰和迷惑。于是，基督徒，今天最幼稚、最萎靡的一种人，就把希望、安宁、“拯救”感归结为上帝的一种心理启示：在这种本质上受苦受难而不得安生的类型那里，幸福感、崇高感、安宁感正当地表现为陌生的东西，需要解释的东西。在聪明、强壮、生气勃勃的种族中间，癫痫病人多半会产生如下信念：在这里有一种陌生的权力在运作；但甚至任何类似的不自由，例如兴奋者、诗人、大罪犯的不自由，诸如爱和恨之类的热情的不自由，也效力于对一些人之外的权力的虚构。人们把一种状态具体化为某种人格：并且断定，这种状态要是在我们身上出现，那就是那种人格的作用或结果了。换句话说：在心理学上的上帝形成过程中，某种状态——为了成为作用或结果——被当作原因而人格化了。

心理学的逻辑是这样一种逻辑：权力感，当它突然令人倾倒地把人笼罩时，在所有伟大激情中都有这种情况，它就唤起了人的一种对自己的人格的怀疑：他不敢把自己设想为这种令人惊奇的情感的原因——于是他就设定了一种更为强大的人格，在此情形下即一种神性。

总而言之：宗教的起源在于那些作为异己之物而令人惊异的极端权力感，而且就像一个病人，他感到肢体沉重而怪异，便得出结论说有另一个人躺在他上面；类似地，幼稚的 homo religiosus[宗教徒]也分裂成多重人格。宗教是"人格畸形"(altération de la personnalité)的一种情形。一种对自身的畏惧感和恐怖感……

但同样也是一种非同寻常的幸福感和崇高感……

在病人当中，健康感就足以使他相信上帝，相信上帝的临近了。

14[143]

一位哲学家如果是"不切实际的"，那他就是聪明的：他唤起人们对他在与思想打交道时的真诚、纯朴、无辜，在他这里，所谓"不切实际的"意思就是"客观的"。当叔本华有一次穿着扣错了纽扣的马甲照相时，他便是聪明的。他的说法是："我并不属于这个世界：整整齐齐的缝线和纽扣，这种习惯对一位哲学家有何相干啊！……在这方面，我是太客观了！……"

这不足以证明人们是不切实际的：大多数哲学家因此相信已经做得够多了，足以把理性的客观性和纯粹性提升到无可非议的地步。

1. 所谓所有哲学家的纯粹认识欲望，是受他们的道德"真理"指挥的，只是表面上独立的……

2."应当这样行动"，此类"道德真理"乃是一种变得疲惫不堪的本能的单纯意识形式"在我们这里就是如此这般行动的"。"理想"应当重建、强化一种本能：它迎合人们，在人们仅只是自动机械的地方显得乖乖的。

14[157]

作为颓废的宗教　　颓废

"感官""激情"

对感官的恐惧，对欲望的恐惧，对激情的恐惧，如果这种恐惧到了阻止恐惧对象的地步，那就已然是虚弱的征兆了：极端的手段总是标志着不正常的状态。这里缺失的或者说破碎了的东西，乃是阻碍冲动的力量：如果人们具有不得不让步也即必须反应的本能，那么，好的做法就是回避机会("诱惑")。

一种"感官刺激"之成为诱惑，唯因为它涉及这样一些人物，他们的系统过于轻易灵活而可确定：而在相反的情形下，当系统十分滞重而僵硬时，就必须有强烈的刺激才能发挥出作用……

对于我们来说，放纵只不过是一种对无权放纵的人的抗辩；而且，由于那些强壮程度不足以使激情为己所用的人们，几乎所有的激情都落了个坏名声——

人们必须懂得，凡可以对疾病提出的反对理由也可能对激情提出来：尽管如此——我们不能没有疾病，更少不了激情……

我们需要异常之物，通过此类大病，我们赋予生命一种巨大的休克(choc)……

* * *

具体说来必须区分：

(1)支配性的激情，它甚至能导致至高的健康形式：在这里，内部系统的协调及其在某个职位上的运作达到了最佳状态——而这差不多就是健康的定义了！

(2)各种激情的相互对立，"同一胸怀的心灵"的二元、三元和多元性：极不健康，内在的毁灭，具有消解作用，透露出某种内在的分裂和无序，并且不断增强：除非其中有一种激情最后成了主宰。健康的回归——

(3)并存，而不是相互对立或相互支持：经常是周期性的，而且一旦发现了某种秩序，也就是健康的了……最有趣味的人即属此列，变化多端的变色龙；它们不会自相矛盾，它们是幸福的和安全的，但它们没有任何进化，它们的各种状态是并存的，尽管有七重不同的变化。它们只是变换着，并不生成……

14[162]

哲学家

皮浪，最和善和最有耐力的人，他向来生活在希腊人中间，一个佛教徒(虽然是希腊的)，本身即一个佛陀，他唯一一次被迫失去了控制，那是因为谁呢？——是因为与他一起生活的姐姐：她是一位助产婆。从此以后，哲学家们多半害怕姐姐——姐姐啊！姐姐！这听起来是多么可怕啊！[①] ——还有，就是害怕助产婆！……(独身禁欲的起源)

---

① 参看歌德：《浮士德》，第2卷，第6217行："母亲啊！母亲！——听起来是多么可怕啊！"——编注

14[173]

作为生命的权力意志

权力意志的心理学

快乐不快乐

痛苦是某种不同于快乐的东西，我要说，痛苦并不是快乐的对立面。如果已经把快乐的本质恰如其分地描写为一种权力盈余感(因此也就是一种以比较为前提的差异感)，那么，借此就还没有界定不快的本质①。民众(因而也包括语言)所信仰的那些虚假的对立面，始终是束缚真理之运行的危险脚镣。甚至有这样的情形，在其中，一种快乐乃取决于某种有节奏的小小的不快刺激的序列：借此达到了一种权力感、快乐感的急速增长。例如，发痒就是这种情况，交媾时性器发痒亦然：于是我们看到，不快乃是作为快乐的成分而活动的。看起来，一个小障碍被克服掉，立即又有一个小障碍出现，后者又被克服掉——这样一种抵抗与战胜的游戏，最强烈地激发了那种构成快乐之本质的关于过剩权力的总体感觉。——没有这样一种倒转，即通过插进来的小小快乐刺激而导致痛苦感的增加：快乐与痛苦恰恰不是什么相反的东西。——痛苦是一个理智过程，其中确定地透露出一种判断，即关于"有害性"的判断，其中累积了长期的经验。就本身来说，并没有什么痛苦。令人痛楚的并不是伤害；正是经验告诉我们，一种伤害对于整个机体可能有哪些恶果，何种后果以那种被叫作不快的深刻震惊为形态来发挥作用(即便在产生以往人类一直闻所未闻的有害影响时，例如，来自新配制的有毒化学制剂的有害影响，也没有产生痛苦的证词，而且我们已经迷失了……)。在痛苦中，真正特殊的东西始终是长期的震惊，一种在神经系统脑髓中枢发生的引发恐惧的休克(choc)的后继震颤(Nachzittern)：人们真正遭受的并非痛苦之原因(例如无论哪一种伤害)，而是那种休克之后出现的长期的平衡障碍。痛苦乃是一种脑髓神经中枢疾病——快乐则根本不是任何疾病……说痛苦是导致反向运动的原因，这种说法虽然表面，乃至于带有哲学家的偏见；但如果我们细细观察，那就显而易见，在突发情形中，反向运动比痛苦感来得更早些。倘若我在一次失足时不得不等待着，直到事实来敲响意识之钟，发回

① 此处我们把德语 Schmerz 译为"痛苦"，把与"快乐"(Lust)相反的 Unlust 译为"不快"或"不快乐"。但尼采似乎没有明确区分 Schmerz 与 Unlust，因此我们似也可以把 Unlust 同样译解为"痛苦"。——译注

来一个该怎么行动的指示，那我可就惨了……而毋宁说，我要尽可能区分清楚，首先为了防止跌倒要有脚的反向运动，然后在一段可测量的时间间隔里，突然在前脑感到一种痛感波浪。也就是说，人们并没有对痛苦做出反应。痛苦是后来才被投射到受伤部位的：但尽管如此，这样一种局部痛苦的本质并不是那种局部损伤的表达，它只是一种单纯的局部信号，而神经中枢接收到的信号强度和调子合乎损伤程度。经过那种休克之后机体的肌肉力量明显下降了，这一点根本还不足以让我们在权力感的下降当中寻找痛苦的本质……重复一遍，人们并没有对痛苦做出反应：不快绝不是行动的"原因"，痛苦本身乃是一种反作用，反向运动则是另一种更早的反作用——两者的起点是各不相同的。

14[174]

作为生命的权力意志

人并不寻求快乐（Lust），也不回避不快（Unlust）：大家明白我在此反对的是何种著名的偏见。快乐和不快只是结果，只是伴生现象，人所愿意的东西，一个生命有机体所有最细微部分所意愿的东西，就是一种权力的增长。在对权力的追求中，既有快乐亦有不快；从那种意志而来，人要寻求阻力，人需要某种与自己对立的东西。所以，作为其权力意志的阻碍，不快乃是一个正常的事实，是任何有机现象的正常成分，人不能回避不快，而毋宁说，人倒是持续地需要不快：每一种胜利，每一种快乐感，每一个发生事件，都是以一种被克服了的阻力为前提的。

让我们举出一个最简单的例子，即原始营养的例子：细胞原生质伸出它的伪足，是要搜寻某种与它对抗的东西——并不是由于饥饿，而是由于权力意志。进而，它就要征服这种东西，占有之、同化之：我们所谓的"营养"，只是一个后果，只是那个力求变得更强大的原始意志的一种实际应用。

不可能把饥饿当作 primum mobile[第一推动力]。同样也不能把它当作自我保存：把饥饿理解为营养不足的结果。意思就是：饥饿乃一种不再成为主宰的权力意志的结果。

二重性（Zweiheit）乃是一个过于虚弱的统一体的结果。

关键根本不在于一种对损失的恢复，唯到后来，经过不断分工，在权力意志学会走上获得自身满足的完全不同的道路之后，有机体的占有需求才被归结为饥饿，对于损失的补偿需求。

所以，不快未必会引起一种对我们的权力感的削弱，以至于可以说，在通常情况下，它恰恰会作为对这种权力感的刺激而发挥作用——阻碍乃是这种权力意志的兴奋剂。

人们把不快与一种衰竭的不快混为一谈了：实际上，后者乃是一种对权力意志的深度削弱和贬抑，一种力量方面的可测定的损失。这就是说：痛苦乃是增加权力的刺激手段，也是一种权力挥霍之后的结果；在前一种情形下，不快乃是一种兴奋剂，在后一种情形下，不快则是一种过度刺激的结果……无能于反抗是后一种不快所特有的：而对阻力的挑战则属于前一种不快的特性……唯在衰竭状态中才能得到感受的快乐就是入睡；而另一种情形下的快乐则是胜利……

心理学家们的一大混淆就在于：他们没有把这两种快乐种类即入睡(Einschlafen)与胜利(Sieg)区分开来。

衰竭者想要安宁、舒展四肢、和平、寂静——

此乃虚无主义宗教和哲学的幸福。

富有而鲜活者想要的是胜利、战胜对手、让权力感溢向前所未有的宽广领域：

有机体的所有健康功能都具有这样一种需要，而且整个有机体，直到青春期为止，就是这样一个为权力感之增长而争斗的综合系统——

14[188]

新世界方案

(1)世界持存着；世界不是任何生成的东西，不是任何流逝的东西。或者毋宁说：世界生成，世界流逝，但它从未开始生成，也从未终止流逝——它保持在生成与流逝中……世界靠自身为生：它的排泄物就是它的食粮……

(2)关于一个受造的世界的假设不该使我们有片刻操心。在今天，“创造”概念是完全不可定义的、不可实行的；只还有一个词语而已，是从迷信时代遗留下来的；我们用一个词语说明不了什么。设想一个世界之开端的最后尝试，最近是屡屡借助于一种逻辑程序来进行的——正如我们可以猜测的，那多半出于一种神学的隐秘意图

永恒轮回。 哲学

(3)近来，人们屡屡想在关于世界后面的时间有限性概念中发现一个矛盾：人们确实发现了这个矛盾，当然代价就是在此混淆了头与尾。没有什么能够阻止我从这一刻起通过回溯性计算，说“我将永

远到不了尽头”：正如我在同一时刻也能进行前推性计算，直至无穷。只有当我想要犯错误的时候——我将小心提防，免于犯错——把这个关于 regressus in infinitum[无限回溯]的正确概念，与一个根本不可实行的关于一种直到现在的无限的 *pro*gressus[前进]的概念等同起来，只有当我把方向(向前或者向后)设定为逻辑上中性的，这时候，我才会把头当作尾来把握：这事还是留给您来做吧，我的杜林先生！[①] ……

(4)我是在早先的思想家们那里偶然碰到这个想法的：它每每受到不同的隐秘思想的规定(多半是神学上的隐秘思想，有利于 creator spiritus[造化精神、圣神])。倘若世界竟可能僵化、干涸、枯萎、毫无生成，或者，倘若世界能达到一种均衡状态，或者，倘若世界竟会有某个目标，即某个本身包含了持久性、不变性、一劳永逸性的目标(质言之，用形而上学的话来讲：倘若生成可能汇入存在或者归入虚无之中)，那么，这样一种状态必定是已经达到了的。但它并没有达到：其结果是……这是我们所掌握的唯一的确定性，为的是充当针对大量本身可能的世界假设的纠正措施。举例说来，如果机械论免不了汤普逊[②]为之得出的某种终结状态的结论，那么，这样一来就驳倒了机械论。

哲学

(5)假如我们可以把世界设想为特定大小的力和特定数量的力之中心——而且其他任何观念始终是不确定的，因而是不可用的，那么，其结果是，世界必须在其此在(Dasein)的掷色子大游戏中经历一种数量上可计算的组合。在一种无限时间中，每一种可能的组合或许都在某个时候一度达到过了；更有甚者，它或许已经被达到过无限多次了。而且，因为在每一种“组合”与它的下一个“轮回”之间，或许已经发生了所有根本上有可能的组合，而这些组合中的每一个都决定着同一个系列中各种组合的整个序列，所以，这就已经证明了一个由绝对同一的诸系列组成的循环：世界作为循环，它往往已经无限地自行重演了，而且会把自己的游戏无限地玩下去。

这一方案并不就是一个机械论的方案：倘若它是后者，那它就不会引出一种由同一的诸情形组成的无限轮回，而倒是会引出一种终结状态。因为世界没有达到这种状态，所以在我们看来，机械论

---

① 对此可参看尼采1885年7月23日致彼得·加斯特的信。——编注

② 汤普逊：近代物理学家，英国皇家学院创建人之一。主要研究热学，指出热是一种运动形式。著有《论摩擦激起的热源》等。——译注

必定是一个不完美的、仅仅暂时的假设。

14[193]

在古代刑法中，一个宗教的概念是强大的：也即关于惩罚的赎罪力量的概念。惩罚具有净化作用：在现代世界里，它则具有污染作用。惩罚乃是一种分期偿付：人们确实能摆脱掉那个东西，即人们想要为之忍受如此之多痛苦的东西。假如人们相信这种惩罚力量，那么，随之而来的就是一种如释重负和一种畅快呼吸，后者其实接近于一种康复，一种恢复。人们不仅又与社会媾和了，人们由于自身也重新变得值得尊重的，变得“纯粹”了……在今天，惩罚比犯法还更具隔离作用；一种犯法行为之后的厄运如此这般地增长起来，以至于它变得无可救药了。人们作为社会的敌人摆脱了惩罚……从现在起，又多了一个敌人……

jus talionis[同等报复法][1]可能受到报复精神的支配(也即受到一种对复仇本能的克制的支配)；但举例说来，在摩奴那里，这乃是要拥有一种等价物的需要，为的是赎罪，为的是在宗教上重又成为“自由的”。

14[205]

有一点最难得到宽恕，即人们要尊重自身。这样一个人物简直是可恶：他的确揭示出对于其他人和所有人的宽容这种唯一的德性是什么意思……

我曾愿望，人们因此开始尊重自身了：所有其他的东西都是由此得来的。可是，人们恰恰因此停止了对他人的尊重：因为他人最终是会原谅这一点的。怎么？是一个尊重自身的人吗？

这与爱自身的盲目欲望有所不同：在性爱中，如同在被称为“我”的二重性(Zweiheit)中，没有什么东西比对于人们所爱的东西的蔑视更寻常的了，爱情上的宿命论——

14[219]

意志软弱：这是一个可能令人误入歧途的比喻。因为并没有什么意志，因而既没有一种强大的意志，也没有一种软弱的意志可言。诸原动力的多样性和离散，其中体系的缺失，就产生出“软弱的意志”；在个别原动力的优势地位支配下诸原动力的协调，就产生出“强大的意志”；在前一种情形下，出现的是动荡和重心缺失；在后

① jus talionis[同等报复法]：通过“以牙还牙，以眼还眼”来决定刑罚的质量对等，以保证公正。——译注

一种情形下，出现的是方向准确和明晰。

14[226]

创造出一种道德、一部法典的那个东西，那深层的本能，直觉到唯有下意识的动作(Automatismus)才使生命和创造中的完美性成为可能……

但现在，我们已经达到了相反的点，是的，我们本来就意愿达到这个点——那就是最极端的意识，人类和历史的自我洞察……

——因此，我们实际上最远离于存在、行为和意愿方面的完美性：我们对于认识的欲求、我们求认识的意志本身，乃是一种巨大的颓废的征兆……我们追求的是强壮种族、强壮天性所意愿的东西的反面。

——概念把握(Begreifen)就是一个终结……

科学在这种意义上是可能的，正如人们今天所从事的科学，这就证明，所有基本的本能，生命的正当防卫本能和保护本能，不再起作用了——

我们不再聚敛，我们挥霍祖先的资产，同样也以我们的认识方式——

[15. 1888年春]

15[14]

原谅我吧！这都是1830年的老游戏了。瓦格纳相信爱情，如同这个疯狂而放纵的年代的全体浪漫主义者一样。其中还留下什么呢？这种对爱情的荒唐神化，以及此外也包括对放荡行为甚至犯罪的荒唐神化——这在我们今天看来是多么错误啊！首要的，是多么恶浊、多余啊！我们已经变得更严厉了，更冷酷、更不耐烦地对待此种庸俗心理学了，后者甚至还因此自以为是“理想主义的”呢，我们甚至对这种“美好的情感”的谎言和浪漫主义采取了犬儒态度——

15[25]

Ⅸ

如果通过整个世代系列的操练，道德仿佛已经被储存起来了——也就是高雅、谨慎、勇敢、公正，那么，这种被积累起来的德性本身的总体力量就会散发到那个极少有正直性的领域里，散发到精神领域里。

在所有意识中都表达出有机体的一种扞格不入：应当尝试某种

新东西了，已经不足以应付了，出现了艰难、紧张、过度刺激——这一切恰恰就是意识……天才处于本能中；善也一样。只要人们本能地行动，就是完美地行动。即便从道德上看，一切有意识地发生的思想都是一种单纯的试验，多半是道德的对立面。当思想家开始推理时，科学的正直性总是被公布出来了：人们要做试验，人们要使最有智慧的人来谈论道德，以此来推敲他们……

可以证明，一切有意识地进行的思想也都将表现出一种更低的道德性程度，比那种由其本能引导的思想低得多。

在哲学家中间，最罕见的东西莫过于理智的正直性：也许他们讲的是反面，也许他们就相信反面。可是，他们整个手艺都带着一点，即他们只允许有某些真理；他们知道他们必须证明什么，他们作为哲学家几乎就靠着他们对这些"真理"的一致看法来认识自己的。举例说，其中就有道德的真理。然而，对道德的信仰还不是一种对道德性的证明：有时候，这样一种信仰简直就是一种非道德性——哲学家的情形即属此类。

15[28]

在任何时候，人们都把"美好的情感"视为论据，把"高耸的胸脯"视为神性的风箱，把信念视为"真理的标准"，把敌人的需要视为关于智慧的问号：这种虚妄、伪造贯穿了整个哲学史。除去那些可敬的但却少得可怜的怀疑论者，无论哪里都没有表现出一种理智正直性的本能。到最后，康德依然毫无恶意地力求用"实践理性"概念把这种思想家的腐败科学化：他专门虚构了一种理性，用来说明在何种情形下人们无〈须〉为理性而忧虑了：也就是当心灵的需要发言之际，当道德、义务发言之际。

15[60]

如果说有某个东西意味着我们的人性化，意味着一种真实的、事实上的进步，那就是这样一点：我们再也不需要过度的对立，压根儿不需要任何对立了……

我们无妨热爱感官，我们已经把感官彻底精神化和艺术化了。

对于所有迄今为止最臭名昭著的事物，我们拥有一种权利。

15[63]

总的来讲，我们今天的人类已经取得了巨量的人性。这一点通常并没有被人们感觉到，而这本身就是一个证据，表明：我们对于细小的困境已经变得如此敏感，以至于我们不适当地忽略了我们已经取得的东西。

这里我们得清算一下：存在着许多颓废现象，而且以此眼光来看，我们的世界看起来必定是糟糕的和悲惨的。不过，这种眼光在任何时候都看见相同的东西……

(1)某种对道德感觉的过度刺激。

(2)悲观主义随自身带入判断之中的那种痛苦和阴暗的分量。

两者合在一起，就促使那种相反的想法取得了优势，这个想法就是：我们的道德情况不妙。

信贷、整个世界贸易、交通工具的事实——其中表达出一种对人的巨大而宽厚的信赖……为此做出贡献的也包括。

(3)科学摆脱了道德和宗教的意图：一个很好的标志，但多半被误解了。

我试图以自己的方式为历史辩护。

15[70]

我们有点儿怀疑所有那些迷人的和极端的状态，即人们在其中以为“真理凿凿可握”的状态——

15[73]

这个人，这个被关入一个铁制的谬误笼子里的人，已经成了人类的一幅漫画，病态的，可怜的，对自身怀有敌意，对生命原动力充满仇恨，对生命中一切美好的和幸福的东西充满怀疑，一种变化不定的困苦。这个人为的、专横的、怀恨在心的怪胎，是教士们从自己的土壤里培育起来的，也就是“罪人”：我们如何能撇开所有这一切而为这种现象辩护呢?

15[74]

反驳教士和宗教的手段始终只有一个：指出他们的种种谬误已经不再是善行——他们伤害更多，质言之，他们自己的“力的证据”不再经得起检验了……

15[77]

从前被视为真实的东西当中，没有任何东西是真实的：

从前被我们当作非神圣的、受禁的、可轻蔑的、灾难性的而加以阻止的东西——而到如今，所有这些花朵都盛开于可爱的真理小径旁了。

这整个陈旧的道德不再与我们相干了：其中根本没有一个还值得重视的概念。我们比它活得更长久，我们不再那么粗鲁和幼稚，不必以此方式自欺了……讲得更好听些：我们对此是太有德性了……

还有，如果陈旧意义上的真理之所以是“真理”，仅仅是因为陈旧的道德对它做了肯定、可以对它进行肯定：那么，由此即可见，我们也就再也不需要过去的任何真理了……我们的真理标准根本不是道德性：我们以此来驳斥一个断言，即认为我们能证明真理依赖于道德，是受高贵情感激发的。

15[79]

请注意！请注意！弱者的价值占上风，是因为强者接纳了弱者，为的是借此引导他们……

15[91]

谬误的原因既在于人的善良意志，又在于人的恶劣意志：人在无数情形下对实在性视而不见，人对实在性进行伪造，为的是不因自己的善良意志而受苦。

例如，上帝作为人类天命的操纵者：或者是对其渺小命运的解释，就仿佛一切都是为了灵魂得救而被发送和构想出来的——这种“语文学”上的缺失，它必定为一种更为精细的理智视为不洁和伪造，在善良意志的灵感激发下变得平庸……

善良意志、“高贵情感”及“崇高状态”，就其手段而言，同样也是伪造者和欺骗者，无异于那些在道德上受拒斥的并且被冠以利己主义之帽子的情绪，诸如爱、恨、复仇。

* * *

谬误是人类必须为之付出最昂贵代价的东西：而且大体说来，正是“善良意志”的谬误最深刻地损害了人类。令人感到幸福的幻想比具有直接恶果的幻想更有害：后者使人敏锐，令人产生疑心，净化理性，前者则使理性麻痹……

美好的情感、“崇高的激越之情”，在生理学上讲，应该归于麻醉剂：对此种麻醉剂的滥用具有与滥用另一种鸦片完全相同的后果，那就是神经衰弱……

15[117]

论强者的禁欲主义

这种禁欲主义的任务，它仅仅是一种通行训练，而不是任何目标：要放弃传统价值陈旧的情感冲动。要一步步学会走自己的路，通向“善与恶的彼岸”的道路。

第一阶段：忍受残暴
行残暴之事
第二阶段，更严重的阶段：忍受悲惨
行悲惨之事：
包括预习：成为可笑的，
惹人笑话。

——要挑起蔑视，并且仍然要通过一种（不可猜度的）高高在上的微笑而保持距离。

——要贬低、承担一部分罪行，例如偷钱，目的是检验它的平衡。

要有一阵子不去做、不去说、不去追求任何不能激起恐惧或者蔑视的东西，不能必然地把那些正派而有德性的人置于战争状态之中的东西——不能有所排除的东西……

要把人们所是的东西的反面描绘出来（而且更好地：并非就是反面，而只是一种不同存在，后者是更困难的）。

——要走每一根钢丝，冒任何可能性之险：彻底获得其天才。

——有时要通过其手段否定其目标，甚至于诽谤其目标。

——要一劳永逸地把某个人物描绘出来，这个人物隐瞒了人们具有五六个他者的事实。

——不要害怕五个糟糕的东西，诸如胆怯、坏名声、恶习、谎言、女人——

15[118]

一个北极乐土居民的箴言

我们北极乐土居民，我们充分明白我们生活得多偏远。“无论是经水路还是经陆路，你都找不到通向北极乐土居民的路”：在这一点上，品达早就了解我们了。

北方、冰、死亡之彼岸——我们的生活！我们的幸福！……

伟大事物要求人们对它们保持沉默或者大谈特谈：所谓大谈，意思就是以犬儒方式，并且毫无恶意地。

连我们当中最勇敢者，也只是难得具有对自己真正——知道的东西的勇气……

以其野性的本性，人们最能从自己的非自然（Unnatur）中恢复过来——从其精神智慧中恢复过来……

怎么？难道人只是上帝的一个失误？抑或上帝只是人的一个失误？

我们怀疑所有体系建构者，我们避之犹恐不及。至少对于我们思想家而言，要求建构体系的意志乃是某种丢人现眼的事，是一种非道德性形式。

女人，永恒女性：一种只有男人才相信的完全虚构的价值。

男人创造了女人——但由何创造出来的呢？由他的上帝、他的“理想”的肋骨……

人们把女人视为深刻的——为什么呢？因为人们从不在女人那里寻根究底。但女人根本就没有什么根和底：女人是漏水的桶。

女人甚至还谈不上肤浅。

笑得最好的人笑到最后。

“为了能孤独地生活，人们必须成为动物或者上帝”——亚里士多德如是说。让我们来证明人们必须成为两者……

懒散[①]乃一切哲学之开端。因此——哲学是一种恶习？

幸福的内涵是多么少啊！一种风笛的音调……没有音乐，生活或许就是一种谬误。

人们不能对自己的行为生出胆怯之心！人们不能事后对它弃之不顾！——内疚是不正派的、下流的。

婚姻最长久地持有对于自身的坏良心。人们应该相信这一点吗？——是的，人们应当相信的。

人不善于对付的一切东西，没有人消化得了的一切东西，此在的粪便(*Koth* des Daseins)——迄今为止，它不就是我们的最佳肥料吗？……

有时候就是一种愚蠢——呵，人们马上又感到自己的智慧味道怎样！

人们身上必须有勇气，才能允许自己为非作歹。“善人”在这方面就过于胆怯了。

男人在一切永恒女性面前是胆怯的：女人们知道这一点。

那不能杀害我们的东西——我们就来把它杀害，这使我们变得更强壮。必须杀死瓦格纳主义。[②]

“这些就是我的阶梯。我已经通过它们爬到上面了。为此我不得不越过它们。但它们却以为，我是要在它们上面休养了。”

“一切真理都是简单的”：这话是一种双重的谎言。

凡是简单的就只是想象的，而不是“真实的”。但凡是现实的、

---

① 或译“闲适”。——译注

② 此句原文为法文。——译注

真实的，就既不是统一，也不能仅仅还原为统一。

一头驮驴可能是悲剧性的吗？——人们在一种重负的压力下毁灭，人们既不能承受也不能抛弃的重负？……

在女人们中间。——“真理吗？呵，她们是不知道真理的！……难道真理不就是一种对我们所有的羞耻心(pudeurs)的谋杀吗？”

“对相同者一视同仁，对不同者不同地对待——公正对我们如是说。而且由此得出一点：绝不能使不同变成相同。”

谁若不能把自己的意志置入事物之中，他至少还能把一种意义放进去：这就是说，他相信，事物中已经有一种意义了。

伟大的风格随着伟大的激情而出现。它鄙弃喜欢，它忘了说服。它发号施令。它有所意愿。

艺术家们，正如他们习惯成为的那样，如果他们是地道的，那么他们就少有需求：真正说来，他们只意愿两样东西，即他们的面包与他们的艺术——面包与妖精[①]……

比起趋时之人，迟生子更坏地被理解，而更好地被倾听。或者更严格地讲：他们是决不能被理解的——而且恰恰因此就有了他们的权威！

心理学中的好趣味：如果我们的自然性的所有道德化装与我们相抵触，即便在心灵上我们也只喜欢赤裸的自然。

人们不该过分苛求：如果人们选择德性和高耸的胸脯，那么，人们就不该同时也要求具有扒手的优势。

德性始终是最昂贵的恶习：它理当保持这个！

人是一种平庸的利己主义者：甚至最聪明者也看重自己的习惯胜过自己的优势。

疾病是一种强大的兴奋剂。只不过，为了消受这种兴奋剂，人得足够健康。

高贵的趣味也限制了认识。它并不想一劳永逸地知道许多东西。

什么是男人的贞洁呢？就是他的性趣依然是高雅的；他在性爱(eroticis)中既不喜欢野蛮，也不喜欢病态，也不喜欢明智。

如果人们有了自己生活的为何之故(Waraum?)，人们就几乎受得了任何一种如何(Wie?)了。人类并不像英格兰人所相信的那样追求幸福。——

人们怎么能使平庸者失去对他们的平庸性的兴趣呢！人们会看

---

① 此处“面包与妖精”(panem et Circen)是对“面包与游戏”(panem et circensis)的反讽式改变。“妖精”(Circen)为荷马诗史《奥德赛》中的女巫。——译注

到，我的做法恰恰相反：按我的教导，每一步都会远离平庸，引向非道德性……

我们最神圣的信念，我们在最高价值方面始终不渝的东西，乃是我们身上肌肉的判断。

“你依然不知道人们必需什么，才能把自己的力量增加十倍吗?”——信徒吗？——那是微不足道的废物!!

——而且就像每一个具有太多权利的人，我并不喜欢坚持权利。(序言的结尾)

15[120]

什么是好的？——就是一切能增强人身上的权力感、权力意志、权力本身的东西。

什么是坏的？——就是一切起于虚弱的东西。

什么是幸福？——就是感到权力又增加了，又有一种阻力被克服了。

不要满足，而要更多权力；不要一般和平，而要更多战争；不要德性，而要卓越(即文艺复兴式的德性，virtù，非伪善的德性)。

虚弱和失败之物应当毁灭：生命的最高命令。而且人们不应当使同情成为德性。

什么是比某一种恶习更危险的呢？——那就是对一切失败和虚弱之物的行为上的同情——基督教……

* * *

人类有朝一日将要替换何种类型呢？但这纯然是达尔文主义的思想形态。仿佛物种向来就在更替中似的！就我而言，这乃是人这个物种内部的等级问题(我基本上并不相信人这个物种的进步)，乃是总是〈曾经〉在此存在而且总是还将在此存在的人类类型之间的等级问题。

我要把一个上升生命的类型与另一个衰落、瓦解、虚弱的类型区分开来。

人们是不是会以为，我们一般地还得把两个类型之间的等级问题提出来呢？……

这个更强壮的类型往往已经足够了：但却是作为一件碰巧之事，作为一种特例——从来不是作为所意愿的。而毋宁说，他恰恰已经最好地受到了控制，受到了阻碍——他始终都具有巨大之量，都具有任何一种中等平常性(Mittelmaß)的本能，更有甚者，他具有弱者对于自身的狡计、精细、心思，以及——因此——就有了“德性”……他几乎就是迄今为止这个唯一可怕的东西：而且从这种恐惧而来，人们意愿、培育、达到了相反的类型，那就是家畜、群畜、病畜、基督徒……

* * *

[16. 1888年春至1888年夏]

16[12]

生命本身不是达到某物的手段；它只是强力的增长形式。

16[16]

我们少数人或者多数人，敢于重又生活在一个非道德化了的世界里的我们，按信仰来看，我们是异教徒：我们很可能也是最早理解异教信仰是什么的人，必须设想为比人更高级的生物，但这种生物却在善与恶的彼岸；必须把一切高级存在也估价为非道德的存在。我们相信奥林匹斯——而不信仰“被钉十字架的耶稣”……

16[32]

我何以认出自己的同类。——哲学，我迄今为止所理解和经历的哲学，乃是一种自愿的寻找，包括对此在(Dasein)那被诅咒的和邪恶的一面的寻找。从这样一种穿越冰山荒漠的漫游赋予我的长期经验当中，我已经学会了用另一种方式去看迄今为止所有的哲学思考：哲学的隐蔽历史，有关哲学大名目的心理学对我来说已经昭然若揭了。“一种精神能承受多少真理，敢于冒多少真理之险?”——这对我来说成了真正的价值标准。这种谬误是一种怯懦……每一种认识成就都源于勇气，源于对自身的严厉，源于对自身的规矩……这样一种实验哲学，正如我所经历的那样，本身就试验性地预先获得了原则性虚无主义的各种可能性：而这并不是说，这种哲学总是坚持了一种否认，坚持了一种否定，坚持了一种求否认的意志。相反，它意愿达到的倒是反面情形——就是要达到一种对如其所是的世界的狄奥尼索斯式的肯定，不打折扣，没有特例和选择——它意愿永恒的循环，同一个事物，同一种关于节点的逻辑和非逻辑(Logik und Unlogik der Knoten)。一个哲学家所能达到的最高状态：对此在的狄奥尼索斯式态度——对此，我的公式就是 amor fati[命运之爱]……

——这就要求我们不仅把以往被否定的此在(Dasein)方面理解为必然的，而且把它理解为值得想望的：而且不光是在以往被肯定方面(诸如作为这个方面的补充或者先决条件)值得想望的，而是为其自身之故，把它理解为此在更强大、更有成效、更真实的方面，此在之意志在其中将获得更清晰的表达。同样地，这也要求我们对以往一直仅仅得到肯定的此在方面做出估价；要理解这种评价从何而来，它对于一种狄奥尼索斯式的此在价值测量是多么少有约束力：我抽取和把握了真正表示肯定的东西(首先是受苦受难者的本能，其次是群盲的本能，最后是与特立独行者相矛盾的大多数人的本能——)。我由此猜到，人的另一个更强壮的种类何以必然地会朝着另一个方面来设想人的提高和提升，即更高等的人，位于善与恶的彼岸，超越那些价值，后者不可能否认其来自苦难、群盲和大多数人〈之〉领域的本源——我孜孜以求的，就是历史中这种相反的理想构成的发端(“异教的”“古典的”“高贵的”等概念被重新发现和设置起来——)。

16[40]

美〈学〉

基本观点：什么是美的和丑的

没有比我们关于美的情感更受限制，或者说更有偏见的了。谁倘若想要摆脱人对人的愉悦来思考美，他就会立即失去脚下的根基。在美中，作为类型的人赞赏自己：在极端情形下，人崇拜自己。一个类型的本质包含着：他只对自己的样子感到高兴——他肯定自己，而且仅仅肯定自己。人，尽管他看到世界堆满了那么多的美，但他始终还只是把他自己大量的“美”给予世界：这就是说，他把让他想起完满感的一切东西都视为美的，而他作为人正是以这种完满感置身于所有事物之间。是不是他真的借此把世界美化了呢？……而且说到底，在一位更高级的趣味审判官眼里，也许人根本就不可能是美的呢？……在此我不想说有失体面，但是不是有一点滑稽呢？……

*　　　*　　　*

二

——呵，狄奥尼索斯神，你为什么要拉我的耳朵呢？阿里亚德涅说：我在你的耳朵里发现了一种幽默，为什么它们不更长一些呢？……

*　　　*　　　*

三

“没有什么是美的：只有人才是美的”，我们全部的美学都依据于这样一种幼稚想法：它是美学的第一“真理”。

让我们马上添上补充性的“真理”，它并不少一些幼稚：没有什么比败落之人更丑的了。

凡在人受丑陋之苦的地方，他就受了其类型的流产之苦；而且，即便他将极其遥远地忆及这样一种流产，他也会设定“丑的”这个谓词。人把大量的丑给予世界：这意思就是说，始终把他自己的丑给予世界……他真的由此把世界丑化了吗？……

*　　　*　　　*

四

所有丑都使人虚弱，使人悲伤：它使人想起衰落、危险和昏聩无能。人们可以用测力计来测量[①]丑的印迹。凡在人受到压抑处，就有某种丑发挥作用。权力感，权力意志——它随着美而高扬，随着丑而跌落。

*　　　*　　　*

五

在本能和记忆中积聚着一种巨大的材料：我们有各种各样的标志，向我们透露出类型的退化。凡是哪怕仅仅暗示出衰竭、疲乏、沉重、衰老，或者不自由、痉挛、瓦解、腐朽的地方，立即就会出现我们的价值判断：在这里人憎恶丑……

人在此憎恶的始终是他的类型的衰落。在这种憎恶中有整个艺术哲学。

*　　　*　　　*

六

如果我的读者们充分地获悉，在生命伟大的总戏剧中，“善”也是一种衰竭形式，那么，他们就会尊敬基督教的结论，那种把善设想为丑的结论。基督教因此是有理的。——

在一位哲学家那里，要是他说善与美是同一个东西，那是一种卑劣行径：如果他再补上一句“还有真”，那人们就该揍他了。真理是丑的：我们拥有艺术，是为了我们不因真理而招致毁灭。

*　　　*　　　*

七

关于艺术与真理的关系，我老早就予以严肃对待了：而且直到

---

① 对此可参看夏尔·弗雷：《感觉与运动》，巴黎，1887年，第47—50页。——编注

今天，我依然带着一种神圣的惊骇去直面这种分裂。我的第一本书就〈已经〉致力于此了；《悲剧的诞生》是以另一种信仰为背景去信仰艺术，这另一种信仰就是：凭真理生活是不可能的；“求真理的意志”已经是一个蜕化的征兆……

在这里，我还想再次端出我在那本书里提出的一个特别阴郁和令人不快的想法。这个想法具有相对于其他悲观主义想法而言的优先地位，即艺术〈是〉非道德的：——艺术并不像真理那样，是由哲学家的妖精即德性激发出来的。——

《悲剧的诞生》中的艺术

[17. 1888 年 5 月至 6 月]

17[4]

关于上帝概念的历史

一

一个依然信仰自己的民族也还会有自己的上帝。通过这个上帝，该民族就会尊敬那些使自己高高在上的条件——它把自己的快乐本身，自己的权力感，投射到一个本质上，那是人们可能为此而感恩的一个本质。在这些前提范围内，宗教乃是一种感恩方式。这样一个上帝必须能够带来好处和害处，必须能够成为朋友和敌人：对一个上帝的违反自然的阉割，使之成为一个善的上帝，这并不是这些强大的实在论者想做的事。一个不能敬畏的民族能做些什么呢？要是一个上帝对于愤怒、复仇、妒忌、嘲讽一无所知，也许甚至对于危险的毁灭热情(ardeurs)一无所知，那么他能做什么呢？——如果一个民族濒于毁灭；如果一个民族感到对未来的信仰、对自由和优势的信仰正在消失；如果一个民族意识到屈从是头等益处，屈从者的德性就是保存条件：那么，它的上帝当然也就改变了。它的上帝就成为胆小如鼠、畏畏缩缩、卑微不堪的，就会主张“灵魂和平”，主张放弃仇恨，主张宽宏大量，主张对于朋友和敌人的博爱。这个上帝会潜回到私人德性的洞穴里，成为小人们的上帝，它不再是一个民族的攻击性的和渴望权力的灵魂，不再是一个民族的权力意志……

二

凡在这种意志即权力意志没落之处，每每都有颓废出现。颓废之神性，在割除了它最具雄性的肢体和德性之后，现在就成为善人们的一个上帝了。对它的膜拜被叫作“德性”(Tugend)；它的追随者就是“善人和义人”。——人们明白，唯在哪些历史性瞬间里，一个善的上帝与一个恶的上帝之间的二元对立才会成为可能的。因为同一种本能既驱使屈服者把他们的上帝贬降为“自在之善”，而以这种本能，他们也把他们的征服者的上帝所具有的善良特性一笔勾销了。他们把征服者的上帝妖魔化，以此来报复他们的主宰。

三

以富有才智的勒南的天真单纯，人们如何能把从以色列人的神到一切善的典范之神的上帝概念的发展称为一种进步！仿佛勒南是有权天真似的！……相反的情形其实是明摆着的。如果上帝概念消除了一种强壮的富有朝气的生命的条件，如果上帝概念一步一步地成为一切疲倦者、衰竭者、一味困苦者的救助的象征，如果上帝概念成为彻头彻尾(par excellence)罪人之上帝，病夫之上帝，成为救世主和拯救者：这一切能证明什么呢？——诚然，上帝的天国变得更为广大了(——难道他本身也一定因此已经变得更广大了吗？……)。从前他只是拥有他的民众，拥有他的“被选中者”：任何民众都根据自己的高度把自身看作被选中的。在此期间，他四处漫游，不再在任何地方驻留——直到他最后成为世界主义者，并且获得了“多数人”的支持。但“多数人”的上帝仍然是一个隐蔽角落的上帝，所有病态角落的上帝，整个世界上所有不健康的营地的上帝……他的世界王国乃是一个地狱王国，一个隐蔽困苦的地下室……而且他本身是多么虚弱，多么病态啊！……证据：即便弱者中最虚弱者，那些形而上学家和经院学者，也还能成为他的主宰，他们绕着他吐丝结网，深入其中，直到他成为他们的摹本，成为一只蜘蛛。现在他从自己身上吐丝织网，织成世界，现在他成为永恒的形而上学，现在他成为“精神”“纯粹的精神”……基督教的上帝概念——上帝作为病夫之上帝，上帝作为蜘蛛，上帝作为精神——乃是世上所获得过的最低劣的上帝概念：它是上帝理念的衰退过程中出现的颓废之顶峰。上帝蜕化为对生命的抗议，而不是意味着对生命的美化和永远肯定；上帝向生命、自然、求生命的意志宣示了敌意；上帝成了表示任何对生命的诽谤、任何关于“彼岸”谎言的公式；在上帝那里，虚无被神性化，求虚无的意志被宣判为神圣的！……我们已经做到了这等地步！……

难道人们不知道这一点吗？基督教是一种虚无主义的宗教——为其上帝的缘故……

四

北欧年轻强壮的种族没有驱逐基督教的上帝，这一点确实没有为他们的宗教天赋带来任何荣誉，更不消说趣味了。或许他们原本必定对付得了这样一种病态而孱弱的颓废怪物。但他们遭到了一种厄运，他们并没有解决掉这个怪物——他们把疾病、冲突、衰老纳入他们所有的本能之中——从此以后，他们就再也没有创造过什么上帝！近2000年过去了：而没有一个独一无二的新上帝！相反，总还似乎有权存在着的，就像人身上造神的力量即creator spiritus[造化精神、神圣]的一种ultimatum[终极者]和maximum[至高者]，依然是欧洲一神论的这样一位可怜的上帝！这个杂交的堕落产物来自空虚、概念和祖传，所有颓废本能都在其中获得了核准！……

五

——还可能有多少个新的上帝啊！……就我自己来说，宗教的也即造神的本能，时而要求重新在我心中活跃起来：神性的东西对我的每一次启示都是多么异样、多么不同啊！……如此之多稀罕的东西已然与我交臂而过，在那些永恒的瞬间，它们进入生活犹如从月亮上落下，在那里人们简直再也不知道自己已经有多苍老，以及自己还将有多年轻……或许我不会怀疑有许多种类的上帝……并不缺乏此类使人们不能忽略某种喜悦感(Halkyonismus)和轻率感的上帝……甚至，也许轻松的脚步就属于"上帝"概念……我们有必要去阐发某个上帝知道自己在任何时代都置身于所有理性和虚伪之外吗？附带说，也在善与恶的彼岸吗？上帝有自由的前景——用歌德的话来说。——而且，为了在此情形下诉诸未得充分重视的查拉图斯特拉的权威：查拉图斯特拉走得如此之远，终于证明自己的说法，"我或许只会相信一个懂得舞蹈的上帝"……

再说一遍：还可能有多少个新的上帝啊！——诚然，查拉图斯特拉本人只是一个老无神论者。人们得真正理解他！查拉图斯特拉虽然说他或许会；但其实，查拉图斯特拉将不会……①

① 前句中的"或许会"(würde)与后句中的"将不会"(wird nicht)用的都是动词werden，但前句为第二虚拟式，后句为将来时形式。——译注

[24.1888 年 10 月至 11 月]

24[1]

瞧，这个人
或者：
为什么我知道得更多一些。
弗里德里希·尼采著。

一

——现在我要来谈一个问题，至少在我看来，这个问题比“上帝此在”①问题以及其他基督教义更有某种严肃性，那就是营养问题。简言之，也就是这样一个问题：为了达到你的力量的最大值，以及文艺复兴的理性意义上的 virtù、德性的最大值，你应该如何进食呢？——在这方面，我自己的经验糟糕至极：我感到诧异，这么迟了，到现在才变得“理智”了，在某种意义上是太迟了。而且唯有我们一文不值的德国教养才在某种程度上向我说明了，为什么我恰恰在这方面落伍到了“极点”。这种“教养”自始就教导我们彻底无视实在性，去追逐那些完全成问题的所谓“理想的”目标，例如一种所谓的“古典教养”！——仿佛把“古典的”和“德国的”一起挂在嘴上，就不会马上让人笑掉大牙似的。人们其实可以设想一个“有古典教养的”莱比锡人！——实际上，直到我最老成的年纪，我一直都吃得很差劲，在道德上讲，就是“非个性的”“非利己主义的”“利他主义的”：例如通过莱比锡的烹调，我否定了我自己的“求生意志”。以营养不良为目的同时也败坏自己的肠胃——在我看来，上述烹调能够令人钦佩地解决这个问题。然而德国烹调——它对自古以来的一切负有什么责任呢！饭前汤（——还是在 16 世纪的意大利烹调书上，它被叫作德意志风格②）；煮得烂熟的肉；做得又腻又浓的蔬菜；难以消化的各种面食。如果人们还算上德国庸人十分粗野的再斟需要，那么人们就能弄懂“德国精神”的来源了——源于一个败坏了的胃……与德国人的相比较，英格兰人的特种饮食是一种真正的回归“自然”，可以说是向烤牛肉的回归，也是向理性的回归——但即使这种饮食也深深地违背我自己的本能，英格兰女人的脚……酒精对我有害，一天一杯葡萄酒或者啤酒就完全足以像叔本华那样把我的生活搞成

---

① 原文为 Dasein Gottes，通译为“上帝存在”。——译注

② 原文为意大利文：alla tedesca。——译注

"苦海"，这一点我也明白得稍稍迟了些，其实我从儿童时代起就有所经历了。毛头小伙子时，我相信喝酒和抽烟一样一开始只是青年男子的 vanitas[虚荣、吹嘘]，后来就成了一种恶习。也许这也要归咎于瑙姆堡[①]的葡萄酒。——相信葡萄酒令人开心，为此我或许就必须成为基督徒，可以说、可以认为，这对我来说是一种荒谬。十分稀奇的是，通过强烈稀释了的、哪怕那么小罐头的酒，会造成一种极端的情绪败坏，这时候，我几乎对烈酒麻木不仁。而在喝水手型的格罗格酒[②]时，人们至少会把我弄翻。通宵誊写一部长长的拉丁文著作，带着隐秘的野心在严格和简练方面赶上我的榜样萨鲁斯特[③]，这在我还是令人敬畏的普弗尔塔中学[④]的学生时，就并没有与我的生理学发生矛盾，也并不与萨鲁斯特相矛盾——尽管总是与令人敬畏的普弗尔塔中学十分相悖！……可后来，人到中年，我决定越来越严格地反对一切"含酒精的"饮料了。我喜欢那些到处有机会汲取潺潺清泉的地方(——尼斯、都灵、塞尔斯)；不喝水，我夜间是不会醒来的。In vino veritas[酒后吐真言][⑤]：看来，有关"真理"概念，在这里我又与尽人皆知的不一致了——在我这里，神灵运行在水面上……

二

对于疾病的善举，可能我恰恰是最少低估它的。但或许我必须反对疾病，理由是它削弱了人类的自卫本能和武装本能。历经了漫长的岁月，我既不懂得充分抵御一种好意的、缠人的乐于助人，也不懂得充分抵御愚蠢的、单刀直入的"崇拜者"以及其他寄生虫；多么陈腐地，还扣除了那些没有人避免得了的情形，诸如当放荡的年轻学者们以"崇拜"为借口开门见山地向某人借钱的时候。一位病人费劲地努力摆脱人和物，也包括记忆：一种"躺在雪地里"的宿命论(以一个俄罗斯士兵的方式，战役对于他毕竟是太严酷了)，一种没有反抗的宿命论，归属于他的自我保存本能。如果人们理解了这样一种自我保存本能，那么，人们就很能懂得一个注定受苦受难、不

① 瑙姆堡：德国地名，属德国萨克森-安哈特州。——译注

② 格罗格酒：掺热水的朗姆烈酒。——译注

③ 萨鲁斯特：全名为萨鲁斯特·克里斯波，古罗马历史学家。著有《喀提林战记》《朱古达战记》《历史》等。——译注

④ 普弗尔塔中学：德国著名贵族学校。该校毕业生中有许多重要人物，如诺瓦利斯、施莱格尔、费希特等。尼采于1858—1864年在该校念书。——译注

⑤ 拉丁文，直译为：真理在水中。——译注

自愿地采取宿命态度的女人。尽可能少地付出力气——不以反应来耗费自己——更多地出于力之贫乏而采取某种节制态度：此乃宿命论中的伟大理性。用生理学方式来表达：一种对材料消耗的降低，对材料消耗的延缓——能让人快速烧掉的莫过于情绪了。怨恨、恼火、复仇的快乐——这些对于病人来说是所有可能状态当中最有害的：一种宗教，就像佛陀的宗教，后者本质上是与精神狡诈者和生理困乏者相关的，因此就以其学说的重点来反对怨恨。"不能通过敌意来结束敌意：而是要通过友好来结束敌意。"佛教并不是一种道德——根据此种基督教式的庸俗粗暴态度来侮辱佛教，这或者是一种深刻的误解：佛教乃是一种保健学(Hygiene)。——多年以来，我顽强地抓住了那些几乎不堪忍受的关系、地点、居所、团体，不是靠着意志，而是从那种本能出发的，这无论如何要比改变、"试验"更聪明些。试验朝向受苦难者的本能：在某种高级意义上，人们或许可以径直把它称为力之证明。拿自己的生命本身做一次试验——这才是精神的自由，在我看来，这在后来就变成了哲学……

三

在我看来，无聊并不能直接归于受苦受难者的痛苦；至少我是没有任何这方面的记忆的。相反，对我来说，我生命中恶的时代曾是富有的，通过某种全新的虚构(Erfindsamkeit)——色调变化(nuances)的艺术、在色调运用方面精细的指法熟巧。我会把一般的精致完美(raffinement)理解为一种使触觉上升到精神层面的娇惯化；甚至连病人特有的那种可爱的理解方面的顾忌和谨慎也归属于此，他们害怕太过亲近的触摸……在此类状态中，人们甚至听出了寻常之物的非同寻常，人们仿佛给它们变了频：日常偶然事件被一把高品质的筛子过滤掉了，再也不把自身看作相同的。最后，当理智、性格中无论何种自由之物和特选之物流落到我的近处，而某种对德国人和德国的不耐烦总是越来越成为我的本能，当时我是非常感恩的。与德国人一起，我失去了自己的好心情，自己的精神——同样的，自然还有我的时间……德国人把时间拉长了……如果这个德国人碰巧是犹太人或者犹太女人，情形就不同了。奇怪的事情是，我推算了一下，在1876—1886年，几乎我所有的不期而遇的适意时光，都得归功于犹太人或者犹太女人。德国人低估了与犹太人的照面，那是何种善行呢——人们再也没有理由羞愧了，人们甚至可以成为明智的……在法国，我没有看清楚那样一种必然性，即为什么那里的犹太人远远多于德国：梅哈克和阿列维[①]，两位诗人，他们有望永远赢得我的趣味，他们达到了这等高度，乃是作为法国人而不是作为犹太人。——我也想对奥芬巴赫下同样的断言，这个毫不含糊的音乐家，他想要的无非就是他的过去——那是一个天才的歌剧丑角，从根本上说，是仍然在弄音〈乐〉而不是弄和弦的最后一个音〈乐家〉！……

四

从根本上讲，我是那些不需要也不具有任何教育原则的不自愿的教育家中的一员。在巴塞尔最高教育机构从事的七年教学活动当中，我不曾有任何理由去实行处罚，还有，正如后来已经向我证实了的那样，最懒惰的学生在我这里也还是勤奋的。这一事实在某种程度上证明了我的上述说法。来自那种实践的一个小聪明还留在我的记忆里：如果一个学生在复述我前一次课讲解过的内容时做得十分不充分，我总是自己承担责任——例如我就说，要是我表达得过于简略，过于难解，那么人人都有权要求我做一番解说和重复。一个教师的任务就在于使自己为每一个有理智的人所理解……人们曾对我说，这种诀窍的效果强于任何一种指责。——无论是与中学生打交道，还是与大学生打交道，我向来都不曾感到过什么困难，尽管一开始，我 24 岁的年纪不光是使我接近于他们。同样地，博士学位考试也并未给我任何动因，让我又去学习无论何种技巧或者方法：我本能地运用的，不光是此类情形下最人道的做法，一旦把博士学位申请者带到了良好的航道里，我就感觉自己十分惬意。在此种情形里，人人都有如此之多的机智和才气——或者如此之少——胜过可敬的主考官……如果我仔细听了，我就总是觉得，根本上是那些主考官先生们在接受考试。

五

即便在我看来达到这个目标是很值得的，我也从来不了解这种对付我的艺术。人们不妨来回地检查我的生活，人们在其中找不到标志，可以标明有人曾对我怀有恶意。有些人，人人都在他们身上取得了糟糕的经验；而我对他们的经验本身也毫无例外地博得了他们的好感：甚至在我看来也是适合于交往的，前提是，我没有生病，人人都还是一个乐器，是我为之赢获精美的最不寻常的音调的乐器。

① 梅哈克：法国剧作家，主要作品有喜剧《随员》等。阿列维：法国作曲家，主要作品有《犹太女》等。——译注

我多么经常地得以听到这一点，一种惊奇，我的会谈者方面对于自身的惊奇："诸如此类的事情是我以往从来不想做的"……也许最美好的是关于那个不可宽恕的英年早逝的海因里希·冯·斯泰因，有一次，根据小心谨慎地取得的许可，他在塞尔斯待了三天，向每个人声明他不是因为恩加丁而来的。这个优异的人物，他以其天性的整个勇敢的天真陷身于瓦格纳的泥潭中，直至淹及耳根——"我对音乐一窍不通"，他对我坦白说——在这三天之久的时间里，他犹如经历了一场自由风暴的改造，就像一个突然感到如鱼得水、如虎添翼的人。当时我再三对他讲，这是上面的好空气带来的，人人都会这样，但他却不愿相信我的话……尽管如此，如果说人们对我做了各种各样大大小小的坏事，那么个中原因并不是"意志"，至少不是恶的意志：而不如说，或许我必须抱怨的是只在我的生活里胡作非为的善的意志。我的经验赋予我一种权利，要求那种一般的怀疑，即对乐于助人、着手建议和行动的"博爱"的怀疑，我要指责这种"博爱"，它容易丢失谨慎细致之心，它以其乐于助人的双手，可能径直毁灭性地去干预一种高贵的命运，一种创伤之下的孤独，一种对于伟大痛苦的优先权。——不无理由地，作为"查拉图斯特拉的诱惑"，我虚构了一种情形，在其中一种尖厉的呼救声传到他耳里，同情犹如一种最终的罪恶向他袭来：在这里保持主人地位，在这里纯粹地保持自己的使命的崇高，而摆脱大量比较低等的和比较短视的推动力(它们是在所谓忘我无私的行动中活动的)，这乃是一种检验，是查拉图斯特拉及其同类必须对自身做出的最后检验。

六

就像任何一个从未在其同类当中生活并且从自己这种命运中最终弄出自己的技艺和善意的人一样，在有人对我做出了一件细小的或者很大的蠢事之际，我要防止无论哪一种对策，除非是那种尽可能快速地事后为这种愚蠢送上一种聪明的对策：如此，人们也许还能有所弥补。人们只不过是要把我身上的某个东西弄坏，我要报复之，而对此人们是有把握的：简言之，我是要找到一个时机，为了某个东西向作恶者表达我的感谢，或者向他祈求某个东西(——这是比有所给予更有约束力的……)。甚至在我看来，最粗糙的书信也比沉默更为善意。此类沉默者缺乏心灵上的精细和谦恭。——如果人们在这方面足够丰富，那么，行不公之事就是一种幸福了；如果人们偶尔给我一个行不公之事的机会，那么，人们就与我达到了最佳的协调一致了。没有什么东西能如此彻底地改善我的友谊，没有任何东西能不断为我的友谊提供新鲜活力……在那些不无著名的情形当中(其时我承认一种断然的否定乃至兵刃相见)，我或许会做出一种严重的错误结论，即恰恰在此要把恶劣经验的一种隐而不显的丰富性预设起来。谁若对我有所了解，他就可以做出相反的结论。只消还有最小的人格分裂在一并起着作用，我就不能承认自己有对事物的敌意。如果说我要对基督教宣战，那么，我之所以有权这样做，唯一的原因是我从未从这个方面而来体验过阴郁或者悲伤的事体，相反，我所认识的最值得尊重的人，乃是一些光明正大的基督徒；对于这些个人，我到最后都耿耿于怀的是：什么是千百年来的厄运。我的祖先本身就是新教教会的：倘若我没有从他们那里一道获得一种崇高而纯洁的意义，那么我就不会知道我与基督教作战的权利从何而来。我在这方面的公式是：敌基督者本身就是一个地道的基督徒发展过程中必然的逻辑，而在我心里，基督教本身已经烟消云散了。另一种情形：从自己与瓦格纳和瓦格纳夫人的关系中，我仅仅保留了那些最令人振奋和最崇高的记忆：恰恰这种情况给了我那种眼光的中立性，不偏不倚地把瓦格纳问题当作文化问题来加以考察，并且也许给予解决……即便对于反犹太主义者(正如人们知道的，我至少是喜欢他们的)，根据我颇为可观的经验，我也必须提出若干有利的东西：这一点并不阻碍而倒是决定了我对反犹太主义发动一场毫不留情的战争[①]，反犹运动乃是那种如此荒谬、如此不合理的德意志国家疆界内的自我发呆(Selbst-Anglotzung)的最病态的畸形产物之一……

七

热爱大量和多样，这并非我的本色：甚至在我与书本的交道当中，总体上更多地具有一种敌视，以之作为一种宽容，一种在本能中的“等待态度”。根本上，只有少量的书在我的生活里是算数的，最著名的书都不在其中。我对风格、对作为风格的警句的感觉，是在与萨鲁斯特的首次接触中几乎一下子苏醒的：我忘不了我尊敬的老师科森的惊讶，当时他不得不给他最差的拉丁文学生最好的分数——他邀请我去他家里……简练、严厉，骨子里有着尽可能丰富的实质内容，对“华美辞藻”和“美好感情”怀着一种冷酷的恶意：在这方面我猜中了自己。人们将在我这里，直至我的《查拉图斯特拉如是说》，重新认识一种十分严格的对于罗马风格、对于“magnum in

① 此句中的“决定”原文为动词 bedingen，也可译为“引起、造成、规定”等。——译注

parvo”[微言大义]、对于“aere perennius”[永垂不朽][①]的野心。这与我第一次接触贺拉斯时的情形并无不同。直到今天，在其他任何一个诗人那里，我都没有重新找到过贺拉斯的一首颂歌让我产生的那种艺术上的喜悦。在某些语言当中，例如在德语里，这里所臻至的境界甚至是不能要求的。这种话语的镶嵌细工(其中每一个词语作为音调、位置、概念都向着左右并且超越整体而迸发出自己的力量)，这种符号规模的最小化，以及由此达到的符号表现力的最大化——所有这一切都是罗马式的，而且——如果人们愿意相信我的话——也是极其高贵的：与之相反，其他所有诗歌都是一种感情的饶舌而已。我最不愿意忘记与这种非常坚固的形式和极其妩媚的放纵构成对照的刺激：我的耳朵陶醉于这种形式与意义的矛盾。我要归因于拉丁人的第三个无可比拟〈的〉印象，乃是佩特罗尼乌斯。那种在词语、句子和思想跳跃方面纵情放肆的 prestissimo[最急板]，那种在庸俗拉丁语与“高雅”拉丁语的混合方面的精美，那种不可遏制的好心情(它无惧怕，优雅地跳跃了古代世界的任何一种兽性)，那种在“道德”面前、在“美好心灵”的德性贫穷面前的独立自主的自由——我举不出任何一本书，哪怕它只是依稀地对我产生过一种类似的印象。我最为个人的本能轻声告诉我，这位诗人乃是一个普罗旺斯人：人们必须魔鬼附身，才能做出此类跳跃。当我必须摆脱一种低级的印象时(例如使徒保罗的说辞)，也许有几页佩特罗尼乌斯的文字就足以使我完全恢复健康了。

八

我根本不能把任何类似的印象归因于希腊人；因为与柏拉图相比，我是一个彻底的怀疑论者，而且，我从未能赞同那种在学者中间常见的对柏拉图这位杂耍演员的赞赏。在我看来，柏拉图是把所有风格形式搅在一起了：他做错的事情，类似于那些发明了 satura Menippea[梅尼普讽刺杂文]的犬儒派哲学家们所做的[②]。柏拉图的对话，极其自鸣得意和天真幼稚的辩证法，可能发挥出魅人的效果，而人们一定是从未读过优秀法国作家的东西才会有此感觉。说到底，我对柏拉图的怀疑是深入骨髓的：我发现他是多么偏离希腊人的一切基本本能，其最终意图是多么犹太化，多么具有先在的基督教性

---

① 拉丁文，可直译为：比青铜更恒久。——译注

② satura Menippea[梅尼普讽刺杂文]乃因公元前 3 世纪希腊犬儒派作家梅尼普(Menippus)而得名。——译注

质，以至于对于整个柏拉图现象，我更愿意使用“高级欺诈”这个严厉的词语，而不是其他任何一个词。这个雅典人是在埃及人那里上的学(——很可能是在埃及的犹太人那里……)，为此人们付出了相当昂贵的代价。在基督教的巨大厄运中，柏拉图乃是那些后果严重的模棱两可性之一，它使得古代的高贵人物有可能踏上通向“十字架”的桥梁……在任何时候，我的休养、我的偏爱、我对一切柏拉图主义的治疗都是修昔底德。修昔底德，也许还有马基雅维利的原理，是与我自己最有亲缘关系的，原因在于那种无条件的意志，就是那种要毫不自欺、要在实在性中观察理性的意志，而不是在“理性”中，更不是在“道德”中……这个有古典修养的德国人获得了可怜的粉饰，以之作为他与古代交道时的“严肃态度”的报偿；没有谁能像修昔底德那样彻底地摆脱这种可怜的粉饰。人们必须一行一行地翻弄他的文字，清晰地解读他的未言之义，犹如解读他的话语：少有如此富于实质的思想家。在他身上，智者文化，也可以说实在论者文化(Realisten-Cultur)，得到了完满的表达：这是一场处于苏格拉底学派正在到处爆发的道德欺骗和理想欺骗当中的不可估价的运动。希〈腊〉哲学已然作为希〈腊〉本能的颓废：修昔底德乃是古希腊人本能中所包含的全部强壮的、严格的、坚实的求实态度的伟大总结。此种勇气把修昔底德和柏拉图这样的人物区分开来：柏拉图是一个懦夫——因此他遁入理想之中——修昔底德则控制了自己，因此他也控制了事物。

九

在希腊人那里重新认识“美的心灵”“和谐的雕塑品”以及温克尔曼讲的“高贵的单纯”——我身上具有的心理学家气质保护我，使我免于此类德国式愚蠢①。我看到了他们最强大的本能，即权力意志；我看到他们在这种欲望不可遏制的强力面前颤抖——我看到他们所有的制度都起于一种防卫措施，以保护自己互相不至于遭受他们内部的炸药。这样，内部的巨大张力就得以在对一切外部事物的可怕敌意中发泄出来了：诸城邦互相残杀，使得城邦公民以此为代价而不至于相互厮杀了。人们必须成为强壮的——希腊人卓越而灵活的身体性乃是一种必需，而不是一种“天性”。它是伴随而来的：它根本不是从一开始就在那儿的。而通过节庆和艺术，人们也无非是想要感觉到自己越来越强壮、越来越美、越来越完满：这些都是自我

① 原文为法文：niaiserie Allemande。——译注

颂扬的手段，权力意志的提高手段。——根据希腊哲学家来评判希腊人！利用哲学学派的道德智慧来解释什么是希腊的！诸如此类的做法，在我看来始终只不过是那种标志着德国人性格的精细心理的证明……哲学家们的确是希腊文化的颓废者，是对古典趣味的反动，是对高贵趣味的反动！苏格拉底的德性得到传布，是因为希腊人开始失去德性了……我是第一人，为了理解更古老的希腊人而重又严肃地看待那种被命名为狄奥尼索斯的奇妙现象。我最可敬的朋友，巴塞尔的雅可比·布克哈特，他完全明白借此可以做点什么重要的事：他在自己的希腊文化史著作中附上了专门一章来论述这个问题。如果人们想要一个反证，那么，就可以仔细看看他那个时代的著名语文学家洛贝克[①]在处理这些事物时表现出来的可鄙的轻率态度。洛贝克以一条书堆里干枯的蠕虫的令人敬畏的可靠确信，爬进这个充满神秘状态的世界里，并且说服自己恰恰因此成为科学的，尽管他一味在此空洞而可怜到了令人厌恶的地步；洛贝克耗尽全部博学才弄明白，真正说来所有这些稀罕之物都是毫无意思的。实际上，祭司们是要向此类狂欢的参与者传达一些东西，例如，酒激发快感，人要靠果实生活，植物在春天繁荣，在冬天凋谢。至于那些具有狂欢起源的仪式和神话的丰富性，那将是具有更高一级的才智的。洛贝克说(《阿格劳芬[②]》，第1卷，第672页)，希腊人，要是他们没有别的事可做，他们就欢笑，就跳跃，就到处歇脚，或者，因为人有时也会有这方面的兴趣，他们就坐下来流泪，号啕大哭。另一些人随后参与进来，却力图为这些异乎寻常的人们找到某个理由，而这样一来，为了解释那些风俗，就出现了无数的节日传说和神话……人们相信，一度在节日中发生的那种滑稽活动必然也属于节日庆典，而且把它当作敬神礼拜不可或缺的一部分而保持下来了。——然而，进一步撇开这种可鄙的胡话不谈，人们不妨提出，对我们来说，狄奥尼索斯因素是与整个“希腊的”概念互不相容的，更与温克尔曼和歌德所形成的“古典的”概念不相容——我担心，歌德本人根本上是把这样一个因素从希腊心灵的种种可能性中排除出去了。而实际上，唯有在狄奥尼索斯的神秘(Mysterien)中才表达出希腊本能的整个基础。因为，希腊人以这种神秘为自己担保了什么呢？那就是永恒的生命，生命的永恒轮回，在生殖中得到预兆和奉献的将来，超越死亡和变化之外对生命的胜利肯定，那种作为在社群、城邦、种类联

---

① 洛贝克：德国古典学者。著有《阿格劳芬》等。——译注

② 阿格劳芬：公元前4世纪古希腊修辞学家。——译注

系中的总体永生(Gesammt-Fortleben)的真实生命；性的象征作为最可敬的一般象征，整个古代虔诚感真正的象征总体；在生殖、怀孕、诞生行为中对每个细节的最深感恩。在神秘学说中，痛苦被神圣地言说出来："产妇的阵痛"把一般痛苦神圣化了，一切生成、成长，所有将来的担保，都会引起痛苦；为了获得永恒的创造快乐，就必须永远地有产妇的痛楚……我不知道有什么更高的象征表达力了。——唯有基督教把性变成了一种肮脏行为：关于 imm〈aculata conceptio〉[圣母〈无原罪〉]①的概念，乃是迄今为止世上达到过的最高的心灵无耻，例如——它把污水泼在生命之源头上……

在作为一种充溢的生命感的放纵(Orgiasmus)中，甚至痛苦也只是作为兴奋剂而起作用的。有关这种放纵的心理学给了我理解悲剧感的钥匙，而无论是亚里士多德还是——特别是——悲观主义者，都误解了这种悲剧感。悲剧远不能为叔本华意义上的希腊人的悲观主义证明什么，以至于相反地，它恰恰是这种悲观主义的极端对立面。肯定生命本身，乃至于那些最异己和最艰难的问题，在其最高类型之牺牲中的生命意志享有自己的不可穷尽性——我称之为狄奥尼索斯的，我把它理解为通向一种有关悲剧诗人的心理学的真正桥梁。不是为了摆脱恐惧和同情，也不是为了涤除一种危险的情绪，诸如通过一种强烈的宣泄——这是亚里士多德的路径：而倒是为了超越恐惧和同情去享受创造和生成的永恒欢乐，去控制和支配自己的恐惧、自己的同情……

十

我的此在生命的幸福及其独一无二性也许就在于它的厄运：用谜语形式来表达，作为我的父亲，我已经死了，作为我的母亲，我还活着。这种双重的来源，仿佛来自生命阶梯的最高一级和最低一级——既是没落又是开端——这一点，要是有某种意思的话，那就说明了那种使我卓然超群的〈对于〉伟大的生命总体问题的中立性和无偏袒性。我知道两者，我就是这两者。——我父亲 36 岁就去世了：他柔弱、可亲而病恹恹的，就像一个注定了一味匆匆消逝的人——与其说他是生命本身，还不如说是一种对生命的善意回忆。在我父亲生命衰落的那同一个年纪里，我的生命也开始衰落了：36 岁时，我的生命力降到了最低点——我还活着，但却看不到离我三步远的东西。1879 年，我辞去了我在巴塞尔大学的教授职务，整个

① 拉丁文，或译为：圣母无玷始胎。——译注

夏天就像一个幽灵一般生活，住在圣莫里兹[1]，接着的冬天住在瑙姆堡，那是我生命中最暗无天日的时光。那是我的 minimum[最低潮、最小值]：《漫游者及其影子》就是在此间写成的。无疑地，当时我认为自己就是幽灵了……下一个冬天，也就是我在热那亚的第一个冬天，差不多由一种肌肉和血液上的极度贫乏而引起的那种奇特的超凡脱俗，使我创作了《曙光》一书。在我身上，精神的完全明亮和喜悦不仅与最深刻的生理虚弱相一致，而且甚至与一种极端的痛苦感相一致。非常艰辛的吐痰导致一种不断的痛苦，在这种痛苦造成的那些巨大折磨中，我绝对地拥有了辩证的清晰性，并且深思了各种事物，而在比较健康的情况下，我对于这些事物就不是一个善于攀登者，就不够精巧了。(我的读者们知道，我何以把辩证法视为颓废的征兆，例如最著名的个案就是苏格拉底的案例。)所有对理智的病态干扰，甚至发烧引起的半昏迷状态，至今对我来说都是完全陌生的东西，对于它们的频率，我唯有通过博学的途径才能加以了解。我的血液流得缓慢，在患病岁月里，我有了拿破仑的脉搏——从来没有人能够在我身上发现发烧现象。有一位〈医生，他〉在相当长一段时间里把我当作神经病患者来治疗，最后甚至说道："不！您的神经没什么，**我**自己倒是神经质了。"某种局部的蜕化是完全不可证明的；没有任何器质性的胃病，尽管作为脑衰竭的结果，总是面临肠胃系统的深度虚弱。眼疾亦然，失明的危险正在接近，这是结果而不是原因：以至于随着生命力的每一种增长，视力作为[——]也增长了。漫长的、过于漫长的岁月对我就意味着康复，遗憾的是，它也意味着复发、衰落以及一种颓废的周期。我需要说明我对颓废问题是有经验的吗？我前前后后地解读了这些问题。即便那种把握和理解的艺术，那种对于细微差别的感触，那整个"明察秋毫"的心理(它也许使我变得卓越超群)，都是在当时学会的，是那个时代的真正馈赠——那是一切都在其中变得精细化的时代，无论是观察还是观察器官。从病人的透镜出发去看比较健康的概念和价值，又反过来根据丰富生命的充盈和自信来探视颓废本能的金丝编织品(Filigran-Arbeit)——这乃是我最伟大的训练，是我最长久的经验：如果说是某个方面的训练和经验，那么我在这里就是大师了。我已经牢牢地掌握，我有能力**转换视角**：何以唯有对我来说，一种**价值的重估**竟是可能的。

① 圣莫里兹：地名，位于瑞士东南部，为世界著名滑雪场。——译注

十一

因为除了我是一个颓废者不说，我也是它最完全意义上的对立面。我为此提出的证据是，即便针对那些恶劣的状态，我也本能地选择恰当的手段：而自在的颓废者却明显地选择了有害的手段。作为 summa summarum[顶峰之顶峰、至高无上者]，我是健康的：作为隐僻一隅，作为特性，我是颓废者。那种绝对的孤独和摆脱惯常情况和任务的力量，对我自身的强制力，不照料自身，不进餐，不就医——这些都透露出对于亟须之事的绝对的本能确信。我对自身负责，我使自己恢复健康：这方面的前提是——任何一个生理学家都会承认这一点——人们根本上是健康的。一个典型的病态人是不会康复的：对一个典型的健康人来说，患病可能是一种有力的兴奋剂。说到底，那个漫长的疾病时期在我看来实际上就是这样：我仿佛重新发现了生命，我品尝了一切美好的甚至微小的事物，那是别人不能轻易品尝到的——我从自己求健康的意志、求生命的意志中做出我的哲学……因为人们要注意：我生命力最低下的年头也就是我停止成为悲观主义者的时候——我的自我恢复的本能不允许我有一种贫困和沮丧的哲学……人们到底要从哪里识别发育良好的状态呢？一个发育良好的人是由一块坚硬又柔润、芳香袭人的木头雕成的，他甚至还使我们的嗅觉感到适意。他中意的是有益于他健康的东西；一旦超出了这个有益性尺度，他的乐意，他的快乐就中止了。他猜到了对付损害的良药，他利用恶劣的偶然事件来增强自己。他本能地从自己所见、所闻、所体验的一切中收集自己的全部：他就是一个选择原则，他淘汰了许多东西。无论是与书本、人打交道，还是与自然风光打交道，他始终都在自己的团伙中：他通过选择、许可、信赖而有所尊重。他对形形色色的刺激反应迟钝，带着那种由长期的谨慎和蓄意的骄傲养成的慢条斯理——他考验正在临近的刺激，他远不能直面这种刺激。他既不相信“灾祸”，也不相信“罪责”：他十分强壮，足以使一切都必然为他带来最佳的东西。——好吧，那我就是颓废者的对立面：因为上面我描写的正是我自己。——

[25. 1888 年 12 月至 1889 年 1 月初]

25[11]

最后一句话。从现在开始，我将需要有无数只援助之手——不朽之手！——《重估》[1]应当以两种语言出版。人们有理由到处建立协会，以便及时把几百万追随者交给我。我所重视的首先是军官们和犹太银行家们对我的支持：两者一起代表着权力意志。

如果我来追问我的天然盟友，那么，他们主要是军官们；身上带着军事〈的〉本能，人们就不可能成为基督徒——要不然，人们就会错误地成为基督徒，此外还会错误地成为士兵。同样地，犹太银行家们也是我的天然盟友，就他们的起源以及他们的本能来看，他们是独一无二的国际势力，在一种基于各民族的自私自利和自高自大的可恶的利益政治完成了义务之后，他们能把各民族重新结合起来。

25[19]

最后的考量

倘若我们放弃战争，那就更好了。我知道如何更有益地使用120个亿，那是欧洲武装起来的和平每年的成本；除了通过野战医院，还有其他手段来使生理学得到好评……换句话说，甚至最好是说：在旧上帝被废除之后，我已经准备统治这个世界了……

（孙周兴 译）

① 应指尼采计划中的"主要著作"《重估一切价值》。——译注

我为什么是命运？[①]

一

我知道自己的命运。有朝一日，对于某个阴森惊人的东西的回忆将与我的名字联系在一起——对于世上从未有过的危机的回忆，对于最深的良知冲突的回忆，对于一种引发反对被信仰、被要求、被神圣化了的一切东西的裁决的回忆。我不是人，我是甘油炸药。——而且尽管如此，我身上丝毫没有一个宗教创始人的气味——宗教乃是群氓的事情，在与宗教人士接触之后，我都必须洗洗手……我不想要任何“信徒”，我想我是太过恶毒了，以至于不能相信自己了，我从来不跟群众说话……对于人们有一天把我说成神圣的，我心存一种巨大的畏惧：人们会猜度，我为什么先行把此书出版，它应当防止人们对我干出胡闹之事……我不愿成为圣徒，而宁可成为一个小丑……也许我就是一个小丑吧……而且尽管如此，或者毋宁说，并非尽管如此——因为迄今为

① 《瞧，这个人》，译文选自尼采：《瓦格纳事件·偶像的黄昏·敌基督者》，孙周兴、李超杰、余明锋译。——译注

止没有圣徒更具欺骗性的了——发自我内心的真理说。——但我的真理是可怕的：因为人们一直都把谎言叫作真理……重估一切价值：这就是我用来表示一种人类至高的反省行为的公式，这种行为已经成为我身上的血肉和天赋了。我的命运所意愿的是，我必须成为第一个正派之人，我要懂得自己是与千百年来的欺骗相对立的……唯我发现了真理，因为我首先感觉到——闻到——谎言之为谎言……我的天才在我的鼻子上……我矛盾，前所未有地矛盾，尽管如此我却是一种否定精神的对立面。我是一个前所未有的快乐使者，我知道具有某种高度的使命，迄今为止还没有这方面的概念；唯从我开始才又出现了希望。尽管如此我必然地也成为厄运之人。因为如果真理与千百年来的谎言处于斗争中，那么，我们就会有种种震撼，一种地震的痉挛，一种天翻地覆，诸如此类从未梦想到的东西。政治这个概念于是完全在一场精神战争中消散了，旧社会的所有权力产物都已经被炸得粉碎——它们统统都是基于谎言：将会出现战争，世上从未有过的战争。唯从我开始世上才会有伟大的政治。

二

人们想要一个公式来表示这样一种变成人的命运吗？——它就在我的《查拉图斯特拉如是说》中。

——而且，谁若想在善与恶中成为一个创造者，他就必须先成为毁灭者，必须先打碎价值。

所以，至高的恶归属于至高的善：而这种善却是创造性的善。

我绝对是迄今为止出现过的最可怕的人；而这并不排除，我会成为最乐善好施的人。我知道毁灭之快乐，其程度恰与我的毁灭力量相合——在这两种情况下，我都服从自己的狄奥尼索斯本性，后者懂得不能把无为与肯定分离开来。我是第一个非道德论者：因此我是卓越的毁灭者。

三

人们不曾问过我，人们本当问问我，在我嘴里，在第一位非道德论者的嘴里，查拉图斯特拉这个名字到底意味着什么：因为构成历史上这位波斯人的惊人独一性的东西，是恰恰与此相反的。首先在善与恶的斗争中，查拉图斯特拉看到了驱动万物运动的真正车轮——把道德转化为形而上学，以之作为自在的力、原因、目的，此即他的工作。但根本上，这个问题本身就已经是答案了。查拉图斯特拉创造了这个灾难性的错误，即道德：因此，他必定也是认识这个错误的第一人。不光是由于他在这方面比通常任何一个思想家有着更久、更多的经验——整个历史其实就是对所谓的“伦理世界秩序”之定律所做的实验性驳斥：更为重要的是，查拉图斯特拉比通常任何一个思想家都更真诚。他的学说，而且只有他的学说，具有作为最高德性的真诚性——这就是与逃避现实的“理想主义者”的怯懦相对立的东西，查拉图斯特拉身上集中了超过所有思想家的勇敢。讲出真相并且善于击中真相，此乃波斯人的德性。——你们明白我的话吗？……基于真诚而发生的道德的自我克服，道德论者的自我克服——变成其对立面，即变成我自身，此即我所讲的查拉图斯特拉这个名字的意义。

四

从根本上讲，我的“非道德论者”一词包含着两重否定。一方面，我否定一个类型的人，它迄今为止一直被视为最高的类型，即善人、好心人、慈善者；另一方面，我否定一种道德，它作为自在的道德而发挥作用并且起着支配作用，那就是颓废(décadence)之道德，说得更明确些，就是基督教的道德。可以把我的第二种反对视为更为关键的，因为大体说来，我认为对善和善意的高估已经是颓废(décadence)的结果了，是虚弱的征兆，是与一种提高和肯定的生命不相容的：否定与毁灭乃是肯定的条件。——让我们首先来谈谈善良人的心理学。为了评估一类人的价值，我们必须核算这类人保存的代价，我们必须知道这个类型的人的实存条件[①]。善人的实存条件乃是谎言：换言之，无论如何都不愿意看到实在性根本上具有何种性质，亦即不是为了随时都能向善意本能挑战，更不是为了随时都能容忍短视而好心肠的手来干预。把所有的危难状态根本上都视为抗辩，视为我们必须取消的某种东西，这乃是最卓绝的愚笨(niaiserie par excellence)，大言之，这是一种在结果方面真正的祸害，一种愚蠢的命运，差不多是愚蠢之至，仿佛成了那种要取消坏天气的意志——出于对穷人的同情……在伟大的整体经济学中，实在的可怕性(在情绪中、在欲望中、在权力意志中)远远要比那种小小的幸福形式即所谓“善”更为必然；为了给予“善”一个地位(因为它是由本能之欺骗所决定的)，人们甚至于必须是宽宏大量的。我将有一

① 此处“实存条件”(Existenzbedingung)或译为“生存条件”。——译注

大机会，来证明乐观主义、这个 hominesoptimi[乐观之人]的怪物对于整个历史来说极度可怕的后果。查拉图斯特拉是第一人，认识到了乐观主义者就如同悲观主义一样是颓废者(décadent)，而且也许是更为有害的。查拉图斯特拉有言：善良人从来不讲真话。善人们教给你们海市蜃楼和安全感；你们诞生和隐藏在善人们的谎言中。一切都从根子里受到了善人们的欺骗和蒙蔽。幸好这世界并非基于本能而建造起来的，也即那种恰恰使纯粹好心肠的群盲动物找到自己的细小幸福的本能；要求所有人都要成为“善良的人”，群盲动物，蓝眼睛的、好心的“美好心灵”——或者像赫伯特·斯宾塞先生[①]所愿望的那样，都要成为利他主义者，那就等于剥夺了人生此在的伟大性格，那就等于阉割了人类，把人生此在降到一种可怜巴巴的中国风格[②]上了。——而这就是人们所尝试的啊！……这正是人们所谓的道德……在此意义上，查拉图斯特拉时而把善人称为“末人”，时而把善人称为“终结之开端”；首要地，他认为善人们乃是最有害的一种人，因为他们是以真理为代价同样也以未来为代价来实现自己的实存的。

善人们——他们不能够创造：他们永远是终结之开端——

——他们把那个在新牌子上写上新价值的人钉死在十字架上，他们为了自己而牺牲了未来，他们把一切人类之未来钉死在十字架上！

善人们——他们永远是终结之开端……

而且，无论世界之诽谤者能造成什么样的损害：善人们的损害是最有害的损害！

五

查拉图斯特拉，这第一位善人心理学家，因而——就成了恶人的朋友。假如有一个颓废种类的人爬上了最高种类的等级，那么，这只有靠牺牲它的对立种类即肯定生命的强大种类才可能发生。假如群盲动物以最纯粹的德性光辉闪闪发光，那么，特立独行的人必定已经被贬值为恶人了。假如欺骗无论如何都要求以“真理”一词来表示其外观，那么，就必定要在最坏的名字当中重新寻找真正诚实者了。在这里，查拉图斯特拉是不容置疑的：他说，善人的认识，

① 赫伯特·斯宾塞：英国社会学家，社会进化论的代表，著有《社会静力学》《心理学原理》等。——译注

② 此处译词“中国风格”(Chineserei)未传达出尼采所取的贬义。——译注

"最善之人"的认识，恰恰使他产生对一般人的恐惧之情；由于这样一种憎恶，他便长出了"飞向遥远的未来"的翅膀，他并不隐讳，他这个类型的人，一个相对而言具有超人性质的类型，恰恰是在与善人比较时才具有超人性质，而善人和义人会把他的超人称为魔鬼……

你们这些我亲眼见到的最高等的人啊！这就是我对你们的怀疑和我隐秘的笑：我猜测，你们或许会把我的超人——叫作魔鬼！

你们的灵魂对于伟大者是多么疏异，以至于以超人之善也会令你们觉得可怕……

在这段文字以及无论别的什么地方，我们必须取得一个开端，才能理解查拉图斯特拉的意愿：他所设想的这个种类的人，如其所是地来设想实在：这个种类的人是十分强大的，足以做到这一点，他没有疏离实在，没有脱离实在，他就是实在本身，他于自身中依然有着实在的所有恐怖和疑问。唯因此，人方能拥有伟大……

六

——可是，我也还在另一种意义上选择非道德论者这个词语，用作对于我自己的标志和奖章；我以拥有这个词语而自豪，它使我出类拔萃，高蹈于整个人类之上。还没有人感到基督教道德是低于自己的：要有此感觉，就需要一种高度，一种远见，一种迄今为止完全闻所未闻的心理学的深度和深邃。一直以来，基督教道德都是全体思想家的妖精①——他们是为她效劳的。——在我之前，谁曾登上过那些冒着这种理想——对世界的诽谤——的毒气的洞穴中？谁胆敢哪怕仅仅猜一猜那是洞穴这回事呢？在我之前，哲学家中间竟有过心理学家吗？不都是些心理学家的对立面即"高级骗子""理想主义者"吗？在我之前，还根本没有过什么心理学。——在这里，做头一个〈心理学家〉，可能是一种厄运，至少是一种命运：因为作为头一个，人们便会蔑视什么……对人的厌恶乃是我的危险……

七

人们理解我了吗？——把我界定起来的东西，使我得以超越其他所有人的东西，就在于我发现了基督教道德。因此我需要一个词语，它包含着一种针对每个人的挑战的意义。在这里，先前没有睁眼细看，在我看来就是人类做错了的最大不洁之事，是已经成为本

① 此处"妖精"原文为 Circe，又译"喀耳刻""瑟西"，为古希腊神话（见荷马史诗《奥德赛》）中的著名女巫，能把人变成牲畜。——译注

能的自我欺骗，是一种根本性的意志，即无视任何事件、任何原因、任何现实的意志，是心理学上的伪币铸造，乃至于犯罪。对基督教的盲目无知乃是最卓绝的犯罪——对生命的犯罪……几千年、诸民族、最早者和最末者、哲学家和老女人——除了五六个历史时刻，我是第七个时刻——在这一点上，他们全体都是相互匹配的。一直以来，基督教徒都是这个“道德动物”，一个无与伦比的怪物(Curiosum)——而且，作为“道德动物”，基督教徒比人类最伟大的蔑视者所能梦想的还更荒唐、更虚假、更空虚、更轻浮、更有害于自身。基督教道德——求谎言的意志的最恶毒形式，人类真正的妖精：使人类堕落者。使我见此情景就大吃一惊的，并不是这个错误之为错误，并不是那个延续千年之久的缺失，也即在胜利中显露出来的精神缺乏“善的意志”，缺乏培育，缺乏礼节，缺乏勇气：而是缺乏自然，是那个十分可怕的事实，即反自然(Widernatur)本身作为道德而享有殊荣，并且被奉为法则、绝对命令而高悬于人类头上！……在此程度上犯错，不是作为个人，不是作为民族，而是作为人类！……教诲人们蔑视首要的生命本能；为损害肉体而虚构出一种“灵魂”、一种“精神”；教诲人们在生命的前提条件中、在性中感受某种不洁之物；在最深刻的繁衍必要性中、在严厉的自私自利中(光这个词就是诽谤性的了!)寻找恶的原则；反过来却在典型的衰退和反本能状态的标志中，在“自身丧失”中，在重力丧失、在“非人格化”和“博爱”①(邻人之癖好)中，见出了更高的价值——让我怎么说啊！——自在的价值！……怎么？难道人类本身就处于颓废(décadence)中吗？人类一直是这样吗？——可以确定的是，唯有颓废(décadence)价值作为最高价值被传授给人类了。非自身化的道德乃是最卓绝的衰退道德，它把“我毁掉了”这个事实转化为一个命令：“你们全都应当毁掉”——而且不光是转化成命令而已！……这种一直以来被教诲的唯一道德，非自身化的道德，透露出一种求终结的意志，它在最深根基上否定生命。——这里只剩下一种可能性，即并不是人类处于蜕化过程中，而不如说，只有那个寄生种类的人，即教士种类，他们用道德来欺骗，把自己拔高为自己的价值决定者——他们在基督教道德中猜出了自己获得权力的手段……而且实际上，这就是我的见识：人类的教师、领袖，全部神学家，统统也是颓废者(décadent)：因此就把一切价值重估为对生命的敌视，因此就有了

① “博爱”(Nächstenliebe)的字面义为“邻人之爱”。——译注

道德……道德的定义：道德——颓废者的特异反应性，其隐含的意图是报复生命——而且成功了。我重视这个定义。

八

——人们理解我了吗？——我所说的每一句话，我早就在5年前通过查拉图斯特拉之口说过了。——基督教道德之发现乃是一件无与伦比的大事，一场真正的灾难。谁弄清楚了基督教道德，那他就是一种天灾（force majeure），一种命运，他把人类历史破碎成两段了。人们活在他之前，人们也活在他之后……真理的闪电径直击中了以往一直居于至尊地位的东西：谁把握了什么在其中遭到了毁灭，他就能看到自己手里到底是否还有某种东西。以往一直被叫作“真理”的一切，被认作最有害、最奸诈、最深藏的谎言形式；“改善”人类的神圣借口，乃是吸干生命本身、使生命本身穷血的诡计。道德乃是吸血鬼……谁发现了道德，他也就一道发现了人们信仰或者曾经信仰过的一切价值的无价值；他在最受尊重、自诩为神圣的那类人身上再也看不到任何值得尊重的东西了，他在其中看到的是最灾难性的怪胎种类，〈后者之所以是〉灾难性的，是因为他们具有迷惑作用……“上帝”概念被发明出来了，作为生命的对立概念——在其中，一切有害的、有毒的、诽谤性的东西，整个针对生命的死敌态度，都被纳入一个可怕的统一体中了！“彼岸”概念、“真实世界”概念被发明出来了，为的是贬低那个真正存在的唯一的世界，为的是不给我们尘世实在留下任何目标、理性和使命！“灵魂”“精神”概念，最后甚至于还有“不朽的灵魂”概念，被发明出来了，为的是蔑视身体，使身体患病——变得“神圣”，为的是对生命中值得严肃对待的事物，诸如饮食、居住、精神食粮、疾病治疗、清洁和天气之类的问题，报以一种可怕的漫不经心！不要健康，而要“灵魂得救”——可以说是一种介乎忏悔之痉挛与拯救之歇斯底里之间的循环性精神病（foliecirculaire）！“罪”的概念被发明出来了，连同相关的刑具即“自由意志”概念，为的是扰乱本能，为的是使对本能的怀疑成为第二天性！在“丧失自身者”“否定自身者”概念中，真正的颓废标志，被有害事物所引诱，再也不能找到自己的用场，自身之毁灭，竟被弄成价值标志，被弄成“义务”、“神圣性”、人类身上的“神性”了！最后——此乃最可恐怖者——在善良人概念中，一切弱者、病者、败类、自虐者受到袒护，也就是一切要毁灭者受到了袒护，淘汰法则被取消了，基于对骄傲而发育良好的人的反对，对肯定性的人的反对，对确信未来的、能够保证未来的人的反对，弄出了一个理想——这种人现在被叫作恶人！……而且这一切都被信奉为道德了！——碾碎贱民(Ecrasezl'infâme)！[①]——

九

——人们理解我了吗？——狄奥尼索斯反对被钉十字架者……

（孙周兴　译）

① 碾碎贱民(*Ecrasezl'infâme*)！]据伏尔泰。——编注

编后记

应复旦大学哲学学院冯平教授的邀请，我于两年多前(2017 年的夏天)开始选编眼下这本《重估一切价值的尝试——尼采价值哲学经典选本》，拟收入由她主编的“现代西方价值哲学经典读本”系列丛书之中。当时我满口答应了下来，以为不算大事，原定一年内完成任务，没想到实际操作起来，却是难度不小。看着微信群里其他选本的编者们都喜洋洋地交出了稿子，最后大概只落下了我一个人，只好独自惭愧，加上一次次抱歉了。

本书选编工作的困难主要在两个方面：一是难选，尼采关于价值和道德方面的文字散见于他不同时期的众多文本中，既有整书的讨论，也有局部章节的考察，更有大量遗稿笔记中的零散议论，有的文本不宜全盘收录，有的文本义理晦涩模糊，令人难以判断，取舍不易。二是难译，我主持的国家社科基金重大项目《尼采著作全集翻译》只进展到五分之二光景，迄今只出版了 14 卷中的 5 卷，有好些与本书相关的文献尚未译出，而对于国内现有的相关译本又不甚满意，所以在这次选编过程中，我决定全部采用我们课题组做的译文，于是只好抓紧新译了几个文本，如《人性的，太人性的》《曙光》《快乐的科学》等，而这事当然是消耗时间的。好在现在终于勉强完成了任务。

为了显示一定的结构，我把本书分为三编，第一编是《查拉图斯特拉如是说》之前（包括《查拉图斯特拉如是说》）的相关文本；第二编是《查拉图斯特拉如是说》之后的相关文本，属于后期尼采的著述；第三编同样属于后期尼采，主要是《权力意志》时期相关笔记文字的选辑。但显然地，这样的划分是不能完全当真的，并不具有学术严格性。

我把本书的书名立为《重估一切价值的尝试》，直接取自尼采本人的表述。这里值得指出的是，在尼采晚期的笔记中，多次出现了关于一本题为《重估一切价值的尝试》的著作的计划草案（提纲）。种种迹象表明，尼采很想把他设想中的“哲学大书”——即所谓的《权力意志》——命名为《重估一切价值的尝试》。尼采本人一生的思想努力，以“上帝死了”和“虚无主义”为骇人命题为标志的尼采思想，本身就构成了一种“重估一切价值的尝试”。还有，在尼采看来，是否实施“重估一切价值的尝试”也是一项重要的指标，可以用来区分“完全的虚无主义”与“不完全的虚无主义”，比如，尼采据此把理查德·瓦格纳称为“不完全的虚无主义”。因此，以“重估一切价值的尝试”来命名一本“尼采价值哲学”或者“尼采道德哲学”文集是恰当的。

本书“导言”题为“一个非道德论者的道德之思”，全文录自拙著《未来哲学序曲——尼采与后形而上学》（商务印书馆，2019年新版），是该书第二编第二章的内容。这不是因为编者要偷懒，而是因为关于“非道德论者”尼采的价值哲学或道德学说，我眼下实在没有什么新的想法。

感谢冯平教授，让我有机会来清理一下尼采的“价值哲学”；感谢北京大学哲学系李超杰教授以及我的同事赵千帆博士和余明锋博士，他们同意我采用他们的译文，赵、余两位还新译了部分文字。译事的具体分工均在目录和正文中标出。

编选或有不当，译文难免差错，敬请识者批评指正。

孙周兴

2019年10月1日记于慕尼黑

图书在版编目(CIP)数据

尼采卷/孙周兴主编. —北京：北京师范大学出版社，2024.5
（现代西方价值哲学经典）
ISBN 978-7-303-28666-9

Ⅰ.①尼… Ⅱ.①孙… Ⅲ.①价值（哲学） Ⅳ.①B018

中国版本图书馆 CIP 数据核字(2023)第 020198 号

营 销 中 心 电 话 010-58805385
北 京 师 范 大 学 出 版 社
主题出版与重大项目策划部

出版发行：北京师范大学出版社 www.bnupg.com
北京市西城区新街口外大街 12-3 号
邮政编码：100088
印 刷：北京盛通印刷股份有限公司
经 销：全国新华书店
开 本：710 mm×980 mm 1/16
印 张：38.25
字 数：640 千字
版 次：2024 年 5 月第 1 版
印 次：2024 年 5 月第 1 次印刷
定 价：158.00 元

策划编辑：祁传华 责任编辑：林山水
美术编辑：王齐云 装帧设计：王齐云
责任校对：陈 民 责任印制：马 洁 赵 龙